Eduard Gronau

Franz Schubert

Musik zwischen Himmel und Abgrund

Eduard Gronau

Franz Schubert

Musik zwischen Himmel und Abgrund

Eine Werkbiographie

Strehlow-Verlag · Allensbach

Mit 12 Abbildungen

1993
ISBN 3-929735-00-8
© 1993 by Strehlow-Verlag, Strandweg 1,
D-78476 Allensbach am Bodensee
Alle Rechte vorbehalten
Satz: CSF ComputerSatz GmbH, Freiburg im Breisgau
Druck und Bindung: Ebner Ulm
Printed in Germany

FRAU MARTHA GRONAU
in großer Dankbarkeit gewidmet.
Nach ihrem Willen soll mit dem Erlös
aus diesem Buch das Hildegard-Kurhaus
in Allensbach am Bodensee gefördert werden.

INHALT

Über den Autor
– 11 –

Über dieses Buch:
Der ganz andere Franz Schubert
– 13 –

Vorwort
– 15 –

1797–1803
Eintritt in ein Menschendasein
– 17 –

1803–1813
Auf dem Weg zum schöpferischen Musiker:
Der Genius hebt seine Schwingen
– 21 –

1813–1817
Sturmwind des Schaffens:
Schläft ein Lied in allen Dingen
– 39 –

1817–1818
Der Sphärenstimme gehorchend:
Ausbruch in die Freiheit
– 114 –

1819–1822
Kommunikation des Geistes:
Jahre der Freundschaft, Krise und Reife
– 149 –

1823–1824
Der Boden dieses Daseins trägt nicht:
Herrlichkeit und Abgründigkeit der Welt
– 225 –

1825–1826
Aufstieg zur Höhe
– 277 –

1827
Fackelträger hinter dem Sarg des Genius
– 336 –

1827
Schaurige Einsamkeit:
Wandern durch Licht und Dunkel
– 344 –

1828
Vor der Pforte der Ewigkeit
– 407 –

1828
Agnus Dei, letzte Messe und C-Dur-Quintett
– 454 –

1828
Ende einer kurzen Erdenwanderschaft
– 474 –

Literatur und Nachwort
– 499 –

ÜBER DEN AUTOR

Eduard Gronau, 1905 in Düren im Rheinland geboren, 1923 Abiturient des Gymnasiums in Aachen, studierte evangelische Theologie in Greifswald, Kiel und Tübingen, promovierte in Kiel. Für ihn waren die Theologieprofessoren Adolf Schlatter und Karl Heim bestimmend. 1931 begann er seinen Dienst als Dorfpfarrer in Schleswig-Holstein, wechselte 1933 in eine Vorstadtgemeinde in Westfalen. Hier war er Mitglied der Bekennenden Kirche. 1943 wurde er zur Wehrmacht eingezogen und geriet bei Kriegsende in russische Gefangenschaft. Im Moskauer Lager entstanden die ersten Erzählungen, die 1948 unter dem Titel »Entziehen kann sich keiner« erschienen sind. Die Gemeindearbeit, vor allem im Verwaltungsbereich, und kirchliche Bauten (Kirchen, Gemeindehaus, Kindergarten) nahmen alle Kräfte voll in Anspruch.

Über dieses Buch
Der ganz andere Franz Schubert

Nach der mit größter Bewunderung aufgenommenen Biographie über Hildegard von Bingen von Dr. Eduard Gronau erscheint nun vom selben Autor eine der schönsten Werkbiographien über Franz Schubert. Das Buch liest sich nicht nur wie ein Roman, sondern wirkt geradezu aufwühlend – nicht am Abend lesen –, so als ob man Mitspieler einer menschlichen Tragödie würde. Nicht die Schubert-Musik ist zwischen »Himmel und Abgrund« anzusiedeln, sondern Schubert selbst. Was zu Schuberts Lebzeiten versäumt wurde, hat sein Biograph nachvollzogen und jedem Tag und jeder Stunde seines unendlich fleißigen Schaffens das gebührende Gewicht gegeben.

Eine solche Schubert-Biographie wird es nicht wieder geben. Die teils dramatische, teils anekdotische Art des Erzählens halte ich für eine großartige Mischung, denn so war er, so muß er gewesen sein! Das ist der wahre Franz Schubert!

Gronau hat mit diesem Buch sein Bestes gegeben. Dem Autor gelingt es, die Liebe zum Menschen Schubert derartig zu wecken, daß man sein Herz für seine Musik öffnet. Unerhört einfühlsam werden das Liedschaffen Schuberts beschrieben, aber auch die Klaviermusik, die Opern, Messen und liturgischen Gesänge sowie seine Kammermusik. Wie bei den ganz Großen wird der Stoff mit wachsender Seitenzahl nicht langweilig, sondern immer lebendiger gestaltet.

Kann man Hildegard von Bingen, die prophetische Sybille vom Rhein, und Franz Schubert, den König der Lieder aus Wien, in einem Atemzug nennen? Beide standen durch ihr kreatives geheimnisvolles Schaffen Gott besonders nahe und verstanden es wie kaum jemand, Gegensätze zu überbrücken und uns die tröstende himmlische Botschaft nahezubringen. So wurden beide zur Brücke zwischen Himmel und Abgrund, Krankheit und Heil, Tod und Liebe, Dunkel und Licht.

Vorwort

Schubert ist ein liebenswerter Mensch. Hat man ihn auf seinem äußerlich so schmalen, aber geistig weiten Lebensweg begleitet, ist man seinem Wesen nahegekommen, dann muß man ihn lieben.

Schubert ist ein Geheimnis. Nicht nur, weil wir verborgene Tiefen seines Inneren nur ahnen können. In ihm verkörpert sich das Geheimnis des Schöpferischen und Einmaligen, das Geheimnis der Unerklärbarkeit und Ursprünglichkeit des Geistes. Er ist mit seinem Werk, so sehr es auch das musikschaffende Können der vorausgegangenen und der ihm gegenwärtigen Großen in sich trägt, eine einzigartige und einmalige Erscheinung seiner Zeit. Ohne Ehrfurcht findet man keinen Zugang zu dem an Wundern reichen, großartigen und weithin bezaubernd schönen Werk dieses so bescheidenen Meisters.

Zwei Tagebucheintragungen muß man im Gedächtnis halten, wenn man einen Weg in das Reich dieser Musik finden will.

Die eine Eintragung stammt von Robert Schumann, dem ersten, der Schuberts Musik wahrhaft verstand und der so viel dafür tat, daß Schuberts Werk der Öffentlichkeit bekannt wurde. Er stellt fest, daß für Schubert das Niederschreiben von Noten das ist wie für andere bedeutende Geister das Schreiben von Tagebuchnotizen, daß alle Schubert-Musik Selbstaussage ist, daß man sie nicht nur als Musik, sondern immer als Äußerung des Menschen Schubert, seines Herzens und seines Geistes; begreifen muß. Deshalb soll die innere Beziehung zwischen Mensch und Werk besonders beachtet werden.

Die andere Tagebucheintragung schrieb Schubert selbst; sie bestätigt die Einsicht Schumanns: »Meine Erzeugnisse sind durch den Verstand für Musik und durch meinen Schmerz vorhanden! Jene, welche der Schmerz allein erzeugt hat, scheinen am wenigsten die Welt zu erfreuen.«

Schuberts Musik ist Ausdruck seiner Daseinserfahrung in der ihm von seinem Schöpfer mitgegebenen eigenen Sprache, in der Sprache der Musik. Seine tiefe Anlage zur Mitempfindung, seine kindlich gläubige Freude an allen Wundern der Schöpfung, in der Natur wie im menschlichen Bereich, seine Erfahrung von Daseinsschmerz und Einsamkeit, sein Leiden an der Hinfälligkeit und Unerfülltheit des Lebens, seine tückische Krankheit, seine Nähe zum Tod, seine Sehnsucht nach liebender Gemeinschaft, seine schrecklichen Verzweiflungen und sein unerschütterlicher Glaube an Gott, seine ihn durch alle Dunkelheiten hindurchtragende Hoffnung auf eine überirdische Verklärung der miserablen Wirklichkeit und sein schwerer Lebensweg – wenn uns das alles vertraut ist, dann hören wir Schuberts Musik mit Gewinn für unser heutiges eigenes Dasein.

Über Schuberts Frömmigkeit gibt es manche Fehlurteile. Teils wird sie ihm abgesprochen, teils billigt man ihm eine Art pantheistischer Naturfrömmigkeit zu. Aber der Fischer-Dieskau-Begleiter Gerald Moore hat wohl recht, wenn er in Übereinstimmung mit Schnabel von Schubert sagt, er stehe unter den großen Musikern seiner Zeit Gott am nächsten. Daher kann man wohl auch sagen, er sei der menschlichste unter ihnen. Die religiöse Seite in Schuberts Wesen und Werk muß deshalb mehr beachtet werden als dies gemeinhin geschieht.

1797 – 1803

Eintritt in ein Menschendasein

Im »Himmelpfortengrund«, vor den Toren der turmgekrönten Wiener Altstadt, im »Haus Zum roten Ochsen« in der Wohnküche – denn die Familie hatte nur zwei Räume zu bewohnen –, war an einem kalten Wintertag, dem letzten Tag im Januar des Jahres 1797, der kleine Franz aus der Geborgenheit des Mutterschoßes ohne besondere Schwierigkeiten in diese Welt hineingeglitten, über der die Sonne sich am frühen Nachmittag zum Niedergang bereitete.

Elf Geschwister waren ihm vorausgeboren. Der älteste der Brüder, Ignaz, bald zwölf Jahre alt, sah das kleine Wesen mit der Frage an, wie lange es auf dieser Erde bleiben würde. Die beiden jüngsten Brüder, Ferdinand und Karl, vor kurzem der eine zwei, der andere ein Jahr alt geworden, wußten noch nicht recht, was ihnen da ins Haus gekommen war.

Die anderen acht Geschwister lagen alle schon in ihren kleinen Kindergräbern auf dem Friedhof, von Blattern, Krämpfen, Fiebern früh hinweggerafft. Die Mutter hatte zum Weinen nicht viel Zeit gehabt. Nur die Franziska, die schon laufen und schon sprechen konnte, und den Josef, der bald in die Schule kommen sollte, diese beiden hatte sie mit großen Schmerzen Gott zurückgegeben. Die anderen aber waren noch so klein gewesen, ihre Seelen waren bei den Engeln besser aufgehoben als in dieser Welt.

Zwei Jahre später gebar sie wieder ein Eintagskind. Aber dann wurde ihr ein letztes Kind geschenkt, ein Töchterchen, an dem sie bis zu ihrem eigenen frühen Tod, elf Jahre noch, ihre Freude haben durfte.

Einen Tag nach der Geburt, am 1. Februar, trug der Vater mit dem Paten, seinem Bruder, das winzige zarte Menschenwesen zur Namengebung und zur Taufe in die nahe Liechtenthaler Kirche »Zu den Vierzehn Nothelfern«. Der Pfarrer

Wanzka nannte über ihm den Namen, mit dem er in die Ewigkeit hinübergehen sollte: Franz. Der Pfarrer goß das Taufwasser über ihn und band dies sterbliche Geschöpf durch den angerufenen Namen des dreieinigen Gottes für immer an seinen Schöpfer und Erlöser.

Dann brachten sie ihn wieder in das »Haus Zum roten Ochsen« und legten ihn neben seine Mutter. Der Vater und der Pate wandten sich bald wieder ihren Tagespflichten zu. Die Mutter aber nahm das Kind an ihre Brust und ließ ihre Liebe in den schwachen Körper strömen.

Der kleine Franz wuchs unter strenger Ordnung in eine unruhige Welt hinein. Schon das »Haus Zum roten Ochsen«! Von der Straßenfront führte ein Durchgang in den langen Innenhof. Beiderseits desselben streckten sich die Seitenflügel in die Tiefe. Offene Laubengänge boten Zugang zu den Wohnungen im ersten Stock. Vom Ende des Innenhofes, den ein Holzgatter abschloß, führte eine Steintreppe zwischen zwei Pfeilern in tieferes Gelände. Regengeschützt stand nah am Vorderhaus über einem Wassertrog die Pumpe. In fünfzehn Wohnungen zu je zwei Zimmern wohnte hier fast ein kleines Dorf beisammen, nichts Absonderliches in dem überbevölkerten Wien jener Zeit. Die beiden Räume der sechzehnten ebenerdigen Wohnung beherbergten die Schule, deren Leiter Vater Schubert war, der selbst mit der Familie darüberwohnte. An jedem Wochentag bevölkerten zweihundert Kinder, in Gruppen aufgeteilt, die beiden Klassenräume, hörten auf den Lehrer, deklamierten, schrieben, sangen, spielten auf dem Innenhof und auf der Straße.

Was war das für eine bunte, volle, geräuscherfüllte Welt, in der Franz erst hörend lag, dann umherkroch, dann auf seinen kurzen, festen Beinen sich zurechtzufinden suchte! Von Natur aus gutmütig und fröhlich, schloß er sich leicht an andere an, fand schnell Spielgefährten, und die Erwachsenen liebten ihn.

Dies vielfältige Gewimmel menschlichen Zusammenlebens brauchte das Gerüst einer festen Ordnung. Sie ging vom Vater aus. Bäuerlicher Herkunft aus dem Böhmischen, brachte er Zähigkeit, Fleiß und Pflichtbewußtsein mit. Vor zwölf Jahren hatte er die Schule in einem jämmerlichen Zustand übernommen, aber sie hatte sich bei ihm sehr bald erholt. Sogar von weiter her brachten ihm die Eltern ihre Kinder, weil sie hier unter guter Zucht alles Nötige lernten. Und das wiederum brachte dem Vater Schubert Geld ins Haus, denn der Lehrer lebte damals vom elterlichen Schulgeld, nicht vom Staatsgehalt, und er mußte einen pflichtgemäßen Anteil Armenkinder kostenlos mit unterrichten. Nebenher gab er privaten Unterricht, um das Einkommen der Familie aufzubessern. Daß er neben dem Unterrricht auch noch musizierte, verstand sich für einen guten Schullehrer, zumal aus Böhmen, fast von selbst. Er spielte Geige und Cello.

Jeder Tag mußte sein volles Maß an Arbeit und seine feste Ordnung haben, vom sehr frühen Morgen an. Widerspenstigkeiten konnten nicht geduldet werden. Sie erledigten sich schnell unter einem festen Blick und einem kurzen, strengen Wort. Mehr als das Nötige, Sonderwünsche, wurden nicht erfüllt, denn es galt zu sparen, auf ein eigenes Häuschen hin.

Aber der Geiz regierte nicht im Haus, und das Herz verschloß sich nicht gegen anderer Menschen Leid. Verwandte, die in Not geraten waren, wurden noch in die eigenen engen, sparsamen Verhältnisse mit hineingenommen. In alledem stand dem Vater Schubert seine Frau treulich zur Seite. Sie war arm aus Schlesien zugewandert, auch vom Dorf, und hatte in Wien in einem guten Bürgerhaus als Köchin Dienst getan, führte ihrem Mann eine gute Hauswirtschaft und war ihren Kindern eine gute Mutter.

Der kleine Franz erlebte eine schöne, geborgene, glücklich-frohe Kinderzeit.

Von Jahr zu Jahr tat sich die Welt mit ihren Wundern und Herrlichkeiten weiter vor ihm auf. Er erlebte die Bezauberungen der Natur, Sonne, Mond und Sterne, das grüne Waldeslaub, den Vogelsang, das Wasserrauschen. Denn sie wohnten draußen in der Vorstadt, nach der offenen Landschaft zu, und seine Eltern gingen auch spazieren, wie es die Wiener gerne taten.

Er sah, aus der niedrig gebauten Vorstadt kommend, die gewaltig hohen Bürgerhäuser in der Wiener Altstadt, die engen, dicht bebauten Straßen, die freien Plätze, die Paläste, die Schlösser und die Kirchen, den breiten Gürtel des Glacis um die alte Stadt, mit Alleen, grünen Rasenflächen, buntem Leben.

Und überall bewegten sich die vielen Menschen in ihrer bunten Kleidung, Herren, Damen, Offiziere, hübsche Bürgerinnen, uniformierte Diener, propre Mädchen unter weißen Häubchen. Flinke Droschken jagten durch die Straßen, hoch auf dem Bock der Kutscher mit Zylinder, im offenen Wagen gepuderte Gesichter unter der Perückenpracht. Dreitausend Droschken zählte man in Wien, für fünfzigtausend Menschen in der Altstadt und zweihundertdreißigtausend in den Bezirken vor dem Glacis. Franz hat diese wunderbare Stadt lebenslang geliebt.

Tag für Tag hörte er die Glocken aus den vielen Kirchen tönen, vom Morgen- bis zum Abendläuten, und an den Feiertagen ein Meer von Harmonie, das in dem Zusammenklingen aller Glocken über der weit gedehnten Stadt den Himmel auf die Erde holte. In der Liechtenthaler Kirche aber nahm er bei den Gottesdiensten mit seinem ganzen Wesen den Zusammenklang der Orgel und der Instrumente und der Menschenstimmen in sich auf – das Wunder der Musik.

Von Jahr zu Jahr veränderte sich die Welt, in die Franz hineingeboren war. Er war vier Jahre alt, als er einen Namen immer wieder in den Gesprächen der Erwachsenen hörte, mit Besorgnis ausgesprochen: Napoleon. Der Vater hatte bei seinen Schülern sogar Geld gesammelt, 25 Gulden und 58 Kreuzer, zur Aufstellung eines Heeres gegen diesen bösen Mann.

Er wurde bald fünf Jahre alt, da zogen seine Eltern um, nur ein paar Gassen weit, aber in ihr durch Kauf erworbenes Eigentum. Auch dies Haus, genannt »Zum schwarzen Rößl«, hatte einen Innenhof und Laubengänge vor dem ersten Stock. Kleiner als das alte, bot es doch der Familie besser Platz, und vor allem: die Schule hatte weitere Räume nötig, denn die Schülerzahl war auf dreihundert angestiegen.

Mit dem sechsten Lebensjahr wurde Franz in die Schule aufgenommen, in der er, nach den Aufzeichnungen des Vaters, sich immer als der Erste seiner Mitschüler auszeichnete, bis zum Herbst des Jahres 1808. Da begann für ihn ein neuer Abschnitt seines Lebensweges.

1803 – 1813
Auf dem Weg zum schöpferischen Musiker
Der Genius hebt seine Schwingen

Noch eine kurze Zeit durfte Franz in der Welt der Erwachsenen bei Schulstunden und Spiel Kind unter Kindern sein. Aber als die Hände des Siebenjährigen so weit gewachsen waren, daß sie ein Instrument handhaben konnten, vertraute ihm der Vater die erste Geige an und begann, seinen Sohn zu unterrichten. Nach des Vaters Sinn sollte Franz einst Schulmeister werden, und dafür mußte er Geige spielen.

Angemessene Zeit danach nahm der zwölf Jahre ältere Bruder Ignaz ihn ans Klavier, erklärte ihm die Spieltechnik und bemühte sich, ihn darin einzuüben, vier Notenzeilen gleichzeitig mit den Fingern zweier Hände in Töne zu verwandeln, nicht nur Stück um Stück in harte Töne, sondern in klingende Musik. Ignaz war sehr erstaunt, als Franz ihm nach einigen Monaten erklärte, daß er keinen weiteren Unterricht mehr brauche, da er sich nun selbst forthelfen könne. Wieder staunte er, als er nach kurzer Zeit erkannte, daß der Achtjährige ihn längst übertraf, ja daß er in ihm einen Meister sehen müßte, den er selbst nie würde einholen können.

Vater Schubert hielt es jetzt, erfreut über die Fortschritte seines Sohnes, für an der Zeit, ihm weitere Ausbildung zuteil werden zu lassen. Er schickte ihn in die Obhut des Organisten an der Liechtenthaler Kirche, Michael Holzer, damals etwa fünfunddreißig Jahre alt und als tüchtiger Musiker angesehen. Wie oft eilte Franz nun in den nächsten Jahren die Treppengasse hinunter in die Kirche »Zu den Vierzehn Nothelfern«, zur Orgelstunde, zum Generalbaßüben, als Sängerknabe, in den Chor, zum Violinspiel. An den Sonntagen wurde aus dem Üben die festlich frohe Feier.

Für Holzer wurde dieser Junge ein ihn tief bewegendes Erlebnis. Mehrfach sagte er dem Vater mit Tränen in den Augen: »Immer, wenn ich ihm etwas Neues beibringen wollte, hat er es schon gewußt. Folglich habe ich ihm eigentlich keinen Unterricht gegeben, sondern mich bloß mit ihm unterhalten. Ich habe oft auf ihn geschaut in stillem Erstaunen.«

Aber auch Franz Schubert hat diesen Mann, der ihm durch Gewährenlassen und Verstehen so viel Möglichkeit zum Lernen und zur eigenen Entfaltung gab, nie vergessen. Bis an sein frühes Ende dachte er an ihn voll Dank zurück und bereitete ihm dadurch eine große Freude, daß er ihm im Jahre 1816 die C-Dur-Messe widmete. Durch Jahre behielt Franz zu der Liechtenthaler Kirche eine innige Beziehung. Sie war ja auch der Ort, an dem er seine erste Messe als Sechzehnjähriger dirigierte.

Vorerst aber wurde er, der jüngste Sohn, der kleine Bruder, im väterlichen Schulhaus der ohne große Worte anerkannte Musiker ihrer Hausmusik. Sie bildeten zusammen ein Quartett. Ignaz und Ferdinand spielten Violine, Franz Viola und der Vater Cello. Das Zusammenspiel brachte ihnen viele frohe Stunden. Franz hatte von allen das empfindlichste Gehör. Kam bei einem Spieler ein wenn auch noch so kleiner Fehler vor, gleich sah er dem Fehlenden ernsthaft oder zuweilen auch lächelnd ins Gesicht. Fehlte der Vater, so sagte er anfangs nichts, wiederholte sich aber der Fehler, so sagte er ganz schüchtern und lächelnd: »Herr Vater, da muß was gefehlt sein.«

Diese Hausmusik und das Musizieren in der Kirche machten ihn mit den Großen der Musik vertraut, mit Haydn, Mozart, Beethoven. Sein früh geweckter Geist studierte an den Werken dieser Meister die rationale Kunst des Komponierens, und schon der Zehnjährige zeigte das Erwachen seiner eigenen Fähigkeiten. Er komponierte, nur für den privaten Hausgebrauch bestimmt, Streichquartette, Klavierstücke und Lieder mit Klavierbegleitung. Sie wurden im Schulmeisterhaus mit Freude und mit nicht geringem Stolz gespielt.

Das war der Gewinn aus einer äußerlich wohl kargen, aber reich beschenkten Kinderzeit, nie verlorenes notwendiges Instrumentarium des schöpferischen Geistes, der in wunderbarer Freiheit die Musik aus ihren ewigen Sphären hernieder zu den Menschen holte.

Selbstverständlich ergriff der Vater die Gelegenheit, als er am 28. Mai 1808 in der amtlichen »Wiener Zeitung« las: »Da in der k. k. Hofkapelle zwei Sängerknabenstellen neu zu besetzen sind, so haben diejenigen, welche eine dieser Stellen zu erlangen wünschen, den 30. September, Nachmittag um 3 Uhr, im k. k. Konvikte am Universitätsplatz Nr. 796 zu erscheinen und sich der mit ihnen sowohl in Ansehung ihrer in den Studien bisher gemachten Fortschritte als auch ihrer in der Musik etwa schon erworbenen Kenntnisse vorzunehmenden Prüfung zu unterziehen und ihre Schulzeugnisse mitzubringen. Die Konkurrenten müssen das zehnte Jahr vollendet haben.«

Vater Schubert meldete seinen Sohn zu der vorgeschriebenen Prüfung an.

Der Schulmeister brachte am 30. September 1808 seinen kleinen Franz zur Aufnahmeprüfung ins Konvikt. Die Eltern hatten Wert darauf gelegt, daß er, dem hohen Tag entsprechend, gut gekleidet sei, und ihn in einen schönen weißen Rock gesteckt, der ein wenig lichtblau schimmerte. Franz stach dadurch von den anderen Kindern ab, und deren Eltern meinten, daß dies wohl eines Müllers Sohn sein müsse und daß es da am Geld nicht fehlen könne.

Der Knabe erregte bei den beiden Hofkapellmeistern Salieri und Eybler und bei dem Singmeister Kerner Aufsehen durch sein sicheres Treffen der ihm vorgelegten Chorgesänge.

Von Oktober 1808 bis Oktober 1813 lebte der Heranwachsende unter den dreißig Stipendiaten in dem hohen k. k. Stadtkonvikt, einem früheren Universitätsgebäude, in der Wiener Altstadt am Universitätsplatz gelegen. Durch einen die Bäckerstraße überwölbenden Trakt eilten die Internisten zu ihren Unterrichtsstunden im Akademischen Gymnasium. Ihre musikalische Ausbildung fanden die Schüler in den düsteren Gemäuern der Untergeschosse des Konviktgebäudes. Zu den Orchesterübungen sammelten sie sich in den gewölbten Räumen hinter der breiten Fensterfront über dem Eingangsportal.

Durch dieses schmale Eingangsportal gingen über die wenigen Stufen der niedrigen Freitreppe die Schüler täglich aus und ein, für die Wiener kenntlich an ihrer Uniform, zwar etwas altmodisch, aber schmuck, aus schwarz-braunem Tuch, eine kleine goldene Epaulette auf der linken Achsel, dazu kurze Beinkleider und Schnallenschuhe, und auf dem Kopf den Dreispitz. Diese Uniform war nicht nur als Auszeichnung der k. k. Hofkapellsängerknaben gedacht; sie setzte auch ihrem jugendlichen Freiheitsdrang die gewünschten Grenzen.

Aber nicht nur die Hofsängerknaben hausten in diesem großen alten Bau. Viele andere Stiftlinge und zahlende Zöglinge, Mittelschüler und Hochschüler, beherbergte das kaiserliche Institut, eine buntgemischte Schar aller Altersstufen, in der die Verschiedenheit von Herkunft, Alter und Interessen auf das Vielfältigste belebend wirkte.

Franz gehörte zu den stillen unter ihnen. Die Erinnerung der Kameraden beschreibt ihn als einen ernsten, in sich gekehrten Knaben, klein, kräftig gebaut, ein rundliches Gesicht mit ausgeprägten Zügen, immer freundlich, gutmütig und hilfsbereit, wenig sprechend, doch fähig zum Humor, niemals heftig, aber in Bewegung und im Mienenspiel oft seine starke innere Lebendigkeit enthüllend. Er war mehr als andere innerlich beschäftigt und unendlich fleißig. Das beweisen seine Zeugnisse. Von Anfang an hatte er in allen Fächern die Noten Gut und Sehr gut. Das Septemberzeugnis des Jahres 1811 trägt den Zusatz: »Dem Franz Schubert ist die besondere Zufriedenheit über seine in allen Rubriken ausgezeichneten Fortschritte zu bezeugen.« Das blieb auch so, bis auf die Mathematik. Ihretwegen verfügte der Konviktkurator am 26. September 1813 über Franz Schubert: »Dürfte der fernere Aufenthalt im Konvikte dergestalt bewilligt werden, daß der Erstere nach den Ferien die zweite Klasse verbessere, weil Schubert, ein sehr guter Jüngling, wegen seines vorzüglichen musikalischen Talents und als Verfasser mehrerer guter Musikstücke von Kapellmeister Salieri angerühmt wird.«

Zwei Tage nach dem Sieg der Alliierten bei Leipzig schrieb am 21. Oktober 1813 Kaiser Franz in Rötha in Sachsen dementsprechend seine »Allerhöchste Entschließung«: »In Hinsicht der Stiftlinge Franz Schubert und ... genehmige ich Ihre Anträge insoweit, daß selbe, wenn sie nach den Ferien die 2te Klasse nicht verbessern oder in der nächsten Semestral-Prüfung wieder in eine 2te Klasse verfallen, ohne weiteres entlassen werden.«

Franz, seit seinem Stimmbruch im Juli 1812 aus der Schar der Hofsängerknaben ausgeschieden, war nicht mehr im Besitz eines selbstverständlich gültigen Stipendiats. Sein Verbleiben im Konvikt als Schüler des Gymnasiums hing nun von seiner schulischen Leistung ab. Wahrscheinlich wollte er sich der Ungewißheit dieses Drucks nicht weiter aussetzen, zog die Konsequenzen und verließ das Konvikt, ohne Abschiedsschmerz und ohne Zorn auf seinen Kaiser, der über ihn entschieden hatte, denn am 13. November schrieb er auf die erste Strophe eines anonymen Gedichts einen Kanon für drei Männerstimmen: »Auf den Sieg der Deutschen«.

Franz suchte seine Freiheit. In den fünf Jahren im Konvikt hatte er sich das musikalische Handwerkszeug so gründlich und umfassend angeeignet und sein eigenes Talent auf verschiedenste Weise ausprobiert, daß es ihm genügen konnte. Seinem Geist war aufgeleuchtet, wo in der Musik das Wunder wahrer Größe Gestalt gewonnen hatte. Maßstäbe und Unterschiede wurden ihm vertraut, und er war bis zu jener Grenze vorgedrungen, da er selbst aus dem Bereich des nur Gekonnten und Gemachten in das freie, wunderbare Feld des schöpferischen Geistes schritt.

Als Sängerknabe mußte er, erst Sopranist, dann Altist, in den Gottesdiensten bei Hof in der gotischen Kapelle der Hofburg regelmäßig mitsingen. Das kleine Orchester des Konvikts wirkte dort mit, Sänger und Musiker insgesamt fünfzig »Individuen«. Dort sang Schubert in den Messen vieler bekannter und unbekannter, großer und kleiner, verstorbener und noch lebender, deutscher und italienischer Meister mit. So wurde er mit der Kirchenmusik seiner Zeit völlig vertraut.

Im Konvikt selbst wurde großer Wert auf vielseitige musikalische Ausbildung gelegt. Der Konviktsdirektor hatte dafür gesorgt, daß aus der Schülerschar ein volles Orchester mit ausreichenden Instrumenten aufgestellt werden konnte. Sie mußten so fleißig üben, daß sie jeden Abend eine ganze Symphonie und eine rauschende Ouvertüre aufführen konnten. An schönen Sommerabenden blieben die Wiener Bürger auf dem Universitätsplatz stehen und hörten der aus den offenen Fenstern klingenden Musik zu – so gut wurde dort gespielt.

In diesem Orchester gewann Franz durch seine Zuverlässigkeit und sein Können bald an Achtung. Schuberts Mitschüler Anton Holzapfel erzählt darüber: »Einer der jüngeren, verläßlichen Sängerknaben mußte die Stelle, die man allenfalls Kapelldiener nennen könnte, versehen. Diese Stelle, eine sehr lästige Charge zur Besorgung des Saitenaufziehens, der Unschlitt-Kerzenbeleuchtung, der Stimmauflage und der Ordnung und Aufbewahrung von Instrumenten und Noten, hat Franz Schubert durch ein paar Jahre versehen, wobei er zugleich als Violinspieler täglich mitwirkte.«

Der Hoforganist und Bratscher am Burgtheater, Wenzel Ruczicka, ein gründlicher und tüchtiger Mann, gab im Konvikt den Instrumentalunterricht. Er erkannte die außerordentliche Begabung seines Zöglings und förderte ihn. Nach kurzer Zeit führte Schubert das Orchester an. Er durfte unter eigener Leitung selbstgeschriebene Orchester-Ouvertüren und Streichquartette spielen lassen, und bald ergab es sich, daß er bei Abwesenheit Ruczickas das Ensemble dirigierte. Das Urteil dieses Mannes über Schubert war: »Der hat's vom lieben Gott gelernt.« Das sollte nicht heißen, daß ihm die Musik mühelos in den Schoß fiel, sondern daß er in seinem inneren Wesen geöffnet war für den wunderbaren Bereich der göttlichen Schöpfung, den wir mit dem Wort Musik benennen. Er war ein unmittelbar von dort Empfangender, der nicht nur mit den fertigen Brocken hantierte, die schon zur Erde gefallen und durch die Hände anderer gegangen sind.

So versäumte Schubert keine sich bietende Gelegenheit, um musikalisch tätig zu sein. »Außer diesen täglichen Orchesterübungen«, berichtet der Mitschüler Anton Holzapfel weiter, »und den kirchlichen Leistungen der stipendierten Sängerknaben bildeten sich kleine, von Herrn Direktor gern geduldete Gruppen zur Aufführung von Streich- und Singquartetten. Auch kam der Gesang zu Klavier, besonders die Zumsteegschen Balladen und Lieder, unter uns in Mode, an welchen Schubert den tätigsten Anteil nahm.«

Franz Eckel, Flötenbläser im Konviktorchester, schreibt später über seinen ehemaligen Kameraden: »Schubert lebte schon als Knabe und Jüngling mehr ein inneres, geistig-sinniges Leben, welches nach außen selten in Worten, ich möchte fast sagen, fast nur in Noten sich kundtat. Selbst gegen seine Vertrauteren, zu denen damals Holzapfel und ich zählten, die wir seine ersten im Stadtkonvikt komponierten Lieder jedesmal fast naß vom Papier weg lasen und sangen, war er wortkarg und wenig mitteilend, außer in Sachen, die jene Göttliche betrafen, der er sein kurzes, aber ganzes Leben weihte.«

Im Konvikt gewann Schubert den etwa acht Jahre älteren Jurastudenten Josef von Spaun aus Linz zum treuesten, besten Freund seines Lebens. Am Anfang, bei Schuberts Eintritt, war der Altersunterschied wohl noch zu groß, als daß es zu einer tieferen Begegnung hätte kommen können. Aber nachdem von Spaun nach zweijähriger Abwesenheit 1811 wieder in das Konvikt gekommen war, wuchs sehr bald ein tiefes geistiges Verstehen zwischen diesen beiden Menschen, das sie zu einer unwandelbaren Freundschaft verband. Über den Aufzeichnungen von Spauns nach Schuberts Tod schwebt noch der Hauch dieses frühen Sichbegegnens: »Schubert spielte, hinter mir stehend, aus demselben Notenblatt. Sehr bald nahm ich wahr, daß mich der kleine Musiker an Sicherheit und Takt weit übertraf. Dadurch auf ihn aufmerksam gemacht, bemerkte ich, wie sich der sonst stille und gleichgültig aussehende Knabe auf das lebhafteste den Eindrücken der schönen Sinfonien hingab, die wir aufführten. Die Adagios der Haydnschen Sinfonien bewegten ihn auf das innigste. Von der Sinfonie in g-Moll von Mozart sagte er oft zu mir, daß sie ihn erschüttere, ohne daß er eigentlich wisse, warum. Das Menuett in derselben erklärte er für hinreißend, und in dem Trio deuchte ihm, daß die Engel mitsängen. Die Sinfonien in D-Dur und A-Dur von Beethoven steigerten sein Entzücken auf das äußerste. Später gab er der c-Moll-Sinfonie den Vorzug.«

Franz Schubert lebte im Konvikt mit einer Schar immer lebenslustiger Knaben zusammen, jungen Menschen, unter denen es Streit und Freundschaft gab, strenge Aufsicht, harte Arbeitsstunden und gelöstes, schönes Musizieren. Fünf Jahre lebte er hier, aber sein wahres Leben war nur die Musik. Ihr gehörte all seine Kraft und Hingegebenheit. »Auch auf den gemeinsamen Spaziergängen hielt er sich meistens abseits, ging mit gesenktem Blick, die Hände auf den Rücken gelegt, mit den Fingern wie auf Tasten spielend, ganz in sich gekehrt, sinnend einher.« Erst später, nach seinem Durchbruch in die schöpferische Freiheit, suchte er die Freundschaft, weil er gleichgesinnte Menschen brauchte und das volle, tiefe Leben suchte.

Das Leben dieser Welt schlug auch ins Konvikt hinein. Franz war noch im Elternhaus und neun Jahre alt, als der gute Kaiser Franz die deutsche Kaiserkrone in ein Museum legen ließ. Die alte Herrlichkeit war ausgeträumt, etwas Neues zog herauf. Vom Westen kam der starke Mann, der die Welt erobern wollte, und der laute Ruf nach Freiheit, Gleichheit, Brüderlichkeit.

Nach dem Sieg Napoleons über die Österreicher bei Wagram im Jahr 1809 und dem Schönbrunner Friedensschluß brach unter den Wiener Studenten die Begeisterung für die Vaterlandsverteidigung aus. In dem großen alten Universitätssaal, dem Konvikt gegenüber, ließen sich die Freikorpswilligen bei Feldmarschalleutnant Koller eintragen. Die Konviktinsassen ließen sich von der Begeisterung anstecken, meldeten sich zur Einschreibung und kamen jubelnd mit den weiß-roten Bändern, dem Zeichen der Anwerbung, ins Konvikt zurück. Ohne die Ermahnungen des Konviktdirektors zu beachten, marschierten sie in den nächsten Tagen mit den Freischärlern Napoleon entgegen. Aber schon am dritten Tag rief sie der allerhöchste Befehl von Erzherzog Rainer in das dunkle Konvikt zu ihren Pflichten zurück. Mehrere Tage blieben sie eingesperrt, und der Freiheitstraum war ausgeträumt. Napoleon stand bald mit seiner Armee vor der Stadt. Die Konviktualen sahen, wie eine Granate auf dem Universitätsplatz niederging und in einem der schönen Wiener Brunnen platzte. Eine andere Granate durchschlug das Dach und die Stockwerke und platzte im Zimmer des Konviktpräfekten, als dieser gerade den Schlüssel umdrehte, um einzutreten. Am 13. Mai zog Napoleon in Wien ein. Seine Armee brachte Not, Krankheiten und den Staatsbankrott.

Im Konvikt lebten auch Söhne von Tiroler Freiheitskämpfern, die sich der Fremdherrschaft nicht unterwerfen wollten. Einer dieser jungen Leute, Johann Senn, ein Freund Schuberts, der später zwei seiner Gedichte vertonte, ein starrköpfiger, freiheitsdurstiger Jüngling, Hasser jeden äußeren Zwanges, hatte statt in den vorgeschriebenen Stiefeln in Schuhen an der Kommunion teilgenommen. Er wurde dafür in den Karzer eingesperrt. Das erregte eine kleinen Aufstand seiner Tiroler Schulkameraden. Senn wurde aus dem Konvikt verstoßen,

»weil er, obschon arm, nicht gegen seine Überzeugung zur Anerkennung der Rechtmäßigkeit jener Strafe sich demütigen konnte. Seine Freisinnigkeit wurde anrüchig, seine Unbeugsamkeit schien gefährlich«.

Senn wurde für immer aus Wien verbannt, aber Schubert hielt die Freundschaft mit ihm aufrecht, denn wenn auch auf andere Weise, trug auch er den großen Durst nach Freiheit in seiner Seele.

Das Leben im Konvikt konnte jungen Menschen wohl bedrückend werden. Die Mauern waren alt und dick, durch die tiefen Fensternischen kam an trüben Tagen wenig Licht. Im Winter wurde schlecht geheizt; sie froren. Die Beköstigung war karg, aber die Schul- und Übungsstunden waren viel. Mancher Zögling mag das tägliche Orchesterspiel mehr als Dressur denn als Kunstgenuß empfunden haben.

Als von Spaun im September 1809 das Konvikt verließ, rief Franz Schubert ihm zu: »Sie Glücklicher, Sie entgehen nun dem Gefängnis! Mir ist so leid, daß Sie fortkommen.« Er war doch eben erst ein Jahr im Konvikt, und vier Jahre hatte er noch vor sich.

Nachdem im Konvikt Schubert und von Spaun einander nähergekommen waren, vertraute sich Franz dem älteren Freund eines Tages »scheu und schamrot« an. Von Spaun schreibt darüber: »Er sagte mir, daß er heimlich öfter seine Gedanken in Noten bringe, aber sein Vater dürfte es nicht wissen, da er es nicht wolle, daß er sich der Musik widme.« In bemerkenswerter Freundestreue und aus tiefem Verstehen des Wesens seines Freundes hat von Spaun sich in den entscheidenden Jahren darum bemüht, den Vater davon zu überzeugen, daß er Franz seine Freiheit lassen müsse und daß man seine schöpferischen Fähigkeiten nicht unter das Joch festgelegter, die Tage ausfüllender Beamtenpflichten zwingen dürfe.

Ähnlich hat der später gewonnene Schubert-Freund Johann Mayrhofer auf Schuberts Vater eingewirkt: »Oft hatte ich Schuberts würdigen Vater über das Fortkommen seines Sohnes zu trösten, und ich wagte es zu prophezeien, daß Franz gewiß durchdringen, ja daß eine spätere Welt ihm den Anteil nachtragen würde, der ihm anfangs nur langsam wurde.«

Franz achtete und liebte seinen Vater, aber er litt auch unter ihm. Franz liebte seine Mutter, die manches ausglich, deren Tod am 28. Mai 1812 ihn im Konvikt tief betrübte. Franz liebte seine Stiefmutter, die dreißigjährige Anna Kleienböck, Tochter eines Seidenzeugfabrikanten, welche der inzwischen neunundvierzigjährige Schulmeister Schubert am 25. April 1813 als zweite Frau in sein Haus führte. Sie wurde dem jungen Franz eine gute Mutter und hat ihn später in mancher Not finanziell unterstützt.

Franz nahm von seinem Vater viel ins Leben mit: den enormen Fleiß, die geregelte Arbeitsweise, die Genauigkeit. Er lebte jedoch in einer anderen Welt, und er bedurfte der Freiheit, sich dieser Welt ganz hinzugeben. Aber das war das Menschlichste an ihm, daß er nicht ohne Liebe leben konnte. Er suchte die Liebe seines Vaters, seiner Brüder, seiner Freunde, weil er selbst sie liebte. Er ging nicht den Weg des freiheitlichen Aufbegehrens, der Rücksichtslosigkeit, der Verachtung derer, die ihm im Weg standen. Weil in ihm Genius und Herz einmütig verbunden waren, weil er sich liebend, herzensoffen, in jedes Dichterwort, in jeden Menschenlaut der Klage, in jeden Freudenton des Glücks, in jedes Leben der Natur ganz hineingab, konnte er die ganze Welt in Tönen glaubhaft nacherschaffen.

Wer könnte bezweifeln, daß solch ein Leben schmerzvoll ist.

Vom 3. Juli 1822 gibt es eine eigenartige Niederschrift Schuberts, »Mein Traum« betitelt. Wir wissen nicht, wo und aus welchem Anlaß sie entstanden ist. Das Original von Schuberts Hand, mit Bleistift aufgezeichnet, hat sein Bruder Ferdinand aufbewahrt und später an Robert Schumann weitergegeben. Der Schulfreund Franz von Schober besaß eine von ihm selbst angefertigte Abschrift der Blätter. Beiden muß also diese Niederschrift als aufbewahrenswert erschienen sein. Aber nicht, weil sie in Form einer allegorischen Erzählung über bestimmte Ereignisse in Schuberts Leben chronologisch Bericht erstattete. Dafür gibt es kaum Anhaltspunkte. Wohl aber haben in ihr die durchlittenen Spannungen seiner jungen Jahre einen späten Ausdruck gefunden. Vor allem: Hier hatte er zu Wort gebracht, was ihn sein Leben lang zutiefst bewegte: die Untrennbarkeit von Schmerz und Liebe, die Sehnsucht nach der Versöhnung der gespaltenen Wirklichkeit.

Einige Sätze offenbaren seine ganze Seele, seine Weise, als Mensch zu existieren. »Sollte ich Liebe singen, ward sie mir zum Schmerz. Und sollte ich wieder Schmerz nur singen, ward er mir zur Liebe. So zertheilte mich die Liebe und der Schmerz.« ». . . und ich fühlte die ewige Seligkeit wie in einem Augenblick zusammengedrängt. Auch meinen Vater sah ich versöhnt und liebend. Er schloß mich in seine Arme und weinte. Noch mehr aber ich.« Doch lesen wir den ganzen Text!

Mein Traum.

Ich war ein Bruder vieler Brüder und Schwestern. Unser Vater und unsere Mutter waren gut. Ich war allen mit tiefer Liebe zugethan. Einstmahls führte uns der Vater zu einem Lustgelage. Da wurden die Brüder sehr fröhlich. Ich aber war traurig. Da trat mein Vater zu mir und befahl mir, die köstlichen Speisen zu genießen. Ich aber konnte nicht, worüber mein Vater erzürnend mich aus seinem Angesicht verbannte. Ich wandte meine Schritte, und mit einem Herzen voll unendlicher Liebe für die, welche sie verschmähten, wanderte ich in ferne Gegend.
Jahrelang fühlte ich den größten Schmerz und die größte Liebe mich zertheilen. Da kam mir Kunde von meiner Mutter Tode. Ich eilte sie zu sehen, und mein Vater von Trauer erweicht, hinderte meinen Eintritt nicht. Da sah ich ihre Leiche. Tränen entflossen meinen Augen. Wie die gute alte Vergangenheit, in der wir uns nach der Verstorbenen Meinung auch bewegen sollten, wie sie sich einst, sah ich sie liegen.
Und wir folgten ihrer Leiche in Trauer, und die Bahre versank. Von dieser Zeit an blieb ich wieder zu Hause. Da führte mich mein Vater wieder wie einstmals in seinen Lieblingsgarten. Er fragte mich, ob er mir gefiele. Doch mir war der Garten ganz widrig, und ich getraute mich nichts zu sagen. Da fragte er mich zum zweytenmahl erglühend: ob mir der Garten gefiele? Ich verneinte es zitternd. Da schlug mich mein Vater, und ich entfloh. Und zum zweytenmahl wandte ich meine Schritte, und mit einem Herzen voll unendlicher Liebe für die, welche sie verschmähten, wanderte ich aber-

mals in ferne Gegend. Lieder sang ich nun lange Jahre. Sollte ich Liebe singen, ward sie mir zum Schmerz. Und wollte ich wieder Schmerz nur singen, ward er mir zur Liebe. So zertheilten mich die Liebe und der Schmerz.
Und einst bekam ich Kunde von einer frommen Jungfrau, die erst gestorben war, und ein Kreis sich um ihr Grabmahl zog, in den viele Jünglinge und Greise auf ewig wie in Seligkeiten wandelten. Sie sprachen leise, die Jungfrau nicht zu wecken. Himmlische Gedanken schienen immerwährend aus der Jungfrau Grabmahl auf die Jünglinge wie lichte Funken zu sprühen, welche sanftes Geräusch erregten. Da sehnte ich mich sehr, auch da zu wandeln. Doch nur ein Wunder, sagten die Leute, führt in den Kreis. Ich aber trat langsamen Schrittes, innerer Andacht und festen Glaubens, mit gesenktem Blicke auf das Grabmahl zu, und ehe ich es wähnte, war ich in dem Kreis, der einen wunderlieblichen Ton von sich gab; und ich fühlte die ewige Seligkeit wie in einem Augenblick zusammengedrängt. Auch meinen Vater sah ich versöhnt und liebend. Er schloß mich in seine Arme und weinte. Noch mehr aber ich.«   Franz Schubert

Vielschichtig ist die Wirklichkeit des Daseins. Der Mensch ist Fleisch und Blut. Jeden Morgen geht für ihn die Sonne auf, nach des Tages Mühen geht sie für ihn unter. Hungrig legt er sich zu Bett, und er denkt daran, daß er seine lieben Nächsten hat. Mond und Sterne decken seine Ruh, und am nächsten Morgen geht er tapferen Muts wieder an das Tagewerk. Er kann und darf sich nicht von den Daseinstiefen überwältigen lassen.
So erfuhr es Schubert. Er bewahrte sich im Internat das Vertrauen zu den Menschen, den Humor, die Lust am Spaß, den Mut zum Leben.
Schrieb er doch am 24. November 1812 an seinen Bruder Ferdinand:

»Gleich heraus damit, was mir am Herzen liegt, und so komme ich eher zu meinem Zwecke, und du wirst nicht durch liebe Umschweife lang aufgehalten. Schon lange habe ich über meine Lage nachgedacht und gefunden, daß sie im

Ganzen genommen zwar gut sei, aber doch noch hie und da verbessert werden könne. Du weißt aus Erfahrung, daß man doch manchmal eine Semmel und ein paar Äpfel essen möchte, um so mehr, wenn man nach einem mittelmäßigen Mittagsmahle nach 8½ Stunden erst ein armseliges Nachtmahl erwarten darf. Dieser schon oft sich aufgedrungene Wunsch stellt sich nun immer mehr ein, und ich mußte nolens volens endlich eine Abänderung treffen. Die paar Groschen, die ich vom Herrn Vater bekomme, sind in den ersten Tagen beim Teufel, was soll ich dann die übrige Zeit thun? Die auf dich hoffen, werden nicht zu Schanden werden. Matthäus Cap. 3, V. 4. So dachte auch ich. – Was wär's denn auch, wenn du mir monatlich ein Paar Kreuzer zukommen ließest? Du würdest es nicht einmal spüren, indem ich mich in meiner Clause für glücklich hielte und zufrieden sein würde. Wie gesagt, ich stütze mich auf die Worte des Apostels Matthäus, der da spricht: Wer zwei Röcke hat, der gebe einen den Armen etc. Indessen wünsche ich, daß du der Stimme Gehör geben mögest, die dir unaufhörlich zuruft,
    deines dich liebenden, armen, hoffenden
    und manchmal armen Bruders
    Franz zu erinnern.«

Auch bei sparsamer Kost und viel Arbeit hat Schubert sich seinen Humor nicht nehmen lassen. Unter sein im Konvikt geschriebenes Oktett für Blasinstrumente setzte er am 18. August 1813 die Unterschrift: Fine mit Quartett, welches gecomponieret hat Franzo Schubert Kaplmaster der kais. chinesichen Hofkapppehle zu Nankung, der weltberühmten Residenz von Sr. Chinesichen Mayestät. Geschrieben zu Wien in an Datum, das i nit wass, in an Jahr, das an 3 am End hat, und an anser (= Einer) im Anfang und Nachher an Ochter u. wieder an Anser. Heisset also: 1813.

Notenpapier konnte Schubert sich selbst nicht kaufen, aber es wurde ihm geschenkt: von Salieri schon teils beschriebene Blätter. Von seinem Freund von Spaun erhielt er neue Blätter, soviel er brauchte, und das waren viele!

Vierhändige Klavierfantasien, fünf Streichquartette, mehrere Ouvertüren, ein Bläseroktett, eine Sonate für Klavier,

Violine und Violoncello, dreißig Menuette, eine Anzahl deutsche Tänze, andere kleine Sachen, noch keine Meisterwerke, manches Nachahmung der Großen vor ihm, aber in dem allen offenbarte sich der jugendliche Schwung des von der Musik Getriebenen, und ein Hauch des zukünftigen Schubert weht hindurch. Über seine Arbeitsweise beim Niederschreiben hat sein Schulkamerad Albert Stadtler notiert: »Sehr selten bediente er sich dabei des Klaviers. Er sagte öfters, es würde ihn dies aus dem Zuge bringen. Ganz ruhig und wenig beirrt durch das im Konvikt unvermeidliche Geplauder und Gepolter seiner Kameraden um ihn her, saß er am Schreibtischchen ... und schrieb leicht und flüssig, ohne viele Korrekturen, als ob es gerade so und nicht anders sein müßte.«

Man darf sich aber durch diese Äußerung nicht dahin täuschen lassen, daß Schubert seine Noten leichtfertig zu Papier gebracht hätte. Gerade diese Bemerkung zeigt ja, daß er schon als geistiges Werk in sich trug, was er dann in solcher Konzentration niederschreiben konnte.

Am Ende seiner Konviktszeit schrieb der Sechzehnjährige seine erste Symphonie und signierte ihren Abschluß am 28. Oktober 1813, kurz vor seinem Eintritt in das Lehrerseminar. Schon im Jahr 1812 hatte er sich an einen ersten Versuch gewagt und die teilweise vollendete Partitur eines ersten Satzes geschrieben. Die Blätter blieben aber liegen, und erst im Sommer 1813 begann Schubert von neuem. Das vollendete Werk ist für einen Sechzehnjährigen erstaunlich, der sich darin als ein Musiker auswies, der das Metier der Kompositionswissenschaft, wie man damals sagte, von Grund auf beherrschte. Gewiß gibt es darin Anklänge an Haydn, Mozart und den jungen Beethoven, aber doch nur so, wie es solche grundsätzlich in der Musik der Großen einer Zeitepoche gibt.

Schuberts Symphonie Nr. 1 hat, wie auch die in den nächsten Jahren folgenden, ihr eigenes Gepräge. Nach dem langsam-feierlichen Eingang gerät das Musizieren in mitreißende Bewegung, die sich im letzten Satz in immer neuem Anlauf, fast bedrängend, zum Vorwärtsstürmen steigert. Der zweite Satz, das zarte, innige Andante, lyrisches Verweilen, musikalisch voller Einfallsreichtum, sowie das in die anderen Sätze eingesprengte Aufleuchten melodiöser Farbigkeit durch den gekonnten Einsatz der verschiedenen Instrumente, das ist schon ausgesprochen schubertsche Musik.

Diese erste Symphonie, kein großes Werk, aber eine Freude, sie zu hören, war – wie auch die nächsten – nicht für die Öffentlichkeit geschrieben. Es ist Privatmusik, für einen kleinen Kreis bestimmt.

Vermutlich wurde die Symphonie bald an einem der gewohnten Übungsabende vom Konviktorchester aufgeführt, mit dem Schubert noch länger in Verbindung blieb. Wenn nicht, dann ist sie zum ersten Mal 1881, fünfzig Jahre nach Schuberts Tod, im Kristallpalast in London vor Menschenohren Klang geworden.

Die Tinte seiner Handschrift war noch kaum getrocknet, da begann Schubert schon ein neues Werk, seine erste Oper: »Des Teufels Lustschloß«, nach einem Text von Kotzebue, und arbeitete daran, mit verschiedenen Überarbeitungen, ungefähr ein Jahr. Aber alle seine lebenslangen Bemühungen um Opern – noch auf dem Sterbelager korrigierte er seinen letzten derartigen Versuch – brachten ihm, zu seiner eigenen Bekümmernis, keinen gültigen Erfolg, so wunderbare Musik sie auch enthalten mögen, wie etwa die bezaubernd schöne Ouvertüre und Ballette der Oper »Rosamunde«. Schubert hatte nie das Glück, einen guten Operntext zu finden.

Im Konvikt begann aber schon das große Neue, das Schubert-Lied.

Nach einigen abhanden gekommenen Versuchen schrieb der vierzehnjährige Franz Schubert am 30. März 1811 die erste uns erhalten gebliebene Liedkomposition: »Hagars Klage in der Wüste«, nach einem Gedicht von Levin Schücking aus Münster. Die Anregung hierzu empfing er durch die Vertonung des damals bedeutendsten Liederkomponisten Johann Rudolf Zumsteeg, eines Mitschülers Friedrich Schillers, dessen Lieder von den Konviktschülern gern gesungen wurden, wodurch Schubert wiederum mit den großen Dichtern der Zeit, Klopstock, Bürger, Matthisson, Goethe und Schiller, bekannt wurde.

Schuberts Komposition hebt sich, bei aller Nachahmung, dadurch von der Zumsteegschen ab, daß seine Begleitung nicht nur untermalendes Begleiten ist, sondern daß Vorspiel und Gesang in Verbindung mit dem Wort zu dramatisierter, profilierter und damit neuer Aussage werden. Hier taucht in erstem, noch unvollkommenem Versuch etwas auf, was weiterhin das Wesentliche, Neue des Schubert-Liedes sein wird.

Was zog Schubert gerade zu diesem Gedicht? Man könnte sagen: Das gleiche, was auch Schücking und Zumsteeg bewegte, die Tragik des seelischen Schmerzes der Verstoßenen. Schückings Gedicht beginnt:

»Hier am Hügel heißen Sandes
Sitz ich, und mir gegenüber
Liegt mein sterbend Kind,
Lechzt nach einem Tropfen Wasser,
Lechzt und ringt schon mit dem Tod,
Weint und blickt mit seinen Augen
Mich bedrängte Mutter an.
Du mußt sterben, armes Würmchen
Ach, nicht eine Träne hab' ich
In den trocknen Augen, wo ich
Dich mit stillen kann.«

Aber Schubert war doch erst ein Knabe von vierzehn Jahren, der sich in die innere Not einer in die Wüste verirrten Mutter versetzt! Es ist dies nicht das einzige von Trauer und Düsternis erfüllte Gedicht, das ihn in dieser frühesten Zeit zur Komposition anregt, zu einer musikalischen Fassung, die über das Tragische hinaus zum Tröstlichen, Verklärenden führt. Daß auch gespenstische Friedhofsgesänge dazwischen sind, mag zu der Vermutung Anlaß geben, hier sei die Anziehungskraft morbider Tränenliteratur auf junge Menschen die Ursache. Sie mag mitgewirkt haben, aber wie in der Gestalt seiner Komposition, so kommt auch in der Auswahl der Gedichte etwas vom eigensten Wesen Schuberts zum Ausdruck, dieses Einssein in der Zerteiltheit in Schmerz und Liebe, Tragik und Tröstung, Unergründlichkeit des Daseins und Verklärung im ewigen Licht.

Die Schlußstrophe eines 1813 von Schubert vertonten Matthisson-Gedichtes »Die Schatten« spricht dies so aus:

Wiedersehn, Wiedersehn der Liebenden!
Wo der Heimat goldne Sterne leuchten,

O du der armen Psyche, die gebunden
Im Grabtal schmachtet, himmlische Sehnsucht.

Leiden unter der Zertrennung, die alles Dasein durchzieht, Sehnsucht nach der ewigen Erlösung von aller Widersprüchlichkeit, nach der ewigen Verklärung: Das ist Anfang, Mitte und Ende des Schubert-Lebens.

Die letzte Strophe des auch 1813 vertonten Gedichtes »Verklärung« von Alexander Pope (in der Übertragung von Johann Gottfried Herder) bewegte seine Seele:

Die Welt entweicht! Sie ist nicht mehr!
Engel-Einklang um mich her!
Ich schweb im Morgenrot!
Leiht, o leiht mir eure Schwingen,
Ihr Brüder-Geister, helft mir singen:
O Grab, wo ist dein Sieg? Wo ist dein Pfeil, o Tod?

Schon weit über die kurze Hälfte seines Lebens hinaus, schreibt Schubert am 27. März 1824 in sein Tagebuch: »Keiner, der den Schmerz des anderen, und keiner, der die Freude des anderen versteht! Man glaubt immer, zueinander zu gehen, und man geht immer nur nebeneinander. O Qual für den, der dies erkennt.«

Im selben Jahr schreibt er in einem Brief an seinen guten Bruder Ferdinand: »War es bloß der Schmerz über meine Abwesenheit, der dir Thränen entlockte, die du dir nicht zu schreiben getrautest? Oder fühltest du beim Andenken an meine Person, *die von ewig unbegreiflicher Sehnsucht gedrückt ist*, auch um dich ihren trüben Schleier gehüllt?« Gegen Ende dieses Briefes kommt er auf »jenes fatale Erkennen einer miserablen Wirklichkeit, die ich mir durch meine Phantasie *(Gott seys gedankt)* so viel als möglich zu verschönen suche.« Im letzten, im Todesjahr seines kurzen Lebens, vollendet er die dunkle »Winterreise«, schreibt das ewigkeitsgetränkte Streichquintett, die abgründigen Klaviersonaten und die Es-Dur-Messe mit dem erschütternden *Qui tollis peccate mundi* und dem in den ewigen Frieden geleitenden *dona nobis pacem*.

Der Genius hebt mit Schmerzen seine Schwingen! Aber

bevor er sie frei entfalten darf, muß er sich den Gebundenheiten, den Notwendigkeiten des bürgerlichen Lebens unterwerfen, um des Broterwerbs willen einen Beruf erlernen und sich bemühen, ihn auszuüben. Der Vater vermittelt ihm für Ende Oktober 1813 die Aufnahme in die Lehrerbildungsanstalt, die »Normal-Hauptschule St. Anna« in Wien. »Ich bin geboren, Musik zu machen« – diesen Ausspruch durfte er erst später tun.

1813 – 1817
STURMWIND DES SCHAFFENS

Schläft ein Lied in allen Dingen,
Die da träumen fort und fort.
Und die Welt hebt an zu singen,
Triffst du nur das Zauberwort.   Eichendorff

Der Siebzehnjährige, mit einer nicht abgeschlossenen, aber soliden Gymnasialbildung, begabt, geistig interessiert, musikalisch geradezu besessen, geht einen Herbst, Winter, Frühling und Sommer lang täglich den Weg vom Elternhaus in die Wiener Altstadt zur Lehrerpräparande. Zusammen mit der Akademie der bildenden Künste war sie in dem ehemaligen Jesuitenkloster untergebracht. Die dazugehörige Kirche Sankt Anna steht noch heute, die Klostergebäude wurden 1887 abgetragen.
   Wie das Abschlußzeugnis vom 19. August 1814 ihm bescheinigt, hat sich Franz dort die für einen Schullehrer nötigen Kenntnisse mit Fleiß, im Ergebnis meist gut, teils mittelmäßig, in der praktischen Religionsunterweisung schlecht angeeignet. Schuberts Tage waren also weithin ausgefüllt mit Einübung im Buchstabieren, Schönschrift, Diktaschreiben, Deutsche Sprachlehre, Rechenkunst, allgemeiner Unterweisung und Pädagogik. Daß er neben seinem musikalischen Schaffen diesen mehr als befriedigenden Zeugnisstand erreichte, ist wohl kaum als ein Wunder zu bezeichnen, sondern eher ein Beweis seiner Energie und seines guten Willens. Er scheint sich unter diese Last geduldig gebeugt zu haben und durfte ab Herbst 1814 gegen ein Jahresgehalt von vierzig Gulden und freier Verpflegung bei dem Schulrektor, seinem Vater, als sechster Schulgehilfe seinen Dienst tun, einen Haufen Schulanfänger in den vorgeschriebenen Grundfächern unterrichten.

Das Streichquartett des Vaters mit seinen Söhnen vergrößerte sich seit 1814. Dem neu hinzutretenden Jugendfreund Schuberts, Josef Doppler, folgten bald noch andere Streicher und weiterhin auch einige Bläser. Regelmäßig an zwei Abenden in jeder Woche traf sich dieser Kreis im Schulhaus, und die Stunden flogen ihnen schnell dahin unter konzentriertem Üben, musikalischen Gesprächen und beglückendem Zusammenspiel. Als der kleine Schulraum für das angewachsene Orchester nicht mehr reichte, nahm sie der bürgerliche Handelsmann Franz Frischling in seinem Haus auf, und der tüchtige Violinspieler Josef Prohaska trat an die Spitze des Ensembles. Im Sommer 1815 konnten sie schon kleine Symphonien in voller Besetzung spielen, und es fanden sich sogar Zuhörergruppen zu diesen Musikabenden ein.

Außer einigen wenigen Fachmusikern gehörten dem Orchester Amateure der bürgerlichen Wiener Welt an, jüngere und ältere Männer des Handlungs-, Gewerbe- und Beamtenstandes. Diesem privaten Kreis konnte Schubert seine ersten Schöpfungen vorlegen und sie so, selbst mitspielend, auch hörend erfahren. Fünfunddreißig solcher Musiksalons gab es im damaligen Wien. In ihnen konnten die von jeder öffentlichen politischen Verantwortung ausgeschlossenen, unter Zensur stehenden Bürger ein freies Eigenleben entfalten. Sie sind der Ausdruck der sich anbahnenden gesellschaftlichen Veränderung mit allen ihren Folgen für das musikalische Leben in einer neuen bürgerlichen Welt.

Schuberts Freunde vermittelten ihm, soweit er nicht schon selbst den Kontakt mit ihr gefunden hatte, die Kenntnis der deutschen Dichtung ihrer Zeit. Schon vom Konvikt her kannte Schubert Schiller und begeisterte sich für ihn. Im Frühjahr 1813 stieß er zum ersten Mal auf Matthisson, und im Frühjahr 1814 scheint er dessen Gedichtssammlung in die Hände bekommen zu haben. Im gleichen Jahr gewann Goethe über ihn Gewalt.

Unter diesen Namen begann das großartige Liederwerk, das unausschöpfbar ist. Im Jahr seiner Lehrerausbildung wandte sich Schubert erstmalig in größerem Maße dem Lied zu. In seiner Seele angesprochen, im Innersten vom dichterischen Wort berührt, von dem, was der Dichter sagt und wie er spricht, ließ ihm dieses Wort hinfort geistig keine Ruhe mehr

Schubert als Siebzehnjähriger. Als Schulgehilfe durfte er
gegen einen Hungerlohn von vierzig Gulden
einem Haufen Schulanfängern das Abc beibringen.

und verwandelte sich ihm mit innerer Notwendigkeit zur Aussage durch Musik.

Neben einigen Anfängerversuchen erhebt sich zuerst Schillers Ballade »Der Taucher« und ein Jahr später, 1815, »Die Bürgschaft« über bisher Gewohntes empor.

Zu Unrecht werden beide Kompositionen öfter als Schauerballaden abgewertet. Es ist Schubert großartig gelungen, jede dieser großen Balladen zu geschlossener musikalischer Aussage durchzukomponieren: die seelischen Bewegungen in den Menschenherzen, die gewaltigen Vorgänge in der Natur, das schreckliche Wasserrauschen, das Auftauchen des Schwimmers aus schaurigem Grund, den reißenden Bergbach, die sengende Hitze, das gaffende Volk auf der Hinrichtungsstätte, und zuletzt den jubelnden Sieg menschlicher Treue. Die beiden Balladen gehören in Schuberts Vertonung zum Ausdrucksstärksten, das sich in der Balladenkomposition finden läßt.

Im Sommer 1814 beeindruckten Schubert die Gedichte des Hannoveraners Friedrich Matthisson, der, sechsunddreißig Jahre vor Schubert geboren, drei Jahre nach Schubert als Theaterdirektor und Oberbibliothekar in Stuttgart verstarb. Seine lyrischen Gedichte waren damals sehr beliebt, rührten viele Herzen an und wurden gern rezitiert. In wenigen Sommerwochen vertonte Schubert dreizehn seiner Gedichte, bis plötzlich Goethe für ihn überwältigend in den Vordergrund trat und ihn zu dem ersten großen Liedwunder hinriß.

Der beglückende Zauber schubertscher Melodik und der Reichtum vielfältiger musikalischer Aussage klingt uns auch heute noch aus den Matthisson-Liedern entgegen, die thematisch einen kleinen Zyklus bilden, wie Schubert auch weiterhin gern Lieder eines einzelnen Dichters oder einer zusammengehörigen Thematik in einem Zuge komponierte. Die meisten dieser Lieder singen von Liebe und Freundschaft, von ihrer Beglückung und von ihren Schmerzen, ihrer Unerfüllbarkeit auf dieser Erde und ihrer Vollendung in einer höheren Wirklichkeit. Immer spielt sich dies menschliche Seelendrama in den wunderbaren Kulissen einer belebten, mitfühlenden Natur ab und gleitet hinüber in die Sphärenweiten des Universums.

Da ist der Anruf an Elisa, die den Tod ihres Freundes nicht verwindet:

Lehnst du deine bleichgehärmte Wange
Immer noch an diesen Aschenkrug?
Weinend um den Toten, den schon lange
Zu der Seraphim Triumphgesange
Der Vollendung Flügel trug?

In Melodie und Begleitung wird das Ungreifbare, Unirdische, Jenseitige, nicht Faßbare und doch Wirkliche fühlbar:

Wohl, wohl dem liebenden Gefährten
Deiner Sehnsucht, er ist ewig dein!
Wiedersehn im Lande der Verklärten
Wirst du, Dulderin, den Langentbehrten,
Und wie er unsterblich sein.

Ebenso hauchzart, die geisterhafte Nähe des Verstorbenen spürbar machend, erklingt die Komposition des Gedichtes »Geisternähe«, zuletzt sich öffnend in unfaßbare Weiten:

Auch fesselfrei
Wird er getreu,
Dir ganz und einzig hingegeben,
In allen Welten dich umgeben.

Wunderbar schwebend klingt der Schlußvers des Liedes »Totenopfer«, in dem der Nachlebende, unter trauernden Weiden an der Aschengruft seines verstorbenen Freundes sitzend, verspricht:

Ihm Tränen opfern werd' ich beim Blätterfall,
Ihm, wenn das Mailaub wieder den Hain umrauscht,
Bis mir, vom schöneren Stern, die Erde
Freundlich im Reigen der Welten schimmert.

Voll freudiger Bewegung und herrlicher Gewißheit strömt die Melodie und ihre Begleitung in dem »Lied der Liebe«:

In heiliger Mitternachtsstunde durchkreist
Des Äthers Gefilde mein ahnender Geist.

Geliebte! Dort winkt uns ein Land, wo der Freund
Auf ewig der Freundin sich wiedervereint.
Die Freude, sie schwindet, es dauert kein Leid;
Die Jahre verrauschen im Strome der Zeit;
Die Sonne wird sterben, die Erde vergehn;
Doch Liebe muß ewig und ewig besteh'n.

Sehnsuchtsvoll, Herzenstiefen bewegend, erinnerungsschwer singt das Lied »Erinnerungen«, all der Orte gedenkend, an denen einst der Liebende mit der Geliebten die wunderbaren Schönheiten der Welt empfand, am Seegestad' in lauen Vollmondnächten, am Hüttchen auf der abendlichen Frühlingswiese, in der Nacht der Johanniswürmchen, und zuletzt:

Wohin ich blick' und geh, erblick' ich immer
Den Wiesenplan,
Wo wir der Berge Schnee mit Purpurschimmer
Beleuchtet sah'n.

Wunderbar, wie man hier in der Musik »der Berge Schnee mit Purpurschimmer« empfindet und unwillkürlich mit Schubert die letzte Zeile wiederholt: Beleuchtet sah'n.

All diesen Matthisson-Liedern ist etwas beglückend Menschliches gemeinsam, durch die Musik vertieft und zu Herzen gehend: Die Liebe wird zur Höhe wahren Menschseins erhoben. Der Mensch ist geliebt als das einmalige Wesen, als das einmalige unverwechselbare Du. Ich und du, erfüllt von ihrer Liebe, bereichert durch die Erinnerung an alle erfahrene Gemeinsamkeit, sind von unersetzbarem Wert in der auch schon so wunderbaren Welt der vergänglichen Natur, sind zur Ewigkeit bestimmt. Dieser einzelne Mensch empfindet sich selbst und den geliebten anderen Menschen als aller übrigen Natur unendlich überlegen, als ein für Ewigkeiten geschaffenes, Raum und Zeit überschreitendes Wesen, als ein besonderes Geschöpf des das Universum überragenden Schöpfers aller Dinge.

Die geistige Nähe der Verstorbenen, der Glanz der Vollendeten, ihre unvorstellbare Befreiung, dies alles war weder für Matthisson noch für Schubert poetische Umschreibung des

Todes, sondern Glaubensaussage, ins dichterische Wort gekleidet und auf die Stufe des Gesangs erhoben.

Staunend feierliches, ehrfurchtsvolles Pathos trägt die musikalische Gestaltung zweier hymnischen Matthisson-Gedichte:

    Laura betet! Engelharfen hallen
    Frieden Gottes in ihr krankes Herz.

Der Verklärungsglanz der Himmelswelt umfließt die in Andacht hingegossene Gestalt, und ihr Anblick öffnet dem still Schauenden die Augen für die überirdische Bestimmung des Menschen:

    Betend diese Heilige zu schauen,
    Ist ein Blick in jene Welt.

Voll großartig herrlicher Steigerungen das andere Lied: »An Laura, als sie Klopstocks Auferstehungslied sang«. In gewaltigen Tonschritten hebt die erste Zeile an:

    Herzen, die gen Himmel sich erheben.

Durch eine ganze Stufenleiter von Gefühlen drängt es, Tränen, Andachtsglut, Seufzer, Entzückung zu dem jauchzenden Ruf:

    Danken dir, o Heilsverkünderin!

Feierlich ergriffen und mit wachsendem Pathos singt die zweite Strophe von dem alles verwandelnden Wunder des Auferstehens, als wäre sie im gläubigen Bewußtsein schon erfahrene Wirklichkeit und der befreite Geist des Menschen,

    Glänzend von der nähern Gottheit Strahlen

schwebte ungebunden, unbelastet durch den weiten Kosmos:

    Mit den Tönen des Triumphgesanges
    Trank ich Vorgefühl des Überganges
    Von der Grabnacht zu Verklärungsglanz!

Als vernähm ich Engelmelodien,
Wähnt' ich dir, o Erde, zu entfliehen,
Sah schon unter mir der Sterne Glanz!

Hier erleben wir den Anfang des Schubert-Liedes!

Ein Schritt auf ein besonderes musikalisches Gebiet war die Komposition seiner ersten Messe, in der Zeit vom 17. Mai bis zum 22. Juli. Nicht nur sein musikalischer Geist, auch sein Herz war an ihr beteiligt.

Seit Mitte August hatte Schubert es nicht mehr nötig, täglich in das alte Jesuitenkloster, das Lehrerseminar zu gehen. Das Lernjahr lag hinter ihm. Die Pflicht, auf ein gutes Zeugnis, ein amtliches Diplom hinzuarbeiten, war endlich abgeschüttelt. Schubert fühlte sich befreit. Jetzt geriet er in Bewegung. Der große Sturm ergriff ihn, der Sturm des Schaffens, der ihn in den ersten Jahren mit schier unglaublicher Gewalt vorwärtstrieb, der ihn nie mehr losließ, bis zu seiner letzten Stunde.

Der erste große Tag in Schuberts kurzem Leben war der 16. Oktober 1814.

Seine Heimatkirche im Wiener Vorort Liechtenthal, in der er getauft worden war und durch Jahre hindurch im Kirchenchor mitgesungen hatte, feierte am 25. September ihr Kirchweihjubiläum. Außerdem war Anfang Oktober ein zweiter Hochaltar eingeweiht worden. Beides sollte in einem festlichen Gottesdienst gefeiert werden. Da bot sich die Gelegenheit, die erste Messe des eben in seiner Heimatgemeinde als Hilfslehrer angestellten Franz Schubert aufzuführen.

Schuberts Bruder Ferdinand berichtet über dies Ereignis: »Es war ein rührender Anblick, den jungen Schubert, der damals der jüngste unter allen anwesenden Musikern war, seine Komposition dirigieren zu sehen. Mit welchem Ernst tat er es, mit welcher Umsicht, daß die alten Herren sagten: Der dürfte schon dreißig Jahre Hofkapellmeister sein. Mit solchem Enthusiasmus wird aber auch nicht bald wieder eine Musik aufgeführt werden, als diese seine erste Messe, denn Regens-Chori war sein erster Lehrmeister (Michael Holzer), Organist sein Bruder Ferdinand, erste Sopranistin eine gute Freundin, seine Lieblingssängerin, und die übrigen Musiker lauter Jugendfreunde und Leute, unter denen er aufgewachsen war.«

Außer diesen, dem siebzehnjährigen Komponisten in persönlicher Teilnahme verbundenen Verwandten und Freunden wirkte noch der Primgeiger Mayseder aus Wien mit. Ob Schuberts berühmter Lehrer Salieri anwesend war, ist zweifelhaft, da am gleichen Tage eine Messe von ihm in der Wiener Hofkapelle aufgeführt wurde. Aber er scheint ein Lob auf seinen Schüler ausgesprochen und große Erwartungen angedeutet zu haben.

Daß Franzens Angehörige und besonders der Vater nachher auf dem großen Vorplatz vor der Kirche über die gelungene Aufführung viele anerkennende Worte aus dem Munde der teilnehmenden Gemeindemitglieder zu hören bekamen und selbst tief bewegt waren, kann man sich leicht vorstellen. Der glückliche Stolz veranlaßte den Vater, dem begabten Sohn, über den er so manche beruflichen Sorgen im Herz trug, ein fünfoktaviges Klavier zu schenken. Schubert selbst aber blieb seinem Wesen treu: Von Begierde nach Ruhm und Ehre wurde er nicht angerührt. Für seinen Fleiß und seine Bescheidenheit ist bezeichnend, daß er das gesamte Aufführungsmaterial für Chor und Orchester selbst schrieb. Daß er komponieren und mit seiner Messe Menschen Freude bereiten konnte, war ihm jede Arbeit wert. Anderen Lohn suchte er nicht.

Wenige Tage später, am 26. Oktober, wurde die Messe in der Augustiner Hofkirche zum zweiten Mal aufgeführt. Die erste Messe ist der Beginn eines kirchenmusikalischen Werkes, das dem Mozarts in keiner Weise nachsteht. Die späteren Messen Schuberts, seine Missa Solemnis, an der er von 1818 bis 1822 arbeitete, und die überwältigende und ergreifende Todesjahrmesse von 1828, sind in ihrer Größe nicht zu fassen, wenn man seine frühen Messen nicht als bewußte kompositorische Arbeiten ernst nimmt. Sie sind zwar Jugendarbeiten, keine musikalischen Hochwerke von klassischer Bedeutung, dafür sind sie der großen Zahl zeitgenössischer Messen zu nah. Aber sie sind bestimmt als persönlich ernstgemeinte Ausübung von Kirchenmusik zu begreifen, unter innerster Beteiligung geschrieben, und sie enthalten alle eine Fülle echter schubertscher Kostbarkeiten.

Schon vom 2. bis 7. März 1815 schrieb Schubert seine zweite Messe. Sie bleibt es wert, als geistliche Musik gehört zu werden.

Nach dem liedhaften, innigen Kyrie eleison entwickeln sich die liturgischen Anrufungen zu bewegter, akzentuierter Deklamation. Nach dem groß auskomponierten Gloria singt der Chor in vierstimmiger ruhiger Darstellung die Aussagen des Credo, im Crucifixus vertieft durch eine ostinat laufende Baßstimme. Bewegend schön klingt das Benedictus, mit Sologesang beginnend, durch Hinzutreten von Tenor und Baß zu einem sizilianischen Trio entwickelt. Im Schluß der Messe, dem Agnus Dei und dem Dona nobis pacem, abwechselnd vom Solo-Sopran und Baß gesungen und vom vierstimmigen Chor abgelöst, enthüllt sich die musikalische Gestaltungskraft Schuberts in ihrer unnachahmlichen Eigenschaft und Größe.

Am 11. November 1815 begann Schubert schon wieder mit der Arbeit an einer Messe in B-Dur, und im Juni/Juli 1816 schrieb er die vierte Messe, in C-Dur. Nur von der ersten wissen wir Ort und Datum der öffentlichen Aufführung. Im April 1826 führt Schubert in seinem Bewerbungsschreiben um die Stelle des Vize-Hofkapellmeisters an der Hofkirche in Wien an, daß er fünf Messen zur Hand habe und sie alle in Wiener Kirchen aufgeführt seien. Diese Bemerkung ist auch deshalb von Bedeutung, weil Schubert sich sonst seinen frühen, jugendlichen Werken gegenüber gleichgültig verhielt, aber gerade seine Messen in genauer Erinnerung behielt.

Die große Zahl der kirchlich gebundenen Werke, einschließlich der Messen insgesamt vierunddreißig, dazu als nicht liturgische Werke eine Vielzahl von Psalmen, Hymnen, Kantaten und religiösen Liedern sowie ihre gleichmäßige Verteilung über alle Schaffensjahre, lassen es als unmöglich erscheinen, in ihnen nur Produkte kompositorischer Übung oder gar der Gefälligkeitserweisung gegenüber der herrschenden Macht von Thron und Altar zu sehen. Beides wäre mit dem grundehrlichen, aufrichtigen und freiheitsliebenden Charakter Schuberts unvereinbar gewesen. Er konnte nur schaffen, wozu ihn sein Verlangen nach musikalischer Gestaltung trieb und was ihm innerlich gemäß war. Dagegen spricht auch nicht, daß er kein kirchengebundener Mensch war, dem damals verbreiteten Geist der Freimaurerei nahestand und Bedenken gegen manche Erscheinungsformen der damaligen Kirche hatte. Er selbst gestand von sich, die Frage beantwortend, woher es komme, daß seine kirchlich-religiösen Kompositionen zumeist so sehr aus dem Augenblick heraus geschaffen seien: »Ich glaube, das kommt daher, weil ich mich zur Andacht nie forciere und, außer wenn ich von ihr unwillkürlich übermannt werde, nie dergleichen Hymnen oder Gebete componiere, dann aber ist es auch gewöhnlich die echte und wahre Andacht.« Bei eigener innerer Ergriffenheit werden ihm die geistlichen Worte zu Musik, zum religiösen Lied.

Wir werden dem zu Unrecht übersehenen religiösen Zug in Schuberts Schaffen bis zum Ende seines Lebensweges Beachtung schenken müssen.

Der große Tag des ersten öffentlichen Dirigierens ging zu Ende, die erste, in jugendlicher Begeisterung geschriebene Messe war im Gotteshaus vor den Zuhörern aus dem heimatlichen Himmelpfortengrund erklungen, das Händedrücken, die vielen guten Worte, der Glanz in manchen Augen, der Dank an alle guten Helfer zum Gelingen, das eigene Hochgefühl, vereint mit wahrer Demut vor dem, der größer ist als alles Menschenkönnen, das alles trat zurück. Abend senkte sich herab, die Sterne zogen auf, in den Gassen und auf den Plätzen Wiens breitete sich die Nacht mit ihrer Ruhe aus.

Schubert zog sich in einen stillen Raum im Elternhaus zurück, und bei Kerzenlicht komponierte er ein Lied:

In einem Tal bei armen Hirten
Erschien mit jedem jungen Jahr,
Sobald die ersten Lerchen schwirrten,
Ein Mädchen schön und wunderbar.

Beseligend war ihre Nähe
Und alle Herzen wurden weit,
Doch eine Würde, eine Höhe
Entfernte die Vertraulichkeit.

Sie brachte Blumen mit und Früchte,
Gereift auf einer andern Flur,
In einem andern Sonnenlichte,
In einer glücklichern Natur.

Willkommen waren alle Gäste,
Doch nahte sich ein liebend Paar,
Dann reichte sie der Gaben beste,
Der Blumen allerschönste dar.

Zauber der Worte in der Verzauberung durch die Melodie! Was bewegte Schuberts Herz? Warum gerade dieses Schillerlied an diesem Abend?

Noch immer schwebte die engelhafte Stimme einer jungen Sopranistin um ihn und erfüllte ihn mit Glück, die Stimme seiner Lieblingssängerin im heimatlichen Liechtenthaler Kirchenchor, seiner ersten und nie vergessenen wahren Liebe.

Er kannte sie schon länger. Therese, ein Jahr jünger als er selbst, wohnte ganz in Kirchennähe im Hause »Zur Heiligen Dreifaltigkeit« mit ihrer Mutter, Witwe Grob, und ihren Geschwistern. Die Mutter führte die kleine Seidenweberei des verstorbenen Vaters weiter. Zwischen den Familien Schubert und Grob knüpften sich später familiäre Bande, denn Franzens ältester Bruder Ignaz heiratete eine verwitwete Tante von Therese, und es gab wiederholt Taufpatenschaften innerhalb der Verwandtschaft. Thereses Bruder Heinrich spielte als Musikamateur Cello und andere Instrumente. In den nächsten beiden Jahren schrieb Schubert für ihn ein Adagio mit Rondo concertante und ein Klavierquintett. Seiner Sängerin Therese, die mit ihrer klaren Stimme bis zum hohen D hinaufstieg, schenkte er einige geistliche Soli, darunter ein Salve regina. Das alles waren schöne menschliche Beziehungen, und alles bewegte sich im gut bürgerlichen Wiener Rahmen.

Franz Schubert aber, Jüngling und noch in den Anfangsstufen seines Menschseins, erlebte in diesen Jahren den ersten großen Schmerz seines Lebens.

Scheu, wie er war, und doch voll Bedürfnis, die Fülle der Gefühle mitzuteilen, hatte er seinem Konviktgefährten Anton Holzapfel in einem längeren, enthusiastischen Brief seine Liebe zu Therese bekannt. Holzapfel, der Therese auch kannte, beschreibt sie später als »durchaus keine Schönheit, aber gut gewachsen, ziemlich voll, ein frisches kindliches Rundgesichtchen, mit schöner Sopranstimme«.

Damals, auf Schuberts Brief hin, hatte Holzapfel versucht,

Schubert seine Liebe durch Ironie auszutreiben. Aber sie war zu tief in seinem Herzen eingewurzelt. Therese sang in seiner Messe, sie sang mit Freude, was er für sie komponierte. Im Schaffensdrang des nächsten Jahres probierte man am Klavier Lied um Lied. Er liebte sie, er hätte sie zu seiner Frau gemacht, und sie hätte freudig eingewilligt: wenn nur nicht die leidige Frage um die Existenz gewesen wäre, denn ein sechster Schulgehilfe konnte kaum sich selbst ernähren. Er mußte viele Jahre warten, bis er an eine Heirat denken konnte. Ein freier Musiker aber, und das war schon bald die große Wende in Schuberts Leben, hing erst recht wie ein Vogel in der Luft.

Bis zum Jahre 1820 blieb Therese frei. Dann heiratete sie einen Bäckermeister, der um sie warb. Schubert aber bekannte im gleichen Jahr seinem Freund Anselm Hüttenbrenner noch einmal, daß sie »eben nicht hübsch, mit Blatternarben im Gesicht, aber gut, herzensgut war«. Die Blatternarben haben ihn in seiner Liebe nie beirrt, und wenn Hüttenbrenners spätere Aussagen stimmen, hat Schubert seine Jugendliebe Therese nie vergessen können.

Himmel und Erde hatten sich für ihn verbunden, die helle Stimme im Kyrie, im Benedictus, Erhebung im Geist zu dem, der höher ist als alles Irdische, und das tief Menschliche einer glücklichen Zuneigung, die wunderbare Öffnung der Seele für die Schönheiten des Daseins, für Pracht und Lieblichkeit der Natur, für Nachtigall und Mondesglanz, für Wiesenbach und Frühlingsblühen, für Berge, Meer und Sternentiefen und für das liebenswerteste Geheimnis eines Menschenwesens. Wer kann beurteilen, wie sehr sich diese Jugendliebe, bei der Empfindungsstärke Schuberts, auf ihn auswirkte und die schier unbändige Schaffenskraft der beiden nächsten Jahre beflügelte?

Aber in der gleichen Zeit war dem jungen Schubert noch eine andere Macht begegnet und hatte ihn ergriffen, fortgerissen, ruhelos gemacht, ihm neue Welten der Empfindung aufgetan: die Zaubermacht des großen dichterischen Wortes, die Höhe deutscher Lyrik, das Erlebnis Goethe.

Drei Tage nach der Aufführung seiner ersten Messe in seiner Heimatkirche, am 19. Oktober 1814, liegt vor dem noch glühenden, aufgewühlten jungen Schubert, eben abgeschlossen, auf seinem kleinen Arbeitstisch die Niederschrift des ersten großartigen Wunders seiner Liedschöpfungen, Goethes »Gretchen am Spinnrad«. Wir wissen nicht, wann er auf dies Gedicht stieß, wie lange er es in sich trug, woher gerade dieses Gedicht eine derart auslösende Gewalt über ihn gewann. Wir wissen nur, daß es der tiefste, leidenschaftlichste, erschütterndste Ausdruck der Gefühle eines in seiner Liebe betrogenen, naturhaft ehrlichen jungen Mädchens ist.

»Meine Ruh' ist hin, mein Herz ist schwer«, diese aufsteigend-fallende, klagende Melodielinie, dreimal wiederkehrend, schmerzvoll das Lied abschließend, die rhythmische, eintönige, das surrende Spinnrad symbolisierende tiefe Klavierbegleitung, das erregt ansteigende Singen des Mädchens von ihrer Begegnung mit dem Geliebten, von dem Zauber, der von ihm ausging, von der wachsenden Verehrung – »und dann sein Kuß«. Plötzlich setzt das Lied aus. Erschrecken überkommt den Hörer. Das betrogene Mädchen ist von seiner Verzweiflung überwältigt. Das Leben steht still, der Puls setzt aus, die Zeit hört auf. Schluchzend fast beginnt das Spinnrad wieder seinen Lauf, schmerzhaft kehrt die Sinnesempfindung wieder in Leib und Seele des Mädchens zurück. Klagend verrinnt das Lied: »Meine Ruh' ist hin, mein Herz ist schwer.«

Das plötzliche Abbrechen im Lauf des Seins, das Aussetzen der Zeit, das Hinunterfallen in den Abgrund der Zeitlosigkeit, das so herzbeklemmend wirkt, trifft uns in den späteren musikalischen Werken Schuberts wieder, besonders in seinen letzten Klaviersonaten. Darin drückt sich seine persönlichster Daseinserfahrung aus.

Was reine Wortdichtung nicht zu geben vermag, ist hier durch die Verbindung von Wort und Musik, durch Wiederholung und Steigerung des Wortes in der musikalischen Gestaltung, durch das Herausstellen einzelner Worte oder Satzteile in Musik, in lebendigen Tönen, bewirkt: eine ungeheure Intensivierung der Aussage, eine neu erfahrene Wirklichkeit, ein tief aufwühlendes Miterleben und Nacherleben der Gedichtaussage.

In fast unüberbietbarer Vollendung begegnet uns hier erstmalig eine völlig neue Vereinigung von dichterischer und musikalischer Aussage. Dichterworte und Musik sind zu einer unlöslichen Einheit geworden. Das hatte es bisher noch nicht gegeben, das steht als etwas völlig Neues plötzlich da, geradezu als eine Eruption, aus nichts Vorhergehendem ableitbar oder erklärbar, aus der Tiefe schubertschen Wesens und Schubertschen Fühlens geboren. Einmaligkeit auf dem Gebiet des Schöpferischen.

Einmal gelungen, konnte es nun weiterhin Gestalt gewinnen. Das bedeutet nicht, daß von dieser Stunde an alle Schubert-Lieder eine gleiche Höhe erreichten. Es bedurfte Jahre der Arbeit, bis es zu einer ausnahmslosen Übereinstimmung des Erstrebten mit dem Erreichten kam. Aber die Fülle des immer neu versuchten, des Schönen, des Beglückenden, des Großartigen und herrlich Gelungenen hört nun nicht mehr auf. Dabei bleibt Goethe für Schubert der große Verzauberer. Goethes Lyrik führt ihn durch die jungen Jahre seines Schaffens und bleibt sein Begleiter. Insgesamt schuf Schubert dreiundsiebzig Vertonungen goethescher Gedichte.

Zum Wunder des Schubert-Liedes gehört, nächst seiner überraschenden Originalität, auch dies, daß es jede Menschenseele rühren kann, nicht auf musikalisch vorgebildete Hörer angelegt ist, daß es nur das aussagt, was Schubert selbst als Mensch erlebte, mitempfand, nachempfand, was für ihn so im Innersten erfahrenes Leben war, daß er es in musikalischer Vollkommenheit weitersagen mußte.

Schuberts achtzehntes Lebensjahr ging nun rasch zu Ende, ohne neue, bedeutende musikalische Arbeiten. Wie sehr ihn Goethe in Besitz nahm, sieht man daraus, daß er am 30. November drei weitere Gedichte als Lieder niederschrieb, darunter »Trost in Tränen«, das bewegendste, und am 3. Dezember noch das längere Lied »Sehnsucht«.

Vom 12. Dezember 1814 ist die »Szene aus Goethes Faust« datiert, das quälend drängende Einreden des Mephisto auf die arme Mädchenseele Gretchens, die schuldbelastet im Dom kniet und betend in ihrer Herzensnot Klarheit zu gewinnen sucht, sie aber unter den teuflischen Vorhaltungen und unter dem Chorgesang von der Drohung des Jüngsten Gerichts nicht finden kann. Mit den Mitteln sparsamster Klavierbegleitung, einer tief drängenden Baßstimme und einer angstbedrängt und tieferschüttert in höchsten Lagen singenden Gretchenstimme gelingt es hier Schubert, die Ausweglosigkeit einer irregegangenen Menschenseele zum erschütternden Erlebnis werden zu lassen.

Inzwischen hatte im Herbst 1814 sein Schuldienst begonnen. Tag für Tag einen Haufen kleiner Kinder bewältigen, das vorgeschriebene Schulpensum erledigen, viele Gesichter und Namen unterscheiden, mit seinen Gedanken an diesen Schullehrerberuf gefesselt und mit der schnell hineilenden Zeit den wichtigsten Teil des Tages angebunden sein, damit sollte der für Musik Geborene nun als Hilfslehrer fertig werden. So hatte Schubert zunächst kaum die Möglichkeit, seinem musikalischen Schaffensdrang nachzugeben. Er begann zwar am 10. Dezember mit der Arbeit an seiner zweiten Symphonie, konnte sie aber erst am 15. März 1815 beenden. Weiter liegt aus dem Ende dieses Jahres nichts Nennenswertes vor.

Im Februar des Jahres 1815 begann der große Sturm des Schaffens. Es ist fast unvorstellbar, wie der in seinen Beruf eingebundene junge Schubert in den nächsten beiden Jahren die Fülle seiner Werke in seinem Geist hat erfinden und mit seinen Händen hat niederschreiben können.

Bevor wir auf die Fülle, den kaum übersehbaren, auszuschöpfenden, nachzuerlebenden Reichtum eingehen, muß noch etwas zu dem eigenartig Neuen des Schubert-Liedes gesagt werden. So sehr wurde das Schubert-Lied als Neuschöpfung – von allem Bisherigen unterschieden – empfunden, daß das Wort »Lied« im Zusammenhang mit der Veröffentlichung der Schubert-Lieder in England als eigenständiges Wort in die englische Sprache übernommen wurde.

Für Schuberts große Vorgänger und Zeitgenossen, Haydn, Mozart und Beethoven, war das Lied eine Randerscheinung in ihrem Schaffen, freundlich, gefällig, einiges ausdrucksstark, aber keine Schöpfung eigener Größe. Die beliebten Liedkomponisten der Goethezeit, von denen Schubert in seiner Konviktszeit erste Anregungen empfing, Zelter und Reinhardt, arbeiten in der überlieferten Art. Ihre Aufgabe sahen sie darin, dem Wort des Gedichts eine Art musikalischen Gehäuses zu bieten, in dem es besser zur Geltung kommt, den Sprechvortrag des Gedichtes auf die Stufe des Gesangvortrages zu heben und es dadurch gefühlsansprechender werden zu lassen.

In diesem Sinne lobt Goethe den befreundeten Komponisten Zelter in seinem Brief vom 4. September 1831 mit Bezug auf das berühmte Gedicht »Über allen Gipfeln«: »... das du auf den Fittichen der Musik so lieblich beruhigend in alle Welt getragen hast«. In einem früheren Brief vom 2. Mai 1820 erwähnt er das Lied als Muster, »den Hörer in die Stimmung zu versetzen, welche das Gedicht angibt«.

Das Gedicht mit seinen zum Wort gewordenen Inhalt, welcher auch immer es sei, ist und bleibt das Entscheidende, eben das Kunstwerk, die dichterische Schöpfung. Die Musik kann nur eine dienende, zur Vermittlung des Gedichts an den aufnehmenden Menschen hilfreiche Bedeutung haben. Auf diese Weise wird das Gedicht zum Lied. Seine Liedform hilft dazu, daß es leichter zu den Menschen kommt und länger bei den Menschen bleibt.

Ganz anders das Schubert-Lied.

Schuberts Geschenk an die Welt ist die Melodie, die unverzierte, absolute Melodie, die durch ihr Ebenmaß und ihre natürlichen Kurven wirkt. Schubert war eine einzigartige, spezifische Begabung, ein Künstler, dessen Empfinden aus dem volkstümlichen Musikinstinkt kam, und der fähig war, alles, was zu sagen ist, in die Form der Melodie zu gießen.

»Die drei Besonderheiten der schubertschen Melodien, mit denen er den größten Melodikern immer noch überlegen ist, sind: die entspannte Weite des Periodisierens, die Mannigfaltigkeit der rhythmischen Impulse und die Unerschöpflichkeit neuer Erscheinungen bei jeder Biegung des Weges. – Das Außerordentliche bei Schubert ist seine schlichte Selbstverständlichkeit, die immer den Eindruck erweckt, als sei eine solche Melodie seit Erschaffung der Welt vorhanden gewesen. – Was seine Melodien so beseligend wirken läßt, ist ihre Gelöstheit, ihre Entspanntheit. – Die schubertsche Melodie öffnet sich, breitet sich aus, singt mit unbegrenzt langem Atem, und es kommen neue Höhepunkte, wenn sie sich schon zum Ende zu neigen scheint. Ein andermal ist es ein Nachspiel, sonst kaum mehr als eine Abrundung des Schlusses, worin die Erfindung sich zu ihrer ausdrucksvollsten Herrlichkeit steigert.« (Hans Gal: *Franz Schubert oder Die Melodie*).

Bei den bisherigen Liedkomponisten sind die Töne die freundlichen, hilfreichen Fittiche, auf denen die Worte der

Dichter zu den Ohren und Herzen der Menschen getragen werden, das musikalische Gewand, das den Empfänger des Dichterwortes auf seinen Wert aufmerksam macht und ihm das Gefühl und die Aufnahmebereitschaft für die vom Dichter gestaltete Wirklichkeit öffnen hilft.

»Die Töne von Schubert aber haben Gewicht, nehmen in Anspruch, sind mit Sinn erfüllt. Und was bedeutet das? Daß die Töne selbst Substanz sind, daß sie selbst Aussagekraft haben; das bedeutet, daß Schubert Lyrik als musikalische Struktur geschaffen hat« (Thrasilatos Georgiades: *Musik und Lyrik*).

Schuberts schöpferische Gabe an die Welt ist das Lied, in dem Dichterwort und Melodie zu einer neuen Legierung geworden sind, zu einem neuen, wunderbar zart singenden, herrlich tönenden, hart klingenden oder auch schaurig dröhnenden Metall, jeder Modulation fähig.

»Haben wir uns dies Lied angeeignet, haben wir es liebgewonnen, so ›klingt‹ es in uns, es stellt sich unaufgefordert ein. Es hat die Magie des Gegenstands, der von Zauberhand konstruiert ist und nun selbständig wird. Der Meister, der es verfertigte, hat ihm zugleich Odem eingeflößt. Das Werk des Geistes, das im strengen Sinn des Wortes ›Werk‹ ist, gleicht einem solchen von Menschen hergestellten kunstvollen Gegenstand, einem Zauberkästchen, das spontan ein Eigenleben entfaltet, sobald es konstruiert und vom Künstler, der es baute, losgelöst, verselbständigt, gleichsam auf den Tisch gelegt wurde.

Schubert dringt in den wenigen Jahren seines Schaffens von den Kunsttendenzen, die seine und die auf ihn folgende Generation bestimmen, von der Kunst als ›Erleben‹ zu den Sphären des wahrhaft Geistigen, des lauteren Goldes vor: Das ist seine Größe. – Zwar gab er bis in unsere Gegenwart den Anstoß für das Lied als musikalische Kunstgattung. Wesentlicher aber ist, ihn als den Ersten und zugleich Letzten, als den einzigen zu erkennen, der das Lied als ›musikalische Struktur‹ in dem hier umschriebenen Sinn verwirklicht hat« (Georgiades).

Schuberts Lied ist gemeißelte Gestalt, nicht strömender Ausdruck von Gefühlen, aber wirkt Gefühle erregend.

Wie ein Blitz war im Oktober 1814 Schuberts erste großartige Liedschöpfung in dem Kreis seiner Freunde und Bekannten eingeschlagen: »Gretchen am Spinnrad«, und wo in den kommenden Jahren Schuberts Lieder vorgetragen wurden, durfte dies Lied nicht fehlen. Die Menschen wurden nicht müde, es zu hören. Frauen und Männer ließen sich von ihm zu Tränen rühren.

Wiederum wie ein Blitz schlug genau ein Jahr später, im Oktober 1815, die Vertonung des »Erlkönig« ein und strahlte eine gleich starke Wirkung aus.

Über den schöpferischen Augenblick der Entstehung berichtet Schuberts Freund Josef von Spaun: »An einem Nachmittag ging ich mit Mayrhofer zu Schubert, der damals bei seinem Vater auf dem Himmelpfortengrund war; wir fanden den Schubert ganz glühend den ›Erlkönig‹ aus dem Buch laut lesend. Er ging mehrmals mit dem Buche auf und ab. Plötzlich setzte er sich, und in der kürzesten Zeit, so schnell man nur schreiben kann, stand die herrliche Ballade nun auf dem Papier. Wir liefen damit in das Konvikt, da bei Schubert kein Fortepiano war, und dort wurde der Erlkönig noch denselben Abend gesungen und mit Begeisterung aufgenommen.« Wie lange Schubert sich schon mit dem Erlkönig befaßt hatte, wann die innere Anregung ihn überfiel, wissen wir nicht.

Von Spaun berichtet noch weiter über den Abend: »Der alte Organist Ruzicka setzte sich dann hin und spielte ohne Gesang in allen Teilen mit aller Teilnahme durch und war ganz gerührt über die Komposition. Als einige eine mehrmals wiederkehrende Dissonanz ausstellen wollten, erklärte Ruzicka, sie auf dem Klavier anklingend, wie schön sie vielmehr sei und wie glücklich sie sich löse.«

Wer reitet so spät durch Nacht und Wind?

Das zutiefst Erschreckende, Unheimliche an dieser Ballade ist das Ausgesetztsein des Menschen in die tödliche Bedrohung durch ungreifbare dämonische Mächte, die Machtlosigkeit der kraftvollen Vaterliebe, die begierliche Verführungskunst der nach dem wehrlosen Menschenkind lüsternen Schattenmacht, der jähe Schrecken ihres Zugriffs, das dumpfe Ende eines übermenschlichen Ringens.

Mit welch einfachen und doch außerordentlichen Mitteln hat Schubert das zu einem Gebilde bedrängender, den Hörer überfallender Wirklichkeit gemacht! Durch die stürmischen

Triolen der galoppierenden Pferdehufe, dumpf aufschlagend in Nacht und Wind, wird der Ton der Ballade von Anfang an bestimmt. Sie bleiben der bedrohende, dunkle Untergrund des ganzen Lieds. Dramatisch steigern sich Rede und Gegenrede, der angstvolle Rhythmus der zarten, fast flüsternden Kinderstimme, der ruhige, tiefe Zuspruch des Vaters, das verführerische Lispeln und Drängen der zugespitzten Töne der Nebelelfstimme, der letzte schreckliche Schrei des Kindes. Dröhnender wird das Galoppieren des Rosses, dunkler und unheimlicher wird der Klang der beschreibenden Worte, und dann plötzlich Totenstille. Nach der Pause des Schreckens, nach den fast nur noch gesprochenen Worten »In seinen Armen das Kind war tot« schließt das Lied mit einigen dunklen Nachhallen.

Derartiges war noch nicht gehört worden, eine solche Verschmelzung von Wort, Ton und Rhythmus, eine solche Dramatisierung eines schon in sich selbst spannungsvoll dramatischen Gedichts durch musikalische Neugestaltung. Die durch das Wort vermittelte Wirklichkeit des vergeblich mit seinem kranken Kind durch die Nacht jagenden Vaters wurde durch Schuberts schöpferische Tat so intensiviert, daß sie unermeßlich bedrängender und abgründiger erlebt wird. Neben Goethes Gedicht ist ein neues Kunstwerk mit überragendem, unvergleichlichem Eigengewicht entstanden.

»Gretchen am Spinnrad« und der »Erlkönig« hatten urplötzlich und für immer Schuberts schöpferische Begabung offenbart und seine Zeitgenossen überwältigt. Aber wunderbarer, geistig und seelisch viel tiefer, musikalisch erfüllter sind die Vertonungen goethescher Lyrik, die in diesen ersten Schaffensjahren und auch weiterhin entstanden. Gleichwertig stehen daneben eine Reihe Kompositionen anderer deutscher Lyriker und, auf einsamer Höhe, die ergreifenden Lieder seiner letzten Lebensjahre.

Verweilen wir erst bei den Goethe-Liedern. Etwa vier Monate nach »Gretchen am Spinnrad« entstand die wunderbar schwebende, innige Vertonung des Gedichts: »Nähe der Geliebten«.

Ich denke dein, wenn mir der Sonne Schimmer
Vom Meer strahlt;

> Ich denke dein, wenn sich des Mondes Flimmer
> In Quellen malt.

Die Melodie beginnt mit ihrem höchsten, dominierenden Ton und schwingt sich in sanftem Bogen über die beiden ersten Zeilen hin und dann zum Strophenschluß hinunter zum ruhenden, tiefsten, die Melodie schließenden Unterton. Dieser beseelte Bogen trägt die von Strophe zu Strophe wechselnde Aussage der sich immer gleichbleibenden beglückenden Wirklichkeit, daß Liebende über alle Entfernungen hin sich nahe sind.

> Ich sehe dich, wenn auf dem fernen Wege
> Der Staub sich hebt
> . . .
> Ich höre dich, wenn dort mit dumpfem Rauschen
> Die Welle steigt.

Immer wieder der gleiche Bogen der sanft bewegten Melodien von der Höhe des Beginns zur Tiefe des Ruhe-Tones, in dem die gewisse Aussage der durch nichts vom Geliebten zu trennenden Liebe ausklingt.

> Ich bin bei dir, du seist auch noch so ferne.
> Du bist mir nah!
> Die Sonne sinkt, bald leuchten mir die Sterne,
> O wärst du da!

Schubert hat das Lied am Tage der Niederschrift noch einmal geändert. Nur durch eine unscheinbare rhythmische Taktveränderung wandelte er das Lied aus einem schönen in ein großartiges um, und nur dadurch, daß er die vorher in höherer Schwebe verharrende letzte Note des Melodiebogens in die Tiefe leitete, verwandelte er die Aussage der Liebe aus hoffender Sehnsucht in ruhende Gewißheit.

Die Melodie des kurzen Liedes »Erster Verlust« ist erfüllt von schmerzvoller Wehmut und trauernder Klage um das verlorene Glück der ersten Liebe:

Ach, wer bringt die schönen Tage,
Jene holde Zeit zurück!

Wie schimmernde Perlen, wie kostbare Tränen leuchten die immer zarter, langsamer tropfenden Töne der Begleitung zu den Worten des Liedes:

Und mit stets erneuter Klage
Trau'r ich ums verlorne Glück.

Nachempfinden, Mitempfinden, eigenes Erleben? Was ist es, das Schubert die Möglichkeit gab, jedem ins dichterische Wort gefaßten menschlichen Gefühl durch Musik erhöhten Ausdruck zu verleihen, durch Töne, die das Wort zum Klingen bringen, es in pulsierendes, sehnsuchtsvolles, klagendes, hoffendes, jubilierendes Leben zu verwandeln? Wie unermeßlich reich, empfindsam, aber auch leidensfähig und verwundbar muß diese Musikerseele gewesen sein!

Als der achtzehnjährige Schubert am 19. Mai 1815 auf das Goethe-Gedicht »Rastlose Liebe« stieß, wurde er über dem Lesen so erregt, daß er sich erst nach minutenlanger Ekstase von seinem inneren Aufruhr befreien konnte. Die Worte rissen in seinem aufgewühlten Geist Töne an sich, und mit fliegender Hand brachte er die vorwärtsstürmende, dem letzten Höhepunkt entgegenjagende Melodie mit ihrer galoppierenden Begleitung auf das Notenblatt:

Dem Schnee, dem Regen,
Dem Wind entgegen
. . .
Immerzu, immerzu!
Ohne Rast und Ruh!

All dies Neigen
Von Herzen zu Herzen,
Ach, wie so eigen
Schaffet das Schmerzen!
– –

Krone des Lebens,
Glück ohne Ruh,
Liebe bist du!

In geschriebenen Noten festgehalten, aber welch ein Wunder, dies Lied ist unvergänglich herzklopfendes Leben, unerhört drängender als der junge Goethe seine Gefühle in Worte hatte fassen können.

Am 13. Juni 1816 sang Schubert, sich selbst am Klavier begleitend, dies Lied zum ersten Mal in einem halböffentlichen Kreis, im vornehmen Haus des Grafen Erdödy, und fand großen Beifall. Er war selbst von der künstlerischen Bedeutung seines Liedes überzeugt, schrieb aber in seinem Tagebuch, in seiner großen Bescheidenheit, den größeren Teil dieses Beifalles dem Dichtergenie Goethe zu.

Nahe an Goethes Gartenhaus hatte Goethes junger Freund Christian von Lassberg aus Liebeskummer den Tod in den rauschenden Fluten der Ilm gesucht. Die ihn bedrängenden Empfindungen, Trauer, schmerzvolles Erinnern und sinnende Gedanken stellte Goethe, in die bleibenden Worte eines wunderbaren Gedichtes gefaßt, vor seinen betrübten Geist:

An den Mond
Füllest wieder Busch und Tal
Still mit Nebelglanz,
Lösest endlich auch einmal
Meine Seele ganz.

Ebenso wunderbar wie die magische Verzauberungsgewalt der dichterischen Sprache ist Schuberts musikalische Begabung, in wenigen Vorspieltakten die Fülle der Gefühle, die quälende Unerfülltheit menschlichen Daseins, die Sehnsucht nach Liebe und Treue so in Tönen anklingen zu lassen, daß der innere Charakter dieses Liedes unbewußt vorausempfunden wird.

Fließe, fließe, lieber Fluß!
Nimmer werd ich froh.
So verrauschte Lieb und Kuß
Und die Treue so.

In der Begleitung wiederholt Schubert jedesmal die Melodie der letzen Strophenzeile, sinnender Nachklang. Als zaghafte Frage schweben die leichten Töne und entschwinden ins Grenzenlose. Das Gedicht führt in den weiteren Strophen in das Erinnern des Gewesenen zurück. Schubert hüllt diese Worte in Musik von unbeschreiblicher Innnigkeit.

> Ich besaß es doch einmal,
> Was so köstlich ist!
> Daß man doch zu seiner Qual
> Nimmer es vergißt!
> Rausche, Fluß, das Tal entlang,
> Ohne Rast und Ruh...

Das Singen in schwebender Höhenlage, auf der sich die Melodie bewegt, überträgt auf den Hörer die Empfindung einer bewußten, geistig geklärten Erfahrung menschlichen Leidens. Aber dann steigt die Melodie Stufe um Stufe hinab, dem Sinn der Worte folgend, bis in den tiefsten Grund, bis zu den abgründigen Brunnen in den Dunkelheiten der Menschenseele.

> Selig, wer sich vor der Welt
> Ohne Haß verschließt,
> Einen Freund am Busen hält
> Und mit dem genießt,
>
> Was, von Menschen nicht gewußt,
> Oder nicht bedacht,
> Durch das Labyrinth der Brust
> Wandelt in der Nacht.

Erst in der zweiten Fassung vom September des Jahres 1815 wurde dies Lied zum vollkommenen Kunstwerk. Die erste Fassung war entstanden, als Schubert am 19. August in einer stürmischen Begeisterung gleich sechs Goethe-Gedichte vertonte, schnell hingeworfen. Von diesen hat das »Heidenröslein« als schöner Einfall seinen Wert behalten. Daß Schubert die Klage Goethes zum hinweggerissenen Freund nicht als unvollkommenes Werk liegenlassen konnte, sondern wieder in

Sturmwind des Schaffens 63

die Hände nahm und zu einem makellosen Kunstwerk gestaltete, ist ein bestes Zeugnis für die Tiefe seines Wesens.

Der junge Goethe schrieb 1774, in seiner Sturm- und Drangzeit, während einer Fahrt mit der Postkutsche das Gedicht »An Schwager Kronos«. Der Postillion, damals Schwager genannt, wird ihm zum Griechengott der Zeit, Kronos, der ihn in brausendem Galopp durch die Landschaft des Lebens führt, dem Orkus, dem dunklen Ort des Totenreiches zu:

> Spute dich, Kronos!
> Fort den rasselnden Trott!
> Bergab gleitet der Weg.
> . . .
> Über Stock und Steine den Trott
> Rasch ins Leben hinein.
> . . .
> Mühsam berghinauf,
> Auf denn, nicht träge denn,
> Strebend und hoffend hinan!

Wie Schubert durch Einschmelzung in Musik, in Rhythmus, Ton und Melodie dies Gedicht verwandelt hat, wie daraus die galoppierende, mühsam sich bergauf schleppende, mit neuem Zuruf vorwärtgetriebene Fahrt geworden ist, im Hören des Liedes schier körperlich erlebt, wie sich auf der Bergeshöhe in gelassener Ausbreitung, Kolorierung und Weite der musikalischen Liedgestalt dem Hörer die offene Landschaft darbietet, das ist kaum zu erklären:

> Weit, hoch, herrlich
> Rings den Blick ins Leben hinein,
> Vom Gebirg zum Gebirg
> Schwebet der ewige Geist,
> Ewigen Lebens ahndevoll.

Fröhlich, die Lebensgeister anregend, singt das Lied von dem Halt an der Raststätte:

> Auf der Schwelle das Mädchen da.
> Labe dich! Mir auch, Mädchen,
> Diesen schäumenden Trank,
> Diesen frischen Gesundheitsblick!

Sausend, unter scharfem Getrappel der Pferde, geht die Lebensfahrt weiter:

> Ab denn, rascher hinab!
> Sieh, die Sonne sinkt!

Mit lebenstrunkenen, sonnengeblendeten Augen will der stürmische Reisende, ehe dem zum Greis Gewordenen die Gebeine schlottern, triumphierend in das Tor der Unterwelt hineinbrausen:

> . . .
> Töne, Schwager, ins Horn,
> Rassle den schallenden Trab,
> Daß der Orkan vernehme: Wir kommen.

Die jauchzenden Hornstöße, das harte Schlagen der Hufe, das Rasseln der Räder, beide Zeilen in stürmischer Wiederholung, die stolze Einfahrt der Kutsche, das zur Ruhe kommende Ausspielen des musikalischen Nachspiels – das ist großartig und erregend zu hören. Welche Energie des Lebens steckte in dem jungen, kleinen Musiker Schubert!

Aber auch welche Tiefen schmerzvoller Daseinserfahrung, menschlicher Lebenserschütterungen waren dieser Seele schon vertraut! Im Frühjahr 1816 hatte Schubert das Lied »An Schwager Kronos« komponiert. Im Herbst desselben Jahres wagte er sich an ein Goethe-Gedicht, das ihm besonders lieb wurde, weil er darin seine eigene Daseinserfahrung ausgesprochen fühlte: »Wer nie sein Brot mit Tränen aß«. Er verwandelte es in gesungene Klage, in ein Lied, das nie die Kraft verlieren wird, Menschenherzen zu bewegen.

Irrende, suchende, fragende Töne des Vorspiels führen hin zu den schweren Worten des Liedes:

Wer nie sein Brot mit Tränen aß,
Wer nie die kummervollen Nächte
Auf seinem Bette weinend saß,
Der kennt euch nicht, ihr himmlischen Mächte.

Schubert nimmt sich als Musiker – wie bei vielen seiner Lieder, so auch bei diesem – die künstlerische Freiheit, Strophen oder Zeilen zu wiederholen. *Wer nie sein Brot mit Tränen aß.*
Mit hohem, klagend-fragendem Ton beginnt die Melodie, sinkt zur Tiefe, steigt, drängender werden, die unerforschlichen, grausamen himmlischen Mächte bestürmend, und stürzt wieder hinunter, in die Ausweglosigkeit. Tief, dunkel beginnt die Wiederholung der gleichen Worte, Melodie und Rhythmus werden noch drängender, irrend sucht die Menschenstimme die jenseitigen Mächte in ihrer hohen, überirdischen Verschlossenheit.
In der zweiten Strophe wird das Lied zur ernsten, bitteren Anklage:

Ihr führt ins Leben uns hinein,
Ihr laßt den Armen schuldig werden,
Dann überlaßt ihr ihn der Pein,
Denn alle Schuld rächt sich auf Erden.

Das überleitende Vorspiel zur zweiten Strophe wurde dunkel und dumpf. Mit voller Wucht erhebt die singende Menschenstimme, begleitet von schweren Akkorden, ihre Anklage, empört sich gegen das unausweichliche »Schuldigwerden«. Weiter singt die Menschenstimme, Wort um Wort auf dem gleichen grausamen Ton, »Dann überläßt ihr ihn«, hebt sich empor zu dem Schmerzensschrei »der Pein«, und gleitet in seufzendem Bogen zu der letzten dumpfen Klage: »Rächt sich auf Erden«. Die Strophe wird wiederholt, das Singen wird drängender, klagender, und noch ein letztes Mal wiederholt; das Lied sinkt in stilles, entsagendes Verzagen hinab. »Auf Erden«, hier unten im tiefen Abgrund des Menschendaseins, bleibt es dunkel. Das kurze Nachspiel führt völlig in Finsternis und schließt mit zwei harten, irren Anschlägen, nach denen die letzten Töne dumpf in die Tiefe fallen.

In diesen großen Goethe-Gedichten war Schubert der vollkommenen Einheit von Kunst und Natur, Kunst und Leben begegnet. Sie entzündeten seine Schöpfergabe, weil sie ihm wesensgemäß waren. Indem er nun seinerseits die Kunst des Wortgebildes mit der Kunst musikalischer Gestalt verschmolz, erhob er die Einheit von Kunst und Natur auf eine neue, höhere Stufe.

Bei diesen Goethe-Gedichten gelang ihm das zum ersten Mal in vollkommener Weise. Ein fast erdrückendes Beispiel ist das Lied:

Meeresstille.
Tiefe Stille herrscht im Wasser,
Ohne Regung ruht das Meer.

Wenige, auf- und niedersteigende Akkorde begleiten den Sänger, der die vier ersten Silben auf dem gleichen schwebenden Ton in der Mittellage singt und nach kurzem Aufsteigen die Stimme senkt, zur Tiefe des Wassers. Die zweite Zeile kehrt auf den schwebenden Mittellageton zurück. Das Empfinden unendlicher Weite zwingt sich auf. Die Natur in ihrer absoluten Stille ängstigt den Menschen. Rastlosigkeit und Furcht hängen ihn an den Faden eines unbekannten, über ihm schwebenden Schicksals. Das zitternde Auf und Ab der hohen Töne macht das spürbar:

Und bekümmert sieht der Fischer
Glatte Fläche ringsumher.

Die Musik wird atemeinengend, die tödliche Bedrohung durch die schweigende Natur wird schrecklich. Zögernde Tropfen, so fallen einer nach dem anderen die Töne der Begleitung, entsickernder Lebenssaft:

Keine Luft von keiner Seite!
Todesstille fürchterlich!

Hier ist absolute Bewegungslosigkeit musikalisch verwirklicht. Beängstigende Endlosigkeit breitet sich durch den weitschwingenden Melodiebogen der vorletzten Zeile des Liedes aus; dann erstarren die Töne auf der schwebenden, bodenlosen Mittellage, bis das Lied mit den letzten Worten in die Tiefe abstürzt:

> In der ungeheuren Weite
> Reget keine Welle sich.

Der einsame Mensch, hilflos ausgesetzt in die Unendlichkeiten eines feindlich schweigenden Universums: diese menschliche Daseinserfahrung hat Schubert in einem kurzen Lied überwältigend ausgesagt.

Schubert liebte die Welt, die Natur und die Menschen, geradezu schwärmerisch und verzückt konnte er sie lieben. Aber er spürte auch das Dunkle, Abgründige, sogar Dämonische, die Bodenlosigkeit des Daseins, die unheimliche Verlassenheit des Menschen in der Natur. Aus dieser Seite seines Wesens empfing das Lied »Meeresstille« seine Gewalt.

Ein herrliches Beispiel für die Verzückungsfähigkeit Schuberts ist die Vertonung von Goethes »Ganymed« im Frühjahrsmonat März 1817:

> Wie im Morgenglanze
> Du rings mich anglühst,
> Frühling, Geliebter!

Unter leichtem Schreiten des begleitenden Klaviers öffnet sich die Liedmelodie staunend dem verzauberten Glanz des Frühlingsmorgens in seiner hinreißenden Schöne. Stürmisch greift das Herz nach dem leibhaftigen, lebendig atmenden Leben der Natur, innig sich anschmiegend:

> Daß ich dich fassen möcht'
> In diesen Armen!
> Ach, an deinem Busen
> Lieg ich und schmachte,
> Und deine Blumen, dein Gras
> Drängen sich an mein Herz.

Zauberisch spielen Begleitung und Singstimme die Erquickung des Morgenwindes, perlend quellen die Töne der Nachtigall aus dem Nebeltal. So wandelt das Lied dahin, hörend auf die Stimmen der lebendigen Wesen, selig bewegt durch das schwebende Sichherabneigen der Himmelswolken, hinaufstrebend zu ewigem Umfangenwerden:

> Aufwärts an deinen Busen,
> Alliebender Vater!

Das musikalische Nachspiel, das menschliche Wort unter sich lassend, steigt Ton um Ton aufwärts zur höchsten Höhe und verklingt im Äther.

Auch das ist Schubert: Schönheit, Verzückung, Sehnsucht, tiefes Empfinden für einen Strom von Liebe, der von höchster Stelle her die Natur durchdringt.

Wie stellte sich Goethe selbst zu Schuberts Liedern? Am 17. April 1816 schrieb Schuberts treuer Freund von Spaun einen längeren Brief an den siebenundsechzigjährigen Dichterfürsten in Weimar.

> Euer Exzellenz!
> Der Unterzeichnende wagt es, Euer Exzellenz durch gegenwärtige Zeilen einige Augenblicke Ihrer so kostbaren Zeit zu rauben, und nur die Hoffnung, daß beiliegende Liedersammlung Euer Exzellenz vielleicht keine ganz unliebsame Gabe sein dürfte, kann ihn vor sich selber seiner großen Freiheit wegen entschuldigen.
> Die im gegenwärtigen Heft enthaltenen Dichtungen sind von einem 19jährigen Tonkünstler namens Franz Schubert, dem die Natur die entschiedensten Anlagen zur Tonkunst von zartester Kindheit an verlieh, welche Salieri, der Nestor unter den Tonsetzern, mit der uneigennützigsten Liebe zur Kunst zur schönen Reife brachte, in Musik gesetzt. Der allgemeine Beifall, welcher dem jungen Künstler sowohl über gegenwärtige Lieder als seine übrigen, bereits zahlreichen Kompositionen von strengen Richtern in der Kunst sowie von Nichtkennern, von Männern sowie von Frauen zuteil wird, und der allgemeine Wunsch seiner Freunde be-

wogen endlich den bescheidenen Jüngling, seine musikalische Laufbahn durch Herausgabe eines Teils seiner Kompositionen zu eröffnen.
Eine auserwählte Sammlung von Liedern soll nun den Anfang machen, welchem größere Instrumental-Kompositionen folgen sollen. Sie wird aus acht Heften bestehen. Die ersten beiden (wovon das erste als Probe beiliegt) enthalten Dichtungen Euer Exzellenz, das dritte enthält Dichtungen von Schiller, das 4te und 5te von Klopstock, das 6te von Mathißon, Hölty, Salis etc. etc., und das 7te und 8te enthalten Gesänge Ossians, welche letztere sich vor allen auszeichnen.
Diese Sammlung nun wünscht der Künstler Euer Exzellenz in Untertänigkeit weihen zu dürfen, dessen so herrlichen Dichtungen er nicht nur allein die Entstehung eines großen Teiles derselben, sondern wesentlich auch seine Ausbildung zum deutschen Sänger verdankt. Selbst zu bescheiden jedoch, seine Werke der großen Ehre wert zu halten, einen, so weit deutsche Zungen reichen, so hoch gefeierten Namen zu tragen, hat er nicht den Mut, Euer Exzellenz selbst um diese große Gunst zu bitten, und ich, einer seiner Freunde, durchdrungen von seinen Melodien, wage es, Euer Exzellenz in seinem Namen darum zu bitten; für eine dieser Gnade würdige Ausgabe wird gesorgt werden.
Sollte der junge Künstler so glücklich sein, auch den Beifall desjenigen zu erlangen, dessen Beifall ihn mehr als der irgendeines Menschen in der Welt ehren würde, so wage ich die Bitte, mir die angesuchte Erlaubnis mit zwei Worten gnädigst melden zu lassen.
Der ich mit grenzenloser Verehrung verharre
    Euer Exzellenz gehorsamster Diener
       Josef Edler von Spaun

Schubert hatte sich von den drängenden Wünschen seiner Freunde dazu bringen lassen, das erste Heft in sauberer Reinschrift zusammenzustellen. Natürlich hätte es ihn tief beglückt, zustimmende, anerkennende Worte des großen Mannes aus Weimar zu empfangen, der seine schöpferische Phantasie so sehr beflügelt hatte. Der ersehnte Widmungsaufdruck auf der Titelseite seiner ersten Liedveröffentlichung hätte gewiß auch dem Schaffen Schuberts mehr Aufmerksamkeit in der deutschen Öffentlichkeit bewirkt.

Aber Goethe reagierte nicht. Das handgeschriebene Probeheft wurde ohne jeden schriftlichen Vermerk zurückgeschickt. Weder in Goethes Tagebüchern noch in seinem Briefwechsel mit Zelter ist Spauns Brief oder Schuberts Name erwähnt. Niemand weiß, ob Goethe einen Blick in das Liederheft geworfen hat. Die unhöflich erscheinende Art der Rücksendung hatte ihren Grund in dem Umstand, daß Goethe von vielen Förderungssüchtigen angegangen wurde, aber auf den Gebrauch seiner Zeit sehr achten mußte. Deshalb antwortete er lieber gar nicht, als daß er nach Phrasen suchte, mit denen er sein Urteil hätte umschreiben müssen. So ließ er auch die ihm zugesandten Faust-Szenen von Berlioz ohne Brief zurückgehen.

Aber der wahre Grund liegt tiefer. Sein von Natur begrenzter musikalischer Geschmack war längst festgelegt. Zelters Kompositionen konnten ihn erfreuen, denn in ihnen war das musikalische Element dem dichterischen Wort bedingungslos untergeordnet. Nach seinem Empfinden mußte das Gedicht als künstlerisches Wort unberührt und unverändert uneingeschränkt beherrschend bleiben. Der Fürst der Dichter konnte es nicht fassen, daß sein Wort, eingeschmolzen in Musik, zu einer neuen, höheren Wirklichkeit erhoben, verwandelt, als das Werk eines andersartigen Genies erscheinen sollte. Goethe schwieg. Als Jahre später die berühmte Sängerin Schröder-Devrient ihm den Erlkönig vorsang, mußte er zwar anerkennen, daß sich durch solchen Vortrag das Ganze zu einem sichtbaren Bild gestaltete, aber Freude konnte ihm das Lied nicht abgewinnen. Im Juni 1825 sandte Schubert persönlich drei eben in Druck erschienene Goethe-Lieder (An Schwager Kronos, An Mignon, Ganymed), die dem Dichter verehrungsvoll gewidmet sind, nach Weimar. Er schrieb, und sein Brief ist gewiß Wort für Wort ernst gemeint:

Euer Exzellenz!
Wenn es mir gelingen sollte, durch die Widmung dieser Komposition Ihrer Gedichte meine unbegrenzte Verehrung gegen E. Exzellenz an den Tag legen zu können, und vielleicht einige Beachtung für meine Unbedeutendheit zu ge-

winnen, so würde ich den günstigen Erfolg dieses Wunsches als das schönste Ereignis meines Lebens preisen.
  Mit größter Hochachtung
  Ihr ergebenster Diener
  Franz Schubert

Goethe vermerkte wohl den Empfang dieses Briefes in seinem Tagebuch, antwortete aber nicht. Er fand keinen Zugang zu diesen neuen Schöpfungen. Über diesem Auseinandergehen zweier großer Künstler liegt ein Hauch von Tragik. Der Jüngere sucht die Begegnung, aber der Ältere konnte sie ihm nicht gewähren. Schubert und seine Freunde haben Goethe in diesem Punkt überschätzt. Er konnte auch nur seinem eigenen Wesen gerecht werden. Aber diese Zurückweisung führte von Schuberts Seite zu keiner inneren Entfremdung dem Dichter gegenüber. Er hielt an Goethe fest, blieb ihm unvermindert dankbar, vertonte auch weiterhin, was ihn aus seinen Dichtungen ansprach, und ging unangefochten seinen eigenen Weg, dem er schicksalsmäßig folgen mußte.

In den Jahren 1815 bis 1817 häuften sich in Schuberts Arbeitsraum die beschriebenen Notenblätter zu kaum faßbarer Fülle. Die Werkzahl der Kompositionen dieses jungen Menschen, der hauptamtlich Schulgehilfe war, übertrifft die der Jahre von 1817 bis zu seinem Tod im Jahr 1828. Allein 1815 komponierte er an die einhundertfünfzig Lieder, 1816 weitere hundert und 1817 immer noch fünfzig, in dieser Spanne Zeit also ein Drittel seiner Liedvertonungen. Er muß stets aktuelle Dichteralmanache zur Hand gehabt haben. Ergriff ihn das eine oder andere Gedicht und regte ihn zum Komponieren an, so nahm er gleich die weiteren Gedichte desselben Dichters vor. Da er jedes fertige Werk genau datierte, wissen wir, daß er am gleichen Tage vier Gedichte von Hölty, oder sieben von Kosegarten, fünf von Klopstock, mehrere von Körner oder von anderen Dichtern vertonte.

Aber das war alles andere als ein wahlloses Draufloskomponieren. Er sagte einmal zu seinem Freund Hüttenbrenner: »Na, da ist halt ein gutes Gedicht. Da fällt einem gleich was Gescheites ein. Die Melodien strömen herzu, daß es eine wahre Freude ist. Bei einem schlechten Gedicht geht nichts vom

Fleck; man martert sich dabei, und es kommt nichts heraus als trockenes Zeug. Ich habe schon viele mir aufgedrungene Gedichte zurückgewiesen.«

Die Tage waren damals nicht länger als heute, und da der junge Schulgehilfe für seine vierzig Gulden Jahresgehalt jeden Vormittag pünktlich in sein Klassenzimmer treten und die ihm anvertrauten Kinder viele volle Tagesstunden unterrichten mußte, und da er darüber hinaus auch noch Mensch sein wollte, abends ausging, gesellig war und mit Freunden musizierte, kam er aus dem Zwiespalt nie heraus. Er konnte sich die nötige Zeit zum Komponieren nur verschaffen, wenn er auch schon während seiner Schulstunden die Musik im Kopf hatte, also gleichzeitig zweierlei Dinge trieb. Das wiederum konnte nur gutgehen, wenn sich die Kinder ruhig verhielten. Wurden sie aber lebendig, und er hätte ihren Geist mit Unterrichten wieder an die Zügel nehmen müssen, dann wurden sie ihm lästig. Er erzählte seinen Freunden offenherzig: »Stets, wenn ich dichtete, ärgerte mich diese kleine Bande so sehr, daß ich regelmäßig aus dem Konzept kam. Natürlich verhaute ich sie dann tüchtig.«

Diese alltäglichen Schwierigkeiten, die gewiß auch zu Spannungen mit dem Schulleiter, seinem Vater, beitrugen, vermochten aber nicht seinen schöpferischen Drang einzuengen. Die Fülle seiner Phantasie litt dadurch keinen Schaden. Schuberts Freund von Spaun schreibt über diese Zeit: »Statt durch die ungeheure Verschwendung der herrlichsten Melodien ärmer zu werden, schien er nur neue, größere Reichtümer zu enthüllen, und die Quelle zauberischer Töne sprudelte immer heller.« Schubert war der von Musik erfüllte, vom Drang nach musikalischer Gestaltung besessene Mensch, der von sich sagen konnte: »Ich bin dazu geboren, daß ich Musik mache.« Seine geistige Empfänglichkeit für das dichterische Wort ließ ihn zu dem Sänger werden, der alles singen konnte, was überhaupt in dieser Welt ein Menschenherz bewegen kann. Oft vertiefte er das schwache Dichterwort, wenn es nur einen Ton in seiner empfindungsoffenen Seele angeschlagen hatte. Durch die Verschmelzung mit dem Wunder seiner Musik machte er das schwache Wort stark und gültig, brachte es zum Leuchten. Als Schubert-Lied gewann es dann Unvergänglichkeit.

Von seinem vierzehnten Lebensjahr an schrieb Schubert Lieder, ohne Auftrag, ohne sichere Aussicht auf künstlerischen oder materiellen Erfolg, überhaupt nie um des Erfolges willen. Seine Lieder entstanden nicht als Gelegenheitsarbeiten neben anderen, wichtigeren Werken, wie bei den Wiener Klassikern. Er wandte sich mit seinen Liedern zunächst auch gar nicht an die damalige Öffentlichkeit, zumal er überhaupt nicht als Berufsmusiker gelten konnte. Seine Werke wurden kaum in öffentlichen musikalischen Veranstaltungen zu Gehör gebracht. Das Wiener Musikleben nahm keine Notiz von ihm, zumal er nicht als ausübender Künstler selbst auftreten konnte. Als einziges und erstes gedrucktes Lied erschien im Jahre 1818 »Am Erlafsee«, und auch nur als Anlage zu einem literarischen Almanach. Erst 1821 gab Schubert mit Hilfe seiner Freunde, als Opus 1 gezeichnet, das erste selbständig erschienene Werk heraus, den »Erlkönig«. Schubert war damals schon vierundzwanzig Jahre alt.

Im Jahre 1820 wurden, allerdings ohne Erfolg, zwei Bühnenwerke Schuberts aufgeführt, das Singspiel »Die Zwillingsbrüder« und das Theaterstück »Die Zauberharfe«. Schon in der Konviktzeit begannen Schuberts bis in sein Todesjahr fortgesetzten Bemühungen um die Oper. Nie erreichte er das Ziel, den großen Opern seiner Zeit ein eigenes, bleibendes Werk an die Seite zu stellen. Er hatte ständig Unglück mit den ihm von seinen Freunden zur Verfügung gestellten Textbüchern. Kein einziges hatte künstlerisch-dramatisches Format. Aber ihm selbst fehlten auch die wesensmäßigen Voraussetzungen für eine spannungsvoll aufgebaute, dramatisch durchgeführte Theaterkomposition. Das hat die Wiener Öffentlichkeit durch ihre Reaktion auf die ersten Aufführungen deutlich festgestellt und ihn dadurch in den Bereich des privaten Musizierens abgeschoben.

Gespielt, gesungen, gehört, geliebt und begeistert aufgenommen wurden Schuberts Instrumentalmusik und seine Lieder von Anfang an im privaten Kreis seiner Freunde, gleichgestimmter Menschen, die Schuberts Musik zu ihresgleichen in Verwandtschaft und Bekanntschaft weitertrugen. Der Ruf Schuberts als des neuen Liederkomponisten drang sogar schon verhältnismäßig früh weit über Wien hinaus. Die Dresdener

Abendzeitung brachte am 30. Januar 1821 einen Dezemberbericht ihres Wiener Musikkorrespondenten: »Der junge Komponist Schuberth hat mehrere Lieder der besten Dichter (meistens von Goethe) in Musik gesetzt, welche das tiefste Studium, verbunden mit bewunderswürdiger Genialität, beurkunden und die Augen der gebildeten musikalischen Welt auf sich ziehen. Er versteht es, mit Tönen zu malen, und die Lieder ›Die Forelle‹, ›Gretchen am Spinnrad‹ (aus Faust) und ›Der Kampf‹ von Schiller übertreffen an charakteristischer Wahrheit alles, was man im Liederfache aufzuweisen hat. Sie sind meines Wissens noch nicht gestochen, sondern gehen nur in Abschriften von Hand zu Hand.«

Ab 1821 begann Schubert seine Kompositionen gedruckt zu veröffentlichen. Dabei standen ihm von Anfang an immer seine Lieder an der ersten Stelle. Die meisten von ihm selbst während seiner Lebenszeit zur Veröffentlichung bestimmten Werke waren Lieder. Er wählte die besten, als bleibend gültig erkannten aus und ließ jährlich, bis zum Ende, etwa zwanzig Lieder oder etwas mehr gedruckt erscheinen. Aus den Liedereinkünften, die nicht hoch waren und auch unregelmäßig kamen, konnte Schubert später seinen Lebensunterhalt, in sehr bescheidenem Rahmen, so bestreiten, daß er nicht zu hungern brauchte, zumal er in Notzeiten auch bei Freunden gastlich aufgenommen wurde. Schubert lebte vom Liederkomponieren, im materiellen und im übertragenen Sinn. Dichtung aufnehmen und in Musik verwandeln, das war sein Ein- und Ausatmen.

Deshalb wurde der Schulberuf auf die Dauer für ihn unerträglich. Davon frei geworden, schuf er sich schnell seinen eigenen Arbeitsrhythmus, denn er war ein fleißiger Mensch, kein Schwärmer und kein Träumer. Vom frühen Morgen saß er bis in den Nachmittag hinein über seinen Notenblättern, vergaß alles um sich her, war unansprechbar, hineingebannt in den Zwang zum Komponieren. Sein Freund von Spaun schreibt in seinen Erinnerungen: »Die ihn näher kannten, wissen es, wie tief ihn seine Schöpfungen angriffen und wie er sie in Schmerzen geboren. Wer ihn nur einmal an einem Vormittag mit Komponieren beschäftigt gesehen hat, glühend und mit leuchtenden Augen, ja selbst mit anderer Sprache, einem Somnambulen ähnlich, wird den Eindruck nie vergessen. Ich halte es für unzweifelhaft, daß die Aufregung, in der er seine schönsten Lieder dichtete, daß insbesondere seine ›Winterreise‹ seinen Tod mit veranlaßten.«

Musik und Komponieren waren für Schubert oft Bedrängnis, sogar Qual, aber in ihnen erlebte er auch das Wunder innerer Befreiung. Sie führten ihn aus der Dunkelheit des Daseins an die Tore nur geahnter, unendlich beglückender, vorausgeschauter Herrlichkeit.

Auf einem seiner wenigen erhaltenen Tagebuchblätter schreibt er am 14. Juni 1816, nach der Teilnahme an einer nicht genannten musikalischen Veranstaltung in Wien: »Ein heller, lichter, schöner Tag wird dieser durch mein ganzes Leben bleiben. Wie von fern leise hallen mir noch die Zaubertöne von Mozarts Musik durch Schlesingers meisterhaftes Spiel ins Herz tief eingedrückt. So bleiben uns diese schönen Abdrücke in der Seele, welche keine Zeit, keine Umstände verwischen und wohltätig auf unser Dasein wirken. Sie zeigen uns in den Finsternissen dieses Lebens eine lichte, helle, schöne Ferne, worauf wir mit Zuversicht hoffen. O Mozart, unsterblicher Mozart, wie viele, o wie unendlich viele solcher wohltätigen Abdrücke eines lichtern, bessern Lebens hast du in unsere Seele geprägt.«

Im Frühjahr 1817 vertonte Schubert zwei Gedichte seines Freundes Schober: »Trost im Liede« und »An die Musik«. Das letztere spricht im dichterischen Wort das aus, was Schubert sich nach jenem Mozartabend vom Herzen schrieb, und es inspirierte ihn zu dem sehnsuchtsvoll innigen, von ehrfürchtigem Pathos getragenen, unvergeßlichen Gesang auf das menschenverwandelnde Wunder, die Musik.

Du holde Kunst, in wieviel grauen Stunden,
Wo mich des Lebens wilder Kreis umstrickt,
Hast du mein Herz zu warmer Lieb entzunden,
Hast mich in eine bessere Welt entrückt!

Oft hat ein Seufzer, deiner Harf entflossen,
Ein süßer, heiliger Akkord von dir
Den Himmel besserer Zeiten mir erschlossen,
Du holde Kunst, ich danke dir dafür!

Dieses Lied ist und bleibt ein Meisterwerk. Solange Schubert lebte, wollten die Menschen es immer wieder hören. Schubert hat Text und Noten vielmals abschreiben müssen, um die Blätter den danach Verlangenden in die Hand geben zu können. Zahlreiche autographe Kopien sind erhalten geblieben. Eine, in einen kleinen Umschlag gesteckt, vom Komponisten für einen uns unbekannten Freund angefertigt, liegt in der Bibliothek des Conservatoire in Paris. Auf den Umschlag schrieb die Hand des Komponisten: »Manuscrit, très precieux«, »mit eigener Hand geschrieben, sehr kostbar«.

Der Strom der Schubert-Lieder fließt durch die Jahre seines Lebens bis zu der anmutigen, lieblichen »Taubenpost«, kurz vor seinem Tod geschrieben. Kaum faßbar ist die Vielfalt und der glänzende Reichtum immer neuer Kostbarkeiten. Schubert war in seinen Liedkompositionen auf nichts einseitig festgelegt. Dennoch sind seine sechshundert Lieder ein großes Ganzes, und man spricht mit Recht vom Kosmos des Schubert-Liedes. Alle Bereiche der Welt, in der wir leben, alle Erfahrungsmöglichkeiten des Menschengeistes und der Menschenseele, sind in ihm musikalisch gestaltet. Schuberts Lieder singen von allen Herrlichkeiten und schaurigen Tiefen der Natur, von der Großartigkeit und Armseligkeit menschlicher Lebensschicksale, von Freundschaft und Liebe, von Einsamkeit und Verzweiflung, von den höchsten Aufschwüngen des Geistes und der Seele und von dem furchtbaren Sturz ins Nichts. Im Schubert-Lied erleben wir die Welt zwischen Himmel und Abgrund, ahnen den Glanz ewiger Verklärung und fühlen die Schauer ewiger Verfinsterung. Dem entspricht die unüberschaubare Weite der vom Komponisten Schubert angewandten musikalischen Mittel. In Schuberts Liedkompositionen gibt es immer neue Überraschungen. Jedes dichterische Wort empfängt seine eigene, wahre, unverwechselbare musikalische Gestaltung. Schuberts musikalische Phantasie ist unerschöpflich.

Ebenso unübersehbar weit ist der geistig-literarische Bereich der komponierten Texte, von den großen Worten der griechischen Tragiker bis zu den noch eben vor Schuberts Tod im Druck erschienenen Gedichten Heinrich Heines. In seinem Liederkosmos spiegelt sich die Weltliteratur, vor allem die deutsche Lyrik zwischen 1750 und 1828.

Dabei ist Schubert, abgesehen von einigen Reisen durch das schöne Österreich und ins Ungarische, nicht über Wien, seine bescheidenen Wohnverhältnisse und seinen engeren Freundeskreis hinausgekommen. Zu den meisten Dichtern seiner Lieder hatte er keine persönlichen Kontakte. Er liebte und brauchte seine Freunde, aber im tiefsten Grunde arbeitete, lebte und starb er einsam. Er nahm, was er an Welteindrücken brauchte, mit aufmerksamen Augen und Ohren auf. Aber dann trug er die Welt in seinem eigenen Innern, war unabhängig von Raum und Umgebung und erschuf seine Werke in ärmlichen Hinterstuben oder bescheidenen Kammern, die er sogar zeitweise mit einem Freund gemeinsam bewohnte. Die Weite und Tiefe der Welterfahrung und des Welterlebens eines Menschen hängen eben nicht von der Weite der Reisen und der Fülle des Erlebten ab, sondern von den Dimensionen der eigenen inneren Welt.

Ein Grundthema durchzieht das musikalische Schaffen Schuberts: Der Mensch als Wanderer. Schubert wandert singend durch die Welt, fröhlich, entzückt, klagend, trauernd, bewundernd, staunend, leidend, resignierend, hoffend, und immer nach einer besseren Welt ausschauend. Eilend zieht er seine Straße durch eine ihm bekannte und vertraute Welt, sich jeder Schönheit freuend, die am Wege leuchtet, durch eine fremde, dunkle Welt, in der Mädchen weinen, Kinder sterben, selbst tapfer vorwärtsschreitend, Qualen leidend, umgetrieben, ein heimatloses Wesen in einer unheimlichen Landschaft. So singend, wandert Schubert durch die Welt, bis zu den Müllerliedern des todessüchtigen Müllerburschen, bis zu der schauerlichen Winterreise, dem Lied des Leierkastenmannes, der einsam in der Eiseskälte dieser Welt die Orgel dreht.

Das Wanderthema klingt auch durch Schuberts Instrumentalmusik, großartig in der »Wanderer-Phantasie«, bedrängend in dem Streichquartett »Der Tod und das Mädchen«. Tiefe, angstvolle Unruhe und beseligende Vorausahnung erfüllen die Sätze des Streichquintetts, das Schubert in seinem letzten irdischen Sommer niederschrieb. Die erste der drei großen Klaviersonaten aus Schuberts Todesjahr, alle dem geschwächten Körper mit ungeheurer Energie abgerungen, ist Musik des Getriebenseins und der Verzweiflung, ein immerwährendes An-die-Wand-Rennen und Nicht-heraus-Können. In der letzten Klaviersonate läßt Schubert in unheimlichen Pausen die Zeit stille stehen. Alles hört auf, der Abgrund öffnet sich, über dessen Rand die Musik zaghaft schwebend einen neuen Aufstieg sucht. Dazwischen steht ein Satz, so unendlich schön, daß man ihm in alle Ewigkeit zuhören möchte, so vollkommen, als sei die Stufe der Vollendung schon erreicht. In seinem Todesjahr schrieb Schubert eine letzte Messe. Im Eingangsgloria, bei den Worten *Agnus Dei, Filius Patris, qui tollis peccata mundi* ballt sich die Musik zu solch ungeheuerlicher, schier metaphysischer Gewalt, daß sich das furchtbare Gewicht der Sündenlast dieser Welt, von dem Lamm Gottes getragen, drückend auf den Hörer legt. So empfand Schubert zuletzt die Welt, durch die er hatte wandern müssen. Am Schluß der Messe aber fällt alles Bedrückende ab in der friedvollen Musik des in eine höhere Welt hinübergeleitenden *Dona nobis pacem*. Der Wanderer hat sein Ziel gefunden.

Schuberts Musik strebt empor zum Himmel. Majestätisch und gewaltig sind seine Hymnen auf die Erhabenheit des Schöpfers. Sie lobpreisen die Wunder aller seiner Werke, sie erzittern vor dem schauervollen Wirken seiner Allmacht, und sie sind getragen von der sehnsuchtsvollen Hoffnung auf eine bessere Welt, eine von Schuld und Not befreite Schöpfung. Schubert wandert als Musiker und Sänger durch die Welt, die über einem dunklen Abgrund schwebt, die aber nicht ohne Himmel ist.

Eine Auswahl aus der Fülle der Lieder dieser frühen Jahre kann nur ein Versuch sein, zu Schubert hinzuführen. Beginnen wir mit dem Lied »Der Wanderer«.

Ich komme vom Gebirge her,
Es dampft das Tal, es braust das Meer,
Ich wandle still, bin wenig froh,
Doch immer fragt der Seufzer: Wo?

Die Sonne dünkt mich hier so kalt,
Die Blüte welk, das Leben alt,
Und was sie reden, leerer Schall,
Ich bin ein Fremdling überall.

Wo bist du, mein geliebtes Land?
Gesucht, geahnt und nie gekannt!
Das Land, das Land, so hoffnungsgrün,
Das Land, wo meine Rosen blühn,

Wo meine Freunde wandeln gehn,
Wo meine Toten auferstehn,
Das Land, das meine Sprache spricht,
O Land, wo bist du?

Ich wandle still, bin wenig froh,
Und immer fragt der Seufzer: wo?
Im Geisterhauch tönt's mir zurück:
»Dort, wo du nicht bist, dort ist das Glück.«

Die musikalische Gestaltung dieses Liedes zeichnet sich durch starke Ausdruckskraft, durch vielfältigen Wechsel in Rhythmus und Tonart aus. Klage über die Unerfülltheit des Daseins, sehnendes Suchen nach dem Land des beglückenden Lebens, die verstummende Resignation am Schluß des Liedes – all dies ist in der musikalischen Neuschöpfung so viel lebendiger geworden, daß man spürt, wie sehr sich Schubert durch dies Gedicht in seiner eigenen Lebenserfahrung angesprochen fühlte. Darum übte dies Lied auch auf alle Hörer eine so starke Wirkung aus. Es durfte auf den Schubert-Abenden im vorigen Jahrhundert kaum fehlen, und es könnte auch den unbehausten Menschen unseres Jahrhunderts ähnlich ansprechen.

Kraftvoll, ermutigend und hoffnungsstark erklingt das Wandererthema in dem »Lied eines Schiffers an die Dioskuren«, nach einem Text des Schubert-Freundes Johann Mayrhofer. Ernst, feierlich, pathetisch werden die am nächtlichen Sternenhimmel leuchtenden Dioskuren angerufen, die Schutzpatrone der Seefahrer in der antiken Welt. Die ruhige, feste Kraft der Melodie erweckt das Empfinden einer sicheren Fahrt:

Dioskuren, Zwillingssterne,
Die ihr leuchtet meinem Nachen,
Mich beruhigt auf dem Meere
Eure Milde, euer Wachen.

Wer auch fest in sich begründet,
Unverzagt dem Sturm begegnet,
Fühlt sich doch in euren Strahlen
Doppelt mutig und gesegnet.

Dieses Ruder, das ich schwinge,
Meeresfluten zu zerteilen,
Hänge ich, so ich geborgen,
Auf an eures Tempels Säulen,
Dioskuren, Zwillingssterne.

Das Anschlagen der Meereswogen an die Schiffswand, das ruhige Auslaufen der Wellen am Gestade, das von den Göttern geschenkte Ankommen des Schiffers am Ort seines Zuhauseseins – all das empfinden wir durch die Musik als wirkliches Geschehen. Der Sehnsucht seines Lebens, der sicheren Fahrt und der endgültigen Geborgenheit, gab Schubert in diesem schönen Lied einen erhabenen Ausdruck.

Schubert blieb sein Leben lang ein heimatgebundener Mensch. Er war am Wiener Stadtrand aufgewachsen, zwischen der zu den Bergen hin geöffneten Landschaft und der alten Stadt. Er wurde ein echt wienerischer Stadtmensch, denn die Stadt war ihm zum Ort vieler menschlicher Begegnungen und zum Brennpunkt eines reichen kulturellen Lebens geworden. Aber er blieb zeitlebens naturverbunden und behielt einen offenen Sinn und ein empfindsames Herz für alle Farben, Töne und Gestalten in der freien Natur. Er freute sich über kleine Ausflüge in die Wiener Umgebung, genoß Spaziergänge in die sich schon nach kurzem Gang öffnende Landschaft und liebte in den weiteren Jahren die Fahrten im offenen Kutschwagen durch das wunderschöne österreichische Land. Unter dem 14. Juni 1816 steht in seinem Tagebuch: »Nach einigen Monaten machte ich wieder einmahl einen Abendspaziergang. Etwas Angenehmeres wird es wohl schwerlich geben, als sich nach einem heißen Sommertage abends im Grünen zu ergehen, wozu die Felder zwischen Währing und Döbling eigens geschaffen schienen. Im zweifelhaften Dämmerschein, in Begleitung meines Bruders Carl ward mir so wohl ums Herz. Wie schön, dacht' ich und rief ich, und blieb plötzlich stehen.«

Dem empfindungsstarken Gemüt des jungen Schubert verdanken wir viele schöne Naturlieder. Oft ließ er sich in dieser Zeit durch Gedichte des früh verstorbenen, lange nachwirkenden Lyrikers Hölty zum Komponieren begeistern, und manche dieser teils fröhlich heiteren, teils von leiser Wehmut durchwehten Lieder bleiben unvergänglich. Dazu gehört das »Frühlingslied«, Musik gewordene bunte Fülle der Frühlingsblumen und der Entzückungen der sie beschauenden Menschenseele. Farbig und fröhlich jubilierend hüpft das Lied dahin:

> Die Luft ist blau, das Tal ist grün,
> Die kleinen Maienglocken blühn,
> Und Schlüsselblumen drunter;
> Der Wiesengrund
> Ist schon so bunt
> Und malt sich täglich bunter.
>
> Drum komme, wem der Mai gefällt,
> Und schaue froh die schöne Welt
> Und Gottes Vatergüte,
> Die solche Pracht
> Hervorgebracht,
> Den Baum und seine Blüte.

In den Tagen der vorher angeführten Tagebucheintragung entstand das Lied »Gott im Frühling«, nach einem Gedicht des schon verstorbenen Peter Uz. Nach dem ersten freudigen Aufschwung entfaltet sich die Melodie zu einem herrlich jubelnden, begeisterten Lobgesang, jedem dichterischen Wort seinen eigenen Ausdruck verleihend, bis zu dem erhabenen Pathos der Schlußzeilen. In der Begleitung umspielt uns der erwachende, schimmernde, freudenbringende Frühling.

> In seinem schimmernden Gewand
> Hast du den Frühling uns gesandt,
> Und Rosen um sein Haupt gewunden.
> Holdlächelnd kömmt er schon!
> Es führen ihn die Stunden,
> O Gott, auf seinen Blumenthron.

Er geht in Büschen, und sie blühn,
Den Fluren kommt ihr frisches Grün,
Und Wäldern wächst ihr Schatten wieder,
Der Welt liebkosend schwingt
Sein tauendes Gefieder,
Und jeder frohe Vogel singt.

Mit euer Lieder süßen Klang,
Ihr Vögel, soll auch mein Gesang
Zum Vater der Natur sich schwingen.
Entzückung reißt mich hin!
Ich will dem Herrn lobsingen,
Durch den ich wurde, was ich bin.

Schubert fühlte sich noch mehrfach durch diesen Dichter zum Komponieren angeregt. Wahrhaft tröstlich ist die Vertonung der dichterischen Übersetzung des 23. Psalmes »Der gute Hirte«. Wenige Tage vor dem Frühlingslied komponierte Schubert den großartigen Hymnus »An die Sonne« als Quartett mit Klavierbegleitung, ein weit ausgreifendes musikalisches Werk von großer Kraft:

O Sonne, Königin der Welt,
Die unser dunkles Rund erhellt,
Mit lichter Majestät.
Erhab'nes Wunder einer Hand,
Die jene Himmel ausgespannt,
Und Sterne hingesät.

Die Zahl der Vokalterzette und -quartette mit Klavierbegleitung, die Schubert im Laufe der Jahre komponierte, ist erstaunlich groß. Sie gerieten leider neben seinen Liedern weithin in Vergessenheit, obwohl viele von ihnen seinen großen Liedschöpfungen ebenbürtig sind. Dazu gehören neben dem schon genannten Hymnus »An die Sonne« auch die beiden, ebenfalls nach Gedichten von Uz komponierten Hymnen »Gott im Ungewitter« und »Gott, der Weltenschöpfer«. Schubert entdeckte die Gedichte im Jahr 1827, und daß sie ihn zum Komponieren reizten, ist ein Zeichen dafür, daß Schubert sein Leben lang die Natur ehrfürchtig als das große Werk ihres Schöpfers bewunderte.

Schubert vertonte eine Reihe Gedichte des damals sehr geschätzten Ludwig Gotthard Kosegarten, eines originellen Dorfpriesters auf der Insel Rügen. Dazu gehört das schöne Abendlied »An die untergehende Sonne«. Still und ruhig sinkt die Abendsonne, die grünen Inselwiesen dampfen, leiser Wind rieselt durch die zart glänzenden Strahlen des Lichtgeflirres, feierlich ernst taucht die Sonne in die Meeresflut, eine Nachtigall flötet aus dem Gebüsch, Frieden breitet sich über die ruhende Welt aus. All dies wird durch die schubertsche Musik, mehr als Worte das vermögen, zu miterlebter Wirklichkeit.

Noch stiller, inniger, verzaubernder wirkt das Lied »Nachtgesang«, musikalisch eine Vorahnung des unvergleichlichen Abendliedes von 1823 »Über allen Gipfeln ist Ruh«:

Tiefe Feier
Schauert um die Welt,
Braune Schleier
Hüllen Wald und Feld.
Trüb und matt und müde
Nickt jedes Leben ein,
Und namenloser Friede
Umsäuselt alles Sein.

Wahrer Kummer,
Laß ein Weilchen mich!
Goldner Schlummer,
Komm, umflügle mich!
Trockne meine Tränen
Mit deines Schleiers Saum,
Und täusche, Freund, mein Sehnen
Mit deinem schönsten Traum!

Nicht vergessen werden dürfte auch Klopstocks »Willkommen, o silberner Mond – Schöner, stiller Gefährte der Nacht« und das Abendlied von Matthias Claudius »Der Mond ist aufgegangen«, dessen schubertsche Melodie viel inniger und bewegter ist als die allgemein bekannte. Dies kann nur ein Hinweis auf die Fülle der Abend-, Mond- und Nachtlieder sein, die in diesen ersten Jahren und auch weiterhin entstanden.

Mit Erstaunen stellt man fest, daß in Schuberts Schaffen Morgenlieder ganz selten sind. Zögernd freudig, dann mit glücklichen Gefühlen sich dem neuen Tag öffnend, erfreut das Morgenlied, das Schubert nach einem Gedicht des Grafen Friedrich Leopold zu Stolberg als nicht besonders bedeutende Komposition schuf:

Willkommen, rotes Morgenlicht!
Es grüßet dich mein Geist,
Der durch des Schlafes Hülle bricht,
Und seinen Schöpfer preist.

Willkommen, goldner Morgenstrahl,
Der schon den Berg begrüßt,
Und bald im stillen Quellental
Die kleinen Blumen küßt.

Das andere, wahrhaft großartige Morgenlied aus dieser Zeit haben wir schon genannt: »Ganymed«. Sonst aber bleibt Schubert stumm. Er hat keine Musik für die Morgenstimmung in Natur und Menschenseele. Später finden wir in den Müllerliedern den entzückenden Morgengruß »Guten Morgen, schöne Müllerin! Wo steckst du gleich das Köpfchen hin?« Aber die Müllerin ist falsch, und dem Morgengruß folgt die tödliche Enttäuschung. Zuletzt dann gibt es noch ein Morgenlied in der »Winterreise«, aber das ist ein schreckliches Lied, traurig und verzweifelt.

Abendlieder, Nachtlieder, auch Frühlingslieder die Fülle, aber keine Morgenlieder! Liegt das in Schuberts Wesen begründet, in seinem Verhältnis zum Leben und zur Welt? Oder bot ihm die deutsche Lyrik keine ihn zum Komponieren anregende Morgendichtung?

Tatsächlich, wenn man die Morgenlieder des christlichen Kirchenliedes, unter denen es wahrhaft dichterische Schöpfungen gibt, beiseite läßt, hat die deutsche Lyrik nur eine schwache Morgenstimme. Den großartigen Dichter der Nacht wie des Morgens, Joseph von Eichendorff, hat Schubert leider nicht

Sturmwind des Schaffens 85

Titelbild zum Liederzyklus »Die schöne Müllerin«

mehr kennengelernt. Wie kein anderer Dichter dieser Zeit hat er die Gefährdung des Menschen durch die Stimmungen der Nacht gespürt:

> Was heut müde gehet unter,
> Hebt sich morgen neugeboren.
> Manches bleibt in Nacht verloren –
> Hüte dich, bleib wach und munter!

Die neuschaffende, belebende Wirkung der bewußten Hinwendung zum Morgen wird in Eichendorffs Prosawerken und Gedichten immer wieder gepriesen:

> Fliegt der erste Morgenstrahl
> Durch das stille Nebeltal,
> Rauscht erwachend Wald und Hügel:
> Wer da fliegen kann, nimmt Flügel!
>
> Hinaus, o Mensch, weit in die Welt,
> Bangt dir das Herz an krankem Mut;
> Nichts ist so trüb in Nacht gestellt,
> Der Morgen leicht machts wieder gut.

Für Eichendorff ist es die Stimme Gottes, die den in Nacht irregehenden Menschen in das wahrhaftige Leben ruft. Sein Gedicht »Der Wächter« hätte wohl von der Gewalt der Sprache her Schubert zur Verwandlung in Gesang anregen können:

> Nächtlich macht der Herr die Runde,
> Sucht die Seinen unverdrossen,
> Aber überall verschlossen
> Trifft er Tür und Herzensgrund.
>
> Waldwärts durch die Einsamkeit
> Hört ich über Tal und Klüften
> Glocken in den stillen Lüften,
> Wie aus fernen Morgen weit –
> An die Tore will ich schlagen,
> An Palast und Hütten: Auf!

Flammend schon die Gipfel ragen,
Wachet auf, wacht auf, wacht auf!

Wir müssen bedauern, daß Schubert diesem Dichter nicht mehr begegnen konnte. In der Tiefe und Lebendigkeit ihres Empfindens waren sie einander kongenial. Aber ob Schubert, von seinem innersten Wesen her, sich dem Morgenton in Eichendorffs Gedichten geöffnet hätte?

Es gibt Schubert-Lieder, die man »beseligende Augenblicke« nennen möchte. Eine solche entzückende Miniatur entdeckt man in dem »Morgenkuß nach einem Ball«, einem Gedicht der damals sehr beliebten Wiener Lyrikerin Gabriele von Baumberg. Der schimmernde Nachglanz einer ganzen durchtanzten Ballnacht mit all ihren so oft nur angedeuteten Empfindungen ist in dieser zauberischen Komposition eingefangen und teilt sich mit:

Durch eine ganze Nacht sich nah zu sein,
So Hand in Hand, so Arm in Arme weilen,
So viel empfinden, ohne mitzuteilen,
Ist eine wonnevolle Pein.

So immer Seelenblick in Seelenblick
Auch den geheimsten Wunsch des Herzens sehen,
So wenig sprechen und sich doch verstehen,
Ist hohes, martervolles Glück.

Als solch beseligenden Augenblick empfinden wir auch die Stimmung in der Vertonung des Schiller-Gedichtes »Laura am Klavier«. Schubert wagt etwas Neues. Durch ein längeres solistisches Klaviervorspiel und das erst dann einsetzende Lied entsteht ein Gefühl, als wenn der Besucher, beim Eintreten von dem Klavierspiel überrascht, zögernd nähertrete und wie gebannt stehen bliebe:

Wenn dein Finger durch die Saiten meistert,
Laura, jetzt zur Statue entgeistert,
Jetzt entkörpert steh ich da.

Schuberts musikalische Komposition mit den kurzen solistischen Klavierzwischenspielen gibt dem Fortgang des Spiels und den es begleitenden Gedanken des Zuhörers lebendigen Ausdruck: Staunendes Verwundern über die mehr als menschliche Zaubermacht der Musik:

> Mädchen, sprich! Ich frage, gib mir Kunde:
> Stehst mit höhern Geistern du im Bunde?
> Ist's die Sprache, lüg' mir nicht,
> Die man in Elysen spricht?

Das Lied schließt mit einem zu Ende gespielten Klaviersolo, die ganze Komposition ein entzückender Gestaltungseinfall mit überraschender Wirkung. Beseligender Augenblick, in zeitloser Schwebe gehalten, so berührt uns das Lied »Die Sommernacht«, nach einem Klopstock-Gedicht. Zart melodisch, voll tastender Verwunderung beginnt es:

> Wenn der Schimmer von dem Monde nun herab
> In die Wälder sich ergießt, und Gerüche
> Mit den Düften von der Linde
> In den Kühlungen wehn!
> So umschatten mich Gedanken an das Grab
> Meiner Geliebten.

Schwebend steigt die sanfte Melodie auf und ab, Ausdruck der schmerzlich-glücklichen Bewegungen im Innern des Herzens.

> Ich genoß einst, o ihr Toten, es mit euch!
> Wie umwehten uns der Duft und die Kühlung,
> Wie verschönt warst du von dem Monde,
> Du, o schöne Natur!

Oder noch ein letztes Beispiel, das »Täglich zu singen« des Matthias Claudius. Volksliedhaft fröhlich bricht die Freude am Leben durch, wie sie in besonderen Augenblicken den Menschen derart überfallen kann, daß sein Herz sich befreit weitet und er die ganze schöne Welt um sich her jauchzend und laut aufjubelnd als sein eigen erlebt:

Ich danke Gott und freue mich
Wie's Kind zur Weihnachtsgabe,
Daß ich hier bin, und daß ich dich,
Schön menschlich Antlitz habe.

Daß ich die Sonne, Berg und Meer
Und Laub und Gras kann sehen,
Und abends unterm Sternenheer
Und lieben Monde gehen.

Das Lied hüpft vor Wonne, und am Ende jeder Strophe läuft es in stille Zufriedenheit aus.

Solch glückliche Augenblicke gibt es in Schuberts Liederwelt. Aber sie werden überschattet von Dunkelheiten, die den Wanderer auf seinem Weg bedrängen.

Im Sommer 1817 verließ Albert Stadler, schon von der Schulzeit her Schuberts Freund, die Stadt Wien und zog in seine Heimat Oberösterreich. Die Trennung fiel Schubert schwer. Zum Abschied widmete er seinem Freund das Lied »Der Strom«. Es ist nicht mehr festzustellen, ob Schubert selbst oder Stadler das Gedicht schrieb, aber es spricht viel für Schuberts Verfasserschaft. Schon mit dem Auftakt beginnt die jagende Unruhe. Aufgewühlt, an der belastenden Friedlosigkeit des Daseins leidend, gibt Schubert dem Gedicht seine musikalische Gestalt. Rasendes Vorwärtstreiben bis zum letzten in der Luft stillstehenden Ton reißt den Hörer in die leidenschaftliche Klage dieses Liedes hinein:

Mein wildes Leben wälzt sich murrend fort,
Es steigt und fällt in krausen Wogen,
Hier bäumt es sich, jagt wieder dort
In wilden Zügen, hohen Bogen.

Das stille Tal, das grüne Feld
Durchrauscht es nun mit leisem Beben,
Sich Ruh' ersehnend, ruhige Welt,
Ergötzt es sich am ruhigen Leben.

Doch nimmer findend, was es sucht,
Und immer sehnend tost es weiter,
Unmutig rollt's auf steter Flucht,
Wird nimmer froh, wird nimmer heiter.

Die Klage über die Unerfülltheit und ewige Unerfüllbarkeit des menschlichen Lebens gestaltet Schubert in drei Liedern nach Gedichten unbekannter Verfasser. Sie müssen Schubert 1816 und 1817 irgendwie in die Hände gefallen sein, und seine Aufmerksamkeit hielt sie fest, weil sie mit ihren Worten trafen, was ihn selbst bedrängte, so daß sie ihn zur musikalischen Aussage zwangen. »Nimmer trag ich länger dieser Leiden Last, beginnt das zweite dieser Lieder. Das letzte, »Trost« überschrieben, hebt an: »Nimmer lange weil' ich hier, komme bald hinauf zu dir.« Das musikalisch ausdrucksstärkste und bewegendste ist das erste der drei bedrückenden Lieder mit der Überschrift »Klage«:

Trauer umfließt mein Leben,
Hoffnungslos mein Streben,
Stets in Glut und Beben
Schleicht mir hin das Leben;
O nimmer trag ich's länger!

Leiden, Schmerzen wühlen
Mir in den Gefühlen,
Keine Lüfte kühlen
Banger Ahnung Schwülen;
O nimmer trag ich's länger!

Nur ferner Tod kann heilen
Solcher Schmerzen Weilen;
Wo sich die Pforten teilen,
Werd ich wieder heilen.
O nimmer trag ich's länger!

Wir stehen vor dem großen Thema, das Schubert zeit seines Lebens nicht los ließ: der Tod.

In für seine Zeit ganz ungewöhnlichen Harmonien und eigenartigen Kadenzen, den seelischen Ton des Gedichtes von Matthisson überzeugend treffend, gestaltet Schubert das Lied »Totenkranz für ein Kind«. Die Erinnerung an jedes einmal geliebte Menschenleben, ewig schmerzvoll, das Leiden unter der Irrsal des Daseins, der Gedanke an den Tod als den letzten Befreier – diese in Schuberts Seele immer miteinander verbundenen Empfindungen bestimmen die tief beeindruckende Musikalität des Liedes:

> Sanft wehn, im Hauch der Abendluft,
> Die Frühlingshalm' auf deiner Gruft
> Wo Sehnsuchtstränen fallen.
> Nie soll, bis uns der Tod befreit,
> Die Wolke der Vergessenheit
> Dein holdes Bild umwallen.
>
> Wohl dir, obgleich entknospet kaum
> Von Erdenlust und Sinnentraum,
> Von Schmerz und Wahn geschieden!
> Du schläfst in Ruh'; wir wanken irr
> Und unstet bang im Weltgewirr,
> Und haben selten Frieden.

Die Todesgedichte des Matthias Claudius', die Schubert auch schon in diesen frühen Jahren kennenlernte, waren ganz auf den Ton seiner Seele gestimmt. So entstanden die drei Lieder, die unvergänglich der menschlichen Trauer und der fremden, stillen Erhabenheit des Todes Ausdruck geben.

»Am Grabe Anselmos«, welche Töne väterlichen Schmerzes! Welch erschütternde Trauer um ein verlorenes, geliebtes Kind klagt hier singend ihre untröstliche Not!

> Ach! Daß hier in diesem Grabe
> Mein Anselmo ist,
> Das ist mein Schmerz!

Völlig anders ist der Klang bei dem Claudius-Gedicht »Bei dem Grabe meines Vaters«. Die das Herz erfüllende tröstliche

Erinnerung und die Zuversicht der kommenden Auferstehung sind so vollkommen in Musik verwandelt, daß dieses Lied mit der Wirklichkeit des Todes versöhnt und Frieden ausströmt:

> Friede sei um diesen Grabstein her:
> Sanfter Friede Gottes!
> Ach, sie haben einen guten Mann begraben,
> Und mir war er mehr;
> Träufte mir von Segen, dieser Mann,
> Wie ein Stern aus bessern Welten!
> Und ich kann's ihm nicht vergelten,
> Was er mir getan.
>
> Er entschlief, sie gruben ihn hier ein.
> Leiser, süßer Trost von Gott,
> Und ein Ahnden von dem ew'gen Leben
> Düft um sein Gebein!
> Bis ihn Jesus Christus, groß und hehr,
> Freundlich wird erwecken,
> Ach, sie haben ihn begraben!
> Einen guten Mann begraben,
> Und mir war er mehr.

Wie Schubert hier durch die stille Klarheit der Melodie und die Wiederholung einzelner Zeilen getröstete Trauer zu empfundener Wirklichkeit werden läßt, das ist seine schönste Gabe für Bekümmerte.

Bevor wir uns dem dritten, bekanntesten Claudius-Lied zuwenden, sehen wir erst noch an einigen anderen Liedern, wie Schubert sich dem Todesthema stellt.

Alle, die in dieser Welt schuldlos leiden mußten, die ihr armes, unerfülltes Leben vor der Zeit in die Hand des Todes geben mußten, deren einziger Trost in bittern Nächten das Warten auf Gottes gnädiges Angesicht gewesen ist – sie alle haben ihren großen Fürsprecher in der »Litanei auf das Fest Allerseelen« von Johann Georg Jacobi. Schubert hat diese Litanei durch seine Musik unsterblich gemacht. Feierlich, sehr still, sehr langsam schreitet die Melodie dahin, von harmonischen Klängen der Begleitung getragen, hüllt den Bekümmerten unsagbar tröstlich ein. Nach dem Verklingen der letzten gesungenen Worte geleitet das Nachspiel in eine andere Welt hinüber, in den ewigen Frieden. Unzähligen Seelen hat dieses Lied Linderung in Schmerz und Frieden in Trauer geschenkt.

> Ruhn in Frieden alle Seelen,
> Die vollbracht ein banges Quälen,
> Die vollendet süßen Traum.
> Lebenssatt, geboren kaum,
> Aus der Welt hinüberschieden.
> Alle Seelen ruhn in Frieden!
>
> Liebevoller Mädchen Seelen,
> Deren Tränen nicht zu zählen,
> Die ein falscher Freund verließ,
> Und die blinde Welt verstieß;
> Alle, die von hinnen schieden,
> Alle Seelen ruhn in Frieden!
>
> Und die nie der Sonne lachten,
> Unterm Mond auf Dornen wachten,
> Gott, im reinen Himmelslicht,
> Einst zu sehn von Angesicht:
> Alle, die von hinnen schieden,
> Alle Seelen ruhn in Frieden.

Feierlich langsames Schreiten des Todes, die dunkle, tiefe Stimme des behutsam Nahenden, der Abgrund des schauervollen Grabes, die Sehnsucht des von Weltunruhe geplagten Menschenherzens, Frieden zu finden, das bedrängt uns in der ernsten Musik des Liedes »Das Grab«:

> Das Grab ist tief und stille,
> Und schauderhaft sein Rand,
> Es deckt mit schwarzer Hülle
> Ein unbekanntes Land.
>
> Das arme Herz, hienieden
> Von manchem Sturm bewegt,

Erlangt den wahren Frieden
Nur, wo es nicht mehr schlägt.

Der Dichter dieser Strophen, Johann Gaudenz von Salis-Seewies, schrieb diese Verse im Jahre 1783 als einundzwanzigjähriger Hauptmann der königlichen Schweizergarde in Versailles. Kurz vor Ausbruch der Französischen Revolution unternahm er eine längere Deutschlandreise zu den Großen des Dichtertums, kehrte in das revolutionäre Frankreich zurück und übersiedelte dann in die Schweiz. Seine Gedichte wurden in Deutschland gedruckt. Schubert vertonte 1817 dies eine Lied, nach den blutgeröteten napoleonischen Zeiten, unter den bedrückenden Zuständen der Wiener Restauration. Es wurde zu einem im Schubert-Kreis ganz besonders beliebten Lied, eine Generation nach der Niederschrift des Gedichtes durch die Hand eines damals noch sehr jungen Menschen. Es hatte sich nichts geändert. Trotz oder wegen der unaufhaltsamen Veränderung aller Dinge, trotz oder wegen aller Bemühungen um sinnvolles Tätigsein in dieser Welt behält das menschliche Dasein einen Grundton maßloser Traurigkeit. Dem gab Schubert in diesem Lied echten Ausdruck, und deshalb wollten seine Freunde es immer wieder hören.

In Schuberts Tagebuch finden wir unter dem 8. September 1816 einige aphoristische Notizen, darunter diese: »Naturanlage und Erziehung bestimmen des Menschen Geist und Herz. Das Herz *ist* Herrscher, der Geist *soll* es seyn. Nehmt die Menschen wie sie sind, nicht wie sie seyn sollen. Selige Augenblicke erheitern das düstere Leben. Drüben werden die seligen Augenblicke zum währenden Genuß, und seligere werfen Blicke in seligere Welten... Glücklich, der einen wahren Freund findet. Glücklicher, der in seinem Weibe eine wahre Freundin findet... Der Mann trägt Unglück ohne Klage, doch fühlt er's desto schmerzlicher. Wozu gab uns Gott Mitempfindung?«

»Mitempfindung« heißt die reiche Gabe, aus der Schuberts Musik ihre Fülle empfing. »Mitempfindung« heißt die schwer zu tragende Last, aus der seine Musik ihre die Menschenseele immer wieder anrührende Tiefe gewann. Schuberts Musik ist vom Gefühl, vom Herzen her bestimmt. Das heißt aber nicht, daß ihr die Klarheit des Geistes und die Meisterschaft des Musik schaffenden Könners fehlte.

Im Frühjahr 1817 entstanden, bald nacheinander, zwei Lieder, die wie Gegenstücke erscheinen. In beiden antwortet der Tod gleichermaßen beruhigend, Befreiung und Frieden verheißend. Aber die ihn anrufende Menschenstimme ruft in beiden anders.

Im zweiten Lied, »Der Jüngling und der Tod«, Vertonung eines Gedichtes des damals noch nicht dreißigjährigen Josef von Spaun, wird das Rufen des unter den namenlosen Qualen dieser Welt leidenden Jünglings von verklärender Musik umhüllt. In weitem melodiösem Bogen erhebt sich der Sehnsuchtsruf, in zitterndem Auf und Ab bewegt sich die Stimme der Klage. Klangvolle harmonische Akkorde verheißen die Herrlichkeiten der ersehnten besseren Welt. Mit befreitem Aufatmen bittet die Seele den Tod herbei, still flehend: »O komm!« Die Melodie wandelt sich, über dunklen Untertönen der Klavierbegleitung ertönt beruhigend und einhüllend die Baßstimme des Todes:

Jüngling

Die Sonne sinkt, o könnt ich mit ihr scheiden,
Mit ihrem letzten Strahl entfliehn!
Ach diese namenlosen Qualen meiden
Und weit in schönre Welten ziehn!

O komme, Tod, und löse diese Bande!
Ich lächle dir, o Knochenmann,
Entführe mich leicht in geträumte Lande!
O komm und rühre mich doch an!

Der Tod

Es ruht sich kühl und sanft in meinen Armen,
Du rufst, ich will mich deiner Qual erbarmen.

Die Weite der Empfindungswelt des Menschen und Musikers Franz Schubert zeigt sich in dem Gegenstück, dem einen Monat vorher komponierten Claudius-Gedicht »Der Tod und das Mädchen«. Das zutiefst Unbegreifbare, aber zum wahren Menschsein Gehörige, das dichte Beieinander von Furchtbarkeit und Tröstung des Todes, hat schon Claudius in den unvergleichlich einfachen und zugleich großen Worten des Gedichtes ausgesagt, aber in Schuberts Musik wird es noch unendlich vertieft. Es wäre täuschende Vereinfachung zu behaupten, Dichter und Musiker hätten sich mit einer harmlosen Deutung des Todes als Menschenfreund zufrieden gegeben. Die beiden früher schon gedeuteten Todeslieder und dies so unendlich traurige mindern nichts an der Grausamkeit des Todes. Er gehört nicht in die für Liebe und Schönheit geschaffene Gottesschöpfung. Nur, weil es eine Erlösung in eine bessere Welt hinein gibt, kann der Tod als der sanfte Befreier erscheinen.

Einhüllende Harmonien umgeben als Vor- und Nachspiel das in Wahrheit schreckliche Lied, denn erschreckend ist der Aufschrei des jungen Mädchens, des schönen und zarten Gebildes, voll Angst, voll Grauen, voll Abwehr gegen das Berührtwerden durch die Knochenhand des Todes. Die Pause macht die leere Stille des Entsetzens spürbar. Abwärts steigende Akkorde drücken die Unausweichlichkeit des Schicksals aus. Zwei ganze Zeilen lang singt die tiefe Todesstimme auf dem gleichen dunklen Ton, Ruhe suggerierend, hebt sich ein wenig zu freundlicherem Klang, um Vertrauen werbend, sinkt wieder hinunter in den Zwang der ruhevollen Dunkelheit, unendlich langsam schreitend, bis zuletzt feierlich erhaben. Die Zeit erlischt. Blühendes Leben, das nicht sterben will, Übermacht des Todes, der sanften Schlaf in seinen Knochenarmen zusagt – dieser unheimliche Widerspruch scheint dichterisch und musikalisch ausgeglichen.

Aber es scheint nur so, denn der Schreckensschrei des Mädchens wurde nur betäubt. Ihre freiwillige Zustimmung bleibt aus. Die dunklen Wellen der Todesmusik überspielen alles und decken alles zu. Sie erklingen voll verzaubernder Schönheit, aber es ist eine dämonische Schönheit, ist magische Verzauberung. Claudius wußte etwas anderes gegen die Macht des Todes zu setzen. Man denke an den berühmten Brief an seinen Sohn. Auch Schubert lehnte sich in andern Werken gegen diese Verzauberung auf, durchbrach sie. Nur eine immer noch geübte

Verkennung kann dies Lied so hören, als sei in ihm ein letztes tröstliches Wort über den Tod gesungen:

Das Mädchen

Vorüber, ach vorüber!
Geh, wilder Knochenmann!
Ich bin noch jung, geh, Lieber!
Und rühre mich nicht an.

Der Tod

Gib deine Hand, du schön und zart Gebild!
Bin Freund und komme nicht zu strafen.
Sei guten Muts! Ich bin nicht wild,
Sollst sanft in meinen Armen schlafen!

Sieben Jahre später, im Frühjahr 1824, beschäftigen sich Schuberts Gedanken wieder mit diesem Lied. Er war durch eine schwere Krankheit gegangen, mußte sich damit abfinden, daß ihm nie wieder völlige Gesundheit zuteil würde, schrieb sich in einem Brief an seinen Freund Kupelwieser die Furcht von der Seele, alle seine schöpferischen Fähigkeiten zu verlieren, und sah dem Tod als dem ins Auge, der auslöscht und alles zum bitteren Ende bringt. In dieser Zeit begann er die Arbeit an dem berühmten Streichquartett in d-Moll »Der Tod und das Mädchen«. Erst 1826 konnte er das Werk als vollendet abschließen, nachdem er es zwischendurch mit Unterbrechungen weitergeführt und verschiedentlich geändert hatte; ein Zeichen dafür, wie sehr ihn die musikalische Gestaltung dieses Themas bewegte.

Das Werk empfängt sein Thema vom zweiten Satz, den Variationen über die Liedzeile »Sei guten Muts! Ich bin nicht wild, sollst sanft in meinen Armen schlafen«. Von hier her wird es, in der Sprache der Musik, zur Auseinandersetzung mit der Wirklichkeit des Todes, seinem rätselvollen Geheimnis und seiner Unerbittlichkeit.

Rüttelnde Triolen eröffnen den ersten Satz, gewissermaßen als Motto dem ganzen Werk vorangestellt. Das trotzig vorwärtsschreitende Hauptthema tritt auf, herrisch, dazwischenfahrend, sobald das gesangvoll melodische Seitenthema erscheint und sich zu entfalten beginnt. Immer neu aufblühend, wird es stets unterdrückt und abgewürgt. Der Satz versinkt zum Ende in flüsternde Trauer und Düsternis.

Der zweite Satz sing das Lied des Todes, feierlich, Ruhe ausströmend, lind streichelnd, friedevoll beglückend, in herrlich melodischen Bögen, zauberisch schönen Tönen, leicht hingetupft, träumerische Süße höchster Geigenklänge, einschmeichelnd, bestrickend. Aber in der dritten und fünften Variation bricht ein Aufbegehren durch, wird die Melodie des Todes dringlich, herrisch, schlägt er für einen Augenblick seinen brokatnen Mantel auf und droht mit seiner Wildheit. Dann wieder große Stille, wunderbare Schönheit bestrickend süßer Töne, mit sanfter Hand wird alle Gegenwehr beschwichtigt, in Traum und Glück verwandelt, zeitlos.

Der dritte Satz fällt darüber her, ein rhythmisch scharf geprägtes herrisches Thema, das durch ein zwischendurch aufleuchtendes idyllisches Trio nur um so stärker akzentuiert ist. Die düstere Stimmung der Ecksätze erfüllt diesen Teil des Werkes.

Im letzten Satz steigert sich jagend dahinhastend die Stimmung des Anfangs zum atemlosen Totentanz des Finales. Ein helles, fast strahlendes hymnisches Seitenthema kommt einmal zur vollen Entfaltung, bleibt Stückwerk. Harte Gegenstriche brechen es gewaltsam ab, das jagende Hauptthema bricht sich rücksichtslos Bahn, wirre Wirbel, hingetupfte Töne, quälendes Jagen, gegen das die hymnische Melodie nicht ankommt. Nach letzten jagenden wilden Wirbeln entscheidet ein jäher Schlußstrich den Ausgang.

Das Lied »Der Tod und das Mädchen« singt von einem tragischen Einzelgeschehen, das sich allerdings zu jeder Zeit und an jedem Ort wiederholen kann. Das Quartett steigt hinunter in die immerwährende Todeserfahrung, in ihre traumtiefen und abgründigen Geheimnisse, wird zur großen Auseinandersetzung des Menschen mit dem Tod. Das Leben, das aufblüht, immer neu sich regt, sich nach Erfüllung sehnt, hymnisch strahlen möchte, wird vom Tod gejagt, gedämpft, besänftigt, in Visionen beglückender Erfüllung eingewiegt, und dann jäh abgebrochen. Dies ist die Grundstimmung des Quartetts. Wir dürfen dies nicht so verstehen, als handele es sich um bewußte tonpoetische Absicht, um die gedanklich-musikalische Gestaltung eines bedeutungsvollen Themas, um ein Werk, das aufgrund intellektueller Überlegungen mit Hilfe eines großen musikalischen Könnens derart aufgebaut worden wäre. Schuberts Musikschaffen quillt aus den Tiefen der Empfindung. Von dem, was ihn als Empfindung überfällt, wird der Kristallisationsprozeß des Musizierens in Gang gesetzt und verläuft dann kraft der ihm zur Verfügung stehenden musikalischen Gestaltungsmöglichkeiten. »Wozu gab Gott uns Mitempfindung?«, hatte Schubert in sein Tagebuch geschrieben. Aus diesen Impulsen schuf er sein Werk, damit wir nach ihm und mit ihm durch solche musikalischen Kristallisationen auch Mitempfindende werden können.

Wie tief Schubert die Nachtseite, das Schreckliche des Todes empfunden hat, davon zeugen auch noch zwei andere Lieder aus dem Jahre 1817, beide nach Gedichten von Christian Daniel Schubart. Zunächst das bekannte und beliebte »Die Forelle«, allzugern als beglückendes Beispiel der fröhlichen, unbeschwerten Lebensauffassung Schuberts gehört. Das Lied fängt so hübsch an, perlend und strahlend, fängt die ganze frühlinghafte Stimmung am Wiesenbächlein ein. Es behält auch noch diese unbekümmerte Weise bei, da es dem Angler nicht zu gelingen scheint, das muntere Fischlein zu fangen. Aber dann bricht der Schrecken herein, die Tücke des bösartigen Menschen, der grausame Tod in der vorher noch so friedlichen und lebensfreudigen Natur. Wohl perlen die Töne des Nachspiels wieder munter dahin, wie der Bach an der Unheilsstätte munter weiterrauscht, als wäre nichts geschehen. Aber das Lied ist im tiefsten Grunde tragisch. Man darf sich nur nicht durch das Darüberhinspielen der bezaubernden Bachmelodie täuschen lassen.

Dem anderen Lied liegt das Schubart-Gedicht »An den Tod« zugrunde. Durch Schuberts Vertonung ist es zum herzbeklemmenden Bittruf an den grausam Mächtigen geworden, er möge doch aufhören, wahllos unschuldiges Leben vorzeitig zu zerstören, und er möge doch sein Kommen nicht so grausam hinauszögern, wo er sehnsüchtig als Befreier aus nicht mehr tragbaren Leiden herbeigewünscht wird. Pathetisch, majestätisch erschallt die Anrufung des Todes, seine schreckliche Macht schaudernd anerkennend. Von Lebensangst gejagt, steigern sich die Schreckens- und Bittrufe, enden in einem flehenden Seufzer, einer hoffnungslos klingenden Bitte um Barmherzigkeit. Tiefe Akkorde schließen die menschliche Klage. In der zweiten Strophe macht Schuberts Musik grausam die Verzweiflung des Menschen spürbar, der in seiner Qual den Tod nur noch als selbstzerstörerische Lust empfinden und begrüßen kann. Zuletzt wird der Tod noch einmal als barmherzig und lieb angerufen. Hier vertieft die musikalische Komposition den Sinn der Dichterworte, daß der Tod nur aus großer Not barmherzig und lieb genannt werde, in Wahrheit aber grausam oder nur das erträglichere aller Übel sei. Er möge doch also ausnahmsweise einmal lieb und barmherzig sein.

Tod, du Schrecken der Natur,
Immer rieselt deine Uhr;
Die geschwungne Sense blinkt,
Gras und Halm und Blume sinkt.
Mähe nicht ohn' Unterschied,
Dieses Blümchen, das erst blüht,
Dieses Röschen, erst halbrot;
Sei barmherzig, lieber Tod!

Tod, wann kommst du, meine Lust!
Ziehst den Dolch aus meiner Brust?
Streifst die Fesseln von der Hand?
Ach, wann deckst du mich mit Sand?
Komm, o Tod, wenn's dir gefällt,
Hol' Gefangene aus der Welt!
Komm, vollende meine Not;
Sei barmherzig, lieber Tod!

Das andere bedeutsame Todeslied dieser Zeit bietet uns die Komposition des Schiller-Gedichts »Gruppe aus dem Tartarus«. Im Vorspiel wirbelt dunkel die Brandung aus der Tiefe. Unaufhörliches Hämmern begleitet die qualvoll stöhnenden Rufe der im Totenreich Gefangenen. Jähes Auf und Ab der gepreßten Melodie, hohle Töne, suchend umherwandernde Klänge in der zweiten Strophe. Hastend ängstlich, dringlicher, immer höher steigend erhebt sich der Gesang in der dritten Strophe. Viermal wird die bange Frage wiederholt, ob noch nicht Vollendung sei. Dann wird die Musik strahlend; herrlich tönt der Klang der Ewigkeit über dem dunklen Reich des Todes. Hier hat Schubert den Ausbruch aus der brutalen Allmacht des Todes, den geglaubten letzten Triumph der transzendenten Ewigkeit in der herrlichen Sprache seiner Musik befreiende Wirklichkeit werden lassen:

Horch – wie Murmeln des empörten Meeres,
Wie durch hohler Felsen Becken weint ein Bach,
Stöhnt dort dumpfigtief ein schweres-leeres
Qualerpreßtes Ach!

Schmerz verzerret
Ihr Gesicht – Verzweiflung sperret
Ihren Rachen fluchend auf.
Hohl sind ihre Augen – ihre Blicke
Spähen bang nach des Cocytus Brücke,
Folgen träumend seinem Trauerlauf.

Fragen sich einander ängstlich leise,
Ob noch nicht Vollendung sei.
Ewigkeit schwingt über ihnen Kreise,
Bricht die Sense des Saturns entzwei.

Schubert wich der Wirklichkeit des Todes nicht aus, dessen Abgründe ihn erschauern ließen. Aber er schaute durch ihn hindurch, sah über ihm eine höhere Wirklichkeit, ewiges Licht und ewigen Frieden. Er fand auch auf seinem Weg Dichter, die ihm die starke Empfindung dieser Wirklichkeit vermittelten und ihn zu Schöpfungen inspirierten, in denen dichterischer Text und musikalische Gestaltung zu wunderbarer Übereinstimmung gekommen sind. Das »Begräbnislied« nach Worten Friedrich Gottlieb Klopstocks gehört zu diesen Liedern:

Begrabt den Leib in seiner Gruft,
Bis ihn des Richters Stimme ruft.
Wir säen ihn, einst blüht er auf
Und steigt verklärt zu Gott hinauf.
Grabt mein verwesliches Gebein
O ihr noch Sterblichen nur ein,
Es bleibt, es bleibt im Grabe nicht,
Denn Jesus kommt und hält Gericht.
Ach Gott, Geopferter!
Dein Tod stärk uns in unserer letzten Not,
Laß unsre ganze Seele dein
Und freudig unser Ende sein.

Dies Vokalquartett mit Klavierbegleitung, 1815 geschrieben, gehört zu den ergreifendsten, im wahren Sinne schönsten Todesmusiken des jungen Schubert. Ein scheinbar einfacher choralartiger Satz, ist es doch von reicher Vielfalt der musikalischen Gestaltung. Das Aufblühen in der Verklärung, die ruhige Gewißheit, daß das Grab nicht auf ewig verschlossen bleibt, die flehende Hinwendung zu dem geopferten Gott, die freudige Heimkehr der Seele zu ihrem Ursprung: das alles ist hier zu einem frühen Wunder musikalischer Verwirklichung geworden.

Man kommt dem innersten Wesen Schuberts nicht nahe, wenn man zu übersehen versucht, in wievielen seiner Lieder die Welt des Sichtbaren durchsichtig wird und eine höhere, jenseitige, ursprünglichere oder zukünftige bessere Welt ihren tröstlichen Schein in die uns erfahrbare Wirklichkeit sendet. Wir müssen, um dies zu verdeutlichen, noch auf einige Lieder hinweisen, in denen sich diese geistige Erhebung zu einer höheren Wirklichkeit überzeugend ausdrückt.

Friedrich Gottlieb Klopstock, der große Meister der deutschen Sprache im achtzehnten Jahrhundert, hatte achtundzwanzig Jahre an seinem großen Epos »Der Messias« gearbeitet. In weit ausgreifenden Visionen verherrlicht er das Wirken Gottes in Christus als ein Geschehen von kosmischen Ausmaßen, Irdisches und Überirdisches, Natur und Geschichte, die Menschen und die außermenschlichen Geistmächte, die des Lichts und die der Finsternis in ungeheure Bewegung bringend. Klopstock vermochte durch die Stärke seines Gefühls,

Sturmwind des Schaffens

die Weite seines denkenden Geistes und die Genialität seines Sprachvermögens die Großartigkeit des Universums ebenso wie die zartesten Regungen des menschlichen Gemütes und die kleinsten Wunder der Schöpfung in dichterischen Worten auszusagen. Diesem tief religiös Ergriffenen öffnete sich die Welt an jeder Stelle zur Transzendenz. Es ist nicht zu verwundern, daß Schubert, als er Gedichte Klopstocks kennenlernte, von ihrer Schönheit, Kraft und Größe ergriffen wurde.

So etwa durch das kurze hymnische Gedicht »Die Gestirne«. In herrlich weitausgreifendem Schwung erhebt sich die Menschenstimme, den unerreichbaren Schöpfer preisend, zu ihrer höchsten Höhe. Im Einswerden mit dem immerwährenden Danklied der Natur findet sie hin zu tiefer, bewahrender Ruhe:

Es tönt sein Lob Feld und Wald, Tal und Gebirg,
Das Gestad hallet, es donnert das Meer dumpfbrausend
Des Unendlichen Lob, siehe des Herrlichen,
Unerreichten von dem Danklied der Natur.

Größer und gewaltiger erscheint uns noch das Hauptwerk der hymnischen Klopstockvertonungen, der als Rezitativ und Arie gestaltete Gesang »Dem Unendlichen«. Hier beweist Schubert, daß er den einem hohen geistigen Pathos angemessenen Oratorienstil ebenso beherrscht wie die vollendete Liedgestaltung schlichter Lyrik. Kraftvolle, wie Quader nebeneinander gestellte tiefe Akkorde bereiten das Ohr auf Gewaltiges vor. Dann ertönt die menschliche Stimme:

Wie erhebt sich das Herz, wenn es dich,
Unendlicher, denkt! Wie sinkt es,
Wenn es auf sich herunterschaut!
Elend schaut's wehklagend dann und Nacht und Tod!

Allein du rufst mich aus meiner Nacht,
Der im Elend, der im Tode hilft!
Dann denk' ich es ganz, daß du ewig mich schufst,
Herrlicher, den kein Preis, unten am Grab, oben am Thron,
Herr Gott, den, dankend entflammt,
kein Jubel genug besingt!

Weht, Bäume des Lebens, ins Harfengetön!
Rausche mit ihnen ins Harfengetön, kristallner Strom!
Ihr lispelt und rauscht, und, Harfen, ihr tönt
Nie es ganz! Gott ist es, den ihr preist!

Welten, donnert,
In feierlichem Gesang, in der Posaunen Chor!
Tönt, all' ihr Sonnen auf der Straße voll Glanz,
In der Posaunen Chor!

Ihr Welten, donnert,
Du, der Posaunen Chor, hallest
Nie es ganz: Gott – nie es ganz: Gott,
Gott, Gott ist es, den ihr preist!

Erhabenes deklamatorisches Pathos trägt vom ersten Ton an die Stimme des Sängers. Erhebend und erschreckend ist für den Menschen das Denken an Gott, Herausforderung aller seiner Kräfte. Tief deprimierend aber ist ihm der Anblick seines eigenen Elends. Seine Klage steigt Stufe um Stufe hinab. Dann aber reißt es die Stimme empor, denn Gott schuf und berief den Menschen zu ewigem Sein. In der Erkenntnis dieses ihn begeisternden Wunders wird die Stimme des Menschen zum Jubelträger der gesamten Schöpfung. Visionäre Bilder aus der Offenbarung des Johannes tun sich auf. Die Klänge des bewegten Universums umrauschen die singende Menschenstimme, die Sternenbahnen dröhnen. Aber sie reichen nicht an die Größe des Ewigen heran. »Nie es ganz!« Gewaltig hallt der Ruf durch die Weiten der Räume; mit ungeheurer Stimme wird der Name über alle Namen in das Schöpfungsall hineingerufen: Gott! Der Hymnus tönt aus in die ewig dahinrollenden Harmonien des Universums.

Ein Jahr später komponierte Schubert den Klopstockhymnus »Das große Halleluja«. Anders als in der vorigen Komposition dominiert hier die Stimme des Sängers. Mit einigen wuchtigen Schlägen leitet das Klavier ein und unterstreicht weiterhin durch kraftvolle Begleitung den vorwärts eilenden Sturm des Liedes, das den Unaussprechlichen preist. Strahlend freudig wird die Melodie in der zweiten Strophe, triumphierend über das tiefe Wunder des Menschseins. Der Lobgesang steigt über den dunklen Ort der Menschengräber empor und eint sich mit der Stimme des Erzengels vor dem Thron des Allerhöchsten. Dann gleiten die Klänge ins zeitlos Ewige, voll Erstaunen über das Geheimnis, daß Gott den staubgebundenen Wesen die Eigenschaft verlieh, »nicht aufzuhören«. Anbetende Rufe enden den Hymnus, verhallende Akkorde strömen Ruhe und Gewißheit aus.

> Ehre sei dem Hocherhabnen, dem Ersten,
> Dem Vater der Schöpfung,
> Dem unsere Psalmen stammeln,
> Obgleich der Wunderbare, Er,
> Unaussprechlich und undenkbar ist!
>
> Eine Flamme von dem Altar an dem Thron
> Ist in unsere Seele geströmt!
> Wir freuen uns Himmelsfreuden,
> Daß wir sind und über ihn erstaunen können!
>
> Ehre sei ihm auch an den Gräbern hier,
> Obwohl an seines Thrones letzten Stufen
> Des Erzengels niedergeworfene Krone
> Und seines Preisgesanges Wonne tönt!
>
> Ehre sei, und Dank, und Preis
> Dem Hocherhabnen,
> Dem Ersten,
> Der nicht begann und nicht aufhören wird!
> Der sogar des Staubes Bewohnern gab,
> Nicht aufzuhören!
>
> Ehre dir! Ehre dir! Ehre dir!
> Hocherhabner! Erster!
> Vater der Schöpfung!
> Unaussprechlicher, o Undenkbarer!

Der Hymnus ist voll kompositorischer Feinheiten, großartige musikalische Verwirklichungen der geistigen Wortgehalte, so etwa die wunderbare Stelle »über ihn erstaunen können«, oder »und nicht aufhören wird«, um nur einiges zu nennen.

Diese schubertschen Hymnen sind es wert, gehört zu werden. Wenn man noch das 1815 geschriebene Vokalquartett »Hymne an den Unendlichen«, nach Worten von Schiller, hinzunimmt, dann wird deutlich, wie ansprechbar Schubert für solche religiöse Dichtung war. Bewunderndes und erschrockenes Pathos gibt dem Dichterwort und noch viel mehr der schubertschen Komposition den Glanz wahrer Anbetung. Großartig kommt im Schluß des Hymnus das menschliche Kreaturbewußtsein zu erschrockenem Ausdruck:

Brüllend spricht der Orkan
Zebaoths Namen aus,
Hingeschrieben mit dem Griffel
Des Blitzes:
Kreaturen, erkennt ihr mich?
Schone, Herr! Wir erkennen dich!

Voraussetzung für alle Schubert-Musik ist etwas nicht Machbares, nicht Anzueignendes, etwas vom Ursprung her Vorhandenes, Empfangenes, nur als zu bewunderndes Wunder deutbar: Das Ingenium, die musikalische Be-gabung, die Er-findung, das glückliche, geschenkte Finden, der Ein-fall, die Melodie in ihrer Schönheit, ihrem Reichtum, ihrer Variabilität und Fülle. Schubert atmete Musik und Melodie, und er gab der Melodie ihren Rhythmus als seinen allerpersönlichsten Herzschlag.

Das Wort Eile steht großgeschrieben über Schuberts Lebenslauf, so gemütlich und behäbig sich sein Dasein auch im Zusammenleben mit seinen Freunden darzustellen scheint. Eile beherrschte all sein Schaffen in den wenigen ihm geschenkten Jahren seiner vollendeten Meisterschaft. Er schrieb tatsächlich seine Noten fast immer mit fliegenden Händen und in rasender Eile.

Damit hängt zusammen, daß Schubert mehr als irgendeiner der großen Musiker Fragmente hinterlassen hat, Abgebrochenes, Unvollendetes. Langsam, bedächtig, mit nicht nachgebender Zähigkeit an einem einmal vorgenommenen Gegenstand so lange zu arbeiten, bis daraus nach vielen Änderungen und

Umformungen ein vollkommenes Werk geworden ist, lernte Schubert kaum oder erst sehr spät.

Unter den Fragmenten ist nur eines zu unvergänglichem Weltruhm gelangt, ein in sich vollendeter Torso, die Symphonie in h-Moll, »Die Unvollendete«, ein musikalisches Wunderwerk, wie durch ein Wunder auf die Nachwelt gekommen. Schubert hatte sie, ohne je wieder danach zu fragen oder zu anderen darüber zu sprechen, in die Hände eines unbedeutenden, ihm bekannt gewordenen, später wahrscheinlich auf ihn neidischen Musikers gegeben. Vierzig Jahre saß dieser längst zu einem griesgrämigen Einsiedler gewordene Mann auf der Handschrift, bis zufällig einem anderen das Vorhandensein dieser Symphonie einfiel und der Wiener Dirigent Herbeck sie dem Besitzer durch das Versprechen abschmeicheln konnte, er werde zusammen mit der Schubert-Symphonie auch eines seiner Werke aufführen und ihn so der Öffentlichkeit vorstellen. Auf diese Weise wurde die »Unvollendete« erstmalig im Jahre 1865 von Menschenohren gehört und vor dem Schicksal einer anderen, bei demselben Mann liegenden Schubert-Handschrift bewahrt, zum Feueranmachen verwandt zu werden.

Wenden wir uns nun dem instrumentalen Schaffen Schuberts in seinen frühen Jahren zu, zunächst den Symphonien.

Manches wird über sie gesagt, was ihnen einen Beigeschmack von Unbedeutendheit zu geben scheint, als lohne es gar nicht erst, sie noch anzuhören: Daß sie, was ja kaum anders sein konnte, im Schatten der Großen stünden, Haydn, Mozart und Beethoven, daß Schubert sich an die durch die vorgegebene Grundform der Symphonie gehalten habe, daß mancherlei Anklänge an Haydn aufzuweisen sind, daß Mozart dem Noten schreibenden Schubert über die Schulter gesehen und seine Hand dirigiert habe und daß Beethoven ihm einige Themen ins Ohr geflüstert habe. Insbesondere muß zugegeben werden, daß Schuberts Symphonien dieser Jahre gar nicht als Werke für die damals in Wien maßgebliche Öffentlichkeit geschrieben wurden. Die Werke der drei anerkannten großen Klassiker erklangen in den Wiener Adelspalästen und wurden dort gesellschaftlich akzeptiert. In den Schaffensjahren Schuberts wurde Wien musikalisch von Beethoven bestimmt und ließ sich von Italienern begeistern. Schuberts erste und zweite

Symphonie wurden vom Schulorchester des Konvikts gespielt, die drei folgenden Symphonien in dem privaten musikalischen Hauskreis, der aus dem Musizieren in Schuberts Elternhaus hervorgegangen war. Höchstwahrscheinlich wurde jede von ihnen nach einmaligem Hören beiseite gelegt und fiel für lange Zeit dem Vergessenwerden anheim.

Man muß auch bedenken, wie jung Schubert damals war. Die 1. Symphonie hatte er noch am Ende seiner Konviktzeit geschrieben, die 2. und 3. im Frühjahr und Sommer 1815. Schubert war eben achtzehn Jahre alt. Die 4. und 5. Symphonie schrieb er im Frühjahr und Herbst des Jahres 1816. Es sind also lauter Jugendwerke, die man nicht an seinen späteren Meisterwerken messen und daher einfach abtun darf. Seine überragende Genialität offenbarte Schubert während dieser frühen Jahre in den Wundern seiner Liedschöpfungen. Diese Jugendsymphonien verdienen aber nicht die Abwertung, die ihnen öfter zuteil geworden ist. Wir kommen schon in diesen frühen Werken dem Grundcharakter schubertscher Musik nahe. Jede Art von Lustigkeit ist ihr fremd. Aber durch eine fast wunderbare Heiterkeit rührt sie unsere Seele an, besonders wenn diese Heiterkeit auf den Ton einer mitschwingenden leisen Wehmut gestimmt ist. Unter der schönen Oberfläche ist immer ein Nachdenkliches und Schwermütiges zu spüren.

Durch taufrische Anmut und ungetrübtes Musizieren, ohne alle Fragen, ohne alle Rätsel, erfreut die 5. Symphonie. In der 2. Symphonie begeistert die hinreißende Schönheit der Klangphantasien in den Variationen des zweiten Satzes und der jugendliche Wechsel zarter lyrischer Stellen einzelner Instrumente und des vorwärtsstürmenden Orchesters.

Die 3. Symphonie läßt im ersten Satz mit dem Aufbau breiter Harmonieflächen schon Bruckner vorausahnen. Im zweiten Satz leuchtet die bezaubernde Macht schubertschen Klanges auf, hingetupfte heitere Töne, melodische Streicherbögen, herrlich singende Holzbläserstimmen, schwebendes Auf- und Absteigen zu Höhen und Tiefen. Das Menuett im dritten Satz vollzieht seinen Temporhythmus im Wechsel kräftiger Orchesterstriche und hell schwebender, öfter echoartig angelegter Instrumentationen. Ungeheures Temperament macht den letzten Satz zu einem Gewoge vorwärtsstürmender, wirbelnder, aufwärtsdrängender Stimmen und aufbrandender Klangwellen, mitreißend, bis nach kraftvollen, festen Schritten das Orchester auf den Schlußton zur Ruhe kommt.

Ein Werk für sich ist die 4. Symphonie. Schubert selbst bezeichnete sie bald nach der Niederschrift als die »Tragische«. Liegt über ihr der Schatten Beethovens? Wollte der junge neunzehnjährige Schubert Beethovens berühmter »Eroika« oder der »Schicksalssymphonie« etwas Gleichwertiges entgegenstellen? Das hätte er in seiner Bescheidenheit und bei seiner tief in sein Inneres eingegrabenen Ehrfurcht vor dem unvergleichlichen Genie Beethoven nie gewagt. Außerdem: Das erhabene tragische Pathos, die heldenhafte Gebärde des tragisch Kämpfenden konnte Schubert wohl bewundern, aber nicht nachzuahmen versuchen. Er war völlig anderen Wesens. Von Beethoven her ist Schuberts »Tragische« nicht zu verstehen und nicht zu beurteilen.

Vielleicht ist es bemerkenswert, daß Schubert dieser von ihm zunächst einfach als vierter gezählten Symphonie erst nachträglich den besonderen Namen gegeben hat. Vielleicht erkannte er, als sie fertig geschrieben vor ihm lag, als er sich ihrer als einer Äußerung seines Daseins bewußt wurde, daß er hier der Tragik seines eigenen Lebens in der Sprache seiner eigenen Musik den wahren Ausdruck gegeben hatte. Dann müßte man sie zunächst als Schuberts ganz persönliche »Tragische« hören, und weiter als eine Aussage immerwährender, unpathetischer, aber notvoller menschlicher Tragik überhaupt.

Achten wir einmal genauer auf die vier Sätze dieser Symphonie. Der erste Satz, das Adagio molto – Allegro vivace, hebt mit einem ernsten Gesamtklang des Orchesters an. Zögernd, klagend, gedämpft, fragend erhebt sich daraus das Singen der einzelnen Instrumente. Aber es wird zugedeckt durch die harten, starken Rhythmen, die, tief auf dem Grund sich bewegend, den Satz bis zum Ende beherrschen. Tonlage um Tonlage aufsteigend türmen sich die Klänge des Orchesters, erregend, dunkel, brechen ab in die Tiefe; suchend, fragend steigen klangschöne Melodienlinien empor, brechen ab in die Tiefe. Der gleichtonige, harte Streicherrhythmus begleitet im Untergrund dies sich wiederholende Aufstreben zu klarer Schönheit und Hinunterstürzen in die Tiefe.

Der zweite Satz, das Andante, ist erfüllt von der bezaubernden Eigenart schubertschen Klanges. Schönheit, von Wehmut angehaucht, zarte solistische Melodien der Bläser und Streicher, leise seufzende Echos, strahlendes Klagen wie von Vogelstimmen in einem Waldtal, strahlendes Aufblühen der Natur mit dem erwachenden, sich erhellenden Tag. Das Leben beginnt zu atmen. In strömenden Melodien musiziert das Orchester, lust- und schmerzvoll singen darüber die Geigen, aufsteigend bis zum höchsten, verklingenden Ton. Schönheit am Rande des Tränenwassers – das ist die musikalische Sprache schubertschen Lebensgefühls.

Dahinein stampft der dritte Satz, das Menuett. Es wird gesagt, Schubert habe hier ein beethovensches Scherzo nachahmen wollen. Warum hätte er dann diesen Satz Menuett nennen sollen? In diesem Satz stampft der brutale Tanzschritt des vom Tode beherrschten Daseins ein grausam schreitender, alle niederwalzender Rhythmus, vor dem die zarten, bangen, echoleisen Stimmen des Lebens, eben erwachend und voll geheimer Verzückungen, immer wieder verstummen müssen.

Im vierten Satz, dem Allegro, schenken die schwingend bewegten Melodiebögen des Eingangs das Gefühl befreiten Lebens. Über den Baßstreichern klingen die wohltuenden Stimmen der hohen Streicher und Bläser. Der harte Einbruch des großen Orchesters überwältigt sie. Neu erheben sich die zarten dringlichen Stimmen, gehen wieder, unter der über sie hinbrausenden rhythmischen Brandung des vollen Orchesters unter. Totenstille! Neu beginnen die suchenden Töne des Lebens, die Stimmen des Herzens. Die wunderbar farbigen Klänge einzelner Instrumente blühen auf, entfalten sich, rühren die Tiefen der Seele und werden von den gewaltigen, aus dem Dunkel aufbrausenden Wogen des gesamten Orchesters überrollt. Mächtige Gewalten decken auch die letzten sich erhebenden zarten Stimmen glückverheißenden Lebens immer wieder zu.

Die frühen Symphonien sind keine Meisterwerke im Sinn der späteren Schöpfungen. Aber sie sind mehr als nur musikalische Versuche eines jugendlichen Künstlers, mehr als nur Entwicklungsphasen auf dem Weg zur Meisterschaft. Sie tragen Bedeutung in sich selbst, und als solche ernstgenommen und heute vorgetragen, rühren sie den aufnahmebereiten Empfänger in tiefer Seele an.

Das gleiche gilt von den Streichquartetten der Jahre bis 1817. Von Anfang an nehmen sie in Schuberts Schaffen einen bedeutenden Platz ein. Auch für sie empfing er durch das Musizieren im Konviktorchester Anregungen und kompositionstechnische Kenntnisse. Außerdem bot sich dort und anschließend in dem häuslichen Musikkreis die Gelegenheit, eigene Kompositionen zu spielen. Anfang September 1812 hatten sie die ersten Notenblätter des Fünfzehnjährigen auf ihren Notenpulten liegen. Fünf weitere Streichquartette empfingen sie in kurzer Folge bis zum Herbst des Jahres 1813. Wie Schubert selbst diese frühesten Versuche wertete, gut Gekonntes, Anlehnung an die großen Meister, manches originell, zeigt sich darin, daß er erst mit dem Streichquartett in Es-Dur vom November 1813 als mit Nummer 1 zu zählen beginnt.

Hier hörte man schon den echten Schubert musizieren, in der dudelsackartigen Tongebung des Scherzo, in dem einschmiegsamen, weichen, das Gemüt anrührenden Adagio, und in dem begeisternd tänzerischen, entzückend spielfreudigen Finale des Allegro.

Im folgenden Jahr legte Schubert seinem Musikkreis zwei neue Streichquartette vor. Das eine war unter starker Einwirkung seines Musiklehrers Salieri zustande gekommen. Daher sind viele Fremdeinflüsse spürbar, und Schuberts ureigene Sprache hört man kaum. Deshalb bat Schubert auch 1824 seinen Bruder Ferdinand, er möge dies Quartett von seiner Spielliste absetzen. Er könne zwar verstehen, daß Ferdinand alles liebe, was von seinem jüngsten Bruder stamme, aber es sei eben doch nicht alles gut.

Ganz anders das Streichquartett in B-Dur aus demselben Jahr, über das Schubert mit Freude vermerkt, daß es innerhalb von acht Tagen geschrieben worden sei. Heiter, tänzerisch, aber auch eigenwillig, wiederholt in Pausen zum Stocken kommend, wieder neu beginnend, so der erste Satz. Mit befreiender Melodik beginnt der zweite Satz, das Andante sostenuto. In weiten schönen Bögen schwingt die Melodie dahin, befremdendes Zögern, tastendes Suchen in Höhen und Tiefen. Wieder befreit sich die Melodie zu beglückendem Ausmusizieren.

Aber das dunkle Suchen kehrt zurück. Darin verharrend schließt der Satz: Ein unvergeßlich schönes, die Tiefen des Gefühls anrührendes Andante folgt. In hellen Rhythmen und glänzenden Tonfarben, mit süß schmeichelnden Geigenmelodien, zieht das Menuett vorüber. Im Schlußsatz, dem Presto, erweckt das aufregende Gegeneinander der vibrierenden hohen Geigen und der in den Tiefen sich kräftig bewegenden anderen Instrumentalstimmen ein eigenartiges Gefühl dahingeisternder, entkörperlichter Klänge.

Im nächsten Streichquartett in g-Moll von 1815, auch wieder in einer kurzen Frist von sieben Tagen geschrieben, treten die spezifischen Züge des schubertschen Rhythmus und der schubertschen Melodik in dem Andantino besonders hervor. Die wunderbare Abstufung und Vielfältigkeit im Einsatz der instrumentalen Stimmen und die wechselnde und harmonische Farbigkeit des melodischen Klanges lassen in dem Hörenden ein Empfinden entstehen, als entfalte sich vor ihm eine weite, wunderbare Welt, über deren sich hebende und senkende Linien und Flächen das Auge zeitvergessen hingleiten darf.

Das E-Dur-Streichquartett des nächsten Jahres zeigt deutlich, wie der junge Schubert, immer erst noch neunzehn Jahre alt, auf dem eingeschlagenen Weg fortschreitet. Das Klangbewußtsein wird empfindlicher, Klangwandlungen und Klangfülle nehmen zu, die instrumentale Farbigkeit wird leicht kräftiger. Schubert wird zugreifender im Einsatz der hohen Violinsaiten und in seinen Anforderungen an die Virituosität der Spieler.

Unter den bis 1817 entstandenen Werken befinden sich sechs Symphonien, sechs weitere Orchesterwerke, elf Streichquartette, vier Messen, acht Werke dramatischer Musik, zwanzig Gesänge für Männer-, Frauen- oder gemischten Chor – fast alle seine Gesänge für zwei oder drei Stimmen – und dreihundertfünfunddreißig Lieder von insgesamt etwa sechshundert. Und Schubert war 1817 erst zwanzig Jahre alt!

Der Weg von diesen Frühwerken zu den großen, über dem Ablauf der irdischen Dinge stehenden Meisterwerken ist weit, Beethoven schrieb sein erstes durchaus reifes Werk im Alter von vierundzwanzig Jahren und gab ihm die Kennzeichnung Opus 1. Alles Frühere ließ er ungezeichnet hinter sich.

Nur noch elf, bald schon von einer unheimlichen Krankheit überschattete Jahre wurden Schubert gelassen, in denen das furchtbare Wort Eile über all seinem Schaffen die Peitsche schwang, ohne die Vollendung seines Werkes stören zu können. Wir müssen Schubert jetzt auf seinem Weg in die Freiheit eines nicht mehr an einen ungeliebten, Brotberuf gebundenen Künstlers folgen.

1817 – 1818
Der Sphärenstimme gehorchend
Ausbruch in die Freiheit

Man hat von der Süchtigkeit Schuberts gesprochen, Musik zu erfinden. Schon der Konviktschüler war von dem inneren Zwang besessen, zu komponieren. Ohne die Möglichkeit, das, was er in sich hörte, was als Musik auf ihn zuströmte, in Noten niederzuschreiben, hätte er nicht leben können. Die Musik hatte von seinem Gefühl, seinem Nervensystem, seinem Geist Besitz ergriffen. Insofern könnte man von ihm sagen, er lebte als ein Musiksüchtiger.

Der innere Zwang zur Musik bedeutete nicht, daß er nicht in höchster Bewußtheit arbeitete. Er war in seinen Aufzeichnungen peinlich exakt, wußte genau, wie es sein sollte, sein mußte. Dem entsprechen seine Angaben über die Wiedergabe, über die Art des Singens, über Verzögerungen, Pausen, Beschleunigungen. Er forderte strengste Beachtung des Zeitmaßes. Viele Mißverständnisse der schubertschen Musik entstanden dadurch, daß man meinte, diese vielen Zeichen seien nicht bindend und man dürfe sie nach Belieben, modernem Empfinden angepaßt, verändern. Für Schubert bedeutete sein musikalisches Schaffen bis in die kleinste Kleinigkeit strengen Dienst an einem Werk des Geistes. Er wußte, was seine Pflicht gegenüber der Kunst war. »Ich bin nur zum Komponieren geschaffen. Mich sollte der Staat erhalten.« Dieser Ausspruch kam nicht aus sich selbst überschätzender Anmaßung. Er wurde in klarer Erkenntnis seiner schier unerfüllbaren Aufgabe getan.

Die unsägliche Geduld, mit der dieser junge Mensch den Schulgehilfenberuf in übervollen Klassen, in engen Wohnverhältnissen, bei armseliger Bezahlung jahrelang ohne Aufsässigkeit, ohne Unfreundlichkeit und Lieblosigkeit, ohne Resignation ertrug, nebenher noch ein an Umfang und Reichtum unvergleichliches Werk schaffend, diese Durchhaltekraft ist mehr als bewundernswert. Aber einmal mußten alle seine Kräfte ihm nur noch zur Erfüllung seiner schicksalsmäßigen Berufung zur Verfügung stehen. Er mußte den Weg zum Nur-Musiker finden, der den anderen Großen seiner Zeit von Anfang an offen stand.

Zu seinem Glück mißlang ein erster Versuch. Im April 1816 bewarb sich Schubert um eine freigewordene Stelle des Musikdirektors an der deutschen Normalschul-Anstalt in Laibach. Sein Wiener Lehrmeister Salieri, auf dessen Empfehlung er baute, hatte sich als Italiener inzwischen von Schuberts musikalischem Weg distanziert. So wurde ein anderer Bewerber befürwortet und vorgezogen. Schubert hätte dort zwar Berufsmusiker werden können, auch ein gutes Gehalt bezogen, aber die Fülle fester Unterrichtsaufgaben hätte ihn nur in einen neuen Konflikt zwischen auferlegten Pflichten und freiem Schaffen gebracht. Für ihn mußte sich ein anderer Weg finden. Spaun, der treue ältere Freund aus der Konviktszeit, führte Schubert mit anderen Freunden seines Bekanntenkreises zusammen. Diese wurden sehr bald auch zu Freunden des liebenswerten jungen Musikers. Unter ihnen war der um zehn Jahre ältere Johann Mayrhofer. Dieser wiederum machte Schubert mit dem im Herbst 1815 aus dem Stift Kremsmünster zu seiner in Wien wohnenden Mutter übergesiedelten Jurastudenten Franz von Schober bekannt.

Diese Freunde erkannten Schuberts Not. Schober suchte ihn in seiner elterlichen Wohnung auf, fand ihn in der Schulklasse zwischen einem Haufen kleiner Kinder, von Stapeln von Manuskripten umgeben, und redete ihm zu, den Schulberuf aufzugeben. Die Sorgen der Familie Schubert um ihren Sohn und Bruder waren nicht leicht zu überwinden. Sie achteten zwar sein musikalisches Talent, erkannten aber nicht das musikalische Genie in ihm, das Freiheit zur Entfaltung brauchte. Außerdem wußten sie genugsam über seine unpraktische Art den Erfordernissen des Lebens gegenüber Bescheid und hatten Zweifel daran, ob er als Berufsmusiker werde existieren können. Schließlich aber gab der Vater den Argumenten der für den jungen Künstler eintretenden Freunde nach. Er erwirkte bei der Schulbehörde einen vorsichtshalber erst nur einjährigen Urlaub für seinen Hilfslehrersohn »zur Ausbildung seiner Kunsttalente«.

Schubert riskierte das Wagnis der Freiheit. Im Herbst 1816 zog er, das Freundesangebot annehmend, als Untermieter in die Wohnung der Mutter Franz Schobers, Witwe eines sächsischen Hofrates. Das »Haus zum Winter«, nach einer es zierenden Steinfigur so genannt, lag im Stadtkern an der Ecke Tuchlauben/Landskrongasse. Zum erstenmal zog Schubert aus dem Wiener Vorstadtgebiet in das Innere der Großstadt, das ihm aus der Konviktzeit schon vertraut war. Bei Schobers Mutter wohnte noch dessen jüngere Schwester. In dem geselligen und geistreichen Haus verkehrten Maler, Dichter und Musiker, unter ihnen die Maler Danhauser und Moritz von Schwind. Zwischen dem letzteren und Schubert entstand bald eine innige, bis zu Schuberts Tod dauernde Freundschaft. Die bekannte Wiener Tanzlust brachte jeden Sonntag Bewegung ins Haus. Stundenlang konnte Schubert am Klavier sitzen und aufspielen und sich auf diese Weise mitfreuen. Er selbst tanzte nie. Eine Reihe schubertscher Tanzkompositionen lassen sich mit dem Hause Schober in Verbindung bringen.

Schubert war nun ein freier Mann. Aber wovon lebte er? Der Mutter Schobers hatte er für die Zeit seines dortigen Wohnens insgesamt 190 Gulden guter Währung zu bezahlen. Seine Freunde hofften mit ihm, er werde sich durch Musikstunden, durch Erfolge beim Theater und Herausgabe von Kompositionen das Nötige verdienen können. Vorerst wurde ihm seine Schuld gestundet. Später kam dann wirklich Geld in seine Hände, aber selten reichlich, und es waren die Hände eines sorglos unpraktischen Gemüts, die kein äußeres Gut festzuhalten verstanden.

Schubert hatte endlich die Freiheit, ungehindert zu schaffen, nur für die Musik und in der Musik zu leben. Den September und Anfang Oktober 1817 nutze er für die Komposition und Niederschrift der entzückend heiteren 5. Symphonie. Bis zum Jahresende rundete sich die Zahl seiner Liedkompositionen auf mehr als hundert. Weitere bedeutende Lieder entstanden in der ersten Jahreshälfte von 1817 nach Gedichten von Goethe, Claudius, Mayrhofer und anderen.

Dann aber trat im Liedschaffen eine merkliche Verzögerung ein. Nach dem Freiwerden vom Schuldienst wandte sich Schubert mit großer Hingabe einem neuen Gebiet musikalischen

Schaffens zu, der Klaviersonate. Seine ersten Versuche von 1815 waren in der Ausführung stecken geblieben. In immer neuen Anläufen, Fragmenten und vollständig ausgeführten Werken rang Schubert darum, die Ausdrucksmöglichkeiten des Klaviers als Soloinstrument und der überkommenen Sonatenform genauestens kennenzulernen, um sie auf eine ihm eigene Weise zu nutzen. In bewundernswerter Freiheit gegenüber dem von ihm so überaus verehrten und bewunderten Beethoven hat der junge Schubert hier Werke geschaffen, die neben den Schöpfungen der großen Klassiker vollauf ihr eigenes Recht behaupten können. Jugendwerke, Vorboten späterer hoher Vollendung, sind diese Sonaten Zeugnisse einer frühen Reife und Meisterschaft.

Die ersten Versuche finden ihren Abschluß in der 1816 geschriebenen fünfsätzigen E-Dur-Sonate. Schubert hat darin gegenüber Beethoven seinen eigenen Ausdruck gefunden. Die Themen der Sätze sind lyrisch empfunden, nicht dramatisch aufgebaut. Die Sonate quillt über von musikalischen Motiven, die kreisend weitergesponnen, liedhaft entfaltet, in vielfältigen Brechungen gespiegelt und abschattiert werden. An vielen Stellen spüren wir den wahren Schubert. Der zweite Satz voller Temperament und doch gesammelt vorwärtsschreitend, schöne farbige, singende Melodien und Klangbilder, melodisches Auf- und Niedersteigen und die leise schubertsche Wehmut im Adagio; frohes lebenslustiges Jagen mit dunklen Einschlägen im Scherzo; die volle Ausnutzung aller Möglichkeiten des Klaviers in gewaltigen, klangvollen Akkorden, Wirbeln und Läufen im letzten Satz. Mit diesem reich gefüllten Werk schritt Schubert durch das Tor, das ihn in die Welt befreiten Schaffens führen sollte.

Die im März 1817 geschriebene Klaviersonate in a-Moll trägt den Stempel dieser neuen Zeit. Der Rausch des Schaffens, die Gewißheit eigenen Könnens ist über ihn gekommen. Eine große kantable Linie durchzieht die Sonate, kraftvoll und prächtig schreitet sie daher, machtvoll wird das Thema des ersten Satzes gehämmert. Beschwingt, kräftig auftretend, schwelgend in der Tonfülle der bewegten Läufe, stolz tänzerisch zieht der zweite Satz vorüber, zum Ende überschattet von der schubertschen Melancholie. In dem schnellen, kräftigen letzten Satz lassen die aus dunklen Tiefen aufwühlenden, in offener Frage abbrechenden Melodienbögen, bei denen ein letzter, abschließender Ton fehlt, und die jähen Pausen das Erstarren vor dem Absinken in das Nichts ahnen. Aber machtvoll hämmernd überwindet der Lebenswille die Schrecksekunden. Die Sonate schließt mit kraftvoller Bejahung.

Die schönste der in dieser Zeit entstandenen drei Sonaten ist die im Juni geschriebene in Des-Dur. Schubert transponierte sie im November 1817 nach Es-Dur. Freudig heiteres, wunderbar reiches melodisches Spiel, große festliche Tonabschnitte, fröhlich quellende Töne wie perlendes Wasser aus rieselndem Quell erfüllt den ersten Satz mit erquickendem Leben. Sinnend, nachdenklich, den ihm aus einem Wunderland gleichsam zufallenden Tönen lauschend, sanft, still ausklingend, umfängt uns der zweite Satz. Nach dem melodienvollen, wunderbar schmiegsamen, von der schmerzvoll süßen schubertschen Wehmut durchströmten dritten Satz schüttet der vierte Satz in herrlich freiem Sichausspielen, immer neuen Läufen und Harmonien ein Füllhorn strömender Musik über uns aus. Aus der Beglückung seliger Freiheit, aus dem gelösten Aufgehen in der Musik ist diese Sonate geboren.

Im August 1817, dem Monat, der ihn in die Fron des Schuldienstes zurückführte, schrieb Schubert noch die Klaviersonate in H-Dur, ein kraftvolles, an vielfältigen melodischen Abwandlungen reiches Werk. Im Andante, dem ein herrscherlich pathetischer Zwischenteil eingebaut ist, spüren wir den großen Liederkomponisten. Nach dem Scherzo, das wie gehemmter Übermut, gedämpfte, im Aufschwung immer wieder gebrochene Lebenslust klingt, packen die mutigen, trotzigen Aufschwünge des Finale.

Dem selben Monat verdanken wir die erste meisterliche Sonate für Klavier und Violine in A-Dur, ein künstlerisch anspruchsvolles Werk. Tief bewegend singt das Andante, süße Wehmut, glühende Inbrunst, dunkle Leidenschaftlichkeit, unerschöpflich in seinen Modulationen und seiner klanglichen Farbigkeit. 1864 wurde dies schöne Duo zum ersten Mal öffentlich gespielt.

Im September 1817 schrieb Schubert noch ein Streichtrio, das als das bedeutsamste kammermusikalische Werk vor dem

Forellenquintett anzusehen ist. Dann aber legte sich eine Lähmung über Schuberts Schaffen.

Im August sollte Schobers Bruder, der sich in Frankreich aufgehalten hatte, nach Wien zurückkehren. Schubert mußte sein Zimmer im Hause Schober räumen. Der Erwartete starb zwar auf der Reise, aber Schubert war inzwischen ausgezogen und schon wieder im Elternhaus, selbstverständlich sofort wieder als sechster Hilfslehrer im Schuldienst tätig, bis zu neun Stunden täglich. Und das für fast ein ganzes Jahr.

Als der Vater im Januar 1818 die Schule im Wiener Vorort Rossau, etwas mehr zum Stadtinnern hin gelegen, übernahm, zog Franz mit der Familie um. Das erst 1816 erbaute Haus hatte nur ein Erdgeschoß, und Franz hatte ebenerdig sein Zimmer. Wahrscheinlich stand ihm dort ein Flügel zur Verfügung. Aber was konnte der ihm helfen, wenn der innere Auftrieb fehlte?

In diese Wohnung kam am 24. Januar 1818 der kaiserliche Konskriptionsbogen, durch den Schubert vom dreijährigen Militärdienst freigestellt wurde. Der Bogen enthält über ihn den Vermerk: »Messet 4 Schuh 11 Zoll 2 Strich und schwach.« Anerkannte Berufsmaler, Berufsmusiker und Hilfslehrer bis zur dritten Stelle wurden vom Militärdienst freigestellt. Dem musikalischen Genie Schubert blieb der Militärdienst nur erspart, weil dieser Mensch in seiner Körpergröße das militärische Mindestmaß von 1,57 Meter um einen Zentimeter unterschritt. Wie gut, so könnte man sagen, daß der Schöpfer diesem Genius einen so unansehnlich kleinen Körper zugeteilt hatte, denn in drei Jahren Militärdienst wäre das musikalische Schöpfertum wohl vollends erstickt worden.

Nach der einmal erfahrenen Freiheit, nach der Möglichkeit, ganz über seine Tage verfügen zu können, nach eigenem Maß arbeiten zu dürfen, nach freiem Ermessen Gemeinschaft mit anregenden Freunden haben zu können, gehörte dies Jahr ihn wieder fesselnden Schuldienstes zu den bedrückendsten Zeiten auf dem Wege seiner künstlerischen Entwicklung. Größere Werke entstanden daher nicht.

Schubert schrieb noch die 6. Symphonie, aber er brauchte für ihre Niederschrift verhältnismäßig viel Zeit, von Oktober 1817 bis Februar 1818, und sie ist die unbefriedigendste geworden. Im Mai 1818 begann er eine 7. Symphonie, blieb aber in den Dornen eines sehr ernst geratenen Stückwerks hängen.

Einiges Erfreuliche ist allerdings auch aus dieser Zeit zu verzeichnen. In diesem Jahr wurde zum ersten Mal ein Schubert-Lied im Druck veröffentlicht, als Musikbeilage zu dem »Mahlerischen Taschenbuch für Freunde interessanter Gegenden, Natur- und Kunstmerkwürdigkeiten der Österreichischen Monarchie«, nach einem Gedicht des Schubert-Freundes Mayrhofer. Dieser hatte den Druck mit einem zu dem Titel »Erlafsee« passenden Kupferstich bei dem Herausgeber des Almanaches vermittelt. In der »Wiener Zeitung« wies eine Rezension lobend auf diese Veröffentlichung hin.

Am 1. März 1818 wurde eine »Ouvertüre im italienischen Stil« unter Leitung des Geigers und Konzertmeisters Eduard Jaell im Gasthof »Zum römischen Kaiser« öffentlich aufgeführt. Wien hatte damals noch keinen eigenen bürgerlichen Konzertsaal, und zu den Konzerten in den Sälen der Wiener Adelspaläste hatte nicht jedermann Zutritt. Für die bürgerlichen Konzerte stellte dies imposante Gasthaus an der Ecke eines großen, mit einem figurenreichen Barockbrunnen geschmückten Platzes seinen Saal zur Verfügung. Die mächtigen dreistöckigen Fensterfronten des Gebäudes, ein gewaltiger Eckturm, große Einfahrten zu den Wagenremisen, zwei- und vierspännige Kutschen auf dem Vorplatz, zuströmende gut gekleidete Wiener Bürger gaben solchen musikalischen Veranstaltungen in der aufstrebenden Bürgerstadt ein neues Gewicht. Die »Allgemeine Wiener Theaterzeitung« erteilte der Ouvertüre des jungen Künstlers ihr Lob.

Am 15. März folgte im Rahmen einer »Privatunterhaltung« des Schauspielers und Komponisten Karl F. Müller eine Schubert-Ouvertüre für vierhändig Klavier, auf zwei Fortepianos, also in doppelter Besetzung gespielt. Der ehemalige Konviktgefährte Franz von Schlechta, zu dieser Zeit Referent der »Wiener Allgemeinen musikalischen Zeitung«, erklärte es für seine öffentliche Pflicht, »hier als an seinem Platz, auf den jungen Künstler, Herrn Schubert, vorzüglich aufmerksam machen zu müssen. Reiche Anlagen, ein tiefes Gemüt, geregelte, unumwundene Kraft und ansprechende Lieblichkeit bezeichnen jede seiner kleinen und größeren Kompositionen«.

Am 17. Mai wurde im sogenannten Müllerschen Saal im Rahmen einer »musikalisch-deklamatorischen Mittagsveranstaltung« eine weitere Ouvertüre Schuberts »in italienischem Stil« aufgeführt und fand allgemein Beifall. In der »Leipziger Allgemeinen musikalischen Zeitung« vom 28. Juni schrieb die Kritik darüber: »Eine recht interessante Ouvertüre von Herrn Schubert, Salieris Zögling.«

So wurde er allmählich im musikalisch interessierten Bürgertum Wiens bekannt. Er gefiel, weil er einige Stücke im italienischen Stil Rossinis schrieb, dessen Musik er auch selbst wohl leiden mochte. Aber was half das ihm? Die rossinische Musik riß ganz Wien mit, und 1817 grenzte die Begeisterung schon fast an Raserei. Als sich Rossini 1822 bis 1823 selbst in Wien aufhielt, überschritt sie jedes vernünftige Maß. Dagegen konnte der kleine, bescheidene Schubert mit seiner eigenen Musik in dem Bewußtsein der öffentlichen Meinung keinen Boden gewinnen.

Bevor wir auf die für Schubert folgenreichste Begegnung dieser Zeit zu sprechen kommen, hören wie noch einmal auf die Stimme des Liederkomponisten. Die bedeutsamsten Lieder dieses Zeitraumes 1817/18 hatten wir schon in die Beschreibung des ersten großen Schaffenssturmes mit hineingenommen. Aber einige aus dieser liederärmer gewordenen Lebensepoche sind nicht nur wegen ihrer künstlerischen Schöpferkraft wertvoll; sie sind uns besonders als seelisch-geistige Äußerungen des Menschen Schubert wichtig.

Die eben erst begonnene Freundschaft mit dem dichterisch hochbegabten, ernsten, ideal gesinnten und zugleich melancholischen Mayrhofer brachte Schubert eine Fülle von Anregungen. Eine größere Zahl der Mayrhofer-Gedichte inspirierten ihn zur Komposition kraftvoller, eindrucksstarker Lieder. Wir greifen drei heraus.

Die »Fahrt zum Hades« tönt melancholisch schaurig von der Verzweiflung ewiger Vergeblichkeit:

Der Nachen dröhnt, Cypressen flüstern,
Horch, Geister reden schaurig drein;
Bald werd ich am Gestad', dem düstern,
Weit von der schönen Erde sein.

Da leuchten Sonne nicht, noch Sterne,
Da tönt kein Lied, da ist kein Freund.

Die unheimlichen Gestalten der griechischen Unterweltmythologie, fluchbeladene, zu ewiger Freudlosigkeit und sinnloser Beschäftigung Verdammte, tauchen im Fortgang des Liedes auf. Die Klavierbegleitung macht die Empfindungen dieses Zustands bedrückend spürbar. Im dramatischen Rezitativ bricht der letzte Verzweiflungsschrei aus, die Klage des geistigen Menschen über das schrecklichste Widerfahrnis, in die Dunkelheit des Vergessens versinken zu müssen, die Qual mühsamen Wiederauftauchens in das Bewußtsein alles verlorenen Großen und Schönen und das neue Absinken in die Finsternis des Vergessens:

Es murmelt todesschwangern Frieden,
Vergessenheit, dein alter Fluß.

Vergessen nenn' ich zwiefach Sterben,
Was ich mit höchster Kraft gewann,
Verlieren, wieder zu erwerben –
Wann enden diese Qualen? Wann?

Die klagend schöne, melodisch ergreifende Stimme wiederholt, das Lied schließend, die erste Strophe und nimmt in unendlicher Trauer von der schönen Erde Abschied. Heidnische Hoffnungslosigkeit, durch höchste künstlerische Kraft in geadelte Trauer gekleidet, ist der Grundton des Liedes. Schubert konnte dies nachfühlen, aber er selbst griff hoffend und glaubend darüber hinaus.

Nicht weniger ergreifend ist die Vertonung des Gedichtes »Memnon«. Eine antike Sage erzählt von einem König, der in eine Tempelsäule verwandelt wurde, und daß diese Säule in dem Augenblick, in dem der erste Strahl der Morgensonne sie küßte, ihre innersten Gefühle in menschlicher Sprache äußern durfte. Diese Mythe inspirierte Mayrhofer, sich selbst, den dichterisch sprechenden Menschen, als diese nur für kurze Augenblicke erlöste, unter der Qual ihrer Stummheit leidende und sich nach Befreiung sehnende Gestalt zu deuten. Schubert, der sich von diesem Gedicht selbst angesprochen fühlte, verwandelte es in ein erschütterndes Lied:

> Den Tag hindurch nur einmal mag ich sprechen,
> Gewohnt zu schweigen immer und zu trauern:
> Wenn durch die nachtgebor'nen Nebelmauern
> Aurorens Purpurstrahlen liebend brechen.

Zarte melodiöse Bögen führen in der Klavierbegleitung zu der ergreifend klagenden Selbstaussage:

> Für Menschenohren sind es Harmonien.
> Weil ich die Klage selbst melodisch künde
> Und durch der Dichtung Glut das Rauhe ründe,
> Vermuten sie in mir ein selig Blühen.

Das Lied wird dunkel, hart, schreitet durch Abgründe der menschlichen Seele und drängt verzweifelnd trotzig hindurch zu der überirdischen, verklärt erklingenden Hoffnung auf eine höhere, reinere, von Freiheit und Liebe erfüllte Wirklichkeit.

> In mir, nach dem des Todes Arme langen,
> In dessen tiefstem Herzen Schlangen wühlen;
> Genährt von meinen schmerzlichen Gefühlen
> Fast wütend durch ein ungestillt Verlangen:

> Mit dir, des Morgens Göttin, mich zu einen,
> Und weit von diesem nichtigen Getriebe,
> Aus Sphären edler Freiheit, aus Sphären reiner Liebe,
> Ein stiller, bleicher Stern herab zu scheinen.

Schubert sang sich selbst in diesem Lied, seine von den anderen nicht begriffene innere Zwiespältigkeit, sein Vertrautsein mit der Nachtseite des Daseins, seine nie aufhörende Sehnsucht nach Verklärung. Von Jahr zu Jahr mehr wird sein Werk Ausdruck dieser seiner wahren Existenz. Wir stehen vor dem Schubert-Wunder, dem heutigen Menschen kaum mehr faßbar, geschweige denn nachvollziehbar:

Weil ich die Klage selbst melodisch künde,
Vermuten sie in mir ein selig Blühen.

In Schuberts Schaffen gibt es keine gebrochene, häßliche Musik, obwohl sie alles Dunkle, Verzweifelte und Unheimliche auszusagen vermag. Aber eben dies fehlt ihr nie, Hoffnung:

Fast wütend durch ein ungestillt Verlangen,
Aus Sphären edler Freiheit, aus Sphären reiner Liebe,
Ein stiller, bleicher Stern herab zu scheinen.

Die Klavierbegleitung schließt den Gesang mit beglückend weiten, wohltuend nachklingenden Bögen. Das Lied versinkt in stiller, unendlicher Ruhe.

Bewundernswert ist die Meisterschaft, mit der Schubert in dem Lied »Auf der Donau« die Variationen der Klavierbegleitung mit der gesungenen Melodie verschmolz. So kommt es zu einer vollkommenen Ausdeutung des dichterischen Wortes. Das strömende, wogende, rauschende Wasser wird durch die Musik zum Symbol der unaufhaltsamen Vergänglichkeit aller Dinge, des drohenden Untergangs für den im Lebenskahn treibenden Menschen. Die vorüberziehenden Ruinen einst kühner, stolzer menschlicher Vergangenheit und das darüber wuchernde Gestrüpp künden die unwiderstehliche Zerstörungsmacht des Ungeheuers Zeit. All dies wird durch das gesungene Lied leibhaftiges Erleben, bis zu dem letzten dunklen, schrecklichen Wort »Untergang«:

Auf der Welle Spiegel schwimmt der Kahn,
Alte Burgen ragen himmelan,
Tannenwälder rauschen geistergleich,
Und das Herz im Busen wird uns weich.

Denn der Menschen Werke sinken all',
Wo ist Turm, wo Pforte, wo der Wall,
Wo sie selbst, die Starken, erzgeschirmt,
die in Krieg und Jagden hingestürmt?

Der Sphärenstimme gehorchend

> Trauriges Gestrüppe wuchert fort,
> Während frommer Sage Kraft verdorrt;
> Und im kleinen Kahne wird uns bang,
> Wellen drohn wie Zeiten Untergang.

Schubert hatte ein tiefes Empfinden dafür, daß der Boden dieses Daseins nicht trägt. Abgründige Erfahrungen waren ihm nicht fremd. Im Ablauf seines Lebens gewann dies in seiner musikalischen Selbstaussage immer stärkeren, ja geradezu unheimlichen Ausdruck.

Ebenso aber auch die innere Gegenrichtung. Mit allen Kräften seiner Seele hielt er an der »schönen Erde« fest. Weil sie aber nicht festzuhalten ist, streckte er sich mit sehnsüchtigem Verlangen nach der verklärten, besseren Welt aus. Schillers Gedichte, uns heute durch die Fassung seiner Gedanken in Bilder antiker Mythologie oft schwer zugänglich, dem klassisch gebildeten Schubert aber ohne weiteres verstehbar, gaben ihm die künstlerische Aussage seiner eigenen Hoffnungen. Allerdings bereiteten die gedankliche Belastung und die manchmal übermäßige Fülle wechselnder Bilder dem Komponisten große Schwierigkeiten. Aber dank seiner Meisterschaft und seiner inneren Ergriffenheit von dem Wort des Dichters ist Schubert diese Glockengußarbeit öfter und in hohem Grade gelungen. Der innere Aufschwung der Schillersprache packte den Musiker Schubert. So konnte er die letzte Strophe des Gedichtes »Hoffnung« 1819 in seiner Liedschöpfung zu hinreißender, begeisterter Gewißheit erheben.

> Es ist kein leerer, schmeichelnder Wahn,
> Erzeugt im Gehirne des Toren.
> Im Herzen kündet es laut sich an:
> Zu was Besserm sind wir geboren;
> Und was die innere Stimme spricht,
> Das täuscht die hoffende Seele nicht.

Aus diesem Zeitabschnitt nehmen wir als Beispiel die Vertonung des großen Schillergedichtes »Elysium«. Uns intellektualisierten, von der Übermacht rationalisierten Denkens gebundenen Menschen mag es wohl schwerfallen, die aus der Natur genommenen Bilder für eine verwandelte, verklärte, von ewiger Freude durchströmte neue Welt nachzuempfinden. Wenn man sich aber von den durch diese Bilder nur angedeuteten Wundern neuen Daseins, befreiter Empfindungen, gelöster Fesseln, verschwundener Schmerzen, eröffneter Wahrheitserkenntnis, sieghafter ewiger Freude anrühren läßt, und wenn man demnach spürt, wie Schuberts Kunst dies alles insgesamt, und zugleich jede einzelne neue Empfindung durch die Töne und das Strömen seiner Musik zum Klingen bringt, dann steht man unvermittelt vor einem Wunder, denn es ist wahrhaftig ein Wunder, wie das Erdengeschöpf Mensch sich aus seinen diesseitigen Gebundenheiten zu einer es selbst weit übersteigenden Ewigkeitshoffnung aufschwingt.

Vorüber die stöhnende Klage!
– – –
Elysiums Leben
Ewige Wonne, ewiges Schweben
Durch lachende Fluren ein flötender Bach.

Voll überströmender Freude erhebt sich, vielfältig wiederholt, der erste Ruf »Vorüber!«

Jugendlich milde
Beschwebt die Gefilde
Ewiger Mai.

Herrlicher kann die Erwartung des großen, unvergänglichen Neuwerdens kaum hinausgejubelt werden als in diesem aufjauchzenden »Ewiger Mai«. Großartig ist auch das Pathos, mit dem die unendliche Ausweitung des verklärten Menschen, seine Seelenhaftigkeit und seine Wahrheitssehnsucht gesungen wird:

Die Seele schwillt aus in unendlichen Räumen.
Wahrheit reißt hier den Schleier entzwei.
Unendliche Freude
Durchwallet das Herz.

Die Fron der Arbeit wird vorüber, Kriegsgetöse wird erloschen sein; die wahrhaftige Liebe der in Treue verbundenen Menschen wird zu ihrem unvergänglichen Glück geworden sein:

> Ihre Krone findet hier die Liebe,
> Sicher vor des Todes strengem Hiebe
> Feiert sie ein ewig Hochzeitsfest.

Glanzvoll strahlend und mächtig klingt das Lied mit diesem Triumphgesang aus.

Aber das Menschenherz hat viele Kammern, und in ihm wohnt dicht neben der Höhe des aufstrebenden Geistes der Abgrund der Anfechtung. Wenige Monate nach »Elysium«, in der dunklen Zeit der neuen Schulfron, Anfang 1818, schrieb Schubert das Lied »An den Mond in einer Herbstnacht«, eins der zentralen Bekenntnisstücke seiner heimgesuchten Seele, zugleich ein unsagbar schönes Lied, voll musikalischer Verzauberung. Schubert hat noch drei andere, unbedeutende Gedichte des gleichen Dichters vertont, des in Heidelberg wirkenden Literaturhistorikers und Schriftstellers Aloys Wilhelm Schreiber:

> Freundlich ist dein Antlitz,
> Sohn des Himmels!
> Leis sind deine Tritte
> Durch des Äthers Wüste,
> Holder Nachtgefährte!

Silbern perlend fallen die Töne, umhüllen die Seele mit ihrem sanften, klingenden Gleiten, umschmeicheln, beruhigen, stimmen den Herzschlag auf die leisen Tritte des langsam am Nachthimmel wandelnden Mondes. Dies musikalische Wunder erfüllt das ganze Lied mit dem bangen, geheimnisvollen Pulsschlag gequälten Lebens.

Wie oft mag der eben erst zwanzigjährige Schubert zu dem damals noch nachtschwarzen Himmel über der schlafenden Stadt emporgeschaut haben, den stillen, lichten, sich in seiner Kühle immer gleichbleibenden Mond betrachtend, in seiner Seele gequält von den Dunkelheiten des menschlichen Daseins:

Dein Schimmer ist sanft und erquickend,
Wie das Wort des Trostes
Von des Freundes Lippe,
Wenn ein schrecklicher Geier
An der Seele nagt.

Manche Träne siehst du,
Siehst so manches Lächeln,
Hörst der Liebe trauliches Geflüster,
Leuchtest ihr auf stillem Pfade;
Hoffnung schwebt auf deinem Strahle,
Herab zu dem stillen Dulder,
Der verlassen geht
Auf bedorntem Weg.

Wie hier begleitende Musik und singende Stimme von Zeile zu Zeile in Klang, Melodie und Rhythmus Aussage des dichterischen Wortes wird, das läßt erahnen, wie sehr Schubert in diesem Lied sein eigenes Leben auf die ihm eigenste Weise aussprach. Dieser Eindruck verstärkt sich von Strophe zu Strophe:

Du siehst auch meine Freunde,
Zerstreut in fernen Landen;
Du gießest deinen Schimmer
Auch auf die frohen Hügel,
Wo ich oft als Knabe hüpfte,
Wo oft bei deinem Lächeln
Ein unbekanntes Sehnen
Mein junges Herz ergriff.
Du blickst auch auf die Stätte,
Wo meine Lieben ruhn,
Wo der Tau fällt auf ihr Grab,
Und die Gräser drüber wehn
In dem Abendhauche.

Leichte, sanfte Akkorde, dem abendlichen Windhauch gleich. Ein Zaudern, das Lied verwandelt sich in tiefen Ernst:

> Doch dein Schimmer dringt nicht
> In die dunkle Kammer,
> Wo sie ruhen von des Lebens Müh'n,
> Wo auch ich bald ruhen werde!

Begleitungslos, persönlichste Wahrheit, singt eine einsame Stimme diese letzten Worte: »Wo auch ich bald ruhen werde!«
Der Blick erhebt sich wieder zu dem still am Himmel seine immer gleiche Bahn ziehenden Mond. Die beglückende Melodie des Liedanfangs kehrt zurück, sanfte Resignation breitet sich aus, Wehmut singt ihr trauriges Lied, Klage hebt an, Dunkel umhüllt den Menschen, der so gerne unter Menschen auf der schönen Erde lebte:

> Du wirst geh'n und wiederkehren,
> Du wirst seh'n noch manches Lächeln;
> Dann werd' ich nicht mehr lächeln,
> Dann werd' ich nicht mehr weinen,
> Mein wird man nicht mehr gedenken
> Auf dieser schönen Erde.

Es fällt schwer, von diesem Lied Abschied zu nehmen. Wie sang Schubert doch? »Weil ich die Klage selbst melodisch künde.«
Nur wenige Musiker haben so wie Schubert die Schönheiten dieser von Gott geschaffenen, uns für ein kurzes, drangsalvolles, vorübergehendes Leben geschenkten Erde zu besingen gewußt. Der Glanz dieses Schubert-Liedes ist deshalb so ergreifend und verzaubernd, weil es ein Lied zwischen Abgrund und Himmel, zwischen Untergang und Verklärung ist.
Wer sollte das Schubert-Lied singen? Wer sollte es unter die Menschen bringen?
Schubert hatte unter Freunden davon gesprochen, daß er ein großes Verlangen habe, einen Sänger für seine Lieder zu finden. Bisher begleitete und sang er selbst. Er war ein ausgezeichneter Begleiter, aber seine an sich schöne Stimme trug nicht so, daß er damit einen größeren Kreis von Menschen, die ihn noch nicht kannten, hätte überzeugen können.
Nun hatte unter Schuberts Freunden Schober gute persönli-

che Beziehungen zu dem Hofopernsänger Johann Michael Vogl. Was lag näher, als daß er sich darum bemühte, beide zu einer ersten Begegnung zusammenzuführen.

Vogl, aus Steyr gebürtig, kam aus bester klösterlicher Erziehung und brachte, im Unterschied zu den meisten anderen Theatersängern, eine umfassende, tiefgründige klassische Bildung mit. Nach in Wien vollendetem juristischem Studium zog ihn dort der mit ihm befreundete Kapellmeister am Hoftheater wegen seiner stimmlichen und musikalischen Begabung an die Oper. Von hünenhafter Gestalt, ernst, vornehm, nicht nur in der äußeren Haltung gravitätisch, durch und durch Theatermensch, war er der berühmte Charakterdarsteller in den großen klassischen Rollen geworden. Den inneren Rückhalt für seine moralische Lebensauffassung fand er in der antiken Philosophie, im Neuen Testament und bei den christlichen Mystikern. Vor seinen Theaterauftritten saß er, schon als antiker Heros kostümiert, in seiner Garderobe und las zur inneren Sammlung im Evangelium oder in seinem Thomas a Kempis.

Inzwischen fast fünfzig Jahre alt, dachte er daran, sich allmählich von der Oper zurückzuziehen und weiterhin als Kammersänger zu wirken. Ein voll tönender, zu tenoraler Höhe reichender Bariton stellte ihn als den geeigneten Sänger der Schubert-Lieder dar. Die andere Voraussetzung, die Feinfühligkeit für das dichterische Wort und seine deklamatorische Vermittlung, brachte er von seinem Theaterberuf her mit.

Aber es kostete einige Schwierigkeiten, diesen bedeutenden Mann, der in den besten Häusern Wiens ein gern gesehener Gast war, zu einer Begegnung mit dem öffentlich noch zu unbekannten Schubert zu bewegen. Vogl hatte keine guten Erfahrungen mit jungen Leuten gemacht, die sich an ihn drängten, um von ihm Empfehlungen zu erhalten. Spaun erzählt von dieser endlich zustande gekommenen Gegenüberstellung im Januar oder Februar 1817 im Hause Schobers:

»Vogl trat zur bestimmten Stunde, ganz würdevoll, zu Schober, und als ihm der kleine, ganz unansehnliche Schubert einen etwas linkischen Kratzfuß machte und über die Ehre der Bekanntschaft in der Verlegenheit einige unzusammenhängende Worte stammelte, rümpfte Vogl etwas geringschätzig die Nase. Die Bekanntschaft erschien als unheilverkündend. Vogl sagte

Der Hofopernsänger Johann Michael Vogl
fühlt sich berufen, der Künder und Wegbereiter der
Schubert-Lieder zu sein.

endlich: ›Nun, was haben Sie denn da? Begleiten Sie mich.‹ Und dabei nahm er das nächstliegende Blatt, enthaltend das Manuskript von Mayrhofers ›Augenlied‹, ein hübsches, sehr gesangliches, aber nicht bedeutendes Lied. Vogl summte mehr, als er sang, und sagte dann etwas kalt: ›Nicht übel!‹ Als ihm hierauf ›Memnon‹ und ›Ganymed‹ begleitet wurden, die er aber alle nur mit halber Stimme sang, wurde er immer freundlicher, doch schied er ohne Zusage, wiederzukommen. Bei dem Weggehen klopfte er Schubert auf die Schulter und sagte ihm: ›Es steckt etwas in Ihnen, aber Sie sind zu wenig Komödiant, zu wenig Charlatan. Sie verschwenden Ihre schönen Gedanken, ohne sie breit zu schlagen.‹ Gegen andere äußerte er sich günstiger. Als ihm das ›Lied eines Schiffers an die Dioskuren‹ zu

Gesicht kam, erklärte er, es sei ein Prachtlied und geradezu unbegreiflich, wie solche Tiefe und Reife aus dem kleinen jungen Mann kommen könne.«

Über den Fortgang dieser Beziehung berichtet Spaun: »Nach wenigen Wochen schon sang Vogl Schuberts ›Erlkönig‹, ›Ganymed‹, den ›Kampf‹, den ›Wanderer‹ etc. einem kleinen, aber entzückten Kreise vor, und die Begeisterung, mit der der große Künstler diese Lieder vortrug, war der beste Beweis, wie sehr er selbst davon ergriffen sei. Die größte Wirkung aber brachte der herrliche Sänger auf den jungen Tonsetzer selbst hervor, der sich glücklich fühlte, so lange gehegte Wünsche nun so über alle Erwartung erfüllt zu sehen. Ein Bund der beiden Künstler, der sich immer enger schloß, bis ihn der Tod trennte, war die Folge ihres Zusammentreffens.«

Bald schon kam Vogl unaufgefordert in den Kreis der Schubert-Freunde. Er lud Schubert zu sich ein, studierte seine besten Lieder mit ihm durch, bis er völlig mit ihnen vertraut war, und dann sang er sie vor einem kleinen Kreis musikalischer Menschen. Diese waren immer zutiefst entzückt, und viele bezeugten später, daß ihnen Vogls Vortrag der Schubert-Lieder durch seine deklamatorische Darbietung unvergeßlich geblieben sei. Die Ergriffenheit der Zuhörer bewegte auch den Sänger selbst, und er gewann ein immer tieferes Gespür für das Neue und die Größe dieser Kunst. Er fühlte sich dazu berufen, der Künder und Wegbereiter des Schubert-Liedes zu sein. Diesem Ziel dienten auch im Lauf der Jahre verschiedene gemeinsame Musikfahrten durch das österreichische Land. Dabei sorgte sich der viel ältere Sänger wie ein väterlicher Freund um den unpraktischen und manchmal auch finanziell nicht auf das Beste gestellten Begleiter.

Die sich an hohen Maßstäben ausrichtende persönliche Lebensführung Vogls, jedem Gemeinen in Kunst und Leben abhold, entsprach der auch Schubert von Jugend an erfüllenden inneren Einstellung und hat sicherlich tief auf ihn gewirkt. Man darf wohl auch annehmen, daß Schubert brauchbare Anregungen aus der langen Singerfahrung Vogls empfangen hat und daß die bedeutende Interpretationskunst Vogls der Gestaltungskraft Schuberts förderlich war. Allerdings mußte Schubert auch manchmal sein eigenes künstlerisches Wesen gegen

Beeinflussungsversuche seines von einer anderen Kunstart herkommenden, selbstbewußten und autoritätsgewohnten Helfers verteidigen.

Eine kleine humorvolle Karikatur Schobers stellt das in mancher Hinsicht etwas eigenartige Verhältnis Vogl – Schubert dar. Der gewaltige, steife Opernsänger, einen hohen Zylinder auf dem stolzen Haupt, einen vornehmen Rohrstock in der Hand, schreitet, ohne nach rechts und links zu sehen, voraus. Ihm folgt schüchtern, mit kleinen Schritten, der winzige Schubert, gerollte Notenblätter unter dem Arm, dem vor ihm wandelnden Riesen demütig auf den breiten Rücken schauend. Die Unterschrift: Michael Vogl und Franz Schubert ziehen aus zu Kampf und Sieg. So mochte es wohl manchmal aussehen, aber die Wirklichkeit war anders, denn auch von dem kleinen Schubert gingen Wirkungen auf den Riesen Vogl aus.

Franz Schubert hatte durch seine Bescheidenheit, seinen persönlichen Zauber, seine geistige Regsamkeit und Weite, und über allem anderen durch sein Genie einen solch verwandelnden Einfluß auf den sonst schroffen, fast hochmütig wirkenden Vogl, daß dieser Schubert gegenüber ganz sanft und fast demütig werden konnte, aus ehrlicher Hochachtung vor dem Genius und aus Liebe zu diesem zarten Menschen, in dem sich der Geist der Kunst verkörperte. So sagte er einmal, als man auf den unpünktlichen Schubert warten mußte: »Vor Schuberts Genius müssen wir uns alle beugen, und wenn er nicht kömmt, müssen wir ihm auf den Knien nachkriechen.«

Vogl war sich selbst der Grenzen bewußt, die ihm der überkommene Kunststil setzte. Dieser war im Grunde für das Schubert-Lied nicht geeignet. Aber intuitive Kraft und geistige Aufgeschlossenheit befähigten diesen bedeutenden Menschen, das Neuartige des Schubert-Liedes zu erfassen und ihm mit seinen besten Kräften zu dienen. Ein Zeugnis seines weitschauenden, richtigen Urteils finden wir in Vogls Tagebüchern: »Nichts hat den Mangel einer brauchbaren Singschule so offen gezeigt als Schuberts Lieder. Was müßten sonst diese wahrhaft göttlichen Eingebungen, diese Hervorbringungen einer musikalischen clairvoyence in einer Welt, die der deutschen Sprache mächtig ist, für allgemeine ungeheure Wirkung machen? Wie viele hätten vielleicht zum erstenmal begriffen, was es sagen will:

Sprache, Dichtung in Tönen, Worte in Harmonien, in Musik gekleidete Gedanken. Sie hätten gelernt, wie das schönste Wortgedicht unserer größten Dichter, übersetzt in solche Musiksprache, noch erhöht, ja überboten werden könnte. Beispiele ohne Zahlen liegen vor.«

Das Jahr 1817 brachte Schubert nach einer kurzen Stunde der Freiheit die neue Fesselung an den ungeliebten Schuldienst, aber es hatte ihm auch die in ihrer Bedeutung gar nicht zu überschätzende Freundschaft des tatkräftigen Sängers seiner Lieder geschenkt.

Das Jahr 1818 schenkte ihm die erste längere Reise in für ihn völlig neue Verhältnisse und entspannende Erlebnisse. Am 7. Juli 1818 holte sich Schubert bei der Wiener Polizei seinen Reisepaß mit fünfmonatiger Gültigkeit für einen Aufenthalt in Ungarn und fuhr vergnügt und sorgenfrei zum erstenmal mit der Postkutsche aus Wiens Toren in das offen vor ihm liegende Land, vierzehn Poststationen, die damals weiter auseinander lagen als heute, bis zu dem ungarischen Schloß und Gut Zseliz. Dort erlebte er eine neue Welt.

Der Vater der Wiener Sängerin Karoline Unger hatte Schubert dem Grafen Esterházy von Galantha als Musiklehrer für seine noch sehr jungen Töchter Maria und Karoline empfohlen. Wahrscheinlich begann dieser Unterricht schon im Winter 1817/18, und nun sollte Schubert der gräflichen Familie in ihre ungarische Sommerresidenz folgen und dort den Unterricht weiterführen. Wie sehr die Veränderung und die neue Umgebung auf Schubert wirkten, das sagen Sätze in seinem schon am 3. August an seinen Freund Schober gerichteten Brief, dem ersten Lebenszeichen nach seiner Ankunft:

Liebste, theuerste Freunde!
Wie könnte ich euch vergessen, euch, die ihr mir alles seyd! Spaun, Schober, Mayrhofer, Senn: Wie geht es Euch? Lebt ihr wohl? Ich befinde mich recht wohl. Ich lebe und componiere wie ein Gott, als wenn es so seyn müßte. – Ich hoffe, daß ihr alle recht gesund und froh seyd, *wie ich es bin. Jetzt lebe ich einmal, Gott sey Dank!* Es war Zeit, sonst wär' noch ein verdorbener Musikant aus mir geworden. Schober melde meine Verehrung bei Herrn Vogl, ich werde nächstens so frei

seyn, auch ihm zu schreiben. – Grüße mir alle möglichen Bekannten. An deine Mutter und Schwester meine tiefste Verehrung. Schreibt mir ja recht bald, jeder Buchstabe von euch ist mir theuer.
                Euer ewig treuer Freund
                Franz Schubert

Auch in einem Brief an sein Elternhaus hatte er geschrieben, daß er sich »wie ein Gott wohl befinde«. Wo lebte er so glücklich?

Das 1787 erbaute Schlößchen Zseliz lag in einem riesigen Park an dem Flüßchen Gran. Ein gefälliges französisches Mansardendach, die von Glyzinien umrankten Fenster und freundlich gegliederten weißen Wandflächen gaben dem um einen rechteckigen Hof angelegten Gebäude ein wohnliches Aussehen. Im Park öffneten sich reizende Ausblicke in die Flußlandschaft. Außerhalb des Parks lagen die vielen großen und kleinen Gutsgebäude, von denen aus die weiten Ländereien bewirtschaftet wurden. Die Dorfbevölkerung sprach ungarisch, aber mit einem größeren Teil der Dienerschaft und anderen dort tätigen Bewohnern konnte Schubert sich in Deutsch verständigen.

Mit der gräflichen Familie hatte Schubert nur dienstlich zu tun. Als Angestellter und bezahlter Musiker gehörte er zum besseren gräflichen Dienstpersonal und wohnte im Inspektorhaus. Der etwas über vierzig Jahre alte Graf war ein belesener und gebildeter Mann, hatte in jungen Jahren eine Bildungsreise nach Deutschland gemacht, sang auch gerne, war aber dabei das geblieben, als was er sich selbst einmal bezeichnete: ein Naturbursche, der in der Barbarei aufgewachsen ist. Seine Frau, die frühere schöne Komtesse Rosine Festeties Tolua, war eine feinsinnige Dame und Musikliebhaberin. Die ältere der beiden Töchter, Maria, hübsch und geistreich, damals vierzehn Jahre alt, sang Sopran, die jüngere Karoline, unscheinbar und scheu, weniger musikalisch, sang Alt. Diese beiden Kinder sollte Schubert im Klavierspiel und Gesang unterrichten.

  Sein gesamter Aufgabenkreis reichte noch etwas weiter. Über das praktische Üben hinaus hatte er die Mädchen auch in Musiktheorie zu unterweisen. Er mußte Gesangübungen für die Alt singende Mutter zusammen mit ihren Töchtern verfassen, die Baßgesänge des Grafen auf dem Klavier begleiten, darunter auch Schubert-Lieder. Schließlich hatte er für improvisierte Abendmusiken im Schloß eingeübte mehrstimmige Lieder bereitzuhalten. Für diese Tätigkeit erhielt er freie Fahrt, freie Unterkunft und ein gutes Honorar. Er aß im Inspektorhaus; auch seine Wäsche wurde dort besorgt. Da er kaum Gelegenheit für größere Ausgaben fand, brachte er eine gute Summe Geldes zur Begleichung alter Mietschulden bei Schober und für weiteren selbständigen Unterhalt mit nach Wien.

Über den ihn nicht ausfüllenden Dienst hinaus war Schubert sein eigener freier Herr. Er nutzte die Zeit auf erstaunliche Art und Weise, die man ihm, dem Städter, Lehrer, Musiker, unpraktischen Menschen nicht so leicht zugetraut haben würde. Er komponierte, aber er tat es nicht überaus fleißig. Er ging spazieren, sprach mit jedermann, verschaffte sich Einblicke in die menschlichen Beziehungen in solch einem großen Gutsbetrieb, sah höchst interessiert bei den ihm so nicht vertrauten Erntemaßnahmen zu, ging durch die Ställe und an den Viehplätzen vorbei, hoffte auf das Erleben weiterer gräflicher Reiseunternehmungen und freute sich schon darauf, eine richtige Weinernte mitzumachen. Nach allen Seiten hatte er alle seine Sinne offen. Gleichzeitig zeigte er sich als ein sehr lebendiger Briefschreiber, der gut zu erzählen wußte, der in großer Liebe an seinen Angehörigen und an seinen Freunden hing, der sich von seinen Nächsten zum Vertrauten ihrer Sorgen machen ließ und der schon bald wieder in Sehnsucht nach Wien verging, nach geistiger Gemeinschaft und Anregung. Schubert hat die vier Monate reichlich genutzt, die Erfahrung der Freiheit und des Menschseins zu vertiefen. Wir lernen ihn aus seinen Briefen als den herzensoffenen, liebenswerten, der ganzen Lebenswirklichkeit zugewandten Menschen kennen, als den seine Angehörigen und seine Freunde ihn so sehr liebten.

Am 24. August 1818 schreibt er in einem Brief an seinen Bruder Ferdinand:

> Dir geht es nicht gut, ich wollt, ich könnte mit Dir tauschen, so wärst Du einmal froh. Jede drückende Last würdest du abgeworfen finden. Lieber Bruder, ich wünscht es Dir von Herzen. – Grüße mir meine lieben Ältern, Geschwister,

Freunde und Bekannte. – Stupfe oder laß meine Stadtfreunde recht gewaltig stupfen, daß sie mir schreiben. Meiner Mutter berichte, daß meine Wäsche sehr gut besorgt wird, daß mir ihre Sorgfalt mütterlich wohltut. – Es fängt hier schon an, kalt zu werden, und doch werden wir vor halbem November nicht nach Wien reisen. *Ich hoffe künftigen Monath für einige Wochen* nach Freystadt zu kommen, welches dem Onkel meines Grafen gehört. Die Gegend soll dort *außerordentlich hübsch seyn.* Auch hoffe ich nach Pest zu kommen, indem wir in Bosczmedjer *Weinlese* halten. – Überhaupt aber freue ich mich auf sämtliche Weinlesen, indem mir schon so viel Lustiges davon erzählt worden ist. *Auch die Ernte ist hier sehr schön.* Man bringt hier das Getreide nicht wie in Österreich in Scheuern, sondern man errichtet *auf freyem Felde ungeheure Haufen,* welche man Tresten nennt. Sie sind öfter 40 bis 50 Klafter lang und 15 bis 20 hoch. Sie *wissen es so geschickt zu legen,* daß der Regen, welcher ablaufen muß, keinen Schaden machen kann. Hafer und dergleichen vergräbt man auch in die Erde. – *So wohl es mir geht, so gesund als ich bin,* so gute Menschen als es hier gibt, *so freue ich mich doch unendlich wieder auf den Augenblick,* wo es heißen wird: Nach Wien, nach Wien! Ja, geliebtes Wien, du schließest das Theuerste, das Liebste, in Deinen engen Raum, und nur Wiedersehen, himmlisches Wiedersehen wird dieses Sehnen stillen.

    Ich verbleibe mit wahrer Liebe Allen
    der treue, aufrichtige Franz.

Noch im August schrieb er einen – leider verlorenen – Brief an sein Elternhaus. Trotz der manchmal belastenden Spannungen zwischen Vater und Sohn wegen seiner eigenwilligen Neigung zur Unsicherheit eines Musikerdaseins, und trotz der engen, sicher oft turbulenten und reibungsvollen Lebensverhältnisse im elterlichen Schulhaus – er liebte sie alle, den ernsten Vater, die gute Stiefmutter, die so verschiedenen Brüder und die Schwester. Nicht der Verstand und nicht der Wille, sondern das mitempfindende Herz war das Organ, mit dem Schubert sich den Menchen und der Welt zuwandte.

Am 8. September 1818 schreibt Schubert einen Antwortbrief

an seine Wiener Freunde. In der Anschrift stehen neben Schober noch sechs andere Namen:

»Wie unendlich mich eure Briefe samt und sonders freuten, ist nicht auszusprechen! *Ich war eben bei einer Ochsen- und Kuh-Licitation, als man mir euren wohlbeleibten Brief überreichte.* Ich brach ihn, und ein lautes Freudengeschrey erhob sich, als ich den Nahmen Schober erblickte. Unter immerwährendem Gelächter und kindischer Freude las ich sie in einem benachbarten Zimmer. Es war mir, als hielte ich meine theuren Freunde selbst in Händen.«

Nach einigen persönlichen Mitteilungen für Schober schreibt er weiter:

»In Zseliz muß ich mir selbst alles sein. Compositeur, Redacteur, Auditeur und was weiß ich noch alles. Für das Wahre der Kunst fühlt hier keine Seele, höchstens dann und wann (wenn ich nicht irre) die Gräfin. Ich bin also allein mit meiner Geliebten, und muß sie in mein Zimmer, in mein Klavier, in meine Brust verbergen. Obwohl mich dieses öfter traurig macht, so hebt es mich auf der anderen Seite desto mehr empor. – Mehrere Lieder entstanden unter der Zeit, wie ich hoffe, sehr gelungen. – Nun eine Beschreibung für alle. Unser Schloß ist keins von den größten, aber sehr niedlich gebaut. Es wird von einem sehr schönen Garten umgeben. Ich wohne im Inspektorat. Es ist ziemlich ruhig, bis auf einige vierzig Gänse, die manchmal so zusammen schnattern, daß man sein eigen Wort nicht hören kann. Die mich umgebenden Menschen sind durchaus gute. Selten wird irgend ein Grafen-Gesinde so gut zusammen gehen, wie dieses. Der H. Inspektor, ein Slavonier, ein braver Mann, bildet sich viel auf seine gehabten Musiktalente ein. Sein Sohn, ein studierender Philosoph, kam gerade auf die Ferien, ich wünsche ihn wohl recht lieb zu gewinnen. Seine Frau ist eine Frau wie alle Frauen, die gnädig heißen wollen. Der Rentmeister paßt ganz zu seinem Amt, ein Mann mit außerordentlichen Einsichten in seine Taschen und Säcke. Der Doktor, wirklich geschickt, kränkelt mit 24 Jahren wie eine alte

Dame. Sehr viel Unnatürliches. Der Chirurgus, mir der liebste, ein achtbarer Greis von 75 Jahren, stets heiter und froh. Gott gebe jedem ein so glückliches Alter. Der Hofrichter, ein sehr natürlicher, braver Mann. Ein Gesellschafter des Grafen, ein alter lustiger Geselle, und braver Musikus, dient mir oft zur Gesellschaft. Der Koch, die Kammerjungfer, das Stubenmädchen, die Kindsfrau, der Beschließer etc., 2 Stallmeister, sind gute Leute. Der Koch ziemlich locker, die Kammerjungfer 30 Jahre alt, das Stubenmädchen sehr hübsch, oft meine Gesellschafterin, die Kindsfrau eine gute Alte, der Beschließer mein Nebenbuhler, die 2 Stallmeister taugen viel besser zu den Pferden als zu den Menschen. Der Graf, ziemlich roh, die Gräfin stolz, doch zarter fühlend, die Comtessen gute Kinder. – Daß ich mit meiner natürlichen Aufrichtigkeit recht gut bei allen diesen Leuten durchkomme, brauche ich euch, die ihr mich kennt, kaum zu sagen. – Und nun, liebe Freunde, lebt alle recht wohl, schreibt mir ja recht bald. Es ist meine theuerste, liebste Unterhaltung, eure Briefe zehnmal zu lesen. Grüßt meine lieben Ältern, und meldet meine Sehnsucht nach einem Brief von ihnen.

Mit ewiger Liebe
Euer treuer Freund.

Wie lebendig versteht Schubert zu erzählen! Mit welcher Freiheit bewegt er sich zwischen allen diesen Menschen! Man sieht ihn über die Hofplätze, durch die Gebäude und Ställe gehen, Gespräche anknüpfen, gemütlich in Unterhaltung mit dem alten Chirurgus zusammensitzen, mit dem hübschen Stubenmädchen schäkern. Die Bemerkung eines damaligen Gastes der gräflichen Familie und seitdem Schubert-Verehrers, Freiherr von Schönstein, vierzig Jahre später aufgeschrieben, Schubert habe im Anfang ein Liebesverhältnis zu der Kammerjungfer Pepi Pöckelhofer gehabt, ist kaum als über Eifersucht bei dem Nebenbuhler erzeugende Schäkereien und zutrauliche Gespräche hinausgehend zu deuten. Schubert, in Äußerungen über tiefere Beziehungen seines Herzens sehr verschlossen, hätte kaum in einem Brief an seine Freunde über das hübsche Stubenmädchen Andeutungen gemacht, wenn sie im Sinne Schönsteins zu verstehen gewesen wären. Wohl aber stimmt, daß schon bald in Schuberts Herz eine verehrende, heimliche, stille Liebe zu der unscheinbaren, aber herzensgütigeren jungen Komtesse Karoline erwachte. Er hat sie ihr über den sechs Jahre späteren zweiten Aufenthalt im Schloß hinaus zeitlebens bewahrt, ohne daß sie Erwiderung oder Beachtung erfuhr. Nur einmal hat er gewagt, sie zart anzudeuten. Als sie ihm bei einer Gelegenheit im Lauf der Zeit scherzend vorhielt, er habe ihr noch kein einziges Musikstück dediziert, erwiderte er: »Wozu denn, es ist Ihnen ja ohnehin alles gewidmet.« Schubert hat noch vor seinem Tode dafür gesorgt, daß die 1828 entstandene Fantasie in f-Moll für vier Hände im Jahr nach seinem Tod mit der Widmung für Karoline Esterházy im Druck erschien. Eine Liebe aus der Ferne, die er tief im Herzen trug.

Aus dem Briefwechsel dieser Monate in Ungarn erfahren wir manches über den Menschen Schubert, das uns sonst unbekannt geblieben wäre. Franz war offenbar in seinem Elternhaus derjenige, dem sich alle anderen in besonderer Liebe und mit außerordentlichem Vertrauen zuwandten, weil er sich immer als derjenige erwies, in dem die Ehrlichkeit des offenen Wortes aufs engste mit feinfühlender Liebe und innerem Mitempfinden verbunden war. Man spürte das aus der Art, wie er seine Grüße formuliert und wie er auf alles den anderen Betreffende eingeht.

So konnte sein Bruder Ignaz, ein nach Freiheit dürstender, religiös längst freigeistig gewordener junger Mann, sich mit seinen innersten Nöten am 12. Oktober in einem langen Brief an seinen Bruder Franz wenden. Wie Schubert darauf reagierte, lesen wir dann in seinem nächsten Brief an seinen Bruder Ferdinand. Ignaz schrieb:

»*Du glücklicher Mensch! Wie sehr ist Dein Los zu beneiden!* Du lebst in einer *süßen, goldenen Freiheit*, kannst Deinem musikalischen Genie volle Zügel schießen lassen, kannst Deine Gedanken wie Du willst hinwerfen, wirst geliebt, bewundert und vergöttert, indessen unsereiner als ein elendes Schullasttier allen Roheiten einer wilden Jugend preisgegeben, einer Schar von Mißbräuchen ausgesetzt ist, überdies noch einem undankbaren Publikum und dummköpfigen Bonzen in aller

Untertänigkeit unterworfen sein muß. Du wirst Dich wundern, wenn ich Dir sage, daß es in unserem Hause schon so weit gekommen ist, daß man sich nicht einmal mehr zu lachen getraut, wenn ich vom Religionsunterricht eine abergläubisch lächerliche Schnurre erzähle. Du kannst Dir also leicht denken, daß ich unter solchen Umständen gar oft von innerlichem Ärger ergriffen werde, *und die Freiheit nur dem Namen nach kenne*. Siehst Du, von allen diesen Dingen bist Du nun frei, bist erlöst, Du siehst und hörst von all diesen Unwesen und besonders von unseren Bonzen nichts mehr.«

Weiter berichtet er von einem großen Familienfest mit viel Besuch, Essen, Spielen und Gedichten, dem »Namensfest unsers Herrn Papa«, und dann von dem tags darauf begangenen Namensfest des heiligen Schutzpatrons ihrer Schule, Franziskus Seraphikus, mit Beichte und Gottesdienst für alle Schüler, mit ermahnenden Ansprachen, Parade der Schulfahnen, großer sonderbarer Heiligenlitanei und Herumreichen einer Reliquie zum Küssen.

Im Schlußgruß hofft er auf die baldige Rückkehr des Bruders, ». . . denn ich hätte Dir noch vieles zu sagen, was ich mir aber verspare bis auf eine mündliche Unterredung. – Wenn Du an den Papa und mich zugleich schreiben möchtest, so berühre nichts von religiösen Gegenständen«.

Wenige Tage danach erhielt Franz einen Brief von seinem Bruder Ferdinand. Darin berichtet dieser von einem Fehlschlag mit einer Schubert-Ouvertüre, einer Prämienverteilung in seiner Waisenhausschule, und besonders ausführlich von der musikalischen Ausgestaltung des Namenstagsfestes ihres Direktors. Zuletzt schreibt er, daß er gerne Franzens Klavier käuflich erwerben möchte und bittet um Preisangabe. Der Brief schließt: »Und nun sei 1000 mal geküßt, und wenn Du nach Wien kommst, so lasse mich nicht den letzten sein. Bei mir bist Du in jedem Fall willkommen, wenn Du in meinem Haus überwintern wolltest. Mit wahrer Liebe Dein treuer, aufrichtiger Bruder – Ferdinand.«

Der letzte erhaltene Brief dieser Zeit ist der am 29. Oktober von Franz an seinen Bruder Ferdinand geschriebene. Aus allen

Worten spürt man das gute brüderliche Verhältnis und erkennt die ehrliche, zartfühlende, auf gegenseitiges Vertrauen gegründete Art und Weise, wie Franz auf den Brief Ferdinands und die bedrückende Epistel des gequälten Ignaz eingeht. Er schreibt:

»Wenn ich die Leute um mich herum nicht alle Tage besser kennen lernte, so ging es mir noch ebenso gut, wie anfangs. *So sehe ich aber, daß ich unter diesen Menschen doch eigentlich allein bin, bis auf ein paar wirklich braver Mädchen ausgenommen* (er meint seine Schülerinnen). *Meine Sehnsucht nach Wien wächst täglich.* Mit halbem November werden wir reisen. – Übrigens werde ich mit meinen Herzensgefühlen niemals berechnen und politisieren, so wie's *in mir* ist, so geb' ich's heraus und damit Punktum. – Mein Fortepiano ziehe nur an Dich, es wird mich freuen. Aber das ist mir unangenehm, daß Du immer von Bezahlung, Lohn und Dank sprichst, gegen einen Bruder, pfui Teufel! Recht innig freut es mich, von euch, Ignaz und Resi, Briefe zu bekommen. Du, Ignaz, bist noch ganz der alte Eisenmann, der unversöhnliche Haß gegen das Bonzengeschlecht macht Dir Ehre. Doch hast Du keinen Begriff von den hiesigen Pfaffen, bigottisch, wie ein altes *Mistvieh*, dumm wie ein *Erzesel*, und roh wie ein *Büffel*, hört man hier Predigten, wo der sehr venerierte Pater *Nepomucene* (in der Rossau) nichts dagegen ist. Man wirft hier auf der Kanzel mit Ludern, Kanaillen etc. herum, daß es eine Freude ist, man bringt einen Totenschädel auf die Kanzel, und sagt: Da seht her, ihr zuckerschäkigten Gfrieser, so werdet ihr einmal aussehen. Oder: Ja, da geht der Bursch mit'n Mensch ins Wirtshaus, tanzt die ganze Nacht, dann legen sie sich besoffen nieder, und stehen ihrer drey auf usw.«

Mit der Zusage 99maligen Küssens an gute Verwandte und sehr herzlichem Gruß schließt Franz den Brief.

Die Klavierlehreraufgabe bei den beiden jungen Komtessen gab Schubert den Anstoß, eine Kompositionsart wieder aufzunehmen, in der Mozart, Beethoven und Weber einiges geschaffen hatten und auch schon erste Versuche von ihm selbst vorlagen, die vierhändige Klaviermusik. Als Unterrichtsmaterial wa-

Der Sphärenstimme gehorchend

ren solche Stücke für die Schwestern beim Klavierspiel bestens geeignet. Schon im Juli schrieb er für sie vier Polonaisen, drei Märsche und eine Introduktion mit Variationen über ein Originalthema. Die Klavierspielerinnen hatten anscheinend viel Freude an solchem Zusammenspiel, denn es folgten im August eine Sonate und ein deutscher Tanz, im September acht Variationen über ein französisches Lied und ein Rondo. Die Variationen gab Schubert 1822 mit einer Widmung für Beethoven »Von seinem Bewunderer und Verehrer Franz Schubert« zum Druck. Ein Exemplar ließ er dem verehrten Meister zukommen, und er konnte zu seiner großen Freude erfahren, daß die Variationen nicht nur gefielen, sondern daß Beethoven sie eine Zeitlang mit einem Begleiter fast täglich spielte.

Die Zeit in Zseliz war für Schubert der reiche Anfang auf diesem musikalischen Schaffensgebiet.

Aber, aufs Ganze gesehen, hat Schubert trotz seiner Freiheit, oder gerade wegen ihrer ersten inhaltsreichen Erfahrung, nicht viel geschaffen. Deutlich genug schrieb er immer dringlicher, wie sehr er sich nach Wien, nach geistiger Gemeinschaft und ihren Anregungen sehnte. Mitte November brachte ihn die Postkutsche durch das inzwischen grau und kahl gewordene Land zurück, endgültig nicht mehr in die alten Verhältnisse. Wenige Tage nach der Ankunft verließ er das Elternhaus und zog für zwei Jahre zu seinem Freund Mayrhofer.

Der Vater Schubert hat noch einen letzten Versuch gemacht, seinen Sohn in der gesicherten Stellung des Schuldienstes festzuhalten. Ein durchgerissenes Papier, ein halbfertig geschriebener Antrag an die Schulbehörde um Wiedereinstellung nach Ablauf der genehmigten Befreiung vom Dienst, deutet darauf hin, daß es noch einmal eine Auseinandersetzung zwischen Schubert und seinem um die bürgerliche Zukunft des Sohnes besorgten Vaters gegeben hat. Franz setzte sich durch und behauptete seine Freiheit. Das Gesuch wurde nicht abgeschickt, sondern im Zorn zerrissen. Merkwürdig, daß dieser Fetzen Papier erhalten geblieben ist. Immerhin sagt er aus, daß es solche schweren Stunden in Schuberts Leben gab, aber auch, daß die Liebe und gegenseitige Achtung über alle Spannungen siegte, denn die gute Gemeinschaft zwischen ihm und seinen Angehörigen erlitt niemals einen wirklichen Bruch.

Mayrhofer, zu dem Schubert nun zog, wohnte mitten in der Stadt neben dem alten Rathaus im dritten Stock eines schon alten Hauses. Er beschrieb nach Schuberts Tod den Raum: »Es war in einer düsteren Gasse. Haus und Gemach haben die Macht der Zeit gefühlt, die Decke ziemlich gesenkt, das Licht von einem großen gegenüberliegenden Gebäude beschränkt, ein überspieltes Klavier, eine schmale Bücherstelle, so war der Raum beschaffen, welcher mit den darin zugebrachten Stunden meiner Erinnerung nicht entschwinden wird.« Tagsüber, wenn der Freund seinem Dienst nachging, hatte Schubert den Raum für sich allein. Die Musik und sein schöpferischer Geist machten ihn so reich, daß er völlig unabhängig von den äußeren Verhältnissen war, in denen er leben mußte. Ihm genügte ein einfacher Tisch zum Schreiben, etwas Platz für gestapelte Notenblätter und Literatur, vielleicht ein Klavier, aber nicht erforderlich, denn er hörte die Musik, die er schrieb, in seinem Innern, ein Stuhl zum Sitzen und eine Bettmatratze zum Schlafen. In solch einem nach heutigen Begriffen armseligen und beinahe menschenunwürdigen Raum saß er dann ungestört und konnte schaffen. Sein Freund Schwind berichtet: »Wenn man untertags zu ihm kommt, sagt er: Grüß dich Gott, wie geht's? Gut. Und schreibt weiter, worauf man sich entfernt.«

Die Miete war durch das Zusammenwohnen niedrig, die Lebensweise bescheiden. Dennoch brauchte er Geld. Wovon wollte er leben? Er hatte nach Abtragung seiner Schulden einen kleinen Rest aus Ungarn zurückbehalten. Den Winter hindurch gab er den beiden Komtessen auch in Wien noch Unterricht und hatte dadurch eine laufende Einnahme. Für bescheidene Ansprüche war er also vorerst versorgt. Darüber hinaus erhoffte er sich Einnahmen aus Theateraufführungen und machte sich deshalb sofort an das einaktige Singspiel »Die Zwillingsbrüder«.

Am 19. Januar 1819 konnte Schubert die Partitur abschließen. Aber zu der Zeit rissen sich die Wiener Opern um Rossini, von dessen Musik die Wiener nicht genug gekommen konnten. Erst am 14. Juni 1820 erlebten die »Zwillingsbrüder« im Kärntnertortheater ihre Uraufführung. Siebenmal ging das heitere Stück, in dem Vogl die Glanzrolle der zum Verwechseln ähnlichen Zwillingsbrüder sang, über die Bühne, der größte Erfolg, den Schubert zeitlebens mit all seiner Theaterarbeit erlebte. Das Werk verschwand dann wieder, obwohl Schubert die amüsante Spielhandlung mit wirklich schöner Musik und reizvollen Liedarien und Chören ausgestattet und sich Mühe gegeben hatte, der bekannten Singspielform durch farbenreiche Instrumentation und lebendige Melodien neue Reize zu geben. Aber erst nach 1870 wurde die Partitur wieder hervorgeholt und gedruckt. Heute haben wir die Möglichkeit, dies kleine Werk als Ganzes zu Hause zu hören und uns an der schönen schubertschen Musik zu erfreuen. Damals mußte Schubert erst zwei Jahre warten, bis sie ihm etwas Geld eintrug, und dann waren es auch nur Tropfen auf ein dürres Land. Es blieb Schubert versagt, auch nur zu einem geringen Teil von Bühnenerfolgen leben zu können. Die Unsicherheit des Daseins begleitete ihn bis ans Ende.

Man muß Schuberts Situation ganz klar sehen. Er hat als erster gewagt, was es so vor ihm noch nicht gegeben hat, als ungebundener, nirgendwo abgesicherter, standesmäßig nicht eingeordneter Künstler zu leben, nur seinem eigenen Künstlertum verantwortlich und verpflichtet, nur für die Kunst und in der Kunst existierend. Er brachte nicht das mit, was vor ihm alle anderen mitbrachten und was ihnen Recht und Anspruch in der geordneten menschlichen Gemeinschaft gab, einen vom Vater ererbten und gelernten Musikerberuf als Standesexistenz. Er hatte daher auch keine adligen oder kirchlichen oder städtischen Auftraggeber für seine Tätigkeit.

Auch Mozart, Haydn und Beethoven lebten als freischaffende Musiker. Mozart hatte sich freigekämpft, Haydn hatte nach seinen Dienstjahren bei Esterházy ein derartiges öffentliches Ansehen, daß er auch ohne Auftrag und Dienstverhältnis leben konnte, und Beethoven war von Anfang an in Wien als Virtuose und Berufsmusiker mit dem Anspruch aufgetreten, anerkannt zu werden. Sie alle waren mit den voraufgegangenen Musikergenerationen dadurch verbunden, daß sie aus der Zunft der Musiker kamen, ihren fest umschriebenen Ort in der Öffentlichkeit hatten, und daß sie für die die Öffentlichkeit respräsentierenden Gesellschaftsschichten komponierten und von diesen auch dementsprechend aufgenommen und anerkannt wurden.

Schubert dagegen war von Herkommen und Beruf Hilfslehrer, auf dem Wege zum ordentlichen Lehrer. Nur aufgrund seines ganz persönlichen musikalischen Triebs, seines innersten Bedürfnisses, sein Dasein in der Musik zu verwirklichen, nur weil es ihm nicht genügte, wie viele andere Musikliebhaber neben dem Pflichtberuf einer musikalischen Neigung nachzugehen, hatte er sich in das Risiko gestürzt, allein Musiker zu sein. Er machte Musik auf eigene Faust, ganz privat für sich selbst, und darüber hinaus für seinesgleichen, für seine Freunde und für Menschen, die sich mit ihm durch seine Schöpfungen das Geschenk der Freude machen lassen wollten. Aber vieles, das er komponierte, ist nie vor Menschen zu Gehör gekommen, und vieles, wie etwa die Winterreise, war so sehr Ausdruck seiner eigensten inneren Erfahrungen, daß es der allgemeinen Öffentlichkeit fremd bleiben mußte.

Schubert wagte etwas Neues, das Zukunft hatte, aber ihm selbst noch keinen Boden unter die Füße gab. Nur seine innere Gewißheit, ein von der Musik zum Schaffen Berufener, ein »für die Musik Geborener« zu sein, verlieh ihm die Freiheit, sich seiner selbst bewußt unter den Menschen zu bewegen und sich von seinen Freunden um dessentwillen, was er ihnen durch seine Kunst gab, in Notzeiten helfen zu lassen. In Adelskreisen fühlte er sich nicht wohl. Er hatte nicht die Art, dort aufzutreten und Eindruck zu machen. Die Grenzen seiner ihm angeborenen Bescheidenheit konnte er nicht überspringen. Aber devot wurde er darum nicht. Auch seinen Freunden gegenüber bewahrte er immer seine Unabhängigkeit. Spaun urteilt über Schubert: »Der Beifall der Freunde war ihm immer hocherfreulich, der Beifall der Menge jedoch ließ ihn kalt, und er geizte nicht nach demselben. Noch weniger war Geld das Ziel seines Komponierens. Er schrieb ohne Rücksicht darauf, ob er Hoffnung habe, das Geschriebene abzusetzen.« Wenn Freunde fanden, die Melodie sei zu lang oder zu österreichisch, dann wurde er ernstlich böse oder lachte sie aus: »Was versteht ihr? Es ist einmal so und muß so sein.«

In einem während dieser Zeit vertonten Mayrhofer-Gedicht »Freiwilliges Versinken« hat Schubert den Sinn seines Daseins in einer Liedzeile mit bewegender Ausdruckskraft gesungen: »Ich nehme nicht, ich pflege nur zu geben.« Im übrigen ist es fast wunderbar, wie Schubert in diesem Lied durch seine Musik die nahende Nacht, die scheidende Sonne, den heraufziehenden Mond und die blassen Sterne, vom Dichter durch Worte ins Bewußtsein gehoben, Wirklichkeit werden läßt.

Hören wir den Bericht des zuverlässigsten und treuesten Schubert-Freundes Spaun: »So sehr auch der Kreis sich vergrößerte, welcher Schuberts Talente bewunderte und seinen Liedern große Genüsse verdankte, so blieb er doch, einige Beihilfe, die ihm von Vogl wurde, abgerechnet, ohne irgendeine Unterstützung. Seine Lage war drückend. Kein Verleger war zu finden, der es gewagt hätte, für seine herrlichen Schöpfungen nur einiges zu bieten. Er blieb jahrelang pekuniären Sorgen ausgesetzt. Die Schwierigkeit seiner Lage lähmte jedoch seinen Fleiß und seine Lust durchaus nicht. Er mußte singen und dichten, das war sein Leben. Er blieb auch immer heiter. Freundlich nahm er es an, daß er durch viele Jahre bei dem gemeinschaftlichen heiteren Abendmahl im Gasthaus der Gast eines alten Freundes war. Wenn es gar spät wurde, ging er nicht mehr nach Hause, sondern bequemte sich zu einer sehr bescheidenen Schlafstelle in meinem Zimmer. – Am Morgen setzte er sich in Hemd und Unterhose hin und komponierte die schönsten Lieder. Zuweilen überraschte er uns Tanzlustige an solchen Morgen mit den schönsten ›Deutschen‹ und ›Ecossaisen‹, die damals in Mode waren.«

Wenn nichts anderes dazwischen kam, hielt sich Schubert an einen geordneten Tageslauf. Als Frühaufsteher saß er nach einem kurzen Frühstück schon bald am Schreibpult und arbeitete bis Mittag durch. Zwischendurch rauchte er ein Pfeifchen. Wenn er nicht unter Arbeitsdruck stand, weil ihn seine Kompositionsaufgabe ganz beanspruchte, hatte er auch Freundesbesuch gern, spielte Fertiges vor und hörte das Urteil seiner Freunde. Nachmittags und abends arbeitete er nur ausnahmsweise. Wenn sich die Arbeitsspannung gelöst hatte, traf er Freunde, ging spazieren, las im Kaffeehaus Zeitungen oder unterhielt sich. Die Abende gehörten dem Zusammensein mit Freunden, musikalischen Treffen, der Oper oder dem Theater. Gern saß man nachher noch bei einem Gläschen Wein zusammen, wobei Schubert nur ganz selten das gute Maß überschritt.

Ein Leben nur für die Musik – das bedeutete für Schubert

niemals Verengung, Einschränkung der geistigen Weite. Er bewahrte sich seine Offenheit für die ganze Wirklichkeit der Welt. Auf einer erhaltenen Seite seines verlorenen Notizbuches von 1824 schreibt er: »Aus dem tiefsten Grunde meines Herzens hasse ich jene Einseitigkeit, welche so viele Elende glauben macht, daß nur eben das, was sie treiben, das Beste sey, alles Übrige aber sey nichts. *Eine* Schönheit soll den Menschen durch das ganze Leben begeistern, wahr ist es. Doch soll der Schimmer dieser Begeisterung alles Andere erhellen.«

Robert Schumann, der erste große Entdecker und Botschafter der schubertschen Musik, hat das Wunder ihrer großartigen Weltoffenheit erkannt: »So tausendgestaltig sich des Menschen Dichten und Trachten bricht, so vielfach die schubertsche Musik. Was er anschaut mit den Augen, berührt mit der Hand, verwandelt sich in Musik. Aus Steinen, die er hinwirft, springen wie bei Deukalion und Pyrrha lebendige Menschengestalten.«

Genau zehn Jahre blieben Schubert nach seinem Durchbruch in die Freiheit. Sie führten ihn auf lichten Wegen und durch dunkle Abgründe zur höchsten Höhe.

1819 – 1822

Kommunikation des Geistes
Jahre der Freundschaft, der Krise und des Reifens

Einen Morgen um den andern saß nun Schubert in dem lichtlosen Zimmer Mayrhofers an seinem kleinen Pult. Er las, was er im Augenblick zu Händen hatte, sann Einfällen nach, schrieb Notenblätter voll. Bisweilen setzt er sich an das ausgeleierte Klavier, das zu der Zimmerausstattung gehörte. Den langen Winter über kam kaum Sonnenlicht in diese dunkle Stube mit ihren durchgebogenen Deckenbalken. War Mayrhofer da, nach getaner Arbeit oder morgens, dann kam Leben in den Raum. Stoff zu Gesprächen fehlte ihnen nicht: der eine Dichter, der andere Musiker, beide impulsiv, nach vielen Seiten geistig interessiert. Öfter aber auch rieben sie sich aneinander, scherzhaft erst, dann im Ernst, schwiegen sich gegenseitig an, und fanden wieder zueinander, denn jeder wußte um den Wert des anderen.

Die Frühlingssonne stieg herauf, der Sommer kam, das Zimmer wurde etwas heller, Wien wurde schöner mit jedem Tag. Das geliebte Wien! Es muß damals eine bezaubernde Stadt gewesen sein. Innen enge Gassen, Gerüche von Krämerläden, eingeengte verzierte Bürgerhäuser, große Plätze mit plätschernden Brunnen, vornehme Häuser der Reichen, Adelspaläste, der Stephansdom, Kirchen, Klöster, Residenzen, unzählige Kutschen mit schönen, geputzten Frauen und bunt gekleideten Herren, Reiter, Laufjungen, gravitätisch schreitende Bürgersleute, und immer fröhliches Reden, Aufgelegtsein zu Geselligkeit, zu Musik und Tanzereien. Draußen vor den Toren die breiten, blumengeschmückten Gürtel der Glacis vor den alten Wällen, die reizend im Grünen und zwischen Weinreben liegenden Vororte, die zu den Höhen des Wiener Waldes und den fernen Bergen geöffnete Landschaft, die vielen malerischen Donauarme; die unzähligen Kaffeestuben, Gast- und Weinlokale, darunter recht beliebte, wo man sich mit Freunden traf und bis in die tiefe Nacht miteinander bei gefüllten, leergewordenen und neu gefüllten Gläsern sitzen konnte.

Die Wiener Bürger ertrugen das strenge Regiment des Metternichschen Staates und des mächtigen Polizeipräsidenten Graf Sedlnitzky mit fröhlicher Geduld. Sie schrieben Briefe, wissend um mögliche Zensur, sie hüteten die Zunge, verehrten ihren Kaiser, taten ihre Pflicht; im übrigen wußten sie, daß dem Geist ein weiter freier Raum gegeben ist und daß sich Fröhlichkeit und Tanz nicht verbieten lassen. In dieser Welt konnte Schubert atmen, leben, seinem Genius Genüge tun.

Welch starken Eindruck Schuberts geistige Lebendigkeit auf andere machen konnte, zeigt uns ein Brief des acht Jahre älteren oberösterreichischen Landesbeamten Anton Ottenwald, den dieser am 27. Juli 1825 aus Linz an seinen Schwager Spaun sandte. Er schreibt: »Von Schubert, ich darf fast auch schon schreiben: von unserem Schubert möchte ich dir noch vieles sagen. Ich habe mich, eigentlich brüderliche Beherbergung ausgenommen, vielleicht noch niemals des Gastrechts so erfreut, wie in den Tagen, wo er bei mir wohnte. – Wir saßen bis nicht weit nach Mitternacht beisammen, und nie hab ich ihn so gesehen noch gehört; ernst, tief, und wie begeistert. Wie er von der Kunst sprach, von Poesie, von seiner Jugend, von Freunden und anderen bedeutenden Menschen, vom Verhältnis des Ideals zum Leben und dergleichen. Ich mußte immer mehr erstaunen über diesen Geist, dem man nachsagte, seine Kunstleistung sei so unbewußt, ihm selbst kaum offenbar und verständlich. Und wie einfach das alles. – Ich kann nicht reden von dem Umfang und einem Ganzen seiner Überzeugungen – aber Blicke einer nicht bloß angeeigneten Weltansicht waren das, und der Anteil, den edle Freunde daran haben mögen, benimmt der Eigentümlichkeit nichts, die sich darin verkündet.«

Ottenwald spricht hier mit Recht von »einer nicht bloß angeeigneten Weltansicht«. Schon lange vor diesen nächtlichen Gesprächen machte sich Schubert Gedanken über den Sinn der Welt, über den hohen, göttlichen Geist, der über allem menschlichen Treiben und seinem Wahn die Welt zusammenhält. Im Jahr 1820 schrieb er seine Gedanken für sich selbst als Gedicht auf ein Stück Papier, das sich später bei seiner Hinterlassenschaft fand.

Der Geist der Welt

Laßt sie nur in ihrem Wahn,
Spricht der Geist der Welt,
Es ist's, der im schwanken Kahn
So sie mir erhält.

Laßt sie rennen, jagen nur,
Hin nach fernem Ziel,
Glauben viel, beweisen viel
Auf der dunklen Spur.

Nichts ist wahr von alle dem,
Doch ist's kein Verlust,
Menschlich ist ihr Weltsystem,
Göttlich bin ich's mir bewußt.

Aber Schubert war kein einsamer, isolierter Grübler. Von oberflächlichen oder nur neugierigen Menschen konnte er sich sehr deutlich distanzieren. Das Gehabe gesellschaftlicher Kreise, die ihr Standesbewußtsein, ohne einen entsprechenden inneren Wert bieten zu können, deutlich zur Schau stellten, und langweiliges, nur über die alltäglichen Lebensinteressen schwatzendes und sich dabei für wichtig haltendes Spießbürgertum waren ihm zutiefst zuwider. Er wurde dann unhöflich oder grob, oder er zog sich still zurück. Mit einfachen Menschen kam er, in seiner offenen Herzlichkeit und Geradheit, gut zurecht. Er brauchte Menschen, die, wie er, nach den hohen Lebensgütern fragten, die geistig lebten, offen für die Welt und ihre reichen Gaben, begeisterungsfähig und mit der großen Gabe ausgestattet, sich an dem zu freuen, was ein jeder als sein Bestes mitzubringen hatte. So war der Freundeskreis, der sich in diesen Jahren um den jungen Schubert sammelte.

In den Zusammenkünften, die seit 1820 ziemlich regelmäßig wurden, die auch als Leseabende später neben den Schubertiaden fortbestanden, las man eifrig vor, in weit gesteckter Auswahl: Übersetzungen antiker Klassiker, Walter, Scott, Goethe, Kleist, Heine, Schriften und Gedichte der deutschen Romantiker, literarische Neuerscheinungen, auch eigene literarische

Erzeugnisse, denn auch Dichter und Schriftsteller gehörten zu dem Kreis. Schubert selbst hörte in Wien eine Vorlesung des Shakespeare-Übersetzers August Wilhelm Schlegel über dramatische Literatur. Sein Freund Bauernfeld schrieb später, den Vorwurf der Unbildung Schuberts zurückweisend: »Auch in der Literatur war er übrigens nichts weniger als unbewandert. Es finden sich Exzerpte von seiner Hand aus historischen, selbst philosophischen Schriften vor; seine Tagebücher enthalten seine eigenen, zum Teil höchst originellen Gedanken, und sein Lieblingsumgang waren Künstler und Kunstverwandte.«

Dieser Freundeskreis wog ihm alles andere auf, was ihm fehlte: Tradition und Geborgenheit in einer eigenen Familie, die Beglückung durch Frauenliebe, Annehmlichkeit des äußeren Daseins, öffentliche Anerkennung. Sich dessen selber nicht bewußt, war er der Magnet, die zentrale Kraft des Zusammenhalts in diesem Kreis so verschiedenartiger Menschen. Obwohl sehr schlicht, äußerlich unbedeutend, über alles Maß bescheiden, wirkt er doch ungeheuer anregend und belebend, und vor allem seine treue Herzlichkeit, die innere Lauterkeit und Ehrlichkeit hielt den Kreis in aufrichtiger Freundschaft beieinander. Spaun bekennt später: »Durch Schubert wurden wir alle Brüder und Freunde. Es war eine schöne, unvergeßliche Zeit.«

Es ist wichtig zu sehen, daß es sich nicht um einen Kreis von frei und ungebunden schwärmenden Bohemiens und romantischen Phantasten handelt. Studenten und Beamte, Maler und Musiker, Dichter und Gelehrte trafen sich dort. Im Lauf der Jahre gingen viele Menschen durch diesen Kreis, darunter auch manche stille, zumeist aber bedeutsame, die im Berufsleben oder auf ihrem Kunstgebiet etwas darstellten. Sie alle hatten einen gesunden, kräftigen Wirklichkeitssinn, aber sie alle waren dem Geistigen und Schönen in jeder Weise zugewandt. Mit den deutschen Romantikerkreisen hatten sie keine Verbindung, obwohl sie ihre Literatur kannten. Man darf in ihnen die besten Vertreter des gebildeten, aktiven biedermeierischen Wiener Bürgertums sehen, in dem sich Heiterkeit und Ernst, Lebensfreude und Pflichtbewußtsein, freiheitlicher Geist und Pflege guter Ordnung vereinten.

Von den politischen Ereignissen dieser Zeit waren sie nicht unbetroffen. Im Jahr 1819 war der Schriftsteller Kotzebue als

Kommunikation des Geistes

(vermeintlicher) russischer Spion von einem Berliner Studenten erschossen worden. Das hatte zur Folge, daß zunächst in Deutschland, dann auch in Österreich, alle studentischen Vereinigungen mit Argwohn betrachtet und genau beobachtet wurden. Im Zuge dieser Maßnahme wurde eines Tages der Tiroler Schubert-Freund und Dichter Johann Senn von der Wiener Polizei kontrolliert. Weil er sich gegen die Durchsuchung seiner Papiere zur Wehr setzte, wurde er verhaftet und nach Tirol verbannt, das er nicht verlassen durfte und wo er in bedrückenden Verhältnissen existierte. Da Schubert gerade bei ihm in der Wohnung war, wurde er gleich mit verhaftet und eine Nacht in Gewahrsam festgehalten. Daß derartige Erlebnisse den Kreis der Freunde tief erregten und zu hitzigen Gesprächen führten, läßt sich denken. Sie konnten aber dem Verbannten nicht anders helfen als dadurch, daß sie ihn auch in den weiteren Jahren ihre Treue fühlen ließen.

Daß der geistige Druck lastend auf den Seelen dieser jungen Männer lag, offenbart ein von Schubert selbst geschriebenes Gedicht. Er legte es einem Brief bei, den er, wie er selbst vermerkt, an einem »sehr elenden Tag« im Jahr 1824 an seinen Freund Schober schrieb.

Klage an das Volk!

O Jugend unserer Zeit, du bist dahin!
Die Kraft zahllosen Volks, sie ist vergeudet,
Nicht einer von der Meng' sich unterscheidet,
Und nichtsbedeutend all' vorüberzieh'n.

Zu großer Schmerz, der mächtig mich verzehrt,
Und nur als Letztes jener Kraft mir bleibet;
Denn thatlos mich auch diese Zeit zerstäubet,
Die jedem Großes zu vollbringen wehrt.

Im siechen Alter schleicht das Volk einher,
Die Thaten seiner Jugend wähnt es Träume,
Ja spottet thöricht jener gold'nen Reime,
Nichtsachtend ihren kräft'gen Inhalt mehr.

Nur Dir, o heil'ge Kunst, ist's noch gegönnt
Im Bild die Zeit der Kraft und That zu schildern,
Um weniges den großen Schmerz zu mildern,
Der nimmer mit dem Schicksal sie versöhnt.

Schuberts Person und Wesen stehen klarer vor uns, wenn wir die entscheidenen Gestalten seines Freundeskreises etwas näher kennen.

Josef von Spaun, zehn Jahre älter, wurde schon im Konvikt der gute, zuverlässige und treue Freund des kleinen Musikanten und blieb es ihm weit über seinen frühen Tod hinaus. Aus angesehener Linzer Familie stammend, war er ein kultivierter, universal gebildeter Mensch, hochgeachtet als Beamter, charakterfest, der Typ besten altösterreichischen Bürgertums. Ohne selbst durch besondere künstlerische Anlagen ausgezeichnet zu sein, nur ein braver Geigenspieler, war er doch als Liebhaber der Musik zu einem unentwegten Verehrer der schubertschen Kunst geworden und von ihrem hohen Wert immer tief durchdrungen. Durch seine niemals aufdringliche, aber immer freundliche und praktische Anteilnahme an Schuberts Leben hat er wesentliche Hilfe zum Gelingen seines äußeren Lebensweges geleistet. Seine späteren Aufzeichnungen über Schubert sind zuverlässig.

Spaun machte Schubert schon früh mit Mayrhofer bekannt, der Schubert im Alter zehn Jahre voraus war. Leidenschaftlicher Musikliebhaber, trotz Armut Besucher fast jeder Oper, war er sofort von Schuberts Liedern begeistert und von Schuberts Genie so tief überzeugt, daß er Schuberts Vater über den scheinbar irregeleiteten Lebensweg seines Sohnes tröstete und ihm prophezeite, Franz werde mit seinem musikalischen Schaffen durchdringen und die spätere Welt werde ihm seine Anerkennung geben.

Mayrhofer war einen recht verschlungenen Ausbildungsweg gegangen, bis er schließlich als Beamter im Staatsdienst landete, als kaiserlich-königlicher Bücherrevisor im Zensuramt, ohne dessen Prüfung und Genehmigung kein Buch gedruckt werden, kein Theaterstück und keine Oper auf die Bühne kommen konnte. Nach Absolvierung der höheren Schule in seiner Heimatstadt Steyr studierte er erst Theologie, dann drei Jahre klassische Bildung, war zeitweise Novize im Klosterstift Sankt Florian und hatte zuletzt in Wien Jura studiert. Schon dieser Lebensweg läßt die innere Unruhe und Zwiespältigkeit dieses Menschen ahnen.

Streng gegen sich selbst, in äußerster Bedürfnislosigkeit lebend, unbeugsam ernst, wo es um die Vertretung seiner hohen Ideale ging, manchmal starr und verschlossen, dann wieder übermütig fröhlich oder im Zorn explodierend, war er im Grund seines Wesens von Melancholie geprägt. Sein Geist wandte sich den Idealen zu, Freiheit, Reinheit, Größe, Klarheit, Schönheit. In seinen Gedichten erstrebte er Vollkommenheit der sprachlichen Gestalt, den edlen Ausdruck für die Tiefe menschlicher Empfindung und kam darin manchmal Goethe nah. Schubert hat siebenundvierzig seiner Gedichte in Musik gefaßt. Gleichzeitig aber litt dieser Mann unter der Fron des genau nach Vorschrift ausgeübten Zensoramtes und unter der tiefen Widersprüchlichkeit des menschlichen Daseins. Er klammerte sich an die Gewißheit einer heiligen Reinheit hinter dem Schein der Welt.

Auf die Dauer konnten Schubert und Mayrhofer nicht zusammen wohnen. Dazu kam weiterhin, daß Mayrhofer mit Grimm auf Schuberts speziellen Freund Schober sah, dessen lockere Lebensart ihm zutiefst zuwider war und dem Schubert viel zu sehr verfallen war. Trotzdem blieb er Schubert treu und dichtete auf seinen Tod einen ergreifenden Nachruf. Danach versiegte seine dichterische Kraft. Acht Jahre später gewann die melancholische Verzweiflung über ihn Gewalt. Er stieg in den obersten Stock seines Amtsgebäudes, nahm noch eine Prise Tabak und stürzte sich aus dem Fenster auf das Straßenpflaster. Ein Gedicht »An Franz« von 1821 ist es wert, daß wir einige Strophen daraus kennenlernen. Die wesensmäßige Verbundenheit des Dichters mit dem Musiker wird darin ausgesprochen.

An Franz!

Du liebst mich! Tief hab ich's empfunden,
Du treuer Junge, zart und gut;
So stähle sich denn, schön verbunden,
Der edle jugendliche Mut!

Wie immer auch das Leben dränge,
Wir hören die verwandten Klänge.

Doch Wahrheit sei's, womit ich zahle:
Ich bin nicht, Guter, wie du wähnst;
Du sprichst zu einem Ideale,
Wonach du jugendlich dich sehnst,
Und eines Ringers schweres Streben
Hältst du für rasch entquollnes Leben.

Doch laß uns treu, bis sich dem Willen
Die Bildung und die Kraft gesellt,
Als Brüder redlich baun im Stillen
An einer schönen, freien Welt;
Sie ist es nur, der ich gesungen,
Und war sie, sei das Lied verklungen.

Auch noch eine Strophe aus dem zweiten Teil des Nachrufes.

Atme du den heilgen Äther,
Schling die Arme um die Welt;
Und dem Würdigen, dem Großen
bleibe mutig zugesellt.
Laß die Leidenschaften sausen
Im metallenen Akkord;
Wenn die starken Stürme brausen,
Findest du das rechte Wort!

Und die letzten Zeilen:

Dich wie mich beschirmt der hohe
Gute Weltengeist,
Er, der einst mit roter Lohe
Jede Nacht zerreißt.
Laß uns denn entschlossen reisen,
Trotz der schwarzen Todeseisen,
Und mit Lieb und Harfentönen
Unsre ernste Fahrt verschönen.

Ein ganz anderer Mensch war Franz von Schober, die zwielichtigste Gestalt im Kreis der Freunde, dem Schubert in besonderer Weise zugetan war. Schon 1815 wurde er durch Spaun mit ihm bekannt. Spaun, der sich niemals blenden ließ, war aber objektiv genug in seinem Urteil, das anzuerkennen, was Schober für immer zu einem Glied des Freundeskreises werden ließ: »Ein hübscher junger Mann, sehr gebildet, voll von Talenten, ein ausgezeichneter Dichter und in vieler Beziehung interessant.« Den tiefsten Mangel seines Wesens deutete er nur an. Spauns Schwester erwiderte die ihr von Schober entgegengebrachte leidenschaftliche Liebe mit der ersten Zuneigung ihres Herzens. Aber die Mutter, die Schobers wahres Wesen erkannte, forderte ihren Verzicht und ihre Lösung, weil »Schober nicht religiös sei und ein näheres Verhältnis sie unglücklich machen würde«. »Nicht religiös«, das bedeutete: ohne inneren sittlichen Rückhalt. Spauns Schwester folgte der Mutter und löste das Verhältnis zu Schober in freundlicher Weise, aber endgültig. Sie wurde dadurch vor Unglück bewahrt.

Es bleibt aber bestehen, daß Spaun den dennoch gültigen Wert Schobers anerkannte. Nachdem er in seinen persönlichen Aufzeichnungen und Erinnerungen von den »großen Verdiensten des höchst talentierten und für die Kunst glühenden Schober« gesprochen hat, urteilt er weiter: »Der Umgang mit einem für Kunst so begeisterten, so fein gebildeten jungen Mann wie Schober, der selbst ein sehr glücklicher Dichter war, konnte auf Schubert wohl nur höchst anregend und vorteilhaft wirken. Schobers Freunde wurden auch Schuberts Freunde, und ich bin überzeugt, daß das Zusammenleben mit diesem Kreise für Schubert viel vorteilhafter gewesen sei, als wenn er in einem Kreise von Musikern und Fachgenossen, die er übrigens auch nicht vernachlässigte, gelebt hätte.«

Selbst Josef Kenner, der über die dunklen Charakterseiten und den zerstörerischen Einfluß Schobers auf junge Menschen schreibt, kann nicht umhin, den von Schobers Person ausstrahlenden Glanz zuzugeben: »Schuberts Genius zog unter andern Freunden das Herz eines verführerisch liebenswürdigen, mit den edelsten Anlagen ausgestatteten genialen jungen Mannes an sich, dessen außerordentliche Begabung einer sittlichen Grundlage, einer strengen Schule wert gewesen wäre...«

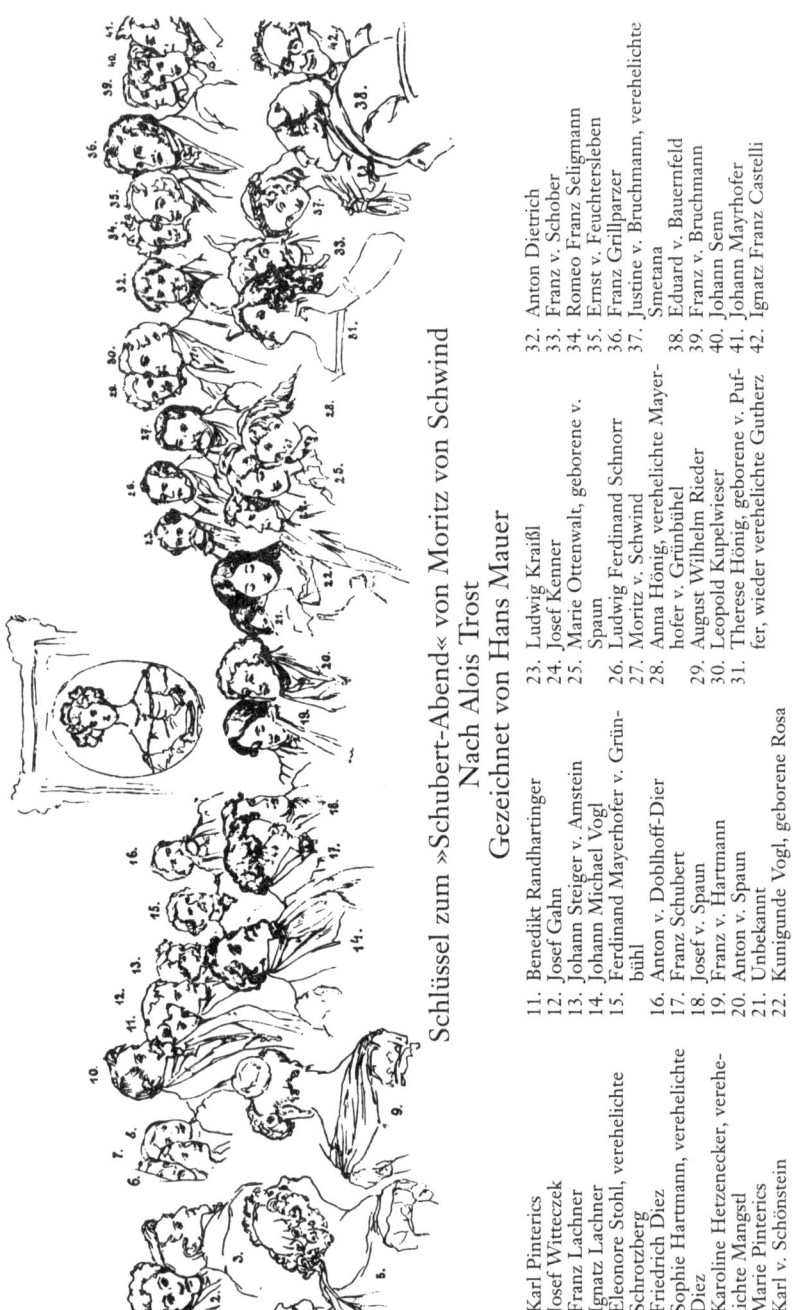

Schlüssel zum »Schubert-Abend« von Moritz von Schwind
Nach Alois Trost
Gezeichnet von Hans Mauer

1. Karl Pinteries
2. Josef Witteczek
3. Franz Lachner
4. Ignatz Lachner
5. Eleonore Stohl, verehelichte Schrotzberg
6. Friedrich Diez
7. Sophie Hartmann, verehelichte Diez
8. Karoline Hetzenecker, verehelichte Mangstl
9. Marie Pinteries
10. Karl v. Schönstein
11. Benedikt Randhartinger
12. Josef Gahn
13. Johann Steiger v. Amstein
14. Johann Michael Vogl
15. Ferdinand Mayerhofer v. Grünbühl
16. Anton v. Doblhoff-Dier
17. Franz Schubert
18. Josef v. Spaun
19. Franz v. Hartmann
20. Anton v. Spaun
21. Unbekannt
22. Kunigunde Vogl, geborene Rosa
23. Ludwig Kraißl
24. Josef Kenner
25. Marie Ottenwalt, geborene v. Spaun
26. Ludwig Ferdinand Schnorr
27. Moritz v. Schwind
28. Anna Hönig, verehelichte Mayerhofer v. Grünbühel
29. August Wilhelm Rieder
30. Leopold Kupelwieser
31. Therese Hönig, geborene v. Puffer, wieder verehelichte Gutherz
32. Anton Dietrich
33. Franz v. Schober
34. Romeo Franz Seligmann
35. Ernst v. Feuchtersleben
36. Franz Grillparzer
37. Justine v. Bruchmann, verehelichte Smetana
38. Eduard v. Bauernfeld
39. Franz v. Bruchmann
40. Johann Senn
41. Johann Mayrhofer
42. Ignatz Franz Castelli

Bildnis an der Wand: Karoline Komtesse Esterházy

Kommunikation des Geistes

Ein Jahr vor Schubert als Sohn eines deutschen Schloßverwalters in Schweden geboren, war er nach dessen Tod mit seiner Mutter und seinen Schwestern in ihre Heimat Wien zurückgekommen. Vom Vater her besaß die Familie noch ein ansehnliches Vermögen, lebte in weltläufiger Eleganz und führte ein großes Haus. Schober wollte Jura studieren, betätigte sich aber als künstlerischer Dilettant auf vielen Gebieten, versuchte sich als Dichter und Schauspieler, später als Maler; dann beruhigte sich seine Lebensführung. Er setzte seine Fähigkeiten besser ein, war zeitweise Reisebegleiter Franz Liszts und in späteren Jahren Weimarischer Legationsrat. Zuletzt überlebte er als gutgestellter, eleganter und interessanter alter Herr fast alle anderen des ehemaligen Schubert-Kreises.

Schubert überwand die ihn zeitweise bestimmende Abhängigkeit von diesem unguten Einfluß. Doch die Last der Krankheit, an der Schobers Verführung wahrscheinlich die Schuld trug, verdüsterte die fünf letzten Jahre seines kurzen Lebens. Innerlich wieder frei geworden, hielt er diesem zwiespältigen Freund bis zum Tod die Treue und verlangte noch auf dem Sterbebett nach ihm.

Wie war dies möglich? Schober bedeutete für Schubert den sprühenden, glühenden, von Verlangen nach Leben umgetriebenen Gegenpol zu der dunklen, bitteren Melancholie Mayrhofers, von der Schubert in seinem eigenen Inneren bedroht war. Beides war in ihm selbst angelegt. Nachdem er aber einmal durch die schwerste Lebenskrise hindurchgegangen war, band ihn seine tiefe menschliche Empfindung, seine Dankbarkeit und seine Ehrlichkeit an diesen Menschen, denn Schober hatte ihm den Weg in die Freiheit aufgetan, hatte ihm ein Obdach angeboten, als er zum ersten Mal auf eigenen Füßen stehen mußte. Schobers Kunstbegeisterung und Einfallsreichtum, Schobers mannigfaltige menschliche Beziehungen hatten ihm so viel geholfen, daß er in ihm immer noch den Menschen sah, der einer treuen Freundschaft wert war.

Dann war da noch der junge Maler Moritz von Schwind. Erst sechzehnjährig, aber geistig und künstlerisch schon sehr gereift, kam er 1820 in den Kreis. Man darf in ihm wohl einen der wichtigsten unter den Schubert-Freunden sehen, den einzigen Schubert wirklich kongenialen Künstler.

Franz von Schober, »... ein hübscher junger Mann, sehr gebildet, voll von Talenten, ein ausgezeichneter Dichter und in vieler Beziehung interessant.«

Der Schriftsteller Bauernfeld, ein früherer Schulkamerad Schwinds und durch ihn einige Jahre später mit Schubert bekannt gemacht und seitdem enger mit ihm befreundet, hat in seinen Erinnerungen ein schönes Bild der herzlichen Freundschaft und tiefen künstlerischen Verstehensgemeinschaft von Schubert und Schwind gezeichnet.

»Das Verhältnis zwischen den beiden war eigen und einzig. Moritz Schwind, eine Künstlernatur durch und durch, war kaum minder für Musik organisiert als für Malerei. Das romantische Element, das in ihm lag, trat ihm nun in den Tonschöpfungen seines älteren Freundes zuerst überzeugend und zwingend entgegen. Das war die Musik, nach der seine Seele verlangte! So neigte er sich auch dem Meister mit seiner ganzen jungen Innigkeit zu. Er war völlig in ihn verliebt; ebenso trug Schubert den jungen Künstler, den er scherzweise seine Geliebte nannte, im Herzen seines Herzens. Er hielt große Stücke auf Schwinds musikalisches Verständnis, und jedes neue Lied oder Klavierstück wurde dem jungen Freund zuerst mitgeteilt, welchem das immer wie eine neue Offenbarung seiner eigenen Seele klang. Wie der komponiert, so möchte ich malen können, rief es in seinem Inneren.«

Bauernfeld meint, daß Schwind tatsächlich aus der Begegnung mit Schuberts Musik starke innere Antriebe für seine künstlerische Arbeit empfangen habe. Er berichtete dann weiter: »Schwind war ein musikalischer Maler, er ist der malende Schubert – sie gehörten zusammen, und man kann des einen nicht gedenken, ohne sich des andern zu erinnern. Zu Schuberts Zeiten war er ein schlanker junger Mensch von Mittelgröße, mit einer angenehmen, wohlgeschnittenen Physiognomie, kleinen, aber bedeutenden, scharf blitzenden Augen, das lange, wallende Haupthaar rötlich-blond. Eigentlich ein hübscher Junge, welchem sich Frauen und Mädchen durchaus nicht abgeneigt erwiesen, und er sich ihnen ebensowenig. Er machte unter Scherz und Possen den Hof. Die hübschen Kinder kamen ihm vertraulich entgegen, behandelten ihn wie einen guten Kameraden. Darum erhielt er auch von den Freunden den Spitznamen Cherubin. Wenn Schwind zeitweise ein Kopfhänger war, so hatte ihn die Natur dafür mit Frische und Humor ausgestattet, daß er über die üblen Stunden bald wieder

Der junge Maler Moritz von Schwind
(Selbstbildnis mit 18 Jahren)
Ihm verdanken wir die schönsten Bilder der herzlichen
Freundschaft zu Schubert. Schuberts Musik öffnete ihm
die Welt der Romantik.

wegkam. Leicht aufregbar, ging er in Freundeskreisen, wenn er kaum von Punsch oder Wein genippt hatte, von der düstersten Grübelei plötzlich in die ausgelassenste Lustigkeit über.«

Schwind wohnte in dem idyllisch gelegenen Haus seiner Großmutter vor den Toren Wiens. Weil nahebei die Gartenwirtschaft »Zum Mondschein« lag, nannten sie es das »Mondhaus«. Von der leichten Hügellage bot sich eine herrliche Aussicht über das Glacis hinweg auf die ummauerte Altstadt, zum Stephansdom. Im Hintergrund erhoben sich die Ausläufer der Alpen. Hinter den ebenerdigen Zimmern lag ein von Akazien, Flieder und Holundergesträuch umwachsener Hofraum, an schönen Sommerabenden oft genug Treffpunkt der Freunde zum Musizieren und Singen. Wollte man in einer warmen Sommernacht nicht mehr nach Hause gehen, dann wurden Matratzen auf den Hof getragen, und man schlief unter Flieder- und Holunderduft und ließ über sich am offenen Himmel den Mond seine stille Straße ziehen.

Schwind konnte nie vergessen, was diese Schubert-Freundschaft ihm bedeutet hatte, wie Schuberts Musik ihn reich gemacht und Schuberts Geist in ihm gezündet hatte. Am Ende seines Lebens sagte er rückschauend, das Wertvollste, was er je gezeichnet habe, seien die Notenlinien gewesen, die er in Ermangelung von Notenpapier einmal für Schubert auf leere Blätter zog, und die nun für immer Schuberts Noten trugen. Eine Reihe hübscher Zeichnungen und Bilder sind bleibende Erinnerungen an die glücklichen Schubert-Jahre.

Die beiden anderen Maler, die zum Freundeskreis gehörten, waren Kupelwieser, der durch seine redliche, gesunde Lebensart, sein aufrechtes, ehrliches Wesen sehr ausgleichend wirkte. Als beliebter Landschaftsmaler im Stil Waldmüllers wurde er später Professor an der Akademie der bildenden Künste. Von dem Maler Wilhelm August Riedel haben wir ein besonders schönes und treffendes Aquarell Schuberts aus dem Jahr 1825. Auch dieser Maler gewann später eine angesehene Stellung als Kustos der kaiserlich-königlichen Gemäldegalerie Wiens.

Als Schubert bei Mayrhofer wohnte, wurde ihm der in der Nähe wohnende Josef Hüttenbrenner, Bruder des ihm gut bekannten Anselm Hüttenbrenner, zu einem guten Helfer in mancherlei praktischen Dingen. Sein wichtigster Dienst war

Der Maler August Wilhelm Riedel schuf ein besonders
schönes treffendes Aquarell Schuberts aus dem Jahr 1825.
Schuberts Freunde bezeichneten das Aquarell als
besonders ähnlich.

das Sammeln der beschriebenen Notenblätter. Über Schuberts Sorglosigkeit berichtet er: »Kamen gute Freunde zu ihm, denen er neue Lieder vortrug, so nahmen sie die Hefte mit sich und versprachen, sie bald wiederzubringen, was aber selten geschah. Oft wußte Schubert nicht, wer dieses oder jenes Lied fortgetragen hatte.« Schubert zeichnete zwar alle seine Werke genau mit dem Entstehungsdatum, aber sie zu ordnen und beisammenzuhalten, das lag ihm nicht. Dafür mußten schon andere sorgen, und er war Josef Hüttenbrenner, mit dem ihn eine tiefe Freundschaft verband, für diese Hilfe sehr dankbar.

Was für ein Mensch war Schubert?

In einem 1857 in Frankreich und zwei Jahre später auch in Deutschland erschienenen Buch über Beethoven äußert sich der Verfasser über Schubert: »Es bleibt mir noch übrig, eines Musikers Erwähnung zu tun, der sich auf allen Feldern musikalischen Schaffens versuchte und der es vielleicht Beethoven oder Weber gleichgetan hätte, wenn ihn nicht seine niedrigen Leidenschaften zugrunde gerichtet hätten und wenn er nicht ganz jung gestorben wäre.« Die im Jahr 1864 in Deutschland herausgekommene erste große Schubert-Biographie von Kreißler beschreibt sein Gesicht als negroid, beinahe häßlich, seine körperliche Gestalt so, daß man sich ihn als Schmerbauch vorstellen muß. Über seine Lebensweise gewinnt man den Eindruck, er sei geldgierig und ein Verschwender gewesen, habe den Wein zu sehr geliebt, sei unmäßig und dem Trunke ergeben gewesen. Von seinen Werken werden unreife Jugendwerke und weiterhin die unbedeutendsten besprochen, die wahrhaft wesentlichen aber kommen zu kurz. Sie sind dem damaligen Schubert-Biographen fremd.

Im Jahr 1855 traf der mit Wagner befreundete Komponist Robert von Hornstein den früheren Beethoven-Sekretär Schindler. Er berichtet: »Empört war Schindler über das Gerede, das damals verbreitet wurde, daß Schubert ein liederlicher, versoffener Musikant gewesen sei; ein Afot, wie die Studenten in Schwaben sagen.«

Wie waren solche Fehlurteile möglich? Wie konnten sie bis in unser Jahrhundert hinein das Urteil über ihn bestimmen?

Schon der Umfang und die künstlerische Höhe des Schubert-Werkes widerlegen das erniedrigende Gerücht, er sei ein

Kommunikation des Geistes 167

Mit dem Pianisten Johann Baptist Jenger (links) und dem
Komponisten Anselm Hüttenbrenner (Mitte) verband
Schubert eine tiefe Freundschaft.

schwammiger Gemütsmensch und vertrottelter Weintrinker
gewesen.

Die Fehlurteile kamen dadurch zustande, daß Menschen, die
ihn nicht genügend kannten, sein Verhalten mißdeuteten und
aus irgendwelchen persönlichen Motiven in ein falsches Licht
rückten. Völlig verständnislos für den Wert seines künstlerischen Schaffens gaben sie aus ihren engstirnigen Vorurteilen
heraus ihr Urteil ab. An diesem Schubert-Schicksal ist deutlich
abzulesen, wieviel eher Schlechtes geglaubt und verbreitet wird
als Gutes, zumal wenn es aus dem Munde angesehener Leute
stammt und als zuverlässige Wahrheit angeboten wird. Dazu

kommt noch, daß sogar unter Schuberts Freunden die wenigsten von dem wahren Umfang seines Werkes wußten.

Die Tatsache, daß zu seinen Lebzeiten und noch lange nachher nur ein Bruchteil des bleibend wertvollen Schubert-Werkes überhaupt bekannt war, trug mit dazu bei, daß in der Öffentlichkeit ein so niederdrückendes Schubert-Bild Verbreitung finden konnte. Wollen wir ihn wahrhaft erkennen, dann dürfen wir uns nur auf die Zeugnisse derer verlassen, die viel mit ihm zusammen waren.

Zu denen, die ihn von Anfang an und aus aufrichtigem Herzen liebten, gehörte Spaun. Seine Richtigstellung des Urteils über Schuberts musikalische Ausbildung ist eindeutig. Gegen die Behauptung, Schubert habe als reines Naturtalent darauflos musiziert, stellt er die klaren Tatsachen: »Sein unerhörter, unerschöpflicher Reichtum an Melodien war eine himmlische Gabe, die man auch durch die größte Gewandtheit und Kenntnis im Generalbasse nicht erlernen kann. Wer aber glauben möchte, Schubert sei nur ein ausgezeichneter Naturalist gewesen, zu welchem Glauben einige Andeutungen in der Biographie (Kreißlers) verleiten könnten, würde sehr irren. Er besaß die gründlichsten musikalischen Kenntnisse und hatte die Werke der großen alten und neuen Meister auf das genaueste studiert. Bach und Händel hat er gründlich durchgenommen und sehr hoch gehalten, alle Gluckschen Opern konnte er fast auswendig spielen, und von Mozart, Beethoven und Haydn war ihm wohl keine Note unbekannt. Mit solchen Kenntnissen ist man kein bloßer Naturalist.«

Josef Kenner, der so haßvoll über Schober schrieb, erschreckt uns wohl, wenn wir bei ihm lesen: »Wer Schubert kannte, weiß, wie er aus zwei einander fremden Naturen zusammengesetzt war, wie gewaltig ohnehin die Genußsucht seine Psyche zu ihrem Schlammpfuhl niederzog und wie hoch er die Aussprüche geachteter Freunde anschlug und wird sohin seine Hingabe an den falschen Propheten, der der Sinnlichkeit das beschönigende Wort so schmeichelnd führte, um so begreiflicher finden.«

Echter klingt das, was Bauernfeld, in den letzten drei Jahren zusammen mit Schwind auf das engste mit Schubert verbunden, über die innere Zwiespältigkeit Schuberts aufgeschrieben hat: »In Schubert schlummerte übrigens eine Doppelnatur. Das österreichische Element, derb und sinnlich, schlug im Leben vor wie in der Kunst. Neue und frische Melodien wie Harmonien und Rhythmen sprudelten in Hülle und Fülle aus einer reichbegabten Brust. Kam in dem kräftigen und lebenslustigen Schubert, so im geselligen Verkehr wie in der Kunst, der österreichische Charakter bisweilen allzu stürmisch zur Erscheinung, so drängte sich zeitweise ein Dämon der Trauer und Melancholie mit schwarzem Flügel in seine Nähe – freilich kein völlig böser Geist, da er in den dunklen Weihestunden oft die schmerzlich-schönsten Lieder hervorrief. Allein der Kampf zwischen ungestümem Lebensgenuß und rastlos geistigem Schaffen ist immer aufreibend, wenn sich in der Seele kein Gleichgewicht herstellt. Bei unserem Freund wirkte zum Glück eine ideelle Liebe vermittelnd, versöhnend, ausgleichend, und man darf Komtesse Karoline als seine sichtbar wohltätige Muse, als die Leonore dieses musikalischen Tasso betrachten.«

Österreichische Lebenslust und Erdnähe fehlten ihm wahrhaftig nicht. Aber ihn darum zu einem Schwelger und Trinker machen? »Nichts ist unwahrer als dieses erbärmliche Geschätz«, empört sich Spaun. »Er war vielmehr sehr mäßig, und auch bei großer Heiterkeit überschritt er nie ein vernünftiges Maß.« Und wenn tatsächlich einmal vorgekommen ist, was Sonnleithner berichtet, daß Schubert, aus was für einem Grund auch immer, zu viel getrunken hatte und über Nacht in einem fremden Haus liegen bleiben mußte, so ändert das nichts an dem klaren Bild, das Spaun von ihm zeichnet. »Ich habe durch viele Jahre täglich mit ihm im Gasthaus soupiert und häufig in geselligen Kreisen, wo nach dem Liedervortrage glänzende Abendmahle folgten, mit ihm zugebracht, ohne daß Schubert auch nur einmal des Guten zuviel getan hätte. Zur Zeit des Sommers, an sehr heißen Tagen, ging er abends gern weit spazieren, aber nicht des Weines wegen. Es soll sich nun einmal, als er mit seinen Brüdern und ihren Freunden in Grinzing an einem sehr heißen Tage, ermüdet von dem weiten Gange, in einem Gasthause einkehrte, ergeben haben, daß er etwas zu viel über den Durst getrunken habe; allein ein solcher Zufall berechtigt nicht, ihn, der in der Regel höchst mäßig war, der

Völlerei zu beschuldigen. Wenn man bedenkt, wie er täglich, vom frühen Morgen bis zum Mittag um zwei Uhr, mit dem glühendsten Eifer und bis zur Erschöpfung komponierte, so wird man es begreiflich finden und wohl für verzeihlich erkennen, daß er nach weiten Spaziergängen, ermattet von der Hitze des Tages, ein Glas Wein oder Bier geliebt habe. Von einer Unmäßigkeit war aber keine Spur an ihm.«

Spaun deutet in seinem schönen Nekrolog auf Schubert darauf hin: »So gerne Schubert auch den geselligen Kreis seiner Freunde und Bekannten besuchte, den er immer durch Heiterkeit und Witz und gesundes Urteil belebte, so ungern erschien er in steifen Zirkeln, in welchen er sich auch durch sein zurückhaltendes, stilles Benehmen das so ganz unverdiente Urteil zuzog, als wäre seine Persönlichkeit, die Musik ausgenommen, ganz unbedeutend. Zeigte sich unglücklicherweise die Aussicht, den Abend, für welchen eine Einladung in steife Zirkel bereits angenommen war, in einem vertrauten Kreise zuzubringen oder lockte gar ein schöner Sommerabend in das Freie, so ließ sich Schubert leicht zu Wortbrüchigkeit verleiten, die ihm oft sehr schwer angerechnet wurde, obwohl sie die einzige Art von Untreue war, die er begehen konnte.«

Ebenso genau charakterisierten ihn die Aufzeichnungen Sonnleithners: »Schüchtern und wortkarg, besonders in eleganten Kreisen, die er nur betrat, um etwa aus Gefälligkeit seine Lieder zu begleiten. Dabei machte er das ernsthafteste Gesicht und zog sich gleich in ein Nebenzimmer zurück, wenn er fertig war. Um Lob und Beifall unbekümmert, wich er den Komplimenten aus und war zufrieden, wenn seine vertrauten Freunde ihm ihre Zufriedenheit bezeugten.«

Gleicherweise kennzeichnend ist, was Hüttenbrenner über ihn schreibt: »Das Toilettemachen war seine Sache ... nicht, daher er sich auch ungern in höhere Zirkel begab, für die er sich mehr herausputzen mußte. So manche Gesellschaft wartete mit Sehnsucht auf sein Erscheinen und würde eine Nachlässigkeit im Anzuge ihm herzlich gern nachgesehen haben. Er aber konnte manchmal durchaus nicht so viel Macht über sich gewinnen, den Alltagsrock mit dem schwarzen Frack zu vertauschen. Das Bücklingemachen war ihm zuwider und das Anhören ihm geltender Schmeicheleien geradezu ekelhaft.«

Schubert hatte einen tiefen Widerwillen dagegen, sich als rundherum betastetes und beredetes Schauobjekt fühlen zu müssen. Er reagierte dann sofort negativ. Das mußte Hoffmann von Fallersleben erfahren, als er bei einem Aufenthalt in Wien unbedingt Schubert sehen wollte. Nach mancherlei vergeblichen Fußwegen und Fahrten mit dem Stellwagen, nach einer von Schubert mit Nichterscheinen beantworteten Einladung in ein gutes Weinlokal stießen er und sein Freund endlich nach vierzehn Tagen zufällig draußen im Weindorf Grinzing in einem Gartenlokal auf den Gesuchten. Der Freund Hoffmanns, der Schubert von Ansehen kannte, brachte ihn zu Fallersleben. Dieser beschreibt nun die Begegnung:

»Freudig überrascht begrüße ich ihn, erwähne flüchtig, wieviel Mühe wir uns gegeben hätten, ihn zu finden, wie sehr ich mich freue, ihn persönlich kennen zu lernen etc. Schubert steht verlegen vor mir, weiß nicht recht, was er antworten soll, und nach wenigen Worten empfiehlt er sich und – läßt sich nicht wieder blicken. Nein, sage ich zu Panofka, das ist doch ein bißchen zu stark! Nun wäre mir wahrlich lieber gewesen, ich hätte ihn nie gesehen.« Übrigens hat Fallersleben bei dieser kurzen Begegnung wohl vermerkt, daß Schubert »wie jeder Wiener feine Wäsche, einen sauberen Rock und einen blanken Hut hatte«.

Schubert trug sich in seiner Kleidung nicht unordentlich, aber das steife Habit der höheren Gesellschaft war ihm unsympathisch. Auch das spricht im Grund für die Lauterkeit seines Charakters, daß er in geistig steriler Spießbürgerei nicht leben konnte und dies als eine Art Selbstschutz, manchmal auf drastische Weise zu erkennen gab. Bauernfeld, der ein feines Empfinden für Schuberts Seele hatte, erzählt darüber: »Er trug eine wahrhafte Scheu vor gewöhnlichen und langweiligen Leuten, vor Spießbürgern, hoch oben oder in der Mitte, die man gewöhnlich die ›Gebildeten‹ nennt, und Goethes Aufschrei ›Lieber will ich schlechter werden als mich ennuyieren!‹ war und blieb sein wie unser Motto. In mittelmäßiger Gesellschaft fühlte er sich einsam, gedrückt und verhielt sich meist schweigsam, geriet wohl auch in üble Laune, so sehr man dem berühmt werdenden Manne entgegenkam. Kein Wunder, wenn er sich dann bei Tisch zuweilen ein herzhaftes Räuschchen antrank und sich nebstbei von der lästigen Umgebung durch einige derbe Ausdrücke zu befreien versuchte, so daß man erschrokken von ihm zurückwich.«

Das waren ungeschickte und unbeholfene Reaktionen eines Menschen, dem das Wort für alltägliche Konversation nicht gegeben war und dem, von seiner inneren Berufung her, die Zeit für solche langweiligen Nichtigkeiten als eine Beraubung seiner Schaffenskraft erscheinen mußte. »Freiheit und Unabhängigkeit nach jeglicher Richtung hin war die Devise seines Tuns und Lassens, der Basso ostinato seines künstlerischen Denkvermögens.« Das erkennt Schindler als die innere Ursache solch anstößiger Verhaltensweisen. Er fährt fort: »Man würde aber diesem Charakterwesen sehr irrig ein Übermaß künstlerischen Selbstgefühls oder gar Überschätzung unterstellen. Eigensüchtiges Interesse, Ruhmsucht, die nicht wenige Künstler zur Tätigkeit anspornen, waren für unseren Schubert unbekannte Begriffe; seine so viel wie nur möglich behauptete Verborgenheit, sein Wandel überhaupt zeugen für die Reinheit seiner Gesinnung zur Genüge.«

Alle Freunde Schuberts geben Zeugnis von seiner schier bodenlosen Bescheidenheit. Bei den in den kommenden Jahren häufig stattfindenden Schubertiaden weigerte er sich oft, seine Lieder zu begleiten, blätterte nur die Noten um oder setzte sich weitab in den Hintergrund. Wurden sehr viele seiner Lieder gesungen, dann konnte es geschehen, daß er dazwischenfuhr: »Nun, jetzt aber genug, jetzt wird's mir schon langweilig.« Wurden über seine Lieder zu viel Lobsprüche gesprochen, dann hob er abwehrend die Hände. Aber das war bei ihm keine Pose, keine Heuchelei eines Menschen, der auf Anerkennung wartete, denn ganz naiv und ehrlich konnte er wiederum, wenn er etwas hörte, was er vor längerer Zeit geschrieben hatte, ganz erstaunt darüber sein, daß das von ihm selbst war, und in echter Freude sagte er verklärt, er habe nicht gedacht, daß er so Schönes geschrieben hätte.

Als die Fürstin Kinsky, erschrocken darüber, daß alle ihre Gäste den adeligen Sänger Schönstein über alles lobten und den Begleiter und Komponisten Schubert völlig übersahen, ihn auch zu loben und die ihm widerfahrene Unhöflichkeit zu entschuldigen suchte, antwortete er ihr in schlichter Ehrlichkeit, sie möge sich gar keine Mühe mit ihm geben, er sei es ganz gewohnt, übersehen zu werden, ja, es sei ihm dieses sogar recht lieb, da er sich dadurch weniger geniert fühle.

Als der Komponist und Musikschriftsteller Hiller mit seinem alten Lehrmeister Hummel in einem vornehmen ungarischen Magnatenhaus von Schuberts Liedern tief ergriffen waren und Hiller am Tage darauf Schubert besuchte, fiel auch diesem dessen tiefe Bescheidenheit auf. »Als ich ihn in seiner bescheidenen Wohnung aufsuchte, empfing er mich freundlich, aber so respektvoll, daß es mich in große Verlegenheit setzte. Auf meine befangene unnütze Frage, ob er viel schreibe (ein Manuskript lag auf seinem Stehpult), antwortete er: Ich komponiere jeden Morgen – wenn ich ein Stück fertig habe, fange ich ein anderes an. Offenbar tat er eigentlich nur Musik – und lebte so nebenbei.« Ja, er tat nur Musik, und seine eigene Person war ihm darüber ganz bedeutungslos. Daher seine abgründige Bescheidenheit, und auch die andere Eigenschaft, die so ungeheuer selten ist.

Spaun spricht tief ergriffen davon: »Eine herrliche Eigenschaft Schuberts war seine Teilnahme und Freude über alle gelungenen Schöpfungen anderer. Er kannte nicht, was man Neid nennt.«

Kathi, eine der drei musikalischen Fröhlich-Schwestern, in deren Haus Schubert öfter musizierte, erzählt: »Nie war er neidisch und mißmutig! Im Gegenteil, was hatte er für eine Freude, wenn etwas Schönes in Musik aufgeführt wurde. Da legte er die Hände ineinander und gegen den Mund und saß ganz verzückt da!«

Es gehört mit zu dieser Charakterisierung Schuberts, daß seine unbedingte Ehrlichkeit bei seinen Freunden bekannt war. Er sagte seine Meinung ohne Nachgedanken über etwaige Folgen. So verdarb er sich die Gunst Webers dadurch, daß er ihm auf die Frage, wie ihm seine neue Oper Euryanthe gefallen habe, treuherzig antwortete, »es habe ihm manches recht gut gefallen, allein der Freischütz sei ihm lieber; es scheine ihm zu wenig Melodie in der neuen Oper zu liegen«. So stellt Spaun das viele Gerede, das über diesen Fall entstanden war, richtig. Aber von da ab war es zwischen Weber und Schubert aus. Schubert konnte sich nicht vorstellen, daß andere Künstler ebensowenig von ihrer Person und nur von ihrer Sache besessen wären wie er.

Diese fast naive innere Freiheit war es auch, die ihn befähigte, zum Vertrauten eines Kindes zu werden. Es gibt hierzu eine ganz entzückende Erinnerung von Eduard Traweger, in dessen sehr musikalischem Elternhaus in Gmunden Schubert auf einer seiner Kunstreisen mit Vogl wohnte. Der kleine Traweger war damals fünf Jahre alt. Er erzählt, wie ihm der Arzt bei einer Krankheit Blutegel verordnete, aber der kleine Junge wollte sie sich nicht ansetzen lassen. Schließlich appellierte der Vater an die Hochachtung des Jungen vor dem auch dabei stehenden Schubert. Traweger gibt seine ihm ganz lebendig gebliebene Erinnerung wieder: »Weinend bat ich ihn, er möge mir die Egel ansetzen, was er nach Anordnung des Arztes auch tat. Als die Blutsauger an meinem Halse hingen, gab er mir einen silbernen Bleistiftschuber als Andenken.«

Was er weiter aus seinen Erinnerungen aufgezeichnet hat, läßt uns Schubert noch liebenswerter werden: »Kaum als ich früh erwachte, sprang ich noch im Hemd zu Schubert. Vogl machte ich keine Morgenvisite mehr, weil er mich ein paarmal, wo ich ihn im Schlafe störte, als einen schlimmen Buben ausgejagt hat. Schubert im Schlafrocke, mit der langen Pfeife, nahm mich auf seine Knie, rauchte mich an, setzte mir seine Augengläser auf, rieb mir den Bart ein, ließ mich in seinem Lokkenkopfe herumwühlen und war so lieb, daß auch wir Kinder ohne ihn nicht sein konnten.« Es folgen dann noch einige weitere schöne Erinnerungen an die Umgänglichkeit Schuberts mit diesem Kinde.

Nicht weniger kennzeichnend für Schuberts im Tiefsten kindlichen Charakter ist, was sein spätgeborener Stiefbruder Andreas aus seiner frühen Erinnerung erzählt: »Meine Mutter (also Franzens Stiefmutter) erhielt von unserm Vater den Erlös der Schreibhefte, die er als Schullehrer verkaufte, als Nadelgeld. Sie barg das Geld in dem Schubladenkasten in ihren Strümpfen, wie dies von seiten der Bürgerfrauen damals vielfach üblich war. Wenn nun Franz sonntags zu uns kam, so sagte er, ihr schmeichelnd: Nun, Frau Mutter, lassen Sie mich ein wenig nachsuchen; vielleicht finden sich ein paar Zwanziger in Ihren Strümpfen vor, die Sie mir schenken könnten, damit ich mir heute einen guten Nachmittag antun kann. Beglückt über die gewährte Erlaubnis und den Fund verließ er uns dann. Das geschah noch 1827, also ein Jahr vor seinem Tod.«

Diesem inneren Charakterbild Schuberts entspricht durchaus seine äußere Erscheinung. Es ist kaum zu fassen, wie darüber so entstellende Beschreibungen in Umlauf kommen konnten, wie sie früher angedeutet wurden. Gewiß, er war klein und wirkte dadurch vielleicht manchmal etwas rundlich. Aber eine zuverlässige Beschreibung nannte ihn kräftig, mit festen Knochen und strammen Muskeln, lebhaft. Das Gesicht nicht eigentlich schön, aber wohlgebildet, ausdrucksvoll, mit lebhaftem Minenspiel: »Wenn er freundlich sprach oder lächelte, so waren seine Gesichtszüge voll Anmut, und wenn er voll Begeisterung, glühend vor Eifer arbeitete, so erschienen seine Züge gehoben und nahezu schön.«

So zeigen ihn auch die Bilder, die zu seinen Lebzeiten entstanden und ihn teils in einer kleineren oder größeren Freundesgruppe zeigen, teils ihn allein porträtieren. Seine Freunde bezeichneten das schöne Aquarell von Rieder aus dem Jahr 1825 als besonders ähnlich, auf dem seine ganze Gestalt erkennbar ist, und auch das Brustbild von Josef Teltscher aus dem Jahre 1826. Das von Franz Eybl stammende, früher Mähler zugeschriebene Porträt in Öl aus dem Jahre 1827, das Schubert ohne Brille darstellt, ist das menschlichste und zugleich hintergründigste aller Schubert-Bilder. Verhalten, aus dunklen Augen sinnend schauend, ein weicher Mund, zum Lächeln bereit, eine hohe Stirn, hinter der die Erregungen des Geistes zurückgehalten werden, spannungsvolle Ruhe – so sieht dieses geheimnisvolle Menschenangesicht aus dem Bild heraus, als stünde hinter ihm eine andere Welt, die darauf drängt, mitgeteilt zu werden. Von diesem Angesicht kann der Beschauer sich nur langsam lösen. »Mitteilend in der Freude und verschlossen im Kummer« nennt Spaun seinen Freund Schubert.

Zum vollständigen Schubert-Bild gehört unbedingt, daß wir ihn als frischen, geselligen Wanderer auf den Straßen der schönen österreichischen Landschaft sehen. Wohin immer er im Lauf der wenigen Jahre auf seinen Reisen kam, begeisterte ihn die Natur und ging er viel spazieren. Auch in Wien hat er nicht als Stubenmensch und Wirtshaushocker gelebt. Der Musiker

Franz Lachner, seit 1822 mit Schubert bekannt und bald befreundet, in ständigem musikalischen Austausch mit ihm verbunden, hält dies in seinen Erinnerungen ausdrücklich fest: »Wir beide, Schubert und ich, teilten uns unsere Arbeiten im Entwurfe mit und machten häufig größere oder kleinere Spaziergänge in die reizende Umgebung Wiens, nach Hintzing, Dornbach, Klosterneuburg, auf den Kahlenberg und Leopoldsberg etc., wobei sich häufig Schwind und Bauernfeld anschlossen.«

Derselbe Lachner erzählt eine Geschichte, die etwas von dem fröhlichen Geist dieser befreundeten jungen Männer und ihrer manchmal wohl auch übermütigen Natürlichkeit spüren läßt, über die wir heute noch genauso lachen könnten, wie die beiden damals hinterher gelacht haben: »Nachmittags gingen Schubert und Lachner, beide begeisterte Naturfreunde, in der Umgebung von Wien spazieren. Einst schloß sich ihnen ein etwas aufdringlicher, von seiner Unübertrefflichkeit als Sänger tief überzeugter und damals in der Tat berühmter Bassist namens Siebert an. Die beiden Tondichter konnten diese ebenso berühmte als unausstehliche Persönlichkeit nicht loswerden und beschlossen, durch einen listigen Angriff auf die Eitelkeit derselben sich zu helfen. Beschlossen, getan. Die beiden Freunde waren gewohnt, allein die Wälder im Weichbilde Wiens zu durchstreifen und Aussichtsstellen auf Hügeln zu erklimmen. Siebert wich nicht von ihrer Seite. Da führten ihn denn die beiden Komponisten auf einen ziemlich hohen Berg, dessen Abhänge bewaldet waren. Auf dem Gipfel angekommen, ersuchten Lachner und Schubert den Bassisten Siebert, ihnen doch einige Lieder und dramatische Arien mit seiner wunderschönen Silberstimme vorzusingen. Siebert war sehr geschmeichelt und willigte sofort ein, doch erbaten sich die beiden Herren, die Lieder und Arien Sieberts im Walde anhören zu dürfen, wo das Verhallen seiner Stimme geradezu magisch wirken müßte. Siebert gab entzückt seine Erlaubnis. Eine halbe Stunde lang sang nun der eitle Bassist auf dem Berggipfel der Natur vor. Die beiden Komponisten entfernten sich rasch durch den Wald und hörten lange, lange seine immer mehr verklingenden Gesangsvorträge, bis sie des Verlassenen Stimme nicht mehr erreichte. Sie waren gerettet.«

Kommunikation des Geistes

Alle seine Freunde liebten Schubert in seiner natürlichen, offenen Menschlichkeit. Sie genossen den anregenden Umgang mit diesem sprühenden, lebendigen, nach allen Seiten offenen Geist, sie bewunderten sein musikalisches Talent, den unermeßlichen Reichtum seiner musikalischen Erfindung und ließen sich aus dem nimmer leeren Füllhorn seiner Gaben überschütten. Aber je höher Schuberts musikalisches Schöpfertum stieg, je tiefer er in das Wesen der sich ihm öffnenden Welt reinster Musik eindrang und je weiter er auf dem ihm allein zugewiesenen Weg fortschritt, desto tiefer wurde, bei aller Freundschaft und Verbundenheit, der Abstand zwischen ihm und ihnen. Die Leiderfahrung wuchs, die Welt wurde für ihn abgründiger, um ihn wuchs die Einsamkeit. Schubert schreibt am 27. März 1824 in sein Tagebuch: »Keiner, der den Schmerz des andern und keiner, der die Freude des andern versteht! Man glaubt immer, zueinander zu gehen, und man geht immer nur nebeneinander. O Qual für den, der dieß erkennt.« Und das, obwohl er täglich von Freunden umgeben war, die ihn trugen, die ihm in Not- und Krankheitszeiten zur Seite standen, die ihn verehrten und die dankbar alles Schöne annahmen, das er ihnen zu bieten hatte.

Er aber schrieb an derselben Stelle weiter in sein geheimes Tagebuch: »Meine Erzeugnisse sind durch den Verstand für Musik und durch meinen Schmerz vorhanden; jene, welche der Schmerz allein erzeugt hat, scheinen am wenigsten die Welt zu erfreuen.« Einen, der eins seiner Lieder zu traurig fand, fragte er: »Kennen Sie eine lustige Musik?« Immer ist auf dem Boden seiner Musik Traurigkeit wenigstens zu vermuten.

Gelassen, ohne Vorwurf, ohne Aufbegehren trug er diese innere Einsamkeit. Als bei einer Schubertiade im Hause Lachners zum erstenmal das später viel gerühmte Quartett »Der Tod und das Mädchen« durchgespielt wurde, »äußerte der erste Violinspieler gegen den Komponisten: ›Brüderl, das ist nichts, das laß' gut sein; bleib' du bei deinen Liedern!‹, worauf Schubert die Musikblätter still zusammenpackte und sie für immer in seinem Pult verschloß – eine Selbstverleugnung und Bescheidenheit, die man bei manchem berühmten Komponisten der Gegenwart vergeblich suchen würde.« So berichtet Lachner später. Aber als Schubert noch auf Erden lebte, täglich unter ihnen weilte, da begriff noch keiner, wer er wirklich war.

Vielleicht beginnt ein Verstehen Schuberts erst damit, daß ernstgenommen wird, was er einmal über sich selbst in wenigen Worten sagte: »Mir kommt manchmal vor, als gehörte ich gar nicht in diese Welt.«

Das Jahr 1819 brachte Schubert ein beglückendes Erlebnis, eine erste sommerliche Reise, die nur der Musik gewidmet war, die ihm eine schöne, bis dahin unbekannte Gegend aufschloß und ihm die Begegnung mit vielen guten, von seinen Liedern begeisterten Menschen schenkte.

Im Anfang des neuen Jahres hatte Schubert ein einaktiges Singspiel geschrieben und eine Oper »Adrast« unvollendet liegen gelassen. In den ausgehenden Wintermonaten und durch den Frühling bis in den frühen Sommer komponierte er eine Reihe Lieder und einige andere Kleinigkeiten. In seinen Liedkompositionen wandte er sich zum erstenmal dem Romantiker Friedrich von Schlegel zu. »Der Schmetterling«, traumhafte Leichtigkeit und ein leiser melancholischer Unterton machen das Lied liebenswert. Das Gedicht »Der Wanderer« sprach Schubert in seinen eigensten inneren Empfindungen an. Durch sparsamste Begleitung und äußerste Konzentration der Melodiesprache wird das Lied zu einer feierlichen, ernst mahnenden Aussage über den einzuhaltenden Lebensweg:

Folge treu dem alten Gleise,
Wähle keine Heimat nicht.
Ew'ge Plage
Bringen sonst die schweren Tage.

Sanfte Ebb' und hohe Flut
Tief im Mut
Wandr' ich so im Dunkel weiter,
Steige mutig, singe heiter.
– –
Froh umgeben, doch alleine.

Die träumerisch schöne, alle Stimmungen der Natur zauberhaft ausspielende Musik und Melodie des Liedes »Abendbilder«, nach einem Gedicht des Gymnasiallehrers Johann Peter Silbert, ist eins der wunderbaren Geschenke Schuberts, durch die er uns seine Naturverbundenheit fühlen läßt, uns aber zugleich in unserm geistigen Menschsein weit über die Natur hinaushebt. Rauschende Bäume, spiegelnde Flut, dunkler Vogelflug, silberne Glockentöne, funkelnde Sterne, schimmernder Mond, stiller Gottesacker – alles wird zum seelisch Erlebten durch das Wunder der schubertschen Musik. In der von Schubert wiederholten und zu triumphierender Höhe gesteigerten letzten Strophe erhebt sich die menschliche Seele zu der alle Schönheit der Natur und alle Dunkelheit der Gräber herrlich überstrahlenden Hoffnung:

Ruht, o Traute! von den Wehen,
Bis zum großen Auferstehen
Aus der Nacht
Gottes Macht
Einst uns ruft, in seiner Höhen
Ew'ge Wonnen einzugehen.

Zu den bedeutendsten Kompositionen dieser Zeit gehören die Vertonungen der Novalis-Hymnen. Ihr Grundthema, Tod und Erlösung, das unaufhebbare Leid dieser Welt, der Todesüberwinder und Bringer einer neuen Welt, Christus, ist ja auch das innerste Lebensthema Schuberts. Ganz schlicht, unüberbietbar einfach in der Liedgestaltung, sind die drei Liedkompositionen »Wenn ich ihn nur habe«, »Wenn alle untreu werden« und »Ich sag' es jedem, daß er lebt«. Weit ausgreifend, beschwörend, von heiliger Ehrfurcht bewegt, erzitternd im Vorgefühl der für ewig erneuerten Welt folgt Schuberts Musik den tiefen und großartigen Worten der ersten Hymne:

Wenige wissen das Geheimnis der Liebe.
Einst ist alles Leib, ein Leib.
O! Daß das Weltmeer schon errötete,
Und in duftiges Fleisch aufquölle der Fels?

Zuletzt, ganz aus Schuberts Herzen strömend:

Hätten die Nüchternen einmal nur gekostet,
Alles verließen sie, und setzten sich zu uns
An den Tisch der Sehnsucht, der nie leer wird.
Sie erkennten der Liebe unendliche Fülle,
Und priesen die Nahrung von Leib und Blut.

Die Sonne war inzwischen zu sommerlicher Höhe aufgestiegen. Nun öffnete sich für Schubert die herrliche, schöne Welt. Vogl, selbst mit Geld gut versehen und Schubert mit einem Vorschuß auf sein Theaterstück versorgend, machte es möglich, daß Schubert mit ihm während der Wiener Theaterferien in gemieteter offener Kutsche durch das oberösterreichische Land in des Sängers Geburtsstadt Steyr fahren konnte. Der Arrangeur der Fahrt war etwas bequem und hielt auf Repräsentation; Schubert hatte den Vorteil davon. Er konnte in Ruhe seine Augen über alle Schönheiten der Landschaft und der romantischen kleinen Orte wandern lassen. Sie fuhren durch alte Stadttore, über holperiges Kopfsteinpflaster, vorbei an Obstgärten, bewaldeten Hügeln und Bergen, sahen manchmal in der Ferne die hohe Alpenkette. Sie kehrten in den berühmten Barockstiften Melk und Sankt Florian ein und wurden dort, als Bringer hoher Kunst, mit Freuden aufgenommen und redlich ausgenutzt. Das waren herrliche Musikabende.

Schließlich trabten ihre Pferde durch das letzte Tor. Sie waren am Ziel der Reise angekommen, eine der schönsten Städte Österreichs nahm sie auf – Steyr, malerisch am Zusammenfluß von Steyr und Enns gelegen. Viel gab es dort zu sehen. Um den gut erhaltenen Marktplatz standen kunstvoll gebaute Bürgerhäuser, die ältesten aus dem 15. Jahrhundert. Dicht an die beiden Ufer drängte sich die altberühmte Eisenstadt. Brunnen plätscherten, Mauern und alte Türme waren Zeugen der Vergangenheit. Über die Steyr führten zwei Brücken. In der Tiefe am Treibwasser arbeiteten schwere Eisenhämmer; reich beladene Flöße kamen die Steyr und die Enns herunter. Beiderseits erhoben sich die niederen Berge, flußabwärts öffnete sich die Landschaft in eine schöne Ebene, gekrönt von den nahen Bergen des Alpenrandes.

Schubert war begeistert. Schon am 13. Juli schrieb er an seinen Bruder Ferdinand: »Die Gegend um Steyr ist über alle Begriffe schön«, und bald darauf an seine Eltern: »Könnte er (Ferdinand) nur einmal diese göttlichen Berge und Seen schauen, er würde das winzige Menschenleben nicht so sehr lieben, als daß er es nicht für ein großes Glück halten sollte, der unbegreiflichen Kraft der Erde zu neuem Leben wieder anvertraut zu werden.«

Schubert wohnte während dieser Sommermonate bei dem Berggerichtsadvokaten Schellmann, dessen fünf Töchter noch im Hause waren. Gleich nebenan lag das architektonisch berühmte »Brummerlhaus«. Im Hause Schellmanns wohnte auch der frühere Wiener Freund Stadler, inzwischen Beamter im Kreisamt Steyr, zusammen mit seiner Mutter; außerdem noch der Kreiskassierer Weilenböck, der auch einige Töchter hatte. Schubert durfte das einzige Klavier des Hauses zu sich in sein Zimmer nehmen. Dadurch wurde es in das vielgebrauchte Musikzimmer verwandelt.

Zu Mittag aß Schubert regelmäßig mit Vogl bei dem wohlhabenden Eisenkaufmann Josef von Koller, bei dem Vogl sein Quartier hatte. Für die achtzehnjährige Tochter Josefine, Pepi gerufen, komponierte Schubert – vermutlich in Steyr – die schöne Klaviersonate in A-Dur, die dort gespielt und als eine kostbare Erinnerung aufbewahrt wurde. Erst nach Schuberts Tod wurde sie veröffentlicht.

Nach vieljährigen Bemühungen hat Schubert in dieser letzten seiner Jugendsonaten ein Werk geschaffen, in dem er sein Ziel erreichte, nach Beethoven die Idee der Klaviersonate auf seine eigene Weise zu verwirklichen. Noch im April dieses Jahres hatte er einen Versuch in dieser Richtung nach kurzem Anlauf, wie schon einige Monate vorher, abgebrochen. Aber inzwischen hatten sich seine kompositorischen Fähigkeiten so weiterentwickelt, daß ihm nun endlich dies in sich geschlossene, musikalisch überzeugende Werk gelang. Die A-Dur-Sonate vom Sommer 1819 ist eines der beliebtesten, anmutigsten und strahlendsten Klavierstücke geworden. Gelöste Heiterkeit und spannungsvolle Kraft sind in ihr auf das glücklichste verbunden. Das melodische Thema des Allegro moderato, die melancholisch-träumerische Besinnlichkeit des Andante und die temperamentvollen Läufe und kräftigen Fundierungen des Allegro befriedigen durch ihre ausgewogene Abstimmung. Das Werk ist ein getreuer Spiegel der glücklichen, entspannten und durch all die neuen Eindrücke belebten Stimmung Schuberts in diesem Sommer.

In dem schon erwähnten Brief an seinen Bruder Ferdinand schrieb Schubert: »Ich befinde mich bis jetzt recht wohl, nur will das Wetter nicht günstig seyn. Es war hier gestern, den 12., ein sehr starkes Gewitter, welches in Steyr einschlug, ein Mädchen tödtete und zwei Männer am Arm lähmte. In dem Hause, wo ich wohne, befinden sich acht Mädchen, beynahe alle hübsch. Du siehst, daß man zu thun hat. Die Tochter des Herrn von K., bei dem ich und Vogl täglich speisen, ist sehr hübsch, spielt brav Klavier und wird verschiedene meiner Lieder singen.«

Es entstanden hier noch verschiedene andere kleine Kompositionen für Klavier und Chor. Das Wichtigste für Schubert aber war, daß er und Vogl sich in den kultivierten Bürgerhäusern dieser Stadt in geselligen Gesprächen, freiem Musizieren und regelrechten Musikabenden ganz auslassen konnten. Stadler, der ja auch Hausbewohner in Schuberts Quartier war und von Wien her musikalisch interessiert, hat die Erinnerung an diese Wochen festgehalten: »Nach einem geselligen Spaziergang oder vollbrachtem Tagewerk saß man bei Kollers zusammen und huldigte der Musik alla camera. Die sehr talentierte Josefine, Schubert, Vogl und ich erfreuten uns da der angenehmsten Stunden im abwechselnden Vortrage schubertscher Lieder und Klavierstücke und auch vieler Piecen und Opern aus der voglschen Glanzperiode. Von eigentümlicher Wirkung war, wie ich mich noch gut erinnere, der Versuch (natürlich nur unter uns), den Erlkönig zu drei zu singen. Schubert sang den Vater, Vogl den Erlkönig, Josefine das Kind; ich spielte. Nach der Musik setzten wir uns zum Souper und blieben noch ein paar Stündchen heiter beisammen.«

Musikalischer Mittelpunkt der Stadt war das Haus des reichen Steyrer Gewerkshernn Sylvester Paumgartner, eines kunstbegeisterten Junggesellen, der alle seine freie Zeit und die besten Räume seines großen Hauses der Pflege der Musik zur Verfügung stellte: im ersten Stock ein Musikzimmer für klei-

Kommunikation des Geistes

nere musikalische Begegnungen, im zweiten Stock einen festlich ausgeschmückten Salon für größere Veranstaltungen. Außerdem stand den vielen Musikliebhabern und Musikern, die dort ein- und ausgingen, ein reich gefüllter Kasten mit Noten klassischer und auch moderner Meister zur Verfügung. In diesen Räumen musizierte Schubert mit Vogl, und man hätte eine Stecknadel fallen hören, so aufmerksam und ergriffen waren die Zuhörer. Paumgartner war allerdings auch dafür bekannt, daß er während der Musik keine störende Unruhe litt. Aber hinterher wurden seine Gäste festlich bewirtet und hatten Zeit für angeregte Gespräche. Manchen Musikfreund lernte Schubert hier kennen.

Einer Bitte Paumgartners verdanken wir eine der liebenswertesten schubertschen Kammermusiken, das Forellenquintett. »Die Forelle« gehörte zu den Lieblingsliedern Paumgartners. Da nun Schubert häufig musizierender Gast in seinem Hause war, bat er ihn, er möge eine Kammermusik mit Variationen über die Melodie des Liedes für ihn schreiben. Die vielleicht schon in Steyr begonnene Komposition wurde im Laufe des Spätherbstes in Wien zu Ende geführt. Ob Paumgartner das Quintett nach Erhalt der Notenblätter überhaupt in seinem Hause hat spielen lassen, ist unbekannt. Schubert selbst hat es niemals gehört. Erst zehn Jahre später kam es ans Licht und entzückte seitdem alle, die es hörten.

Der 10. August war ein besonderer Tag. Man feierte Vogls Geburtstag. Stadler hatte ein längeres, ihn ehrendes Gedicht geschrieben. Schubert komponierte es zu einem entzückenden Terzett für Sopran, Tenor und Bariton mit begleitendem Klavier, das den alternden Sänger mit Erinnerungen an seine Jugend in Steyr und an seine großen Theaterrollen sicher tief bewegte. Der poetische Stil war, wie nun einmal solche Geburtstagsgedichte geraten; aber musikalisch klingt das Stück recht gut, und so ist dem Gefeierten sicher auch die letzte Strophe zu Herzen gegangen:

Gott bewahr' dein teures Leben,
Heiter, spiegelklar und eben,
Wie das Tönen deiner Kehle
Tief heraus aus voller Seele;

Schweigt dann einst des Sängers Wort,
Tönt doch die Seele fort.

Ende September mußte Vogl wieder nach Wien an das Theater. Auf der Rückfahrt kehrten die Reisenden in dem Stift Kremsmünster ein, an dessen berühmte Schule Vogl viele Erinnerungen banden.

In Wien angekommen, wohnte Schubert weiter in der lichtarmen Stube mit Mayrhofer zusammen. Nach dem so aufgelockerten freien Sommer begab er sich wieder ernstlich an die Arbeit. Zwei Ouvertüren für Klavier vierhändig, eine Salve regina und verschiedene Liedkompositionen entstanden. Vor allem aber schrieb er das Forellenquintett fertig und begann im November mit der Arbeit an seiner fünften Messe, die er erst im September 1822 abschloß und die zu seinen bedeutenden Werken zu rechnen ist. Unter den Liedkompositionen des Jahres muß uns die Vertonung des »Prometheus« von Goethe als bedeutsam beschäftigen.

Zeitlich neben dem Forellenquintett steht, musikalisch und geistig mit ihm unvereinbar, der Gesang »Prometheus« vom Oktober 1819. Der junge Goethe hatte in diesem Gedicht in stolzem Übermut die ihn überwältigende Erfahrung aus sich herausgesetzt, daß er sich als freier Schöpfer fühlte, daß er als Dichter Menschen erschaffen konnte, die leben und die von der Bühne her auf andere Menschen ungeheure Wirkungen ausüben. Wodurch gerade zu diesem Zeitpunkt das ihm sicher schon längst bekannte Gedicht Schubert so sehr packte, daß er es bearbeiten und als Gesang gestalten mußte, können wir nicht ahnen. Sicher ist auf jeden Fall, daß es in seinem Liedschaffen fast wie ein Fremdkörper dasteht.

Das Gedicht bietet keinen lyrischen Gehalt. Es ist die dramatische Auseinandersetzung eines Menschen mit den Göttern, Auflehnung gegen die Gottheit, Verhöhnung und Entwürdigung Gottes, Selbsterhebung des vom Gefühl seiner eigenen Schöpferkraft besessenen und verblendeten Menschen zu göttlicher Höhe. Voller Affekt, pathetisch bis zum äußersten, trägt der schubertsche Gesang das stolze Menschenwort auf die Bühne der Welt. Herausfordernd befiehlt er der Gottheit:

Übe, dem Knaben gleich, der Disteln köpft,
An Eichen dich und Bergeshöhn.

Kühn ruft der sich seiner selbst sichere Mensch gegen den Himmel:

Mußt mir meine Erde doch lassen stehn
Und meine Hütte, die du nicht gebaut hast.

Tiefe Ironie klingt aus der Stimme des Sängers, der die Götter bedauert, die doch nur durch die törichte Hoffnung von Kindern und Bettlern existieren:

Ich kenne nichts Ärmeres
Unter der Sonn', als euch, Götter!

Sich rückerinnernd trauert er über die schmerzliche Erfahrung seiner eigenen irregeleiteten Kinderzeit, in der er noch Erbarmen und Hilfe vom Himmel her erwartete. Gesang und Begleitung lassen diese tiefste Enttäuschung bedrückend nachfühlen:

Wer half mir?

In trotziger Herausforderung erhebt sich der Sänger gegen die schlafende Gottheit. Jubelnd wird sich der Mensch seiner selbst gewiß:

Hast du nicht alles selbst vollendet,
Heilig glühend Herz?

Entsetzt sich von dem einst so schönen, aber längst enttäuschten Kinderglauben abwendend, ächzt der Gesang:

Ich dich ehren? Wofür?

Mit fast gewalttätig klingendem Pathos stellt sich der unter den Hammerschlägen des Schicksals und unter der Erzieherin Zeit zum Manne gewordene Mensch neben die auch dem Schicksal unterworfenen Götter:

Hat nicht mich zum Manne geschmiedet
Die allmächtige Zeit
Und das ewige Schicksal,
Meine Herren und deine?

Großartige Weite herrlichen Lebensgefühls erfüllt den Gesang, da der Mensch sich rühmt, er werde sich niemals darum vom Dasein enttäuschen lassen,

Weil nicht alle Blütenträume reiften.

Gewaltsam, trotzig pochend steigert sich der Gesang zu der kühnen Behauptung:

Hier sitz' ich, forme Menschen nach meinem Bilde.
Ein Geschlecht, das mir gleich sei,
Zu leiden, zu weinen, zu genießen und zu freuen sich.

Und dann, in Wiederholung, gegen den Himmel anstürmend:

Und dein nicht zu achten, wie ich!

Die beiden letzten Worte, nach einer sie deutlich absetzenden Pause sehr betont, sehr leise gesungen, werden zu einer allerpersönlichsten Aussage: Wie ich!
Über die Höhe der künstlerisch-musikalischen Bewältigung dieses gewaltigen Gedichtes gehen die Urteile auseinander. Schubert stand hier vor einer anderen Aufgabe als in seinen Liedern. Nur noch zwei- oder dreimal hat er ähnliches unternommen, nicht, was den geistigen Inhalt des Gedichts betrifft, aber die gesangliche Gestaltung, die Art und Weise der Aussage. Daß ihm hier etwas Mitreißendes, kraftvoll dramatisch Gestaltetes gelungen ist, daß er dem Sinn der dichterischen Worte Schritt für Schritt in der Komposition lebendigen Ausdruck verliehen hat, wird beim Hören des Gesangs überzeugend deutlich.
Das bedeutet aber, daß wir Schuberts eigene Stimme hören, die Stimme seines eigenen Inneren. Wir stehen vor dem Geheimnis und der tiefen Unentwirrbarkeit des Menschseins.

Kommunikation des Geistes

Was in jedem Menschen unerkannt und unausgesprochen ruht, das spricht der Künstler, kraft seiner tieferen Empfindung, seiner klareren Bewußtheit und seiner fast unbegrenzten Aussagefähigkeit vor sich selbst und vor seiner Mitwelt aus. Er gibt zu erkennen, daß im Menschen alle Möglichkeiten beieinander liegen, daß der Mensch zu allem fähig ist, zur glücklichen Bejahung aller Schöpfergaben wie zur empörerischen Absage an die Gottheit und zur Verhöhnung seines Schöpfers, und auch dies noch auf eine Art und Weise, die den Adel seines Geistes kundtut und durch den Glanz großartiger Schönheit ausgezeichnet ist. Es mag manche seiner Freunde tief betroffen haben, wenn er neben Schuberts reinen, schönen Liedern unvermittelt von diesem Gesang überfallen wurde. Abgründe in der Seele eines Menschen taten sich auf, die nur selten sichtbar wurden, vor denen man die Augen verschloß und über die Schubert durch die Gnade einer höheren Welt hinweggetragen wurde.

Wer könnte sich darüber wundern, daß es in Schuberts Leben auch leere Zeiten gab? Wer zwischen Himmel und Abgrund wandert, muß auch durch Unsicherheiten, Lähmungen und Verirrungen hindurch. Wir kommen zu den Jahren, in denen Schubert, was den Werksumfang angeht, am wenigsten geschaffen hat, den Jahren 1820 und 1821.

Schubert gab seine Kraft für Ziele aus, die er nie erreichte: die große Oper. Aber ein unvergängliches Lied leuchtet aus dem ersten dieser beiden Jahre hervor, lebendig bis in unsere Tage: Rückerts »Frühlingsglaube«. Auch zwei religiöse Werke behalten ihren hohen Wert: Aus dem Februar das Oratorium »Lazarus« und aus dem Ende des Jahres die Komposition des 23. Psalmes. Außerdem zeigt ein Torso gebliebenes Werk, ein Streichquartettsatz, Schubert auf dem mühsamen Weg zu seinen größten Werken.

Das Jahr 1820 brachte Schubert die ersten zwei Theateraufführungen, die einzigen, die einigen Erfolg hatten. Drei Jahre später gelang es ihm, noch mit der Oper »Rosamunde« auf die Wiener Bühne zu kommen.

Am 14. Juli wurde im Kärntnertor-Theater die schon 1819 geschriebene einaktige Posse »Die Zwillingsbrüder« aufgeführt und erhielt sechs Wiederholungen. Schubert nahm selbst, als heimlicher Zuschauer hoch oben auf der letzten Galerie sitzend, an der Uraufführung teil. Anselm Hüttenbrenner berichtet davon: »Er war ganz glücklich, daß die Introduktion dieser Operette mit gewaltigem Applaus aufgenommen ward. Alle Nummern, in denen Vogl beschäftigt war, wurden lebhaft beklatscht. Am Schluß wurde Schubert stürmisch gerufen, er wollte jedoch nicht auf die Bühne hinabgehen, da er einen alten Kaputrock anhatte. Ich zog eiligst meinen schwarzen Frack aus und persuadierte ihn, denselben anzuziehen und sich dem Publikum zu präsentieren, was ihm sehr nützlich gewesen wäre; er aber war zu unentschlossen und scheu. Da das Hervorrufen kein Ende nehmen wollte, trat endlich der Regisseur (Vogl) hervor und meldete, Schubert sei im Opernhause nicht anwesend, was dieser selbst lächelnd anhörte.«

So war Schubert nun einmal beschaffen, er konnte nicht für sich selbst eintreten.

Am 19. August wurde im großen Theater an der Wien »Die Zauberharfe« aufgeführt. Der Untertitel »Zauberspiel mit Musik in drei Aufzügen« kennzeichnet das Machwerk, ein Wulst von Ritterromantik, pompös aufgemacht durch allerhand technische Raffinessen und Beleuchtungseffekte. An solcherlei hatte das Wiener Publikum damals seine Freude, und das Stück wurde zwölfmal aufgeführt. Aber um sein Honorar wurde Schubert betrogen, denn das Theater machte Konkurs, und musikalische Ehren hatte Schubert mit diesem Stück auch nicht gewinnen können, denn er kam nur mit einigen Einlagen zum Zuge. Von einem musikalischen Werk konnte also nicht gesprochen werden, und Schubert erhielt auch nur wenig anerkennendes Lob für einzelne gelungene Stücke.

Was Schubert an Zeit, Kraft, Fleiß und Mühe für seine Opernarbeit aufwendete, wahrscheinlich sogar aufgeopfert hat, ist kaum abzuschätzen. Schon 1815 begann der Achtzehnjährige mit seinen ersten Opernstücken. Er fuhr dann fort, fast Jahr für Jahr mit nur wenigen Unterbrechungen, Singspiele, Melodramen und Opern, einaktig bis dreiaktig, zu komponieren, nicht eingerechnet die nur eben angefangenen oder Fragment gebliebenen Stücke, bis zum Jahr 1823. Dann begann er 1827 wieder mit der Arbeit an einer dreiaktigen Oper auf einen Text von Bauernfeld, legte sie beiseite, ging wieder verschiedentlich daran und sprach noch auf seinem Sterbelager mit dem ihm sehr befreundeten Textautor über die erhoffte Vollendung des Werkes.

Nicht Ruhmsucht, nicht der Ehrgeiz, es den andern gleichzutun, vor allem nicht der Neid auf ihr größeres Können waren die Antriebskraft für Schuberts Ringen um die Oper. So etwas kannte Schubert nicht.

Die musikalische Situation der Zeit zwang fast jeden wirklich genialen Musiker, sich dieser Aufgabe zu stellen. In der Oper konnte und mußte er sich vor der Welt darstellen. Vor allem die Bühne war es, von der herab er den Weg zum Herzen der Menschen finden mußte, sie mit Begeisterung für seine Kunst erfüllen konnte. Schubert wußte, daß er der Welt etwas zu geben hatte, das nur er mitzuteilen hatte. Deshalb konnte er nicht an der Oper vorübergehen. Darum war auch sein Zorn über die musikalisch miserable Unterhaltungsware so groß, die man in den Theatern Wiens dem Publikum zu bieten wagte, und über das Publikum, das sich daran so überaus ergötzen konnte.

Aber weshalb setzte Schubert nicht etwas Besseres, etwas Neues an die Stelle? Das hat zwei Gründe. Der eine lag in Schubert selbst. Er hatte seinem Wesen nach keinen Zugang zur Dramatik. Wohl war seine Welterfahrung voll tiefer Zwiespältigkeiten. Die dunklen Daseinstiefen, die unheimlichen Spannungen des Menschenlebens, die hohen Ziele des Menschseins und die herrlichen Höhen des Lebens, alles lebte in ihm, mit allem war er freudvoll vertraut. Aber er trug diese Spannungen nicht als einen Kampf aus, durch Konflikte hindurch. Sein Leben verlief nicht als ein Drama. In seinem Leben war dies alles gleichzeitig, nebeneinander, verschlungen miteinander. Aber immer blieb derselbe klare Oberton in seinem Leben beherrschend, die Liebe zu allem Guten, die Sehnsucht nach einer guten, schönen, klaren, nach einer besseren zukünftigen, ewigen Welt.

Der andere Grund für das Nichtgelingen lag in den Texten, die ihm zur Verfügung standen. Brauchbare Operntexte waren äußerst selten. Schubert bekam niemals einen guten in die Hände. Gutmeinende Freunde drängten sich ihm mit ihren eigenen Erzeugnissen auf oder vermittelten ihm die romantischen Ergüsse mittelmäßiger Poetinnen und Poeten. In Ermangelung eines besseren Textes machte sich Schubert jedesmal an die Arbeit. Man merkt es den Ergebnissen an, daß er wohl Fleiß und Können daran wandte, daß ihm aber, im Unterschied zu seinen Liedern, die Inspiration durch das dichterische Wort und den Wirklichkeitsgehalt eines künstlerischen Werkes fehlte. Das ist ihm in all den Jahren nie zuteil geworden.

Im übrigen: Ganz bedeutungslos für die Entwicklung der Musik war diese nie von Erfolg gekrönte Arbeit Schuberts an der Oper nicht. Darüber schreibt Franz Liszt, der große Verehrer Schuberts und Vermittler seiner Kunst an die Nachwelt: »Schuberts Bestimmung war, indirekt der dramatischen Musik einen immensen Dienst zu erweisen. Dadurch, daß er in noch höher potenzierter Weise, als Gluck es getan, die harmonische Deklamation anwandte und ausprägte, sie zu einer bisher im Lied nicht für möglich gehaltenen Energie und Kraft gesteigert und Meisterwerke der Poesie mit ihrem Ausdruck verherrlicht hat, übte er auf den Opernstil einen vielleicht größeren Einfluß aus, als man es sich bis jetzt klargemacht hat. Er naturalisierte gleichsam den poetischen Gedanken im Gebiet der Musik und verschwisterte ihn mit derselben wie Seele und Körper.« Daß Liszt selbst von der Schönheit und Kraft mancher schubertschen Opernmusik überzeugt war, bewies er 1854 dadurch, daß er die Oper »Alfonso und Estrella« in Weimar aufführte, allerdings ziemlich zurechtgestutzt. Der Musikwissenschaftler und Schubert-Biograph Brown, der auf die außerordentliche Schönheit mancher Akte oder Stücke in Schuberts Opern rühmend hinweist, erklärt, daß es Wagner vorbehalten blieb, manches von dem zu erfüllen, was Schubert in seinen Opernmusiken nur eingeleitet hat.

Man darf in diesem Jahr nicht an dem Fragment vorübergehen, das Schubert auf dem Weg zur kammermusikalischen Meisterschaft zeigt: Im Dezember schrieb er den c-Moll-Quartettsatz Allegro assai. Hier gelingt ihm der Durchbruch zum völlig eigengeprägten, unverwechselbaren und zugleich großartigen Kammermusikstil. In freskohafter Technik werden Klangflächen neben- und übereinander entfaltet oder hart gegeneinandergestellt. Wie ein bedrohlich zitternder Seismograph beginnt der Satz mit den schwirrenden Saiten der tiefen Streichinstrumente. Daraus erhebt sich die herrlich singende, zu der höchsten Höhe aufsteigende erste Violine, verstummt aber plötzlich unter dem erdbebenartigen Einbruch der gewaltsamen dunklen Streicher. Dies Sichablösen von Zittern, vogelselig ansteigendem Singen, harten Erdbebenschlägen, schmerzlichen Klagetönen erfüllt den ganzen Satz, bis zu dem leisen Verklingen des in höchste Höhen steigenden Singens und den letzten harten Strichen des dunklen Untergrundes. Der Versuch, diese Musik in einer seismographischen Zeichnung festzuhalten, ergibt ein ganz charakteristisches Bild. Durch das kurze Werk klingt sehr vernehmlich eine unheimliche und unabwendbare Bedrohung. Der verdüsterte, zuweilen trostlose Ton der schubertschen Spätwerke wird hörbar.

Schubert schrieb noch den Anfang des zweiten Satzes, etwa vierzig Takte eines Andante. Dann ließ er das begonnene Werk liegen, genau wie im übernächsten Jahr die »Unvollendete« Sinfonie No 8. Anscheinend kam er über diesen ersten Anlauf nicht hinaus.

Die Sonne hatte ihre Bahn gesenkt, die Tage waren kurz geworden, es ging auf den Winter zu. Das Tageslicht in Schuberts Arbeitszimmer wurde immer weniger. In Himmelpforten bereitete Mutter Grob die Hochzeit Thereses, Schuberts Jugendliebe, mit dem Bäckermeister vor. In dieser Zeit begegnete Schubert, ein einziges Mal, dem Dichter Ludwig Uhland. Das Gedicht »Frühlingsglaube« fiel ihm zu und, einmal gelesen, drang es tiefer und tiefer in sein empfindsames Gemüt. Nun entstand ein Lied, das mit der Seligkeit seiner hoffnungsfroh schwebenden Melodie, mit seiner beglückenden reinen Freude, dem Wohllaut seines Klanges jedes Herz anrührt, solange es auf dieser Erde gesungen werden wird. Aus allen Bedrückungen kann sich Schuberts Seele immer wieder in hoffender Liebe zum staunenden, tief verwunderten Lied auf das Wunder in allem Geschaffenen erheben, weil dies Geschaffene die nicht zu vernichtende Verheißung des Neuwerdens in sich trägt und darum immer liebenswert und begeisterungswürdig bleibt. Daher konnte Schubert uns solch heilsame, wohltuende Lieder schenken wie kein anderer unter den Großen der Musik, Lieder, die ihr Leben aus dem Wunder einer tiefen Liebe zum Geheimnis der Schöpfung: allen Dingen empfangen.

Frühlingsglaube

Die linden Lüfte sind erwacht,
Sie säuseln und weben Tag und Nacht,
Sie schaffen an allen Enden.
O frischer Duft, o neuer Klang!
Nun, armes Herze, sei nicht bang!
Nun muß sich alles, alles wenden.
Die Welt wird schöner mit jedem Tag,
Man weiß nicht, was noch werden mag,
Das Blühen will nicht enden.
Es blüht das fernste, tiefste Tal:
Nun, armes Herz, vergiß der Qual!
Nun muß sich alles, alles wenden.

Der Musikschriftsteller Gal schreibt zu diesem Lied. »Die Welt ist seitdem nicht stillgestanden. Das tönende Erz und die klingende Schelle haben erstaunliche Fortschritte gemacht. Aber wo ist die Liebe geblieben?«

Die Seite in Schubert-Biographien, auf der über seine religiösen Erfahrungen und seine Frömmigkeit Wesentliches zu finden sein sollte, wird meist leer gelassen oder nur mit einigen unzureichenden Bemerkungen versehen und schnell umgeschlagen. Ganz gewiß zu Unrecht. Das Jahr 1820 legt uns zwei Werke vor, die nicht übersehen werden dürfen. Wir beginnen mit dem kürzeren. Am Jahresschluß vertonte Schubert den 23. Psalm: Der Herr ist mein Hirte.

Schubert schrieb die Motette als vierstimmigen Frauenchor mit Klavierbegleitung für die vier musikalischen Fröhlich-Schwestern, die er auch noch durch einige andere schöne Stücke erfreute. Zarte, sehr zurückhaltende Klaviermusik umgibt den innigen Gesang mit einem leuchtenden, überirdisch klingenden Perlenregen. Die Frauenstimmen singen die zuversichtlichen Worte des Psalmes in wunderbar stiller Harmonik und erheben sich, durch das dunkle Todestal wandernd, in gläubiger Gewißheit empor zum Himmel. Das Ende des Psalmes geleitet in die überirdische Stille ewiger Geborgenheit.

Diese kleine Partitur besitzt jene undefinierbare Eigenschaft »Größe«, schreibt der Schubert-Biograph Brown zu dem

Psalm. Im Herbst 1828, als sich schon der Todesschatten auf Schuberts Lebensweg senkte, wurde dies Lieblingswerk zum letzten Mal zu seinen Lebzeiten in einer Wiener Aufführung gesungen.

Ein Werk von größtem kompositorischen Glanz, alle anderen dieses und des nächsten Jahres weit überstrahlend, entstand im Februar 1820. Wenige Monate vorher hatte Schubert die Arbeit an der As-Dur-Messe begonnen, in der er neue musikalische Wege beschritt, die er aber erst im September 1822 fertigstellte. Als er Ende Februar die beschriebenen Blätter seines Oratoriums tief unter anderen Sachen in seinem Pult verbarg, legte er einen genialen Wurf voll musikalischer Überraschungen beiseite. Hört man heute diese Komposition zum erstenmal, diese Arien und Rezitative und Chöre und die instrumentale Ausführung, dann wird man von Staunen und Verwundern überfallen, weil derartige Klänge in dieser Zeit noch gar nicht möglich scheinen, auch bei Schubert so noch nicht zu hören waren. Man wird gepackt von der außerordentlichen Schönheit und der Ausdruckskraft dieses einzigartigen Werkes.

Es handelt sich um das Oratorium »Lazarus«. Die Umstände der Entstehung sind unbekannt. Wie Schubert an den Text kam, wissen wir nicht. Nur der Vermerk auf der Handschrift gibt Auskunft über die Zeit der Niederschrift: Februar 1820.

»Lazarus oder Die Feier der Auferstehung« ist ein dichterisches Jugendwerk des Hallenser Konsistorialrates August Hermann Niemeyer, 1778 im Druck erschienen. »Dichterisch« kann man dies Druckwerk kaum nennen. Die Worte sind teils nüchtern realistisch, teils barock pathetisch oder gefühlvoll. Nur der gedankliche Entwurf und die Charakterisierung der unterschiedlichen Personen und ihrer sich wandelnden Empfindungen sind interessant.

In drei Handlungen spielt sich das Oratorium ab: Tod, Begräbnis, Auferstehung. Die erste Handlung: Der sterbende Lazarus tröstet seine Schwestern. Martha schreit ihren Schmerz hinaus, weil sie den Bruder für immer verliert. Maria dämpft ihren Schmerz, der ja auch ihr eigener sei, und bittet Gott um Heil für die Seele ihres Bruders. Lazarus bekennt, wie wunderbar er die innere Befreiung von den Todesgedanken empfindet und wie hell es nun um ihn wird. Nathanael, der Jesusjünger, tritt als Bote des Meisters an das Sterbelager, ist ergriffen von den Leiden des Todkranken, spricht aber freudig von dem erhofften Sieg über den Tod. Die unruhige Martha, die im Glauben stille Maria und der auf die Liebe des Heilands vertrauende Lazarus bleiben im Gespräch miteinander. Maria, die schweren Qualen der langsamen körperlichen Vernichtung beklagend, preist Gott, den einzigen Halt in dem grausamen Vorgang des Todes. Da betritt Jemina die Krankenstube, die dem Hause befreundete, einst durch Jesus auferweckte Tochter des Jairus. Lazarus, gottergriffen dankend für alle Stunden erfahrener menschlicher Freundschaft, bittet sie, seinen Schwestern und ihm das Lied von Tod und Auferstehung zu singen. Sie singt das herrliche Lied von ihrem Sterben als unschuldiges Kind, von dem Aufstieg zum Himmel und der machtvollen Stimme des Mittlers, der sie in das Leben zurückrief.

Das Antlitz des Lazarus' erbleicht. Das furchtbare Dunkel des Todes bedrängt seine Seele, angstvoll ruft er aus tiefster Nacht: »Gnadenvoller, verwirf mich nicht!« Eine tief ergreifende Stelle. Die um den Verblichenen stehenden Schwestern und Freunde erbitten für ihn und für sich selbst den göttlichen Beistand in der letzten Stunde. Ein Chor von Freunden nimmt diesen Bittruf inständig flehend auf.

Die Ouvertüre vor der ersten Handlung nimmt durch ihre herrliche Ruhe und Weite gefangen. Die zweite Handlung, Begräbnis, wird mit einer langen, fast entsetzlichen, schauervollen, die Furchtbarkeit der Todesmacht glaubhaft machenden Ouvertüre eröffnet. Ein Sadduzäer, der unversehens auf das Gräberfeld geriet, ein Zweifler, der nicht mehr beten kann, klagt seine traurige Verzweiflung unter dem Alpdruck der Todesgedanken. Der Chor der Freunde empfängt den Toten mit einem Lied friedvoller Klage und triumphierender Auferstehungshoffnung: »Wir haben ihm die Stätte zum Auferstehn bereitet. So nimm ihn, Grab, in deinen Schatten auf. So keime hier, du Zeder Gottes, auf. Du nimmst ihn auf, er keimt hervor und wächst zur Zeder Gottes empor.« Mitten in der darauf folgenden Klagearie Marthas bricht die Handschrift ab.

Dies Oratorium mochte den mit seinen Opernversuchen so unglücklichen Schubert wohl zur Komposition reizen, weil es nicht um eine dramatische Bühnenhandlung ging. Er konnte sich ganz und gar auf die Seelenstimmung der auftretenden Personen konzentrieren und seine ihm eigene Ausdrucksweise ungehemmt entfalten.

Es gehört zu seinen bewunderswerten und überraschendsten Leistungen, wie er die Rezitative, Arien und Chöre gestaltet und mit einer geradezu berückenden Instrumentation umkleidet. Das Orchester ist in seiner Fülle und Freiheit für Schuberts Zeit einzigartig. Neuartige Einsätze der Holz- und Blechbläser bringen herrliche, überraschende Klangfarben. In dem allen sind musikalische Möglichkeiten kommender Zeiten in höchster Vollendung vorausgenommen.

Man muß sich den einsamen, dreiundzwanzigjährigen jungen Menschen vorstellen: Morgen für Morgen stundenlang an seinem Arbeitspult, meditierend, was er las, sich in das Innerste der Personen einfühlend, die Worte sprechend, ihr Gewicht empfindend, von ihnen aufgewühlt, mitgerissen, vorwärtsgetrieben, tief ergriffen, unendliche Herrlichkeiten ahnend, offene Weiten spürend... Dann strömten die Melodien, die Klänge auf ihn ein, er hörte Stimmen zu den Worten, die Orchesterinstrumente, die stillen Farben und die großen Klänge, und er schrieb und schrieb und schrieb, das Thema seines Lebens, Tod und Auferstehung.

Es ist gar nicht zu verwundern, daß er dieses Werk ganz in der Stille, im geheimen schrieb. Er hat anscheinend zu niemandem davon gesprochen. Es ist zu seinen Lebzeiten nie erwähnt worden. Auch seine engsten Freunde scheinen nichts davon gewußt zu haben.

Erst 1830 bot sein Bruder Ferdinand die Handschrift des ersten Teils, die er in Schuberts nachgelassenen Sachen fand, dem Verleger Diabelli an. Erst 1859 fand sich das Fragment des zweiten Teiles, auch Schuberts Handschrift, bei den gesammelten Musikalien des Beethovenforschers Tayer. Niemand weiß, wie es dorthin kam.

Umgab Schubert dieses Werk deshalb mit Geheimnis, weil er sich hier zum erstenmal in dem Ringen mit dem Problem seines Lebens ganz neu und ganz offen auf seine Weise, eben musikalisch, ausgesprochen hat? Hat er vielleicht deshalb so abrupt mittendrin aufgehört, weil es ihn nicht künstlerisch, aber geistig seelisch überforderte? Oder noch tiefer, weil er an die Grenze der menschlichen Aussagemöglichkeit stieß, an das Tabu der Heiligkeit, der Transzendenz? Weil Auferstehung musikalisch nicht aussagbar ist? Anders als beim Wort, das im Bild oder in der Abstraktion bleibt, auch wenn es höchst dichterisches Wort sein sollte. Klopstock konnte hymnisch von der Auferstehung reden: Es blieben Worte. Machte Schubert plötzlich davor halt, Auferstehung musikalisch zu verwirklichen, weil in der Musik Geist, Seele und Leib voll beteiligt sind? Erschrak Schubert vor dem letzten Schritt, vor der Unmöglichkeit oder Überheblichkeit, die Wirklichkeit der Auferstehung in musikalischer Verkörperung vorwegzunehmen? Es genügte ihm, daß durch die schon beschriebenen Blätter der Hauch der Auferstehung wehte und über den kalten Wind des Todes siegte.

Gegen Ende des Jahres 1820 zog Schubert bei Mayrhofer aus. Die Schwierigkeiten des Zusammenlebens, begründet in dem hypochondrischen Charakter Mayrhofers, waren nicht mehr länger tragbar. Schubert fand in der gleichen Straße, einige Häuser weiter, ein Untermieterzimmer. Zum erstenmal in seinem Leben wohnte er ganz allein für sich. Schwind hat einen Ausschnitt des Zimmers in einer Federzeichnung festgehalten. Zu sehen ist ein kleiner Flügel, hinter dem Klavierstuhl an der Wand ein größeres Bild, ein Cruzifixus, an der anderen Wand ein nicht erkennbares Bild, anscheinend eine bewegte Gruppe. Auf dem Flügel und in Kisten darunter liegen Bücher und Blätter. Von Gemütlichkeit ist in dem Raum nichts wahrzunehmen. Etwa ein Jahr wohnte Schubert dort, dann zog er wieder zu seinem Freund Schober.

Schubert hatte schon ein für seine jungen Jahre bemerkenswertes und umfangreiches Werk geschaffen und sich damit als einer ausgewiesen, der den Großen vor und neben ihm auf dem Weg zur Größe folgen würde. Aber wer sprach von ihm? Er selbst hatte kaum etwas dafür getan, in der Öffentlichkeit bekannt zu werden. Am Ostersonntag 1820 dirigierte er in der Wiener Kirche von Alt-Lerchenfeld, an der sein Bruder Ferdinand Regens-Chori war, die »Nelson-Messe« von Haydn. Aber das war nur ein Gottesdienst. Im Laufe des Sommers kamen die beiden Stücke »Die Zwillingsbrüder« und »Die Zauberharfe« auf die Bühne. Aber sie waren kein Erfolg.

Kommunikation des Geistes

Seine Freunde und deren weiterer Bekanntenkreis, durch private Musikveranstaltungen längst mit Schuberts Schaffen vertraut, auch von ihrem Wert überzeugt, kamen ihm zu Hilfe. Sie versuchten bei den großen Musikverlegern in Wien, Diabelli und Haslinger, Schubert-Lieder und kleinere Musikstücke erscheinen zu lassen, zuerst sogar, weil beide abwinkten, versuchsweise ohne Honorar. Doch die Verleger fürchteten ein Verlustgeschäft und lehnten ab. Sie erklärten, Schubert sei als Komponist ja noch völlig unbekannt, und die Klavierbegleitung bei den Liedern sei zu schwer.

Da taten sich eine Reihe begeisterter Schubert-Anhänger zusammen und ließen den »Erlkönig« auf eigene Kosten stechen. Das Heft erschien als Opus 1 am 31. März 1821. Bei einer Abendmusik im Hause Sonnleithner wurden die ersten hundert Exemplare sofort verkauft. Der Erlös gab die Grundlage für weitere Veröffentlichungen, zum Beispiel »Gretchen am Spinnrad« und das »Heideröslein«. Die Notenhefte wurden in Auflagen von über fünfhundert Exemplaren abgesetzt. Der Musikverleger Diabelli übernahm sie jetzt in Kommission und veröffentlichte im November 1821 die ersten Deutschen Tänze Schuberts; dann weiter Walzer, Ländler, Ecossaisen, und als Opus 10 Variationen für vierhändig Pianoforte.

Mit den ersten Einnahmen hatten die Freunde Schubert helfen können, Schulden für Wohnzins, Schuster, Schneider, Gasthaus und Kaffeestube abzudecken. Darüber hinaus konnten sie ihm Geld für den laufenden Lebensunterhalt in die Hand geben. Da Schubert selbst zu unpraktisch war, vollzog sein Freund Hüttenbrenner alle geschäftlichen Abwicklungen für ihn. So hatten die Freunde auch äußerlich gut für ihn vorgesorgt, denn nachdem die Verleger die Gewinnmöglichkeiten erkannt hatten, konnten laufend Hefte mit musikalischen Veröffentlichungen folgen, bis zu Opus 100 zur Zeit von Schuberts Tod. Der Druck dieser Veröffentlichungen wurde von Schubert sehr sorgfältig überwacht. Vor dem Notenstich arbeitete er seine Blätter noch einmal gründlich durch, und bei der Korrekturdurchsicht ließ er noch manchmal Veränderungen vornehmen oder fügte Ausführungszeichen ein.

Leider verärgerte Schubert seine Freunde bald dadurch, daß er sich bei einer Geldknappheit von dem gewinnsüchtigen Verleger zu einer eigenen langfristigen Bindung für die kommenden Veröffentlichungen überreden ließ, bei der er selbst sehr schlecht abschnitt. Die Freunde konnten dies nachher nicht mehr zu seinen Gunsten ändern. Aber sie trugen es ihm nicht nach. Sie kannten ihn ja.

Nicht weniger wichtig waren öffentliche musikalische Veranstaltungen, bei denen Schubert-Lieder oder Musikstücke von Schubert in das Programm aufgenommen wurden. So führte Spaun seinen Freund Schubert bei dem Erzieher des Herzogs von Reichstadt ein, bei Matthäus von Collin. Bei einer musikalischen Unterhaltung vor einem großen und bedeutenden Gästekreis fanden die von Vogl gesungenen und von Schubert begleiteten Lieder begeisterten Beifall. Gleichen Eindruck machten die Schubert-Lieder bei den von Leopold von Sonnleithner im Salon des Gundelhofes durchgeführten Musikveranstaltungen. Am 25. Januar 1821 waren dort zum erstenmal Schubert-Lieder gesungen worden, und von da ab durften sie kaum mehr fehlen. Die Türen waren nun geöffnet. Im März 1821 kam Schubert in einer Veranstaltung der »Gesellschaft adeliger Frauen zur Beförderung des Guten und Nützlichen« im Kärntnertor-Theater zu Gehör. Ostern wurde bei einer Wohltätigkeitsveranstaltung der Männerchor »Die Nachtigall« gesungen und gefiel sehr gut. Die Theaterzeitung berichtete: »Der überaus schöne Vokalchor, dessen Wiederholung stürmisch verlangt wurde, erwies, daß Schuberts ausgezeichnetes Talent täglich mehr Würdigung fand.« Zur Konservatoriumsprüfung am 30. August wurde der 23. Psalm gesungen.

Ähnliche Gelegenheiten, Schuberts musikalische Leistungen bekannt werden zu lassen, gab es nun immer wieder. Auch für das Jahr 1822 lassen sich eine Anzahl Veranstaltungen in verschiedenen Wiener Sälen aufzählen, bei denen Schubert mit auf dem Programm stand. Ja, sein Ruhm drang über Wien hinaus in die Provinz. Im April wählte der Steyermärkische Musikverein in Graz auf Betreiben seines für Schubert begeisterten Sekretärs den Komponisten zu seinem Ehrenmitglied und sandte ihm ein Ehrendiplom.

In der Musikstadt Wien gab es zudem eine solche Riesenfülle musikalischer Veranstaltungen mit reichhaltigen Programmen, jährlich über hundert kleinere und größere Konzerte, daß

Schuberts kleine Konzertstücke dabei gar nicht ins Gewicht fielen und nicht in das allgemeine Bewußtsein drangen. 1819 stand in der Wiener Musikzeitung: »In diesem Jahr wird es noch mehr Konzerte und musikalische Akademien regnen als im vergangenen. Diese Regengüsse dringen morgens, mittags und abends durch die Fensterritzen in das Haus.«

Den tiefsten Grund aber gibt Spaun in seinen Rückerinnerungen an: »Schubert fand in Wien nicht die Anerkennung, die er verdiente. Der große Haufe blieb und bleibt teilnahmslos. Die schönen Lieder haben daran nicht die Schuld. Das Publikum, das für den Rigoletto schwärmt und die Iphigenie langweilig findet, kann nicht für Schubert sein. Seine Lieder passen auch nicht für den Konzertsaal, für die Produktionen. Der Zuhörer muß auch Sinn für das Gedicht haben und mit ihm vereint das schöne Lied genießen, mit einem Wort: Das Publikum muß ein ganz anderes sein als dasjenige, das die Theater und Konzertsäle füllt.«

Spaun macht dann die für ihn als Österreicher traurige Bemerkung, daß leider Schuberts instrumentale Kompositionen in Wien durchgefallen seien und erst Mendelssohn und Schumann sie zu schätzen gewußt hätten und so dazu verhalfen, »daß der Ruf dieser herrlichen Kompositionen aus Leipzig zu uns gelangte«.

An anderer Stelle nennt Spaun auch den Neid, die Wurzel allen Übels, als einen wirksamen Faktor für die Abdrängung Schuberts aus dem öffentlichen Bewußtsein: »So wie jede außerordentliche Erscheinung Neid und Widerspruch erregt, die um so heftiger sind, je bedeutender das aufkeimende Talent zu werden verspricht, so begann nun auch gegen Schubert von mancher Seite Mißgunst ihr Haupt zu erheben. Seine Lieder seien zu düster, die Begleitung überladen, gesucht und schwierig, seine Übergänge zu gewagt – so äußerte sich ein großer Teil der öffentlichen Meinung, geführt durch manche Mißgünstige, welchen der tiefe Eindruck, den die schubertschen Kompositionen immer mehr und mehr zu machen anfingen, schon seit längerer Zeit gar zu sehr zum Anstoß diente.«

Aber Schubert hatte sein Publikum, das ihm seine Gaben mit überschwenglich dankerfülltem Herzen abnahm und nie genug von seinen Liedern hören konnte. Das waren der Freundeskreis und alle Menschen, die ihnen nahestanden, die unter dem Namen »Schubertianer« gingen und sich in den berühmt gewordenen »Schubertiaden« trafen. Wir werden sie noch kennenlernen. Die Teilnehmer zehrten ihr Leben lang von den »unbeschreiblichen Genüssen«, von dem »erschütternden Eindruck«, wenn sie Schuberts Lieder hörten, und sprachen noch in hohem Alter mit Begeisterung davon.

Wir können kaum mehr nachfühlen, wie tief diese Menschen damals von den Schubert-Liedern im Innersten bewegt wurden, so sehr, daß ihre Gefühle sich in Tränen, Freudenausbrüchen und Umarmungen leibhaftig ausdrücken mußten. Zwei Erinnerungstexte mögen uns einen Eindruck von der Wirkung der Schubert-Lieder auf empfindungstiefe Menschen geben.

Spaun erzählte von einem Besuch Schuberts und Vogls im Jahr 1824 in seinem Elternhaus in Linz: »Ein kleiner empfänglicher Kreis wurde geladen, und nun begannen die seelenvollen Lieder, die alle so ergriffen, daß nach dem Vortrage einiger wehmütiger Lieder der ganze weibliche Teil des Auditoriums, meine Mutter und Schwester obenan, in Tränen zerfloß und das Konzert unter lautem Schluchzen ein frühzeitiges Ende nahm. Eine fröhliche Jause und der treffliche Humor Schuberts und Vogls stellte die Heiterkeit bald wieder her. In herrlicher, sternenvoller Mondnacht machten wir höchstvergnügt den Rückweg durch die schöne Landschaft.«

Die andere Erinnerung stammt von Ferdinand Hiller, einem Schüler des Komponisten Hummel, die beide im Winter 1827 in Wien weilten. Ein zauberhafter Glanz liegt über dieser Schilderung: »Eine Freundin meines Meisters von alten Zeiten her, die ehedem berühmte Schauspielerin Buchwieser, damals die Gattin eines reichen ungarischen Magnaten, lud Hummel und mich in ihrem Gefolge zu Tische ein. Noch trug die liebenswürdige Frau Spuren ihrer früheren Schönheit, aber sie war äußerst kränklich, kaum noch mobil. Ihr Gemahl empfing die Gäste mit Güte und Freude. Die Räume, in welchen man sich aufhielt, waren stattlich und glänzend, und es herrschte in denselben eine tiefe, echt aristokratische Stille. Niemand war mit uns eingeladen als Schubert, der Liebling und Schützling der Wirtin, und sein Sänger Vogl. Eine kurze Weile, nachdem man die Mittagstafel verlassen, setzte sich Schubert ans Klavier,

Kommunikation des Geistes

Der Sänger Vogl mit Schubert am Klavier in einer Federzeichnung von Moritz von Schwind. Das Auditorium wurde durch den Vortrag der Schubertlieder so ergriffen, daß es in Tränen zerfloß und das Konzert unter lautem Schluchzen ein frühzeitiges Ende nahm.

Vogl zur Seite – wir anderen machten es uns in dem großen Saal bequem, wo es jedem am besten schien, und nun begann ein einziges Konzert. Ein Lied, ein Gesang folgte dem andern – unermüdlich waren die Spendenden, unermüdlich die Genießenden. Schubert hatte wenig Technik, Vogl hatte wenig Stimme, aber beide hatten so viel Leben und Empfindung, gingen so gänzlich auf in ihren Leistungen, daß es unmöglich gewesen wäre, die wunderbaren Kompositionen klarer und zugleich verklärter wiederzugeben. Man dachte weder an Klavierspiel noch Gesang, es war, als ob die Musik gar keines materiellen Klanges bedürfe, als ob die Melodien wie Geistererscheinungen vor vergeistigten Ohren sich offenbarten. Von meiner Rührung, von meinem Enthusiasmus darf ich nicht sprechen – aber mein Meister, der doch schon fast ein halbes Jahrhundert Musik hinter sich hatte. Ich habe noch meinen treuherzigen Meister vor Augen, wie er in dem großen Salon seitwärts vom Piano auf einem bequemen Sessel saß – er sagte wenig, aber die hellen Tränen liefen ihm über die Wangen.«

Wahrscheinlich war Schubert über eine solche Wirkung seiner Kunst viel glücklicher, als wenn ihm ein voller Saal mit lautem Getöse applaudiert hätte. Auch Schuberts Freundeskreis, der dem jungen Musiker und Genie von ganzem Herzen eine weitere Wirkung gewünscht hätte, schätzte eine dankbare Aufnahme der schubertschen Kunst im vertrauten Kreise wahrhaft aufgeschlossener Menschen höher ein als vorübergehende Beifallsstürme. Bauernfeld erinnert sich: »Indessen wurde die köstliche Gabe des Gesanges von den Kunstfreunden mit Entzücken aufgenommen, und man vergaß gerne in den kleinen traulichen Kreisen, an welchen geschmacklosen Ungeheuern das Publikum sich ergötzte.«

Wenn man die Worte liest, mit denen eine Schubertmonographie unserer Tage (Paumgartner) die Lieder Schuberts charakterisiert, dann kann man noch nachträglich begreifen, welch ungeheure Wirkung sie damals auf Menschen von der Art des schubertschen Freundeskreises haben mußten, als die Welt diese unvergleichlichen, völlig neuen Kunstgebilde zum erstenmal hörend empfing. Aber man versteht auch, daß Schubert mit diesen Liedern, und mit seiner Kunst überhaupt, dem großen Musikpublikum fremd bleiben mußte. Folgende Kennzeichnungen sind der Monographie entnommen: traumschön, erhaben, hymnisch, visionär, großartig, düster, stolz, schlicht, mystisch, elegisch, melancholisch, stürmisch, verzweifelt, vergeistigt.

Das führt uns in die Zeit der »Schubertiaden«.

Sie begannen in Schobers Haus. Einer der Schubertianer, Josef Huber, war von dem ersten Abend so bewegt, daß er einem Freund gleich brieflich davon Bericht gab: »Vergangenen Freitag (26. Januar 1821) habe ich mich recht gut unterhalten. Franz Schober hat den Schubert abends eingeladen und vierzehn seiner guten Bekannten. Da wurden eine Menge herrlicher Lieder Schuberts von ihm selbst gespielt und gesungen, was bis nach zehn Uhr abends dauerte. Hernach wurde Punsch getrunken, den einer aus der Gesellschaft gab, und da er sehr gut und in Menge da war, wurde die ohnedies schon fröhlich gestimmte Gesellschaft noch lustiger. So wurde es drei Uhr morgens, als wir auseinandergingen.«

Solche Abende gab es nun in loser, aber häufiger Folge in verschiedenen Häusern, bei Bankier Geymüller und Schauspieler Anschütz, im literarischen Salon Karoline Pichlers, bei Familie Buchmann in ihrer Wiener Wohnung oder auch in einem von dieser Familie gemieteten entzückenden Landhaus der Fürstin Paar draußen vor der Stadt, um nur einige zu nennen. Fand man keine Unterkunft in einem musikalischen befreundeten Bürgerhaus, dann ging man in den Gasthof »Zur ungarischen Krone«.

Schuberts Musik war der Magnet. Gespräche, Geselligkeit und Tanz lockerten die Abende auf. Man hörte die schon bekannten Lieder, deren sie nie überdrüssig wurden, und Schubert brachte immer wieder neue Kompositionen mit. Manchmal tauchten neue Gäste auf, von Bekannten mitgebracht. Kannte Schubert sie noch nicht, dann fragte er leise den ihm Nächstsitzenden: »Kann e was?« Weil das sich öfter wiederholte – Schubert wollte gerne Menschen in seiner Nähe haben, die geistig etwas mitzubringen hatten – nannten ihn seine Freunde bald scherzhaft Canevas.

Besonders fröhliche Tage verbrachte der schubertsche Freundeskreis in den Jahren 1820 bis 1823 in dem kleinen Schlößchen Atzenbrugg, etwa fünfunddreißig Kilometer draußen vor Wien gelegen, ein Besitztum des Stiftes Klosterneuburg. Schobers Onkel war dort Schloß- und Gutsverwalter. Er hatte Platz genug und lud mehrmals im Jahr eine große Gesellschaft, den ganzen schubertschen Freundeskreis, musikalisch begabte Laien und andere Künstler, auch Frauen, Bräute und Schwestern der Männer für drei Tage ein. Man fuhr in großen Stellwagen hin; die jungen Männer gingen zu Fuß nebenher. Kupelwieser hat es in einem hübschen Aquarell festgehalten. Die Tage im Schloß wurden ausgefüllt mit Spaziergängen in die schöne Umgebung, mit Gesellschaftsspielen und Singen im Freien oder in den Schloßräumen, mit Scharaden, Musizieren und Tanzen. Schubert, der Nichttänzer, saß dann stundenlang am Flügel. So entstanden hier seine »Atzenbrucker Deutsche«. Er spielte seine Improvisationen öfter nacheinander und zeichnete sie dann später auf. Der österreichischen Tanzlust verdanken wir eine große Anzahl solcher schönen Stücke.

Die Jahre 1820 bis etwa Mitte 1822 brachten für Schubert viel Geselligkeit, menschliche Begegnungen, fröhliche Stunden, aber neben den mancherlei kleinen Kompositionen und einigen bleibend bedeutsamen Liedern hat er in dieser Zeit keine größeren Werke zum Abschluß gebracht. Nur einiges Wenige ragt in dieser sonst unfruchtbaren Zeit über das am Wege Geschaffene hinaus. Dazu gehören im Januar das Lied »Der Unglückliche«, im Februar der »Gesang der Geister über den Wassern«, im März die Goethe-Vertonung »Grenzen der Menschheit« und die Suleika-Lieder. Vom September 1821 bis in den Februar 1822 war Schubert mit einer neuen Oper beschäftigt.

Wir beschränken uns auf die beiden Lieder, die wir als bedeutsame Selbstzeugnisse des Menschen und Musikers Schubert anzusehen haben.

In Wien führte damals die gut fünfzigjährige Karoline Pichler einen berühmten literarischen Salon. Sie war eine große Liebhaberin der schubertschen Lieder, ja sie schwärmte geradezu auffällig für den jungen Künstler. Wir wissen, daß Schubert auf solche Bewunderung seiner Person recht allergisch reagieren konnte. Aber ein Gedicht dieser Frau muß ihn so gepackt haben, daß er es nicht beiseite legen konnte. Er komponierte es als ein Bekenntnis seiner eigenen Existenz. Nach einer bloßen Skizze und einer ersten Niederschrift gab er dem Lied erst in der zweiten Niederschrift seine endgültige Gestalt.

Der Unglückliche

Die Nacht bricht an, mit leisen Lüften sinket
Sie auf die müden Sterblichen herab;
Der sanfte Schlaf, des Todes Bruder, winket,
Und legt sie freundlich in ihr täglich Grab!
– – –
Und jetzt, da ich durch nichts gestöret werde,
Laß deine Wunden bluten, armes Herz.

Das Lied beginnt lyrisch in sanften melodischen Bögen, steigert sich dann aber schnell zu aufwühlenden Schmerzausbrüchen.

Versenke dich in deines Kummers Tiefen,
Und wenn vielleicht in der zerrissenen Brust
Halb verjährte Leiden schliefen,
So wecke sie mit grausam süßer Lust.

In zunehmender Erregung durchläuft das Lied die Jahre des Lebens, kindliches Glück, goldene Jugend, erste Liebe. Genial läßt die Komposition zum Erlebnis werden, was hier in wenigen Worten ausgesagt ist, und wie endgültig die Schicksalsschläge alles zerstören.

Berechne die verlornen Seligkeiten,
Zähl' alle, alle Blumen in dem Paradies,
Woraus in deiner Jugend goldnen Zeiten
Die harte Hand des Schicksals dich verstieß.

Du hast geliebt, du hast das Glück empfunden,
Dem jede Seligkeit der Erde weicht.
Du hast ein Herz, das dich verstand, gefunden,
Der kühnsten Hoffnung schönes Ziel erreicht.

Eben dreiundzwanzig Jahre war Schubert alt, als er dies Lied komponierte. Was an Empfindungen, Erinnerungen, Verzichten, inneren Entsagungen, an Sehnsüchten nach höherer Erfüllung, stumm getragenem inneren Ringen mit der alles andere verdrängenden Last seines schicksalhaften Auftrags, an verschwiegener Einsamkeit diesen Menschen bewegte, spüren wir aus der Art und Weise, wie er die Worte eines ihn treffenden Gedichts zum Tönen und Klingen brachte. Hier konnte er sich aussprechen, ohne sich selbst vor andern zu entblößen, denn die andern nahmen es ja als ein Lied, das vieler Menschen Herzen anrühren mochte und allgemein menschliche Aussagen enthielt. Nur Schubert selbst wußte, daß es ganz sein eigenes Lied war. Tief erschrocken vor der grausamen Schicksalsmacht, in tief wehmütiger Trauer und fast verzweifelter Resignation schließt das Lied:

Da stürzte dich ein grausam Machtwort nieder,
Aus deinen Himmeln nieder, und dein stilles Glück,
Dein allzu schönes Traumbild kehrte wieder
Zur besser'n Welt, aus der es kam, zurück.
Zerrissen sind nun alle süßen Bande,
Mir schlägt kein Herz mehr auf der weiten Welt.

Das andere Lied ist das Gegenstück zu dem im Herbst 1819 entstandenen, die schöpferische Gottgleichheit, ja stolze Gottüberlegenheit des Menschen preisenden Gesang »Prometheus«. Goethe, reifer geworden, hatte die Situation des Menschen neu beschrieben, ihn in seine Schranken gewiesen, die »Grenzen der Menschheit« festgesetzt:

Denn mit Göttern
Soll sich nicht messen
Irgendein Mensch.

Es war ein Wagnis, Dichterworte, die Erkenntnisse, Erfahrungen aussprechen, Tatsachen in prägnantester Weise beim Namen nennen, als Gesang zu komponieren. Aber Schubert, der nicht dachte, sondern empfand, der nicht Erkenntnisse in Worte faßte, sondern erspürte, wie hinter der knappen Bildhaftigkeit der Worte die von dem Dichter empfundene Wirklichkeit stand, konnte durch seine Einschmelzung in Musik Wort um Wort mit vibrierendem Leben erfüllen. Ehrfürchtige Schauer vor der unendlichen Erhabenheit des ewigen Vaters, erschrockene Schauer vor der Ungesichertheit des sich gegen Götter vermessenden Menschen, bedrängende Schauer vor der gebrechlichen Natur des sich kraftvoll gebenden Menschen, heilige Schauer vor dem tiefen Unterschied zwischen Göttern und Menschen, jene auf den ewigen Strom des Geschehens erhaben schauende Wesen, diese vom Strom hinweggerissen. Stille, beinahe beglückende Bescheidung, nur Glied in einer unendlichen Kette zu sein, ist Los des Menschen. So tönt die musikalische Sprache, die Schubert diesem großen Menschheitsgedicht verliehen hat. Wer sie einmal hörte, für den haben die Dichterworte einen tiefer bewegenden Klang gewonnen.

Schober hatte Schubert im Herbst 1821 zu einem neuen Opernversuch überredet. Er selbst wollte den Text schreiben. Da er nun von dem Bischof von Sankt Pölten, seinem Verwandten, eingeladen wurde, zusammen mit Schubert in dem ihm gehörenden Schloß Ochsenburg in der Nähe von Sankt Pölten zu verbringen und ihn dann auch noch zu besuchen, fuhren die beiden gegen Mitte September hin. Das Schloß lag auf einer isolierten größeren Felskuppe inmitten einer schönen, waldreichen Hügellandschaft, die zu manchen Wanderungen einlud. Zur Hauptsache aber galt die Zeit der fleißigen Arbeit an der Oper »Alfonso und Estrella«. Schober schrieb Seite um Seite den Text, Schubert folgte mit Komponieren. Sie hatten ein sehr gemütliches Zimmer, in dem Schubert ein Fortepiano zur Verfügung stand. Abends machten sie es sich gemütlich, rauchten, ließen sich Bier bringen und lasen. Die letzte Zeit waren sie bei dem Bischofonkel in Sankt Pölten zu Gast, arbeiteten tagsüber weiter an der Oper, abends waren sie mit Bällen und Konzerten beschäftigt.

»Schubertiaden waren ein paar beim Bischof und eine bei der Baronin Mink, die mir recht lieb ist, wobei eine Fürstin, zwei Gräfinnen und drei Baroninnen zugegen, die alle aufs nobelste entzückt waren«, schrieb Schober nachher aus Wien an Spaun in Linz. Zwei Akte waren fast fertig geworden. Am zweiten Akt arbeiteten sie weiter, nachdem sie Ende Oktober wieder in

Wien waren und schlossen ihn am 2. November ab. Erst am 27. Februar 1822 konnte dann der Punkt unter den dritten Akt gesetzt werden. Anderes hatte Schubert in diesem Winter nicht zuwege gebracht. Es war, abgesehen von manchen schönen Melodien in der Oper, eine unfruchtbare und auch erfolglose Zeit, denn das Stück gelangte nicht auf die Bühne.

Schubert war stark unter Schobers Einfluß geraten. Er gab seine Wohnung auf und zog wieder zu Schobers, die inzwischen eine neue Wohnung genommen hatten, im sogenannten Göttweiger Hof. Vielleicht ist Schubert schon gleich nach der Rückkehr von Sankt Pölten dort eingezogen, spätestens aber um den Jahreswechsel 1821/22. Der treue Spaun war nicht mehr in Wien. Er hatte inzwischen eine Beamtenstelle in Linz angetreten. Anselm Hüttenbrenner, der praktische Helfer, war nach Graz gezogen. Neue Freunde kamen in den Kreis, darunter Schwind, Kupelwieser und Bauernfeld. Aber zunächst war nun Schober, charmant und aufgelockert und ungeheuer anregend, für Schubert der Nächste unter allen andern.

Welche Wirkung Schober dabei auf Schubert ausübte, können wir aus einigen dokumentarischen Notizen erkennen. Schubert wurde ein anderer Mensch. Er trat anmaßend auf, stieß seine besten Freunde vor den Kopf, verfremdete sich denen, die ihn wirklich liebten, ließ eine Distanz zwischen sich und seinen Angehörigen entstehen. Die äußeren Erfolge stiegen ihm zu Kopf. Er sah sich gedruckt; er war im Theater bekannt geworden; er meinte, mit seiner neuen Oper Forderungen stellen zu können. Man riß sich in gewissen Kreisen darum, eine Schubertiade ins Haus zu bekommen, und Schober trieb ihn auf diesem Wege an, weil er selbst dabei an Ansehen und äußeren Vorteilen Nutznießer sein konnte. Schobers Lebensart wirkte auf Schubert verführerisch.

Anton Holzapfel, der schon vom Konvikt her mit Schubert befreundet war, ein Mensch, der es ehrlich und treu meinte, klagt in einem Brief vom 22. Februar 1822 an Albert Stadler: »Schubert hat, was man sagt, bruit gemacht, und wir ebenfalls, was man sagt, seinen sort machen. Ich sehe ihn selten, wir taugen auch nicht so sehr zusammen, da seine Welt eine ganz andere ist und sein muß. Sein etwas schroffes Wesen kommt ihm aber sehr zustatten und wird ihn zum festen Mann und reifen Künstler bilden.« Holzapfel, in seiner hohen Meinung von Schuberts Künstlertum, versucht noch, gut für ihn zu sprechen. Aber die Veränderung in Schuberts Lebensart, sein Versuch, als der sich von den einfachen Menschen unterscheidende Künstler aufzutreten, wird allzu deutlich.

Spaun, inzwischen Beamter in Linz, schreibt am 5. Mai 1822 in seiner Bekümmernis an Schober selbst, in dem er den Verursacher der Veränderung in Schuberts Wesen sehen muß. Bitter beklagt er sich über das Schweigen der Wiener Freunde und kann es nicht fassen, daß Schubert ihm so entfremdet werden konnte: »Es ist seitdem der Winter entflohen und es muß sich unter Euch so manches Interessante zugetragen haben, was Ihr dem treuen Fernen nicht vorenthalten müßt. Was das poetisch-musikalisch-malerische Triumvirat alles erschaffen hat, möchte ich gar so gerne wissen. Es tut mir in der Seele weh, daß Schubert für mich so verklungen ist.«

Anscheinend war da einige Angeberei im Spiel, viel Aufmachens um besondere künstlerische Produktionen, und Spaun hatte davon gehört. In Wahrheit aber hatte Schubert außer der Zusammenarbeit mit Schober an einer untauglichen Oper den Winter über kaum etwas hervorgebracht. Aber Schober spielte sich mit dem Werk auf, und Schubert hörte nur auf Schober.

Weiteres erfahren wir aus einem tief bekümmerten Brief, den Spauns Bruder Anton am 20. Juli 1822 an seine Frau schrieb. Anton war zu der Zeit in Steyr zu Besuch und traf dort Vogl. Letzterer muß einiges über Schuberts merkwürdiges Benehmen, seine anmaßenden Forderungen betreffend Aufführung der neuen Oper, die Vogl für nicht brauchbar erklärte, und über Schobers unehrliche Handlungsweise erzählt haben. Wir können aus den wenigen Andeutungen in dem Brief zur Genüge erkennen, in welche Krise Schubert hineingeraten war und wie sehr alle, die es wirklich gut mit ihm meinten, darunter litten.

Anton schreibt: »Mir gefällt Vogl außerordentlich wohl, er hat mir mit aller Offenheit sein ganzes Verhältnis mit Schubert erzählt, leider kann ich letzteren gar nicht entschuldigen.«

Anton Spaun muß wohl selbst in Wien allzu deutlich die Wandlung in Schuberts Wesen beobachtet haben, und er muß erkannt haben, daß zu dieser Zeit der Einfluß Schobers zu übermächtig war, als daß irgendein anderer durch Warnungen bei Schubert etwas hätte erreichen können. Er schreibt weiter: »Sehr erbittert ist Vogl gegen Schober, dem zulieb sich Schubert äußerst undankbar gegen Vogl benommen hat und der Schubert ganz benützt, um sich aus Geldverlegenheiten zu reißen und den Aufwand zu bestreiten, der schon das Vermögen seiner Mutter größtenteils erschöpft hat. Ich wünsche sehr, daß jemand hier wäre, der Schubert wenigstens hinsichtlich der grellsten Vorwürfe verteidigte. Vogl sagt auch, daß Schobers Oper schlecht und ganz verfehlt, überhaupt Schubert auf ganz falschem Weg sei.«

Was mit den »grellsten Vorwürfen« gemeint ist, wußte die Briefempfängerin wahrscheinlich, denn wenn Vogl in Steyr darüber sprach, werden auch andere Freunde Schuberts in Wien darum gewußt und im engen Kreise darüber gesprochen haben. Man muß wahrscheinlich vermuten, daß Schubert sich von Schober in dessen lockeren Lebenswandel hat hineinziehen lassen, und daß sich seine redlichen Freunde deshalb große Sorgen um seine Zukunft machten.

Wann und wie Schubert diese gefährliche Krise überwunden hat, können wir nicht feststellen. Einmal zeigt es sich darin, daß im Sommer 1822 sein Schöpfertum wieder erwacht, daß schon vom Frühjahr an zunehmend neue Kompositionen entstehen, und daß in der zweiten Jahreshälfte eins nach dem anderen Werke geschaffen werden, die nicht mehr aus dem Kunstbesitz der Welt zu streichen sind. Die endgültige Überwindung seiner geistigen Krise geschah allerdings wohl erst dadurch, daß sich Schubert etwa ab 1823 zu der Erkenntnis durchringen mußte, er habe sich unter die schreckliche Folgelast seiner Verirrung zu beugen und seinem nun begrenzten Leben die höchstmögliche Vollendung seines künstlerischen Auftrages mit Hingabe aller seiner Kräfte abzugewinnen. Dadurch wurden die wenigen letzten Jahre an Schaffensintensität und Schaffensfülle seinen ersten Jahren vergleichbar, auf einer höchsten Stufe der Meisterschaft.

Gegen Ende des Jahres müssen die tiefsten Spannungen zwischen den Freunden überwunden gewesen sein. Ein Schubert-Brief vom 7. Dezember 1822 an seinen wiederentdeckten Freund Spaun in Linz zeigt, daß Schubert zu seinem wahren Wesen zurückgefunden hat.

Kommunikation des Geistes

»Lieber Spaun! Ich hoffe, Dir durch die Dedication dieser drey Lieder eine kleine Freude zu machen, die Du aber so sehr an mir verdient hast, daß ich Dir wirklich und ex officio eine ungeheure machen sollte und auch würde, wenn ich es im Stande wäre. Auch wirst Du mit der Wahl derselben zufrieden sein, indem ich die wählte, die Du selbst angegeben hast.«
Schubert berichtet weiter, daß er ein noch im Druck befindliches Heft dem Schober widmet, geht etwas auf seinen Ärger mit dem Theater ein, schreibt von seinem Liedschaffen, der 5. Messe, die er selbst für gelungen hält, und von der Wander-Phantasie. Er läßt also Spaun wieder an seinem Schaffen teilnehmen. Dann fährt er fort:
»Mit Vogl habe ich, da er nun vom Theater weg ist und ich also in dieser Hinsicht nicht mehr geniert bin, wieder angebunden. Ich glaube sogar, mit ihm oder nach ihm diesen Sommer (1823) wieder hinaufzukommen, worauf ich mich recht freue, indem ich Dich und Deine Freunde wiedersehen werde. Unser Zusammenleben in Wien ist jetzt recht angenehm, wir halten bei Schober wöchentlich 3 mal Lesungen und eine Schubertiade. Und nun, lieber Spaun, lebe recht wohl! Schreibe mir ja recht bald und recht viel, um die unausgefüllte Leere, welche mir Deine Abwesenheit immer machen wird, einigermaßen zu tilgen. Die Adresse mache in die Rossau in das Schulhaus, Grünthorgasse, indem ich jetzt da wohne.«
Schubert war also inzwischen bei Schober wieder ausgezogen, aber er hielt an der Freundschaft mit Schober fest. Weil er seine eigene innere Freiheit wiedergewonnen hatte und sich daher wieder ihnen allen in alter Weise zuwandte, war auch zwischen den anderen und Schober die freundschaftliche Beziehung nicht mehr gestört. Schubert war wieder der starke Magnet geworden, der sie zusammenhalten konnte. Der Aufenthalt im Elternhaus zeigt, daß er auch zu einem von Anhänglichkeit und Liebe bestimmten Verhältnis zu seinen Angehörigen zurückgefunden hatte.
Nach Beendigung der Arbeit an der im Herbst mit Schober begonnenen Oper rührte sich Schuberts Schaffensfreude wieder. Nacheinander entstanden verschiedenartige Kompositionen: Liturgische Stücke, Lieder, Quartette, Tänze, Märsche und Ländler. Schubert wurde wieder produktiv. Im Herbst

gelang ihm der Durchbruch zum großen Schaffen. Er hatte sich aus mancherlei inneren Verschlingungen freigerungen.
Aus der ersten Jahreshälfte greifen wir zwei Lieder heraus. Jedes von ihnen ist in seiner Art eine eigenartige, große kompositorische Leistung. Bemerkenswert ist, wie diese beiden Lieder zeitlich unmittelbar nebeneinander stehen, eines der schönsten Blumenlieder und eines der traurigsten Liebeslieder Schuberts. Das erste ist die Vertonung des Gedichtes »Nachtviolen« von Mayrhofer. Stille, melodische Musik, als wenn Mondlicht tropfend durch bewegte Zweige fällt, führt zu den ersten Worten:

Nachtviolen, dunkle Augen, seelenvolle,
Selig ist es,
Sich versenken in dem samtnen Blau.

Das Auge des Dichters verliert sich in den Augenblick der ernsten, schweigenden Blüten. Die Musik folgt der seelischen Empfindung, schmiegsam, weich. In der dritten Strophe gibt der Dichter der geheimnisvollen Verbindung, die in der verwundert schauenden Hingabe zwischen Menschenseele und Blume entsteht, sehr persönlichen Ausdruck:

Mit erhab'nen Wehmutsstrahlen
trafet ihr mein treues Herz.
Und nun blüht
In stummen Nächten fort die heilige Verbindung.

Die ehrfürchtige musikalische Fassung der Worte und das verklingende Nachschwingen der Klavierbegleitung vermitteln die Empfindung, ergriffen von Staunen im nächtlichen Garten sinnend vor den dunklen Blumen stillzustehen.
Ganz anders das Lied nach dem Gedicht »Die Liebe hat gelogen« von August von Platen:

Die Liebe hat gelogen,
Die Sorge lastet schwer,
Betrogen, ach! betrogen
Hat alles mich umher!

Es fließen heiße Tropfen
Die Wange stets herab,
Laß ab, mein Herz, zu klopfen,
Du armes Herz, laß ab!

Krampfhafter Schmerz, trostlose Klage, verlorene Hoffnung, bittere Tränen, gequältes Herz, schreckliche Verzweiflung, das alles, in den Worten nur gesprochen, wird durch das Lied zu bedrängender Empfindung und Wirklichkeit.

Zu welchen Erfahrungen menschlichen Daseins mußte ein junger Mensch fähig sein, daß er sie so gegensätzlich als seine eigenste Wahrheit und so dicht nebeneinander in der tiefsten und vollendetsten Sprache, in seiner Musik aussagen und nachfühlbar machen konnte.

Schubert liebte Mozart, er schätzte Haydn, und er bewunderte Beethoven. »Wer kann nach Beethoven noch Musik machen«, so hatte er aus tiefer Überzeugung gesprochen. Solch ein Wunder war nur möglich, wenn jemand auftrat, der eine neue Musik machte. Und dazu fühlte Schubert sich, ohne jeden Funken von Hochmut, ohne auch nur den leisesten Hauch von Abwertung anderer, in absoluter Gewißheit berufen. Von daher begreifen wir sein eigenartiges Verhalten Beethoven gegenüber.

Als Schubert im November 1822 mit dem späteren Darmstädter Hofkapellmeister Louis Schlösser die Fidelio-Aufführung besucht hatte, gingen sie zufällig in nicht weitem Abstand hinter drei Herren her, denen alle Opernbesucher ehrfürchtig Platz machten, um ihnen den Weg zum Ausgang freizugeben. Da zupfte Schubert seinen Begleiter ganz sanft am Rock und deutete mit dem Finger auf den mittleren der drei Herren: »Das ist er.« Er wollte Schlösser nur ehrfürchtig auf ihn aufmerksam machen, ging aber darum keinen Schritt schneller. Schubert hätte niemals gewagt, sich näher an Beethoven heranzumachen, wie das manche kleineren Geister taten.

Das hinderte ihn allerdings nicht, die im Jahr 1822 als Opus 10 im Druck erscheinenden Variationen für vierhändig Klavier dem Meister als ein Zeichen der großen Verehrung zu widmen. Es wird Schubert auch sicher gefreut haben, als er erfuhr, daß Beethoven diese Stücke durch einige Monate fast täglich spielte. Durch diese Dedikation gab Schubert sich vor sich selbst den Beweis, daß er ein Eigener war. Für seine Mit- und Nachwelt erbrachte er diesen Beweis durch die bedeutenden Werke, die er im Herbst dieses Jahres, wieder in alter höchster Konzentration und stürmischem Vorwärtsdrängen, schuf.

Schubert begann die Arbeit an der Symphonie in h-Moll, die wir die »Unvollendete« nennen, im Oktober mit fertigen Skizzen für die zwei ersten Sätze und einer unfertigen Skizze für einen dritten Satz, geschrieben als Klavierpartitur. Mit dem 30. Oktober 1823 datiert er den Beginn des Ausschreibens der vollen Orchesterpartitur. Als er im November die beiden ersten Sätze fertig geschrieben hatte, legte er das Werk beiseite und kam nie wieder darauf zurück.

Im Spätherbst 1823 übergab Schubert die Partitur, die bis dahin wohl niemand gesehen haben dürfte, am Schottentor in Wien auf der Straße dem Josef Hüttenbrenner, damit dieser sie an seinen Bruder Anselm in Graz weiterleitete, der sie wiederum dem Steiermärkischen Musikverein in Graz als Dank Schuberts für die Ernennung zum Ehrenmitglied im damaligen Verein übergeben sollte. Letzteres geschah aber nicht, und das Werk blieb über zwei Jahrzehnte unbekannt bei Anselm Hüttenbrenner liegen. Erst am 17. Dezember 1865 stand die Symphonie erstmalig in einem Wiener Konzert auf dem Programm. Da der Dirigent der Wirkung des scheinbar unfertigen Werkes mißtraute, fügte er das Finale aus einem Jugendwerk Schuberts an. Bei späteren Aufführungen an anderen Orten wurde der nach Meinung des Dirigenten fehlende Schlußteil gern durch Stücke aus der Oper Rosamunde ersetzt.

Die Benennung »Unvollendete« umgibt das Werk für das Empfinden vieler Schubert-Freunde mit einem Hauch von tragischem Geheimnis und hat dem Werk eine ungemeine, ehrfürchtige Beliebtheit verschafft. Eine Art von romantischem Gefühl tragischer Größe hat sich an diese Namengebung gehängt und manchmal zu einem entsprechenden Aufführungsstil und Publikumserwarten verführt.

Nach der Uraufführung der Symphonie in Wien 1865 schrieb der berühmte Musikkritiker Hanslick begeisterte Worte von dem für Wien wieder lebendig gewordenen Schubert. Aber er urteilte über das Musikstück, die zwei Sätze könnten als eine Art Hintergrundmusik für szenische Effekte auf dem Theater gemeint sein. Einige Jahre später überlegte August Reißmann in Wien, ob man nicht die beiden Sätze als Teil einer Ballettmusik für ein Bühnenstück ansehen müßte. Es scheint längere Zeit gebraucht zu haben, bis ein tieferes Auffassungsvermögen für die Musik möglich war.

Wir denken daran, daß der junge Schumann schon ein Jahr nach Schuberts Tod über ihn schrieb: »Was andern ein Tagebuch ist, in dem sie ihre ... Gefühle niederlegen, das war Schubert so recht eigentlich das Notenblatt, dem er jede seiner Launen anvertraute, und seine ganz durch und durch musikalische Seele schrieb Noten, wenn andere Worte nehmen.«

»Schon das pp Unisono der Bässe beginnt seltsam unirdisch; wie transzendent ertönt die Klage der Oboen und Klarinetten über dem romantischen Rauschen der Violinen, nur das ländlerartige Seitenthema der Violincelle ist aufhellend, von versöhnender Weltlichkeit. Nun kommt das Großartigste dieses Satzes, eine Stelle, die an Gewalt des Ausdrucks in der gesamten Musikliteratur einzig dasteht. Ich meine die in Geigen, Violen und Fagotten über unheilvollen Bässen aufsteigende Figur von dem Durchführungsteil, aus der die ganze Urangst der bedrohten Kreatur spricht. Hier setzt das Leben für einen Augenblick aus. Wie lösend und mild verklärt wirkt nach solchen Tiefblicken in die dunkle Welthemisphäre die stille Wehmut des Andante, Erhebung ins Jenseitige« (Dettelbach).

Das Ohr wird immer offener für die kurzen Stellen beglückender Daseinsfreude, für die lang ausgehaltenen Klagetöne der Lebensangst, für den stampfenden Schritt drohender Zerstörung, für die sehnsüchtigen und beseligend schönen Aufstiege zu höheren Welten unvergänglichen Lebens.

Die »Unvollendete« wird zum Sehnsuchtslied der leidenden und auf Erlösung wartenden Kreatur, von der der Apostel Paulus im achten Kapitel seines Römerbriefes so erschütternd schreibt. Der unsäglich stille Frieden, in den die Musik Schuberts ausklingt, wird zum Vorgefühl ewiger Erlösung. Dieser Schluß ist der unmißverständliche Hinweis darauf, daß die »Unvollendete« mehr ist als nur ein kompositorisch-musikalisches Meisterwerk.

Ohne sich eine Übergangszeit zu lassen, machte sich Schubert sofort im November an die Klavierphantasie in C-Dur und schrieb sie noch im gleichen Monat fertig nieder. Schon im Frühjahr 1823 ließ er sie als Opus 15 im Druck erscheinen. Ihr einfacher Titel hieß Fantasie in C-Dur. Erst später erhielt das Werk die Bezeichnung »Wanderer-Phantasie«.

Mit der Namengebung »Fantasie« tat Schubert kund, daß er gewillt war, sich auf dem Gebiet der reinen Klaviermusik seinen eigenen Weg zu bahnen. Er befreite sich, und das war sein erster entscheidender Schritt von der bis dahin gültigen Bindung an die festgelegte Form der Klaviersonate, die durch Beethoven zu nicht überbietender Vollendung geführt worden war. Fantasie bedeutet aber nicht Formlosigkeit, ungebundenes Sichgehenlassen. Dies neue Werk des fünfundzwanzigjährigen Schubert ist eine Meisterleistung an großartiger innerer Geschlossenheit. Klaviertechnisch hat Schubert außerordentliche Fortschritte gemacht. Das Werk reißt durch dramatische Wucht und atemberaubende Leidenschaftlichkeit mit; es bezaubert durch orchestrale Klangfülle, pianistische Brillanz und die eigenartigen Klanglichter über dunklen Untergründen.

Die Fantasie entwickelt sich, darin noch die Verbindung mit der Sonate wahrend, in vier Sätzen. Aber diese gehen ineinander über, sind alle von dem gleichen Grundthema beherrscht, das in immer neuen Improvisationen und Variationen entfaltet wird. Der Name »Wanderer-Phantasie« trifft genau den Charakter dieses Schubertwerkes, denn der Urrhythmus des bekannten Liedes und die Melodie der aussagestärksten Strophe tragen von Anfang bis Ende das Jagen und Strömen und untergründige Brausen und das schwermütig suchende Klagen dieser Musik. Der Ausklang des außerordentlich rhythmisch geprägten ersten Satzes führt mit eigenartig leeren Klängen zu dem Adagio hinüber, zu den wehmütig schönen Variationen über die traurigen Liedzeilen:

Die Sonne dünkt mich hier so kalt,
Die Blüte welk, das Leben alt,
Und was sie reden, leerer Schall,
Ich bin ein Fremdling überall.

Kommunikation des Geistes

Titelbild der Liederausgabe von »Der Wanderer«.
Mit diesem Thema verband Schubert seinen eigenen
Lebensweg: »Ich bin ein Fremdling überall.«

Die Wanderer-Phantasie ist gewiß kein irrer Verzweiflungsschrei und nicht Ausdruck einer morbiden Stimmung. Aber es kann nicht angehen, ihr die tiefe Bindung an das für Schuberts Lebensauffassung so bedeutsame Lied »Der Wanderer« abzusprechen. Allerdings, es ist erstaunlich, mit welch ungeheurer Kraft Schubert hier musiziert, wie er das furchtbar bedrohliche, schauervolle tiefe Brodeln, das mehrfach aus der Tiefe aufbrandet und an den Abgrund des Meeres in der Taucherballade erinnert, immer wieder überwindet, wie er es wagt, diese Bedrohung in seiner Musik unheimlich spürbar zu machen und den bedrohten Wanderer seinen einsamen Weg dennoch mutig gehen läßt. Schubert hatte immer das ganze Lied im Sinn und schaute, wie der Wanderer, sehnsüchtig aus nach dem Land »so hoffnungsgrün, wo meine Freunde wandeln gehn, wo meine Toten auferstehn«. Weil diese sehnsüchtige Gewißheit durch die ganze Wanderer-Phantasie hindurchträgt, ist sie ein so großartiges und kraftvolles Werk.

Die beiden großen Instrumentalwerke dieses Jahres, die »Unvollendete« und die »Wanderer-Phantasie«, vermitteln uns auf Schuberts Lebensweg den bis dahin überzeugendsten Eindruck von der Eigenart und Neuheit der schubertschen Musik. Von nun an wird bei allen weiteren Werken kein Zweifel mehr an der Wahrheit des Satzes aufkommen können: »Wir müssen Schubert aus Schubert selbst begreifen, und wir können die Wiener klassische Musik nur als Horizont berücksichtigen, von dem sich Schuberts Instrumentalmusik abhebt« (Georgiades). »In Schuberts Instrumentalmusik, die in Ausdruck zerfließt, ist alles darauf angelegt, daß gleitende Übergänge anstelle von scharfen Grenzen entstehen. Das gleichsam festkörperliche Etwas des Tones wird durch den Leitklang aufgehoben, wird in Dynamisches, in Strömen, in Zerfließen, in Ausdruck verwandelt. Das Dynamische, Strömende, Ausdruckshafte dieser Musik führt innerhalb des Satzes zu kontinuierlichen Entwicklungen, zu allmählichen Steigerungen, aber auch zu jähen Abbrüchen, auch zu Kraftausbrüchen oder zu Kontrasten« (Georgiades).

Bei Schubert verwandelt sich die Wiener Musik. An die Stelle der klassischen Bauprinzipien tritt »Sich-Versenken in den Klang, das Sich-Identifizieren mit ihm und das Erzeugen eines strömenden, wie das eigene Blut pulsierenden Klangkontinuums«. »Anstelle des Gegenübers tritt die Identifizierung des hervorströmenden Klanges mit dem Ich« (Georgiades).

»Der Ausdruck als das Substrat seiner instrumentalen Musik verbindet Schubert mit einer neuen Zeit, an deren Anfang er mit diesem Bereich (seines Schaffens) steht. Es entsteht eine von Grund aus andersartige Musik, deren Fäden sich bis zur Gegenwart ziehen. Wir dürfen sie als die neue Musik bezeichnen« (Georgiades). Diese neue Musik fordert auch den Hörenden in anderer Weise. Die klassische Musik veranlaßt uns aufzuhorchen, ihr als einem realen Gegenüber unsere Aufmerksamkeit zuzuwenden, sie zu beachten und zu achten. Schuberts Musik verlangt, daß wir uns ihr öffnen, in ihr aufgehen, uns mit ihrem Klangstrom identifizieren.

Schubert steht mit seiner Musik im Beginn einer neuen Zeit. Aber er hat auch etwas Besonderes, das ihn unendlich liebenswert macht und seiner Musik die Eigenschaft und die Würde verleiht, in tiefsten Bedrängnissen Trösterin sein zu können.

»Eine Schubert Instrumental-Musik unterscheidet sich von der späteren, daß sie, selbst wenn sie in dunkle Bereiche hinabsteigt, zu lächeln vermag, daß sie auch dann schön bleibt!« (Georgiades). Das bedeutet, daß sie nie zum Ausdruck einer vollen Verzweiflung, einer völligen Menschenverachtung und Daseinsverdunkelung wird. Immer noch scheint ein Licht in ihr, immer noch fällt ein Verklärungsglanz auch in ihre dunkelsten Stellen. Das ist nicht möglich, allein aus der Künstlerschaft des Künstlers, das läßt sich nicht allein aus musikalischen Prinzipien ableiten. Das findet seine Erklärung allein im Religiösen, darin, daß Schubert lebenslang im christlich-katholischen Untergrund verwurzelt blieb. Er hat seinen letzten Rückhalt im Ewig-Positiven, in Gott dem Schöpfer und Erlöser nie verloren, auch nicht, wenn er durch die schrecklichsten Dunkelheiten gehen mußte. Die Musik blieb ihm immer eine anvertraute Gabe des Schöpfers. Sie dürfte also wohl ein Ausdrucksmittel der Angst und Klage werden, aber niemals ein Instrument der Verzweiflung.

Wir kommen damit zu dem dritten großartigen Werk dieses Jahres, zu Schuberts dritter Messe in As-Dur.

Über drei Jahre lag sie unter Schuberts Händen, nachdem er

sie schon im November 1819 begonnen hatte. Ein Skizzenblatt zum Credo aus dem Jahr 1821 zeigt etwas von seiner zwischenzeitlichen Arbeit an diesem Werk, das ihn also nicht mehr losgelassen hat. Im September 1822 nahm er die vorhandenen Blätter endgültig vor und konnte nach konzentrierter Arbeit die Messe zu Anfang Oktober abschließen. Die vorhandenen Unterlagen seiner Vorarbeiten und auch noch nachträgliche Änderungen zeigen, wieviel Mühe und Aufmerksamkeit Schubert an dies Werk gewandt hat. Seine inzwischen erreichten vielfältigen kompositorischen Fortschritte kamen der Messe in reichem Umfang zugute.

Es läßt sich gar nicht alles mit Worten beschreiben. Das innig weiche Flehen des Kyrie, das machtvolle Gloria mit seinen herrlichen Steigerungen, darin eingeflochten das wunderbar zarte, seelenvolle *gratias agimus* und das unendlich ehrfürchtige Agnus Dei, dann das erhabene *quoniam tu solus sanctus*, und schließlich die immer neuen Wellen des Jubels in der Fuge Cum sancto Spirito.

Die außerordentlichen Höhepunkte des Credo offenbaren die musikalische Ausdrucksfähigkeit Schuberts: das ehrfürchtig beginnende und dann in gewaltiges Ungestüm hingerissene Lob der omnipotenten Schöpfermacht des Vaters und des Sohnes, die verzückte Ehrfurcht des achtstimmigen *Incarnatua*-Chores, der zerbrochene Klang des *homo factus*, das erschrocken durch alle Räume der Welt, durch alle Höhen und Tiefen klagende *crucifixus*, die zagend scheue Nennung der Ursache dieses Schauders im *pro nobis* und *sub Pontio Pilato*, das abgrundtief sinkende *passus et sepultus*. Und dann die herrlichen Erhebungen vom *resurrexit* an bis zu dem unendlich weiten, allumfassenden Amen. Man kann auch nicht überhören, wie häufig und an welchen Stellen, mit welcher Betonung und Kraft das Bekenntniswort Credo auftaucht.

Das in die überirdischen Welten hineinreichende große Sanctus, das bezaubernd selige Benedictus und das unendlich innige, vor dem Wunder des Gottesopfers in heiliger Scheu fromm anbetende Agnus Dei, das über alle menschliche Erfahrung hinaushebende *qui tollis peccata mundi*, alles ein Wunder an Musik, führt zu dem die Messe schließenden *dona nobis pacem*. Ergreifend ist der Wechsel zwischen dem innig leisen Flehen der Einzelstimmen und den machtvoll über alle Erdennot hinausgreifenden Menschheitsruf *dona nobis pacem*, bis in dem unendlich beruhigenden, immer zarter und durchscheinender werdenden Ausklingen der Musik der verheißene ewige Frieden sich schon auf diese Erde herniedersenkt.

Bald nach ihrer Vollendung wurde die Messe einmal in der alten Kirche von Lerchenfeld im Westen Wiens aufgeführt. Schubert legte sie danach dem neuen Hofkapellmeister Eybler vor. Der aber lehnte eine Übernahme in den Gottesdienst der Hofkapelle ab, da sie nicht in dem vom Kaiser geschätzten Stil komponiert sei. So versank sie mit vielen andern Schubert-Werken für Jahrzehnte in Vergessenheit, bis sie nach 1860 wiederentdeckt und öffentlich aufgeführt wurde. Ihr erging es dann so wie vielen anderen Messen, daß sie aus der Kirche in den Konzertsaal wandern mußte, also nur noch als musikalische Komposition, nicht mehr im ursprünglichen Sinn als religiöses, gottesdienstliches Werk gehört und gefeiert wird.

Ähnlich wie Mozart stand Schubert Freimaurerkreisen nahe und damit der Aufklärung, die aber grundverschieden von der Aufklärung unserer Zeit ist, welche den naturwissenschaftlichen Materialismus zu ihrer Voraussetzung gemacht hat. Die Aufklärung der Menschen, zu denen Schubert gehörte, war nicht unchristlich, erst recht nicht atheistisch. Zu ihren Grundüberzeugungen gehörte die Ehrfurcht vor der Transzendenz Gottes, das Vertrauen auf Gottes Schöpfertum und die göttliche Vorsehung, die Gewißheit einer jenseitigen und einer zukünftigen besseren Welt, die Erkenntnis der tiefgreifenden Störung des gegenwärtigen Weltzustandes und endlich der Glaube an die vom Schöpfer verliehene lebende Existenz der menschlichen geistigen Persönlichkeit über den Tod hinaus, die Unsterblichkeit. Eine Fülle von Schubert-Liedern enthält diese zentrale Aussage und bekennt sie als das eigentlich Tröstliche in dieser Welt. Schon die Tatsache, daß Schubert viele solche Lieder komponierte, spricht für seine innere Übereinstimmung mit diesen Überzeugungen.

Es kann kein Zweifel an Schuberts aufrichtiger christlicher Frömmigkeit bestehen, und auch nicht daran, daß sie den tragenden Grund seines Lebenswerks ausmacht.

Sein Mitschüler aus der Konviktzeit, Karl Gegenbauer, charakterisiert rückblickend Schubert, ähnlich wie andere auch, als versonnen, in sich gekehrt, wenig gesellig, ganz der Musik hingegeben, und schreibt dann weiter: »Er hielt sehr viel auf seine Ehre und bewies in seinem ganzen Betragen, daß seine Mutter mit großer Sorgfalt und mütterlicher Zärtlichkeit den Grund der Religiosität und Rechtschaffenheit legte und sein jugendliches Herz hiervon erfüllte.« Anselm Hüttenbrenner, ebenfalls ehemaliger Schulkamerad und weiter in Verbindung mit Schubert stehend, legt in seinen für Franz Liszt geschriebenen Aufzeichnungen »Bruchstücke aus dem Leben des Liederkomponisten Franz Schubert, Wien 1854«, ein gleichlautendes Zeugnis über ihn ab: »Schubert hatte ein frommes Gemüt und glaubte fest an Gott und die Unsterblichkeit der Seele. Sein religiöser Sinn spricht sich auch deutlich in manchen seiner religiösen Lieder aus. Zur Zeit, als er Mangel litt, verlor er keineswegs den Mut, und hatte er zuweilen mehr, als er bedurfte, so teilte er auch gerne mit andern, die ihn um milde Gaben ansprachen.« Hüttenbrenner schließt seine Niederschrift: »Ich hege aber die lebendige Zuversicht, den teuren Jugendfreund und Kunstgenossen verklärt in schöneren Regionen wiederzufinden.«

Was nun die Bedeutung der Messen in Schuberts Leben angeht, läßt sich dafür gewiß eine Äußerung Mozarts heranziehen, deren Gültigkeit ganz besonders durch die letzte Schubert-Messe von 1828 bestätigt wird. Im Jahr 1789 wurde Mozart, als er auf einer Deutschlandsreise durch Leipzig kam, begeistert im Hause des dortigen Thomaskantors Friedrich Doles aufgenommen. Selbstverständlich wurden kunstinteressierte Gäste eingeladen, unter ihnen Friedrich Rochlitz. Dieser berichtet, wie einer der Gäste es für jammerschade erklärte, daß so viele Musiker ihre ungeheuren Kräfte auf meistens nicht nur unfruchtbare, sondern auch geisttötende Sujets der Kirche wenden mußten. Darauf habe Mozart geantwortet:

»Das ist mir auch einmal wieder so ein Kunstgeschwätz! Bei Euch aufgeklärten Protestanten wie Ihr Euch nennt, wenn Ihr Eure Religion im Kopfe habt, kann etwas Wahres daran sein, das weiß ich nicht, aber bei uns ist das anders. Ihr fühlt gar nicht, was das will, Agnus Dei, qui tollis peccata mundi, dona nobis pacem.

Kommunikation des Geistes

Aber wenn man von frühester Kindheit, wie ich, in das mystische Heiligtum unserer Religion eingeführt ist, wenn man da, als man noch nicht wußte, wo man mit seinen dunklen, aber drängenden Gefühlen hin soll, in voller Inbrunst des Herzens seinen Gottesdienst abwartete, ohne eigentlich zu wissen, was man wollte, und leichter und erhoben daraus wegging, ohne eigentlich zu wissen, was man gehabt habe, wenn man die glücklich pries, die unter dem rührenden Agnus Dei hinknieten und das Abendmahl empfingen, und beim Empfang die Musik in sanfter Freude aus dem Herzen der Knienden sprach, Benedictus qui venit, dann ist's anders. Nun ja, das geht freilich dann durch das Leben in der Welt verloren, aber – wenigstens ist's mir so – wenn man nun die tausendmal gehörten Worte nochmals vernimmt, sie in Musik zu setzen, so kommt das alles wieder und steht vor einem und bewegt einem die Seele.«

Wir müssen doch wohl die bekannten Worte ernst nehmen, die Schubert einmal in einem Brief an seinen Vater schrieb, die Frage beantwortend, wie er zu seinen gelegentlichen kirchlichen Kompositionen komme: »Ich glaube, das kommt daher, weil ich mich zur Andacht nie forciere, und, außer wenn ich von ihr unwillkürlich übermannt werde, nie dergleichen Hymnen oder Gebete componiere, dann aber ist sie auch gewöhnlich die rechte und wahre Andacht.« Also wahre Andacht!

Der Schluß des Jahres brachte Schubert im November 1822 die zeitweise Rückkehr ins Elternhaus. Warum er bei Schober auszog, wissen wir nicht. Es kann sein, daß ihm dort ein Zimmer reserviert blieb. Im Elternhaus hat Schubert die abschließende Arbeit an der »Unvollendeten« und an der »Wanderer-Phantasie« getan. Daneben entstanden verschiedene Liedkompositionen, darunter einige schöne Goethe-Lieder.

Über die Unterkunftsverhältnisse im elterlichen Schulhaus schreibt der Violonspieler Louis Schlösser, der damals in Wien weilte und Schubert besuchte: »Es war mir wohlbekannt, daß Schubert nicht in glänzenden Verhältnissen lebte. Dennoch überraschte mich der gänzliche Mangel an jedem Komfort. Ein geräumiges Zimmer zu ebener Erde, das eher der Werkstätte eines Arbeitsmannes als der Studierstube eines Komponisten gleich sah, worin ich nur ein mit Notenheften vollgepfropftes Klavier bemerkte, Saiteninstrumente, Pulte, die notwendigen

Tische und Stühle in Unordnung umherstanden, sonst aber keine Spur von Bequemlichkeit sich zeigte. Das war des jungen Meisters Künstlerheim, aus welchem so reiche Schätze von überströmender Empfindung hervorgingen.«

In der Silvesternacht 1822/23 saßen die Freunde bei Schober zusammen. Schubert trug jüngst geschaffene Lieder vor. Schober hatte für den Abend ein Gedicht geschrieben. Schwungvoll preist er darin die reichen Gaben, welche die Göttin des vergangenen Jahres über sie alle ausgeschüttete hat. Er läßt die Göttin sprechen:

Die schönsten Gaben, die in guter Stunde
Ich einzeln sende in die weite Welt,
Ihr fandet sie in eurem kleinen Bunde,
Ihr hattet sie geordnet und gesellt.

Die stumme Lippe wußte ich zu lösen,
Daß die Empfindung eine Sprache fand,
Die bunte Schar belebter Zauberwesen
Entquoll auf meinen Ruf der sichern Hand.

Dem Sänger hab ich Weisen eingegeben,
Noch seid ihr ja von ihrem Klang gerührt,
Und in der Dinge Geist und inneres Leben
hat euch die Kraft des Denkens eingeführt.

Die Freunde stießen fröhlich, hoffnungsvoll und gerührt auf das neue Jahr an. Noch ahnte wohl keiner unter ihnen, wie mühevoll, schier trostlos und verzweifelt es für den Geliebtesten und Hochgeschätztesten unter ihnen werden würde, für ihren Musiker Franz Schubert, in dessen Adern schon ein unheimliches Gift kreiste.

1823 – 1824

Der Boden dieses Daseins trägt nicht
Herrlichkeit und Abgründigkeit
der Welt

Mit dem Jahr 1823 begann für Schubert die bedrohliche Überschattung seines Lebens; dennoch wurde es ein Jahr reichen Schaffens. Die beglückende a-Moll-Sonate, viele Ländler, Walzer, Ecossaisen, eine Operette, eine Oper, die unvergleichliche Musik zu Rosamunde und mehr als ein Dutzend Lieder, darunter mehrere bedeutende, waren der Ertrag seines Fleißes. Dazu das bekannteste, beliebteste, aber wohl auch das vom Hörerpublikum am meisten verkannte Werk, der Liederzyklus »Die schöne Müllerin«.
 Der Titel ist trügerisch, erweckt falsche Erwartungen. Die bezaubernde Melodik vieler Lieder nimmt verführerisch gefangen und läßt den nicht aufmerksamen Hörer in Stimmung und Schönheit schwelgen. Aber schon im ersten Lied ist die Bedrohung des Lebens hörbar gemacht. Unzuverlässigkeit und Treulosigkeit des menschlichen Daseins, Unsicherheit des Herzens und Nähe des Todes bestimmen zunehmend den Klang der Lieder. Am Ende stehen Enttäuschung und freiwilliges Sterben. Ein zarter, nicht mehr irdischer Hoffnungsschimmer wirft seinen Glanz auf den tragischen Ausgang. Das Schicksal des von der schönen Müllerin in seiner Liebe betrogenen Müllerburschen steht exemplarisch für die tiefe menschliche Not betrogener Hoffnungen. Das ist durch Schuberts Kunst aus dem melancholischen Liederzyklus geworden.
 Der Gedichtkreis von der schönen Müllerin hat seinen Entstehungsort in einem zu Anfang des vorigen Jahrhunderts beliebten Gesellschaftsspiel. Eine Geschichte mit einigen dramatischen Personen wurde hingeworfen, und jeder der anwesenden Gäste mußte sie in einer schnell gedichteten Strophe fortspinnen. Um 1816/17 versammelte der Geheime Staatsrat von Stägemann in Berlin, dem die schöne und künstlerisch gebildete Tochter den Haushalt führte, einen Kreis junger geistrei-

cher Menschen zu geselligen Abenden um sich. Dort beschloß man bei solcher Gelegenheit, das damals beliebte Thema vom Müllerburschen und seiner Müllerin zum Gegenstand dichterischer Improvisation zu machen. Der Müllerbursche liebt die schöne Müllerin und sie gibt ihm ihr Ja. Dann aber tauchen der Gärtner, der Junker und der Jäger auf. Die Müllerin wendet sich dem forschen, stattlichen Jäger zu, und der verzweifelte junge Müller sucht den Tod im Mühlenbach.

Die damals entstandenen Strophen veranlaßten den zu dem geselligen Kreis gehörenden Musiker Ludwig Berger, den mitbeteiligten jungen Dichter Wilhelm Müller zu bedrängen, er solle doch aus der mehr improvisierten Szenenfolge einen eigenen, in sich geschlossenen Gedichtzyklus zustande bringen, mit nur drei dramatischen Personen, dem Müller, der Müllerin und dem Jäger.

Müller, einst Teilnehmer an den Freiheitskriegen, hatte sich in Berlin einem Bund junger Dichter angeschlossen – auch ehemalige Freiheitskämpfer – und war schon als deutscher volksliedhafter Dichter bekannt geworden. Auf seinen Reisen begegnete er in Wien Führern des griechischen Freiheitskampfes gegen die Türkenherrschaft und wurde ihr begeisterter Dichter. Man nannte ihn den Griechenmüller. Er nahm die Anregung Bergers auf und schrieb in den Jahren 1818 bis 1820 den Zyklus »Die schöne Müllerin«. Er wandte viel Liebe und Sorgfalt daran, wie die verschiedenen Textverbesserungen bis zur endgültigen Ausgabe zeigen. Die im November 1820 gedruckten »Sieben und siebzig Gedichte aus den hinterlassenen Papieren eines reisenden Waldhornisten« eröffnete er mit dem Müllerinnen-Zyklus, der nicht erst durch Schuberts Komposition seinen Wert hat. Heinrich Heine, der dafür wohl zuständig ist, lobte den echten lyrischen Volkston der Gedichte. Er empfand sie als eigenartige, persönliche Aussage der eigenen Erfahrung des noch vor Schubert gestorbenen Dichters, seiner tiefen Neigung zu Luise Hensel, der frommen Dichterin geistlicher Lieder. Clemens Brentano, der romantischer und kühner um Luise zu werben verstand, steht hinter der Gestalt des grünen Jägers.

Den zweiten, 1824 erschienenen Gedichtband, in dem die »Winterreise« enthalten ist, widmete Müller dem Komponisten Carl Maria von Weber. Müller empfand die meisten seiner Gedichte als Lieder und suchte einen, der sie vertonen würde. Schon 1825 schrieb er in sein Tagebuch: »Ich kann weder spielen noch singen, und wenn ich dichte, so sing' ich doch und spiele auch. Wenn ich die Weisen von mir geben könnte, so würden meine Lieder besser gefallen als jetzt. Aber getrost, es kann sich ja eine gleichgestimmte Seele finden, die die Weise aus den Worten heraushorcht und sie mir zurückgibt.« Müllers Wunsch erfüllte sich für ihn selbst nicht mehr, denn er hat Schuberts Komposition nicht kennengelernt und wahrscheinlich niemals von Schubert gehört.

Es gibt eine nicht zuverlässige Anekdote darüber, wie Schubert den Müllerschen Gedichtband im Zimmer eines Bekannten, der gerade nicht anwesend war, liegen sah, aufschlug, so gepackt wurde, daß er das Büchlein einsteckte, nach Hause eilte und zu komponieren anfing, so daß er am nächsten Tag dem das Büchlein Suchenden die ersten fertigen Lieder zeigen konnte. Doch so kann es nicht gewesen sein. Wir wissen nicht, wann und wie Schubert 1823 an den Gedichtband kam. Er spürte aber das in diesen Gedichten unruhig klopfende Herz und wurde durch die Worte so stark bewegt, daß er sie nicht mehr aus seinem Hören verbannen konnte. Er war es, der »die Weise aus den Worten heraushorchte«.

Er muß den ganzen Zyklus viele Male gelesen haben, denn man kann seine Komposition nur als eine äußerst kunstvoll zusammengefügte Ganzheit begreifen. Die Lieder stehen nicht einzeln für sich herausnehmbar nur neben- oder nacheinander. Sie sind durch eine musikalische Grundempfindung auf das innigste miteinander verbunden und durch bestimmte wiederkehrende oder anknüpfende und weiterführende kompositorische Gestaltungsmittel zu einer in sich übereinstimmenden, tief bewegenden Aussage schubertscher Lebensempfindung geworden.

Schubert änderte die Überschrift des ersten Liedes. Statt »Wanderschaft«, ein konkretes, mit einer bestimmten Vorstellung verbundenes Wort, nämlich der Wanderschaft eines Handwerksgesellen, schrieb er »Das Wandern«. Das ist ein Schicksalswort, ein Symbolwort für die menschliche Existenz. Von der zweiten Strophe an, in der ein bestimmtes menschliches Ich sprechend auftritt, kommt die schicksalhafte Bewegung eines menschlichen Daseins durch Hoffnungen und Enttäuschungen in Gang.

Anders als die allgemein bekannte, von so vielen fröhlich durch Wald und Feld wandernden Menschen schon gesungene Melodie, ist Schuberts Komposition der ersten Strophe überhaupt nicht als Wanderlied singbar. Sie erweckt zuerst den Eindruck, als beginne ein kraftvolles, lebendiges Vorwärtsschreiten. Es kommt etwas in Bewegung, und man möchte wohl, daß das Lied immer so weiterginge. Aber es ist da gleichzeitig etwas Hemmendes, Staunendes, Polterndes. Die Komposition hat ihre Eigenart nicht vom Eingang her, von der Lust am Wandern, sondern von den stampfenden Rädern und den polternden Steinen der dritten und vierten Strophe. Was mag wohl auf den Menschen als den Wanderer zukommen?

Das Schicksal nähert sich. Im zweiten Lied »Wohin?« gewinnt der Wanderer für uns Gestalt, der Müllerbursche steht hoch über dem Waldtal: »Ein Bächlein hört ich rauschen wohl aus dem Felsenquell«. Verzaubernde Äolsharfenmusik umfängt ihn, lockt ihn in die Tiefe, dem Bächlein zu folgen. Er wird seiner selbst unsicher: »Ist das denn meine Straße?« Er ahnt, daß geheime Kräfte ihn ziehen, »Es singen wohl die Nixen tief unten ihren Reig'n«. Aber er folgt ihrem Locken, die ihm zurufen: »Wandre fröhlich nach!« Schon klingen in der Komposition Klänge aus den Todesliedern an, aus »Trockene Blumen« und »Des Baches Wiegenlied«.

Im dritten Lied, »Halt!«, ist der Wanderer ans Ziel gekommen: »Eine Mühle seh ich blinken«, und er jubelt: »Die Sonne, wie helle vom Himmel sie scheint.« Aber das Lied hindurch poltern und grummeln drohend im Untergrund die Mühlenräder, dunkle Schicksalsmächte.

Der Müllerbursche beginnt sein Gespräch mit dem Bach, der ihn führte: »Danksagung an den Bach«. Er hat die Mühle und darin die schöne Müllerin gefunden. Er fragt den Bach: »Gelt, hab ich's verstanden? Zur Müllerin hin!« In dieser Frage liegt der betonte Höhepunkt des Liedes, das in stillen, sanft bewegten, aber merkwürdig offenen Klängen dahinfließt, bis zu dem beherrschten Jubel: »Nun hab ich genug, für die Hände, für's Herze vollauf genug«.

»Am Feierabend«, großartig, wie Schubert die verschiedenen Stimmungen zusammenkomponiert, die drängende, aufgeregte Schaffenslust des jungen Müllers, der der Müllerin seinen »treuen Sinn« beweisen möchte, die tiefe, ruhige Stimme des Meisters, der am Abend allen sein Lob gibt, und den Stich ins Herz des Müllers, weil »das liebe Mädchen« zu »allen« gleich freundlich ist, denn längst wirbt seine Liebe um ihre Aufmerksamkeit, und der Hörer kann schon empfinden, daß ein tragischer Ausgang zu erwarten ist.

Der Müllersbursche, »Der Neugierige«, von Herzenssehnsucht umgetrieben, möchte wissen, ob auch sie ihn liebt. Berückend schön dies fragende Singen, begleitet von dem ruhigen Lauf des Bächleins: »Ich frage keine Blume, ich frage keinen Stern. – Mein Bächlein will ich fragen, ob mich mein Herz belog.« Es ist eine Frage auf Leben und Tod: »Will ja nur eines wissen, ein Wörtchen um und um«, Ja oder Nein. »Die beiden Wörtchen schließen die ganze Welt mir ein.« Hier, auf dem Höhepunkt des Liedes, bedrängt uns die tief traurige Klage eines gequälten Menschenherzens, und wie der Müllerbursche in seinem Flehen von dem Bächlein ohne Antwort gelassen wird, bewegt immer noch das Herz des Hörers. Unsagbar schön ist das Lied, aber auch unsagbar traurig.

»Ungeduld«, der Müllerbursche kann seine Gefühle nicht zurückhalten, er singt aus sich heraus, was er alles tun möchte, um dem Mädchen seine Liebe kundzutun, voll stürmischer, quirlender, durcheinandergewirbelter Ungeduld, jagendes, jubelndes Herz. Die Begleitung treibt unaufhaltsam vorwärts, aber in ihrer gehetzten Rhythmik bietet sie einen unsicheren Untergrund für den immer wiederholten Jubelruf des Müllers: »Dein ist mein Herz, und soll es ewig bleiben.«

Der innere Aufschwung des von seiner Liebe bedrängten Herzens erfüllt den zarten, innigen »Morgengruß«, den der Müller seiner schönen Müllerin singt. Die Stimmung des noch nicht ganz Wachen, des noch wie Verträumten, des aufatmenden Sichöffnens für das Leben des Tages gibt dem Lied seinen eigenartigen Reiz. Aber ans Herz greift die wehmütige Stelle, da die Müllerin ihr Köpfchen zurückzieht und der Müller klagt: »Verstört dich denn mein Blick so sehr? So muß ich wieder gehen.« Und noch einmal die ganze schubertsche Melodik in der Klage der beiden letzten Zeilen: »Und aus dem tiefen Herzen ruft die Liebe Leid und Sorgen«.

Wie ein stilles, besinnliches Ausruhen mutet das nächste Lied an, von »Des Müllers Blumen«, die er der Müllerin unter ihr Fenster pflanzen will, damit sie ihr seinen Gruß zurufen. »Ihr wißt ja, was ich meine.«

Das Lied »Tränenregen« schließt den ersten Teil des Zyklus'. Der tragische Ausgang kündet sich an. Während des ganzen Liedes begleitet der Bach das Singen des Müllers mit seinem leisen, plätschernden Tropfen und Perlen. Der Müllerbursche singt erzählend von einem Abend, an dem er zusammen mit der Müllerin am Mühlenbach sitzt. Mond, Sterne und Himmel, und auch das geliebte Angesicht sieht er im Wasserspiegel. Noch immer weiß er nicht, ob seine Liebe erwidert wird. In seinem Liebesschmerz fühlt er sich magisch von der Wassertiefe angezogen. Tränen füllen seine Augen. Sein Singen und das begleitende Rauschen des Wassers werden dunkler und dunkler. Das Mädchen aber mag seinen Gefühlsausbruch nicht: »Sie sprach: Es kommt ein Regen, Ade, ich geh nach Haus.« Ein ergreifendes Lied. Was in seiner Tiefe anklingt, kann überspielt, aber nicht ausgelöscht werden.

Das nächste Lied, mit dem der zweite Teil des Zyklus' eröffnet wird, »Mein!«, setzt voraus, daß das Mädchen dem Müller ihr Jawort gegeben hat. Er quillt über von neuer, sprudelnder Lebenslust und Energie. Es scheint, als könne der Müller vor Freude gar nicht zu Ende kommen mit seinem Singen und müsse die ganze Welt in sein Jauchzen mit hineinziehen: »Die geliebte Müllerin ist mein! Mein!« Das Geschehen kommt in Bewegung.

Aber schon bringt das nächste Lied, »Pause«, neue Schatten. Schubert schlägt hier einen anderen Ton an. Die Grundstimmung ist tragisch. Der Müller hat seine Laute mit einem grünen Band umschlungen und an die Wand gehängt. »Ich kann nicht mehr singen, mein Herz ist zu voll.« Den Müller bedrängen ängstigende Fragen um die Tiefe seines Glückes. Die Begleitung umspielt seine Gedanken, als wäre die Laute ein selbstklingendes, mitfühlendes Instrument. »Und weht ein Lüftchen über die Saiten dir, und streift eine Biene mit ihren Flügeln dich, da wird mir so bange und es durchschauert

Der Boden dieses Daseins trägt nicht

mich.« Fahle, unwirkliche Klänge, Begleitung und Singen scheinen auseinanderzubrechen, Schauer erweckt der seufzende Klang der Laute, die den Müller mit seinen bangen Fragen allein läßt: »Ist es der Nachklang meiner Liebespein? Soll es das Vorspiel neuer Lieder sein?« Zwei kleine Wortänderungen, die Schubert vornahm, lassen ahnen, mit welch tiefen Eigengefühlen er die ihm vorliegenden Texte las und sich aneignete. In der sechsten Zeile veränderte er »Liederscherz« in das bedeutungsvolle »Liederschmerz«, und zwei Zeilen weiter ersetzte er das Wörtchen »meint' ich doch« durch das tief persönliche »glaubt' ich doch«. Leider wird das in den vorliegenden Plattenausgaben nicht beachtet.

»Schad' um das schöne grüne Band, daß es verbleicht hier an der Wand, ich hab das Grün so gern«, bettelt die schöne Müllerin im nächsten Lied: »Mit dem grünen Lautenbande«. Das Singen des Müllers klingt übertrieben herzlich, zu stürmisch geht er auf ihren Wunsch ein, und fast unheimlich unecht klingt, wie er dem schon treulosen Mädchen zusingt, daß auch er die grüne Farbe liebe: »Weil unsre Lieb ist immer grün, weil grün der Hoffnung Fernen blühn.«

Ein abgründig trügerisches Lied!

Schuberts Vertonung der Müllerlieder dringt zu den Tiefen menschlicher Existenz vor. Not und Bedrohung jeder wahren Liebe, ihr Schweben über Abgründen, ihr Leiden an der Nichterfüllung oder Enttäuschung, ihre Nähe zum Tode, ihr unendlicher Wert in der unwandelbaren Treue des durch keine Enttäuschung beirrten Liebenden, diese Grunderfahrungen menschlichen Daseins haben in der Musik dieser Lieder einen einmaligen Ausdruck gewonnen. Das ist der Grundton des ganzen Zyklus', die fortschreitende Handlung entfaltet ihn nur.

So bringt das nächste Lied »Der Jäger« nichts überraschend Neues, nur: Das Bedrohende bricht herein! Atemlos vor Eifersucht, begehrend trotzig, wütend schimpfend, hilflos sich austobend, von vornherein unterlegen, der mehlweiße Müller gegenüber dem draufgängerischen grünen Jäger: packend, wie Schubert diese innere Verfassung in den hetzend-jagenden Stößen der Komposition verwirklicht.

Die Erregung geht in das nächste Lied hinüber: »Eifersucht und Stolz«. Wild polternd überstürzt sich der Bach in der

Begleitung. In verhaltener Wut singt der Müller, der Bach solle dem Mädchen sein unschickliches Flirten mit dem Jäger vorhalten. »Geh, Bächlein, hin und sag ihr das, doch sag ihr nicht, hörst du, kein Wort von meinem traurigen Gesicht.« Immer leiser spricht der Müller, in dem sich der Stolz des Liebenden über die Eifersucht erhebt. Er spiele den Kindern schöne Lieder vor, soll ihr das Bächlein sagen. Schubert vertieft in seiner musikalischen Komposition das menschliche Bild des Müllers, dem er zum Schluß des Liedes wiederholt das schmerzvoll bebende »Sag ihr's« in den Mund legt.

In dem nächsten Lied, »Die liebe Farbe«, läutet das Totenglöcklein. Über fünfhundertmal schlägt die sanfte Begleitung den Ton fis an. Wir hören das Singen eines Liebenden, den die Enttäuschung in den Wahnsinn treibt. »In Grün will ich mich kleiden, mein Schatz hat's Grün so gern. Wohlauf zum fröhlichen Jagen! Mein Schatz hat's Jagen so gern. Das Wild, das ich jage, das ist der Tod.« Eine Welt voll Traurigkeit tut sich im Singen des armen Müllerburschen auf, der wie im Irrsinn das schaurige »Mein Schatz hat's Grün so gern« bis zu Ende singt.

Aber dann erhebt sich im nächsten Lied die empörte Verzweiflung gegen »Die böse Farbe«. Begleitung und Gesang stürmen mit der Energie des ersten Liedes »Das Wandern« dahin. »Ich möchte ziehn in die Welt hinaus!« Dreimal hebt das Singen mit diesem »Ich möchte« an. Zweimal schreckt es zurück, weil dem Müller überall die grüne Farbe begegnet. Beim dritten Mal wird das Lied zart und weich: »Ich möchte liegen vor ihrer Tür –, und singen ganz leise bei Tag und Nacht das eine Wörtchen Ade!«. Flehend und todesbereit klingt das letzte Ade aus.

Feierlich langsamer Trauermarsch, ernstes Schreiten des Trauergefolges begleitet die erste Strophe des Liedes: »Trokkene Blumen.« »Ihr Blümlein alle, die sie mir gab, euch soll man legen mit mir ins Grab.« Mag auch dem Gedicht eine gewisse volksliedhafte Sentimentalität zu eigen sein, Schubert hat diese Verse in solch zauberhafte Schönheit gekleidet, daß dadurch die Gefühle eines todtraurigen Menschenherzens ins ewig Gültige gehoben sind. »Und Blümlein liegen in meinem Grab, die Blümlein alle, die sie mir gab!« Schubert verändert den Punkt hinter diesem Satz in ein Ausrufungszeichen und

Der Boden dieses Daseins trägt nicht

erhebt in der Melodie den Ruf »Sie mir gab« zu einem Höhepunkt des Liedes. Der Müller kennt in seinem Herzen keinen Groll gegen das schwache Mädchen, seine Liebe bleibt treu. Und nun wandelt sich das Lied. Die Begleitung, jetzt das vom Trauermarsch her gewohnte Trio in Dur, wird zum Reigen der Seligen. Der todbereite Müller sieht im Geist voraus, wie das Mädchen, an seinem Grabhügel vorübergehend, sich seiner erinnert: »Und denkt im Herzen: Der meint es treu.« In steigernder Freudigkeit erhebt sich sein Singen. Dann bricht es jubelnd aus seiner Brust: »Dann Blümlein alle, heraus, heraus! Der Mai ist kommen, der Winter ist aus«.

Seine Treue wurde erkannt, anerkannt, die Liebe triumphiert über alle Enttäuschung, für die durch nichts zu tötende Liebe beginnt ein neues Leben, ein ewiger Mai. Hier hat Schubert seiner innersten, ihn immer begleitenden Gewißheit einer ewigen Verklärung des im Irdischen unerfüllbaren Herrlichsten Ausdruck gegeben. Das, was er hier in seiner Musik so triumphierend singt, bedeutet für ihn keine trügerische Vision oder unerfüllbare Utopie, sondern erhoffte Realität. Alle andere Deutung wird dem Menschen und Musiker Schubert nicht gerecht. Die Nachklänge der Begleitung sinken in die den Müller noch umgebende irdische Dunkelheit zurück, von einer Tiefe zur andern.

Wahrhaftig: Leib und Seele werden von der unerträglichen Last des ausweglosen Menschseins erdrückt. Das letzte Lied, das der Müller selbst noch auf dieser Erde singt, ist sein Zwiegespräch mit dem Bach: »Der Müller am Bach«. Es ist Schuberts Geheimnis, wie er so schlichte poetische Worte so scheinbar einfach und naiv in Musik fassen und in ein so tief zu Herzen gehendes Singen verwandeln kann. Der Müller klagt seinem treuen Gefährten, dem Bächlein, seine ihm die ganze Welt verdunkelnde Herzensnot. Die sich der Klage anpassende Begleitung erweckt mit ihrem sich gleichbleibenden Zweitonschritt das Gefühl der Unausweichlichkeit. Der Bach erhebt tröstend seine Stimmen, verspricht neue Lebensmöglichkeit: »Wenn die Liebe dem Schmerz sich entringt«. Aber der Müller mag nicht mehr leben. »Ach unten, da unten, die kühle Ruh!«

Die Klänge des Baches wandeln sich, bergendes Dunkel umgibt den Müller, über seiner verstummenden Stimme steigt in dem zum Himmel verklingenden Nachspiel der ewige Friede auf.

»Des Baches Wiegenlied« schließt den Zyklus. Wie eine eintönige Zauberformel umhüllt die traumhafte, magische Melodie den in der kristallenen Tiefe schlummernden Müller. »Wanderer, du Müder, du bist zu Haus.« Von dieser musikalischen Mitte des Liedes aus läßt Schubert die Melodie in die unendliche Ruhe münden: »Die Treu ist hier, sollst liegen bei mir, bis das Meer will trinken die Bächlein aus.« Unendlichkeit tut sich auf. Der Bach wehrt ab, was den Schläfer beunruhigen könnte, den Jäger aus dem grünen Wald, das Mägdlein vom Mühlensteg. Das Singen erhebt sich zum Überirdischen hin, zum ewigen Morgen, zur offenen Weite des reinen Himmels: »Gute Nacht, gute Nacht! Bis alles wacht, schlaf aus deine Freud, schlaf aus dein Leid! Der Vollmond steigt, der Nebel weicht, und der Himmel da droben, wie ist er so weit!«

Schubert schrieb den größten Teil dieser Lieder während seines Aufenthalts im Wiener Stadtkrankenhaus und brachte den Zyklus noch vor Ende November, wieder zu Hause, zum Abschluß, da er dann schon mit einem Verleger wegen Veröffentlichung im Frühjahr 1824 in Verbindung trat. Eine die körperliche und geistige Existenz bedrohende Krankheit überschattete etwa seit Anfang des Jahres sein Leben, und am letzten Abend des Jahres hatte er bei der Silvesterfeier im Freundeskreis seinen Arzt J. Bernhardt neben sich, einen auch geistig interessierten Mann, der ihn seit einiger Zeit behandelte. Schubert hatte im Lauf des Jahres den Arzt gewechselt und sich diesem von Freunden empfohlenen Mann zugewandt, bei dem er in guten Händen gewesen zu sein scheint.

Wir haben aus dem ersten und zweiten Krankheitsjahr Dokumente von Schuberts eigener Hand, die uns Einblick in seinen inneren Zustand geben. Nur vor ganz wenigen und ganz selten gab er sich so preis, und durch sein fast immer freundliches Wesen und die Unerschöpflichkeit seiner durch ihre Schönheit über sein Leid hinwegtäuschende Musik wurde es seinen Freunden nur selten bewußt, wie es wirklich in ihm aussah.

Das erste Dokument ist ein Gedicht, das sich nach seinem Tode unter seinen Papieren fand, ein einsames Gespräch des durch eigene Schuld der Vernichtung ausgelieferten Künstlers. Drohend liegt der ihn verschlingende Abgrund vor ihm, seine tiefste Sehnsucht streckt sich aus nach dem barmherzigen Gott, von dessen Liebe allein er, durch die Bitternis des Todes hindurch, eine ewige Erneuerung erwartet. Die Grundworte, die Schuberts Existenz bestimmen, Tod, Sehnsucht, reine Liebe, Erneuerung, bestimmen auch dies Gedicht, dem Schubert selbst die Überschrift gab.

Mein Gebet

Tiefer Sehnsucht heil'ges Bangen
Will in schön're Welten langen;
   Möchte füllen dunklen Raum
   Mit allmächt'gem Liebestraum.

Großer Vater! Reich' dem Sohne,
Tiefer Schmerzen nun zum Lohne,
   Endlich als Erlösungsmahl
   Deiner Liebe ew'gen Strahl.

Sieh, vernichtet liegt im Staube,
Unerhörtem Gram zum Raube,
   Meines Lebens Martergang
   Nahend ew'gem Untergang.

Tödt' es und mich selber tödte,
Stürz' nun alles in die Lethe,
   Und ein reines kräft'ges Sein
   Laß, o Großer, dann gedeih'n.

8. Mai 1823   Frz. Schubert

Wie oft mag er sich in dieser Zeit an diese Worte geklammert haben? Schubert hatte längst die innere Krise überwunden, in die er durch den Einfluß seines leichtfertigen Freundes Schober geraten war. Aber die Folgen blieben ihm. Irgendwann gegen Ende des Jahres 1822 hat er sich eine Geschlechtskrankheit zugezogen. Schober, dem andere Freunde die Schuld zuschoben, vermittelte ihm den ersten Arzt. Schubert aber zog noch im Dezember bei Schober aus. Seine eigene Familie nahm ihn wieder auf. Er kehrte in das elterliche Schulhaus in der Rossau zurück. Er brauchte Liebe, und er fand sie dort.

Schubert mußte die ihm noch geschenkten sechs Lebensjahre hindurch in ärztlicher Behandlung bleiben, zumindest, wenn es ihm zeitweise besserging, unter ärztlicher Aufsicht leben. Die medizinische Wissenschaft konnte damals, vor der Entdeckung der Bakterien, die venerischen Erkrankungen noch nicht einwandfrei unterscheiden. Deshalb lebte Schubert zwischendurch eine Zeitlang in der Hoffnung, er könne wieder ganz gesunden. Aber die aus kurzen Mitteilungen erkennbaren Symptome zeigen, daß es sich um die zu der Zeit noch unheilbare, den Menschen langsam zerstörende Art gehandelt hat. Man nannte damals die Krankheit nicht öffentlich beim Namen, schwieg rücksichtsvoll. Die Symptome erfahren wir aus verschiedenen brieflichen Mitteilungen, und in späteren Aufzeichnungen der Freunde stehen deutliche Bemerkungen. Aber alle in Schuberts Verwandtschaft und Freundeskreis wußten Bescheid, und der Betroffene, Schubert selbst, hatte gewiß an anderen Menschen in Wien den schrecklichen Verlauf bis zur körperlichen und geistigen Verwüstung vor Augen. Mit welchen Schrecken, Depressionen, Hoffnungen und Enttäuschungen er, der so tief empfindende Mensch, zu kämpfen hatte, ist kaum vorstellbar, aber in vielen seiner weiteren Werke spürbar.

Um ihm in etwa nahe zu kommen, müssen wir ihn auf seinem Krankheitsweg begleiten.

Die erste zeitlich datierte Nachricht über Schuberts Krankheit finden wir in seinem Brief vom 28. Februar 1823 an den Hofrat von Mosel, Opernangelegenheiten betreffend: »Verzeihung, daß ich schon wieder mit einem Schreiben lästig fallen muß, da meine Gesundheitszustände mir noch immer nicht erlauben, außer Haus zu gehen.« Schubert war also wohl schon länger krank, und vermutlich litt er unter den auch später immer wieder auftretenden Symptomen Kopfschmerzen und Schwindel. Im Mai schrieb er das ergreifende Selbstzeugnis »Mein Gebet«. Trotz alledem hat er fleißig gearbeitet.

Die zweite briefliche Äußerung finden wir in Schuberts Brief an Schober vom 14. August 1823, in Steyr geschrieben, wo

Schubert sich mit Vogl während seiner sommerlichen Konzertreise aufhielt:

»Ich correspondiere fleißig mit Schäffer [der Arzt] und befinde mich ziemlich wohl. Ob ich je wieder ganz gesund werde, bezweifle ich fast. Ich lebe hier in jeder Hinsicht sehr einfach, gehe fleißig spazieren, schreibe viel an meiner Oper und lese Walter Scott.«

Sein häufiger Briefwechsel mit seinem Arzt zeigt, daß er Auskünfte über seinen Zustand gab und Behandlungsanweisungen erbat. Dazu gehörten, wie wir weiterhin feststellen können, Diätvorschriften und viel Bewegung in der frischen Luft. Schubert konnte also nicht ohne Arzt sein und sah seine Situation recht ernst.

Einen Hinweis auf sein Befinden während seines Sommeraufenthalts in Oberösterreich finden wir auch in einem Brief Doblhoffs vom 12. November aus Wien an Schober: »Von Anstetten lenkte ich über Seitenstätten nach Steyr ein, um unsern lieben Schwämmelein [Spitzname für Schubert wegen seiner kleinen rundlichen Gestalt] zu besuchen. Ich fand ihn damals bedenklich krank, doch das weißt du ohnedies.«

In demselben Brief heißt es dann weiter, in bezug auf den November: »Endlich scheint Schubert ernstlich seiner Genesung entgegenzuschreiten.«

Nach dem Krankenhausaufenthalt im Oktober scheint, von kleinen Rückfällen abgesehen, tatsächlich eine wesentliche Besserung eingetreten zu sein. Am 9. November schreibt Schwind aus Wien an Schober in Breslau über ein fröhliches Zusammensein der Freunde in der »Krone«, zur Verabschiedung des Malers Kupelwieser, der eine Italienfahrt unternahm: »Wir speisten alle dort außer Schubert, der denselben Tag im Bett lag.« Aber schon am 12. November hatte Doblhoff von der Wende zur Genesung geschrieben, und am 30. November schrieb Schubert selbst an Schober: »Außer meinen Gesundheitsumständen, die sich (Gott sey Dank) ganz fest zu stellen scheinen, geht alles miserabel. – Übrigens hoffe ich meine Gesundheit wieder zu erringen, und dieses wiedergefundene Gut wird mich so manches Leiden vergessen machen, nur Dich, lieber Schober, Dich werde ich nie vergessen, denn was Du mir warst, kann mir leider niemand andrer seyn.« Es zeugt von der inneren Größe und Freiheit Schuberts, daß er so zu Schober hielt, dessen leichtfertiger Lebenswandel ihm zur Gefahr geworden war, dem er aber an geistiger Weite und Beweglichkeit so viel verdankte. Gerade in diesem Brief klagt er über die Enge und Primitivität »solcher Individuen, gewöhnliche Studenten und Beamten«, die sich jetzt im Freundeskreis breit machen und die »nichts anderes als ewig vom Reiten und Fechten, von Pferden und Hunden reden«. Und von Geld, wie er an anderer Stelle schreibt.

Am 9. Dezember schreibt Kupelwiesers Braut Johanna Lutz an ihren Verlobten nach Venedig: »Der Schubert ist schon recht gesund und zeigt auch schon wieder Lust, die strenge Ordnung nicht mehr lange zu halten (die ärztlichen Anordnungen betr. Diät und Lebensweise). Wenn er sich nur nicht verdirbt. O, da wäre es wieder recht gut, wenn Sie da wären.« Kupelwieser hatte mit seiner strengen Ordnungsliebe einen guten Einfluß auf Schubert, der sich jetzt, da er sich wieder gesund fühlte, seinem Hang zur fröhlichen Gemütlichkeit im Freundeskreis überließ, wobei dann die Diätvorschriften und geregelte Tageseinteilung Schaden litten.

Zeitweise hatte Schubert wohl auch unter Ausschlag auf dem Kopf zu leiden. In einem Brief Schwinds an Schober vom 24. Dezember 1823 lesen wir: »Schubert ist besser, es wird nicht lange dauern, so wird er wieder in seinen eigenen Haaren gehen, die wegen des Ausschlages geschoren werden mußten. Er trägt eine sehr gemütliche Perücke.«

Aus Briefen anderer Freunde im Januar 1824 erfahren wir: »Schubert ist ziemlich gesund«, »Schubert ist fast ganz gesund und fast in beständigem Umgang mit Bernhardt« [dem Arzt, der bei der Silvesterfeier neben ihm saß].

Die Krankheit war aber nicht gebrochen, und der Arzt versuchte eine neue, strengere Behandlungsweise. Darüber schrieb Schwind am 13. Februar an Schober: »Schubert hält jetzt ein vierzehntägiges Fasten und Zuhausebleiben. Er sieht viel besser aus und ist sehr heiter, ist sehr komisch hungrig und macht Quartetten und Deutsche und Variationen ohne Zahl.«

Weiter am 6. März: »Schubert ist schon recht wohl. Er sagt, in einigen Tagen der neuen Behandlung hätte er gefühlt, wie sich die Krankheit gebrochen habe und alles anders sei. Er lebt noch immer einen Tag von Banaderl, den andern von einem Schnitzel und trinkt schwelgerisch Thee, dazu geht er öfters baden und ist unmenschlich fleißig.«

Aber Schubert fühlte sich noch immer von dieser schrecklichen Krankheit bedroht. Am 31. März 1824 schrieb er einen tief verzweifelten, ehrlichen Brief an seinen Malerfreund Kupelwieser nach Rom. Allein Gott und diesem einen Menschen, vielleicht noch Bruder Ferdinand, schüttete er sein ganzes Herz aus. Er sah selbst seine Situation wohl deutlicher als die gutmeinenden und ihn liebenden Freunde in Wien. Wir werden auf den Brief später ausführlich zurückkommen.

Am 10. April schreibt Schwind an Kupelwieser in Rom: »Schubert ist fast ganz wohl. Er war die Zeit her bey sehr schmaler Kost in Hausarrest und daher sehr fleißig.« Wenige Tage später aber mußte er an Schober schreiben: »Schubert ist nicht ganz wohl. Er hat Schmerzen im linken Arm, daß er gar nicht Klavier spielen kann.«

So blieb es auch im Jahr 1825. Am 28. Juli schrieb Schubert aus Steyr, wo er wieder mit Vogl auf Konzertreise war, an seinen Vater: »Sehr erfreute mich das allerseitige Wohlbefinden, zu dem ich, der Allmächtige sei gepriesen, auch das meinige hinzufügen kann.« Wieviel an inneren Spannungen, Hoffnungen und Dankesgefühlen spricht aus diesem spontanen Lobpreis des Allmächtigen. Schubert muß in diesen seelischen Notzeiten seinem Gott sehr nahe gewesen sein.

In Bauernfelds Tagebuch steht zwar zu Silvester 1825/26: »Silvester bei Schober, ohne Schubert, der krank war.« Aber das scheint nur eine vorübergehende, andersartige Erkrankung gewesen zu sein. Denn durch den Winter, das Frühjahr und den Sommer hindurch finden wir in den verschiedenen brieflichen Mitteilungen und Tagebucheintragungen seines Freundeskreises immer wieder die Bemerkung, daß Schubert bei ihren abendlichen Treffen im Kaffee oder Gasthaus oder den Schubertiaden dabei sei. Schuberts eigene Bemerkung in einem Brief an Bauernfeld vom 10. Juli 1826 »es geht mir überhaupt sehr schlecht. Ich mache mir aber nichts daraus und bin lustig« bezieht sich auf seine damaligen ungünstigen äußeren Lebensumstände. Silvester 1826/27 sind die Freunde sehr lustig zusammen, und das Jahr 1827 verläuft zunächst günstig.

Erstmalig am 12. Oktober 1827 lesen wir eine Klage. Schubert schreibt nach einem beglückenden Aufenthalt in Graz in einem Dankbrief an seine Gastgeberin Frau Pachler: »Ich hoffe, daß sich Euer Gnaden besser befinden als ich, da mir meine gewöhnlichen Kopfschmerzen schon wieder zusetzen.« Sie müssen ihn, mit Abständen, als Dauerbeschwerde geplagt haben, nun aber zunehmend, weil er sie besonders erwähnt. Wenige Tage später muß er sogar an Nanette von Hönig, die ihn zu einer von ihr veranstalteten Gesellschaft eingeladen hatte, schreiben: »Es fällt mit sehr schwer, Sie benachrichtigen zu müssen, daß ich heute Abends nicht das Vergnügen haben kann, in Ihrer Gesellschaft zu seyn. Ich bin krank, und zwar von der Art, daß ich für jede Gesellschaft untauglich bin.« Kopfschmerzen, Schwindelgefühle und Übelkeit setzten ihm zu.

Schubert wohnte seit Ende 1822 wieder im elterlichen Schulhaus. Dort fühlte er sich in den ersten durch die Krankheit bedingten Nöten und Krisen geborgen. Seine Familie blieb ihm immer, bis zu seinem Sterben im Haus seines Bruders Ferdinand, die sichere Zufluchtsstätte auf dieser Erde. Hier fand er treue Liebe und Fürsorge. Zu der Bedrückung durch die Krankheit kamen Geldsorgen und Ärger mit Verlegern.

Da die Freunde die Geschäftsuntüchtigkeit Schuberts kannten, hatten sie günstige Vertragsbedingungen mit den Notenverlegern getroffen, die ihm laufend gesicherte Einnahmen bringen sollten. In einem unbedachten Handeln, wahrscheinlich von einer augenblicklichen finanziellen Bedrängnis getrieben, hatte Schubert Anfang 1823 eigenmächtig eine neue Abmachung mit den Verlegern Cappi und Diabelli getroffen. Für das lächerliche Angebot von 800 Gulden überließ Schubert ihnen seine ganzen bisher veröffentlichten Werke samt Stichplatten zum entschädigungslosen Gebrauch. Der Verleger machte damit ein Riesengeschäft. Allein an dem Weiterdruck des einzigen Liedes »Der Wanderer« verdiente er in den nächsten vierzig Jahren 27 000 Gulden, Schubert aber erhielt für alles Ausgelieferte keinen Pfennig mehr. Der Verleger Diabelli versuchte darüber hinaus noch, neben der Abmachung her, mit weiteren Werken Schuberts Geschäfte zu machen. Da riß Schubert die Geduld, und er schrieb im April einen Brief an Cappi und Diabelli, wie man ihn von dem sonst so freundlichen

Schubert kaum erwartete hätte. Er scheute sich nicht, den Verlegern in aller Höflichkeit Unredlichkeit vorzuwerfen. Aber das half ihm nun nichts mehr. Er suchte sich selbständig einen neuen Verleger, Leidesdorf, einen melancholischen Künstler, der kaum Geschäftsmann war. Bei ihm konnte Schubert nichts gewinnen. Die Schwierigkeiten mit der Kleinlichkeit und Habgier der Verleger, die manchmal geradezu entehrend wirkten, haben ihn durch die letzten Jahre verfolgt.

Aber alle diese Bedrückungen konnten die drängende Kraft seines Schaffens nicht hemmen. Im Januar begann er schon wieder, als erste Arbeit, mit der Komposition von Walzern und schottischen und deutschen Tänzen. Bis in den Frühsommer standen über vierzig auf dem Papier, darunter viele herrliche Kunstwerke auf kleinstem Raum, so die Zwölf Deutschen Tänze aus dem Mai 1823: melodische Fülle und bunte Farbigkeit, zärtlich empfindsame Klänge, fröhliches Temperament, und darüber oft ein zarter Hauch von Melancholie. Über dreihundert Tänze der verschiedensten Art hat Schubert komponiert, und die meisten wurden noch zu seinen Lebzeiten veröffentlicht – so beliebt waren sie. Für diese zwölf aber fand sich kein Verleger. Sie wurden als zu anspruchsvoll für Liebhaber und den praktischen Gebrauch beiseite gelegt, eine Erfahrung, die Schubert wiederholt mit seinen Werken machen mußte.

Von Dunkel bedroht, von Todes- und Erlösungsgedanken bedrängt, komponierte Schubert Tänze! In seiner schöpferischen Freude, Kraft und Freiheit machte er sich unabhängig von den Bedrängnissen seines Daseins. So oft hatte er, zum Tanz aufspielend, den jungen Menschen seines Freundeskreises Freude am Leben geschenkt. Sie tanzten ja so gern! Das jugendliche Leben wurde darin seiner selbst gewiß. Geselligkeit und Gemeinschaft blühten auf, Ernst und Heiterkeit ergänzten sich, denn diese Tänze, mit ihrer Schönheit und ihrem Schwung, folgten ja stets einer angeregten geistreichen Unterhaltung und waren der leichte Ausklang der gemeinsamen Begeisterung für die Kunst, sei es nun Dichtung oder Musik. Beim Komponieren seiner Tänze war Schubert seinen Freunden innig verbunden, beschenkte sie und die Menschen seiner geliebten Heimatstadt mit Gaben, die ihnen das Leben schöner machen sollten.

Im Februar wandte sich Schubert einem Aufgabengebiet zu, das er vier Jahre unberücksichtigt gelassen hatte. Das einzige Klavierwerk der Zwischenzeit war die gewaltige Wanderer-Phantasie, ein Vorgriff auf künftige, nicht an gewohnte Form gebundene Klaviermusik. Jetzt wagte er sich mit seiner Klaviersonate in a-Moll wieder an die Sonate und schrieb ein in sich vollkommenes Meisterwerk. Das wird bei jeder pianistisch meisterlichen Wiedergabe deutlich. Aber ganz besonders von dieser Zeit an in Schuberts Leben und Schaffen kommt es auf die sich tief einfühlende und mit Schuberts innerer Welt vertraute Interpretation an. Es geht um den Unterschied, ob nur ein musikalisches Meisterwerk hörbar wird oder eine musikalische Aussage des Menschen und Musikers Schubert. Text und sinngetreue Wiedergabe sind entscheidend, da alle Schubert-Musik, wie Robert Schumann von ihm sagt, Tagebuch seiner Seele ist.

Der erste Satz beginnt mit einer starken, unbeugsamen Bewegung von großartiger Gebärde, feierlich, ernst, dumpf bedrohlich. Er schreitet in gedankentiefen Schritten fort, über ihnen schweben leichte Tonfiguren. Perlende Klänge schimmern auf. Suchende, zögernde Töne und Akkorde führen in die Tiefe aufwühlender Bedrohungen, aber darüber erheben sich zarte Töne tapferen Aufstiegs und tröstlicher Gewißheit. Im Andante steigen singende Melodien aus dunkler Tiefe empor, leuchtendes Sicherheben über Finsternissen. Zerrissene Töne schrecken auf, aber der Satz klingt still und gesammelt aus. Der dritte Satz, das allegro vivace, flieht dahin in gehetzten, aufgeregten Läufen, als wenn ein Gefangener, dem Irrsinn nahe, ausweglos um die Wände seines engen Raumes jagt. Herrisch hartes Stampfen bricht brutal herein. Aber immer wieder, jedesmal erstaunlich, tritt eine wunderbare Stille ein und, zu Herzen dringend, hebt ein schönes Singen an. Nach dem letzten irren Lauf schließt der Satz hart mit einem jähen Wirbel.

Welche Gedanken und Empfindungen Schubert in der ersten Zeit dieses Jahres bewegten, lasen wir in der gequälten Äußerung seines Herzens »Mein Gebet«. An sie müssen wir uns bei dieser Sonate erinnern.

In der ersten Hälfte des Jahres 1823 finden wir unter den etwa fünfzehn Liedern, die Schubert komponierte, einige von strahlender Schönheit und Innigkeit, andere von außerordentlicher dramatischer Aussagekraft und wieder andere, höchste Meisterwerke, in denen Lebensernst und Lebensschwermut tief überzeugende musikalische Aussage geworden sind.

Die erste Liedvertonung des Jahres ist die Ballade »Der Zwerg«, nach einem Gedicht des Matthäus Casimir von Collin. Der tragisch-schaurige Inhalt: Der Hofzwerg, Erzieher und Lehrmeister der jungen Königstochter, die er über alles liebte und die ihm aus tiefem Herzen verbunden war, führt sie in einem Kahn auf das offene Meer hinaus und erdrosselt sie mit einer roten Seidenschnur, selbst unsäglich leidend, weil sie sich mit einem jungen König vermählen mußte. Ihren Leichnam senkt er in die Tiefe und fährt selbst, verzweifelt, in die Endlosigkeit hinaus.

> In trübem Licht verschwinden schon die Berge,
> Es schwebt das Schiff auf glatten Meereswogen,
> Worauf die Königin mit ihrem Zwerge.

Mit unheimlich dämonischen Klängen umspielt in der Begleitung das abgründige Meer das Schiff, auf dem sich der tragische Schluß einer menschlichen Seelenverirrung abspielt. Mit außerordentlicher dramatischer Kraft gestaltet hier Schubert eine in vielem höchst eigenartige Musik, in der die Gemütsbewegungen tränenvollen Kummers und eines ausweglosen Entsetzens bedrückend lebendig werden:

> Er senkt sie tief ins Meer mit eig'nen Händen.
> Ihm brennt nach ihr das Herz so voll Verlangen,
> An keiner Küste wird er je mehr landen.

Nicht weniger bedrückend wirkte das kurze Lied »Wehmut«, die Worte von dem selben Dichter:

> Wenn ich durch Wald und Fluren geh',
> Es wird mir dann so wohl und weh
> In unruhvoller Brust.

Bekümmert, klagend, in dunklen Farben und dumpfen Akkorden, nur einmal wunderbar aufleuchtend, fließt das Lied dahin und entschwindet in immer leiser werdendem Vergehen:

> Denn was im Winde tönend weht,
> Was aufgetürmt gen Himmel steht,
> Und auch der Mensch, so hold vertraut
> Mit aller Schönheit, die er schaut,
> Entschwindet und vergeht.

Daneben steht das zarte, stille, in seiner Melodie und in seinen sich wandelnden Harmonien sehr schöne, edle Lied, nach Worten des Grafen zu Stolberg, »Die Mutter Erde«:

> Des Lebens Tag ist schwer und schwül.
> Des Todes Atem leicht und kühl,
> Er wehet freundlich uns hinab
> Wie welkes Laub ins stille Grab.

Der Todesgedanke lag Schubert immer nahe. Hier ist es ein sehr beruhigendes, friedvolles, von stiller Hoffnung erfülltes und sterbensbereites Gedenken. Scheinbar sehr fern davon ist die zauberhafte Wassermusik des Liedes »Auf dem Wasser zu singen«, dessen Text Schubert auch unter den Gedichten des Grafen zu Stolberg fand:

> Mitten im Schimmer der spiegelnden Wellen
> Gleitet, wie Schwäne, der wankende Kahn;
> Ach, auf der Freude sanftschimmernden Wellen
> Gleitet die Seele dahin wie der Kahn.

Hier haben wir wohl die schönste der vielen schubertschen Wassermusiken. Herrlich das tropfende Perlen der Töne! Traumhafte Stimmung, ganz gelöste Freude. Man kann sich nicht satt hören an dieser Umschmelzung dichterischer Worte in strömende, atmende Musik:

> Freude des Himmels und Ruhe des Haines
> Atmet die Seel' im errötenden Schein.

Wie weit öffnet sich dies Atmen! Das Lied strömt in die Ewigkeit des Zeitlosen. Ihr Glanz verklärt die irdische Schönheit:

> Ach, es entschwindet mit tauigem Flügel
> Mir auf den wiegenden Wellen die Zeit.
> Morgen entschwindet mit schimmerndem Flügel
> Wieder wie gestern und heute die Zeit.
> Bis ich auf höherem, strahlendem Flügel
> Selber entschwinde der wechselnden Zeit.

Schubert hatte ein Gedicht gefunden, mit dem das innerste Empfinden seiner Seele in eins ging. Daher konnte er es als herrlichste Musik zu beglückendem Tönen bringen.

In dieser Zeit begegnete er noch einmal der Dichtung Friedrich Rückerts. Es entstanden vier Lieder, jedes von berückender Eigenart, jedes ein vollkommenes Kunstwerk. Sie offenbaren, so nebeneinander stehend, die kaum glaubliche Weite seiner inneren Empfindungen und seines künstlerischen Ausdrucksvermögens.

Das erste Lied, »Daß sie hier gewesen«, nimmt durch die zarte gläserne Schönheit der Begleitung und durch das leichte Schweben der Melodie, die sich jedem Wort, jeder Regung des Gefühls anschmiegt, gefangen:

> Schönheit oder Liebe,
> Ob versteckt sie bliebe,
> Düfte tun es und Tränen kund,
> Daß sie hier gewesen!

In dieser Schlußstrophe atmet die Musik die Düfte, weint die Tränen und erlebt freudig die Wahrnehmung der entschwundenen Gegenwart der Geliebten.

»Du bist die Ruh«, das nächste Lied, beglückt durch die zarte einhüllende Begleitung und die tiefe innere Stille der Melodiebögen:

> Du bist die Ruh, der Friede mild,
> Die Sehnsucht du, und was sie stillt.

> Ich weihe dir voll Lust und Schmerz
> Zur Wohnung hier mein Aug und Herz.

In dieser letzten Zeile der zu einer Einheit verschmolzenen zwei Strophen weitet sich die innere Bewegung zu einem großen, herrlichen Gesangbogen. Diese musikalische Bewegung wiederholt sich in den beiden nächsten Strophen mit ihrem glückvollen Ruf:

> Voll sei dies Herz von deiner Lust

und steigert sich zu hoher Entzückung in der letzten, einzeln stehenden Strophe:

> Dies Augenzelt, von deinem Glanz
> Allein erhellt, o füll es ganz!

Ganz anders das hüpfende, spielerisch leichte, über die Launen der Liebe verwundert staunende Lied »Lachen und Weinen«:

> Lachen und Weinen zu jeglicher Stunde
> Ruht bei der Lieb' auf so mancherlei Grunde.

Erregend steigert sich das Lied zum Schluß hin zu der fast nur noch geflüsterten Frage:

> Abends weint' ich vor Schmerz;
> Und warum du erwachen
> Kannst am Morgen mit Lachen,
> Muß ich dich fragen, o Herz.

Mit erstaunlicher Einfühlungsfähigkeit hat der doch noch junge Schubert das Gedicht »Greisengesang« vertont:

> Der Frost hat mir bereifet des Hauses Dach;
> Doch warm ist mir's geblieben im Wohngemach.
> Der Winter hat die Scheitel mir weiß gedeckt;
> Doch fließt das Blut, das rote, durchs Herzgemach.

Die tapfere Haltung des Altgewordenen, der den Jugendflor des Lebens, die Freudenströme der Welt, die Liebeslieder der Nachtigall weit hinter sich lassen mußte, aber nicht resigniert, gibt der Musik des Liedes Kraft und Leben. Der Reichtum eines ganzen Menschendaseins ist als innerer Besitz, in der geistigen Besinnung zur Klarheit erhoben, immer gegenwärtig:

Da blühn sie nach Verlangen,
wie vor so nach.

Die starken Tore der Seele verwehren den beunruhigenden Stürmen der Außenwelt den Zugang, und die wunderbare innere Welt erblüht in beglückendem Reichtum:

Schleuß' aus den rauhen Odem der Wirklichkeit,
Und nur dem Duft der Träume gib Dach und Fach!

Durch die Musik des Liedes tönt die herrliche Reife eines erfüllten, selig alles Gewesene überschauenden und ihm nachträumenden Menschenlebens. Hier spricht Tapferkeit in der Sprache der Musik. Schubert hatte längst in den Grenzerfahrungen des menschlichen Daseins durchgehalten.

Vielleicht darum öffnete sich ihm auch in diesem Jahr der Zugang zu Goethes Gedicht »Ein Gleiches«. Bei sinkendem Tag hatte der Dichter die wenigen Verse am 6. September 1780 an die Wand einer Holzhütte auf dem Kickelhahn im Thüringer Wald geschrieben. 1813 hatte er bei einer Wiederbegegnung die verblaßte Inschrift erneuert. Als Greis stand er noch einmal dort, und Tränen rannen ihm beim Lesen seiner eigenen, die Last der Erinnerungen eines langen Lebens weckenden Worten über die Wangen:

Über allen Gipfeln ist Ruh.
In allen Wipfeln spürest du
Kaum einen Hauch;
Die Vögelein schweigen im Walde.
Warte nur, balde
Ruhest du auch.

Über hundert Vertonungen entstanden, seit dies Gedicht bekannt wurde. Keine ist der von Franz Schubert an Stille, Weite und Schönheit vergleichbar. Das Lied entrückt den mit geschlossenen Augen Hörenden in die alles umhüllende große Ruhe der Natur, wenn sie sich zum Schlaf bereitet. Der von tiefer Lebensunrast gequälte Mensch flüstert es sich selbst zu: »Warte nur, balde ruhest du auch.«

Im Frühsommer 1823 hatte sich Schubert soweit von den ersten unangenehmen Krankheitsbeschwerden erholt, daß er wieder an eine Sommerreise denken konnte. Am 28. Juli fuhr Schubert in der Postkutsche zusammen mit Josef von Spaun, Albert Stadler und Vogl in Linz ein, nach einer Dreitagefahrt mit dreizehn Poststationen. Schubert wohnte bei Spaun, der 1821 in die dortige Zollverwaltung versetzt worden war. Ihr Quartier lag in einem ehemaligen Bürgerspital aus dem 14. Jahrhundert, einem weiträumigen Gebäude mit großem Innenhof. Dort wohnten auch Spauns Schwager Ottenwald und Spauns Mutter. Spaun führte Schubert und Vogl bei der Familie des Regierungsrates Ludwig von Hartmann ein, dessen Söhne sich später eine längere Zeit in Wien aufhielten und dort zum schubertschen Freundeskreis gehörten. Ihren Tagebucheintragungen verdanken wir manche Hinweise auf Schuberts Lebensumstände.

Im August fuhr Schubert für einige Zeit nach Steyr und wohnte dort wahrscheinlich wieder bei Silvester Paumgartner. Von dort aus schrieb er an Schober, daß er in regelmäßigem Briefwechsel mit seinem Arzt in Wien stünde, sich zwar ziemlich wohl befände, aber doch in der Sorge lebe, ob er je wieder gesund werden könne.

Dennoch fühlte er sich in diesen Wochen sehr glücklich, erlebte viele fröhliche, gesellige Zusammenkünfte mit reichlich Schubert-Liedern in Linz und Steyr, machte fleißig Spaziergänge in der von ihm so geliebten Landschaft, las ausgiebig Walter Scott und arbeitete sogar eifrig an einer Oper.

Damals war es auch, daß bei einem Musikabend im Hause Ottenwald der weibliche Teil der Anwesenden vor lauter Rührung so »ins Heulen geriet«, daß sie den musikalischen Teil beenden mußten und zum fröhlichen Essen und Trinken übergingen. Wie sehr Schubert von all den guten Menschen in Linz umlagert wurde, tut eine Klage Josef von Spauns in einem Brief an Schober kund, daß er mit seinem Freund Schubert fast nie allein sein könne.

Ein schöner Nachklang seiner früheren oberösterreichischen Musikreise und eine Freude für den in der breiten Öffentlichkeit wenig anerkannten jungen Musiker war eine Ehrung, die ihm der Steiermärkische Musikverein in Graz durch Ernennung zum auswärtigen Ehrenmitglied zuteil werden ließ. Das Diplom lautet: »Der von Seiner k. k. Majestät allergnädigst bestätigte Musikverein in der Steiermark, welcher durch Ausbildung und Vervollkommnung der Tonkunst auf dem Blumenpfade geistiger Vergnügungen das Ziel moralischer Veredelung, religiöser Erhebung der Gemüter im Vaterlande zu erreichen strebt, gibt sich die Ehre, Euer Wohlgeboren Herrn Franz Schubert in voller Würdigung Ihrer bereits allgemein anerkannten Verdienste als Tonkünstler und Tonsetzer hiermit die Ernennung zum auswärtigen Ehren-Mitgliede durch gegenwärtiges Diplom bekannt zu geben. Graz, am 6. April 1823.«

Schubert hatte diese Urkunde kurz vor seiner Abreise aus Wien empfangen und sich gleich, natürlich in entsprechend zeitgenössischem Ton, bedankt.

Spätestens Mitte September fuhr Schubert aus seiner schönen Erholungszeit wieder nach Wien. Die gute Lebensweise, die Freude an menschlichen Begegnungen haben ihm anscheinend wohlgetan, denn zunächst sah es aus, als solle es ihm besser gehen. Aber es wurde dann doch ein schlechter Herbst und Winter, allerdings ohne ihn in seinem Schaffensdrang zu entmutigen.

Anlaß dazu hätte ihm wohl auch seine erfolglose Opernarbeit geben können. Im März und April schrieb Schubert die Musik zu dem heiteren Singspiel »Die Verschworenen«. Dem Stück, in dem Frauen sich mit Erfolg darum bemühen, ihre für Kriegszüge begeisterten Männer dem Soldatsein zu entreißen und sie an ihr eheliches Zuhause zu binden, gab Schubert eine ansprechende und durch Abwechslungsreichtum überraschende Musik. Aber sein Manuskript blieb über ein Jahr ungeöffnet bei der Wiener Operndirektion liegen. Schubert erbat es zurück und legte es resignierend zu seinem Notenstapel. In einer Privataufführung des Institutsdirektors Giannastasio del Rio konnte Schubert das Stück einmal hören. Die Tochter des Direktors vertrat klavierspielend das Orchester, und Kathi Fröhlich sang. Erst 1861 wurde das Singspiel in Frankfurt und Wien, durch seine sprühende Musik beeindruckend, aufgeführt, einige Jahre danach in Frankreich, und in unserm Jahrhundert entzückte es die Hörer in London und Cambridge.

Im Mai 1824 begann Schubert mit der Oper »Fierrabras« und arbeitete an dem umfangreichen Werk bis fast in den Oktober hinein. Der Text stammte von einem Bruder des Malers Kupelwieser, eine spannungslose, primitive Schauerromanze aus der Zeit der spanischen Maurenkämpfe. Alle musikalische Kunst konnte die Oper nicht retten. Am 31. März 1824 schreibt Schubert an seinen Malerfreund Kupelwieser: ». . . die Oper von Deinem Bruder wurde für unbrauchbar erklärt, und mithin meine Musik nicht in Anspruch genommen. Auf diese Art hätte ich also wieder zwey Opern umsonst komponiert.«

Nicht ganz so schlecht erging es ihm mit dem romantischen Schauspiel in vier Akten »Rosamunde«, zu dem er ziemlich schnell im November 1824 seine Musik schrieb. Über den Inhalt wissen wir aus den ausführlichen Zeitungsberichten Bescheid. Verfasserin war die in Wien beliebte Dichterin Helmine von Chézy. Die Zeitungen lobten die schöne, mitunter poetische Sprache. Das Urteil über das Spiel als Ganzes aber ist vernichtend: »Der Effekt dieses Schauspiels war gering; im ersten und zweiten Aufzuge war gar keiner vorhanden, im dritten waren einige Szenen anziehend.« Schuberts Beitrag bestand in einer Ouvertüre, die er allerdings einer früheren Oper aus dem Jahre 1820 entnahm, in Zwischenakt- und Ballettmusiken, verschiedenen Chören und einer Alt-Romanze.

Am 20. Dezember 1824 fand die erste Aufführung statt, übereilt und mit unzureichender Vorbereitung auf die Bühne gebracht, was verschiedene Fehlleistungen zur Folge hatte: Unsicherheit im Text und Unreinheit in den Chören. Nach einer zweiten Aufführung wurde das Stück abgesetzt.

Schwind schrieb sofort ganz begeistert an Schober, wie herrlich die schubertsche Musik gewesen sei. Auch die Zeitungen äußerten sich anerkennend über den Wiener Musiker. Ein Blatt aber konnte seine kritischen Bemerkungen nicht zurückhalten: »Der Tonsetzer, Herr Schubert, fand viele Aufmunterung. Man ließ die Ouvertüre und einen Chor wiederholen und applaudierte ein Lied. Herr Schubert zeigt in seiner Komposition Originalität, leider aber auch Bizarrerie. Der junge Mann steht in der Entwicklungsperiode; wir wünschen, daß sie glücklich vonstatten gehe. Diesmal erhielt er des Beifalls *zuviel*; möge er sich künftig nie über das *zuwenig* beklagen dürfen!«

Schuberts Manuskript verschwand unter der Fülle seiner gestapelten Notenpapiere, bis 1865 ein Engländer es wieder hervorzog. Seitdem können wir uns an der Ouvertüre, den Zwischenmusiken, der Ballettmusik, den schönen Chören und der Romanze »Der Vollmond strahlt auf Bergeshöhn« erfreuen, alles herrliche, unvergängliche Musik, geschrieben in einer bedrückenden Lebenssituation als letztes Werk des Jahres 1823. Erwähnt werden mag auch das Allegro moderato f-Moll, etwa zur gleichen Zeit entstanden, das in späteren Jahren den »Moments musicaux als Nr. 3« beigefügt wurde. Das hübsche kurze Stück, als »Air russe« komponiert, ist ein Versuch, die Musikalität eines anderen Volksempfindens zu gestalten. Leicht bewegte Rhythmik über gleichmäßig stoßenden Bässen und ein Hauch Schwermut haben dies Stück beliebt gemacht.

Schubert, den die erste Bedrückung durch die existenzbedrohende Krankheit in die Geborgenheit des Elternhauses zurückgetrieben hatte, empfand bald wieder die Notwendigkeit, sein Eigenleben zu führen. Vielleicht schon nach seiner Rückkehr aus Linz, bestimmt aber nach Verlassen des Krankenhauses Ende Oktober 1823, bezog er ein neues Logis, »Stubenthor-Bastey Nr. 1187 im ersten Stock«, wie er Schober nach Breslau mitteilte. Das Haus lag auf dem Stadtwall und bot eine schöne Aussicht über das Glacis. Dort wohnte er, bis er im nächsten Frühsommer wieder für längere Zeit zu den Esterházys nach Ungarn fuhr.

Das Jahr schloß mit einer sehr aufgeräumten Feier. »Unser Sylvester-Nachts-Fest lief glücklich ab«, schrieb Schwind am 2. Januar 1824 an Schober nach Breslau. Die andern waren schon länger beisammen; es schlug zwölf. »Bald darauf«, so erzählt Schwind weiter, »kündigten sich Schubert und Dr. Bernhardt durch ein kleines Scheibenschießen an. Schubert traf, und die verwundete Fensterscheibe brachte alles in Aufruhr.« Schubert ging übermütig fröhlich aus dem alten in das neue Jahr, doch nicht ohne Sorgen. Sein Arzt begleitete ihn.

Zu Schuberts Geburtstag am 31. Januar 1824, den die Freunde mit ihm im Gasthaus zur Krone feierten, ging es hoch her. Schober hatte aus Breslau von seinem ersten Erfolg beim Theater berichtet. Schwind antwortete ihm gleich: »Wir hatten ein Fest bei der Kron, und wiewohl alle sehr besoffen waren, so wünschte ich doch, daß Du, um des Schuberts Freude über dein Glück willen, dabei gewesen wärest. Im höchsten Rausch konnt' ich sehen, wie jeder ist. Alle waren mehr oder weniger dumm, Schubert schlief. Bruchmann allein, wiewohl er von allem nichts mehr weiß, war wie einer, der begeistert ist. Mit Schubert und mir brachte er Deiner Gesundheit einen warmen, ewigen Händedruck.«

Schubert schlief. Er war in dieser Zeit ungeheuer fleißig, der Arzt versuchte eine neue Behandlungsmethode mit strenger Diät, Bädern und viel frischer Luft. Da konnte er am späten Abend von wenig Wein wohl schnell müde sein. Das Schönste an dieser Geburtstagsfeier ist seine große, sich so deutlich äußernde Freude über den, allerdings nicht anhaltenden, Erfolg seines Freundes Schober.

Gegen Ende des vergangenen oder Anfang dieses Jahres hatte Schubert zwei neue Freunde gewonnen, die ihm viel bedeuteten, zwei meisterhafte Instrumentalisten. Bei Musikabenden im Hause Sonnleithners war er ihnen begegnet. Der eine war der Klarinettist Ferdinand Graf Troyer aus dem Musikerensemble des Erzherzogs Rudolf, der andere ein Geiger Schuppanzigh, Leiter eines in Wien konkurrenzlosen Streichquartetts, mit Beethoven befreundet, gerade von einer Reise durch Osteuropa zurückgekehrt. Wahrscheinlich regte diese neue Bekanntschaft Schubert an, sich der kammermusikalischen Arbeit wieder zuzuwenden.

Als erstes entstanden im Januar die Variationen zu dem Müllerlied »Trockene Blumen« für Flöte und Klavier. Das Stück stellt allerhöchste Anforderungen an die Virtuosität und Brillanz beider Instrumentalisten, wurde aber nicht als virtuose Glanznummer geschaffen. Bei so vollkommener technischer Beherrschung, daß sie gar nicht mehr auffällt, wird diese nuancenreiche, feierliche, dunkle, sprudelnde, jagende, durch- und gegeneinander wirbelnde, aufjauchzende, funkelnde, kraftvoll zu Ende geführte Musik zu einem lebendigen Spiegel der inneren Empfindungen Schuberts. So entstand ein Musikstück, in dem tiefernste Totenklage und kühne Lebenshoffnung, untröstliche Trauer und triumphierender Jubel über den wiederkehrenden Frühling, dunkle Bedrohungen und tapferes Ausschreiten eine untrennbare Verbindung miteinander eingegangen sind. Die aufs äußerste gesteigerte Virtuosität wird erkennbar als Ausdruck der nicht minder komplizierten Balance der menschlichen Existenz.

Auch noch im Januar 1824 schrieb Schubert das Streichquartett in a-Moll, ein Meisterwerk der musikalisch-handwerklichen Technik, als Komposition Ausdruck der tiefen inneren Komplexität ihres Verfassers, Lächeln unter Tränen, Haschen nach Leben unter der Drohung des Vernichters. Der erste Satz: melodiöse Klage der Trauer, Resignation und Ergebung, kraftvolle Rhythmen trotziger Selbstbehauptung des Lebenswillens, dunkles Streichertremolo unter einer elegischen hohen Violinenmelodie, ein beängstigender Moment vor dem Schlußstrich. Der zweite Satz, das Andante, übernimmt ein schwermütig sehnsüchtiges Thema aus der »Rosamunde« und führt es weiter bis zum stillen Verströmen. Der dritte Satz, wohl als Kern des Werkes anzusehen, das Menuett, hat nur noch den Takt mit dem höfischen Tanz gemeinsam. Aus der beschwerten Fröhlichkeit des Beginns führt es sofort in dunkle Bereiche. Die dumpfe Tiefe gibt den Ton an, über ihr bewegt sich der Reigen. Der Tod tanzt mit schön bekleideten, ernst lächelnden Figuren Menuett. Leise verschwinden sie von der Bühne des Lebens. Der letzte Satz, das Allegro moderato, beflügelte Rhythmen, derb, kräftig, plötzlich gehemmt und zurückgenommen, wieder hervordrängend und auftrumpfend, neu gehemmt. Dies Wechselspiel ist zwar ein reizvolles, reichhaltiges klangliches Gebilde, aber kein befreiender Ausklang in die Diesseitigkeit des Lebens.

Das Werk wurde am 14. März 1824 im Saal der Musikfreunde in Wien aufgeführt und fand als musikalisch ansprechende und kunstvolle Komposition viel Beifall. Der Geiger Schuppanzigh war begeistert, Schubert glücklich. Die Kunstkritiker in den Zeitungen, mit Schuberts Musik noch kaum vertraut, fanden nicht die Worte für eine gerechte Würdigung. Dank seiner Widmung an den bekannten Geigensolisten Schuppanzigh wurde das Werk aber schon im Herbst des Jahres 1824 im Druck veröffentlicht, ein ausnahmsweiser Glücksfall, wie er Schubert nicht mehr widerfuhr.

Der Klarinettist Graf Troyer hatte Schubert gebeten, eine Kammermusik für ihn zu schreiben und dafür Beethovens Septett zum Vorbild zu nehmen. Schubert entsprach seiner Bitte und komponierte im Februar 1824 sein Oktett. Am 1. März konnte er das Werk abschließen. Natürlich gibt es einige Übereinstimmungen mit Beethovens Septett, in der Zusammenstellung der Instrumente, in Auswahl und Aufbau der Sätze, aber sonst sind beide Werke unvergleichbar. Nicht nur, daß Schubert eine zweite Violine hinzunahm und Sätze umstellte. Es ist eine völlig andere Musik. Beethovens Septett fasziniert durch seine klassische Ausgewogenheit und kristallene Klarheit. Schubert überrascht von den ersten Takten an durch eine unglaubliche Bereicherung des Klanges und die kaum zu beschreibende Farbigkeit seiner instrumentalen Musik. Dem Hörer seines Oktetts tut sich eine von Leben erfüllte, bewegte, blühende, atmende Welt auf, voller Überraschungen und Entzückungen, überströmende Fröhlichkeit, traumseliges Glück, kräftige Lebensfreude, aber auch ängstigende Wolkenschatten, dunkle Bedrohungen aus der Tiefe, Verwirrung und unruhiges Zittern. Immer jedoch besiegt das Tröstliche die Bedrohungen. Helle Stimmen steigen auf, freundlich und ermutigend entlassen die letzten Klänge den Hörenden in seine eigene Welt. Für manche mögen die im ganzen positiven damaligen Zeitungsbesprechungen damit recht haben, daß das Oktett eigentlich reichlich lang geraten sei. Aber für den, der sich von dieser Musik führen läßt, behält Schubert selbst recht, der einmal zu seinen Freunden sagte, als sie ihn bei einer anderen Sache zu Änderungen veranlassen wollten: »Es muß halt so sein.«

Schon bald wurde das Oktett im privaten Kreis des Grafen Troyer aufgeführt, der selbst die Klarinette spielte. Drei Jahre später brachte der erste Geiger Schuppanzigh noch eine öffentliche Aufführung zustande. Dann aber verschwand das Werk, bis es 1861 den Wienern als Neuentdeckung vorgestellt wurde.

Schubert hatte kaum die Arbeit am Oktett beendet, begann

er im März mit der Komposition seines nächsten Streichquartetts in d-Moll, »Der Tod und das Mädchen«, berühmt durch die Variationen im Andante-Satz, eine der großartigsten Kammermusiken überhaupt. Düsternis und Trauer beherrschen das Werk, tiefster Ausdruck der damaligen Situation des Komponisten, der Bedrohung seiner geistigen Existenz, seines körperlichen und geistigen Seins. Auf diesem Lebenshintergrund bleibt die Deutung des Streichquartetts als der großen Auseinandersetzung Schuberts mit der Todesfrage gültig. Mit welcher inneren Anspannung muß Schubert an diesem Werk gearbeitet haben, das er im März begann, das er immer wieder vornahm, bis er es erst 1826 vollenden konnte.

Dies Jahr ist das liederärmste in Schuberts Leben. Im ganzen entstanden wenig über fünf Kompositionen. Im März wandte er sich noch einmal den Gedichten Mayrhofers zu. Die vier, die er auswählte, sind Zeugen seiner allereigensten inneren Stimmungen. Durch die Zaubersprache schubertscher Musik wurden sie zu wunderbaren Liedern, in denen Schwermut und Verzweiflung, Einsamkeit und Sehnsucht, Weltentsagung und überirdische Erfüllungshoffnung zu erlebter Wirklichkeit erhoben werden.

Das erste Lied, »Der Sieg«, preist den Durchbruch des Geistes durch die niederdrückende, belastende körperliche Welt zu der reinen, uns hier als Traum erscheinenden Wirklichkeit der ewigen göttlichen Klarheit:

O unbewölktes Leben!
So rein und tief und klar.
Uralte Träume schweben
Auf Blumen wunderbar.

Der Geist zerbrach die Schranken,
Des Körpers träges Blei;
Er waltet groß und frei.

Es laben die Gedanken
An Edens Früchten sich;
Der alte Fluch entwich.

Erhaben, feierlich beginnt das Lied, erhebt sich kraftvoll zum Triumphruf der Freiheit, verweilt beseligt im Besinnen des gewonnenen Glückes, steigt empor zu dem freudig gewissen Ausruf »Und meine Hand, sie traf«, und schließt mit der Wiederholung der traumschönen ersten Strophe.

Das nächste Lied, »Der Abendstern«, ist ein Gespräch des unter seiner Einsamkeit leidenden Menschen mit dem Abendstern:

Was weilst du einsam an dem Himmel,
O schöner Stern! und bist so mild;
Warum entfernt das funkelnde Gewimmel
Der Brüder sich vor deinem Bild?

Mit seiner stillen, zarten Musik ist dies eines der innigsten Mayrhofer-Lieder, tief bewegendes, zagendes Fragen des Einsamen nach dem Grund seines Alleinseins. Der Abendstern antwortet, daß er der Stern der Liebe sei, die andern sich aber der wahren Liebe fernhielten. »So solltest du zu ihnen gehen. Bist du die Liebe, zaud're nicht!« Das Lied wird andringend, stürmisch. Aber der Abendstern antwortet: »Ich säe, schaue keinen Keim, und bleibe trauernd still daheim.« Leise, sanft, betrübt, aber nicht resignierend klingt das Lied mit tröstlicher Musik aus. Die Liebe verströmt sich, ohne Anspruch auf Antwort und Dank zu erheben, ohne zu wissen, was sie Gutes wirkt. Schuberts eigene Erfahrung!

Ein großartiges, musikalisch aufwühlendes, erregendes, ekstatisches Gebilde schuf Schubert in dem Lied »Auflösung«. Wogende Tonmassen, farbig schillernde Klänge, die eine Vorstellung von den bedrängenden und betörenden Visionen im Rausch gefangener Seelen geben können, begleiten den hingerissenen Gesang, den Schrei des aus der bedrängenden Weltfülle in die innere Einsamkeit Fliehenden, das verzückte Jauchzen des von seinen inneren Erlebnissen Überwältigten:

Verbirg dich, Sonne,
Denn die Gluten der Wonne
Versengen mein Gebein;
Verstummt, Töne,

Frühlings Schöne
Flüchte dich und laß mich allein!

Quillen doch aus allen Falten
Meiner Seele liebliche Gewalten,
Die mich umschlingen,
Himmlisch singen.
Geh unter, Welt, und störe
Nimmer die süßen, ätherischen Chöre.

Es könnte das Lied eines Wahnsinnigen sein, ein gefährliches Lied, verführerisch, dieser wiederholte grauenvolle Ruf »Geh unter, Welt«, dieses Zerschmelzen in den zauberhaften »süßen ätherischen Chören«, die wie hohe himmlische Glocken das Lied ins Ungreifbare verklingen lassen. Es ist schwer vorstellbar, in welcher Verfassung Schubert diese Musik niederschreiben konnte. Aber daß er sie in völligem Einssein mit Mayrhofers erschütternden Worten schrieb, daß seine Lebensnot sich in diesem Lied einen ergreifenden, ihn vielleicht befreienden Ausdruck gab, das ist gewiß. Und auch dies, daß für ihn die beiden letzten Zeilen nicht Nähe des Wahnsinns bedeuteten, sondern daß er sich hier, wie an vielen anderen Stellen seines Schaffens, nach der Verklärung aller Dinge ausstreckte, die nur in der Ewigkeit Gottes zu finden ist. Es ist und bleibt eines der erschütterndsten Lieder des zwischen Himmel und Abgrund musizierenden Menschen Schubert.

Die letzte Umsetzung eines Mayrhofer-Gedichtes in die Sprache der Musik, das Lied »Gondelfahrer«, musikalisch klangvoll und farbenreich, erscheint zunächst als weniger tief, nur Spiel der dunklen nächtlichen Wellen um die im Mondenschein dahingleitende Gondel:

Wer wird von Erdensorgen
Befangen immer sein!

So schließt die erste Strophe, und die leicht aufsteigende Melodie erweckt das Gefühl, als befreie und löse sich der Sänger von allem irdischen Druck. In der zweiten Strophe verstärkt sich in der Begleitung das dunkle Wogen des Wassers und erzeugt die

Empfindung des ruhigen, gleitenden Tragens. Die Gondel gleitet still dahin:

Und aller Schranken los,
Wiegt dich des Meeres Schoß.

Die grenzenlose Befreiung scheint erreicht zu sein, die sanfte Hingabe an das ziellose Geborgensein. Dann aber wandelt sich die Stimmung. Die dumpfen Schläge der mitternächtlichen Domglocke weisen jeden an den ihm zukommenden Ort, entreißen die Seele dem ungewissen Schweben und Treiben:

Vom Markusturme tönte
Der Spruch der Mitternacht:
Sie schlummern friedlich alle.
Und nur der Schiffer wacht.

Die andern alle dürfen schlafen, im Frieden Gottes, der sie zu ihrer Zeit wecken wird. Aber einer muß wachen. Dies Wachen bedeutet Verantwortung, Pflicht, Einsamkeit. Hier, zum Schluß des Liedes, hören wir die gleicherweise aufsteigende Stimme der Melodie wie am Ende der ersten Strophe, aber hier hat sie den Klang der einsamen Tapferkeit. Die vier Mayrhofer-Lieder gehören in dieser Zeit zu den bedeutsamen musikalischen Selbstaussagen Schuberts. Sie sind damals kaum öffentlich oder in privaten Kreisen vorgetragen worden. Schubert hatte sie wohl auch kaum mit solcher Zielsetzung komponiert. Sie sind Teile seiner Selbstbiographie, Selbstbekenntnisse eines großen Einsamen, der über den dunklen Abgründen der Verzweiflung Musik macht. Seine Instrumentalmusik darf man nicht hören, ohne sich seiner Lieder zu erinnern.

Am 31. März 1824 schrieb Schubert einen langen Brief an seinen Malerfreund Kupelwieser, der sich damals in Rom aufhielt und durch dessen Braut wir wissen, daß er immer einen guten Einfluß auf Schubert ausübte. Der Brief ist so aufschlußreich, daß wir ihn ganz lesen müssen.

Lieber Kupelwieser!
Schon längst drängt es mich, Dir zu schreiben, doch niemals

wußte ich wo aus wo ein. Doch nun beut sich mir die Gelegenheit durch Smirsch, und ich kann endlich wieder einmal jemandem meine Seele ganz ausschütten. Du bist ja so gut und bieder, Du wirst mir gewiß manches verzeihen, was mir andere sehr übel nehmen würden. – Mit einem Wort, ich fühle mich als den unglücklichsten, elendsten Menschen auf der Welt. Denke Dir einen Menschen, dessen Gesundheit nie mehr richtig werden will, und der aus Verzweiflung darüber die Sache immer schlechter statt besser macht. Denke Dir einen Menschen, sage ich, dessen glänzendste Hoffnungen zu Nichts geworden sind, dem das Glück der Liebe und Freundschaft nichts biethen als höchstens Schmerz, dem Begeisterung (wenigstens anregende) für das Schöne zu schwinden droht, und frage Dich, ob das nicht ein elender, unglücklicher Mensch ist? – »Meine Ruh ist hin, mein Herz ist schwer, ich find sie nie und nimmermehr«, so kann ich wohl jetzt alle Tage singen, denn jede Nacht, wenn ich schlafen geh, hoff ich nicht mehr zu erwachen, und jeder Morgen kündet mir nur den gestrigen Gram. So freude- und freundelos verbringe ich meine Tage, wenn nicht manchmal Schwind mich besuchte und mir einen Strahl jener vergangenen süßen Tage zuwendete. Unsere Gesellschaft [Lesegesellschaft] hat sich, wie Du wohl schon wissen wirst, wegen Verstärkung des rohen Chors im Biertrinken und Würstlessen den Tod gegeben, denn ihre Auflösung erfolgt in zwei Tagen, obwohl ich schon beynahe seit Deiner Abreise sie nicht mehr besuchte. Leidesdorf, mit dem ich recht genau bekannt geworden bin, ist zwar ein wirklich tiefer und guter Mensch, doch von so großer Melancholie, daß ich beynahe fürchte, von ihm mehr als zuviel in dieser Hinsicht profitiert zu haben; auch geht es mit meinen und seinen Sachen schlecht, daher wir nie Geld haben. Die Oper von Deinem Bruder wurde für unbrauchbar erklärt, und mithin meine Musik nicht in Anspruch genommen. Die Oper von Castelli, Die Verschworenen, ist in Berlin von einem dortigen Compositeur componiert, mit Beyfall aufgenommen worden. Auf diese Art hätte ich also wieder zwey Opern umsonst componiert. In Liedern habe ich wenig Neues gemacht, dagegen versuche ich mich in mehreren Instrumental-Sachen, denn

ich componierte zwei Quartette für Violinen, Viola und Violoncello, und ein Octett, und will noch ein Quartett schreiben, überhaupt will ich mir auf diese Art den Weg zur großen Sinfonie bahnen. – Das Neueste in Wien ist, daß Beethoven ein Concert gibt, in welchem er seine neue Sinfonie, zwei Stücke aus der neuen Messe, und eine neue Ouverture produciren läßt. – Wenn Gott will, so bin auch ich gesonnen, künftiges Jahr ein ähnliches Concert zu geben. Ich schließe jetzt, damit ich nicht zu viel Papier brauche, und küsse Dich 1000mal. Wenn Du mir über Deine jetzige begeisterte Stimmung und über Dein sonstiges Leben schreiben würdest, so freute nichts mehr
                Deinen treuen Freund
                    Frz. Schubert.
Meine Adresse wäre dann:
An die Kunsthandlung:
Sauer et Leidesdorf, weil ich   Lebe wohl!
Anfangs May mit Esterházy   recht wohl!!
nach Ungarn gehe.

»Schon längst drängt es mich, Dir zu schreiben, doch niemals wußte ich wo aus wo ein.« Lange im Innern getragene Bedrängnisse treten hervor. Mit welcher Behutsamkeit vertraut sich der an seinem Schicksal verzweifelnde Schubert einem einzigen Freund an, schüttet all sein Elend vor ihm aus, auf Verständnis und Verzeihen vertrauend! Wie dunkel sieht er seinen Weg vor sich liegen! Nie mehr richtig gesund, betrogen durch den Genuß der Abfälle am Freudentisch des Lebens um das Erleben wahrer Liebe, einen langsamen geistigen Zerstörungsprozeß vor Augen, die Hoffnung auf ein hohes musikalisches Schöpfertum ins Nichts gestürzt, die Begeisterungsfähigkeit für die hohe Welt des Schönen durch langsames Verderben der Gehirnsubstanz bedroht, jeden Abend Einschlafen mit Todessehnsucht, jeder Morgen ein Erwachen zu neuem Bewußtwerden der gramvollen Situation. Und dieser Zustand durch viele Wochen hindurch, nach außen ein freundliches Gesicht zeigen, im Herzen verzweifelt, aber schaffend, großartige Musik, reich und beglückend, aber für den, der hören kann, Musik zwischen Abgrund und Himmel.

Was hält ihn? Niederdrückend ist die Erfahrung, daß der hohe Geist so schnell aus zunächst guter menschlicher Gemeinschaft schwinden kann, daß Biertrinken und Würstlessen zur Hauptsache eines menschlichen Daseins werden können.

Was hält ihn? Die Erfahrung, daß es gute Menschen gibt, wenn sie auch durch Melancholie belastet sind und für andere zur Belastung werden. Und die Gewißheit, daß es treue Freunde auf dieser Erde gibt, bieder und gut, die man lieben und denen man sich anvertrauen kann. Und zuerst und zuletzt: der innere Auftrag zum Schaffen, trotz aller Enttäuschungen, zum Streben nach Höherem, zum vollen Einsatz der ihm von Gott anvertrauten Gaben, der Welt etwas Großes und Schönes zu schenken, »wenn Gott will«.

Aufschlußreich sind auch die wenigen erhaltenen Tagebuchaufzeichnungen Schuberts, gerade in diesen Tagen der schwersten Lebenserfahrungen niedergeschrieben. Wir bringen sie vollständig, auch früher schon zitierte noch einmal, weil jede Sentenz eine Tür zu Schuberts Innenwelt öffnet. Die Worte sind ja nicht augenblickhafte Einfälle. Jeder Satz ist so formuliert, daß man erkennen kann, wie sehr Schubert sich mit dem in ihm angesprochenen Lebensproblem beschäftigt und wie stark dieses Problem seine Existenz als Mensch und Künstler betrifft. Schuberts Äußerungen wollen intensiv gelesen sein, dann können wir uns einzelne Erklärungen ersparen.

25. März.
Schmerz schärfet den Verstand und stärket das Gemüth; da hingegen Freude sich um *jenen* selten bekümmert, und *dieses* verweichlicht oder frivol macht.

Aus dem tiefsten Grunde meines Herzens hasse ich keine Einseitigkeit, welche so viele Elende glauben macht, daß nur eben das, was *sie* treiben, das Beste sey, alles Übrige aber sey nichts. *Eine* Schönheit soll den Menschen durch das ganze Leben begeistern, wahr ist es; doch soll der Schimmer dieser Begeisterung alles andere erhellen.

27. März.
Keiner, der den Schmerz des Andern, und Keiner, der die Freude des Andern versteht! Man glaubt immer, zu einander zu

gehen, und man geht immer nur neben einander, O Qual für den, der dieß erkennt!

Meine Erzeugnisse sind durch den Verstand für Musik und durch meinen Schmerz vorhanden; jene, welche der Schmerz allein erzeugt hat, scheinen am wenigsten die Welt zu erfreuen.

28. März.
Die höchste Begeisterung hat zum Lächerlichen nur einen Schritt, so wie die tiefste Weisheit zur krassen Dummheit.

Mit dem Glauben tritt der Mensch in die Welt, er kommt vor Verstand und Kenntnissen weit voraus; denn um etwas zu verstehen, muß ich vorher etwas glauben; er ist die höhere Basis, auf welche der schwache Verstand seinen ersten Beweispfeiler aufgepflanzt.

Verstand ist nichts als ein analysierter Glaube.

29. März.
O Phantasie! Du höchstes Kleinod des Menschen, du unerschöpflicher Quell, aus dem sowohl Künstler als Gelehrte trinken! O bleibe noch bey uns, wenn auch von Wenigen nur anerkannt und verehrt, um uns vor jener sogenannten Aufklärung, jenem häßlichen Gerippe ohne Fleisch und Blut, zu bewahren!

Welch bedeutsame Denkansätze, welch tiefe Lebenserfahrung und Wirklichkeitsschau sind in diesen Sätzen genauestens in verständliche Worte gefaßt!

Im April 1824 schrieb Schubert ein »Salve Regina« als Vokalquartett. Einige Walzer und Deutsche Tänze folgten. Nach der Arbeitsleistung des Jahreseingangs trat etwas Ruhe ein.

Die Beziehungen zur Grafenfamilie Esterházy waren nicht abgebrochen. So ergab es sich, daß Schubert noch einmal gebeten wurde, einen Sommer über im Ungarer Schlößchen als Klavierlehrer für die Grafentöchter und als Musikmeister für die gräfliche Familie zu verbringen. Er willigte ein. In Wien fühlte er seine Bedrückungen besonders stark. Er hatte viele gute Erinnerungen an den ersten Aufenthalt vor sechs Jahren. In Ungarn blieb ihm Zeit genug für eigenes Schaffen, und gerade der Unterricht für die inzwischen zu guten Klavierspielerinnen gewordenen jungen Gräfinnen wirkte sehr anregend für ihn. Ein weiterer Beweggrund mochte wohl auch noch seine liebende Verehrung für die jüngere Grafentochter Caroline sein.

So fuhr Schubert am 25. Mai 1824 mit der Postkutsche zum zweitenmal die ihm schon bekannte Strecke durch das Burgenland nach Ungarn. Dort war einiges für ihn anders. Er wurde nicht mehr als der junge unbekannte Klavierlehrer behandelt. Sein Ansehen war gestiegen, seine künstlerischen Fähigkeiten wurden geachtet, und er wohnte nicht mehr bei den gräflichen Bediensteten, sondern bekam ein schönes Zimmer im Schloß. Dazu erhielt er ein für damalige Verhältnisse recht ansehnliches Gehalt, so daß er nachher einige Schulden bezahlen und, Einnahmen aus laufenden Veröffentlichungen dazu genommen, finanziell ganz gut durchkommen konnte.

Schubert hat an dem vierhändigen Klavierspiel der jungen Gräfinnen und an dem musikalischen Leben im Schloß Freude gehabt. Seine frühere Offenheit für die ländliche Umwelt kam aber nicht wieder. Er hatte seine jugendliche Leichtigkeit verloren und kehrte im Herbst gern nach Wien zurück.

Freiherr von Schönstein, häufiger Gast bei den Esterházys und begeisterter Sänger der Schubert-Lieder, nahm Schubert in dem vom Grafen bis Preßburg gestellten Reisewagen mit. Von Schönstein berichtete dem Grafen nach der Ankunft in einem längeren Brief: »Den größten Teil unserer Fahrt hindurch wiegte uns Morpheus in einen wohltätigen Schlummer, der am ersten Abend nur durch die Finsternis, in die wir gerieten, und somit durch die stete Angst vor dem Umwerfen gestört wurde.« Nach dieser Nachtfahrt fuhren sie den ersten Tag weiter bis zur Übernachtungsstation. Am nächsten Tag zerdrückte »Schubert in seinem Phlegma das im Rückteil des Wagens angebrachte Fenster, wodurch der gräßlichste aller kalten Winde freies Spiel um unsere Ohren bekam«. Schönsteins kleiner Hund wäre beinahe erfroren. Nach dem Pferdewechsel in Preßburg um zehn Uhr fuhr der Kutscher, ein gutes Trinkgeld erahnend, so schnell, daß sie am Sonntag, den 17. Oktober, schon nachmittags um vier Uhr in Wien ankamen. Schubert kehrte ins Elternhaus zurück und war glücklich, denn sein alter Freund Spaun hielt sich für einige Wochen in Wien auf, bewies ihm wieder seine Anhänglichkeit und wirkte, wie gewohnt, aufmunternd und belebend.

Schubert brachte einen reichen Schaffensertrag aus Ungarn mit nach Wien. Der Klavierunterricht bei den beiden Schwestern hatte ihn wieder zu vierhändigen Kompositionen angeregt. Die jungen Damen müssen inzwischen zu recht guten Klavierspielerinnen geworden sein, denn er mutete ihnen mit seinen neuen Stücken allerhand zu. Man möchte gern wissen, wie Schubert, anleitend, lehrend, vorspielend, anerkennend, seine Freude und Begeisterung ausdrückend, Klavierunterricht gab und wie die beiden Mädchen dann im Familienkreis oder vor Gästen das Geübte vortrugen. Doch darüber gibt es leider keine Nachricht.

Drei große Werke entstanden in diesem Sommer. Zuerst die vierhändige Klaviersonate in C-Dur, später unter dem Titel »Grand Duo« veröffentlicht. Überraschend neu an dieser schubertschen Klaviermusik ist, wie er die klangschönen weiten Lagen geschickt ausnutzt und beiden Spielern gleichen Anteil an der musikalischen Gestalt des Werkes gibt. Das »Grand Duo« beeindruckt durch die Fülle herrlicher musikalischer Einfälle, rauscht sprudelnd lebendig und kraftvoll daher, entwickelt großen Pathos, entzückt durch sanfte Melodien über starken Bässen und befreit durch seine Weiträumigkeit. Es ist nicht zu verwundern, daß Robert Schumann und andere die Sonate für eine verkappte Symphonie halten wollten, Vorarbeit für ein großes symphonisches Werk. Aber daran ist nicht zu denken. Diese Musik zeigt nur den Reichtum schubertscher Schaffensmöglichkeiten.

Der Juni brachte neben vierhändigen Ländlern das schönste Stück dieses ungarischen Sommers, die »Acht Variationen über ein Originalthema«, auch vierhändig. Schubert schenkte seinen Schülerinnen damit ein Meisterstück der Variationskunst. Der Reichtum der Abwandlungen des genial einfachen, bezaubernd schönen Themas ist kaum zu beschreiben. Jede der sieben ersten kürzeren Variationen hat ihren völlig eigenen Charakter: beruhigend schön, spielend umkreisend, rauschend empfindungsstark, bewegt klangreich, stürmisch jubilierend, erwartungsvoll gedämpft, aufwühlend und brillierend. Die weit ausgeführte achte Variation entfaltet sich wie eine großartige

Landschaft, in der sich nach dunklen, bedrohlichen Gründen herrliche Schönheiten offenbaren, immer neue Wunder aufleuchten, Lichter funkeln, wohltuende Farben in unermeßlicher Fülle sich vor den empfänglichen Sinnen ausbreiten. Schubert erlebte, daß gerade dies Stück im Schloß mit dem ganz besonderem Beifall aufgenommen wurde, dessen es bis heute wert geblieben ist.

Natürlich hörte Schubert in der großen gräflichen Landwirtschaft das Singen der Mägde und Knechte und an Feiertagen ihre Tanzmusiken. Aus den Wiener vorstädtischen Gasthäusern kannte er mancherlei böhmisch-slawische Melodien und Rhythmen. So hatte er genügend Anregungen, sich auch einmal in folkloristischer Musik zu versuchen, und er schrieb im September, wieder als hübsche Gabe für seine Schülerinnen, das »Divertissement à la hongroise« für Klavier vierhändig. Es ist zwar kein bedeutendes Werk, aber es hat, gegen manche Kritik, mit Recht seinen Platz in der beliebten Klaviermusik behauptet, voll temperamentvoller Rhythmik, reich an reizvoller Melodik, besonders brillierend, wenn es auf zeitgenössischem Hammerflügel gespielt wird.

An kleineren Kompositionen brachte Schubert aus diesem Sommer noch drei Ecossaisen nach Wien mit: sechs »Große Märsche« zu vier Händen und sechs »Deutsche Tänze«. Im ganzen war es also, neben seiner Tätigkeit als Musiklehrer, eine ertragreiche Zeit, erstaunlich nach den bedrückenden gesundheitlichen Störungen. All dieser Klaviermusik ist nichts von dem anzumerken, was ihn beschwert hatte. Sie scheint von Lebenskraft und Lebensfreude zu strotzen. Schubert war sogar bemüht, die ländliche Muße durch musiktheoretische Studien zu nutzen. Er ließ sich von seinem Bruder eine Ausgabe des »Wohltemperierten Klaviers« mit Bachs Präludien und Fugen schicken.

Eine einzige Volkalkomposition entstand in Zselis, das Quartett mit Klavierbegleitung, »Gebet«, nach einem Text von Fouqué: An einem Septembermorgen hatte die Frau Gräfin ihm den Text mit der Frage in die Hand gegeben, ob er daraus wohl eine Komposition gestalten könne. Nach einigem Durchlesen meinte er, daß es wohl gelingen könne, beschäftigte sich den Tag über damit, und am Abend konnte das Quartett schon im Schloß gesungen werden. Mag hier auch kein künstlerisch bedeutendes Werk entstanden sein, es ist doch voll tiefer Empfindung und an vielen Stellen von strahlender Schönheit, besonders in den solistischen Partien und in der Zusammenführung der einzelnen Stimmen. Sicherlich fühlte sich Schubert mit den Worten dieses in Sorge um Krieg und Frieden geschriebenen Gebetes innerlich eins:

> Du Urquell aller Güte,
> Du Urquell aller Macht,
> Lindhauchend aus der Blüte,
> Hochdonnernd aus der Schlacht.
> Allwärts ist dir bereitet
> Ein Tempel und ein Fest,
> Allwärts von dir geleitet,
> Wer gern sich leiten läßt.

Besonders die Wiederholung dieses Eingangs, nach den innig vorgetragenen Bitten, hat anbetende Größe. Dann verströmt das Singen in die sich in Gottes Willen fügende Bereitschaft und in die unendlich sehnsüchtigen und friedvollen Wiederholungen der letzten beiden Zeilen:

> Wohin du mich willst haben,
> Mein Herr! ich steh bereit.
> Zu frommen Liebesgaben
> Wie auch zum wackern Streit.
> Dein Bot' in Schlacht und Reise,
> Dein Bot' im stillen Haus,
> Ruh' ich auf alle Weise
> Doch einst im Himmel aus.

Schuberts Seufzer aus seinem Frühlingsbrief an Kupelwieser, daß er jeden Abend mit dem Wunsch einschlafe, am nächsten Morgen nicht wieder aufzuwachen, klingt hier nach, und das Wort von der »ewig unbegreiflichen Sehnsucht« aus dem sommerlichen Brief an seinen Bruder Ferdinand gewinnt Inhalt.

Der aus dem Ungarnaufenthalt erhaltene Briefwechsel erlaubt uns Einblicke in diese innere Entwicklung Schuberts.

Sein erster Brief, bald nach der Ankunft an das Elternhaus geschrieben, ist nicht erhalten, wohl aber der Antwortbrief des Vaters von Ende Juni 1824. Schubert hat ihn also aufgehoben, das heißt, er hat ihn ernst genommen. Mag der Vater auch eine andere Sprechweise haben, in seiner Herzenseinstellung stimmte Schubert mit ihm überein, und dem Sinne nach finden wir die väterlichen Gedanken in den weiteren Schubert-Briefen wieder. Der Vater schreibt:

»Du weißt schon, daß ich als Jugendlehrer immer gern moralisiere; allein, glaube mir, nicht aus Gewohnheit, sondern aus innerlicher Überzeugung, daß kein Mensch wahrhaft glücklich sein kann, als der sich immerhin mit dem lieben Gott beschäftiget und sich standhaft an seinen heiligen Willen hält. Wir dürfen, ja wir sollen sogar die unschuldigen Lebensfreuden froh und mit dankbarem Gemüte zu Gott mäßig genießen; wir müssen aber auch in trüben Umständen den Mut nicht sinken lassen; denn auch Leiden sind eine Wohltat Gottes und führen den, der standhaft ausharret, zum erhabensten Ziel. Wo ist auch ein großer Mann in der Geschichte zu finden, der nicht durch Leiden und standhaftes Ausharren den Triumph errungen hätte. Darum möchte ich auch jene, die ich vorzüglich liebe, zu solchen Gesinnungen stimmen.«

Der Vater berichtete ihm dann noch von verschiedenen Ereignissen und Todesfällen in Wien, die Franz interessieren mußten, und dann kommen die Grüße, Zeichen für die herzlichen Beziehungen zwischen Schubert und seinen Verwandten und Bekannten:

»Ich und die Meinigen sind, Gott sei Dank, alle wohlauf. Von deinen Brüdern, Schwestern, Anverwandten und Bekannten tausend Grüße und Segenswünsche; und so verharre ich und die Meinigen, Deine wohlmeinenden Ältern Anna und Franz Schubert.«

Der Vater schrieb noch einmal am 14. August, gleicherweise herzlich. Elterliche und verwandtschaftliche Liebe schenkten den äußerlich so lebensfrohen und immer sympathischen, aber im innersten von Einsamkeit bedrohten Genie die Geborgenheit, die er auf dieser Erde brauchte. Er bedurfte der Gemeinschaft, er suchte Geborgenheit in Liebe und Treue und geistiger Gemeinsamkeit, aber er machte die schmerzvolle Erfahrung, daß die Wirklichkeit des Lebens dieses tiefe Sehnen des menschlichen Herzens immer wieder durchkreuzt, und er versuchte, mit dieser Erfahrung tapfer zu leben. Sein Briefwechsel mit seinem Bruder Ferdinand und seinem damals in Breslau weilenden Freund Schober sind dafür besonders aufschlußreich. Am 21. September 1823 schrieb er an Schober:

»Lieber Schober!
Ich höre, Du bist nicht glücklich? mußt den Taumel Deiner Verzweiflung ausschlafen? So schrieb mir Schwind. Obwohl mich dieß außerordentlich betrübt, so wundert's mich doch gar nicht, da dieß beynahe das Los jedes verständigen Menschen ist in dieser miserablen Welt. Und was sollten wir auch mit dem Glück anfangen, da Unglück noch der einzige Reitz ist, der uns übrig bleibt. Wären wir nur beysammen, Du, Schwind, Kuppel und ich, es sollte mir jedes Mißgeschick nur leichte Waare seyn, so aber sind wir getrennt, jeder in einem andern Winkel, und *das* ist eigentlich mein Unglück. Ich möchte mit Göthe ausrufen: »Wer bringt nur eine Stunde jener holden Zeit zurück!« Jener Zeit, wo wir traulich beyeinander saßen, und jeder seine Kunstkinder den andern mit mütterlicher Scheu aufdeckte, das Urtheil, welches Liebe und Wahrheit aussprechen würden, nicht ohne einige Sorge erwartend; jener Zeit, wo einer den andern begeisterte, und so ein vereintes Streben nach dem Schönsten alle beseelte. Nun sitze ich allein hier im tiefen Ungarland in das ich mich leider zum 2ten Male locken ließ, ohne auch nur *einen* Menschen zu haben, mit dem ich ein gescheidtes Wort reden könnte.«

Er schreibt dann weiter, daß er in seiner Einsamkeit »manchmal sehr elende Tage« verlebe, und daß er in solchen »trüben Stunden besonders das thatenlose unbedeutende Leben, welches unsere Zeit bezeichnet, sehr schmerzlich fühlte«, und fügt das früher schon erwähnte Gedicht bei: »Klage an das Volk«.

Erst am 2. Dezember antwortet Schober aus Breslau. Aus dem ziemlich langen Brief, der nachher auf verschiedene Anliegen Schuberts zu sprechen kommt, waren für diesen gewiß die ersten Sätze besonders wertvoll. »Du mein guter, ewig treuer

Freund, Dir hat meine Liebe ihren Wert behalten. Du hast mich um mir selbst willen geliebt, wie mein Schwind und auch Kupelwieser wird treu sein. Und sind denn wir nicht gerade die, die unser Leben in der Kunst fanden, wenn die andern sich damit nur unterhielten, die gewiß und allein unser Innerstes verstanden, wie es nur der Deutsche verstehen kann? Ich fühl's, ich war zu sehr einer Menge von Dingen und Leuten preisgegeben und vergeudete mich und meine Zeit; es war nötig, daß ich herausgerissen wurde, daß meine Umgebung geläutert, ich selbst zur Tätigkeit gebracht würde, nun ist das eine geschehen und das andere im Werden, und ich kann also im ganzen nur einen vorgerückten schöneren Stand der Dinge erblicken und werde, wenn auch alles scheitert, wenigstens tüchtiger und ebenso liebevoll in Eure Arme zurückkehren, die ihr mir nun die Einzigen seid.«

Die innere Ungesichertheit und Unbeständigkeit menschlicher Gemeinschaft, die Gefährdung des Geistes hatte Schubert in dieser Zeit tief erfahren. Am 30. November 1823 hatte er in einem Brief an Schober bewegt darüber Klage geführt:

»Außer meinen Gesundheitsumständen, die sich (Gott sey Dank) nun endlich ganz festzustellen scheinen, geht alles miserabel. Unsere Gesellschaft hat durch Dich, wie ich es wohl voraussah, ihren Anhaltspunkt verloren. Als Ersatz für Dich und Kupelwieser bekamen wir zwar vier Individuen, doch die Mehrzahl solcher Individuen machen die Gesellschaft nur unbedeutender statt tüchtiger. So hört man stundenlang nichts anders als ewig von Reiten und Fechten, von Pferden und Hunden reden. Wenn es so fortgeht, werde ich's vermutlich nicht lange unter ihnen aushalten.«

Daher klammerte er sich an die wenigen, die ihm geistig und durch ehrliche Liebe verbunden waren. Immer sehnte er sich nach der Gemeinschaft mit ihnen, und so oft sie räumlich getrennt waren, nach ihren ausführlichen Briefen. Er empfand die Bedrohung durch die innere Einsamkeit, als würde ihm der Boden unter den Füßen weggezogen. Die Liebe und die Treue einiger weniger guter Menschen gaben ihm Halt und Geborgenheit und damit auch die Kraft, diese inneren Bedrohungen zu durchstehen und seine himmlische Berufung zur Musik bis zuletzt zu erfüllen.

Die tiefsten Aufschlüsse über sein Wesen gibt der Briefwechsel mit seinem älteren Bruder Ferdinand, dem irdischen Schutzengel des ungeschützt lebenden musikalischen Genies. Wie von Schuberts Vater schon angekündigt, schrieb Ferdinand »ehestens«, das war am 3. Juli 1823:
»Herzenslieber Bruder!
Nun endlich einmal ein Brief von Ferdinand! Das ist ein fauler Mensch, ein kalter Kerl, der sich um seinen Bruder erst nach so vielen Wochen bekümmert! – So denkst Du vielleicht von mir. Aber laß gut sein, und zürne nicht auf mich.«
Ferdinand hatte inzwischen über seine Schule hinaus etwa die Stellung eines Kreisschulrates erhalten, war daher ein sehr beschäftigter Mann und durch seine Visitationsdienste öfter unterwegs. Mit Recht konnte er sich also entschuldigen. Er schreibt nun weiter:
»Deine Gesellschaft wird mir so manches Mal vergegenwärtiget; indem ich nun angefangen habe, Deine Quartetten [gemeint sind die Jugendwerke] wieder zu spielen, und alle Wochen, wenigstens einmal von der Uhr in der Ungarischen Krone [es handelt sich um die erste Spieluhr mit Schubert-Walzern] so manches aus Deiner Komposition vernehme. Diese Uhr überraschte mich nicht wenig, da ich sie das erstemal bei einem Mittagsmahle so unvermutet einige Deiner Walzer spielen hörte. Ich fühlte mich in diesem Augenblicke so sonderbar; ich wußte nicht, wie mir war; es durchfuhr vielmehr meine Seele, mein Herz ein so banger Schmerz, so eine Sehnsucht – Melancholie warf endlich ihren Schleier darüber, und unwillkürlich entrollten mir . . .«
Ferdinand mag das Wort Tränen nicht niederschreiben. Er schlägt gleich einen anderen Ton an, erkundigt sich nach seines Bruders Ergehen und teilt allerlei Dinge mit, die Schubert angehen. Der Briefschluß zeigt wieder die herzliche Liebe, die Schubert von all seinen Angehörigen her umgibt: »Nun leb wohl! schreibe mir recht bald, unterhalte Dich recht gut und bleibe gesund, bis Dich wieder sieht Dein treuer Bruder Ferdinand. – Von meinem Weibe und unsern Kindern bist Du ebenfalls herzlich gegrüßt und tausendmal geküßt; nicht minder auch vom vielgeliebten Bruder Ignaz und von Schwager Schneider samt seinem Anhange; wie auch von Freund und Bruder Mayßen.«

Am 18. Juli antwortet Schubert. Nach einigen Bitten betreffend Bemühung um gerade anlaufende Veröffentlichungen schreibt er dem Bruder, daß es wohl rührend sei, wie er in seiner Liebe zu ihm die Jugendquartette wieder spiele, aber sie seien es nicht wert, und sie sollten lieber Besseres spielen. Dann aber geht er auf die melancholischen Äußerungen Ferdinands ein, auf seine Ergriffenheit beim Hören der Spieluhr in der Ungarischen Krone: »War es bloß der Schmerz über meine Abwesenheit, der Dir Thränen entlockte, die Du Dir nicht zu schreiben getrautest? Oder fühltest Du beym Andenken an meine Person, die von ewig unbegreiflicher Sehnsucht gedrückt ist, auch um Dich ihren trüben Schleier gehüllt? Oder kamen Dir alle die Thränen, die Du mich schon weinen sahst, ins Gedächtniß? Dem sey nun, wie es wolle, ich fühle es in diesem Augenblicke deutlicher, Du oder Niemand ist mein innigster, mit jeder Faser meiner Seele verbundener Freund.«

Wir sehen dem Menschen Franz Schubert ins Herz. Die »ewig unbegreifliche Sehnsucht« – schon der Neunzehnjährige hatte, tief ergriffen vom Anhören mozartscher Musik, am 13. Juni 1816 darüber in seinem Tagebuch geschrieben: »Wie von ferne leise hallen mir noch die Zaubertöne. Sie zeigen uns in den Finsternissen dieses Lebens eine lichte, helle, schöne Ferne, worauf wir mit Zuversicht hoffen.« »Alle die Thränen, die Du mich weinen sahst«, von denen kein anderer sonst wußte, in dunklen Stunden der Verzweiflung, wer weiß, in wieviel Jahren! Schubert rührt hier an Erinnerungen, die zwischen ihm und seinem mit ihm fühlenden Bruder vor aller andern Welt Geheimnis waren und auch bleiben mußten. Sich den fassunglos weinenden Schubert vorstellen zu müssen, dem von außen keine Hilfe kommt, dem nur der treue Bruder mit seiner unerschütterlichen Liebe besteht durch sein Nahesein – wie bedrückend empfinden wir das heute noch! Wie nötig aber auch, davon zu wissen, damit wir ihn in seinem Werk erkennen können. Wir müssen weiterlesen:

»Damit Dich diese Zeilen nicht vielleicht verführen, zu glauben, ich sey nicht wohl, oder nicht heiteren Gemüthes, so beeile ich mich, Dich des Gegentheils zu versichern. Freylich ist's nicht mehr jene glückliche Zeit, in der uns jeder Gegenstand mit einer jugendlichen Glorie umgeben scheint, sondern jenes fatale Erkennen einer miserablen Wirklichkeit, die ich mir durch meine Phantasie (Gott sey's gedankt) so viel als möglich zu verschönern suche. Man glaubt an den Orten, wo man einst glücklich war, hänge das Glück, indem es doch nur in uns selbst ist, und so erfuhr ich zwar eine unangenehme Enttäuschung und sah eine schon in Steyr gemachte Erfahrung hier erneut, doch bin ich jetzt mehr im Stande, Glück und Ruhe in mir selbst zu finden als damals. Als Beweis dessen werden Dir eine große Sonate und Variationen über ein selbst erfundenes Thema, beydes zu vier Händen, welche ich bereits componiert habe, dienen.«

Es folgen sachliche Mitteilungen, und dann wieder ein so sehr von Herzen kommender Briefschluß: »Grüße mir Ältern, Geschwister und Freunde innigst! Du sey mir 1000mal geküßt sowie Deine gute Frau und Kinder. Schreibe so bald wie möglich, und lebe recht, recht wohl! N. B. Was macht Karl und Ignaz? Sie sollen mir doch schreiben.

Mit ewiger Liebe
Dein Bruder Franz.
N. B. Hat die Rosine die Welt mit einem neuen Bürger vielleicht schon beglückt???«

Einen Satz muß man sich aus diesem Schubert-Brief merken, denn er war für ihn und ist für uns ein Schlüssel zum Verständnis seiner Musik: »Jenes fatale Erkennen einer miserablen Wirklichkeit, die ich mir durch meine Phantasie (Gott sey's gedankt) so viel als möglich zu verschönern suche.« Verschönern, nicht verändern! Verschönern durch die von Gott empfangene Phantasie, das heißt aber, den schönen Glanz ewiger Vollendung aus der überirdischen Welt der Harmonien schon herniederholen und durch die Musik über die miserable, aus dem Abgrund bedrohte Welt ausstreuen und sie im Schimmer der Verklärung schon zum Leuchten zu bringen.

Schubert erhielt unter dem 6. Oktober 1823 noch einmal einen langen Brief von seinem Bruder Ferdinand. Es ist fast rührend, wie dieser sich darum bemüht, seinem Bruder Liebes anzutun, wie er ihm von seinen Dienstfahrten berichtet, die ihn sogar nah ans Ungarische brachten und an Franz denken ließen, und von manchen netten Menschen, und von der großen

Überraschung, die ihm in Preßburg im Gottesdienst durch den dortigen Kirchenmusiker bereitet wurde, der ihm eine Messe darbot, deren Verfasser er nicht zu kennen angab. »Und nun, was für eine Messe? – Es war die B-Messe von – Dir! – Du kannst Dir wohl vorstellen, wie mir dabei zu Mute sein mochte, und auch, was das für liebe und ungewöhnliche Leute sein müssen, die mein Gefühl auf eine so angenehm überraschende Art anzusprechen sich bemühten. Überdies wurde diese Messe mit sehr viel Eifer und wirklich recht gut aufgeführt.« Ferdinand beschreibt dies dann noch in allen Einzelheiten.

Nach einigen Mitteilungen über musikalische Angelegenheiten und einem Dankesgruß im Auftrag des Vaters muß er seinem Bruder aber noch eine traurige Mitteilung machen.

»Bruder Karl ist mit einem kleinen Ferdinand beglückt worden, den ich zur Taufe hob, und der noch lebt; aber die Rosi, welche ein gesundes und starkes Mädchen gebar, durfte sich dieses Glückes nicht lange freuen, denn selbes lebte nur 12 oder 14 Tage. Der Schmerz über den Tod ihres erstgeborenen Kindes verwandelte sich beinahe in Raserei und warf sie auf einige Wochen auf's Krankenbett. Glücklich hat sie nun aber ein gefährliches Übel überstanden, und scheint nun über ihr Schicksal beruhiget zu sein.«

Die Schlußgrüße sind nicht weniger herzlich als sonst, aber die fatale Erkenntnis einer miserablen Wirklichkeit konnte dem mitempfindenden Franz nicht vorenthalten werden. Ihm wurde auch gleichzeitig das einzige, ihm längst bekannte Heilmittel mit hinzugegeben, die herzliche Liebe untereinander.

Niemals ist Schubert ein Romantiker.
Der Unterschied zwischen Beethoven und Schubert liegt offen zutage. Beethoven ist monumentale Kraft, physisch und geistig, ist wesenhaft kämpferische Bewältigung aller Schwierigkeiten. Er bändigt Gegensätze, formt die Elemente, schafft Räume und Gebäude, bildet unvergänglich Schönes. Das Pathos des Heroischen, der Glanz des Formvollendeten, die Klarheit des Durchgeistigten, das Leuchten makelloser Schönheit sind die hervorragenden Zeichen seines Werkes.

Schuberts Stärke ist anderer Art. Sie lebt aus der Kraft des Herzens, das ungeschützt und offen allem ausgeliefert ist und sich immer wieder aus der Bedrohung durch die Dunkelheit erheben muß. Er erträgt die Spannungen, geht durch sie hindurch mit dem Mut der Hoffnung, in dem Bewußtsein seines Auftrags. Gegen Depression, Krankheit und äußere Schwierigkeiten setzt er die Energie des Schaffens, die Liebe zu allem gottgeschenkten Dasein. So ist Schuberts Musik Lächeln unter Tränen, Freude, getränkt mit Wehmut, Herzensgröße bei Verzweiflung, Hoffnung über dunklen Tiefen, Spielen über drohenden Abgründen, herrliche Weite trotz Lebensenge, unerschöpflicher Reichtum in einer fatal-miserablen Wirklichkeit.

Schuberts musikalisches Werk hat wohl unter aller bedeutenden Musik die größte Lebensnähe, ist mit allen Erscheinungen des Daseins Verbindung eingegangen und ist dennoch unvergleichliche Freudenspenderin.

Das Jahr 1824 ging nun schnell zu Ende. Schubert hatte, um die Miete zu sparen, über den Sommer seine Wohnung aufgegeben. Nach der Rückkehr aus Ungarn fand er zunächst wieder Unterkunft im elterlichen Schulhaus. Anfang des neuen Jahres, wahrscheinlich im Februar, zog er dann wieder in ein eigenes Quartier, in das Frühwirthaus neben der Karlskirche, außerhalb der Innenstadt, ganz nahe bei Schwind. Er brauchte seine Eigenständigkeit.

In diesem Winter gab es wieder mehrfach Schubertiaden. Auch waren bei öffentlichen Musikveranstaltungen zur Auflockerung eines anspruchsvolleren Programms öfter mehrstimmige Vokalkompositionen Schuberts als Einlage geboten worden. Besonders gern hörten die Wiener damals das Quartett »Die Nachtigall« aus dem Jahr 1821. So wurde Schuberts Name wohl bekannter, aber mit ihm verband sich die Vorstellung von einem liebenswerten Musiker, der hübsche kleine Stücke und schöne Lieder komponieren könne.

Tatsächlich hat Schubert es auch nie für unter seiner Würde gehalten, schöne kleine Unterhaltungsmusiken, Freudenbringer für die Menschen, zu komponieren. So schrieb er vor Jahresende noch wieder einige »Deutsche Tänze«. Dazu kam, aus besonderem Anlaß, noch ein anderes hübsches Stück, eine Sonate für Arpeggione und Klavier in drei Sätzen. Der Wiener Geigen- und Gitarrenbauer Stauffer hatte im Frühjahr ein neues Instrument herausgebracht, eine dem Umfang nach größere Gitarre mit Darmsaiten, nicht mit den Fingern zu zupfen, sondern mit dem Bogen zu streichen, ein klangvolles und klangschönes Instrument. Der Erbauer nannte es »Gitarre d'amour«. Schubert lernte es nach seinem Ungarnaufenthalt kennen und schrieb für Vinzenz Schuster, der damals in Wien mit dem neuen Instrument öffentlich auftrat, auch eine Spielschule verfaßt hatte, die sogenannte »Sonate«.

Das Allegro moderato, ein reizvolles, melodiöses und rhythmisches Zusammenspiel beider Instrumente ist reich an Überraschungen, ein Geschenk schubertscher Spielfreude. Die sehnsüchtigen Melodieschritte im Klavier und die atemlangen schönen Bögen der Gitarre d'amour im Adagio erwecken eine Stimmung des Erwartungsvollen, die sich in einem sich gegenseitig umspielenden Musizieren beider Instrumente löst. Etwas gedämpfter als der erste Satz beginnt das Allegro, entfaltet sich in bewegter Rhythmik und melodischer Schönheit, aber es liegt eine leise Wehmut über dieser Musik, vielleicht durch die Klangeigenart des neuen Instruments noch betont. Schubert hat dessen vielfältige musikalischen Möglichkeiten in dieser Komposition voll verwirklicht. Ob und wann dies Stück jemals aufgespielt wurde, wissen wir nicht. Das Manuskript lag später unter der Masse der schubertschen Hinterlassenschaften. Mag es sich auch nicht um ein bedeutsames Werk handeln, es ist ein Stück beglückender, zu Herzen gehender schubertscher Musik, die anzuhören sich immer noch lohnt.

Das Jahr 1825 brachte Schubert auch wieder menschlichen Gewinn. Um diese Zeit gewann er durch Schwinds Vermittlung den Dichter Bauernfeld zum Freund, sehr musikalisch, zuverlässig, hilfsbereit, gewandt im Umgang, eine stets vermittelnde Natur. Dann wandte die junge, sympathische Hofburgschauspielerin Sophie Müller dem Musiker ihr Interesse zu. Seine Lieder hatten sie begeistert, und sie ermöglichte in dem im grünen Vorstadtgelände gelegenen schönen Haus ihres Vaters manche schönen musikalischen Abende, zu denen sie namhafte Gäste einlud. Diese ehrliche Begeisterung einer um ihre Schauspielkunst allgemein bewunderten und durch ihre feine Bildung ausgezeichneten Frau gab dem bescheidenen Schubert einen starken inneren Auftrieb. Schließlich kam noch der zwanzigjährige, gut ausgebildete Musiker Franz Lachner in den Freundeskreis und wurde bald mit Schubert sehr vertraut. Sie verstanden sich bestens und führten im Lauf der nächsten Jahre viele Fachgespräche miteinander. Schubert schätzte sein Können, und seine Fähigkeiten brachten ihm später eine bedeutende Stelle in München ein.

Schubert nahm einen reichen Ertrag in das neue Jahr 1825 mit hinüber: eine scheinbar wiedergewonnene Gesundheit, ein reiches Schaffenswerk, gereifte Lebenserfahrung, Ausweitung seiner künstlerischen Fähigkeiten, Menschen, die ihn und seine reichen Gaben schätzten, neue Freunde, und den starken Rückhalt, der seiner ungesicherten Existenz immer bleiben sollte, die warme, zuverlässige Liebe aller seiner Angehörigen, eine letzte Zufluchtsstätte auf dieser Erde.

1825 – 1826
Aufstieg zur Höhe

Dankbar für seinen zufriedenstellenden Gesundheitszustand konnte Schubert in das neue Jahr hineingehen. Er lebte still im Elternhaus. Schwind besuchte ihn oft, hatte aber anscheinend manche Mühe mit ihm, wenn er ihn am Sonntagnachmittag zum Besuch bei anderen Bekannten bewegen wollte. Ins Kaffeehaus wollte Schubert auch nicht. Im Weinhaus wird ein wenig Tokayer schon fast gefährlich für ihn. Sie lassen sich den Rest in ein kleines Flascherl füllen und trinken ihn unter viel Gelächter im Haus des Advokaten Hönig aus, in dessen Tochter Nette Schwind verliebt war. Über solche Schwierigkeiten mit dem damals etwas unbeweglichen Schubert schreibt Schwind am 7. Januar 1825 an Freund Schober: »Das ist ein wahres Malheur. Aber auch so komisch als was auf der Welt.«

Allmählich löste sich Schuberts Zustand. Am 14. Februar konnte Schwind an Schober schreiben: »Schubert ist gesund und nach einigem Stillstand wieder fleißig. Er wohnt seit kurzem in dem Haus neben uns, wo das Bierhaus ist, im zweiten Stock in einem sehr hübschen Zimmer. Wir sehen uns täglich, und, soviel ich kann, teile ich mein ganzes Leben mit ihm.«

Schubert scheint sich dort in der Wohnung recht wohl gefühlt zu haben, denn er blieb in ihr bis zum Sommer 1826. Neben dem Haus lag die imposante Karlskirche. Nach der einen Seite blickte man über das Glacis auf die turmreiche Altstadt, nach der anderen Seite öffnete sich der Blick zur Vorstadt hin. In der Ferne leuchteten bei klarer Sicht die Alpen.

Schubert nahm auch wieder am geselligen Leben teil. Die regelmäßigen Schubertiaden, Zusammenkünfte musikinteressierter Freunde in Privathäusern, kamen jetzt richtig in Gang. Schwind schreibt davon in seinem Brief: »Es ist alle Wochen bei Enders Schubertiade, das heißt, der Vogl singt. Die neuen Variationen zu vier Händen sind etwas Außerordentliches.

Über die Charakteristik in den Märschen und die unerhörte Innigkeit und Lieblichkeit der Trio würdest Du erstaunen.«

Auch aus Tagebuchaufzeichnungen des neugewonnenen Schubert-Freundes Bauernfeld und der Sängerin Sophie Müller erfahren wir von vielen Zusammenkünften oder Einladungen, bis Vogl und bald danach auch Schubert nach Oberösterreich reisten. Besonders bei Sophie Müller wurden neben ihr noch unbekannten stets die neuesten Schubert-Lieder mit Begeisterung aufgenommen, denn Schubert war wieder »fleißig« geworden. Aus Schwinds Brief erfahren wir: »Jetzt macht er Lieder.« Schon im August hatte Schubert an Schober geschrieben, daß er Walter Scott lese. Vielleicht ist er durch Vogl auf ihn aufmerksam gemacht worden, der Scott sehr liebte. Aus dem Scottschen Gedichtzyklus »Das Fräulein am See« komponierte Schubert im Jahr 1825 eine Reihe von Liedern, die damals überall, wo sie gehört wurden, Begeisterung weckten. Schon im Januar begann Schubert mit der ersten Scott-Komposition. Weitere Lieder und mehrstimmige Gesänge folgten im Frühjahr und Sommer, und ein letztes Scott-Lied entstand im Januar 1827.

Die Begeisterung und Ergriffenheit der damaligen Hörer, Briefstellen aus dem Sommer 1825 sind Zeuge dafür, kann man auch heute noch verstehen. Herrlich kraftvoll und männlich tönt »Normans Gesang«, das Lied des todesbereiten, von tiefer Liebe zu seiner Braut erfüllten Kämpfers am Abend vor der Schlacht.

> Die Nacht bricht bald herein, dann leg' ich mich zur Ruh,
> Die Heide ist mein Lager, das Farnkraut deckt mich zu,
> Mich lullt der Wache Tritt wohl in den Schlaf hinein.
> Ach, muß so weit von dir, Maria, Holde sein.

Das harte Dröhnen der hämmernden Waffen und das Aufschlagen der Pferdehufe erfüllt das ganze Lied.

Ebenso mitreißend wirkt das »Lied des gefangenen Jägers«, der sich im Turmverlies nach der lustvollen Hirschjagd sehnt, nach dem Morgengesang der Lerche, dem Schlaflied der Nachtvögel und dem Willkommgruß seiner Liebsten, wenn er ihr früher das erlegte Wild zu Füßen legen konnte. Die Ungeduld des gequälten Herzens pocht in den zürnenden, zukkenden, abgebrochenen Akkorden.

Mein Roß so müd' in dem Stalle sich steht,
Mein Falk ist der Kapp' und der Stange so leid,
Mein müßiges Windspiel sein Futter verschmäht,
Und mich kränkt des Turmes Einsamkeit.

Traurig schließt das Lied: »Dahin ist Lieben und Leben.«
Wir lernen Schubert in diesen Scott-Liedern von einer neuen Seite kennen, und seine Hörer empfanden das. Starke, kräftige Gefühle, männliche Kühnheit, befreiende Naturverbundenheit, tapfere Schicksalsbereitschaft – das sind die tief menschlichen Züge dieser Gedichte, die in Schuberts Liedgestaltung mißreißenden Ausdruck fanden.

Tief ergriffen wurden die Hörer von der Innigkeit des »Ave Maria« aus dem Scott-Zyklus. Eine mit ihrem gebrechlichen Vater in wilde Felslandschaft verschlagene Jungfrau ruft Maria um Hilfe an:

Ave Maria! Jungfrau mild,
Erhöre einer Jungfrau Flehen,
Aus diesem Felsen starr und wild
Soll mein Gebet zu dir hinwehen.
Wir schlafen sicher bis zum Morgen,
Ob Menschen noch so grausam sind.
O Jungfrau, sieh der Jungfrau Sorgen,
O Mutter, hör ein bittend Kind.
Ave Maria!

Schubert gab diesem Hymnus eine Musik von solch tröstlicher, umhüllender, überirdischer Schönheit, daß wir seine Worte über seine eigene Frömmigkeit verstehen, die er im Sommer 1825 bei Erwähnung dieses Liedes an seinen Vater schrieb. Die langen Atembögen des Gesangs strömen ruhige Gewißheit und Geborgenheit aus. Das inständige Flehen, die Anrufung der himmlischen Helferin, erheben sich so stark von Zuversicht getragen über alle irdische Bedrohung, daß man das Gefühl empfängt, dies Schubert-Lied sei von Transzendenzen verklärt.

In diesem Frühjahr entstanden auch zwei bedeutende Liedkompositionen nach Gedichten des Jacob Nicolaus Freiherr von Craigher. Beide sind Zeugnis der außerordentlichen musikalischen Gestaltungskraft Schuberts sowie der Tiefe seiner religiösen Erfahrung. So zurückhaltend Schubert in freien persönlichen Äußerungen in Fragen seiner Religiosität ist: die kurzen, fast unwillkürlichen Nennungen des Gottesnamens in seinen Briefen, die Wahl religiöser Dichtungen für seine Kompositionen und die Intensität ihrer kompositorischen Gestaltung, in Verbindung mit seiner Grundhaltung dem Dasein gegenüber, sind uns ein Schlüssel für das Begreifen dieser beiden Lieder.

In dem ersten, »Die junge Nonne«, bekennt eine Nonne in einer furchtbaren, wilden Gewitternacht vor sich selbst die ebenso wilde Verworrenheit ihres eigenen früheren Lebens:

Wie braust durch die Wipfel der heulende Sturm!
Es klirren die Balken, es zittert das Haus!
Es rollet der Donner, es leuchtet der Blitz,
Und finster die Nacht, wie das Grab!

Immerhin, so tobt' es auch jüngst noch in mir!
Es brauste das Leben, wie jetzo der Sturm,
Es bebten die Glieder, wie jetzo das Haus,
Es flammte die Liebe, wie jetzo der Blitz,
Und finster die Brust, wie das Grab.

Dumpf, gewaltig, aus der Tiefe drohend, braust im Baß die Begleitung. Über ihr singt klagend, sich selbst anklagend, angstvoll, schmerzvoll eine Menschenstimme. Eine Komposition voll dramatischer Spannung. In der dritten Strophe erhebt sich, alles Dunkel durchbrechend, diese Menschenstimme, in Jubel ausbrechend, denn Friede und Ruhe ist in das Herz eingekehrt. Die gereinigte Seele hat sich für immer der ewigen Liebe angetraut. Die Sehnsucht nach einer endgültigen, für immer befreienden Erlösung steigert sich zur ekstatischen Erhebung zu den ewigen Höhen und löst sich in dem das Lied schließenden, wunderbar stillen Anbetungsruf »Alleluja!«. Eine immer leiser werdende Begleitung rinnt wie ein sanfter, erquickender Regen hernieder. Tröstlich tönen hohe Glokkenklänge über den erregenden Bewegungen und dem endlichen Zurruhekommen eines Menschenherzens.

Ich harre, mein Heiland! Mit sehnendem Blick!
Komm, himmlicher Bräutigam, hole die Braut,
Erlöse die Seele von irdischer Rast!
Horch, friedlich ertönet das Glöcklein vom Turm!
Es lockt mich das süße Getön
Allmächtig zu ewigen Höhn.
Alleluja!

Von unserm Schubert-Verständnis her und den Sprachgebrauch katholischer Mystik bedenkend, kann es nur als ein völliges Mißverständnis erscheinen, wenn die Komposition der letzten Strophe als musikalische Gestaltung religiöser Hysterie und das wunderbar stille »Alleluja« als Ausbruch religiösen Wahns gedeutet wird. Eine musikalische Ironisierung religiöser ekstatischer Äußerungen erscheint uns bei Schubert von seinem Charakter her unmöglich.

Aus dunklen Tiefen der Todverfallenheit allen menschlichen Daseins zu den transzendenten Sphären überirdischen Lebens führt Schuberts Musik in der Vertonung des anderen Craigher-Gedichtes »Totengräbers Heimweh«. Als gewaltiges, volles Geläut tiefer Domglocken trägt die begleitende Musik den qualvollen Aufschrei des Totengräbers, der die Last seiner Aufgabe nicht mehr zu tragen vermag, Tag für Tag dem unaufhaltsamen Hinabsinken des Lebens Gräber bereiten zu müssen:

O Menschheit, o Leben! was soll's? o was soll's?
Grabe aus, scharre zu! Tag und Nacht keine Ruh!
Das Treiben, das Drängen, wohin? o wohin?
»Ins Grab, ins Grab, tief hinab!«

Weiter dröhnen die schweren Glocken, nehmen helleren Klang an. Der Totengräber bittet um Befreiung von seinem unerträglichen Dienst, flehend, klagend:

Wann wirst du mir schlagen, o Stunde der Ruh?
O Tod! komm und drücke die Augen mir zu!
Im Leben, da ist's ach! so schwül! ach so schwül!
Im Grabe so friedlich, so kühl!
Doch ach! wer legt mich hinein?
Ich stehe allein, so ganz allein!
– – –
Und starre mit sehnendem Blick hinab
Ins tiefe, ins tiefe Grab!

Die Liedmelodie sinkt tiefer und tiefer, bis auf einen letzten, hohl schwebenden, dunkelsten Ton. Daß Schubert diese tiefsten Erfahrungen menschlicher Lebensnot kannte, wissen wir aus seinen Äußerungen vom Frühjahr zuvor.

Im Zwischenspiel, zum Ende des Lieds hin, wandelt sich die Musik, wird offener, gelöster, befreiter, beglückend. Dem Sterbensbereiten leuchtet von ferne die überirdische Seligkeit. Es bleibt Schuberts Geheimnis, wie er in Tönen voll geheimnisvoller Irrealität, voll transzendenter Offenheit den Zustand der Loslösung fast erfahrbar werden läßt. Dann kommen wir an diese großartige Stelle, in der das Sinken in den Tod und der Aufschwung in die selige Gemeinschaft der vorausgegangen Lieben zu einer triumphierenden Einheit werden:

O Heimat des Friedens, der Seligen Land,
An dich knüpft die Seele ein magisches Band.
Du winkst mir von ferne, du ewiges Licht,
Es schwinden die Sterne, das Auge schon bricht,
Ich sinke, ich sinke! Ihr Lieben, ich komm!
Ich sinke, ihr Lieben, ich komme, ich komm!

Das dritte Lied nach einem Text von Craigher, »Der blinde Knabe«, hat einen bescheideneren Inhalt als die beiden anderen. Aber in der dichterischen Aussage über die dankbare innere Zufriedenheit des Blinden ist es beglückend und nicht weniger bewegend und innig in Schuberts Vertonung. Wieder einmal spüren wir seine besondere Fähigkeit des tiefen Mitempfindens.

Wenn man ein Lied sucht, für welches das Wort heilige Stille, wundervolle Weihe, verzaubernde Musik angemessen ist, dann gilt das für die nur kurze, aber herrliche Komposition »Nacht und Träume« auf den Text des im Jahr zuvor verstorbenen Schubert-Freundes Matthäus Casimir von Collin.

Schubert überrascht uns in den ersten Monaten dieses Jahres noch mit weiteren Liedwundern.

Das Gedicht »Im Abendrot« des sonst ziemlich unbekannten pommerschen Lyrikers Carl Gottlieb Lappe gehört zu unsern schönsten Abendgedichten. In nur wenigen Worten, auf schlichte Weise, ist so sinnenhaft spürbar das tiefe, fromme Verwundern über den Glanz erlebter göttlicher Schöpfung gesprochen, daß sich die Beglückung über den Reichtum des Daseins unmittelbar auf den Hörer und Nachsprecher des Gedichts überträgt:

> O wie schön ist deine Welt,
> Vater, wenn sie golden strahlet!
> Wenn dein Glanz herniederfällt,
> Und den Staub mit Schimmer malet,
> Wenn das Rot, das in der Wolke blinkt,
> In mein stilles Fenster sinkt!
>
> Könnt ich klagen, könnt ich zagen?
> Irre sein an dir und mir?
> Nein, ich will im Busen tragen
> Deine Himmel schon allhier.
> Und dies Herz, eh es zusammenbricht,
> Trinkt noch Glut und schlürft noch Licht.

Schubert faßte diese Worte in eine Musik, die, so schlicht und einfach sie zu sein scheint, doch ein unbeschreibliches Wunder an Schönheit, Innigkeit und Fülle ist. Das einleitende Vorspiel erweckt mit seinen leuchtenden hohen Tönen über weichem dunklen Grund die Erwartung auf etwas Beglückendes, Schönes und kündet das geistige und musikalische Thema des Liedes an: Glanz aus göttlicher Höhe verklärt die Materie des Staubes, senkt Frieden in das melancholische Menschenherz und erfüllt es mit nicht aufhörendem Glückserleben. Wir erfahren das Wunder seelischer Aussage in der Einswerdung von Sprache und Musik.

Ebensolche höchste Kunst, wenn auch ganz andersartig, begegnet uns in der zweiten Komposition eines Lappe-Gedichtes, »Der Einsame«:

Wann meine Grillen schwirren,
Bei Nacht, am spät erwärmten Herd,
Dann sitz ich mit vergnügtem Sinn
Vertraulich zu der Flamme hin,
So leicht, so unbeschwert.

Der einsame Mann denkt über den vollbrachten Tag nach, hält das offene Feuer in Gang, freut sich des ländlich unbeschwerten Lebens, fern der bedrängenden, nur Unzufriedenheit schaffenden Weltunrast, und dankt den Heimchen, daß sie zirpen und er sich nicht ganz allein fühlt.

Mit welch eigenartigen künstlerischen Mitteln Schubert es erreicht, daß man die häusliche Geborgenheit, das Sinnieren des Mannes, den Anblick des Feuers, die Zufriedenheit des Nichtstädters, die Unterhaltung mit den Heimchen wirklich erlebt, ist kaum zu erklären. Man kann sich nur rückhaltlos dem hingeben und sich daran erfreuen.

Im März 1825 kam Schubert ein Band Gedichte in die Hand, der ihn ein Jahr hindurch zu Liedkompositionen drängte. Der Name des Dichters Ernst Schulze war Schubert schon im Vorjahr im Zusammenhang mit Bemühungen um Operntexte begegnet, doch hatte sich daraus keine nähere Bekanntschaft ergeben. Jetzt aber müssen die Gedichte Schulzes Schubert sehr angesprochen haben. Schon 1817 war dieser erst achtundzwanzigjährige Freiheitskämpfer als Göttinger Privatdozent der Philologie gestorben. Die Liebe zu der hochmusikalischen, klugen und schönen Cäcilie Tychsen, ausgezeichnete Klavierspielerin und Liebhaberin Bachs, entzündete sein künstlerisches Talent zu reichem, aber nur kurzem Schaffen. Er folgte der heiß Geliebten, die schon 1816, kaum achtzehnjährig, starb, ein Jahr später, an einer Lungenschwindsucht dahinsiechend. Schubert und Schulze sind Schicksalsverwandte. Schubert muß immer wieder zu dem Gedichtband gegriffen haben. In der

Auswahl, die er traf, zeigt sich, wie weit er in seinem Denken und Empfinden mit dem längst verstorbenen Dichter übereinstimmte. Noch kurz vor seinem eigenen Tod bemühte er sich sehr um die Drucklegung dieser Lieder. Als erstes entstand im März das Lied »Im Walde«:

> Ich wand're über Berg und Tal
> Und über grüne Heiden,
> Und mit mir wandert meine Qual,
> Will nimmer von mir scheiden.
> Und schifft' ich auch durch's weite Meer,
> Sie käm' auch dort wohl hinterher.

Die Blumen am Weg können ihn nicht erfreuen, weil er eine nicht pflücken darf. In die Lieder der Vögel auf den Zweigen kann er nicht einstimmen, weil ihn das Herzeleid einsam macht. Die ziehenden Wolken und die leicht dahinfließenden Wellen bedrücken ihn, weil sie ihn daran erinnern, daß er nirgends einen Halt finden kann. Was sich bei dem Dichter wie klagende Reflexion anhört, wird in Schuberts Lied zur jagenden, fast rasenden Verzweiflung, die sich in der letzten Strophe erschütternd steigert:

> Ich wand're hin, ich wand're her,
> Bei Sturm und heiter'n Tagen,
> Und doch erschau' ich's nimmermehr
> Und kann es nicht erjagen.
> O Liebessehnen, Liebesqual,
> Wann ruht der Wanderer einmal!

Im August komponierte Schubert das Gedicht »Auf der Bruck« zu einem seiner packendsten Reiterlieder. Ein Liebender reitet durch Nacht und Regen, Wald und Feld, an freundlichen Menschen vorüber, von Trennungsschmerz getrieben. Das harte Schlagen der Pferdehufe treibt das Lied vorwärts und gibt dem Sänger zuletzt freudigen Mut:

> Drum trabe mutig durch die Nacht!

- - -

Der Sehnsucht helles Auge wacht,
Und sicher führt mich süßes Ahnen.

Die ersten Monate des Jahres 1825 hatte sich Schubert nur der Liedkomposition hingegeben, dann aber lockte ihn wieder die Klaviermusik. Im April schrieb er die ersten zwei Deutschen Tänze dieses Jahres und einen Walzer. Im selben Monat begann Schubert die Arbeit an einer Klaviersonate in C-Dur. Das Werk kam nicht über die Vollendung der beiden ersten Sätze und Stückwerk gebliebenen Bemühungen um die Fortsetzung in zwei weiteren Sätzen hinaus. Die beiden ersten Sätze wurden später unter dem Titel »Requiem« veröffentlicht, weil man fälschlich meinte, das Werk sei kurz vor Schuberts Tod begonnen und dann nicht mehr vollendet worden. Robert Schumann erhielt 1839 bei seinem Besuch in Wien das Manuskript von Ferdinand. Den langsamen zweiten Satz veröffentlichte er in seiner Musikzeitschrift, ein Zeichen dafür, daß er diesen Torso für beachtenswert hielt. Tatsächlich sind diese Bruchstücke ein Beispiel des großartigen schubertschen Komponierens und lohnen auch als Torso das aufmerksame Hören.

Nach freundlicher Eröffnung entfaltet sich der erste Satz zu einem phantasiereichen Gebilde. Eine kurze Zurückhaltung, und schon erhebt sich die Sonate zu festlichem, fast pompösen Glanz, zu orchestraler Fülle. Das Spiel wandelt sich in lyrische Bewegung, wird gesanglich, steigert sich zu kraftvollen Rhythmen und klingt leise aus. Der Andante-Satz beschenkt uns mit dem immer wieder neuen und so wohltuenden Erfindungsreichtum schubertscher Musik: Melodie, farbenreiche Klänge, lebendige Rhythmik, Wechsel von Schatten und Licht, bewegtes Auf- und Niedersteigen, kraftvolle warme Bässe, sanftes Verklingen in bergenden Tiefen.

Wäre Schubert die Zuendeführung dieser Sonate gelungen, würde sie zu seinen großen, bedeutenden Werken gehört haben. Aber er geriet in Schwierigkeiten, und wie es ihm bei seiner Arbeitsweise in dieser Zeit immer noch nahelag, legte er das unfertige Werk beiseite und begann sofort, noch im April, eine neue Arbeit, die »Klaviersonate in a-Moll«. Es ist die erste Klaviersonate, um deren Veröffentlichung Schubert sich selbst bemühte, und das mit solchem Eifer, daß sie schon Ende 1825 gedruckt in Wien zu haben war. Er selbst gab ihr den anspruchsvollen Titel »Premiere grande Sonate«, ein Zeichen dafür, daß er sich ihrer Bedeutung sehr bewußt war. Daß er sie als ein wohlgelungenes Werk selbst liebte, wird in der Folgezeit sichtbar. Auf der Reise nach Oberösterreich spielte Schubert den Andantesatz bei seinen Zwischenaufenthalten in den Klöstern Sankt Florian und Kremsmünster seinen Gastgebern vor. Er hatte die Notenblätter mitgenommen, und danach in Oberösterreich waren seine Freunde nicht weniger davon angetan, wenn er ihnen die ganze Sonate als sein jüngstes Werk vorspielte. Das gab ihm starken Auftrieb, und schon im Sommer schrieb er die nächste Klaviersonate nieder. Die a-Moll-Sonate ist ein Meisterwerk, das alle an die Sonate als Kunstwerk gestellten Ansprüche erfüllt. Jeder Satz ist ein völlig eigengeprägtes Gebilde, und die Sonate steht gleichzeitig mit ihren vier Sätzen als eine geschlossene Ganzheit vor uns.

Der erste Satz: Gehemmte Kraft unter verhangenem Schicksal. Nach träumerischen Eröffnungspassagen bricht das Thema vor, schafft sich in kräftigem orchestralen Klangreichtum Raum. Stürmisches Vorwärtstreiben, Stockungen, Hemmungen, neue Anläufe, mächtige Steigerungen durch gewaltige Fortissimi und hart rhythmisierte Tonsprünge. Fast fatalistisch, wie tiefe Schicksalseinbrüche, wirken die vielen Ganztaktpausen. Der tief bewegende, packende Satz schließt mit einem gewaltigen Schlußpunkt.

Der zweite Satz, das Andante, ist reine Lyrik, Sprache der Seele, innerste Zartheit und tiefste Erregung. Ein beglückend reines, fast naiv erscheinendes, wahrhaft schönes Thema durchzieht wie ein lebendiges Atmen den ganzen Satz. Strahlende Kraft und empfindsame Zartheit sind auf das innigste miteinander verbunden. Mit einem wunderbar glückhaften Ausklang schließt der Satz, eines der schönsten, lebendigsten Schubert-Andante.

Das Scherzo des dritten Satzes läßt sich als Turbulenz über innigster Stille kennzeichnen. Voll turbulenter Bewegung, in geschäftigem Treiben und in überraschenden Sprüngen läuft das Scherzo dahin. Unvermutet umgibt uns eine merkwürdig intime Musik, weiches, zartes Glockenklingen, einhüllend, besänftigend, in die Stille führend. Doch dann hebt das scherzohafte turbulente Treiben wieder an, aber irgendwie gehemmt, in seinem Vorwärtsdrang gebrochen.

Das Finale des vierten Satzes ist reinste »Musik als Spiel« in Rondotechnik. Das spielt sich so dahin, in Tönen ohne Ende, sich überrollend, polternd, kreisend, haschend, jagend, bis zu einem kurzen, ungeheuren Ausbruch in den letzten Takten.

Als »Mein Werk für den denkenden Spieler« ist diese Sonate bezeichnet worden, den größten Sonaten Beethovens vergleichbar. Sie hat schon bald nach Bekanntwerden in der damaligen musikalischen Fachpresse Anerkennung gefunden. »Die Leipziger Allgemeine Musikalische Zeitung« urteilte: »Die Sonate ist reich an wahrhaft neuen und originellen melodischen und harmonischen Erfindungen; ebenso reich und noch mannigfaltiger an Ausdruck, kunstvoll und beharrlich in der Ausarbeitung, namentlich auch in der Führung aller Stimmen, und dabei doch durchgängig wahre Pianoforte-Musik.«

In den Monaten Mai, Juni und Juli hat Schubert fast nichts komponiert, denn nun kam die schöne, inhaltsreiche Sommerreise in das oberösterreichische Land. Schubert erlebte seinen letzten schönen Reisesommer.

Mitte Mai fuhr er, dem vorgereisten Vogl folgend, nach Steyr. Er wohnte mit Vogl zusammen bei dem Musikmäzen Paumgartner, aber zuerst nur für wenige Tage, denn am 24. und 25. Mai weilten sie zu Besuch bei Ottenwalds in Linz. Von dort aus machten sie einen Besuch im Stift Sankt Florian. Auf der Rückkehr nach Steyr kehrten sie in Kremsmünster ein. In beiden Klöstern warteten Freunde der Schubert-Musik darauf, den Komponisten und seinen Begleiter zu Gast zu haben.

Bald schon brachen Schubert und Vogl wieder von Steyr auf und blieben vom 4. Juni bis 15. Juli in dem lieblich am Traunsee gelegenen Städtchen Gmunden. Schubert schrieb Ende Juli an Spaun, der inzwischen nach Lemberg versetzt worden war und daher in diesem Sommer in Linz nicht angetroffen wurde: »Wir waren bey Traweger einloschirt, der ein prächtiges Pianoforte besitzt und, wie du weißt, ein großer Verehrer meiner Wenigkeit ist. Ich lebe da sehr angenehm und ungenirt. Bey Hofrat von Schiller wurde viel musicirt.«

Der Hofrat von Schiller war der Salzoberamtmann für die Salinen des Salzkammergut und bewohnte in Gmunden, zusammen mit weiteren Beamten, das große Amtsgebäude, in dem die Verwaltung für den gesamten Salzhandel dieses Gebietes lag. Der gewaltige Bau, der die Nordeinfahrt in die Stadt beherrschte und dessen ältester Teil das nördliche Stadttor überwölbte, stellte fast so etwas wie eine k. k. Hofhaltung dar. Einige Festsäle boten die erforderlichen Räume für gesellschaftliche Veranstaltungen. Der Salzoberamtmann Franz Ferdinand Ritter von Schiller, selbst ein begabter Musiker, pflegte die alte Tradition, daß an jedem Sonn- und Feiertag Unterhaltungsabende für Fremde und Einheimische mit Musik, Tanz und Spiel veranstaltet wurden. Hier konnte Schubert, vor der auserlesenen Gesellschaft dieses kleinen Verwaltungsstädtchens, in diesen Wochen aufnahmebereite Menschen mit seiner Musik beglücken. Vogl sang, und Nanette Wolf, die klavierbegabte Tochter des Gmunder Stadtschullehrers, spielte zusammen mit Schubert vierhändig. Die begeisterte Spielerin hat ihrem Sohn Aufzeichnungen über die herrlichen Musikveranstaltungen hinterlassen. Darin schrieb sie, als objektive Berichterstatterin: »An diesen Abenden erfreuten Schubert und Nanette die anwesenden Gäste durch ihr vollendetes vierhändiges Spiel und ernteten dafür reichen Beifall, den Schubert, bescheiden wie er war, in der Regel auf seine Genossin allein, da sie stets den schwierigeren, jedoch weit dankbareren Primpart zu spielen hatte, abzulenken suchte.«

Die mehr familiären Musikabende im Hause Traweger, die öffentlichen Musikveranstaltungen, der Umgang mit vielen musikalisch interessierten Menschen, Wanderungen durch die schöne Landschaft, Segelpartien und Ausflüge zum Musizieren in dem am See gelegenen Schloß Ebenzweier, füllten die Tage aus, erquickten Schuberts Gemüt und wirkten günstig auf sein ganzes Befinden.

Am 15. Juli reiste Schubert mit Vogl über Puchberg, wo sie kurze Zwischenstation bei Bekannten Vogls machten, nach Linz. Von dort machte Schubert einmal allein, einmal zusammen mit Vogl einen zweitägigen Besuch im Schloß Steyregg, zehn Kilometer donauabwärts von Linz. Der Schloßherr, Graf Weißenwolff, und seine Frau, Gräfin Sophie Gabriele, waren von Schuberts Musik so angetan, daß sie alle erreichbaren Veröffentlichungen besaßen und sich auch im Linzer Musikverein für die Förderung Schuberts einsetzten. Aus Dank für die schönen Musikstunden, bei denen die Gräfin selbst recht hübsch sang, und angetan von der großen Verehrung und Freundlichkeit, widmete Schubert ihr die nächste Liedveröffentlichung, die überall mit so viel Begeisterung aufgenommenen Scott-Lieder.

In diesen Wochen, in denen ihm überall nur Liebe für seine Kunst und ehrliche menschliche Freundschaft entgegenschlugen, mag Schubert auf eine Äußerung aus Weimar gewartet haben, denn noch vor seiner Abreise aus Wien hatte er veranlaßt, daß sein Verleger gleich nach Fertigstellung zwei Prachtexemplare der neuesten Goethe-Lieder-Veröffentlichung, der Titel auf satiniertem Papier in Gold gedruckt, nach Weimar senden sollte. Der mitgegebene Begleitbrief lautet:

Euer Exzellenz!
Wenn es mir gelingen sollte, durch die Widmung dieser Composition Ihrer Gedichte meine unbegrenzte Verehrung gegen E. Exzellenz an den Tag legen zu können, und vielleicht einige Beachtung für meine Unbedeutendheit zu gewinnen, so würde ich den günstigen Erfolg dieses Wunsches als das schönste Ereignis meines Lebens preisen.
    Mit größter Hochachtung
            Ihr
      Ergebenster Diener
       Franz Schubert.

Das war der letzte Versuch, die ersehnte Beachtung durch den in aufrichtiger Dankbarkeit hochverehrten Dichter zu gewinnen, nicht aus Ehrgeiz oder Gleichwertigkeitsbewußtsein geboren, sondern aus dem Gefühl heraus, die Freude über das künstlerische Schöpfertum müsse eine Brücke des Verstehens zwischen dem Dichter und dem Musiker schlagen können. Aber Schubert wartete vergeblich. Goethe notierte nur in sein Tagebuch: »16. Juni 1825: Sendung von Schubert aus Wien, von meinen Liedern Compositionen.« Daß eines der Exemplare in die Weimarer Landesbibliothek gelangte, war wohl nur ein Verwaltungsvorgang. Schubert wurde von Goethe nicht wahrgenommen. Dem sechzehnjährigen, an Goethe empfohlenen Mendelssohn, der ihm ein Klavierkonzert vorgespielt und dann seine ersten drei Quartette zugeschickt hatte, schrieb der gerührte Goethe zur gleichen Zeit einen ausführlichen Dankbrief. – Auch große Geister haben ihre Grenzen.

Aber eine andere wohltuende Stimme erreichte Schubert aus Deutschland. Die frühere Wiener Opernsängerin Anna Milder schrieb ihm während dieses Sommers sehr freundliche Briefe aus Berlin mit Berichten über den Erfolg ihrer Gesangvorträge mit Schubert-Liedern. Sie legte ihm auch anerkennende Pressestimmen bei und blieb für immer eine eifrige Sängerin seiner Lieder. Schubert war ihr bis an sein Ende dankbar. Noch kurz vor seinem Tode schrieb er für sie die Komposition »Der Hirt auf dem Felsen«.

Im übrigen ließ sich Schubert nicht durch das Schweigen Goethes an den sich ihm bietenden Freuden dieses Sommers irre machen. Er muß sich in Linz bei Ottenwald sehr wohl gefühlt haben, denn dieser schrieb am 19. Juli ausführlich an seinen Schwager Spaun nach Lemberg: »Eine große Freude macht es mir, daß Schubert, da Du nicht hier bist, doch unter uns so heimlich zu sein scheint; er hat heute nach Tische einiges von seinen Märschen mit Marianne gespielt. – Für Max war sein Besuch ein Fest; er ist so viel wie möglich um ihn. Abends wird ein Spaziergang zum Jägermaier gemacht, dann im Schloß noch soupiert, wo die Frauen auch hinkommen. Gesungen hat er uns noch nichts, obwohl auch nicht es abgeschlagen, die Deutschen aber, die Marie eingelernt, spielte er, sie haben unter seiner Hand ein unglaubliches Leben.«

In welch angeregter Stimmung, aber auch wie nachdenklich über die geistige Situation seiner Zeit Schubert in diesem Sommer war, zeigt uns ein Brief an Spaun, den er leider in Linz nicht vorfand, und dem er am 21. Juli nach Lemberg schrieb:

»Lieber Spaun!
Du kannst Dir denken, wie sehr mich das ärgern muß, daß ich in Linz an Dich einen Brief schreiben muß nach Lemberg!!! Hol der Teufel die infame Pflicht, die Freunde grausam auseinander reißt, wenn sie kaum aus dem Kölch der Freundschaft genippt haben. Da sitz ich in Linz, schwitze mich halbtodt in dieser schändlichen Hitz, hab ein ganzes

Heft neuer Lieder, und Du bist nicht da! Schömst Dich nicht? Linz ist ohne Dich wie ein Leib ohne Seele oder wie ein Reiter ohne Kopf, wie die Suppe ohne Salz. Wenn nicht der Jägermaier ein so gutes Bier hätte, und auf dem Schloßberg ein passabler Wein zu haben wäre, so müßte ich mich auf der Promenade aufhängen, mit der Überschrift: Aus Schmerz über die entflohene Linzer-Seele. Du siehst, daß ich ordentlich ungerecht werd gegen das übrige Linzthum, indem ich doch in Deiner Mutter Hause, inmitten Deiner Schwester, des Ottenwald und Max recht vergnüglich bin, und aus den Leibern manches, noch anderen Linzers Dein Geist herauszublitzen scheint.«

Daß Schubert sich mancherlei trübe Gedanken über die geistige Situation seiner Zeit machte, also nicht in einem unbesorgten Musikerdasein und auf sich selbst bezogenen Freundeskreis dahinlebte, erkennen wir daraus, wie dem Schreibenden bei der lobenden Rühmung des guten Linzer Geistes kritische Auslassungen über den allgemeinen geistigen Zustand Österreichs in die Feder fließen: »Nur fürcht ich wird dieser Geist nach und nach ganz verblitzen, und da möchte man dann vor Unmuth zerplatzen. Überhaupt ist es ein wahres Elend, wie jetzt überall alles zur faden Prosa sich verknöchert, wie die meisten Leute dabey ruhig zusehen oder sich gar wohl dabey befinden, wie sie ganz gemächlich über den Schlamm in den Abgrund glitschen. Aufwärts geht's freylich schwerer; und doch wäre dieses Gesindel leicht zu Paaren zu treiben, wenn nur von oben aus etwas geschähe.«

Doch dann fährt er, über die dunklen Schatten springend, ermunternd und zuversichtlich fort: »Übrigens laß Dir kein graues Haar wachsen, daß Du so weit von uns bist, biethe dem einfältigen Schicksal Trotz, und ihm zum Hohne laß Dein reiches Gemüth wie einen Blumengarten erblühen, auf daß Du in dem kalten Norden Wärme des Lebens verbreiten und Deine göttliche Abkunft beurkunden mögest. Niederträchtig ist die Trauer, welche ein edles Herz beschleicht, wirf sie von Dir, und zertritt den Geyer, eh er sich in Deine Seele hinein frißt.« Es folgen noch kurze Berichte über Schobers Ergehen und über Schuberts eigenes Ergehen in Oberösterreich.

Aus diesem Sommer ist uns manches schöne Beispiel der damaligen Freudigkeit zum Briefschreiben erhalten. Zur Charakterisierung Schuberts sollen hier und weiterhin noch einige Auszüge gebracht werden.

Zwischen dem 25. und 28. Juli schrieb Franz an seine Eltern.
»Theuerste Eltern!
Mit Recht verdiene ich den Vorwurf, den Sie mir über mein langes Stillschweigen machten, allein, da ich nicht gerne leere Worte schreibe und unsere gegenwärtige Zeit wenig Interessantes darbietet, so werden Sie mir's verzeihen, daß ich erst auf Ihr liebevolles Schreiben etwas von mir vernehmen lasse. Sehr erfreute mich das allerseitige Wohlbefinden, zu dem ich, der Allmächtige sei gepriesen, auch das meinige hinzufügen kann.«

Schubert schreibt dann sehr ausführlich über den Aufenthalt in Steyr, Gmunden, Linz und Steyregg, über den Brief an den bedrückt in Lemberg existierenden Spaun, über mancherlei menschliche Begegnungen und erfreuliche Musikereignisse. Er erwähnt die weiteren Reiseplanungen bis etwa Ende Oktober. Dann fragt er ausführlich nach dem Ergehen seiner Brüder, über die er sich Gedanken macht, und bittet um Mitteilung. Zuletzt kommt er auf seinen Schwager Schneider, und dieser Schluß des Briefes soll noch im Wortlaut mitgeteilt werden, weil hier etwas von dem manchmal aufblitzenden Humor Schuberts zu spüren ist:

»Der Schneider und seine Schneiderin sollen auf den zukommenden kleinen oder kleine Schneiderin schön acht haben, auf daß die Schneider zahllos werden, wie der Sand am Meer, nur sollen sie darauf sehen, daß keine Aufschneider oder Zuschneider, keine Ehr- oder Gurgelabschneider überhand nehmen. Und nun muß ich das Geschwätz endlich enden, da ich glaubte, mein langes Schweigen durch ein dito Schreiben ersetzen zu müssen. Marie und Pepi und den kleinen Probstl Andre küsse ich 1000mal. Übrigens bitte ich, Alles, was nur grüßbar ist, schönstens zu grüßen. In Erwartung einer baldigen Antwort verharre ich mit aller Liebe
Ihr treuester Sohn
Franz.«

Am 4. August schrieb Ferdinand aus Wien einen längeren Brief an seinen Bruder. Er beklagt sich darüber, daß Franz Hals über Kopf, ohne Abschied zu nehmen, wegfuhr. »Nun wollen wir es einstweilen gut sein lassen, in der Erwartung, daß Du desto mehr bei deiner Zurückkunft auf mich denken wirst.« Auch er möchte so gerne einmal das Salzkammergut und Oberösterreich kennenlernen, von dessen guten, ordentlichen Bewohnern er viel gehört hat. Dann tut er seine Mitfreude an Schuberts Musikerfolgen kund und träumt von zukünftigen Erfolgen. Schließlich kommt er wieder auf die herrlichen Reisen, die Franz machen kann: Sankt Florian, Salzburg, Gastein. »O Du glücklicher Bruder!« Wie gern würde auch Ferdinand das alles einmal sehen. Aber er kann dann selbst auch von einer mehrtägigen Wanderfahrt in einer großartigen Berg- und Waldlandschaft berichten, von Köhlerhütten, Schluchten, rauschenden Bergflüßchen und der himmelhoch auf schroffen Felsenwänden aufragenden Burg Gutenstein. Er erbittet sich von Franz eine ausführliche Reisebeschreibung und schließt:

»Und nun lebe wohl, lieber Franz, und sei 1000mal gegrüßt von Allen, die nur grüßen können; insbesondere aber von Hrn. Vater, von Brüdern und Schwestern und von meinem Weibe samt Kindern. (Mein kleiner Karl, der erst neun Monate alt ist, zeigt schon jetzt musikalische Anlagen, denn er singt zuweilen so ganz melodisch.)

Gott behüte und beschütze Dich, bis Dich wieder umarmt
Dein treuer Bruder Ferdinand.«

Den bedeutsamen ausführlichen Reisebericht Schuberts werden wir noch kennenlernen.

Die glückliche Zeit in Gastein, während Vogl mit seiner Kur beschäftigt war, Schubert aber Freiheit für persönliche Begegnungen, zum Wandern in der herrlichen Landschaft und zum Schaffen hatte, blieb nicht ohne reichen Ertrag. Neben bedeutenden Liedkompositionen und zwei Tänzen steht die Klaviersonate in C-Dur. Schubert selbst muß sie für ähnlich bedeutend gehalten haben wie die im Frühjahr komponierte. Er gab ihr den vielsagenden Titel »Second Grande Sonate« und war auch sehr bald um ihre Veröffentlichung bemüht. Schon im Frühjahr 1826 konnte sie erscheinen.

An dieser Sonate mag einmal beispielhaft gezeigt werden, wie unterschiedlich die Beurteilung der schubertschen Musik ausfällt und wie verschiedenartig die Interpretation dieser Musik sein kann. Einmal heißt es, diese Sonate sei unter den großen Schubert-Sonaten die am wenigsten befriedigende, denn sie arbeite mit zweitrangigem kompositionstechnischem Material, mit Unisoni, Oktavkoppelungen, vollgriffigen und gebrochenen Akkorden. Der üppige Melodienreichtum dehne sich zu ungemessenen Dimensionen, und das graziöse Thema des Finales sei nicht gewichtig genug für den Abschluß einer Klaviersonate (Brown). Ein anderer ist begeistert von dieser Sonate, die er als Meisterwerk bezeichnet. Sie gehöre zwar zum schubertschen Alltag, aber das sei eben Schuberts Größe, daß bei ihm das Alltägliche ins Sublime rage. Der Eröffnungssatz berste von überschäumender Vitalität. Das Andante sei so schön, daß es nur aus einem Wunschtraum entsprungen sein könne. Das Scherzo erfreue durch seine köstliche, vom Lokalkolorit beschwingte Frische, angereichert durch einen Anflug von Weinseligkeit. Und das verlästerte Finale setze allen Herrlichkeiten dieser Sonate die Krone auf.

Noch einmal stehen wir vor der Frage: Wer hat nun recht, wenn wir die Verschiedenartigkeit der Schubert-Interpretation durch bedeutende Instrumentalisten erleben? Es soll hier nicht dargestellt werden, wie vor noch gar nicht langer Zeit in unserm Jahrhundert die schubertsche Klaviermusik gewissermaßen neu entdeckt wurde, ihre Eigenart, ihre Größe, ihre Schönheit. Man erkannte, daß sie weder der Romantik noch der Klassik zuzurechnen ist, daß also Schubert auf schubertsche Art zu spielen ist und daß seine Schreibart und seine Ausführungshinweise genauestens zu beachten sind, auch daß man auf keinen Fall seine Kompositionen um eines sogenannten besseren Zugangs willen ändern oder kürzen darf. Nach dem Ersten Weltkrieg wurde Schubert mehr und anders gespielt als vorher, und doch gibt es auch heute noch tiefgehende Interpretationsunterschiede.

Das Anhören der von Walter Klien gespielten Sonate vermittelt ungetrübtes Glücksgefühl und reine Freude. Mitreißend, anregend, packend wirkt der erste Satz, läßt sie kompositorische Meisterschaft Schuberts strahlend aufleuchten und macht seine glückliche Gasteiner Stimmung spürbar. Der Andante-Satz steigert das Entzücken an der Melodik und den vielschichtigen Klangfarben dieser Musik, an ihrem Blühen und Lächeln, ihrer leisen Wehmut und ihrem unendlichen Singen. Das Scherzo überrascht durch die glasklare Schönheit der hohen Partien, die vitale Lebendigkeit der gesamten Bewegung, und dann durch das wunderschöne Trio, leicht, anmutig, ausklingend in zartesten Glöckchentönen. Das Finale schüttet zuletzt das ganze Füllhorn schubertscher Klangschönheiten, beglückender Fülle, atmender Rhythmik, lieblicher Anmut und befreiender Leichtigkeit über den Hörer aus. Nach einem nur kurzen Aufsteigen harter Anschläge aus unbekannten Tiefen verrieselt die leicht und hoch schwebende Melodie in perlenden, wie Edelsteine glitzernden Tönen.

Ganz anders erlebt man dieselbe Sonate von Alfred Brendel gespielt. Leidenschaftlich, voll Temperament, mutig, vom warmen Pulsschlag des Lebens erfüllt, stürmt die Musik über die dumpfen, holpernden, polternden, unruhig aus der Tiefe aufdröhnenden bedrohlichen Untertöne hinweg. Die Spannung zwischen Oben und Unten, Licht und Dunkel, Leben und Bedrohung wird bedrängend spürbar, aber sie wird mutig und aufmunternd durchgestanden. Im zweiten Satz bleibt diese Spannung gegenwärtig, äußert sich in dem Zwiespalt dunkler Untertöne und glitzernder hoher Läufe, in Momenten des Zögerns, des Verhaltens, banger Pausen. Das Bedrohliche wird überspielt durch die bleibende Schönheit der Melodien, ein schmerzvolles, tiefbewegtes, doch sich behauptendes Singen, das aber zum Schluß wie ein irrendes Suchen in dunklen Tiefen versinkt. In dem energischen Scherzo bleibt das Poltern und Dröhnen aus der Tiefe zunächst hörbar, wird aber von dem lebendigen, in hohen Sprüngen, Läufen und tänzerischen Bewegungen dahineilenden Drängen der oberen Stimmen überwunden. Das herrlich singende Trio, die völlige Hingabe an den aufwärts tragenden Strom reinster Melodik, schließt diesen beglückenden Satz. Auch im Finale wird an einzelnen Stellen eine nach unten ziehende Macht spürbar, seufzt Schwermut. Aber die Musik dieses Satzes ist so anmutig in allen ihren Bewegungen, so von schönem Klang erfüllt, so quellperlig rein, so sehr ins Besinnliche leitend, daß sie nur noch glücklich machen kann. Glückliche Stille – das ist das richtige Wort für die letzten leisen Klänge.

Diese Ausführungen zur Deutung und Interpretation schubertscher Musik können genügen. Sie gelten über die Gasteiner Sonate hinaus für alle seine großen Werke.

Es ist viel über eine Gmunden-Gasteiner Symphonie gerätselt worden, die Schubert in Gastein geschrieben und später dem Wiener Musikverein für eine Ehrung und Spende dediziert haben soll. Aber da keine einzige Dokumentation oder Niederschrift zu finden ist, muß man wohl annehmen, daß es sich um eine unbegründete Überlieferung handelt. Schuberts Zeit in Gastein war wohl auch mit den vorhandenen Kompositionen, Spaziergängen in der ihn begeisternden Landschaft und menschlichen Begegnungen voll ausgefüllt. Er muß sich dort sehr wohl gefühlt haben und sehr glücklich gewesen sein.

Zur selben Zeit weilte ein hoher kirchlicher Gönner Schuberts zur Kur in Gastein, der aus Ungarn stammende Patriarch von Venedig, Johann Ladislaus Pyrker von Felsö-Eör. Schubert war ihm erstmalig 1820 in Wien im Hause Matthäus von Collins begegnet. Dort hatte Schubert das Lied »Der Wanderer« vorgetragen, und da Pyrker ihm seitdem Teilnahme und Aufmerksamkeit bewies, hatte Schubert ihm im nächsten Jahr das vierte Heft seiner Liederveröffentlichungen dediziert. Pyrker schrieb ihm am 18. Mai 1821 aus Venedig:

> »Ihren gütigen Antrag, mir das 4te Heft Ihrer unvergleichlichen Lieder zu dedizieren, nehme ich mit desto größerem Vergnügen an, als es mir nun öfters jenen Abend in das Gedächtnis zurückrufen wird, wo ich durch die Tiefe Ihres Gemütes – insbesondere auch in den Tönen Ihres ›Wanderers‹ ausgesprochen – so sehr ergriffen ward! Ich bin stolz darauf, mit Ihnen ein und demselben Vaterlande anzugehören, und verharre mit größter Hochachtung
> Ihr ergebenster
> Johann L. Pyrker
> Patriarch«

Mit dieser Danksagung übersandte der Patriarch dem Komponisten ein Geschenk von zwölf Dukaten. Dieser durch vielsei-

tige soziale Tätigkeit, Fürsorge für Kriegsverletzte und kranke
Soldaten und Bemühungen um den Bildungsstand des Lehrerstandes ausgezeichnete Geistliche war auch als Dichter bekannt. Ihm nun begegnet Schubert jetzt wieder in Gastein, und
es ergab sich sofort ein angeregter geistiger und künstlerischer
Kontakt, denn Pyrker schrieb für Schubert das schöne Gedicht
»Heimweh« nieder, das Schubert noch in Gastein zu einem
herrlichen Lied komponierte. Dazu kam dann gleichzeitig die
Komposition der großartigen Hymne »Die Allmacht«. Man
darf wohl annehmen, daß Schubert die Inspiration und die
erregende Kraft zur Gestaltung dieser beiden Pyrker-Gesänge
aus dem ihn tief bewegenden Erlebnis der gleichzeitig gewaltigen und lieblichen Gasteiner Alpenlandschaft empfing. Wir
wissen ja, wie sehr alle Größe und Schönheit der Natur Schubert beeindruckten.

In diesem ersten Lied »Das Heimweh« bewältigte Schubert
die schwierige Aufgabe, ein an strengen Hexameter-Rhythmus
gebundenes Gedicht in gelöste, weit schwingende Musik zu
verwandeln. Durch vielfältige Wiederholungen sinnbetonter
Zeilen, durch melodisch und rhythmisch reichen Wechsel in
der musikalischen Gestaltung der verschiedenen Empfindungstöne des Gedichtes entstand ein großartiger Gesang von
der Heimat- und Naturverbundenheit des noch tief naturhaft
eingewurzelten Menschen.

Das Klaviervorspiel bestimmt mit seinen aufwärts zur Höhe
gerichteten und zugleich melancholisch bedrückten Melodiebögen die musikalische Linie des Liedes.

> Ach, der Gebirgssohn hängt
> Mit kindlicher Lieb an der Heimat.
> Wie den Alpen geraubt hinwelket die Blume,
> So welkt er ihr entrissen dahin.

Schmerzvolle Wahrheit, dies entwurzelte Welken! Dann taucht
die Erinnerung auf. Glückliche, herzbewegende Melodie singt
von dem Ursprung des Lebens, von der erschütternden Hoheit
der Gebirge, von dem Rosenschimmer des Alpenglühens:

Stets sieht er die trauliche Hütte,
Die ihn gebar, im hellen Grün umduftender Matten,
Sieht das dunkele Föhrengehölz,
Die ragende Felswand über ihm,
Und noch Berg auf Berg in erschütternder Hoheit
  aufgetürmt.
Und glühend im Rosenschimmer des Abends.
Innen schwebt es ihm vor; – –
– – –

Die Färbung der Musik ändert sich:

Verdunkelt ist alles um ihn her.
Ängstlich horcht er; ihm deucht,
Er höre das Muhen der Kühe vom nahen Gehölz
Und hoch von den Alpen herunter Glöcklein klingen;
Ihm deucht, er höre das Rufen der Hirten,
Oder ein Lied der Sennerin, – –
– – –
Immer tönt es ihm nach.

Das Klingen der Glocken, das Jodeln der Hirten, deutlich hörbar, immer klingt es dem in die Ebene, in die Stadt verkannten Älpler nach, bedrängt sein Herz mit den nicht aufhörenden Qualen der Sehnsucht:

– – –
Und schaut aufweinend vom Hügel die heimischen Berge;
Ach, es zieht ihn dahin mit unwiderstehlicher Sehnsucht.

Lied und begleitende Musik enden klagend im nicht aufhörenden Schmerz.
Mächtig, erhebend, gewaltig setzt der Hymnus auf »Die Allmacht« Gottes ein, preist ehrfürchtig bewegt die Offenbarungen seiner Größe in den Herrlichkeiten und Schrecknissen der Natur und kündet auf wunderbar tröstliche Weise die Erfahrungen des hilfreichen göttlichen Erbarmens:

Groß ist Jehova, der Herr, denn Himmel
Und Erde verkünden seine Macht.
Du hörst sie im brausenden Sturm,
In des Waldstroms laut aufrauschendem Ruf.

In vielfältig verschlungenen Wiederholungen steigert sich der Gesang zu überschwenglichem, anbetendem Pathos. Dann ganz anders: seliges Verwundern, tiefe, reiche Fülle der Empfindungen weitet das Herz des Sängers, in verzaubertem Staunen strömen die Melodien dahin:

Du hörst sie in des grünen Waldes Gesäusel,
Siehst sie in wogender Saaten Gold,
In lieblicher Blumen glühendem Schmelz,
Im Glanz des sternenbesäten Himmels.

Bedrohend offenbart Gott seine Allmacht im zuckenden Gewitterblitz. Dreimal steigert sich der Gesang zur Höhe, steht erstarrt einen Augenblick still vor der herabfahrenden Gewalt:

Furchtbar tönt sie im Donnergeroll
Und flammt in des Blitzes schnell hinzuckendem Flug.

Die letzten Zeilen des Hymnus breiten die erstaunliche Aussagefähigkeit der Musiksprache Schuberts vor uns aus, ziehen uns in die innersten Bewegungen seines Herzens hinein. Wir fühlen die Bedrängnis des zitternden Menschenherzens, die stärkende Kraft der Erhebung zur göttlichen Allmacht, die innig zarte Emporbewegung zu dem göttlichen Erbarmer:

Doch kündet das pochende Herz dir fühlbarer noch
Jehovas Macht, des ewigen Gottes,
Blickst du flehend empor und hoffst auf Huld und
    Erbarmen.

Der Hymnus schließt mit der mehrfachen Wiederholung des Eingangsrufes »Groß ist Jehova, der Herr«. Gesang, Begleitung und Nachspiel weiten pathoserfüllt die Verehrung des Allmächtigen über alle irdischen Grenzen hin aus.

Allein schon diese beiden Pyrker-Gesänge hätten die Gasteiner Tage zu einer Zeit schöpferischen Reichtums gemacht. Nebenher entstanden wahrscheinlich noch einige Vertonungen von Gedichten August Wilhelm Schlegels und Ernst Schulzes.

Am 4. September schrieben Vogl und Schubert vor der Abreise ihre Namen in das Ehrenbuch von Bad Gastein. Sie kehrten auf Umwegen noch einmal nach Steyr zurück. Schubert machte von dort wieder einen Besuch bei dem musikliebenden Grafenehepaar Weißenwolff in Steyregg. Am 1. Oktober trafen Vogl und Schubert in Linz ein. Nach einem musikalischen Schubert-Abend im Hause Anton Spauns trennten sich ihre Wege. Vogl fuhr für ein halbes Jahr nach Italien. Schubert stieg mit Josef von Gahy, den er im Hause Spaun kennengelernt hatte und der dort sein Klavierpartner gewesen war, in einen Einspänner und kam nach gemütlicher dreitägiger Fahrt am 6. Oktober wieder in Wien an. Das geliebte Linz hatte er zum letztenmal in seinem Leben gesehen.

Am 4. August hatte Ferdinand in seinem Brief darum gebeten, Franz möge ihm doch ausführlich über seine Reise nach Gastein berichten. Schubert willfahrte dieser Bitte und begann am 12. September in Gmunden seinen inhaltsreichen, außerordentlich anschaulichen Reisebericht, den er am 21. September in Steyr fortsetzte. Der Brief wurde nicht zu Ende geschrieben, weil Franz ihn zuletzt seinem Bruder in Wien übergeben und mündlich zu Ende erzählen wollte. Der Brief ist es wert, ganz gelesen zu werden, weil er eine besonders aufschlußreiche Charakterisierung des Menschen Schubert bietet.

»Lieber Bruder!
Deiner Aufforderung gemäß möchte ich dir freilich eine ausführliche Beschreibung unserer Reise nach Salzburg und Gastein machen, allein Du weißt, wie wenig ich zum Erzählen und Beschreiben geeignet bin; da ich indessen bei meiner Zurückkunft nach Wien auf jeden Fall erzählen müßte, so will ich es doch lieber jetzt schriftlich als dann mündlich wagen, ein schwaches Bild all dieser außerordentlichen Schönheiten zu entwerfen, indem ich jenes doch besser als dieses zu treffen hoffe.

Wir reisten nämlich ungefähr halben August von Steyr ab, fuhren über Kremsmünster, welches ich zwar schon öfter gesehen habe, aber wegen seiner schönen Lage nicht übergehen kann. Man übersieht nämlich ein sehr liebliches Thal, von einigen kleinen sanften Hügeln unterbrochen, auf dessen rechter Seite sich ein nicht unbedeutender Berg erhebt, auf dessen Gipfel das weitläufige Stift schon von der Fahrstraße, die über einen entgegengesetzten Bach herabführt, den prächtigsten Anblick gewährt, der besonders durch den mathematischen Turm sehr erhöht wird. Hier, wo wir schon länger bekannt sind, besonders Hr. v. Vogl, der hier studiert hat, wurden wir sehr freundlich empfangen, hielten uns aber nicht auf, sondern setzten unsere Reise, ohne daß sie eine besondere Erwähnung verdient, bis nach Vöcklabruck fort, wo wir abends anlangten: ein trauriges Nest. Den andern Morgen kamen wir über Straßwalchen und Frankenmarkt nach Neumarkt, wo wir Mittag machten. Diese Oerter, welche schon im Salzburgischen liegen, zeichnen sich durch eine besondere Bauart der Häuser aus. Alles ist beinahe von Holz. Das hölzerne Küchengeschirr steht auf hölzernen Stellen, die außen an den Häusern angebracht sind, um welche hölzerne Gänge herumlaufen. Auch hängen allenthalben zerschossene Scheiben an den Häusern, die als Siegestrophäen aufbewahrt werden aus längst vergangenen Zeiten; denn man findet die Jahreszahlen 1600 und 1500 häufig. Auch fängt hier schon das bairische Geld an.«

Man ist erstaunt darüber, wie aufmerksam sich Schubert während der Mittagsrast in Neumarkt die Hausarchitektur und alle ihm auffallenden Einzelheiten angesehen hat, wie er vor den Ständern mit dem Küchengeschirr stehengeblieben ist, die Jahreszahlen auf den zerschossenen Schützenscheiben studierte, und wie er alles behielt, so daß er es einen Monat später noch genau beschreiben konnte. Er ist der genaue Beobachter geblieben, als den wir ihn schon aus seinen ersten Ungarnbriefen kennenlernten. Es ist daher nicht zu verwundern, daß Ferdinand den Brief 1833 in seinem von Bruder Karl, dem Maler, illustrierten Buch »Der kleine Geograph« abdruckte. Der Brief berichtet weiter von der Fahrt auf Salzburg zu:

»Von Neumarkt, welches die letzte Post vor Salzburg ist, sieht man schon Bergspitzen aus dem Salzburger Thal herausschauen, die eben mit Schnee bedeckt waren. Ungefähr eine Stunde von Neumarkt wird die Gegend schon wunderschön. Der Waller-See, welcher rechts von der Straße sein helles, blaugrünes Wasser ausbreitet, belebt diese anmutige Gegend auf das herrlichste. Die Lage ist sehr hoch, und von nun an geht es immer abwärts bis nach Salzburg. Die Berge steigen immer mehr in die Höhe, besonders ragt der fabelhafte Untersberg wie zauberhaft aus den übrigen hervor. Die Dörfer zeigen Spuren von ehemaligem Reichthum. An den gemeinsten Bauernhäuschen findet man überall marmorne Fenster- und Thürstöcke, auch sogar manchmal Stiegen von rothem Marmor. Die Sonne verdunkelt sich, und die schweren Wolken ziehen über die schwarzen Berge wie Nebelgeister dahin; doch berühren sie den Scheitel des Untersberges nicht, sie schleichen an ihm vorüber, als fürchteten sie seinen grauenvollen Inhalt. Das weite Thal, welches mit einzelnen Schlössern, Kirchen und Bauernhöfen wie angesäet ist, wird dem entzückten Auge immer sichtbarer. Thürme und Paläste zeigen sich nach und nach; man fährt endlich an dem Kapuzinerberge vorbei, dessen ungeheure Felswand hart an der Straße senkrecht in die Höhe ragt und fürchterlich auf den Wanderer herabblickt. Der Untersberg mit seinem Gefolge wird riesenhaft, ihre Größe will uns fast erdrücken.«

Schubert hatte bei seiner Fahrt durch das Land noch keine Straßenkarte mit Ortsnamen in der Hand. Er muß sich sehr genau nach allem erkundigt haben, was ihm auffiel, und er muß ein gutes Gedächtnis für alles Erlebte gehabt haben. Aber nicht nur die Genauigkeit des Berichtes fällt auf. Auch der Schreibstil fesselt durch seine Anschaulichkeit, durch die Wiedergabe der verschiedenen Stimmungen in Natur und Landschaft und durch die Kunst, in wenigen Worten die eigenen inneren Empfindungen während des Fahrens und Schauens mitzuteilen.

»Und nun geht es durch einige herrliche Alleen in die Stadt selbst hinein. Festungswerke aus lauter Quadersteinen umgeben diesen so berühmten Sitz der ehemaligen Churfürsten. Die Thore der Stadt verkünden mit ihren Inschriften die verschwundene Macht des Pfaffenthums. Lauter Häuser mit 4 bis 5 Stockwerken erfüllen die ziemlich breiten Gassen, und an dem wunderlich verzierten Hause des Theophrastus Paracelsus vorbei geht es über die Brücke der Salzach, die trüb und dunkel mächtig vorüberbraust. Die Stadt selbst machte einen etwas düsteren Eindruck auf mich, indem ein trübes Wetter die alten Gebäude noch mehr verfinsterte und überdies die Festung, die auf dem höchsten Gipfel des Mönchsberges liegt, in alle Gassen der Stadt ihren Geistergruß herabwinkt. Da leider gleich nach unserer Ankunft Regen eintrat, welches hier sehr oft der Fall ist, so konnten wir, außer den vielen Palästen und herrlichen Kirchen, deren wir im Vorbeifahren ansichtig wurden, wenig zu sehen bekommen. Durch Hrn. Pauernfeind, ein dem Hrn. Vogl bekannter Kaufmann, wurden wir bei dem Grafen von Platz, Präsident der Landrechte, eingeführt, von dessen Familie, indem ihnen unsere Namen schon bekannt waren, wir freundlich aufgenommen wurden. Vogl sang einige Lieder von mir, worauf wir für den folgenden Abend geladen und gebeten wurden, unsere sieben Sachen vor einem auserwählten Kreise zu produciren, die denn auch unter besonderer Begünstigung des schon in meinem ersten Brief erwähnten Ave Maria's Allen sehr zu Gemüthe gingen. Die Art und Weise, wie Vogl singt und ich accompagnire, wie wir in einem solchen Augenblicke Eins zu sein scheinen, ist diesen Leuten etwas ganz Neues, Unerhörtes. Nachdem wir den andern Morgen den Mönchsberg bestiegen, von welchem man einen großen Theil der Stadt übersieht, mußte ich erstaunen über die Menge herrlicher Gebäude, Paläste und Kirchen. Doch gibt es wenig Einwohner hier, viele Gebäude stehen leer, manche sind nur von einer, höchstens zwei bis drei Familien bewohnt. Auf den Plätzen, deren es viele und schöne gibt, wächst zwischen den Plastersteinen Gras, so wenig werden sie betreten.«

Schubert erlebte hier die Nachwirkungen der französischen Säkularisation. Die erzbischöfliche Fürstherrschaft war aufgelöst, Bayern als erster und Österreich seit 1816 als zweiter

Besitzer dieses Landstriches hatten der Stadt Salzburg keine neue Bedeutung zu geben vermocht. Aber für Schubert gab es noch genug zu sehen.

»Die Domkirche ist ein himmlisches Gebäude, nach dem Muster der Peterskirche in Rom, versteht sich in verkleinertem Maßstab. Die Länge der Kirche hat die Form eines Kreuzes, ist von vier ungeheuren Höfen umgeben, von denen jeder einzelne einen großen Platz hat. Vor dem Eingang stehen die Apostel in riesenhafter Größe aus Stein gehauen. Das Innere der Kirche wird von vielen marmornen Säulen getragen, ist mit den Bildnissen der Churfürsten geschmückt, und in allen seinen Theilen wirklich vollendet schön. Das Licht, welches durch die Kuppel hereinfällt, erleuchtet jeden Winkel. Diese außerordentliche Helle macht eine göttliche Wirkung, und wäre allen Kirchen anzuempfehlen. Auf den vier Plätzen, welche die Kirche umgeben, befinden sich große Springbrunnen, die mit den herrlichsten und kühnsten Figuren geschmückt sind. Von hier gingen wir in das Kloster zu St. Peter, wo Michael Haydn residiert hat. Auch diese Kirche ist wunderschön. Hier befindet sich, wie Du weißt, auch das Monument des M. Haydn. Es ist recht hübsch, aber steht auf keinem guten Platz, sondern in einem abgelegenen Winkel. Auch lassen sich diese herumliegenden Zettelchen [Steintäfelchen mit Titeln seiner bedeutendsten Werke] etwas kindisch an. In der Urne befindet sich sein Haupt. Es wehe auf mich, dachte ich mir, dein ruhiger, klarer Geist, du guter Haydn, und wenn ich auch nicht so ruhig und klar sein kann, so verehrt dich doch gewiß Niemand auf Erden so innig als ich. (Eine schwere Thräne entfiel meinen Augen, und wir gingen weiter.) Mittags speiseten wir bei Hrn. Pauernfeind, und als uns nachmittags das Wetter erlaubte auszugehen, bestiegen wir den zwar nicht hohen, aber die allerschönste Aussicht gewährenden Nonnberg. Man übersieht nämlich das hintere Salzburger Thal. Dir die Lieblichkeit dieses Thals zu beschreiben, ist beinahe unmöglich. Denke Dir einen Garten, der mehrere Meilen im Umfange hat, in diesem unzählige Schlösser und Güter, die aus den Bäumen heraus oder durchschauen, denke Dir einen Fluß, der sich auf die mannigfaltigste Weise durchschlängelt, denke Dir Wiesen und Aecker, wie eben so viele Teppiche von den schönsten Farben, dann die herrlichen Straßen, die sich wie Bänder um sie herumschlingen, und endlich stunden lange Alleen von ungeheuren Bäumen, dieses Alles von einer unabsehbaren Reihe von den höchsten Bergen umschlossen, als wären sie die Wächter dieses himmlischen Thales, denke Dir dieses, so hast Du einen schwachen Begriff von seiner unaussprechlichen Schönheit. Das Uebrige von Salzburgs Merkwürdigkeiten, welche ich erst auf der Rückreise zu sehen bekomme, lasse ich auch bis dahin, indem ich meine Beschreibung chronologisch verfolgen will.«

Erst am 21. September kam Schubert in Steyr dazu, seinen Brief fortzusetzen:

»Du siehst aus dem angemerkten Datum, daß zwischen dieser und jener Zeile mehrere Tage verflossen sind, und wir von Gmunden leider auf Steyr umsiedelten. Um also meine Reisebeschreibung (die mich leider schon reuet, weil sie mir zu lange dauert) fortzusetzen, folgt wie folgt Folgendes: Der folgende Morgen war nämlich der schönste Tag von der Welt und in der Welt. Der Untersberg, oder eigentlich der Oberste, glänzte und blitzte mit seinem Geschwader und dem gemeinen Gesindel der übrigen Berge herrlich in, oder eigentlich neben der Sonne. Wir fuhren durch das eben beschriebene Thal, wie durch's Elysium, welches aber vor jenem Paradies noch das voraushat, daß wir in einer scharmanten Kutsche saßen, welche Bequemlichkeit Adam und Eva nicht hatten. Statt den wilden Thieren begegneten uns manche allerliebste Mädchen. Es ist gar nicht recht, daß ich in einer so schönen Gegend so miserable Späße mache, aber ich kann heut einmal nicht ernsthaft sein. So steuerten wir denn, in Wonne versunken über den schönen Tag und über die noch schönere Gegend, gemächlich fort, wo uns nichts auffiel, als ein niedliches Gebäude, welches Monat-Schlößchen heißt, weil es ein Churfürst in einem Monat für seine Schöne aufbauen ließ. Das weiß hier jeder Mensch, doch stößt sich niemand daran. Eine Toleranz zum Entzücken.

Auch dieses Gebäudchen sucht durch seine Reize das Thal zu verherrlichen. Nach einigen Stunden gelangten wir in die zwar merkwürdige, aber äußerst schmutzige und grausliche Stadt Hallein. Wir fuhren also weiter über Golling, wo sich schon die ersten hohen, unübersteigbaren Berge zeigten, durch deren fürchterliche Schluchten der Paß Lueg führt. Nachdem wir dann über einen großen Berg langsam hinaufkrallten, vor unserer Nase, wie zu den beiden Seiten schreckliche Berge, so daß man glauben könnte, die Welt sei hier mit Brettern vernagelt, so sieht man plötzlich, indem der höchste Punkt des Berges erreicht ist, in eine entsetzliche Schlucht hinab, und es droht einem im ersten Augenblicke einigermaßen das Herz zu schüttern. Nachdem man sich etwas von dem ersten Schreck erholt hat, sieht man diese rasend hohen Felswände, die sich in einiger Entfernung zu schließen scheinen, wie eine Sackgasse, und man studiert umsonst, wo hier der Ausgang sei. In dieser schreckenvollen Natur hat auch der Mensch seine noch schreckenvollere Bestialität zu verewigen gesucht, denn hier war es, wo auf der einen Seite die Baiern, und die Tyroler auf der andern Seite der Salzach, die sich tief, tief unten brausend den Weg bahnt, jenes grauenvolle Morden vollbrachten, indem die Tyroler, in den Felsenhöhen verborgen, auf die Baiern, welche den Paß gewinnen wollten, mit höllischem Lustgeschrei herabfeuerten, welche getroffen in die Tiefe herabstürzten, ohne je sehen zu können, woher die Schüsse kamen. Dieses höcht schändliche Beginnen, welches mehrere Tage und Wochen fortgesetzt wurde, suchte man durch eine Capelle auf der Baiern Seite und durch ein rohes Kreuz in dem Felsen auf Tyroler Seite zum Theil zu bezeichnen, und zum Theil durch solche heiligen Zeichen zu sühnen. Du herrlicher Christus, zu wie viel Schandthaten mußt du dein Bild herleihen. Du selbst das gräßlichste Denkmal der menschlichen Verworfenheit, da stellen sie dein Bild auf, als wollten sie sagen: Seht! Die vollendetste Schöpfung des großen Gottes haben wir mit frechen Füßen zertreten, sollte es uns etwa Mühe kosten, das übrige Ungeziefer, genannt Menschen, mit leichtem Herzen zu vernichten? – Doch wenden wir unsere Augen ab von so niederschlagenden Betrachtungen und schauen wir lieber, daß wir aus diesem Loch hinauskommen. Nachdem es nun eine gute Weile abwärts geht, die beiden Felswände immer näher zusammenrücken und die Straße sammt dem Strom auf zwei Klaftern Breite eingeengt werden, so wendet sich hier, wo man es am wenigsten vermutet, unter einem herüberhängenden Felsen bei dem zornigen Wüthen der eingezwängten Salzach, die Straße zur angenehmen Überraschung des Wanderers. Denn nun geht es, obwohl noch immer von himmelhohen Bergen eingeschlossen, auf breiterem Weg und eben dahin. Mittags kamen wir in Werffen an. Ein Markt mit einer bedeutenden Festung, von den Salzburger Churfürsten erbaut, wird jetzt vom Kaiser renoviert.«

Mit dieser überraschenden, aber eleganten Wendung hört Schubert mitten im Schreiben auf. Man hat das Gefühl, daß er den Brief sehr erleichtert zusammenfaltete, nachdem ihm plötzlich eingefallen war, daß er ja schon in wenigen Tagen in Wien eintreffen und dann sowieso von allen Verwandten und Freunden nicht mit Fragen in Ruhe gelassen würde. Mag es uns auch leid tun, daß wir gar nichts mehr über das schon so dicht vor uns liegende Gastein erfahren und daß der für die Rückfahrt angekündigte Ergänzungsbericht über Salzburg fehlt, wir können verstehen, daß der bewegliche Schubert des stundenlangen Briefschreibens überdrüssig war und die letzten Tage der Reise lieber anders nutzte.

In Wien ging es denn auch tatsächlich die erste Zeit nach der Rückkehr hoch her. Schober war aus Breslau zurückgekommen, Kupelwieser war von seiner langen Italienreise zurückgekehrt, Schubert war den ganzen Sommer über unterwegs gewesen. Da gab es von allen Seiten reichlich zu erzählen. Die Freunde saßen nach Wiener Art in Gasthäusern und Kaffeehäusern beisammen, oft bis weit über Mitternacht. Schubert hatte für die Herausgabe der Scott-Lieder ein gutes Honorar von 200 Gulden erhalten, so daß er leben und auch, wie er es gerne tat, bei den Geselligkeiten Freunde aushalten konnte. So kam er vorerst nicht zu produktiver Arbeit.

Aber im Grunde lag dieser Lebensstil mit Leerlauf Schubert nicht. Zwar lehnte er die Abnahme einer 2. Hoforganistenstelle mit einem festen Gehalt von 500 Gulden ab, die ihm seine

Freunde vermitteln wollten. Doch tat er dies nur, weil er sich die Freiheit für seine eigentliche Arbeit erhalten wollte und er zur Zeit auch nicht unter finanziellem Druck stand. Lange hat Schubert das Untätigsein nicht ausgehalten. Wir dürfen auch nicht vergessen, daß jede Veröffentlichung ihn mit genauer Durchsicht seiner Handschrift und mit Korrekturlesen beschäftigte. Im Dezember begann er wieder mit neuen Kompositionen, einem Trauermarsch auf den Tod Alexanders I. und verschiedenen Liedern. Daß zu seiner laufenden Arbeit das Sichbeschäftigen mit den Werken anderer Komponisten und das Suchen und Lesen in ihn interessierender Literatur gehörte, braucht nur am Rande erwähnt zu werden.

Ab November gab es Musikveranstaltungen, in denen Schubert-Lieder und -Quartette gesungen wurden. Am 10. Dezember gab eine Wiener Kunsthandlung das erste Schubert-Bild heraus, einen Kupferstich nach dem im Mai 1825 gemalten Aquarell von Rieder. Der Begleittext lautete: »Der geniale Tonsetzer, der Musikwelt rühmlichst genug bekannt, welcher besonders mit seinen Vokal-Kompositionen seine Zuhörer so oft entzückte, erscheint hier, durch die Künstlerhand des Hrn. Passini in Kupfer gestochen, in sprechendster Ähnlichkeit, und wir glauben daher, den zahlreichen Freunden und Verehrern Schuberts eine willkommene Gabe dargebracht zu haben.«

Schubert war in Wien so bekannt, daß der Verlag damit rechnen konnte, genügend Käufer für den Druck zu finden. Aber, wie es der Begleittext deutlich ausdrückt, die Wiener kannten Schubert als den Komponisten hübscher und ansprechender Lieder, Chöre und Tänze. Mehr wußten sie nicht von ihm. Schuberts Freunde werden sich über die Herausgabe dieses Kupferstichs gefreut haben, und, so dürfen wir annehmen, sicher auch Schubert selbst.

Der schubertsche Freundeskreis war gewohnt, Silvester gemeinsam zu begehen. In der Silvesternacht 1825/26 waren sie bei Schober versammelt. Bauernfeld hatte eine Parodie oder Satire auf alle Mitglieder verfaßt, ein Stück mit vielen Szenen, das an dem Abend vorgelesen wurde. Schubert konnte nicht dabei sein; er war wieder krank, allerdings nur für kurze Zeit, denn Mitte Januar 1826 konnte er seinen Freunden schon wieder zum Tanz aufspielen.

Bereits im Dezember hatte Schubert sich neu der Liedkomposition zugewandt. Zunächst entstanden einige Lieder nach Gedichten des schon genannten Ernst Schulze. Im Januar wurden die vor Jahren komponierten Mignon-Lieder noch einmal vorgenommen. In den nächsten Monaten folgten weitere Liedkompositionen nach Gedichten von Schober, Schulze und Johann Gabriel Seidl. Mit letzterem beschäftigte sich Schubert über den Sommer hin bis in den Herbst hinein. Das Frühjahr brachte verschiedene Tänze und zwei Märsche für Klavier vierhändig. Im Juni begann Schubert mit der großen Instrumentalkomposition dieses Jahres, dem Streichquartett in G-Dur.

Viele der Lieder dieser Zeit sind es wert, beachtet zu werden. Die quälende, pochende Unruhe eines bedrängten Herzens, das die Not einer vergeblichen Liebe überwinden muß, überfällt den Hörer in der ersten Strophe des Liedes »An mein Herz«:

O Herz! sei endlich stille!
Was schlägst du so unruhvoll?
Es ist ja des Himmels Wille,
Daß ich sie lassen soll.

Die schmerzvoll unruhigen weiteren Strophen singen von Verzicht, bleibender Treue, die dem geliebten Wesen nur Gutes wünscht, und die von Gott erkannt wird, von unter Tränen träumender Erinnerung. Doch dann faßt sich der Sänger; tapfer schiebt er die Klage beiseite, tapfer bejaht er die Einsamkeit eines Wanderns unter gefühllos glänzenden Sternen:

Und siehst du die Blüten erscheinen
Und singen die Vögel umher,
So magst du wohl heimlich weinen,
Doch klagen sollst du nicht mehr.

Geh'n doch die ewigen Sterne
Dort oben mit goldenem Licht
Und lächeln so freundlich von ferne
Und denken doch unser nicht.

Aufstieg zur Höhe

Ein Vorausklang der erstarrenden Winterreise-Einsamkeit trifft uns in dem Lied »Tiefe Einsamkeit«. Mit disparaten Tonschritten beginnt das einleitende Vorspiel. Mag man auch, in den Worten Ernst Schulzes lesend, einen klagend sentimentalen Ton empfinden, vielleicht sogar unechten Weltschmerz, aus Schuberts musikalischer Umsetzung dieser blassen Dichtung überfällt den Hörer die tiefe Not des Enttäuschten, der nach wahrem Frieden lechzt, dem diese Welt nur einen einzigen Ort wahrhafter Ruhe bieten kann: das Grab:

Ich bin von aller Ruh' geschieden
Und treib' umher auf wilder Flut;
An einem Ort nur find ich Frieden,
Das ist der Ort, wo alles ruht.

Und wenn die Wind' auch schaurig sausen,
Und kalt der Regen niederfällt,
Doch will ich dort viel lieber hausen,
Als in der unbestand'gen Welt.

An die Tagebuchaufzeichnungen des vom Dasein bedrückten Schubert erinnern uns die Klänge der nächsten Strophen. Irrsinn des Daseins, tiefe Einsamkeit als die immer wieder erfahrene Bedrohung des Menschseins schauert durch die Musik. Die letzte Strophe zerbricht unter dem Schmerz ewig enttäuschter Hoffnungen, die letzten Töne klingen wie hohl klirrendes Eis:

Denn wie die Träume spurlos schweben,
und einer schnell den andern treibt,
Spielt mit sich selbst das irre Leben,
Und jeder naht und keines bleibt.

Nie will die falsche Hoffnung weichen,
Nie mit der Hoffnung Furcht und Müh',
Die Ewigstummen, Ewigbleichen
Verheißen und versagen nie.

Sprach sich in der Musik dieser Lieder die dunkle, die Nachtseite der Schubert-Seele aus, so erfreuen uns gleichzeitig die hellen, freundlichen Schulze-Lieder. Allerdings, auch sie entbehren nicht eines Anklanges von Melancholie, so das einschmeichelnd beginnende »Der liebliche Stern«:

> Ihr Sternlein, still in der Höhe,
> Ihr Sternlein spielend im Meer,
> Wenn ich von ferne daher
> So freundlich euch leuchten sehe,
> So wird mir von Wohl und Wehe
> Der Busen so bang und so schwer.

Freundlicher, inniger, beglückend strömt das Singen in dem schönen Lied »Um Mitternacht«:

> Keine Stimme hör' ich schallen,
> Keinen Schritt auf dunkler Bahn,
> Selbst der Himmel hat die schönen
> Hellen Äuglein zugetan.

Ein zarter Lichtschein aus einem fernen Fenster stillt die sorgende Sehnsucht des Liebenden:

> Ach, so freundlich hör' ich's flüstern:
> Sieh, der Freund ist auch noch wach.

Friedvolle Klänge süßen Einschlafens und Träumens schließen das Lied.
  Ein Wunder an Musik, beglückend schön, verzaubernd durch die innigste Verbindung von Melodie und Rhythmus mit jeglicher Stimmung und Regung in Natur und Menschenherz, funkelnd die Erinnerung an die glücklichen Augenblicke der jungen Liebe, dunkle, tief verwundete Klage über das verlorene Glück, da den einsam gewordenen Liebenden nur noch das Leid umgibt. Und dann der herrliche Aufschwung des zum jubilierenden Singen zurückfindenden Herzens, das alles schenkt uns Schubert in dem Lied, das wir, einmal gehört, nicht mehr vergessen können, »Im Frühling«:

Aufstieg zur Höhe

Still sitz ich an des Hügels Hang,
Der Himmel ist so klar,
Das Lüftchen spielt im grünen Tal,
Wo ich beim ersten Frühlingsstrahl
Einst, ach so glücklich war.

Wo ich an ihrer Seite ging
So traulich und so nah,
Und tief im dunklen Felsenquell
Den schönen Himmel blau und hell
Und sie im Himmel sah.

Ein wunderbar farbiges, in hohen Tönen perlendes und leuchtendes Zwischenspiel leitet die folgenden Strophen ein.

Sieh, wie der bunte Frühling schon
Aus Knosp' und Blüte blickt!
Nicht alle Blüten sind mir gleich,
Am liebsten pflückt' ich von dem Zweig,
Von welchem sie gepflückt!

Denn alles ist wie damals noch,
Die Blumen, das Gefild;
Die Sonne scheint nicht minder hell,
Nicht minder freundlich schwimmt der Quell
Das blaue Himmelslicht.

Die Musik verändert sich, Dunkel bricht herein, Qual breitet sich aus. Aber daraus erhebt sich ein herrlicher Melodiebogen, in dem Liebe und Leid wunderbar verbunden sind. Das Singen befreit sich wieder und wird zu einem süßen, den ganzen Sommer durchklingenden Lied:

Es wandeln nur sich Will und Wahn,
Es wechseln Lust und Streit,
Vorüber flieht der Liebe Glück,
Und nur die Liebe bleibt zurück,
Die Lieb und ach, das Leid.

O wär ich doch ein Vöglein nur
Dort an dem Wiesenhang,
Dann blieb ich auf den Zweigen hier,
Und säng ein süßes Lied von ihr,
Den ganzen Sommer lang.

Liebe und Leid, Lebenshoffnung und tragische Zerstörung, Sehnsucht nach Licht und wahnvolle Hinwendung zum Dunkel – dieser unaufhebbaren Spannung des Menschseins liefert Schubert uns in seinem musikalischen Werk immer wieder aus. Manchmal scheint es, als könne das Dunkle die Übermacht gewinnen, so etwa bei der Vertonung von Schulzes »Über Wildemann«. Von Göttingen aus ist Schulze wohl oft in den Harz gewandert. Wer den Harz kennt, nicht nur seine herbe und großartige Schönheit, auch seine im Sturm brausenden Wälder und seine wolkendunklen Finsternisse, der kann die Stimmung des Gedichts nachempfinden. Der Wanderer, dem frühlingshaft blühenden Leben im Tal entfliehend, weil die einzig Geliebte ihm das Herz verschließt, weil ihm das Leben des schönste Glück versagt, sucht die grausame Härte der noch winterlichen Berge und Wälder, um seine Seelenqualen auszutoben:

Die Winde sausen am Tannenhang,
Die Quellen brausen das Tal entlang;
Ich wandre in Eile durch Wald und Schnee,
Wohl manche Meile von Höh zu Höh.

Und will das Leben im freien Tal
Sich auch schon heben im Sonnenstrahl,
Ich muß vorüber mit wildem Sinn
Und blicke lieber zum Winter hin.

Auf grünen Heiden, auf bunten Aun,
Müßt ich mein Leiden nur immer schaun,
Daß selbst am Steine das Leben sprießt,
Und ach, nur eine ihr Herz verschließt.

Aufstieg zur Höhe

O Liebe, Liebe, o Maienhauch,
Du drängst die Triebe aus Baum und Strauch,
Die Vögel singen auf grünen Höhn,
Die Quellen springen bei deinem Wehn.

Mich läßt du schweifen im dunklen Wahn
Durch Windespfeifen auf rauher Bahn.
O Frühlingsschimmer, o Blütenschein,
Soll ich denn nimmer mich dein erfreun!

In Schuberts Vertonung ist daraus etwas viel Tieferes, Bedrängenderes geworden als die Worte ahnen lassen. Stürmische, tosende Akkorde, aufwühlende Tonballungen, rasende Abgründigkeiten, das verklingende Klagen der menschlichen Stimme machen aus dem Lied einen dunklen, erschreckenden Gesang der unheimlich dämonischen Schicksalsmacht, die sich im Tosen der Natur offenbart, die den Menschen überwältigt und in die Isolierung und Gefangenschaft des Wahns stürzt. Das Lied stellt uns an den Rand der Abgründe, die Schubert als Bedrohung des Menschseins erfahren hatte.

Aus den Liedern des ersten Halbjahrs greifen wir noch einige heraus, Zeugnisse eines zarten inneren Empfindens. Der Wiener Gymnasiallehrer Gabriel Seidl, sieben Jahre jünger als Schubert, war ein in Österreich beliebter Schriftsteller und Lyriker. Seine Gedichte sprachen Schubert so an, daß er etwa zehn als Lieder komponierte.

Mit dem Gedicht »Das Zügenglöcklein« wird eine kleine Friedhofskapelle angesprochen, deren Glöckchen dem Erdenpilger Frieden, dem Vereinsamten Tröstung und dem Glücklichen bleibende Freude zuläuten soll:

Kling die Nacht durch, klinge,
Süßen Frieden bringe
Dem, für den du tönst!
Kling in weiter Ferne,
So du Pilger gerne
Mit der Welt versöhnst.

Mit freundlich umhüllenden, wohltuenden Klängen leiten die Töne des zarten Glöckchens das Lied ein und begleiten die lebendig bewegte Melodie. Anschmiegsam folgt die Komposition von Strophe zu Strophe den Stimmungen der Worte. In dem innig flehenden, aus der erfahrenen Bedrängnis der Einsamkeit geborenen Bittruf der zweiten Strophe hören wir Schuberts eigenste musikalische Sprache. In der letzten Strophe aber siegt dann wieder die warme, tiefe Lebensfreude, die unerschöpfliche Sehnsucht nach erfülltem Leben:

Aber ist's ein Müder,
Den verwaist die Brüder,
Dem ein treues Tier
Einzig ließ den Glauben
An die Welt nicht rauben,
Ruf ihn, Gott, zu Dir!

Ist's der Frohen einer,
Der die Freuden reiner
Lieb' und Freundschaft teilt,
Gönn' ihm noch die Wonnen
Unter dieser Sonnen,
Wo er gerne weilt!

In dem Lied »Der Wanderer an den Mond« spricht das gegensätzliche Auf- und Absteigen der Melodie mit dem gehackten Rhythmus genau die Spannung der schubertschen Wirklichkeitserfahrung aus: Leben in einer Welt ohne Geborgenheit, Ausschau nach einer Welt, in der es ein ewiges Zuhause gibt:

Ich auf der Erd', am Himmel du,
Wir wandern beide rüstig zu!
Ich ernst und trüb, du mild und rein,
Was mag der Unterschied wohl sein?

Ich wandre fremd von Land zu Land,
So heimatlos, so unbekannt;
Berg auf, berg ab, Wald ein, Wald aus,
Doch bin ich nirgend, ach! zu Haus.

Aufstieg zur Höhe

»Du aber«, so spricht der Wanderer den Mond an, der auch auf- und absteigt, über alle Länder hin. Aber überall hat er sein Zuhause:

Der Himmel, endlos ausgespannt,
Ist dein geliebtes Heimatland.

Darüber ist die Musik weich und lieblich geworden, tröstlich und beruhigend, denn »Himmel«, dies Wort hat schon seine tiefere Bedeutung gewonnen, und die beiden letzten Zeilen erklingen in Schuberts Musik beinahe überirdisch. Die Geborgenheit in der ewigen Welt wird in die Welt der unruhigen irdischen Welt hinabgeholt:

O glücklich, wer, wohin er geht,
Doch auf der Heimat Boden steht.

Eine schön und rein klingende Musik schenkt uns das Lied »Am Fenster«. Im Mondlicht strahlen die sonst so traulichen Wände der Häuser Kühle aus. Dem am Fenster Stehenden steigt die Erinnerung an Stunden großer Einsamkeit auf. Etwas frostig Klirrendes zieht durch die hohe Melodie:

Ihr lieben Mauern hold und traut,
Die ihr mich kühl umschließt,
Und silberglänzend niederschaut,
Wenn droben Vollmond ist!

Ihr saht mich einst so traurig da,
Mein Haupt auf schlaffer Hand,
Als ich in mir allein mich sah,
Und Keiner mich verstand.

Die Musik wird voller und wärmer, freudig und bewegt. Die Erinnerung an treue, gleichgesinnte Freunde wird lebendig:

Sie raubt der Zufall ewig nie
Aus meinem treuen Sinn,

In tiefster Seele trag ich sie,
Da reicht kein Zufall hin.

Die Schritte der Melodie werden langsamer, das Singen gewinnt an Klang und seelischer Weite:

Du Mauer wähnst mich trüb wie einst,
Das ist die stille Freud;
Wenn du vom Mondlicht widerscheinst,
Wird mir die Brust so weit.

Der tröstliche Reichtum an Glück und der überirdische Lichtglanz, der mit der Erfahrung liebender menschlicher Gemeinschaft dem menschlichen Leben zuteil wird, verklärt die Musik der letzten Strophe:

An jedem Fenster wähnt ich dann
Ein Freundeshaupt gesenkt,
Das auch so schaut zum Himmel an,
Das auch so meiner denkt.

Noch eines der Schulze-Lieder sei gedacht, weil es uns neben den anderen oder mit ihnen zusammen einen Eindruck von der Spannweite der inneren Welt und der musikalischen Ausdrucksfähigkeit Schuberts vermittelt: »Sehnsucht«. Ein Wirbel jagender und ständig sich wandelnder Triolen leitet das Lied ein und begleitet es dann bis zur letzten Strophe, Ausdruck der Erregung und gespannten Unruhe des Vereinsamten, der durch das gefrorene Fenster in den Nachthimmel schaut:

Die Scheibe friert, der Wind ist rauh,
Der nächt'ge Himmel rein und blau.
Ich sitz' in meinem Kämmerlein
Und schau' ins reine Blau hinein.

Die schubertsche Musik bringt erst zu voller Wirklichkeit, was die gesprochenen Worte nur schwach aussagen, die Qual des Einsamen, der die bedrängende Sehnsucht seines Herzens in das unendliche Blau des Himmels strömen läßt. Erregung ergreift den Singenden. Ihm wird bewußt, was ihm fehlt: menschliche Nähe, die Nähe des geliebten Menschen. Unendlich lang verweilt die Stimme bei den Worten:

Mir fehlt etwas, das fühl' ich gut,
Mir fehlt mein Lieb, das treue Blut!

Die Begleitung bleibt unruhig, aber der musikalische Klang des Liedes wird wärmer, farbenreicher, während der Einsame über das Fernsein der Geliebten klagt: »Du weißt, ich lieb' und brauch dich ja.« Hart, fast sachlich bedauernd spricht die vorletzte Strophe von der Erfahrung der Lähmung der schöpferischen Fähigkeit. Dann aber singt die letzte Strophe von dem Wunder, von dem Erwachen neuer Schöpferkraft, von dem beglückenden Staunen über das neue Singenkönnen. Wir dürfen nicht den ganz einfachen, aber bedeutsamen Schluß dieser Komposition überhören. Das Nachspiel läuft in einen hohen Akkord aus, der angehalten wird, aber eigentlich keinen Schluß bilden kann. Nach einer Pause des Stillhaltens klingt eine Terz tiefer ein einzelner Ton nach und löst die Spannung nicht nur des letzten Taktes, sondern des ganzen Liedes. Beglückt kann man sich nun von ihm lösen.

Da quält ich mich so manchen Tag,
Weil mir kein Lied gelingen mag,
Weil's nimmer sich erzwingen läßt
Und frei hinsäuselt wie der West.

Wie mild mich's wieder grad' durchglüht!
Sieh nur, das ist ja schon ein Lied!
Wenn mich mein Los vom Liebchen warf,
Dann fühl' ich, daß ich singen darf.

Das Jahr 1826 war für Schubert kein gutes Jahr. Finanzielle Schwierigkeiten veranlaßten ihn dazu, sich gegen alle bisherigen Grundsätze um Stellen mit einem festen Einkommen zu bewerben.

Durch Pensionierung Salieris im März 1824 und Nachrücken seines bisherigen Vertreters war die Stelle des Vize-Hofkapellmeisters in Wien freigeworden. Nach vielerlei Verzögerungen wurde Anfang 1826 ein Wettbewerb ausgeschrieben. Schubert schrieb am 7. April sein Bewerbungsgesuch.

»Euer Majestät!
Allergnädigster Kaiser!
In tiefster Ehrfurcht waget der Unterzeichnende die gehorsamste Bitte um allergnädigste Verleihung der erledigten Vice-Hofkapellmeister Stelle, und unterstützt sein Gesuch mit folgenden Gründen:
1. Ist derselbe von Wien gebürtig, der Sohn eines Schullehrers und 29 Jahre alt.
2. Genoß derselbe die allerhöchste Gnade, durch fünf Jahre als Hofsängerknabe Zögling des K. K. Conviktes zu seyn.
3. Erhielt er vollständigen Unterricht in der Composition von dem gewesenen ersten Hofkapellmeister Herrn Anton Salieri, wodurch er geeignet ist, jede Kapellmeisters Stelle zu übernehmen.
4. Ist sein Nahme durch seine Gesangs- und Instrumental-Compositionen nicht nur in Wien, sondern in ganz Deutschland günstig bekannt, auch hat er
5. fünf Messen, welche bereits in verschiedenen Kirchen Wiens aufgeführt wurden, für größere und kleinere Orchester in Bereitschaft.
6. Genießt er endlich gar keine Anstellung und hofft auf dieser gesicherten Bahn sein vorgestecktes Ziel in der Kunst erst vollkommen erreichen zu können.
Der allergnädigsten Bittgewähr vollkommen zu entsprechen, wird sein aufrichtigstes Bestreben seyn.
    Unterthänigster Diener
    Franz Schubert.«

Am 29. Dezember schrieb der zuständige Beamte an den Oberhofmeister Fürst Trautmansdorff, daß acht Bewerbungen eingegangen seien, er aber vorschlüge, in Berücksichtigung der »Schonung des allerhöchsten Ärars« nach einem Individuum zu suchen, das schon pensioniert wäre und daher nur einen kleinen Betrag zu seiner Pension hinzubekommen müsse. Ein Name wird auch gleich genannt.

Am 27. Januar 1827 erhielt Schubert sein Gesuch zurück mit einem Vermerk auf der Rückseite: »Nachdem S. Majestät die hierin angesuchte Stelle zu besetzen geruhet haben, kann hierüber nichts mehr verfügt werden.«

In der ersten Jahreshälfte befand sich Schubert in keiner guten inneren Verfassung. Ein Brief an Bauernfeld, der zur Zeit in Kärnten weilte, von Ende Mai gibt davon Zeugnis. Wieder macht sich Schubert Gedanken darüber, wie er mit einer neuen Oper zu Erfolg kommen könnte. Von Bauernfeld erwartet er einen brauchbaren Text, da er aufgefordert worden war, bei der Theaterleitung seine Opernbücher vorzulegen. Bauernfeld war schon an der Arbeit, und Schubert schreibt: »Wäre Dein Buch schon fertig, könnte man ihnen dieses vorlegen und bei Anerkennung des Werthes, woran ich nicht zweifle, in Gottes Namen damit anfangen oder es nach Berlin zur Milder schicken. Die Mlle. Schechner ist hier in der ›Schweizerfamilie‹ aufgetreten und hat außerordentlich gefallen. Da sie viel Ähnlichkeit mit der Milder hat, so kann sie gut für uns seyn.« Das Opernbuch von Bauernfeld »Der Graf von Gleichen«, die Geschichte einer Doppelehe, machte Schubert viel vergebliche Mühe. Noch im Lauf des Jahres 1826 wurde es der Zensurbehörde vorgelegt und verboten. Trotzdem begann Schubert mit der Komposition, und noch auf seinem Sterbelager sprach er mit Bauernfeld über die Weiterführung der Arbeit an diesem Werk.

Er schreibt noch von Reiseplänen ins sommerliche Oberösterreich. Aber daraus wurde nichts. Schon am 10. Juli muß er wieder an Bauernfeld schreiben: »Ich kann unmöglich nach Gmunden oder irgendwo anders hin kommen, ich habe *gar* kein Geld, und mir geht es überhaupt *sehr* schlecht. Ich mache mir aber nichts daraus, und bin lustig. Übrigens komme sobald als möglich nach Wien. Weil Duport von mir eine Oper wünscht, ihm aber die Opernbücher, welche ich gesetzt, gar nicht gefallen, so wäre es herrlich, wenn Dein Opernbuch günstig aufgenommen würde. Dann gäbe es wenigstens Geld, wo nicht gar Ehre! Schwind ist ganz auf den Hund, in Hinsicht Nettel's. Schober ist privil. Geschäftsmacher. Vogl hat *geheurathet!!!* Ich bitte Dich, komme sobald als möglich! Wegen der Oper.«

Vergebens versuchte Schubert, durch Angebot seiner Kompositionen an zwei deutsche Verleger aus seiner Geldnot herauszukommen. Seine beiden Briefe vom 12. August 1826 an Probst und Breitkopf & Härtel in Leipzig haben den gleichen Wortlaut:

»Euer Wohlgeboren!
In der Hoffnung, daß Ihnen mein Nahme nicht ganz unbekannt ist, mache ich hiermit höflichst den Antrag, ob Sie nicht abgeneigt wären, einige von meinen Compositionen gegen billiges Honorar zu übernehmen, indem ich sehr wünsche, in Deutschland so viel als möglich bekannt zu werden. Sie können die Auswahl treffen unter: Liedern mit Pianoforte Begleitung – unter Streich-Quartetten – Klavier-Sonaten – 4händigen Stücken etc. etc. Auch ein Octett habe ich geschrieben. In jedem Fall würde es mir eine besondere Ehre seyn, mit einem so alten, berühmten Kunsthandlungs-Hause in Verbindung zu treten. In der Erwartung einer baldigen Antwort,
verbleibe ich mit aller Achtung
Ihr Ergebener
Franz Schubert.«

Er drückte sich wahrhaftig bescheiden genug aus, wenn er sich erbot, mit einem billigen Honorar zufrieden zu sein. Die Antwortschreiben der beiden Verleger, in denen Schubert als etwas eigenwilliger beziehungsweise unbekannter Anfänger behandelt wird, wobei ihm auch noch beschämende Bedingungen gestellt werden, müssen tief erregend und niederschlagend auf ihn gewirkt haben. Schuberts bedrückende Situation wird uns fühlbar, wenn wir sie lesen.
Am 26. August antwortete Probst:
»Es war wohl ehrenvoll und unschätzbar für mich, Ihre Bekanntschaft durch Ihr Wertes vom 12. des. zu erwerben, und indem ich für Ihr Vertrauen herzlich danke, bin ich sehr gern erbötig, zur Verbreitung Ihres Künstler-Ruhmes nach meinen Kräften beizutragen. Nur gestehe ich Ihnen offen, daß der eigene, sowohl oft geniale, als wohl auch mitunter etwas seltsame Gang Ihrer Geistesschöpfungen in unserem Publikum noch nicht genugsam und allgemein verstanden wird. Deshalb bitte ich, bei Übersendung Ihrer Mskte. gefälligst darauf Rücksicht zu nehmen. Lieder mit Auswahl, nicht zu schwierige Pfte

Aufstieg zur Höhe

[Begleitung]. Kompositionen a 2 und 4 m., angenehm und leicht verständlich gehalten, würden mir passend scheinen, Ihren Zweck und meinen Wunsch zu erreichen. Ist einmal die Bahn gebrochen, dann findet alles Eingang, im Anfang muß man jedoch dem Publikum einigermaßen nachgeben.«

Obwohl Schubert dies Schreiben als anmaßende Bevormundung hätte abtun können, schickte er drei ausgewählte Werke ein. Im Januar 1827 erhielt er die Antwort, daß der Verlag zur Zeit durch andere Arbeiten ausgelastet und auch die Honorarforderung zu hoch sei. Im Febraur 1828 wandte sich Probst, der inzwischen Schubert in Wien persönlich kennengelernt haben muß und positiv von seiner Musik beeindruckt war, selbst an Schubert, um seinerseits Werke von ihm gegen angemessene Honorierung zu veröffentlichen. Das half dann Schubert schon kaum mehr.

Fast demütigend war die Antwort, die Schubert von Breitkopf & Härtel erhielt:

»Ew. Wohlgeboren gütige Geneigtheit, uns einige Werke Ihrer Komposition zur Herausgabe zu überlassen, erwidern wir mit unserm verbindlichen Dank und mit der Versicherung, daß es uns sehr angenehm sein würde, ein wechselseitig angenehmes Verlagsverhältnis mit Ihnen zu gewinnen. Da wir jedoch mit dem merkantilen Erfolg Ihrer Kompositionen noch ganz unbekannt sind, Ihnen deshalb mit dem Erbieten einer bestimmten pekuniären Vergütung nicht entgegenkommen können, so müssen wir Ihnen überlassen, ob Sie, um durch einen Versuch vielleicht eine dauernde Verbindung einzuleiten, uns diesen erleichtern und für das erste Werk, oder die ersten, welche Sie uns zusenden werden, bloß eine Anzahl Exemplare als Vergütung annehmen wollen. – Wenn unsere Hoffnung auf einen guten Erfolg irgend erfüllt wird, so daß wir Ihnen für die folgenden Werke anständige bare Vergütung offerieren können, so wird es uns zum Vergnügen gereichen, Ihnen dadurch das Verhältnis mit uns annehmlich zu machen.«

Diese unwürdige Behandlung als Anfänger beantwortete Schubert nicht. Als nach Schuberts Tod die Welt durch Schumann und Liszt auf ihn aufmerksam gemacht worden war, interessierte sich ab 1839 der Verlag für seine Werke und wurde später der Herausgeber der ersten kritischen Gesamtausgabe.

Schubert, den die Existenznot drängte, fand bei den deutschen Verlegern keine Hilfe. Von den Wienern hatte er auch nicht viel zu erwarten.

Im Oktober empfing Schubert von seinem Vater einen kleinen Anteil aus dem Erlös des verkauften elterlichen Hauses in Himmelpfortengrund. Weiter dedizierte ihm die österreichische Gesellschaft der Musikfreunde im Oktober als einen »angemessenen Beweis ihrer Dankbarkeit und Achtung« den Betrag von hundert Gulden. Beides bedeutete damals Bewahrung vor direkter Not, aber keine Befreiung aus der Bedrängnis. Es blieb ein bedrückendes Jahr. Doch die schöpferische Kraft brach immer wieder durch.

Nach zweijähriger Pause wandte sich Schubert im Sommer 1826 wieder der Kammermusik zu. In nur zehn Tagen, in der Zeit vom 20. bis 30. Juni, schrieb er das Streichquartett in G-Dur, sein letztes Quartett, ein großartiges Meisterwerk. Er muß es lange als geistige Inspiration, durchgestaltend und vollendend, in sich getragen haben, bis er es in so wenigen Tagen auf Notenblättern festhalten konnte.

Die musikalische Aussage des Quartetts entfaltet sich von nur strichhaften, zartesten Andeutungen bis zu orchestral gefüllten Klangpartien, von Stellen dichtester Intensität zu fließenden Melodien und großflächigen Weiten. Das Werk ist ein in sich geschlossenes Ganzes, bestimmt von einer die vier unterschiedlichen Sätze durchgehend bestimmenden Eigenart: Der geheime Stoff dieser Musik ist das Tremolo. In ihr schlägt das zitternde, bebende, pochende, hoffende Herz eines Menschen. Dies Quartett ist die »Seismographie eines Lebens«.

Im zweiten Satz wird die Musik zur Klage, zu melancholischem Gesang, untergründig bebend, zitterndes, angstvoll pochendes Herz, jäh unterbrochen von leidenschaftlichen Ausbrüchen. Aber auch dieser Satz läuft aus in Tröstung und Frieden, in Tönen von besänftigender Süße und Stille.

In dem kurzen Scherzo überfällt uns wieder die Unruhe der tremoloartigen Bewegung. Ätherische Weisen beginnen zu flimmern, als löste sich der feste Takt der Zeit ins Ungreifbare, ein Pianissimo verflüchtigt sich ins Von-weit-Her, die Melodie steigt und steigt immer höher, die Bässe darunter wandern in das Bodenlose, der Abstand zwischen Oben und Unten wird unendlich. Aber dann schließt der Satz mit einer schlichten Musik, in der sich erhofftes und ersehntes Leben wiederfindet, der Friede und das stille Glück.

Im letzten Satz entfaltet sich die Bewegungsenergie in dem vielschichtigen Ausspielen des Themas zwischen Dur und Moll, in einer einmalig schönen, still flehenden, getragenen Gesangsmelodie und weiträumigen Klangphantasien. Auch hier behauptet sich zuletzt die Klarheit und die Festigkeit des Grundklanges. – Schuberts früher Tod machte dies Werk zu seinem letzten Streichquartett.

Im Spätherbst 1826 erhielt Schubert den Auftrag für eine größere Komposition, die »Deutsche Messe« mit dem Anhang »Gebet des Herrn«. Eine Wiener Schule wünschte sich zu den liturgischen Stücken einer einfachen Messe Gesänge in der deutschen Muttersprache. Johann Philipp Neumann, Professor für Physik an einem technischen Institut in Wien, dichtete die Texte und bat Schubert, die Komposition für Chöre und Orchester zu schreiben. Der Komponist mußte die bescheidenen Aufführungsmöglichkeiten der Schule berücksichtigen. So entstand das oft als künstlerisch unbedeutend und sentimental abgeurteilte Werk. Schubert selbst hat es nie gehört, aber es gewann nachher in der Wiener Bevölkerung große Beliebtheit und hat diese Wertschätzung in Österreich bis heute behalten. Nicht ganz zu Unrecht, denn was Schubert in diesen einfachen, harmonischen Gesängen mit ihrer warm klingenden Orgel- und Bläserbegleitung einfachen Menschen für ihre gottesdienstliche Andacht schenkte, wirkt durch seine echt schubertsche musikalisch-kompositorische Ehrlichkeit, Ehrfurcht und Innigkeit. Nicht sentimental, sondern echte menschliche Gefühle ansprechend und tragend, beginnt der Eingangschor:

Wohin soll ich mich wenden,
wenn Gram und Schmerz mich drücken?
Wem künd' ich mein Entzücken,
wenn freudig pocht mein Herz?
Zu Dir, zu Dir, o Vater,
Komm ich in Freud und Leiden,
Du sendest ja die Freuden,
Du heilest jeden Schmerz.

In allen Gesängen, zum Gloria, zum Credo, zum Offertorium, zum Sanctus, nach der Wandlung und zum Agnus Dei, gibt Schuberts Melodieführung und Komposition den jeweiligen Worten angemessenen und überzeugenden Ausdruck. Das gilt auch von dem in der Umsetzung für Männerchöre so oft mißbrauchten »Heilig, heilig, heilig«. Wenn wir dies Werk auch nicht als künstlerisches Meisterwerk, nicht als eine für immer und durch kompositorische Originalität allgemein überzeugende Komposition ansehen können, sollte man doch anerkennen, daß zu solch »künstlerischer Herablassung« auf das Niveau schlicht empfindender Menschen auch Größe und Überzeugung gehört.

Aus den Vokalkompositionen dieses Jahres sei noch der zauberhafte Gesang »Nachthelle« für Tenorsolo, Männerchor und Klavier herausgehoben, nach einem Gedicht von Johann Gabriel Seidl:

Die Nacht ist heiter und ist rein
Im allerhellsten Glanz.
Die Häuser schaun verwundert drein,
Stehn übersilbert ganz.

In mir ist's hell so wunderbar,
So voll und übervoll,
Und waltet drinnen hell und klar
Ganz ohne Leid und Groll.

Ich faßt' in meines Herzens Haus
Nicht all das reiche Licht.
Es will hinaus, es muß hinaus,
Die letzte Schranke bricht.

Die Nacht ist heiter und ist rein
– – –
– – –

Sehr hohe, sich ständig wiederholende Klavierakkorde leiten den Gesang ein und begleiten ihn, Symbol des hohen, silbern flimmernden, über die Welt ausgegossenen Mondlichts. Die

Aufstieg zur Höhe

nicht minder hohe Tenorstimme beginnt von Strophe zu Strophe, von Aussage zu Aussage das Singen und schwebt über dem einfallenden Chor, dessen gefüllte Harmonien die Verzauberung der Welt, die Beseligung des verwundert Schauenden, die Überfülle der Glücksempfindungen ausströmen. Schubert dichtet in Musik und beglückt den Hörenden mit seligen Augenblicken stiller, reiner, lange nachklingender Entzückung.

Im Oktober dieses Jahres traf Spaun bei einem zufälligen Besuch seinen Freund mitten in Kompositionsarbeit vertieft. Schubert freute sich über die Unterbrechung und begrüßte ihn herzlich, denn nach erst schwierigen Anfängen war er jetzt auf dem Wege zum Gelingen. Er schrieb seine neue Klaviersonate in G-Dur, genannt »Fantasia«, hatte den ersten und zweiten Satz fast vollendet, und die beiden folgenden Sätze standen schon klar vor ihm. So forderte er Spaun auf, sich zu setzen und das schon Fertige anzuhören. Schubert spielte ihm vor, und da er in Spauns Gesicht dessen freudiges Entzücken lesen konnte, sagte er: »Gefällt dir die Sonate, so soll sie auch dein sein.« Schubert hielt sein Versprechen und veröffentlichte die Sonate im nächsten Jahr mit einer Dedizierung für Spaun.

Als die vollendete Sonate am 8. Dezember 1826 zum erstenmal im Freundeskreis gespielt wurde, sagte der junge Franz von Hartmann: »Ein herrliches, aber melancholisches Stück.« Franz Liszt urteilte später über sie: »Eine Virgilische Dichtung.« Die Sonate ist wirklich ein Wunderwerk an musikalischem Reichtum und an Schönheit, an Fülle des Klangs und epischer Entfaltung der Themen, an tief melancholischer Verhaltenheit und aufblühendem, kraftvollem Leben. Das sehnsüchtige Aufsteigen zu schimmernden Höhen von Glanz und Licht und danach die gewichtigen Schicksalsschritte in dunkle Tiefen am Ausgang des ersten Satzes, das gespannte Miteinander der rührend schönen melodischen Gesangslinien und der harten rhythmischen Akkorde im Andantesatz, das energisch lebhafte Menuett und rührend liebliche Trio im dritten Satz, und schließlich das allen musikalischen Reichtum in Fülle und überraschungsvoll ausschüttende Allegretto verdienen wahrhaft das Urteil: Melancholisch, aber herrlich; Epos in Musik von Virgilscher Weite.

Diese großartige Sonate ist neben den anderen Werken ein

überzeugender Beweis dafür, daß Schubert trotz innerer und äußerer Bedrückungen während des Jahres 1826 mit erstaunlicher geistiger und seelischer Schöpferkraft ein zahlenmäßig und qualitativ bedeutendes Werk geschaffen hat. Im Herbst entstanden noch zwei virtuose Konzertstücke für Klavier und Violine, geschrieben für einen damals nach Wien gekommenen brillanten Violinvirtuosen. Wahrscheinlich schrieb Schubert auch noch vor der Jahreswende das innige »Notturno«, ein Adagio für Klavier, Violine und Violincello, reine, singende, unter den Gestirnen des Himmels schwebende Musik.

Zu den Werken von unvergänglicher Schönheit gehört auch das im Winter 1826 niedergeschriebene Klaviertrio in B-Dur. Als fünfzehnjähriger Knabe hatte sich Schubert schon einmal an dieser musikalischen Form versucht. Ein Allegro-Satz war das Ergebnis, in dem er damals bewies, wie aufmerksam er die Gesetze des Komponierens bei seinem Lehrmeister Salieri erlernte und die zeitgenössische Musik in Wien beobachtete, zugleich auch, welch reiche melodische Erfindungsgabe in ihm angelegt war. Vierzehn Jahre später griff Schubert nun erneut diese Aufgabe an; Vorlagen anderer Meister hatte er in der Zwischenzeit genügend kennengelernt. Er hielt sich auch jetzt an die einmal gegebene Grundform der instrumentalen Besetzung und der vier einander zugeordneten Sätze. Aber er füllte diese Form mit dem unerschöpflichen Reichtum seiner Phantasie, seiner eigenen musikalischen Sprache.

Nur einmal hat Schubert das Trio selbst gehört, wenn überhaupt. Wahrscheinlich wurde es am 28. Januar 1828 bei Spaun aus Anlaß von dessen Verlobung gespielt. Spaun schrieb später darüber: »Schubert sagte zu mir: ›Ich bin zwar recht traurig darüber, daß du uns verloren gehen wirst, aber du hast recht und hast wohl gewählt. Obwohl ich auf deine Braut eigentlich böse sein sollte, möchte ich dir doch eine Freude machen. Lade sie ein, ich bringe Bocklet, Schuppanzigh und Linke mit, wir wollen euch etwas musizieren.‹ Und so geschah es. Bocklet spielte ein Trio mit Schuppanzigh und Linke und sodann mit Schubert vierhändig Variationen über ein eigenes Thema, letzterer mit solchem Feuer, daß alles entzückt war und Bocklet seinen Freund jubelnd umarmte. Wir blieben bis nach Mitternacht fröhlich beisammen. Es war der letzte solche Abend.«

Sollte damals das 1827 komponierte Trio in Es-Dur gespielt worden sein, dann hätte Schubert das in B-Dur überhaupt nicht gehört. Aber wahrscheinlich überraschte Schubert seinen Freund mit dem bis dahin noch nie gespielten ersten Trio, weil ihm das zweite schon bekannt war. Er hat dies erste Werk merkwürdigerweise, außer bei dieser einen Gelegenheit, ganz zurückgehalten. Erst nach seinem Tod wurde es der Öffentlichkeit im Jahre 1836 durch Drucklegung bekannt.

Der erste Satz, Allegro moderato, ist eine Paraphrase der thematischen Zeilen des Liedes »Des Sängers Habe« von 1825:

Schlagt mein ganzes Glück in Splitter,
Nehmt mir alle Habe gleich,
Lasset mir nur meine Zither,
Und ich bleibe froh und reich.

Aber nicht nur der erste Satz, das ganze Werk ist Verwirklichung dieser lebensmutigen Worte, von dem mitreißenden, freudig beschwingten Beginn bis zu dem spannungsreichen, von musikalischen Einfällen überquellenden Finale. Der erste Satz führt uns durch Stellen tiefer, verhaltener Besinnung zu immer neuen Ausbrüchen stürmisch drängenden Lebens. Das Andante trägt uns mit seinen weichen, ineinander verschlungenen Melodien des Cellos und der Geige, überglitzert von leuchtenden Funken der Klavierlage, in eine weltentrückte, selige Traumlandschaft. Mit aufgeregten Tonsprüngen und Rhythmen bricht die harte Wirklichkeit in diese schöne Welt ein. Aber das dunkle Cello und die helle Geige finden zu ihrem sehnsuchtsvollen Thema zurück. Alle Spannung löst sich in Stille, in dem befreienden Zusammenklang von ganz tief und ganz hoch. Das Scherzo beglückt durch seine ungetrübte Ländlerweise und das entzückend schöne Trio. Froh und reich entfaltet sich das Leben. Im Allegro vivace des Schlußsatzes braust es dahin. Es pulsiert in der inneren Spannung zwischen den zarten, den stark rhythmisierten und den melodisch singenden Stellen. Ein verhaltenes Stillewerden und Besinnen, spitze, immer wiederkehrende Geigenschläge über dem singenden Cello und den perlenden Tönen des Klaviers überraschen uns vor dem brausenden Endlauf und den kräftigen Schlußakkorden.

Wir hören das Klaviertrio als Schuberts Daseinsaussage in der Sprache seiner Musik. Man muß tatsächlich von Schuberts »Musiksprache« reden, die im Lauf der Jahre immer artikulationsreicher ausgebildet worden ist. Zuerst denken wir an den Klang, an Klangqualität, -farbe und -intensität. Schubert war ein Neuerer und Meister des Instrumenteneinsatzes. Von seinen ersten Orchesterwerken an verwandte er gern Posaunen und Hörner. Seine Art, diese klangvollen Instrumente musikalisch zu nutzen, wurde im Lauf der Jahre immer reicher ausgebildet. Die volle Gewalt des Posaunenklangs und sein Pianissimo, der schwebende, Weite eröffnende Soloeinsatz der Posaune, die dunkel getönte Kombination von Hörnern und Fagotten, das sind von Schubert gern gebrauchte Ausdrucksmittel mit jeweils eigenartiger Wirkung auf das seelische Empfinden des Hörers. Schumann vergleicht in seiner begeisterten Betrachtung über die große C-Dur-Symphonie den über den sanften Streichern erklingenden weichen Hornruf mit einem Besucher aus einer anderen Welt. Ähnlich ist die Wirkung des Hornrufs im Kyrie der Messe in Es-Dur. Bezeichnend für Schubert ist auch der sehr bewußte Gebrauch des klangreichen und modulationsfähigen Violincellotones, die faszinative Wirkung seiner Streichertremoli, der bezaubernden Duettpassagen zweier Geigen oder Violincelli inmitten der Begleitung durch die übrigen Instrumente. Auch das Klavier gewinnt bei Schubert neue Qualitäten: es empfängt orchestrale Fülle.

Die Wintermonate des zu Ende gehenden Jahres 1826 und des heraufziehenden Jahres 1827 beschenkten Schubert mit der begeisterten Aufnahme seiner Lieder und anderen Werke im Kreis seiner Freunde. Spaun war inzwischen nach Wien zurückgekehrt, wo er eine Stellung in der k. k. Lottogefällsdirektion erhalten hatte. Seine Wohnung bot Platz genug, so daß dort größere Schubertiaden gehalten werden konnten. Die erste fand am 8. Dezember statt. Wir lesen darüber in den Tagebüchern der damals in Wien weilenden Brüder Hartmann: »Schubert kam und spielte ein herrliches, aber melancholisches Stück von seiner Komposition. Endlich kamen auch Schwind, Bauernfeld, Enders, Schober. Nun sangen Schubert und Schwind die herrlichsten schubertischen Lieder. Endlich soupierte man herrlich. Alles war sehr lebhaft und aufgeweckt.«

Über die nächste Schubertiade bei Spaun am 15. Dezember lesen wir in den Tagebüchern: »Die Gesellschaft ist ungeheuer.« Außer den Mitgliedern des engeren Schubert-Kreises, dazu Kupelwieser und Vogl, den Neuvermählten, mit ihren Ehefrauen, waren Grillparzer, Schlechta, Beamte des kaiserlichen Hofes und Bürger des Mittelstandes anwesend. Gahy und Schubert spielten sechs vierhändige Märsche, und Vogl sang nacheinander mehr als dreißig Schubert-Lieder. »Nachdem das Musizieren aus ist, wird herrlich schnabuliert und dann getanzt«, heißt es weiter im Tagebuch. Zwei Tage darauf traf man sich schon wieder bei Spaun, und im neuen Jahr, am 12. Januar 1827, erneut in einem so großen ausgewählten Kreis, daß die Hartmanns die lange Anwesenheitsliste im Tagebuch festhielten. »Es wurde eine prächtige Sonate auf vier Hände, herrliche Variationen und viele prächtige Lieder gemacht. Dann wurde ein köstlicher Imbiß eingenommen und verschiedene Toaste ausgebracht.« Natürlich folgte wieder Tanz.

Solche kurzen Notizen geben uns ein lebendiges Bild von diesen Veranstaltungen und von der Bedeutung, die Schubert dabei zuzumessen ist. Man liebte ihn, man erfreute sich an seiner schönen Musik bis zur Begeisterung, man verlangte Wiederholung bestimmter Lieder, und nachher ließ man ihn, wenn alle gut gegessen hatten, zum Tanz aufspielen. Nicht viel anders wird es bei den weiteren Schubertiaden zugegangen sein, die in anderen Wiener Häusern stattfanden, bei den Geschwistern Fröhlig, bei Anna Hönig und bei Witteczek. Schubert hat sich unter diesen aufmerksamen, begeisterungsfreudigen und fröhlichen Menschen gewiß sehr wohl gefühlt und auch kaum nach größerem Ruhm verlangt. Aber Wirkung in der Öffentlichkeit der musikalischen Welt ging von diesen kleinen, geschlossenen Gesellschaften nicht aus.

Wollte Schubert außerhalb dieser geselligen Abende gleichgesinnte und befreundete Menschen treffen, dann gab es dafür das Wiener Kaffeehaus. Solange sich die Brüder Hartmann in Wien aufhielten, führten sie über ihre Begegnungen in dem damaligen Lieblings-Kaffeehaus der Schubertianer, »Grünanger«, genau Tagebuch. Da taucht Schubert am Spätnachmittag oder meist erst am Abend auf, kommt und geht wieder, wie es ihm gefällt, ist mit den anderen fröhlich, manchmal fast ausgelassen, zieht sich wieder in sich selbst zurück und geht seinen eigenen Weg. Menschen, die ihm und seinem Werk ein Tor in die Weltöffentlichkeit aufgestoßen hätten, fand er da nicht.

Die damalige Unsicherheit und Zwiespältigkeit in der Aufnahme der schubertschen Musik bei dem zeitgenössischen Publikum spiegelt sich recht deutlich in verschiedenen Rezensionen. So schreibt die Leipziger »Allgemeine Musikalische Zeitung« vom 19. Juli 1826: »Die Sehnsucht. Gedicht von Schiller, in Musik gesetzt für eine Singstimme mit Begleitung des Pianoforte von Franz Schubert. 39stes Werk. Wien bei Pennauer. (Preis 45 Kr.) Hr. Sch. hat unter der beträchtlichen Anzahl seiner Gesänge beim Klavier mehrere sehr gute und einige treffliche Stücke geliefert. Für das eigentliche Lied scheint er weniger geeignet zu sein als für durchkomponierte Stücke, vierstimmige oder für eine Stimme mit obligater, wohl auch bis zum Übermaß voller Begleitung. So ist zum Beispiel sein goethescher Erlkönig zwar ein höchst überladenes und auszuführen ein gewaltiges Stück Arbeit, aber Geist und Leben überhaupt sowie im Ausdruck eine gewisse geheime Teufelei ist wirklich darin. Hier nun, in Schillers Sehnsucht (gleichfalls durchkomponiert, mit obligater, gar nicht sparsamer Begleitung), hat er freilich sich mehr beschränkt, doch aber, unserm Urteil nach, für Ausmalung mancher Einzelheiten noch zu viel, und darüber für das, was beim Dichter durch das Ganze als Grundton der Empfindung feststeht, zu wenig getan. Interessant ist das Stück dennoch, wenigstens in einigen Abschnitten: es kömmt aber der weit früheren Komposition, gleichfalls in dieser Art, von Konrad Kreutzer nicht bei. Sollte diese, vielleicht Kreutzers allerbeste aus diesem ganzen Fache, Herrn Sch. nicht bekannt oder er der Meinung sein, sie übertroffen zu haben? Wohl das erste! Sein Werkchen wird darum doch, und mit Recht, gern gehört werden!«

Zu demselben Lied schreibt die Weimarer »Musikalische Eilpost«: »Eine Phantasie, die, in einer glücklichen Stunde empfangen, mit innerem Leben in einem Gusse fortströmt und im ganzen eine sehr schöne Wirkung hervorbringt. Deshalb kann man leicht ein paar kleine Verstöße gegen Deklamation und eine gewisse Steifheit der Melodie auf Seite 6 übersehen.«

Schuberts Oktett, am Ostermontag im kleinen Musikvereinssaal in Wien aufgeführt, wird von der Wiener »Allgemeinen Theaterzeitung« als »lichtvoll, angenehm und interessant« gelobt. »Nur dürfte die Aufmerksamkeit der Hörer durch die lange Zeitdauer vielleicht über die Billigkeit in Anspruch genommen sein.« Auch die Josef Spaun gewidmete, als »Fantasie« vom Verleger veröffentlichte Klaviersonate in G-Dur findet in der »Wiener Zeitschrift für Kunst...« vom 29. September 1827 Anerkennung. Die Besprechung beginnt: »Der beliebte und talentvolle Lieder-Kompositeur übergibt hier der Musikwelt eine Fantasie, in welcher er seinem Erfindungsgeiste freien Spielraum gab und dem Spieler einen harmonischen Genuß verschaffte, ohne doch durch Anhäufung allzu großer Schwierigkeiten die Exekutierung zu erschweren.«

Wir haben mit diesen Zeitungsauszügen zeitlich schon etwas vorgegriffen. Aber so wird deutlich, wie Schubert bis in sein dreißigstes Lebensjahr hinein, obwohl er doch schon ein gewaltiges, aber zum großen Teil unbekanntes kompositorisches Werk geschaffen hatte, in der Öffentlichkeit beurteilt wurde: fast überproduktiver Liederkomponist, teils beliebt, teils vorsichtig als eigenwillig beurteilt, begabt genug, auch andere annehmbare oder sogar gut gelungene Musik zu komponieren.

Von den äußeren Lebensverhältnissen Schuberts um die Jahreswende wissen wir nicht viel. Seit 1825 hatte er im sogenannten Frühwirtshaus neben der Karlskirche, dicht bei dem schönen Mondscheinhaus der Familie Schwind, sein bescheidenes Quartier gehabt. Während der Sommermonate 1826 hielt er sich öfter draußen vor der Stadt in einer Sommerwohnung der Frau Schober auf, wohin Schober ihn eingeladen hatte. Dort besuchten ihn auch seine Freunde. Allerdings wurden sie durch laute Musik aus dem Garten einer nahgelegenen Gastwirtschaft gestört, und anscheinend haben sich Schubert und Schwind dort manches Mal auch recht gelangweilt. Im Oktober zog Schubert aus dem Frühwirtshaus in die Wiener Innenstadt, wo er in einer nicht näher bekannten Wohnung für sich allein lebte.

Familie Schober war inzwischen auch umgezogen. Neben dem vornehmen hohen Gebäude der Gesellschaft der Musikfreunde hatten sie im Haus Zum blauen Igel eine komfortable Wohnung gemietet. Im Februar 1827 bot Schober seinem Freund im zweiten Stock zwei Räume und ein Musikzimmer an. So gewann Schubert für den Rest seines Lebens in der ihm altvertrauten, dunstigen, menschengefüllten Innenstadt eine für seine Verhältnisse großartige Bleibe, die er erst kurz vor seinem Tod als Kranker auf den Rat seines Arztes verließ.

Der Übergang in das Jahr 1827 ist durch nichts Besonderes herausgehoben. Die Silvesterfeier verlief anscheinend ohne musikalische Unterhaltung. Schubert scheint zurückhaltend gewesen zu sein. Im weiteren Jahresverlauf fanden seine Freunde ihn manchmal in sich gekehrt und zur Selbstisolierung neigend. Wie es in dem Freundeskreis zuging, erfahren wir aus den Tagebuchaufzeichnungen Franz von Hartmanns von den beiden letzten Tagen des Jahres 1826:

»30. Dezember: Wir gehen zum Anker, wo Schober, Schwind, Schubert, Bauernfeld, Derffel. Spaun kömmt später, und Derffel und Bauernfeld gehen. Man spricht von Ritterromanen und Konviktsgeschichten. Wie wir aus dem Anker hinaustreten, ist alles tief eingeschneit. Wir bekommen Lust zu schneeballen, was wir sogleich zur Ausführung bringen, dort, wo sich die Grünangerstraße in die Singerstraße mündet. Spaun hilft mir, und Fritz und Schober dem Schwind. Schober trifft mich immer und tüchtig, und ich besonders ihn oder Schwind. Spaun schützt sich gegen die Schüsse herrlich mit seinem aufgespannten Regendach. Schubert und Haas nehmen nicht am Kampfe teil.«

Haas starb drei Monate vor Schubert. War er nicht kräftig genug? Schubert hatte in früheren Jahren auf dem großen Hofplatz des Mondscheinhauses beim Schneeballen kräftig mitgemacht. Mußte er sich wegen seiner Kopfbeschwerden zurückhalten? Außen stehen?

»31. Dezember: Gegen 8½ mußten wir zu Schober, wo Enders, Schwind, Schubert, Bauernfeld und in der Folge noch Spaun anwesend waren, was eine allgemeine Freude verursachte, da man ihn bei Baldazzi geglaubt und gefürchtet hatte, er werde gar nicht kommen. Man ist den ganzen Abend über sehr lustig, raucht Tabak und liest sehr spaßige Briefe. Dann setzt man sich in das andere Zimmer zum Souper und wartet, bis es 12 Uhr schlägt. Dann kommt auch aus dem andern Zimmer Schobers Mutter heraus, die wie ein Geist aussieht. Mit Schlag 12 waren die Tokaiergläser gefüllt, und man trank sich auf das kommende Jahr Gesundheit zu, wobei Fritz, Spaun und ich auch ja nicht unsere teuern Eltern vergaßen. Wir tranken dann Koffee, rauchten wieder, und um 2 Uhr endlich gingen anfangs Spaun und Enders, dann wir andern bis auf Schwind, der bei Schober schlief, oder eigentlich wir warteten. In der Singerstraße Abschied von Schubert und Bauernfeld.«

Einsam begann Schubert das neue Jahr in seiner kleinen Junggesellenstube. Am 2. Januar war er abends wieder mit einigen wenigen Freunden zusammen. Der eine der beiden Hartmannbrüder notiert: »Gegen 10 Uhr treffen wir beim Anker Schober und Schubert, aber Spaun ist leider nicht da. Wir bleiben da bis 12 Uhr, aber es ist nicht sehr lustig.«

Das ganze Jahr 1827 war für Schubert nicht sehr lustig.

1827
Fackelträger hinter dem Sarg des Genius

Als bedeutendstes Ereignis hob sich im Jahr 1827 für die Stadt Wien die Beerdigung Beethovens heraus.

Zwei berühmte Musiker hatten um die Jahrhundertwende schon ihr Grab auf Wiener Friedhöfen gefunden. Am 5. Dezember 1791 starb, körperlich aufgezehrt, finanziell verschuldet, fälschlicherweise als leichtlebiger Verschwender übel beleumdet, in den Tagen, da die Zauberflöte die Wiener begeisterte und sich eine bessere Zukunft für ihn abgezeichnet hätte, der erst fünfunddreißig Jahre alte Mozart. Wenige Stunden, bevor er gottergeben die Augen schloß, hatte er noch gesagt, vor Gott und der Welt gebühre ihm seine Stelle in der Stephanskirche. Aber auf Anraten seiner Freunde bezahlte seine Witwe für ihn nur ein billiges Begräbnis dritter Klasse. Einige wenige Bekannte begleiteten den Sarg vom Trauerhaus zur drittklassigen Aussegnung draußen vor der Stephanskirche unter freiem Himmel und weiter noch knapp bis zum Stadttor. Wenn ein kleines Zeichenblatt aus jener Zeit der Wahrheit entspricht, lief danach nur noch ein kleines Hündchen hinter dem Leichenwagen her. In einem nicht numerierten Reihengrab wurde der Sarg unter die Erde gebracht. Als Wochen später die wenig trauernde Witwe zum erstenmal das Grab besuchen wollte, konnte der an die Stelle des inzwischen verstorbenen Totengräbers getretene neue Mann schon keine Auskunft mehr über die Grabstätte geben. So schied der Mozart aus dieser Welt, von dessen himmlischer Musik sich der junge Schubert so unendlich erquickt und zu den himmlischen Sphären erhoben fühlte.

Im Jahr 1809 starb Joseph Haydn, über fünfundsiebzig Jahre alt, von vielen geliebt, in der Welt von Ost bis West hoch geehrt. Ein Kommando napoleonischer Soldaten und der Wiener Bürgerwehr hielt Ehrenwache an dem Sarg, vor dessen

Fußende auf einem Kissen Ehrenmedaillen aus Paris, Rußland und Schweden an den Ruhm des Toten erinnerten. Am Beisetzungstag herrschte in Wien kriegerische Aufregung. Alle Generale und Feldmarschälle verließen die Stadt, und keiner wußte, worum es ging. Daher nahmen nur wenige Wiener Bürger an der Beerdigung teil. Aber zwei Wochen danach, als wieder Ruhe eingekehrt war, machten die Wiener es durch die volle Kirche beim Totenamt für den großen Musiker wieder gut. Schubert war damals noch ein Kind. Aber wenige Wochen vor seinem eigenen Tod besuchte er während einer mehrtägigen Wanderung mit seinem Bruder Ferdinand Haydns Grab in der Bergkirche von Eisenstadt, dem Sitz der Fürsten Esterházy. Diese hatten den Leichnam des Verstorbenen, der sich die meiste Zeit seines Lebens als hochgeschätzter Musiker in ihren Schlössern aufgehalten hatte, umbetten lassen und in ihre Obhut zurückgenommen. Vor diesem Grab andächtig still geworden, dachte Schubert daran, was die Achtung und die Liebe eines Mächtigen für den bedeuten kann, dem von Gott nichts anderes als seine Kunst gegeben ist.

Am 26. März 1827 hatte Beethoven nach qualvollen Leiden, belastet mit Taubheit, geplagt von Gicht, Sehstörungen, Lungenentzündung, Leberbeschwerden und Wassersucht, von nächsten Angehörigen miserabel behandelt, von Verehrern seiner Kunst und Freunden betreut, von der hoffenden und sorgenden Anteilnahme Wiens begleitet, unter dem Donner eines plötzlich heraufziehenden Gewitters seine Augen für immer geschlossen. Als zweiundzwanzigjähriger junger Mann war er 1792 nach Wien gekommen und hatte dort vierunddreißig Jahre lang zur Vollendung seines Werkes und zum Aufbau seines Ruhmes schaffen können.

Am 29. März nahm Wien mit einem eines Kaisers würdigen Leichenbegräbnis Abschied von seinem großen Toten. Die Schulen blieben an diesem Tag geschlossen. Wohl an zwanzigtausend Bürger folgten dem Sarg von Beethovens letzter Wohnung bis zur Minoritenkirche in der Alser Vorstadt, die Vornehmen in offenen Kutschenwagen, die anderen zu Fuß, viele an den Straßenrändern wartend. Die Kasernen standen leer, denn das Heer war zum Ordnungsdienst abkommandiert. Eine Musikkapelle eröffnete den Leichenzug, betende Priester gingen vor dem Leichenwagen, acht Dirigenten hielten beiderseits des Wagens die schwarzen Trauerbänder, und in feierlichem Schritt folgten sechsunddreißig Fackelträger, alles Künstler, Wiener Musiker und Dichter, weiße Lilien an ihre Brust geheftet, umflorte Fackeln in den Händen tragend. Unter ihnen ging auch Schubert. Hier war er ein einziges Mal einem bedeutenden Wiener Schauspieler und Theaterdichter nah, der als ein ihm Geistesverwandter für ihn hätte bedeutungsvoll werden können, Ferdinand Raimund. Raimundsches Theater und schubertsche Musik, daraus hätte eine Oper werden können! Aber das geschah nicht. Nach dem Begräbnis gingen ihrer beider Wege wieder auseinander.

Bei der Grablegung auf dem alten Währinger Friedhof draußen vor der Stadt hörte Schubert die von Grillparzer verfaßte Trauerrede, von dem Hofschauspieler Anschütz mit weithin schallender Stimme vorgetragen: »Der letzte Meister des tönenden Liedes, der Tonkunst holder Mund, der Erbe und Erweiterer von Händels und Bachs, Haydns und Mozarts unsterblichem Ruhm hat ausgelebt.« Weiter rief Anschütz die Worte Grillparzers über den Friedhof hin, die bis nach Deutschland klingen sollten: »Noch lebt zwar, und möge er lange leben, der Held des Sanges in deutscher Sprache und Zunge.« Aber niemand sah dabei auf Schubert, den kleinsten unter den sechsunddreißig Fackelträgern, denn Anschütz sprach von Goethe. Beethoven und Goethe, ihr Genius war rühmenswert. Aber wer war Schubert? Anderthalb Jahre später sagte Grillparzer über ihn, daß ein zu früh Gestorbener die Hoffnung auf ein großes Werk erweckt, aber leider nicht hätte erfüllen können.

Schweigend hatte Schubert an diesem Tage die unauffällig brennende Fackel seinem eigenen Sarge vorausgetragen. Der Tod hatte seiner Stirn schon sein Siegel aufgedrückt.

Am Abend trafen sich die Freunde in ihrem damaligen Stammlokal Schloß Eisenstadt, in den Kellergewölben des Wiener Stadtschlosses der Fürsten Esterházy. Nach einer späteren Legende aus dem Freundeskreis soll Schubert dort, nachdem man auf das Gedächtnis des eben Beerdigten angestoßen hatte, sein Glas noch einmal erhoben haben mit den Worten: »Auf den Nächsten unter uns.« Er war dieser Nächste. Wahr aber ist, was der eine der Brüder Hartmann in seinem Tagebuch festhielt: daß die Freunde bis spät in die Nacht beisammen saßen und daß sie nur von Beethoven sprachen, nur von diesem einen, und daß Schubert voll Feuer und Ergriffenheit auch nur von diesem einen sprach, in absoluter Verehrung dieses Großen, Gewaltigen, Einmaligen. Das konnte Schubert, und so wohl nur er: in begeisterter Verehrung eines von als einmalig und groß erkannten Meisters mit Schweigen über sich selbst hinweggehen.

Als seine Freunde im weiteren Verlauf des Jahres merkten, wie tief erregt er oft war, von irgend etwas gequält, bedrückt, tief angegriffen, und als der treue, ihn so sehr liebende Spaun ihn darauf ansprach, erhielt er nur die ausweichende Antwort: »Ihr werdet es bald hören und begreifen.«

An diesem Abend aber, nachdem er die ausgebrannte Fackel an der letzten Ruhestätte des großen Toten niedergelegt hatte, konnte er mit seinen Freunden geistvolle Gespräche über Beethovens musikalische Bedeutung führen, denn es gab wohl kaum ein Werk des Meisters, das er nicht vom Hören oder Notenstudium her gekannt hätte. Nichts aber hätte ihn bewegen können, sich selbst mit seinem eigenen Geltungsanspruch neben ihn zu stellen. Wenn er das aber wirklich versucht hätte, seine Freunde würden ihn erschrocken angesehen und nicht verstanden haben. Von sich selbst schwieg er und stürzte sich wieder in die Arbeit dieses an unvergänglichen Werken reichen Jahres, dem nur noch ein letztes Jahr voll schier unfaßbarer schöpferischer Leistung folgen sollte. Mit allem, was er der Welt an Wundern der Musik zu geben hat, ist er »niemals anders an den Tisch des Lebens getreten als mit der schüchternen Bitte, zugelassen zu werden« (Gal).

Schuberts Beethovenverehrung war immer eine Verehrung aus der Ferne, im Geistigen und im räumlichen Sinn. Er bewunderte Beethoven, wie ein Naturliebhaber ein gewaltiges Gebirgsmassiv bewundert und alle seine Gipfel, Formungen, Schluchten, Abstürze und grünen Hänge immer wieder betrachtet. Er sah Beethoven nur aus schüchterner Ferne, im Konzerthaus, im Kaffeehaus oder in der Buchhandlung seines Verlegers. Er hörte von ferne die Klänge beethovenscher Musik aus den erleuchteten Fenstern der Wiener Adelspaläste, zu denen er selbst keinen Zutritt hatte. Ob Schubert jemals persönlich Beethoven aufgesucht hat, ist sehr zweifelhaft. Auch die Meldung, Schubert habe noch wenige Tage vor Beethovens Tod mit den Brüdern Hüttenbrenner an Beethovens Sterbelager gestanden, ist höchst unsicher. Nur das wissen wir, daß Schubert 1822 den Erstdruck der 1818 in Ungarn geschriebenen Variationen Beethoven gewidmet hat und daß Beethoven sie geschätzt und einige Zeit öfter gespielt hat. Und weiter, daß Beethovens Sekretär Schindler diesem noch im Februar 1827 etwa sechzig Schubert-Lieder, teils gedruckte, teils ungedruckte, vorlegte. Bis dahin war Schubert von anderen bei Beethoven schlecht gemacht worden, so daß dieser keine Kenntnis von der weiteren Entwicklung dieses jungen Musikers genommen hatte. Aber jetzt gefielen ihm die Schubert-Lieder. Er erkannte ihren Wert, beschäftigte sich mehrere Tage stundenlang mit ihnen und sagte über ihren Komponisten: »In dem Schubert wohnt ein göttlicher Funke.« Aber Schubert selbst stand von ferne und blieb ihm ein Unbekannter. Am 29. März schritt Schubert als Fackelträger hinter seinem Sarg und sah von ferne den entschwebten Genius. Vielleicht – denn er glaubte an eine Existenz nach dem Tod – daß er sich auf diesem schweigsamen Weg nun von dem Großen erkannt und brüderlich geachtet fühlte. – Das gehört zur tragischen Existenz des Schubert-Daseins, daß er immer als Unbekannter, wie von ferne, über diese Erde ging.

»Wer kann nach Beethoven noch Großes schaffen«, hatte er als junger Mensch einmal gesagt. Aber das war längst durch sein eigenes Werk widerlegt, nur, daß seine großen Instrumentalwerke unbekannt blieben, bis lange über seinen Tod hinaus. Schuberts Lieder und Chorsätze gefielen, ergriffen und rührten die Gemüter. Aber wem war das Liederwerk als Ganzes, in seiner Weite, Größe und Bedeutung bekannt?

Die Wiener Zeitungen waren sparsam in ihrer Anerkennung oder schwiegen sich ganz aus. Die Wiener Musikliebhaber bezahlten gern enorme Eintrittsgelder, um den berühmten Geiger Paganini zu hören, der für einen Abend 2500 Gulden einstrich und wegen großer Nachfrage sein Gastspiel im großen Redoutensaal um einen Monat verlängern mußte. Schubert aber empfing für sein einziges Konzert im März 1828 nur

800 Gulden. In diesem seinem letzten Lebensjahr führte Schubert rege Korrespondenz mit auswärtigen Verlegern, bis heute bekannten namhaften Firmen, bot ihnen seine besten Werke an, erhielt aber nur Abweisungen oder so unbillige Angebote, daß er sie empört verwarf.

Schubert machte sich selbst nichts über seine bedrückende Lage vor. Als sein Freund Bauernfeld ihm einmal beglückt von seinen eigenen guten beruflichen Aussichten sprach, sagte Schubert: »Mit dir geht's vorwärts. – Aber ich! Was wird mit mir armen Musikanten? Ich werde wohl im Alter wie Goethes Harfner an die Türen schleichen und um Brot betteln müssen.« Welch tiefe Traurigkeit spricht aus diesen Worten!

Franz Schubert sprach kaum davon. Aber daß er das Bewußtsein seines Wertes, seiner Einmaligkeit in sich trug, und daß er ohne Klage darunter litt, in seiner wahren Bedeutung nicht erkannt zu werden, brach doch einmal voller Empörung aus ihm heraus. Im Winter 1827/28 saß Schubert abends mit zwei Freunden im Kaffee Bogner. Musiker des Wiener Orchesters, die auch dort saßen, knüpften ein Gespräch mit ihm an, behandelten ihn dabei als ihresgleichen, sie auch Künstler, gleich wie er. Schubert hatte etwas mehr als gewohnt getrunken, und plötzlich brach die Hemmungsgrenze bei ihm, die er sich selbst auferlegte. In einer Art Wutausbruch fuhr er sie an, sie wollten Künstler sein wie er? Geigenstreicher und Instrumentenbläser seien sie, nach Noten, die andere komponierten. Und dann: »Ich bin nicht bloß ein Lieder-Kompositeur, wie's in der dummen Zeitung steht und wie die dummen Menschen nachschwätzen – ich bin Schubert! Franz Schubert, den alle Welt kennt und nennt! Der Großes gemacht hat und Schönes, das ihr gar nicht begreift! Und der noch Schöneres machen wird – das Allerschönste! Kantaten und Quartette, Opern und Symphonien!« Nach diesem Ausbruch sank er müde in sich zurück, denn das war es ja eben, daß nicht alle Welt ihn kannte und nannte und daß das Große und Schöne, das er gemacht hatte, kaum bekannt war.

Zwei Monate vor seinem Fackelträgerdienst hinter dem Sarg des entschlafenen Genius hatte Schubert seinen dreißigsten Geburtstag gefeiert, und er starb noch in seinem einunddreißigsten Lebensjahr. Beethoven hatte nicht lange vor seinem

Tod das sechsundfünfzigste Jahr vollendet. Mit einunddreißig Jahren stand er erst vor seiner zweiten Symphonie. Auch Mozart schuf seine bedeutendsten Werke erst, als er die Altersgrenze Schuberts überschritten hatte. Nicht anders war es bei all den andern Großen der Musik vor und nach der Jahrhundertwende, bei Händel, Bach, Haydn, Weber, Wagner. Schubert allein schuf in der ihm geschenkten kürzeren Lebenszeit ein vollkommenes, unermeßlich reiches Lebenswerk. Aber es blieb vorerst in seiner Größe verborgen, unbekannt. Schubert galt vor der Welt nicht mehr als nur ein Fackelträger hinter dem Sarg des wahren Genius. Niemand kann ein Urteil darüber wagen, was Schubert noch an Großem und Neuem geschaffen haben würde, wenn ihm, wie den anderen, mehr Zeit vergönnt gewesen wäre.

Der Trauerflor war abgelegt, die Totenfackel gelöscht. Die Sonne stieg höher, der Frühling leuchtete ins Land, da zog Schubert mit Schober im hellen, blütenvollen Mai hinaus aus den Mauern der Stadt. Inmitten der grünen Hügel des Wiener Waldes lag das Dörfchen Dornbach. Dort quartierten sie sich im Gasthof Kaiserin von Österreich ein und genossen die freie Natur, und dort komponierte Schubert das Lied »Im Grünen«, nach einem Gedicht von Friedrich Reil, eines der bezauberndsten schubertschen Frühlingslieder, voll von Naturbewegung, Bachesrauschen, Waldeswehen, Vogelsang, Morgenlicht und Abendglanz, in Melodie, Musik und jubelnden Zeilenwiederholungen ganz den Stimmungen der einzelnen Strophen hingegeben:

> Ins Grüne, ins Grüne, da lockt uns der Frühling,
> Der liebliche Knabe,
> Und führt uns am blumenumwundenen Stabe
> Hinaus, wo die Lerchen und Amseln so wach,
> In Wälder, auf Felder, auf Hügel zum Bach,
> Ins Grüne, ins Grüne.

Man wird nicht müde, allen acht Strophen dieses langen Liedes zu folgen. Schuberts Herz schlägt in ihnen.

> Im Grünen, im Grünen, da ruht man so wohl,
> Empfindet so Schönes,
> Und denket behaglich an dieses und jenes,
> Und zaubert von hinnen, ach, was uns bedrückt,
> Und alles herbei, was den Busen entzückt.
> Im Grünen, im Grünen.

In lustvoller Steigerung und Wiederholung singt Schubert sich das selbst ins Herz hinein.

> Da streichen die Wölkchen so zart uns dahin,
> Da heitern die Herzen, da klärt sich der Sinn.

Heiter und glücklich, dann ernst werdend und dem empfangenen Lebensreichtum nachsinnend, klingt das Lied aus und läßt uns unter dem leisen Nachschlag der Begleitung still werden:

> Ins Grüne, ins Grüne laßt heiter uns folgen
> Dem freundlichen Knaben.
> Grünt einst uns das Leben nicht fürder,
> So haben wir klüglich die grünende Zeit nicht versäumt,
> Und wem es gegolten, doch glücklich geträumt,
> Im Grünen, im Grünen.

Schubert blieb sich selbst treu. Singend befreite er sein Herz, und singend verschenkte er, was ihm selbst als Geschenk zuteil wurde. Die Fackel seiner Musik trug er als das ihm anvertraute Licht durch diese trübe Welt.

1827

SCHAURIGE EINSAMKEIT:
WANDERN DURCH LICHT UND DUNKEL

Über ein Jahr lang hatte die nicht zu überwindende Krankheit Schubert in Ruhe gelassen, ihm keine spürbar belastenden Beschwerden bereitet. So ließ ihn der nicht besonders inhaltsreiche Silvesterabend in dieser Hinsicht einigermaßen getrost in das neue Jahr gehen. Bedrückender waren die mit hinübergenommenen Geldsorgen, im Grunde Existenzsorgen, denn sie bedeuteten für ihn einmal, daß er auch im kommenden Sommer wieder keine für seine körperliche und seelische Gesundheit so wichtige Fahrt in das geliebte Oberösterreich würde machen können. Zum andern aber brachten der laufende Geldmangel und die ständige Ungewißheit, wie und wann das Nötige zu gewinnen sei, ein bedrohliches Gefühl der Ungesichertheit des Daseins mit sich. Wir können uns nicht vorstellen, wohin dies den um seine Schaffensmöglichkeit ringenden Musiker geführt haben würde, wenn ihn nicht die treue, sorgende Liebe seiner Angehörigen und die nie versiegende Freundschaft seines großen Freundeskreises getragen hätte, wenn ihm nicht der Schöpfer einen so starken, stillen Mut und ein für alles Gute so offenes Gemüt mitgegeben hätte. Schubert ließ sich seinen Schaffenseifer nicht lähmen und seine Freude an menschlicher Gesellschaft und Mitteilsamkeit nicht nehmen.

Im Laufe des Frühjahrs gab es verschiedene Schubertiaden, bei Spaun, bei Schober, und sogar in Schuberts größerer Wohnung, nachdem er als Untermieter bei Schober sein neues, komfortables Quartier bezogen hatte. Im Februar fanden bei Schober regelmäßig die in Wien während des Winters beliebten Ball- und Tanzabende statt mit vielen schönen Damen, langen fröhlichen Stunden, und Schubert spielte auf. Die Tagebuchaufzeichnungen der Brüder Hartmann berichten sehr angetan davon. Aus ihnen erfahren wir auch, bis in den hohen Sommer hinein, wie sich die Freunde des Schubert-Kreises, oft noch nach solchen Veranstaltungen, sonst aber früher, abends im Kaffee Bogner oder Anker und im Bierhaus Schloß Eisenstadt trafen, wo sie bis vor oder manchmal auch nach Mitternacht saßen, und was sie da trieben. Es muß manchmal recht fröhlich, sogar lustig zugegangen sein, und sie machten alle mit, die noch Jungen und die schon Älteren wie Schubert und Schober oder sogar Spaun. Wir lesen von Schneeballerei, Turnübungen, Geschicklichkeitsspielen, Spazierstockbalancieren, allerhand Ulk und Tanz draußen vor dem Kaffeehaus. Das war Wiener Gelöstheit und Freiheit. Aber mehr lesen wir von angeregten Gesprächen, von interessanten musikalischen Diskussionen, von gespannter Anteilnahme an dem Geschehen des griechischen Befreiungskampfs gegen die Türken, von Gesprächen über die Verhältnisse in Ungarn, über Grillparzers Dichtung, über ein erlebtes Konzert, über Kunst überhaupt, und aus dem besonderen Anlaß eines plötzlichen Todesfalls im Haus der Hartmannbrüder über »sehr schauerliche Sachen«. Der fröhliche, der geistig bewegliche und anregende Schubert gehörte immer mit dazu.

Daneben aber steht das andere Schubert-Bild dieser Zeit. Wir hören über ihn, daß ihn düstere Stimmung in die Einsamkeit und Enge trieb, daß er plötzlich aufstand und verschwand. Anfang März hatte er seine Freunde in seine neue Wohnung eingeladen. Sie kamen, aber er selbst war nicht da. Schließlich, nachdem Schwind einige ältere Schubert-Lieder gesungen hatte, gingen sie in das Gasthaus zum Schloß Eisenstadt, »wo bald nach uns Schubert hinkam, und alle Herzen durch seine liebenswürdige Schlichtheit bezwang, wiewohl er unsere Herzen durch seine geniale Lässigkeit betrogen hatte«.

Aber war es wirklich nur Vergeßlichkeit oder Lässigkeit gewesen? Oder hatte er die Einladung und die Freunde, die auf ihn warteten, vergessen, weil ihn die innere Einsamkeit bedrängte und er allein durch die dunklen Straßen wandern mußte? An ähnliches läßt eine briefliche Aufzeichnung der Sophie von Kleyle vom 1. Juni denken: »An Besuchern fehlte es uns nicht. Auch Schubert hat uns schon einmal beglückt, er war sehr liebenswürdig und gesprächig, entwischte uns aber plötzlich, ohne daß jemand etwas davon ahnte.« Sehr liebenswürdig und gesprächig, und doch menschenscheu? Trug er in dieser

Zeit die Gesprächigkeit und Liebenswürdigkeit oft als Maske vor einem dunkeln Inneren? Man weiß nicht, welche Bedeutung man einer Bemerkung des uns von früher her bekannten Karl Ferdinand von Schönstein zumessen soll, die er im Jahre 1857 in seinen Aufzeichnungen für den um die erste Schubert-Biographie bemühten Ferdinand Luib machte: »Zehn Tage ungefähr vor seinem Tode soupierte Schubert nebst mehreren anderen Freunden bei mir. Er war sehr heiter, ja ausgelassen lustig.«

Dann schreibt Schönstein davon, daß Schubert einige Tage vorher, nach einem Fischessen mit seinem Bruder Ferdinand im Gasthof Zum roten Kreuz, Beschwerden bekam und fürchtete, der Fisch müsse verdorben und daher giftig gewesen sein. Schönstein meint aber, daß an Schubert keine nachteilige Wirkung zu bemerken gewesen sei, »denn er war an jenem Abend bei mir vollkommen wohl«. Wahrscheinlich hatte sich nach dem Gasthausessen erstmalig der Beginn des zum Tod führenden Bauchtyphus bemerkbar gemacht. Wichtig erscheint uns, was Schönstein nun weiter schreibt: »Der Gedanke, daß er Gift genommen, hat ihn öfter beschlichen, er hat diese Idee zu verschiedenen Zeiten mehrerer Jahre früher auch in Zseliz schon ausgesprochen. Dieser Wahn beherrschte ihn das eine Mal, ich weiß nicht mehr, in welchem Jahr es war, so stark, daß er damals in Zseliz keinen Augenblick Ruhe mehr hatte und mich, der ich mich eben auch mit Urlaub auf Besuch daselbst befand, noch am Abend vor meiner Rückreise nach Wien dringend bat, ihn mitzunehmen. Wir reisten denn und kamen gesund und wohlbehalten in Wien an. Es war Anfang September. Schubert sollte erst im November mit der Familie Esterházy Zseliz verlassen.« In der Datumsangabe der Rückfahrt irrt sich Schönstein nach so langer Zeit, sicherlich aber nicht in der Erinnerung an die Schubert bedrückende Furcht.

Sehen wir zunächst von dem wichtigsten Werk dieses Jahres, der Winterreise, ab, die das eben Gesagte bedrückend bestätigt, so finden wir etwa bis zum Sommer einige nicht besonders bedeutende Lieder; als schönstes darunter das schon früher erwähnte »Im Grünen«, mehrere mehrstimmige Gesänge mit verschiedener Instrumentalbegleitung, einen Männerchor und das in Wiener musikalischen Veranstaltungen immer sehr gern gehörte »Ständchen« auf einen Text von Grillparzer. In den ersten Monaten des neuen Jahres waren verschiedentlich Schubert-Gesänge im Programm der Konzerte des Wiener Musikvereins enthalten, darunter »Nachthelle« und das eben erst geschriebene Vokalquartett mit vier obligaten Waldhörnern »Nachtgesang im Walde«. Auch die Aufführung des Oktetts in einem Abonnementkonzert von Schuppanzigh fällt in diese Zeit. Alle Stücke erhielten in der Wiener Theaterzeitung lobende Anerkennung.

An reiner Instrumentalmusik entstand in dieser Zeit nur ein hübsches Allegretto für Klavier, das Schubert einem im April aus Wien scheidenden musikbegeisterten und sangesbegabten Jurastudenten Ferdinand Walcher ins Album schrieb. Ein kurzer Satz in einem Brief, den Walcher im Januar mit beigelegten Eintrittskarten für ein Konzert an Schubert schrieb, ist dahin ausgelegt worden, als habe dieser die im Elternhaus empfangenen katholischen Glaubensüberzeugungen aufgegeben. Auf die Innenseite des gefalteten Briefblattes hatte Walcher unter die Anrede mit dazugehörigen Noten die Worte geschrieben: Credo in unum Deum. Dann beginnt der Brief: »Du nicht, das weiß ich wohl, aber das wirst Du glauben, daß.« Nun folgt die Mitteilung, daß in dem angekündigten Konzert in dem Schubert-Stück ein bestimmter Sänger singen werde.

Wir wenden uns deshalb zwei Schubert-Gesängen zu, die vermutlich, wenn auch nicht sicher nachzuweisen, im Sommer dieses Jahres entstanden sind. Sie werden zumeist nicht beachtet. Aber wenn wir annehmen dürfen, daß Schubert nur komponierte, was ihn wirklich bewegte, und wenn, was sicher anzunehmen ist, Schubert nicht von anderen auf die beiden Hymnen des ihm schon von früher bekannten Peter Uz gestoßen und zur Komposition gedrängt wurde, sondern sie jetzt erstmalig oder wieder entdeckte, sie also für sich selbst komponierte, dann müssen wir sie als echte Aussage seiner innersten Gesinnung ernst nehmen. Wir würden sonst kein wahres Schubert-Bild gewinnen. Ja, wir meinen sogar, daß Schubert seine Winterreise nur komponieren konnte, ohne an ihr selbst zugrunde zu gehen, weil dies andere für ihn im Hintergrund aller erfahrenen Wirklichkeit feststand, nämlich der Glaube an den sich über die Menschen erbarmenden Gott.

»Gott der Weltenschöpfer« ist der eine Hymnus überschrieben. Der vierstimmige, vom Klavier begleitete Gesang schreitet freudig bewegt dahin, völlig erfüllt von der Dynamik des ihn eröffnenden Rufs »Zu Gott, zu Gott, zu Gott!« Jubelnd steigt das Singen zu höchsten Sphären empor, ehrfürchtig verhält es vor dem aus dem Nichts Schaffenden, preist machtvoll die Gewalt des schaffenden Worts. Staunend, immer weiter ausgreifend, schwingt der Gesang in voller Harmonie und stimmt ein in die Lobpreisungen, die aus der ganzen Schöpfung zu ihrem Schöpfer aufsteigen sollen. Der Mensch, das einzige bewußt singende Geschöpf, wird nicht müde, in immer neuen Wiederholungen seine Seele zu Gott zu erheben. Es ist deutlich zu spüren, wie der Worthymnus des Dichters Schubert innerlich ergriffen hat.

> Zu Gott, zu Gott, zu Gott flieg' auf,
> Hoch über alle Sphären,
> Jauchz' ihm, weitschallender Gesang,
> Dem Ewigen!
> Er hieß das alte Nichts gebären;
> Und sein allmächtig Wort war Zwang.
> Ihm, aller Wesen Quelle,
> Werde von allen Wesen Lob gebracht,
> Im Himmel und auf Erden
> Lob seiner weisen Macht,
> Zu Gott flieg' auf,
> Mein schallender Gesang!

Die tiefgehenden Spannungen, in denen Schuberts Seele lebte, Erschütterung durch die metaphysische Bedrohung allen Daseins, Angst und Zittern der Kreatur, bis zum äußersten vertieft in der Bewußtheit des von einer höheren Macht geschüttelten Menschen, ertragbar nur durch eine letzte, tröstliche, metaphysische Geborgenheit – dies alles vermittelt uns der zweite schubertsche Gesang nach Worten des Johann Peter Uz: »Gott im Ungewitter«. Die Überschrift reicht bei weitem nicht hin, die Aussagen des Hymnus zu bezeichnen, denn das unheimliche Gewitter ist hier nur ein einzelnes, gerade erlebtes Symptom der Unheimlichkeit und furchtbaren Übermacht des verborgenen Gottes, und Schuberts Komposition gibt dem einen noch gesteigerten Ausdruck. Er wendet sehr ausgewählt die Vielfalt der ihm zur Verfügung stehenden kompositionstechnischen Mittel an, um musikalisch so eindrücklich wie möglich zu sagen, was die Worte bezeichnen: die Vergänglichkeit des Menschen, die dunkle Angst in der Völkergeschichte, das tiefe Erbeben in der Existenz alles Geschaffenen. Wunderbar bewegend und tröstlich klingt die Überleitung zum zweiten Teil des Gesangs, der sich mit seinen leuchtend warmen Klängen und der strahlend schönen Oberstimme in der Gewißheit einer alles Dunkel überwindenden Gotteshuld verströmt.

> Du Schrecklicher, wer kann vor dir und
> Deinem Donner stehn?
> Du Schrecklicher, wer kann vor dir besteh'n?
> Du Schrecklicher, wer kann vor deinem Donner
> Steh'n? wer? wer?
> Groß ist der Herr,
> Was trotzen wir, was trotzen wir?
> Er winkt, und wir vergeh'n.
> Er lagert sich in schwarzer Nacht,
> Die Völker zittern schon:
> Geflügeltes Verderben wacht
> Um seinen furchtbarn Tron.
> Rotglühend schleudert seine Hand
> Den Blitz aus finstrer Höh':
> Und Donner stürzt sich auf das Land
> In einer Feuersee,
> Daß selbst der Erde fester Grund
> Vom Zorn des Donners bebt
> Und was um ihr erschütternd Rund
> Und in der Tiefe lebt.
> Den Herrn und seinen Arm erkennt
> Die zitternde Natur,
> Da weit umher der Himmel brennt
> Und weit umher die Flur.
>
> Wer schützt mich Sterblichen, mich Staub,
> Wenn, der im Himmel wohnt
> Und Welten pflückt wie dürres Laub,

Nicht huldreich mich verschont?
Wir haben einen Gott voll Huld,
Auch wenn er zornig scheint:
Er herrscht mit schonender Geduld,
Der große Menschenfreund.

Man sollte, wenn wir Schubert durch seine beiden letzten Lebensjahre begleiten, diese Gesänge nicht vergessen, die er für sich selbst komponierte, denn er behielt sie bei sich und verwahrte sie unter seinen Notenblättern. Wem sie später in die Hände fallen sollten, darüber dachte er nicht nach.

Nur eine große Freude erfuhr Schubert in diesem Jahr. Außer dem etwa dreiwöchigen Frühsommeraufenthalt in dem ländlichen Dorf Dornbach draußen vor Wien, in einem ziemlich langweiligen Quartier, brachte der Sommer Schubert keine Abwechslung. Doch der Herbst gewährte ihm noch eine letzte beglückende Reise, die Fahrt in eine ihm bisher unbekannte Gegend, in die Steiermark nach Graz. Er erlebte dort, wie er nachher in einem Dankbrief schrieb, »seit langer Zeit die vergnüglichsten Tage«.

Schon seit Januar stand Schuberts Wiener Freund Jenger mit Marie Pachler, Frau des Rechtsanwaltes Dr. Karl Pachler in Graz, brieflich wegen eines zu planenden Besuchs in Verbindung. Jenger hatte seine Verwandtschaft in Graz. Frau Pachler, eine von Beethoven besonders geschätzte Pianistin, hatte den großen Wunsch, Schubert kennenzulernen. Am 5. Mai kündigte Jenger an, daß er Anfang September kommen werde. »Schubert bringe ich diesmal ganz gewiß mit.« Am 7. Juni hatte Frau Pachler ihre Einladung an Jenger und Schubert schriftlich wiederholt, und am 12. Juni gab Schubert seiner großen Freude über die Einladung in seiner bescheidenen Weise in einem Brief an Frau Pachler Ausdruck.

»Euer Wohlgeboren!
Gnädige Frau!
Obwohl ich nicht einsehe, wie ich ein solch freundliches Anerbiethen, als Euer Gnaden mir durch das an Jenger gesendete Schreiben bekannt machten, irgend verdiene, noch ob ich je etwas entgegen zu biethen im Stande seyn werde, so

kann ich doch nicht umhin, einer Einladung zuzusagen, wodurch ich nicht nur das vielgepriesene Gratz endlich zu sehen bekomme, sondern überdieß Euer Gnaden persönliche Bekanntschaft zu machen die Ehre hab.
Ich verharre

mit aller Hochachtung
Euer Wohlgeb.
Ergebenster Frz. Schubert.«

Wir spüren dem Brief die große Vorfreude auf das Kennenlernen einer reizvollen österreichischen Landschaft und auf die Begegnung mit ihm wohlgesonnenen geistvollen Menschen an. Kurz vor der Abfahrt schreibt Jenger noch einmal an Frau Pachler. Aus dem Brief erfahren wir einiges über die damaligen Reiseschwierigkeiten. Dreimal in der Woche fuhr die Post in sechsundzwanzig Stunden nach Graz. »Künftigen Sonntag, den 2ten September, reisen Freund Schubert und ich mit dem Eilwagen um ½10 Uhr abends hier ab, und hoffen zu Gott, am Montag abends 9 Uhr in Grätz bei Ihnen einzutreffen, worauf wir uns schon herzlich freuen.«
Die beiden Reisenden fanden in dem Haus der Familie Pachler, in dem sich neben der Rechtsanwaltspraxis noch eine Brauerei befand, sehr freundliche Aufnahme. Der Sohn Faust schrieb darüber später in seinen Erinnerungen: »Ich war ein Knabe von 7½ Jahren, als Schubert mit seinem Freund Jenger nach Graz kam und in dem Haus meiner Eltern wohnte. Schubert [hier kommt ein Hinweis auf die musikalischen Qualitäten seiner Mutter] konnte demnach erwarten, einen in jeder Beziehung ihm zusagenden Kreis zu finden. Das war auch der Fall. In der Tat bot mein Vater all seine gesellschaftlichen Talente, meine Mutter den reichen Schatz ihrer künstlerischen Bildung auf, um dem edlen und doch so schlichten Gast den Aufenthalt so angenehm als möglich zu machen.« Der Knabe muß den Besuch Schuberts sehr bewußt erlebt haben und selbst schon im Klavierspiel geübt gewesen sein, da Schubert ihn ins Herz geschlossen hat und ihm nachher einen besonders für ihn geschriebenen vierhändigen Marsch zusandte.
In Graz lebte der Schubert von früher her bekannte Musiker Anselm Hüttenbrenner. So kam es, daß Schubert, Hüttenbren-

ner und Jenger die Gelegenheit zu gemeinsamem Musizieren im Hause Pachler reichlich wahrnahmen. Mehrere Schubertiaden wurden gehalten, bei Pachlers, im Haus des Kunsthändlers Kienreich und in dem schönen Park des Hallerschlößchens am Fuß des Ruckerlberges. An Geselligkeiten mit Tanz fehlte es auch nicht, wobei Schubert mit seinen neuesten Tänzen aufspielen konnte.

Das große Ereignis dieser Grazer Tage war ein am 8. September vom Steiermärkischen Musikverein veranstaltetes Wohltätigkeitskonzert im Landständischen Theater. Der Erlös sollte, wie am Tag vorher in der Zeitung angekündigt wurde, den durch eine Überschwemmung in Notstand geratenen Bewohnern des flachen Landes und den dürftigen Landschullehrer-Witwen und -Waisen zugute kommen. Dies und die Ankündigung »der gefälligen Mitwirkung eines Künstlers und hochgefeierten Tonsetzers der Residenz« verbürgte, wie es auf dem Programm heißt, »den zahlreichen Zuspruch des großmütigen, kunstsinnigen Publikums«. Auf diesem Programm wurde auch Schuberts Name genannt, als »eines Tonsetzers, dessen geistvolle Werke selbst das ferne Ausland kennt und bewundert«. Dabei wurde er vorgestellt als auswärtiges Ehrenmitglied des Steiermärkischen Musikvereins. Schubert trat in diesem Konzert als Begleiter am Klavier auf.

Ein Beispiel der Natürlichkeit und Bescheidenheit Schuberts überliefert ein Teilnehmer der Schubertiade im Hallerschlößchen. »Wir glaubten Schubert dadurch besonders zu ehren, daß wir an diesem Abend mehrere seiner Kompositionen zur Aufführung brachten; allein nach einiger Zeit sagte er zu mir: ›Hört's jetzt auf mit meinen Kompositionen, die hör ich in Wien genug; laßt's mir lieber etwas Steirisches hören.‹ Als hierauf ein Fräulein von Graveneck mehrere steirische Lieder vortrug, war Schubert ganz entzückt davon.«

Schuberts Interesse an Landschaft und Natur wurde von den Pachlers auf freundliche Weise bedacht. Man wanderte in die schöne Umgebung zum schon genannten Hallerschlößchen und auf den Grazer Schloßberg mit seiner herrlichen Aussicht auf das grüne steirische Hügelland. Das schönste Erlebnis aber war der etwa dreitägige Ausflug zu dem etwa dreißig Kilometer von Graz entfernt liegenden Schloß Wildbach, das einer Tante

Doktor Pachlers gehörte. Die Gesellschaft fuhr in zwei Wagen durch das schöne Land. Im ersten saßen Schubert, Jenger und Hüttenbrenner, im zweiten die Familie Pachler. Das Schloß lag sehr reizvoll in einem lieblichen Wiesental am Fuß sanfter Berghügel. Wälder und Hangwiesen luden zu Spaziergängen ein. Die Gesellschaft verlebte dort sehr frohe Tage. Im blauen Zimmer im ersten Stock des Schlosses, mit Ausblick über den von einer niedrigen Mauer umgebenen gepflegten Garten auf die Talwiesen, wurde musiziert. Die älteste der sechs Töchter des Hauses sang Schubert-Lieder; ihr Musiklehrer begleitete sie. Abends trank Schubert im geselligen Kreis mit besonderem Behagen den dort wachsenden Schilcher Rotwein. Am dritten Tag trat die Gesellschaft die Rückreise an. Wie harmonisch und beglückend die Gemeinschaft im Schloß gewesen sein muß, erfahren wir aus einem Brief, den die Schloßherrin im Oktober, immer noch tief bewegt, an Frau Pachler schrieb. Auch der erste Brief, den Schubert nach seiner Rückkehr aus Wien an seine freundliche Gastgeberin schrieb, gibt dem Ausdruck. Schubert konnte sich nach all der in Graz erlebten Freundlichkeit noch gar nicht wieder in Wien zurechtfinden.

Die Grazer Tage wirkten befreiend auf den Musiker Schubert. Der tägliche Umgang mit den Menschen ließ ihm kaum Zeit zu eigenem Komponieren. Dennoch schrieb er hier zwölf »Grazer Walzer« und einen »Grazer Galopp«. Außerdem komponierte er zwei Lieder. Frau Pachler, die für empfindsame Lyrik schwärmte, hatte ihm das ihr gefallende Gedicht Karoline von Klenkes »Heimliches Lieben« in die Hand gedrückt. Den Text für das zweite Lied »Altschottische Ballade« scheint Schubert einem Band mit Loewe-Balladen entnommen zu haben, den er bei Pachlers vorfand.

Wieder in Wien, las Schubert in dem ihm von Frau Pachler geschenkten Gedichtband des mit der Familie befreundeten und von Frau Pachler sehr bewunderten Dichters Ritter von Leitner. Man nannte ihn damals den österreichischen Uhland. Nicht nur als Dankeszeichen für die ihn durch das Geschenk ehrende gütige Gastgeberin und Musikfreundin, sondern auch selbst von den Gedichten beeindruckt, komponierte Schubert in den Wintermonaten bis in den Januar hinein eine Reihe Lieder nach Leitners Gedichten.

Sicherlich müssen wir es als Zeichen der seelischen Verfassung Schuberts begreifen, daß er als erstes Leitner-Gedicht »Das Weinen« komponierte und wie er es vertonte. Seine fröhliche Aufgeschlossenheit in Graz mochte darüber hinwegtäuschen. Er selbst hatte das Geschenk dieser schönen Tage mit größter Dankbarkeit empfangen, aber das große Thema dieses Jahres, die Verzweiflung der »Winterreise«, hatte ihn nicht losgelassen, wich nicht mehr von ihm. Vor und nach Graz arbeitet er an dem zweiten Teil dieses Zyklus'. In Graz hatte Schubert aus Versehen ein Blatt liegen gelassen, auf dem eine dort entworfene Skizze zu dem Winterreise-Lied »Die Nebensonnen« niedergeschrieben war. Nun komponierte er als erstes Lied in Wien »Das Weinen«.

> Gar tröstlich kommt geronnen
> Der Tränen heil'ger Quell,
> Recht wie ein Heilungsbronnen,
> So bitter, heiß und hell.
> Darum du Brust voll Wunden,
> Voll Gram und stiller Pein,
> Und willst du bald gesunden,
> So tauche da hinein.

Aus himmlischen Höhen senkt sich perlend eine leise Melodie hernieder und leitet in das choralartige Lied ein. Stille, zarte, ehrfürchtige Begleitung trägt den von getröstetem Staunen und wunderbarer Ruhe erfüllten Gesang.

Die Anfangszeilen der zweiten und dritten Strophe singen von der tröstlichen Erfahrung, daß Tränen wunderbar lösend wirken, daß sie, wie die alte russische Starzenfrömmigkeit sagte, eine göttliche Gnade sind:

> Es wohnt in diesen Wellen
> Geheime Wunderkraft.
> - - -
> Drum hält dich auch umfangen
> Der Schwermut trübste Nacht,
> Vertrau' in allem Bangen
> Der Tränen Zaubermacht.

Schaurige Einsamkeit

Die Briefstelle in Schuberts Brief an seinen Bruder Ferdinand fällt uns ein, das Bekenntnis seines vielen heimlichen Weinens.

»Vor meiner Wiege«, die nächste Komposition, leitet mit wenigen, staunend fragenden Tönen des Vorspiels die sehr ernste Melodie der ersten Zeilen ein. Fast könnte man meinen vor einem Sarg, nicht vor einer Wiege zu stehen.

> Das also, das ist der enge Schrein,
> Da lag ich einstens als Kind darein,
> Da lag ich gebrechlich, hilflos und stumm
> Und zog nur zum Weinen die Lippen krumm.

Wieder die in der Musik so schmerzvolle Hervorhebung des Weinens! In der Melodie, der Enge ihrer Tonführung und der Enge ihres zurückhaltenden Piano, bedrängt den Hörer die Empfindung der ganzen Enge menschlichen Daseins.

> Und konnte nichts fassen mit Händchen zart,
> Und war doch gebunden nach Schelmenart;
> Ich hatte Füßchen und lag doch wie lahm,
> Bis Mutter an ihre Brust mich nahm.

Eine erstaunliche Verwandlung geschieht: Die Melodie wird hell und jauchzt, die Musik blüht, wird zu einem Wunder schimmernder Farben, Glück breitet sich aus:

> Dann lachte ich saugend zu ihr empor,
> Sie sang mir von Rosen und Engeln vor,
> Sie sang und sie wiegte mich singend in Ruh,
> Und küßte mir liebend die Augen zu.

Bezaubernd schön die nächsten Zeilen von dem Ausspannen des kühlenden Seidengezeltes über dem Wiegenbettchen, in der Wiederholung ausklingend in stille, beseligende Töne. Aber dann bricht der bittere Ernst der Wirklichkeit menschlichen Lebens in das Lied ein, Angst klingt auf, laut ertönt der Schrei der Todesbangnis:

Sie spannte aus Seide, gar dämmerig grün,
Ein kühliges Zelt hoch über mich hin.
Wo find ich nur wieder solch friedlich Gemach?
Vielleicht, wenn das grüne Gras mein Dach!

Bange Sehnsucht nach bergender Liebe, die in das Sterben hinein und über diese Welt hinaus geleiten kann, bestimmt den Klang der nächsten Zeilen, bis dann in der letzten Zeile beides miteinander laut wird, das resignierende Verlangen nach endgültiger Ruhe und zugleich das Erschrecken vor dieser alles überwältigenden Ruhe:

O Mutter, lieb' Mutter, bleib' lange noch hier!
Wer sänge dann tröstlich von Engeln mir?
Wer küßte mir liebend die Augen zu
Zur langen, zur letzten und tiefesten Ruh?

Vielleicht mag das leitnersche Gedicht es an dichterischer Gestaltung fehlen lassen, vielleicht aber ist seine naive, anscheinend ungeschickte Aussage ganz bewußt gewählt. Auf jeden Fall erspürte Schubert den innersten Sinn dieses Gedichts und schuf daraus ein ergreifendes Lied, in dem die tiefe Not menschlichen Daseins schmerzvoll gesunden wird, Beginn und Ende in Hilflosigkeit und Enge, und nur eines, worauf es letztlich ankommt, die sich über dies bedrängte Wesen zärtlich neigende Liebe, die vom offenen Himmel zu singen weiß.

Die beiden nächsten Leitner-Gedichte, im November komponiert, sind wohl andersartig, geben aber auch der schubertschen Grundstimmung dieser Zeit charakteristischen Ausdruck. »Der Wallensteiner Lanzknecht beim Trunk«: Er trinkt den Wein aus dem Helm, der ihm sein Leben lang treu blieb und ihm wohl tausendmal das Leben gerettet hat. Im Ton eines altertümlichen Feldlagerliedes singt hier Schubert von dem nicht unterzukriegenden Lebensmut des so oft Gefährdeten und Bedrängten.

Das nächste Lied, »Der Kreuzzug«, ist in seiner Komposition ganz einfach gehalten, ähnlich einem alten Wallfahrergesang. Ein Mönch blickt aus seinem Zellenfenster den Kreuzzugfahrern nach, die zur Küste reiten und dort unter Segel gehen, dem fernen Heiligen Land entgegen. Ziel dieses Liedes sind für Schubert die letzten Zeilen. Die Melodie wird von der oberen Klavierpartie fortgeführt, der Mönch aber singt nun im tiefen, begleitenden Baß, und das gibt seinem Gesang den tiefen Ernst:

> Ich bin, wie ihr, ein Pilger doch,
> Und blieb ich gleich zu Haus.
> Des Lebens Fahrt durch Wellentrug
> Und heißen Wüstensand,
> Es ist ja auch ein Kreuzeszug
> In das gelobte Land.

Auch noch im November komponierte Schubert aus dem leitnerschen Gedichtband das Lied »Des Fischers Liebesglück«. Das unwirklich Schwebende dieser Musik wirkt Verzauberung durch die Schönheit der ungreifbar gleitenden Klänge. Der Fischer fährt mit seinem Mädchen im Boot über den nächtlich stillen See. Die Sterne spiegeln sich im schwarzen Wasser, und den über diese Spiegelung Dahingleitenden ist es, als schwebten sie schon im Überirdischen. Dieser dichterische Einfall traf Schuberts Lebensgefühl, und daher mußte er dies Gedicht durch seine Musik in ein so geheimnisvoll und kristallrein klingendes Lied verwandeln. Die beiden letzten Strophen sind die herrlichsten:

> So schweben
> Wir selig, umgeben
> Vom Dunkel,
> Hoch überm Gefunkel
> Der Sterne einher.

> Und weinen
> Und lächeln und meinen,
> Enthoben
> Der Erde, schon oben,
> Schon drüben zu sein.

Schubert hat aus dem ihm von Frau Pachler geschenkten Bändchen die Gedichte ausgewählt, durch die er sein Innerstes in Musik sprechen lassen konnte. Im Januar des nächsten Jahres griff Schubert noch ein letztes Mal zu dem leitnerschen Gedichtband.

Mit Freude und tiefem Verwundern erlebt man, der zarten, ausdrucksvollen Musik des Liedes »Der Winterabend« lauschend, wie Schubert die umhüllende Ruhe, die stille Besinnlichkeit, die erlebnistiefe Schönheit eines Winterabends fühlbare Wirklichkeit werden läßt. Der von seiner Tagesarbeit müde Mann sitzt in seiner dunklen Stube:

> Es ist so still, so heimlich um mich,
> Die Sonne ist unter, der Tag entwich.
> Wie schnell nun heran der Abend graut!
> Mir ist es recht, sonst ist mir's zu laut.
> Jetzt aber ist's ruhig, es hämmert kein Schmied.

Die große Stille, die sich über das sonst so unruhige Leben in der Stadt senkt, hüllt uns beschwichtigend ein.

> Da sitz ich im Dunkeln, ganz abgeschieden,
> So ganz für mich,
> Nur der Mondenschein kommt leise zu mir ins Gemach,
> Er kennt mich schon und läßt mich schweigen.

Das Auge des zur Ruhe gekommenen einsamen Menschen folgt der Spur des durch die Stube wandernden Mondlichts. Das Lied bewegt sich in stiller Betrachtung fort, wird etwas lebendiger, weil Erinnerungen an entschwundene Zeiten aufsteigen:

> Ich sitze dann stumm im Fenster gern
> Und schaue hinauf in Gewölk und Stern.
> Denke zurück, ach weit, gar weit,
> In eine schöne verschwundene Zeit.
> Denk an sie, an das Glück der Minne,
> Seufze still und sinne und sinne.

Das schimmernde Licht des Mondes, die Pracht des glänzenden Sternengefunkels, das Wandern der Seele in die Weite der Zeit, der selige Reichtum schöner Erinnerung, die süßen Gefühle der Schwermut – das alles ist hier und auch in dem nächsten, dem letzten der Leitner-Lieder, in der Musik Leben geworden, so wie es sich mit Worten allein kaum aussagen läßt. Die Eingangszeilen der beiden ersten Strophen

> Wie blitzen die Sterne so hell durch die Nacht!

und

> Sie wallen hoch oben in Engelgestalt

sind in der das Lied tragenden Begleitung so erstaunlich eingefangen, in den schimmernden Tönen das Glänzen der himmlischen Lichter, in den wohltuend beständigen Rhythmen das beruhigende Wandern der Sterne über uns am Himmelszelt, daß man das Lied als ermutigende stille Tröstung erfährt.

Kehren wir noch einmal zurück nach Graz. Der Ausflug nach Schloß Wildbach und die letzte Woche im Hause Pachler müssen Schubert gut bekommen sein, denn Jenger und Schubert machten auf ihrer Rückreise einige Umwege, um noch gute Bekannte Jengers zu besuchen und einige besondere Landschaftseindrücke mitzunehmen. Jenger hat von Wien aus eine genaue Reisebeschreibung an Frau Pachler geschickt. Am 20. September fuhren sie morgens mit ihrem Reisewagen ab und fanden nach einem Reiseweg von etwa fünfzig Kilometern in Fürstenfeld ein sehr gutes Quartier bei der Frau Bürgermeisterin. Am nächsten Morgen durchstreiften sie das Städtchen und stiegen auf den Kalvarienberg, um die Aussicht auf die Umgebung zu genießen. Nach einem guten Mittagsmahl brachen sie gegen drei Uhr auf, kamen gegen acht Uhr in Hartberg an und fanden wieder ein sehr gutes Nachtquartier bei dem begüterten Stadtrichter. Am nächsten Morgen standen sie sehr früh auf und fuhren schon gegen fünf Uhr ab, da sie etwas Besonderes vorhatten. Gegen halb zehn Uhr kamen sie bei strahlendem Sonnenschein am sogenannten Dreiländereck an (Steiermark, Niederösterreich, Burgenland), frühstückten und erstiegen dann in etwa zwei Stunden den Fselberg. Dort genossen sie die herrliche weite Fernsicht in die Ebene und über die

Berge. Sie schwenkten »mit dem lebhaftesten Dank für alles Empfangene« ihre Mützen grüßend zur Steiermark hinüber, »mit dem festen Vorsatze, so bald als möglich wiederzukommen«. Nach dem Abstieg fuhren sie zum nächsten Ort, um dort Mittag zu machen, und dann auf recht beschwerlichen, schlechten Wegen bis Schloß Schleinz, wo sie endlich abends um acht Uhr, schon im Dunkeln, glücklich anlangten. Der Besitzer, ein ihnen bekannter Wiener, kam eine Stunde später mit noch anderen Gästen an. Sie verlebten einen recht fröhlichen Abend, blieben über den Sonntag und fuhren am Montag nach gemeinsamer Mittagstafel um drei Uhr mit den andern Gästen nach Wien, wo sie endlich um halb zehn Uhr wohlbehalten ankamen.

Schubert war nun wieder in seinem geliebten Wien. Wir erinnern uns daran, wie er sich in früheren Jahren auf die Rückkehr freute und wie beglückt er durch das Wiedersehen mit den Freunden war. Ganz anders jetzt. Schon drei Tage nach der Ankunft schrieb er einen Dankesbrief an Frau Pachler, einen Brief, dem man anmerkt, daß er mit sich selbst und daher auch mit Wien nicht zurechtkam. Die aufmerksame Liebe der Grazer Freunde hatte den Druck innerer Vereinsamung gelöst, der schon länger auf ihm lag. Nun spricht er von seiner Schwerfälligkeit im Umgang mit Menschen. Er kennt sich selbst nicht mehr, denn wie frei und unbekümmert ging er in früheren Jahren auf die Menschen zu, auch in ihm neuer Umgebung. Der auf ihm lastende Druck des Daseins, die dunkle Bedrohung seiner Existenz hatte ihn verändert. Man kann den Brief nur mit Erschütterung lesen.

Wien, am 27. September 1827
Euer Gnaden!
Schon jetzt erfahre ich, daß ich mich in Grätz zu wohl befunden hab, und Wien will mir noch nicht recht in den Kopf; 's ist freylich ein wenig groß, dafür aber ist es leer an Herzlichkeit, Offenheit, an wirklichen Gedanken, an vernünftigen Worten, und besonders an geistreichen Thaten. Man weiß nicht recht, ist man gescheidt oder dumm, so viel wird hier durcheinander geplaudert, und zu einer innigen Fröhlichkeit gelangt man selten oder nie, 's ist zwar möglich, daß ich

selbst viel daran schuld bin mit meiner langsamen Art zu erwarmen. In Grätz erkannte ich bald die ungekünstelte und offene Weise, mit und neben einander zu seyn, in die ich bey längerem Aufenthalt sicher noch mehr eingedrungen seyn würde. Besonders werde ich nie die freundliche Herberge mit ihrer lieben Hausfrau, dem kräftigen Pachleros und dem kleinen Faust vergessen, wo ich seit langer Zeit die vergnügtesten Tage verlebt habe. In der Hoffnung, meinen Dank auf eine würdige Weise noch an den Tag legen zu können, verharre ich mit aller Hochachtung
Euer Gnaden
Ergebenster
Frz. Schubert.

Etwa drei Wochen später sandte Schubert, durch Jenger dazu gemahnt, das versprochene Klavierstück für den kleinen Faust. In dem Begleitbrief schreibt er: »Hiermit überschicke ich Euer Gnaden das 4händige Stück für den kleinen Faust. Ich fürchte, seinen Beyfall nicht zu erhalten, indem ich mich für dergleichen Compositionen eben nicht sehr geschaffen fühle. Ich hoffe, daß sich Euer Gnaden besser befinden als ich, da mir meine gewöhnlichen Kopfschmerzen schon wieder zusetzen.«

Schon wieder! In Graz hatten sie ihn wohl in Ruhe gelassen, und er hatte aufatmen können. Aber nun quälten ihn wieder diese elenden Kopfschmerzen, die ihm längst bekannten Symptome der sein Schaffen bedrohenden physischen Zerstörung. Zweimal mußte er in diesem Spätherbst seine schon angenommene Einladung zu einem musikalischen Treffen in einem ihm befreundeten Wiener Bürgerhaus absagen. »Ich bin krank, und zwar von der Art, daß ich für jede Gesellschaft gänzlich untauglich bin.« Kopfschmerzen, Schwindelgefühle, Übelkeiten machten ihm das Dasein schwer. Dazu kam äußere Bedrängnis. Brockenweise mußte er sich seine kleinen Honorare bei den Wiener Verlegern erwerben. Dennoch: Schubert ließ sich in seinem Schaffensdrang nicht lähmen. Auch in diesen Bedrängnissen entstand herrliche, unvergängliche Musik.

Wenden wir uns nun dem Hauptwerk dieses Jahres zu, dem unvergleichlichen, einzigartigen Liederzyklus, dem außerordentlichen Meisterwerk der Komposition, einem zugleich immer gültigen Bekenntnis menschlicher Daseinsnot, der »Winterreise«.

Wilhelm Müller, den wir schon von der »Schönen Müllerin« her kennen, war im Sommer 1827 gestorben, ohne zu wissen, daß Schubert seinen ersten Gedichtzyklus längst vertont hatte, und ohne zu ahnen, daß sich derselbe Schubert in eben diesem Jahr mit seinem zweiten Zyklus in einsamen Erschütterungen quälte und seine sonst bald verschollenen Gedichte in den Rang der Unsterblichkeit hob.

Schubert hatte zunächst Anfang des Jahres nur den ersten Teil der müllerschen Winterreise, zwölf Gedichte, 1823 in dem Taschenbuch Urania erschienen, entdeckt und sehr bald mit dem Komponieren begonnen. Im Februar hatte er sein Manuskript schon abgeschlossen. Wann er dann, und ob zufällig oder durch weiteres Suchen, die 1824 als zweites Bändchen der »Gedichte aus den hinterlassenen Papieren eines reisenden Waldhornisten« erschienene Gesamtausgabe »Lieder des Lebens und der Liebe. Die Winterreise« gefunden hat, wissen wir nicht. Es muß aber früh im Sommer gewesen sein, denn schon vor der Reise nach Graz hatte er mit der Arbeit an den weiteren Liedern begonnen, und bereits im Oktober hatte er die Reinschrift des zweiten Teils in seinem Notenhaufen liegen. Von diesem Teil ist nur die Reinschrift erhalten, von dem ersten Teil aber liegen Schuberts gesamte Arbeitspapiere vor. Sie zeigen, mit welcher Mühe er an diesen Kompositionen gearbeitet hat, wie er in höchster geistiger Konzentration prüfte, änderte, verbesserte, bis er die ihn völlig befriedigende Lösung auf dem Papier stehen hatte. Diese Lieder müssen geradezu von ihm Besitz ergriffen, ihn ständig verfolgt haben, bis auf sein Sterbebett. Der Musikverleger Tobias Haslinger kündete im Dezember 1828 die Veröffentlichung der Gesamtausgabe der »Winterreise« mit der zusätzlichen Bemerkung an: »Die Korrektur von der zweiten Abteilung der Winterreise waren die letzten Federstriche des vor kurzem verblichenen Schubert.« Wahrscheinlich müssen wir die Bemerkung Spauns ernst nehmen, daß Schubert seit der Vollendung der Winterreise angegriffen ausgesehen habe, ohne daß allerdings sein Zustand zu Besorgnis Anlaß gegeben hätte.

Die Beschäftigung mit diesen Liedern muß tatsächlich eine

Qual für ihn gewesen sein. Als Spaun ihn einmal, über sein Aussehen und überhaupt auch sein Verhalten besorgt, fragte, ob ihn etwas Besonderes bedrücke, wies Schubert ihn resignierend lächelnd ab und erklärte, sie sollten etwas warten, sie würden es schon bald erfahren. Diese nichtssagende Äußerung war das einzige, was Schubert während dieser ganzen Monate über sein werdendes Werk von sich gab. Er hielt es geheim, bis es vollendet war. Als Einsamer rang er um die künstlerische Meistcrung dieses ihm aufgegebenen Stoffs, bis er ihm die Gestalt einer unwiderlegbaren und unwiderruflichen Aussage über die menschliche Daseinsnot verliehen hatte. Dann, nachdem er sein Herz vor seinen Freunden ausgeschüttet hatte, ihnen den ganzen Zyklus vorgespielt und vorgesungen hatte, bemühte er sich sofort um die Drucklegung. Der erste Teil erschien schon am 14. Februar 1828, der zweite Teil wenige Wochen nach Schuberts Tod am 30. Dezember 1828.

Die öffentliche Aufnahme entsprach seiner Erwartung: verschlossenes Mißverstehen auf der einen, tief bewegte Ergriffenheit auf der anderen Seite.

Einige Zeitungsauszüge aus der ersten Zeit mögen das belegen. Die »Wiener Allgemeine Theaterzeitung« schrieb am 29. März 1828 nach der Veröffentlichung des ersten Teils: »Auf etwas durchaus Gelungenes aufmerksam zu machen, ist das angenehmste Geschäft, dem sich ein Kunstfreund unterziehen kann. Sehr gern sprechen wir daher von dem vorliegenden Werke, das von seiten des Dichters, des Tonsetzers und Verlegers Ehre macht. Müller ist naiv, sentimental, und stellt der äußeren Natur in der Parallele einen leidenschaftlichen Seelenzustand gegenüber, der von jener Färbung und Bezeichnung entnimmt. Schubert hat seinen Dichter auf jene geniale Weise aufgefaßt, die ihm eigentümlich ist. So naiv wie der Ausdruck des Dichters ist seine Musik; er hat die Empfindungen, welche die Gedichte aussprechen, tief nachgefühlt und diese Gefühle so in Tönen wiedergegeben, daß kein Herz sie ohne innige Rührung singen und hören kann. Schuberts Geist hat überall einen kühnen Schwung, indem er alle mit sich fortreißt, die sich ihm nahen, und der sie durch die unermeßliche Tiefe des Menschenherzens in weite Fernen trägt, wo ihnen die Ahnung des Unendlichen im dämmernden Rosenlicht sehnsüchtig aufgeht, wo aber auch zur schaurigen Wonne eines unaussprechlichen Vorgefühls der sanfte Schmerz beschränkender Gegenwart sich gesellet, der die Grenzen des menschlichen Seins umstellt. Hierin liegt das Wesen der Romantik deutscher Art und Kunst, und in diesem Sinne ist Schubert ein durchaus deutscher Komponist, der unserm Vaterland und unserer Zeit Ehre macht. In diesem Geiste sind vorliegende Lieder gedichtet. Daher spricht sich in denselben aus, wo auch der Stoff auf ganz andere Wege hinzuweisen scheint; und in dieser konsequenten Herstellung der Harmonie des Äußeren und des Inneren liegt eben das Hauptverdienst beider Dichter, des sprechenden und singenden. Mit der Auseinandersetzung der technischen Schönheiten kann man sich in diesem Blatte nicht befassen, das nicht der Theorie gewidmet ist; aber auf den Standpunkt hinzuweisen, auf welchem dies schöne, edle Werk recht innig und völlig genossen werden kann, ist in unsern Tagen ein um so dringenderes Bedürfnis, da es fast Manie wurde, sich in der Tonkunst nur den materiellen Eindrücken zu überlassen. – Es steht zu hoffen, daß die zweite Abteilung des Werkes nicht ausbleiben werde, da die Zahl derjenigen, die an so etwas ihre Freude haben, nicht gering sein kann.«

Ein erstaunliches Verständnis spricht aus dieser Werk-Anzeige. Wenn man einige zeitbedingte gefühlvolle Wendungen und die Erwähnung deutscher Romantik übersieht, auch das Wort »naiv« nicht im heutigen Sinn primitiv versteht, dann muß man anerkennen, daß hier Wesentliches über die Winterreise gesagt ist, sowohl über die Gedichte als auch über die Lieder. Ursprünglich und ungekünstelt im gestaltenden Ausdruck, was dichterische und musikalische Sprache betrifft – das ist mit naiv gemeint. Höchste Kunst und Meisterschaft der Gestaltung, weil Sinn und Gestalt zu vollkommener Übereinstimmung gebracht sind; tiefe, allgemeingültige Aussage über die Bedrängnis des menschlichen Daseins, bedrängende Qual menschlicher Lebensenge, durch die Glanzlichter verklärender Schönheit
in tiefe Sehnsucht verwandelt – so werden hier die Lieder beurteilt und wird von der Kühnheit des schubertschen Geistes gesprochen. Wir finden in dieser Zeit kaum ähnliche Zeugnisse eines gültigen Verstehens des schubertschen Werkes und Wesens.

Die Besprechung in der »Münchener Allgemeinen Musikzeitung« vom 28. Juli 1828 ist nicht derart vernichtend. Der Liederzyklus wird als ganzer abgelehnt, die Schönheit einzelner Lieder wird anerkannt:
»Aber dem ungeachtet scheint es uns die Aufgabe eines Liederzyklus', der ein schönes Ganzes bildet, in der Einzelheit und Manichfaltigkeit seiner Teile die Bedingungen zu fortwährendem, sich steigerndem Interesse trägt, der also auch von Anfang bis Ende muß gesungen werden können, soll er seinen Zweck ganz erfüllen, nicht ganz glücklich gelöst; denn letzteres möchte, bei aller Schönheit der einzelnen Teile, doch nicht möglich sein, einmal, weil das Ganze an einer gewissen Monotonie leidet, und weil der Komponist es namentlich etwas zu breit gehalten hat. – So mögen wir denn auch nun dieses Liederkranzes einzelne Blüten und Blätter dem Liederfreunde als sinnige, zarte und kunstreiche Gabe empfehlen; denn beide Sänger haben sich einander würdig erwiesen, in beider Werke gehen Wahrheit und Schönheit Hand in Hand!«
Geistiger Tiefgang und innere Geschlossenheit des Zyklus' sind dem Rezensenten verborgen geblieben, aber er hat wenigstens erkannt, daß sich die Gedichte und Lieder jedes in ihrem künstlerischen Wert hoch über den Durchschnitt erheben.
Schubert erlebte zuerst in seinem Freundeskreis, wie diese Lieder auf andere Menschen, selbst aufnahmebereite, wirkten. Sie hatten ja sogar ihn selbst in der Zeit seines Umgangs mit ihnen belastet. Wir erinnern an Spauns Bemerkung: »Schubert wurde durch einige Zeit düster gestimmt und schien angegriffen. Auf meine Frage, was in ihm vorgehe, sagte er nur: ›Nun, ihr werdet es bald hören und begreifen.‹« Schubert erwartete also, daß aufnahmefähige Hörer, die sich nicht von vornherein gegen diese Lieder sträubten, in gleicher Weise von ihnen betroffen sein würden wie er selbst.
Man muß auf diese Bemerkung Schuberts achten. Sie deutet darauf hin, daß er seine Lieder nicht als einen ergreifenden romantischen Zyklus über eine tragische Liebesenttäuschung gehört wissen wollte. Er hatte sie selbst während seines Komponierens als Aussage einer bedrängenden dunklen Grunderfahrung menschlicher Existenz erlebt, und das Bewußtwerden und Aussprechen dieser Erfahrung wollte er seinen Freunden

und weiterhin anderen Menschen schenken, indem er sie diese Lieder hören ließ: »Ihr werdet es bald hören und begreifen.«

Spaun fährt in seinem Bericht fort: »Eines Tages sagte er zu mir: ›Komme heute zu Schober, ich werde euch einen Zyklus schauerlicher Lieder vorsingen. Ich bin begierig zu sehen, was ihr dazu sagt. Sie haben mich mehr angegriffen, als dies je bei andern Liedern der Fall war.‹ Er sang uns nun mit bewegter Stimme die ganze Winterreise durch.« Mit bewegter Stimme! Eine solche Mitteilung über Schuberts eigenes Singen haben wir nur hier gefunden.

»Er sang uns nun mit bewegter Stimme die ganze Winterreise durch.« Man spürt diesen etwa dreißig Jahre später niedergeschriebenen Worten Spauns noch an, wie tief an diesem Abend die Sehenden und Hörenden durch Schuberts Selbstdarbietung beeindruckt waren.

Spaun schreibt weiter: »Wir waren über die düstere Stimmung dieser Lieder ganz verblüfft. Schober sagte, es habe ihm *nur* ein Lied, der Lindenbaum, gefallen. Schubert sagte hierauf nur: ›Mir gefallen diese Lieder mehr als alle, und sie werden auch euch noch gefallen.‹ Und er hatte recht, bald waren wir begeistert von dem Eindruck der wehmütigen Lieder, die Vogl meisterhaft vortrug. Schönere deutsche Lieder gibt es wohl nicht, und sie waren sein eigentlicher Schwanengesang.«

»Mir gefallen diese Lieder mehr als alle«, hatte Schubert gesagt. »Gefallen«, das heißt, das Herz in der Tiefe treffen und bewegen. Deshalb auch nennt Spaun die Winterreise seinen eigentlichen Schwanengesang, obwohl doch die Lieder Schuberts aus seinem letzten Lebensjahr zu der Zeit längst unter dem Titel »Schwanengesang« vorlagen. Er sagt von der Winterreise, nachdem er dreißig Jahre mit diesen Liedern Umgang gepflegt hat: »Schönere deutsche Lieder gibt es wohl nicht.« Schön, das bedeutet, die tiefste Tiefe des Herzens anrührend und bewegend. Über Schubert aber schreibt Spaun hier noch: »Er war von da an angegriffen«, und: »Er liebt es, seine Gefühle nicht zu zeigen, sondern in sich zu verschließen.«

Wenden wir uns nun den Gedichten Wilhelm Müllers und den Liedern Franz Schuberts zu.

Auf den ersten Blick könnte man geneigt sein, Müllers Gedichte dem beliebten Thema der romantischen Dichtung zuzuordnen: der Wanderbursche, den sein durch enttäuschte Liebe verwundetes Herz auf die unruhige Wanderschaft treibt und der Tröstung bei einer anderen findet oder in der Einsamkeit am Busen der neues Leben spendenden Natur sucht.

> Der Mai war mir gewogen
> Mit manchem Blumenstrauß:
> Das Mädchen sprach von Liebe,
> Die Mutter gar von Eh' –
> Nun ist die Welt so trübe.
>
> Die Liebe liebt das Wandern –
> Gott hat sie so gemacht –
> Von Einem zu dem Andern –
> Fein Liebchen, gute Nacht!

Und damit die süße Wehmut des Herzens nicht fehlt, beim leisen Sichfortschleichen:

> Will dich im Traum nicht stören,
> Wär' schad um deine Ruh:
> Sollst meinen Tritt nicht hören –
> Sacht, sacht, die Türe zu!
> Schreib im Vorübergehen
> An's Tor dir Gute Nacht,
> Damit du mögest sehen,
> Ich hab an dich gedacht.

Und weiter, damit auch die gesellschaftlich-soziale Deutung des Gedichtzyklus' ihren Anhaltspunkt vorweisen könne, aus dem zweiten Gedicht die entsprechenden Zeilen, die voraussetzen, daß der Unglückliche aus niedrigen sozialen Verhältnissen stammt:

> Der Wind spielt drinnen mit den Herzen,
> - - -
> Was fragen sie nach meinen Schmerzen?
> Ihr Kind ist eine reiche Braut.

Liest man die Gedichte der Winterreise genauer und ohne Vorurteile, wird man von ihnen betroffen, denn sie sind weit entfernt von aller Liebes- und Wanderpoetik ihrer Zeit.

Rolf Vollmann sagt in seinem aufschlußreichen Aufsatz: »Wilhelm Müller und die Romantik« über den Zyklus (in Arnold Feil: *Franz Schubert*): »Die Winterreise läßt einen ratlos.« Denn sie fügt sich nicht in Müllers übrige Dichtungen und nicht in das, was wir über ihn selbst wissen. Vollmann schreibt: »Es macht sich hier eine Verzweiflung breit, an der gar nichts Poetisches mehr ist. Und sie macht sich in einer Sprache breit, die auch mehr und mehr der Poesie den Abschied zu geben scheint. Das Unglaubliche an diesen Gedichten ist, daß Müller auf Bilder und Wendungen kommt, die ihm sonst einfach nicht eingefallen sind, oder die er, wären sie ihm eingefallen, ganz ohne Zweifel, und das ist das beinah noch Unglaublichere, nicht zugelassen hätte. – Müller wagt sich in Gebiete hinein, die von Poesie noch gar nichts wissen, ein nicht nur für ihn, sondern für die ganze Lyrik seiner Zeit tatsächlich einzigartiger Vorgang. – Am auffälligsten ist wohl wirklich die fast entsetzliche Kindlichkeit dieser Bilder und Gesichte.«

Ohne die Vertonung würde aber heute wohl kaum noch jemand Müllers Gedichte lesen. Sie wären verschollen. Schuberts »Winterreise« aber vermag immer noch, auch im großen Konzertsaal, die Menschen hinzureißen und aufs tiefste zu bewegen, weil sie von der Überzeugungskraft dieser Komposition überwältigt werden und sich von diesen Liedern an einer geheimen Stelle ihres eigenen Seins getroffen spüren, weil sie diese Lieder als ihre eigenen Lieder empfinden können, vielleicht sogar empfinden müssen. Für den mit Schuberts »Winterreise« Vertrauten ist dann auch das aufmerksame Lesen der müllerschen Gedichte wieder ein Gewinn.

Was hat Schubert aus dieser Gedichtfolge gemacht? Wir folgen dem Gang der Lieder, deren jedes nur an seinem Platz, im Zusammenhang des ganzen Zyklus', zu hören ist.

In Schuberts handschriftlichem Original steht über dem einleitenden Vorspiel des »Gute Nacht« überschriebenen ersten Liedes: »In gehender Bewegung«.

Fremd bin ich eingezogen.
Fremd zieh ich wieder aus.

Vom Vorspiel her und durch das ganze Lied erweckt der Klavierpart die Vorstellung eines Zwangs, eines Müssens. Der Winterreisende muß gehen, auf welche Weise auch immer, und ohne Wissen, wohin der Weg ihn führen mag.

Der Weg gehüllt in Schnee.

Nur das ist gewiß, daß es kein Weg ins Glück und zur Höhe ist. Ein Zug zur Tiefe beherrscht das ganze Lied. In jeder Strophe sinkt die Melodie um anderthalb Oktaven hinab, nur die letzte schließt mit aufsteigendem Ton. Klagend vollzieht die Stimme des Wanderers die Bewegung schicksalhaften Gedrängtwerdens:

Ich kann zu meiner Reisen
Nicht wählen mit der Zeit.
Muß selbst den Weg mir weisen
In dieser Dunkelheit.

Das Vorspiel zur dritten Strophe kündet einen Stimmungswechsel an. Mit zorniger Stimme sucht der Wanderer den Schmerz der Enttäuschung abzuschütteln:

Was soll ich länger weilen,
Daß man mich trieb' hinaus?
Laß irre Hunde heulen
Vor ihrer Herren Haus.
Die Liebe liebt das Wandern –
Gott hat sie so gemacht.

Es ist, als wolle der Betrübte sich über die treuen Gefühle seines Herzens hinwegsetzen, sich und der treulosen Geliebten die Freiheit der Unbeständigkeit zusprechen, denn Gott selbst habe diese Wankelmütigkeit ins Herz gelegt. Fast ein wenig spöttisch oder erleichtert singt er, Abschied nehmend, zum Fenster hinauf:

Fein Liebchen, gute Nacht!

Aber wieder schlägt die Stimmung um. Das Singen wird weich und warm, die Melodie anschmiegsam, Schmerz der Wehmut breitet sich aus, begleitet den Wanderer auf seinem Weg:

Will dich im Traum nicht stören,
Wär' schad um deine Ruh.
- - -
Schreib im Vorübergehen
An's Tor dir: Gute Nacht,
Damit du mögest sehen,
An dich hab ich gedacht.

Alles, was der Zyklus dichterisch-musikalisch entfaltet, ist in diesem ersten Lied angekündigt: die Not, die in dem eisig klirrenden »fremd« aufschreit und der Zwang des ziellosen Gehenmüssens werden von Lied zu Lied bedrückender. Dennoch endet die Winterreise nicht in Verzweiflung. Sie wäre sonst auch nicht zu ertragen.

Ein Wirrsal von aufgeregten, unberechenbaren, flatternden, erschrockenen, empörten Tönen überfällt uns mit dem zweiten Lied, der »Wetterfahne«. Die Melodie wirbelt hoch und fällt hinab, setzt die fallende Tendenz des ersten Lieds fort. Die Rhythmik überschlägt sich, wie sich klagende Aufschreie aus einer tief verletzten Menschenbrust überschlagen. An vielen Stellen klingt das Lied häßlich, so wie die Äußerung der Qual das Menschenangesicht entstellt. Solche Musik war völlig neuartig, ein solches Lied hatte noch niemand gehört.

Der Wind spielt mit der Wetterfahne
Auf meines schönen Liebchens Haus:
Da dacht' ich schon in meinem Wahne,
Sie pfiff' den armen Flüchtling aus.

Der Flüchtende steht noch immer, hinaufblickend, vor dem Haus. Er steht still, aber vorwärtstreibende Dynamik durchtobt das Lied, die qualvolle Dynamik im Innern der Menschenbrust, die in das ruhelose Wandern treibt. Zuletzt bricht heraus, was

Schubert als tiefste menschliche Not empfindet, die Mißachtung des Herzens, die Gefühllosigkeit einem leidenden Menschenherzen gegenüber:

> Der Wind spielt drinnen mit den Herzen,
> Wie auf dem Dach, nur nicht so laut.
> Was fragen sie nach meinen Schmerzen?
> Ihr Kind ist eine reiche Braut.

Schubert wiederholt diese Strophe, und dreimal singt er den jammervollen, empörten Klageruf »Was fragen sie nach meinen Schmerzen«. Als Anweisung für den Sänger schreibt er darüber »laut«. Man muß sehr darauf achten, welche musikalische Sprache in Schuberts Winterreise dem leidenden Menschenherzen zugemessen wird. Die schaurige Dramatik des leidenden Herzens durchwühlt dies Lied, ja den ganzen Zyklus.

Der vom Ort des zerbrochenen Glücks Flüchtende beginnt zu gehen, so deutet es das Vorspiel des nächsten Liedes an, »Gefrorne Tränen«. So tut es weiter die neben und unter dem Singen einherholpernde Begleitung kund. Aber es ist mehr ein Stolpern als Gehen; es klingt, als bewege sich der unsichere Schritt über klirrendes, hohl tönendes Eis, als fröre der Wanderer durch und durch:

> Gefrorne Tropfen fallen
> Von meinen Wangen ab:
> Ob es mir denn entgangen,
> Daß ich geweinet hab?

Mit verwundertem Staunen bemerkt der unbewußt Weinende, daß Tränen ohne Wärme über seine Wangen gleiten und als Eis zu Boden fallen. Seine Stimme erhebt sich zu lauter, schmerzvoller Wehklage:

> Und dringt doch aus der Quelle
> Der Brust so glühend heiß,
> Als wolltet ihr zerschmelzen
> Des ganzen Winters Eis.

Frierend holpert der von innerer Qual Durchglühte auf eisbedeckter Straße weiter, so sagt es uns das Nachspiel.
Den flüchtenden Wanderer überfällt jäh die Erinnerung, daß er auf einem Weg geht, den er einst am Arm der Liebsten ging. Das Lied, das er nun singt, »Erstarrung«, wird zur expressionistischen Darstellung eines inneren Vorgangs. Erregt, aufgewühlt, Strophe um Strophe wiederholend, jagt es dahin, im Baß ununterbrochen von unheimlichen, dunklen, vorwärtstreibenden Triolen begleitet:

Ich such im Schnee vergebens
Nach ihrer Tritte Spur,
Wo sie an meinem Arme
Durchstrich die grüne Flur.

Er wirft sich auf die vereiste Erde nieder, will mit leidenschaftlichen Küssen und heißen Tränen den Boden auftauen. Herzzerreißend klagt er, daß er kein Andenken an das verlorene Glück finden könne:

Wo find ich eine Blüte,
Wo find ich grünes Gras?

Er möchte festhalten, was einmal gewesen, denn er ahnt, daß ein in Schmerz erstarrtes Herz erinnerungsleer wird:

Wenn meine Schmerzen schweigen,
Wer sagt mir dann von ihr?

Das Singen steigert sich zu schreckensvollem Aufschrei des gequälten Herzens, dem für immer verloren ist, was es doch wenigstens in einer Erinnerung festhalten möchte:

Mein Herz ist wie erstorben,
Kalt starrt ihr Bild darin:
Schmilzt je das Herz mir wieder,
Fließt auch ihr Bild dahin.

Schaurige Einsamkeit

Nicht einmal das Herz vermag zu bewahren, was es einmal geliebt hat! Das ungeheuer leidenschaftliche Lied versinkt mit den letzten Klängen des Nachspiels in tiefer Ermattung.

Stunde um Stunde ist der traurige Wanderer gegangen. Die Stadt liegt weit hinter ihm, aber ein letztes Bild blieb ihm lebendig, der Lindenbaum über dem Brunnen am Stadttor:

> Ich träumt' in seinem Schatten
> So manchen süßen Traum.
> Ich schnitt in seine Rinde
> So manches süße Wort,
> Es zog in Freud und Leide
> Zu ihm mich immerfort.

Die innig bewegte Melodie, ihre beglückend aufsteigende, zu wohltuender Ruhe führende Linie und die warmen Töne der Begleitung lassen die seligen Gedanken ahnen, die den Wanderer eine Zeitlang bewegen. Aber dann verdunkelt sich das Lied, die Erinnerung an das nächtliche Abschiedserlebnis drängt sich auf, der Zwiespalt in seiner Seele, der Wille zur Flucht und das lockende Rufen des alten, weitästigen Baumes:

> Komm her zu mir, Geselle,
> Hier findst du deine Ruh!

Aber die Zweige sind blätterleer, es ist kalte Winternacht, das Singen wird angstvoll erregt, die begleitende Musik wird schaurig. Er reißt sich von dem Ort, so reich an Erinnerung, los:

> Ich wendete mich nicht.

Doch der lockende Lindenruf läßt sein Herz nicht los. Wie tröstliche Lichter umspielen zarte Töne der Begleitung das sehnsuchtsvolle Singen:

> Nun bin ich manche Stunde
> Entfernt von jenem Ort,
> Und immer hör ich's rauschen:
> Du fändest Ruhe dort!

Das unruhige Menschenherz sucht Ruhe. Wie rührt dies Schubert-Lied immer wieder unser Herz! Aber in welch trostlose Verlassenheiten führt der Weg den armen Wanderer noch, bis er später singt:

> Und ich wand're sonder Maßen,
> Ohne Ruh, und suche Ruh.

Die »Wasserflut« der Tränen strömt aus den Augen des betrübten Sängers. Er singt:

> Manche Trän' aus meinen Augen
> Ist gefallen in den Schnee;
> Seine kalten Flocken saugen
> Durstig ein das heiße Weh.

Ungelöste Spannung durchzieht das Lied: klirrend fallendes Eis und harmonische Bewegung, stille traurige Besinnung und gequält herausgeschriener Schmerz. Jede Strophe beginnt in trauriger Nachdenklichkeit:

> Wenn die Gräser sprossen wollen,
> Weht daher ein lauer Wind,
> Und das Eis zerspringt in Schollen.
> - - -
> Schnee, du weißt von meinem Sehnen:
> Sag, wohin doch geht dein Lauf?
> Folge nach nur meinen Tränen.

Und zuletzt, dem Bächlein nachschauend, das die Tränen aufnimmt:

> Wirst mit ihm die Stadt durchziehen,
> Muntre Straßen ein und aus.

Immer wieder überfällt den Traurigen das heiße Weh, der unerträgliche Schmerz, den er in den letzten Zeilen der Strophen laut hinausschreien muß. Lähmung durch ein die Seele nicht mehr loslassendes Leid ist die Grundstimmung dieses Liedes.

Schaurige Einsamkeit

Wie soll es da mit dem armen Menschen, wie mit dieser Liederfolge noch weitergehen? Aber der Winterreisende muß ja seine Straße weiterziehen. Das nächste Lied, »Auf dem Flusse«, nimmt die gehende Bewegung des Anfangs wieder auf, aber als eine von Kälte erstarrte Bewegung. Der Weg hat den Wanderer an das Ufer des Flusses geführt. Das Staccato des Vorspiels und der Begleitung wirkt wie das Stechen kalten Eishagels auf das Gesicht. Der sonst lustig und lebendig rauschende Fluß ist zugefroren, weist den Trost-Suchenden ab:

> Mit harter, starrer Rinde
> Hast du dich überdeckt,
> Liegst kalt und unbeweglich
> Im Sande ausgestreckt.

Entsetzen packt den still am Ufer Stehenden, seine Stimme flüstert. Doch dann überfällt ihn die Erinnerung wieder. Schuberts Lied läßt den erregten Herzschlag spüren, die aufsteigende innere Bewegung:

> In deine Decke grab ich
> Mit einem spitzen Stein
> Den Namen meiner Liebsten
> Und Stund und Tag hinein:
> Den Tag des ersten Grußes,
> Den Tag, an dem ich ging;
> Um Nam' und Zahlen windet
> Sich ein zerbrochner Ring.

Das Zwischenspiel zur letzten Strophe kündet wachsende Erregung an, der Herzschlag stockt, der ganze Jammer bricht hervor:

> Mein Herz!

Nur erst dieser Ruf, und dann eine abgründige, tiefe Pause. Das Entsetzen, das Grauen vor der Wirklichkeit des eigenen Widerspruchs, Erstarrung nach außen, Aufruhr im Innern, durchschauert das zu qualvollem Sprechen gewordene Singen:

> Mein Herz, in diesem Bache
> Erkennst du nun dein Bild?
> Ob's unter seiner Rinde
> Wohl auch so reißend schwillt?

Dreimal wird diese Klage hinausgeschleudert, von herzstokkenden Pausen unterbrochen. Der Hörer der Winterreise kann von nun an nicht mehr kunstkennerisch interessierter, aber im Grunde unbeteiligter Zuhörer bleiben. Schubert macht uns Hörende zu Betroffenen.

Der Wanderer möchte sich für immer von den leidvollen Bindungen seines Herzens losreißen. In atemlos forthastendem Stolpern hat er versucht, einen weiten Abstand zu dem Ort seiner betrogenen Liebe zu gewinnen. Diese unruhige, in kein Zeitmaß zu bringende Fluchtbewegung bestimmt den Charakter des Liedes »Rückblick«:

> Es brennt mir unter beiden Sohlen,
> Tret' ich auch schon auf Eis und Schnee;
> Ich möcht nicht wieder Atem holen,
> Bis ich nicht mehr die Türme seh.

Mit Grausen denkt er daran, wie er die Stadt verlassen mußte:

> Hab' mich an jeden Stein gestoßen,
> So eilt' ich zu der Stadt hinaus;
> Die Krähen warfen Bäll und Schloßen
> Auf meinen Hut von jedem Haus.

Die Worte überstürzen sich. Das Klavier hallt wie das Echo der engen Gassen und wie das Prasseln der Hagelkörner hinter den Worten her. Aber wieder drängt sich die süße Erinnerung hervor. Der Zorn weicht, die Fülle der Empfindungen überströmt ihn, reißt ihn hin zu einem Ruf herzzerreißender Zärtlichkeit:

> Wie anders hast du mich empfangen,
> Du Stadt der Unbeständigkeit!
> An deinen blanken Fenstern sangen

Schaurige Einsamkeit

> Die Lerch und Nachtigall im Streit.
> – – –
> Und ach, zwei Mädchenaugen glühten!
> Da war's geschehn um dich, Gesell!

Die Erregung der ersten Strophe kehrt zurück, der Zwiespalt im Innern des armen Menschen bricht erschütternd heraus, die mehrfachen Wiederholungen offenbaren seine Tiefe. Die Bewegung droht in die Gegenrichtung umzuschlagen, zurück. Das Herz vermeint, vor dem Haus der Geliebten seinen Frieden wiederfinden zu können. Ergreifend dieses langschwebende letzte Singen! Trostlose Triolen schließen das Lied:

> Kömmt mir der Tag in die Gedanken,
> Möcht ich noch einmal rückwärts gehn,
> Möcht ich zurücke wieder wanken,
> Vor ihrem Hause stille stehn.

Der Wanderer hat sich wieder aufgerafft. Er stellt seinen Mut gegen die Verlockungen, die »Das Irrlicht« anbietet, und tröstet sich auf seinem beschwerlichen Weg mit der Tatsache, daß jeder Menschenweg einmal zur endgültigen Ruhe führt. Die Musik realisiert diese Grundhaltung. Gegen die irrlichternde Unruhe behauptet sich das feste Schreiten. Über die wirren Bedrohungen des Lebenswegs triumphiert die tröstliche Gewißheit eines letzten Zurruhekommens.

> In die tiefsten Felsengründe
> Lockte mich ein Irrlicht hin.

Tapfer, fast schicksalstrotzig spricht der Wanderer in der zweiten Strophe das irre Gehen als sein gewohntes Schicksal an:

> Bin gewohnt das irre Gehen.
> – – –
> Unsre Freuden, unsre Leiden,
> Alles eines Irrlichts Spiel.

Mutig und kraftvoll singt er weiter:

> Durch des Bergstroms trock'ne Rinnen
> Wind ich ruhig mich hinab.

Starke innere Erregung pulsiert in der Stimme, während er weiter singt:

> Jeder Strom wird's Meer gewinnen.

Aber dann wird das Lied melancholisch, schmerzvolle Resignation, denn am Ende des Wegs sieht der Wanderer den dunklen Abgrund, über den nichts hinausführt:

> Jedes Leiden auch sein Grab.

Der selbstsuggerierte Mut und die leidende Resignation helfen nicht weiter. Der Wanderer braucht die Rast. Er singt:

> Nun merk ich erst, wie müd ich bin,
> Da ich zur Ruh' mich lege.
> Das Wandern hielt mich munter hin
> Auf unwirtbarem Wege.

Die holperigen, stolpernden Rhythmen des Vorspiels machen die lähmende, den Schritt verunsichernde Müdigkeit spürbar. Aber wirkliche Ruhe findet der Wanderer nicht. Diese vorwärtsstapfenden Bewegungsrhythmen begleiten das ganze Lied, verfolgen den Wanderer bis auf sein Lager. In der dritten Strophe klagt er:

> In eines Köhlers engem Haus
> Hab' Obdach ich gefunden.
> Doch meine Glieder ruh'n nicht aus:
> So brennen ihre Wunden.

Nun meldet sich wieder die eigentliche Ursache aller Müdigkeit, aller Unsicherheit, allen Umgetriebenseins: die Dissonanz im eigenen Herzen, das Klirren der Verzweiflung in der eigenen Brust:

Schaurige Einsamkeit

> Auch du, mein Herz, in Kampf und Sturm
> So wild und so verwegen,
> Fühlst in der Still' erst deinen Wurm
> Mit heißem Stich sich regen.

Im Nachspiel verfolgt das unruhige, tapsige Vorwärtstorkeln den zum Wandernmüssen Verdammten in die lähmende Müdigkeit seines Schlafes hinein.

Nun schmeichelt sich der »Frühlingstraum« in sein Herz. Wie Schubert in diesem Lied die süße, betörende Scheinwelt des Traums und die allen Traum wegwischende bittere, schneidende Kälte der Wirklichkeit gegeneinandergestellt, das ist aufregend und bedrückend zugleich. Muß doch der arme, traumsüchtige Wanderer endlich wach werden und seine Mühsalsstraße weiterziehen.

Beglückend schön hebt das Lied an, perlend, frohmachend:

> Ich träumte von bunten Blumen,
> So wie sie wohl blühen im Mai,
> Ich träumte von grünen Wiesen,
> Von lustigem Vogelgeschrei.

Jäh brechen Mißtöne in diesen Traum hinein. Wach, kalt, finster, Geschrei – das ist auf einmal die erschreckende Wirklichkeit, grausam, schrill, kaum mehr Musik zu nennen:

> Und als die Hähne krähten,
> Da ward mein Auge wach;
> Da war es kalt und finster,
> Es schrien die Raben vom Dach.

Erschrocken hat der arme Mensch die Augen aufgeschlagen. Aber da sieht er, überrascht, verzückt, ein Wunder, Blumen am Fenster. Zart, lieblich leitet die Musik die Strophe ein:

> Doch an den Fensterscheiben,
> Wer malte die Blätter da?
> Ihr lacht wohl über den Träumer,
> Der Blumen im Winter sah?

Den Träumenden umspielt das warme Wogen der längst verlorenen Liebe. Sein Herz fühlt wieder Wonne und Seligkeit:

> Ich träumte von Lieb' um Liebe,
> Von einer schönen Maid,
> Von Herzen und von Küssen,
> Von Wonne und Seligkeit.

Aber wieder krähen die Hähne, wieder wird der Träumende in das schreckliche, einsame Wachsein gerissen:

> Und als die Hähne krähten,
> Da ward mein Herze wach;
> Nun sitz ich hier alleine
> Und denke dem Traume nach.

Der Müde will nicht mehr in die Wirklichkeit zurückkehren. Er läßt sich aufs neue von den lieblichen, wiegenden Tönen seiner Traummusik umwiegen. Das bedrängte, durchfrorene Herz sucht Wärme. Er träumt und träumt:

> Die Augen schließ ich wieder,
> Noch schlägt das Herz so warm.
> Wann grünt ihr Blätter am Fenster?
> Wann halt ich mein Liebchen im Arm?

Leise verhallen die weichen Klänge, die den Traumverlorenen umfangen.
Es ist vielleicht das schönste und traurigste Lied der »Winterreise«.
Das Schicksal hat dem Träumenden auferlegt, daß er wanderen muß, auf Straßen, die ihn durch das helle, frohe Leben der andern mitten hindurchführen, ihn selbst jedoch davon ausschließen. Er wandert in »Einsamkeit«. Er wandert müden, schleppenden Fußes. Wir spüren schon vom Vorspiel her, wie matt und schwer die Schritte sind, und im Verlauf des Singens macht sich immer mehr die Last bemerkbar, die der Wanderer mit seiner ihn von der Umwelt abschließenden Einsamkeit zu tragen hat:

Schaurige Einsamkeit 381

> Wie eine trübe Wolke
> Durch heit're Lüfte geht,
> – – –
> So zieh ich meine Straße
> Dahin mit trägem Fuß,
> Durch helles, frohes Leben,
> Einsam und ohne Gruß.

Die Erregung über die trostlose Abgeschlossenheit vom lebendigen Leben, die aufgezwungene Leere seiner Selbstisolierung schrecken den Wanderer auf. In den Tiefen seines Innern wühlt es, schlägt donnernd an die Pforten seines Herzens, in dem es so still und stumm geworden ist. Klagende Ach-Rufe brechen hervor, gequälte Schreie jammern über die tödliche Gefühllosigkeit seines Innern:

> Ach, daß die Luft so ruhig!
> Ach, daß die Welt so licht!
> Als noch die Stürme tobten,
> War ich so elend nicht.

Mit dieser schmerzvollen Klage über die Einsamkeit schließt der erste Teil der Winterreise. Ein halbes Jahr später komponierte Schubert die weiteren zwölf Lieder. Diese Zeitlücke wird nicht spürbar. Der Wanderer bleibt auf seiner Straße.

Das eben noch so trostlose Herz schlägt auf einmal voll Erwartung. In der Ferne taucht der Postwagen auf. Munteres Pferdegetrappel und fröhliches Hornblasen kündigt ihn an:

> Von der Straße her ein Posthorn klingt.
> Was hat es, daß es so hoch aufspringt,
>   Mein Herz?

Aber schon ändert sich die Stimmung des Liedes. Banges, verzichtendes Weh durchschauert das Singen:

> Die Post bringt keinen Brief für dich:
> Was drängst du denn so wunderlich,
>   Mein Herz?

Das Pferdegetrappel und das fröhliche Posthornblasen kommen näher. Das Zwischenspiel läßt es merken. Das Herz des Wanderers schlägt wieder schneller, Erinnerungen werden in ihm lebendig:

> Nun ja, die Post kommt aus der Stadt,
> Wo ich ein liebes Liebchen hatt',
>   Mein Herz!

Fast klingt es, als ginge ein feiner Stich durch das Herz, und wahrhaftig, der Wanderer möchte seiner Sehnsucht nachgeben und den Postillion fragen, wie es dem Liebchen in der Stadt wohl geht:

> Willst wohl einmal hinübersehn,
> Und fragen, wie es dort mag gehn,
>   Mein Herz?

Aber der Postwagen rauscht vorüber, sein Klang verhallt schnell, der Wanderer befragt verwundert sein eigenes Herz, was es denn wohl wolle. Es rührt uns tief, wie jede Strophe mit der jedesmal anders klingenden Frage endet: »Mein Herz«.
  Es ist das letzte Lied der Winterreise, in dem die Erinnerung noch einmal wach wird, das Herz zurückblickt. Von nun an geht der Wanderer nur noch vorwärts. Wohin?
  In langen, steigenden und fallenden Schwüngen bewegt sich die Melodie des nächsten Lieds: »Der greise Kopf«. Die endlose Qual mühseliger Tage und trübseliger Winternächte hat dem Wanderer den Lebenswillen genommen.
  An einem Morgen spiegelt ihm eine Eisfläche sein Bildnis wider. Die Haare scheinen weiß geworden. Sein Herz schlägt schneller, zum erstenmal auf dieser Reise jubelt Freude in ihm auf, denn die Qual kann ja nun nicht mehr lange dauern:

> Da glaubt' ich schon ein Greis zu sein,
> Und hab' mich sehr gefreuet.

Eine kleine Textveränderung an dieser Stelle zeigt, wie sehr Schubert auf jedes Wort und seinen Gehalt achtete. Müller

Schaurige Einsamkeit

schrieb: »Da meint' ich schon.« Schubert setzt für das mehr neutrale, empfindungslose »meint« das viel tiefere, persönliche, aus dem Herzen kommende Wort »Da glaubt' ich schon«. So stimmen für ihn Wort und musikalischer Ausdruck völlig überein.

Die Sonne steigt hoch, der Reif schmilzt weg, und tief enttäuscht, in Dissonanzen, klagt der in sein Elend Zurückgestoßene:

> Hab wieder schwarze Haare,
> Daß mir's vor meiner Jugend graut –
> Wie weit noch bis zur Bahre!

Die aufsteigende Tonlinie und der laute Aufschrei am Schluß der Zeile »Daß mir's vor meiner Jugend graut« sind deutlich der schreckliche Höhepunkt des Lieds, das schauervolle Bekenntnis des Grauens vor dem eigenen Dasein. In dumpfer, dunkler Resignation geht die Strophe mit der Feststellung zu Ende, daß der Weg zur Bahre noch sehr weit ist.

Dem Wanderer bleibt nur, sein bitteres, ihm auferlegtes Los zu tragen. Mit langgezogener, weittragender, trostloser Klage schließt er seinen traurigen Gesang:

> Vom Abendrot zum Morgenlicht
> Ward mancher Kopf zum Greise.
> Wer glaubt's? Und meiner ward es nicht
> Auf dieser ganzen Reise!

Während des Weitergehens wird dem Wanderer überraschend bewußt, daß eine Krähe ihn schon von der Stadt her auf seinem Weg begleitet. Vom Vorspiel an haben wir doppelte Bewegung im Ohr, die das ganze Lied trägt, die stetigen Schritte des Wanderers und das Flügelflattern des Vogels. Der Wanderer beginnt über die merkwürdige Erscheinung nachzusinnen:

> Eine Krähe war mit mir
> Aus der Stadt gezogen,
> Ist bis heute für und für
> Um mein Haupt geflogen.

Erschreckende Gedanken überfallen den Wanderer. Das Lied wird aufgeregt, Entsetzen spricht aus den mehr gesprochenen als gesungenen Worten:

> Krähe, wunderliches Tier,
> Willst mich nicht verlassen?
> Meinst wohl bald als Beute hier
> Meinen Leib zu fassen?

Zum erstenmal hat der Winterreisende auf seiner Wanderschaft ein lebendiges Wesen angesprochen. Mißtrauen und Angst klingen aus seiner Frage. Eine beklemmende Liedstelle!
 Er faßt sich wieder. Der Flügelschlag wirkt nicht mehr bedrohlich. Der Wanderer erhofft sich, daß seine Wanderschaft bald einmal zu Ende gehen wird. Da will er den Vogel bei sich halten, wenn er vielleicht auch nur auf seinen Leichnam aus ist. Mit äußerster Kaft seiner dissonanten Stimme fleht er ihn an, ihm als einziges Wesen auf dieser Erde die Treue zu halten. Unter diesen armseligen Gedanken kommt sein Herz zur Ruhe. Das Nachspiel führt die Liedbewegung bis zum tiefsten Punkt, zur stillen, friedlichen Grabesruhe.

> Nun, es wird nicht mehr weit gehn
> An dem Wanderstabe.
> Krähe, laß mich endlich sehn
> Treue bis zum Grabe!

Wer so einsam wandert, daß er sich die Krähe als treue Gefährtin erbittet, kann wohl schon dem Wahnsinn nahekommen.
 Ordnunglos, ziellos, unberechenbar werden auf dem Klavier Töne angeschlagen. Das ist keine Melodie, das ist, als wenn ein Ver-rückter, ein Wahn-sinniger lallt, dessen Leben seinen Sinn verlor, dessen Dasein keinen Grund mehr hat, der ver-rückt wurde. So beginnt das Lied »Letzte Hoffnung«:

> Hie und da ist an den Bäumen
> Manches bunte Blatt zu sehn,
> Und ich bleibe vor den Bäumen
> Oftmals in Gedanken stehn.

Schaurige Einsamkeit

Der Winterwanderer schaut die wenigen noch an den Zweigen hängenden Blätter an. Sein Blick konzentriert sich auf ein einziges, vom Wind noch übrig gelassenes Blatt, und in seinem Herzen verbindet sich seine eigene Existenz mit der Existenz dieses Blattes. Angstvoll hebt sich die Stimme, entsetzliche Angst packt den Wanderer, man spürt, wie er zittert. Fast zittert man selbst um ihn:

> Schaue nach dem Blatte,
> Hänge meine Hoffnung dran;
> Spielt der Wind mit meinem Blatte,
> Zittr' ich, was ich zittern kann.

Die vier Wortzeilen der letzten Strophe bilden eine logische Gedankenfolge: Fällt das Blatt, fällt die Hoffnung, falle ich selbst, muß ich weinen. In Schuberts Lied wird das bedrängende Wirklichkeit, der schreckhafte Gedanke an das Fallen des Blattes, der entsetzliche Gedanke, der nur stockend ausgesprochen werden kann, daß dann auch alle Hoffnung hinfällt, das Erleben des Fallens, wie ein Blatt schwankend und wankend zu Boden fällt.

Und dann das Letzte, dies schreckliche viermalige Weinen, in dem sich das gequälte Herz völlig ausschüttet:

> Ach, und fällt das Blatt zu Boden,
> Fällt mit ihm die Hoffnung ab,
> Fall ich selber mit zu Boden,
> Wein, wein auf meiner Hoffnung Grab.

Man trägt bestimmt nichts Fremdes in das Lied hinein und mindert seinen Kunstwert nicht, wenn man, es hörend, an den Menschen Schubert selbst denkt, wenn man sich vorstellt, wie er einsam grübelnd die Noten niederschrieb, sie auf dem Klavier spielte und sich die Worte sang, und wie ihm dabei die Tränen aus den Augen flossen. Das Weinen war ihm nichts Fremdes, und in diesem Lied sang er sein eigenes Schicksal. Es gehört, wie das nächste, als Komposition zu seine großartigsten Werken.

Der Wanderer wird im Wahnsinn untergehen, oder er muß

sich aufraffen und bewußt sein Schicksal bejahen. Das geschieht im nächsten Lied, »Im Dorfe«.

In seiner Verzweiflung ist er, sogar in die Nacht hinein, weitergegangen. Die Straße führt ihn durch ein Dorf. Im Klavierpart hören wir, schon vom Vorspiel her, das Bellen der Hunde und das Rasseln ihrer Ketten:

Es bellen die Hunde, es rasseln die Ketten.
Es schlafen die Menschen in ihren Betten.

Der Zwiespalt im Innern des armen Wanderers tut sich im Widerstreit zwischen Klavierpart und Singstimme kund, in ihrer einander widersprechenden Bewegung.

Der Wanderer schaut zu den Fenstern hin, hinter denen die Menschen still, glücklich und zufrieden schlafen. Sie

Träumen sich manches, was sie nicht haben,
Tun sich im Guten und Argen erlaben:
Und morgen früh ist alles zerflossen.
Je nun, sie haben ihr Teil genossen,
Und hoffen, was sie noch übrig ließen,
Doch wiederzufinden auf ihren Kissen.

Er sinnt über ihr Leben nach, neidlos, dem unsicheren bescheidenen Glück ihres Daseins träumend hingegeben. Wunderbar, wie in jeder Zeile Wortsinn und Melodie zu einer Aussageeinheit verschmelzen, wie über dem im Untergrund weitergehenden Hundegebell dieses »Je nun« erklingt und in zauberigen Tönen das menschliche Glück gemalt wird. Das selige Träumen hält alle Mißtöne fern.

Aber der Wanderer muß in die Bewußtheit seines eigenen Daseins zurückfinden. Die Hunde werden wieder laut. Er nimmt sich zusammen, er geht weiter:

Bellt mich nur fort, ihr wachen Hunde,
Laßt mich nicht ruhn in der Schlummerstunde!

Wieder, wie schon nach den ersten Zeilen dieses Liedes, die grund-lose, ab-gründige Pause. Dann kommt dieser großartige

Schaurige Einsamkeit

Schluß, bei dessen erster Zeile noch im Untergrund die Hunde bellen und die Melodie der Singstimme wehmütig schmerzvoll darüber schwebt. Bei der letzten Zeile aber finden Klavierpart und Singstimme in einem wunderbar weit geschwungenen Melodiebogen zusammen. Der Wanderer hat zur bejahenden Übereinstimmung mit seinem Schicksal gefunden. Das Lied bietet keinen lyrischen Stimmungsausdruck. In ihm geschieht geistige Entscheidung:

> Ich bin zu Ende mit allen Träumen –
> Was will ich unter den Schläfern träumen?

»Der stürmische Morgen« scheint ein neues Wandertempo zu eröffnen. »Ziemlich geschwind, doch kräftig«, schrieb Schubert über die Noten. Der Wanderer, der sich von seinen Träumen losgerissen hat, singt lebhaft, und man könnte fast an ein frohes Wanderlied denken:

> Wie hat der Sturm zerrissen
> Des Himmels graues Kleid!
> Die Wolkenfetzen flattern
> Umher in mattem Streit.
>
> Und rote Feuerflammen
> Ziehn zwischen ihnen hin.
> Das nenn ich einen Morgen
> So recht nach meinem Sinn!

Aber hat der Wanderer noch Lebenskraft genug, daß er auf solche Weise weithin ausschreiten, ein solches Tempo durchhalten könnte? Und wohin denn auch? Schubert läßt ihn beim Singen der dritten Strophe vor sich selbst erschauern, da er erschrocken, wenn auch sich trotzig stellend, erkennt, daß alle Lebenswärme aus ihm entschwunden ist:

> Mein Herz sieht an dem Himmel
> gemalt sein eigen Bild –
> Es ist nichts als der Winter,
> Der Winter kalt und wild!

Das arme menschliche Herz! Wie sollte es nicht einer Täuschung erliegen, die ihm Licht und Wärme zu verheißen scheint? »Täuschung« heißt das nächste Lied.

Im Klavierpart tanzt ständig, den Wanderer berückend, das hüpfende Irrlicht. Sein freudig melodiöses Singen – er folgt ja so gern dem lockenden Licht – hat merkwürdige Sprungbewegungen in seinen schön und weit schwingenden Linien:

Ein Licht tanzt freundlich vor mir her;
Ich folg ihm nach die Kreuz und Quer;
Ich folg ihm gern und seh's ihm an,
Daß es verlockt den Wandersmann.

Wehmütig klagt er seinen Kummer, seine Verlassenheit, gibt sich selig dem Gefühl hin, seinen Nöten entfliehen und warme Geborgenheit finden zu können. Sein Singen schwelgt geradezu in diesen Gefühlen:

Ach, wer wie ich so elend ist,
Gibt gern sich hin der bunten List,
Die hinter Eis und Nacht und Graus
Ihm weist ein helles, warmes Haus,
Und eine liebe Seele drin –

Doch die schöne Täuschung wird sofort Enttäuschung. Eine bitter armselige Schlußzeile ist es, mit der das Lied ohne jede Wiederholung endet:

Nur Täuschung ist für mich Gewinn!

Der Klavierpart läßt das Irrlicht noch eine kurze Dauer tanzen, dann ist auch dieser Traum ausgeträumt, der letzte auf dieser Wanderschaft.

In dem nächsten Lied, »Der Wegweiser«, haben wir zunächst das Empfinden, daß sich der Wanderer selbst nicht mehr versteht:

Was vermeid ich denn die Wege,
Wo die andern Wandrer gehn,

Suche mir versteckte Stege
Durch verschneite Felsenhöhn?

Der Fuß geht vorwärts, die Begleitung läßt uns die Schritte hören, aber die Singstimme verrät die innere Unruhe, bange fragend, erschrocken, in der mehrfach wiederholten staunenden Erregung darüber, daß der Wanderer sich die schwersten Wege sucht, nicht sucht, sondern suchen muß. Das Muß seines absonderlichen einsamen Gehens prägt die Komposition des ganzen Liedes.

Das Zwanghafte nimmt in der zweiten Strophe eine andere Gestalt an. Ein gleichbleibender, ständig wiederholter hoher Ton, als wenn von ferne ein Totenglöcklein läutete, begleitet das Singen, das ängstlich, weich, scheu dahingeht. Das ratlose Verwundern des Singenden steigert sich, da er sich als einen zwanghaft und sinnlos immer mehr in die Menschenferne Getriebenen erfährt. Unter Schmerzen hören wir diese Schubert-Klage:

Habe ja doch nichts begangen,
Daß ich Menschen sollte scheu'n –
Welch ein törichtes Verlangen
Treibt mich in die Wüstenei'n?

Der Singende schweigt. Das Lied steht still. Der Blick des Wanderers wird von den Wegweisern festgehalten. Sie weisen Wege in die von Menschen belebten Städte. Die Klavierbegleitung, immer noch von den an das Totenglöckchen erinnernden Klängen durchwoben, wird unruhiger. Den Wanderer befällt Angst, erregt stößt er seine Klage aus:

Weiser stehen auf den Straßen,
Weisen auf die Städte zu.
Und ich wandre ohne Maßen,
Ohne Ruh, und suche Ruh.

Das Totenglöcklein läutet weiter. Der Wanderer sieht einen einzelnen Wegweiser. Er schaut ihn an. Er singt, immer nur auf einem, gleichen Ton, wie ein Hypnotisierter. Der Wegweiser übt Zwang auf ihn aus. Klavierpart und Singstimme werden bewegter, da sich nun der Blick auf die einzuschlagende Straße richtet. Das Zwanghafte dieses Singens teilt sich dem Hörer mit. Einzelne Töne des Klaviers steigen tiefer und tiefer. Zum Ende singt der Wanderer noch einmal, letzte Wiederholung, in choralartiger Melodie, sehr langsam, Wort für Wort herausgehoben, die letzte Zeile:

Einen Weiser seh ich stehen
Unverrückt vor meinem Blick;
Eine Straße muß ich gehen,
Die noch keiner ging zurück.

Die nachhallenden Klavierakkorde fallen immer tiefer, bis auf den untersten Grund.

Man könnte meinen, Schubert habe mit dieser Komposition der dunklen Wirklichkeit des Todes und Grabes Ausdruck geben wollen. Der Wortlaut der letzten Zeile legt das nahe. Aber Schubert, der die Gedichte Müllers nach eigenem Ermessen umstellt, der seinen eigenen Sinn in sie hineinkomponierte, hatte längst das nächste und die weiteren Lieder im inneren Gehör. Für Schubert ist »Die Winterreise« nicht ein Weg in den Tod, sondern hinunter in die immer dunkler werdende Einsamkeit, aus der es keinen Weg mehr zurück in das Leben einer tragenden, lebendigen Gemeinschaft gibt. In diesem Sinne gewinnt die letzte Zeile eine noch viel tragischere Bedeutung, als wenn sie auf das Grab zu deuten wäre.

Die Elemente des Prozessionsgesangs der Totenmesse geben dem nächsten Lied, »Das Wirtshaus«, seine musikalische Substanz. Über diesem Lied steht als einzigem im ganzen Zyklus die Tempobezeichnung »Sehr langsam«; daher empfängt es seinen Ernst, seinen Frieden, seine Stille und Ergebung.

Der Wanderer trug schon lange Todessehnsucht in seiner Brust. Nun führt ihn der Wegweiser zu einem Friedhof.

Auf einem Totenacker
Hat mich mein Weg gebracht,
Allhier will ich einkehren:
Hab ich bei mir gedacht.

Schaurige Einsamkeit

Ihr grünen Totenkränze
Könnt wohl die Zeichen sein,
Die müden Wandrer laden
Ins kühle Wirtshaus ein.

Der begleitende Instrumentalpart im Vorspiel und in den Zwischenspielen deutet darauf hin, daß der Wanderer der feierlichernsten Bläsermusik lauscht, die einen Trauerzug an ein offenes Grab begleitet. Die Stimme des Singenden verrät seine tiefe Sehnsucht nach Ruhe und Frieden. Aber er steht mit seinem Singen abseits, bleibt ein Fremder, Außenstehender gegenüber der Prozessionsmusik, die den Friedhof mit ihren stillen Klängen erfüllt. Er spürt, daß er hier nicht zugelassen wird, und klagend erhebt er seine Stimme:

Sind denn in diesem Hause
Die Kammern all besetzt?
Bin matt zum Niedersinken,
Bin tödlich schwer verletzt.

Der arme Mensch kann die Last seines Lebens kaum mehr ertragen. Bittere Enttäuschung erfaßt ihn und macht seine Klage hart. Er rafft sich wieder auf und treibt sich selbst vorwärts. Dennoch, es ist, als wenn ihm die stille Friedhofsmusik Tröstung gespendet hätte, denn die letzte Zeile klingt wieder so warm, so innig, daß man dem Wanderer wünscht, sein Weg möge ihm doch noch gelingen:

O unbarmherz'ge Schenke,
Doch weisest du mich ab?
Nun weiter denn, nur weiter,
Mein treuer Wanderstab.

Während er geht, tönt ihm die feierliche Begräbnismusik noch vom Friedhof her nach, leise verklingend.
Plötzlich fällt uns in dieser Liederfolge eine fremdartige Musik an, aufbegehrerisch, sprunghaft, trotzig, hohl klirrend. Es ist das Lied »Mut«, am wenigsten unter allen in diesem Zyklus als Lied zu bezeichnen. Es ist ein aufgeregter, überheb-

licher Sprechgesang, eine augenblickliche Verzweiflungshandlung, zu der sich der von allem menschlichen Beistand Verlassene hinreißen ließ:

> Fliegt der Schnee mir ins Gesicht,
> Schüttl' ich ihn herunter.
> Wenn mein Herz im Busen spricht,
> Sing ich hell und munter.
>
> Höre nicht, was es mir sagt,
> Habe keine Ohren,
> Fühle nicht, was es mir klagt,
> Klagen ist für Toren.

Welch erschütternde, bewegende Klagelaute hörten wir in der Winterreise! Wie sprach und weinte das Herz des Wanderers! Wie wahrhaft menschlich war das alles! Und jetzt? Er will die Stimme seines Herzens unterdrücken, zum Schweigen bringen. Er will verleugnen, daß er ein Mensch mit Herz ist. Und was wird daraus? Ein fester, harter Rhythmus, vom ersten bis zum letzten Ton. Dieser Rhythmus ist Krampf! Eine Fülle lauter und springlebendiger Töne, aber sie klirren. Es ist nur vorgetäuschter Mut, in Wahrheit hohle, aufgeputschte Lustigkeit, Verzweiflungslamentiererei eines unter seiner Einsamkeit verrückt Werdenden. Es ist das wahrhaft gefährliche unter den Irrlichtliedern dieses Zyklus':

> Lustig in die Welt hinein
> Gegen Wind und Wetter!
> Will kein Gott auf Erden sein,
> Sind wir selber Götter.

Als wolle er sich selbst dessen gewiß machen, was er sich nur selbst vorlügt, singt er die Strophe mit lauter Stimme noch einmal.

Der Mensch, der sein eigenes Herz mordet, ist kein Mensch mehr. Um noch etwas darzustellen, muß er sich überheben. Er macht sich vor, daß er allen Widrigkeiten hoch überlegen sei. Mit welcher Kühnheit schreit er das hier in die Welt hinaus! Da er die Stimme seines Herzens, durch die Gott noch zu ihm sprechen könnte, ertötet, muß er, um noch existieren zu können, sich überheben: »Selber Götter.« Bei dem Wörtchen »selber« wird der Ton hoch in die Luft geworfen. Es ist an dieser Stelle, als ob ein Feuerwerk glänzender Kugeln zum Himmel emporgeschleudert würde. Aber wie schnell verpuffen sie! Schon in den Nachklängen der Klavierbegleitung.

Schubert hat diesem Lied einen andern Platz zugewiesen als es in der Gedichtfolge Müllers hatte, und er hat ihm dadurch eine andere geistige Bedeutung gegeben. Bei Müller ist es das Schlußgedicht, nach dem »Der Leiermann« gewissermaßen als Epilog vor dem herabgelassenen Bühnenvorhang gesprochen wird.

Schubert stellt das Lied zwischen »Das Wirtshaus« und »Die Nebensonnen«, so daß es nun wie ein Fremdkörper wirkt, wie eine verrückte, schnell überwundene Episode. Schuberts Winterreisender hat sich nur für einen kurzen Augenblick schrecklich, nämlich geistig verirrt. Das kann einem schier verzweifelnden Menschen unter dem Eiswind der Welt wohl geschehen. Aber der Wanderer hat bald wieder auf seinen wahren Weg gefunden, wie das nächste Lied zeigt.

Eine Tonfigur, die sich in dem engen Rahmen von nur vier Noten bewegt, der Rhythmus eines ernsten, gemessenen pathetischen Schreitens wie in einem Mysterienspiel, und eine Bewegungslinie, die Stufe um Stufe schrittwärts in die Tiefen des Seins führt, geben der Musik des Lieds »Die Nebensonnen« den Charakter tragischer Größe. Wir empfinden Wahrheit und Sinn dieser Musik, den trauervollen, innerlich gefestigten Abgang eines Menschen von der Bühne des allgemeinen Lebens in die Dunkelheit des Einsamseins, auch wenn die Bedeutung der Dichterworte uns nicht ganz klar wird.

Drei Sonnen sah ich am Himmel stehn,
Hab' lang und fest sie angesehn;
Und sie auch standen da so stier,
Als wollten sie nicht weg von mir.

Was für Sonnen sind gemeint? Vielleicht, daß sich im tränenverschleierten Auge das Licht bricht und die Sonne dreifach erscheint? Oder sind symbolisch die Sonne des Glaubens und des Lebens (oder der Liebe?) und der Hoffnung gemeint? Sind es am Ende des Gedichts wieder drei andere Sonnen, die beiden Augen der Liebsten und die helle Tagessonne am Himmel? Wir wissen weder, was der Dichter, noch was Schubert sich bei diesen Worten gedacht haben. Aber was wir uns dabei auch denken mögen, am besten nichts anderes als nur das Hinscheiden aller Sonnen aus dem Leben des Wanderers. Schuberts musikalische Sprache ist so großartig eindeutig, daß wir durch sie erfahren, was er sagen will. Wir erleben die Größe, die wahre Menschlichkeit des Menschen, der seinem Schicksal gehorchend ohne Sonnen seinen Weg in das ihm bestimmte einsame Dunkel geht.

> Ach, meine Sonnen seid ihr nicht!
> Schaut andern doch ins Angesicht!
> Ach, neulich hatt' ich auch wohl drei:
> Nun sind hinab die besten zwei.
> Ging' nur die dritt' erst hinterdrein!
> Im Dunkeln wird mir wohler sein.

Schubert »verwirklichte damit einen ›Abgang‹, gleichsam ein Verlassen der Bühne, das an die Seite der größten ›Exit‹, die der europäische Geist geschaffen hat, zu stellen ist« (Georgiades S. 389). Schubert hielt es für menschlicher, mit der erlittenen Qual des Herzens zu leben als mit einem unter die Füße getretenen Herzen den stolzen Weg des Überheblichen zu gehen.

Nachdem diese Entscheidung gefallen ist, kann er mit einem sogar des Mitgefühls fähigen, also lebendigen Herzen seinen einsamen Trauerweg weiter gehen, kann das letzte Lied »Der Leiermann« den Zyklus schließen lassen und gleichsam in eine neue Zukunft hin öffnen, in die Gemeinschaft der Einsamen und Leidenden.

Die Töne einer Drehleier klagen herüber. Der Winterwanderer sieht auf dem Eis einen alten Leiermann, der unermüdlich die Kurbel seines Instruments dreht, das er in Abständen mit dem Schulterriemen anhebt und auf dem Stützstock einen Schritt weiter setzt. Der Wanderer fühlt sich merkwürdig von diesem alten Leierkastendreher angezogen, dem einzigen

Menschen, dem er sich auf seiner Reise als verbunden erkennt, denn dieser ist auch ein Einsamer, wie er selbst. Wie ist doch dieses zarte Erkennen, dieses verwunderte, bekümmerte, staunende Hinüberschauen in dem leisen Singsang lebendig!

> Drüben hinter'm Dorfe
> Steht ein Leiermann,
> Und mit starren Fingern
> Dreht er was er kann.
>
> Barfuß auf dem Eise
> Wankt er hin und her;
> Und sein kleiner Teller
> Bleibt ihm immer leer.
>
> Keiner mag ihn hören,
> Keiner sieht ihn an;
> Und die Hunde knurren
> Um den alten Mann.

Der einsame Wanderer beginnt über das eigenartige Wesen dieses Leierkastenspielers nachzudenken. Er sieht die kaum verstehbare Unbekümmertheit, Ruhe und Gelassenheit des Alten, der sich durch nichts um ihn her verwirren läßt, sich selbst treu bleibt und unbeirrt seine Leier dreht. Der Wanderer spricht ihn an, mit warmer bewegter Stimme, ja, er bittet ihn dringlich, sein Begleiter werden zu dürfen. Zwei Einsame finden sich, unangefochten ihren Weg gemeinsam durch die kalte Welt zu gehen:

> Und er läßt es gehen
> Alles, wie es will,
> Dreht, und seine Leier
> Steht ihm nimmer still.
>
> Wunderlicher Alter,
> Soll ich mit Dir gehn?
> Willst zu meinen Liedern
> Deine Leier drehn?

Gerald Moore, der einfühlsame Begleiter Fischer-Dieskaus, schreibt: »So viele Jahre man dieses Lied ›Der Leiermann‹ auch schon kennen mag, wie oft man darüber nachgedacht und es erprobt hat, es packt einen immer wieder aufs neue. Es ist ein Wunder und ein erhabenes Beispiel von Schuberts zauberhafter Kunst, deren Größe wir zwar erkennen, aber nicht fähig sind, sie zu erklären. Auf dem Papier sieht diese Komposition eher banal aus, sie besteht aus unveränderlichen Zweitakt-Phrasen ohne Modulationen, sie wird kaum je lauter als pianissimo, sicher der Inbegriff und das ideale Modell von Monotonie; und doch, hört man das Lied singen, greift es ans Herz und Gemüt von der ersten bis zur letzten Note und rührt uns zu Tränen. Der Musiker, der sein ganzes Leben schon mit diesem Lied verbracht hat, beneidet den angehenden Künstler, der das Erleben dieses Wunders noch vor sich hat.«

Wir nehmen Abschied von diesem, wie Gerald Moore sagt, »großartigsten Liederzyklus, der je komponiert worden ist«. Schubert hat mit ihm nicht nur musikalisches Neuland betreten, er drang bis an die Grenzen des musikalisch Möglichen vor, er schuf eine Musik von bisher unmöglicher und unüberbietbarer Aussagekraft. Musik und Menschenwort, Natur und Menschenschicksal, dämonische Dunkelheit und geistige Bewußtheit, Menschennot und Menschenmut, Bedrohung und Sieg des Herzens sind in dieser Liedfolge zu einer unauflöslichen Einheit geworden. In diesen Liedern spricht ein menschliches Herz, ein verwundetes, weinendes, müdes, aber tapferes Herz. Diese Musik will andere Herzen erreichen, weil der Schöpfer dieser Musik gewiß war, daß jedes Menschenherz auf den Ton des Leidens und des Mitleidens gestimmt sein müsse. Wir brauchen uns deshalb auch nicht zu schämen, wenn diese Lieder unsere Brust bedrängen und uns den Tränen nahebringen. Nur sollte man immer den Zyklus als Ganzes hören, nicht einzelne Lieder für sich nehmen.

Man weicht dem Wahrheitsgehalt dieser Musik aus, wenn man von ihr als Äußerung hysterischer Überempfindlichkeit, eines fast pathologischen Zustands, dem Wahnsinn nahekommend, spricht. Wie könnte sie dann für uns bedeutsam sein? Es sei denn, man anerkenne, daß der in solche Dunkelheit geratene Mensch, die Tiefen des Daseins aufdeckend, überhöht und abgründiger den wahren, uns zumeist schonend verborgenen Zustand der Wirklichkeit erleide und, von Gott dazu begnadet, deutend ausspreche. Dann wäre es gerade wieder die Wahrheit des Menschseins, für die uns diese Schubert-Musik den inneren Sinn öffnen sollte und darum jeden anginge.

Noch abwegiger erscheint es uns, als bewegende Kraft hinter der Entstehung dieser Lieder die gesellschaftliche Not des armen, sozial unbehausten Künstlers zu sehen, der mit seiner Kunst die Unerträglichkeit der gesellschaftlichen Zustände anprangert, ihre Fesseln sprengt, uns bis an die äußersten Grenzen dieser unmenschlichen Zustände heranführt, ihre Auflösung schon in der Zerrüttung der musikalischen Tonwelt ankündigt und uns in den höchsten Steigerungen musikalischer Neuausage die Utopie einer menschlicheren Zukunft aufleuchten läßt. Eine solche Deutung, auch auf die übrigen letzten großen Werke Schuberts angewandt, bedeutet eine der Kunst Schuberts Gewalt antuende Verengung. Nicht die miserable soziale Welt war es, an der Schubert im tiefsten litt. Sie war ihm nur ein Symptom neben anderen. Daß die Welt als solche, das Dasein überhaupt im tiefsten Grunde miserabel ist, das empfand er, für alles Schöne und Gute besonders empfänglich, tiefer als seine Freunde. Seine frühen Tagebucheintragungen und viele seiner Lieder erinnern uns daran. Und nicht in einer gesellschaftlichen Utopie, in einer neuen sozialen Wirklichkeit mit neuen Menschen suchte und erhoffte er die Erlösung der Welt, sondern in einer Verwandlung und Verklärung, die nicht aus dieser Welt selbst kommen kann. Bis das aber geschieht, geht er tapfer durch diese miserable Wirklichkeit und macht in ihr Musik. Wie der Leiermann der Winterreise »dreht er, was er kann«. Gerade darin ist der Musiker Schubert so überaus menschlich.

Schuberts »Winterreise«, grundsätzlich unabhängig von jeder bestimmten Notsituation, wie wir ja auch bei den letzten Liedern den Anlaß schon ganz vergessen haben, ist und bleibt als menschliche Aussage immer gültig und kann jederzeit zu Menschen sprechen. Ein beeindruckendes Zeugnis ist dafür ein Bericht Spauns, persönliche Erinnerung an ein letztes Singen des greisen Sängers Vogl: »Noch ein Jahr vor seinem Tod war der edle Greis gefällig, eines Abends bei Hofrat Enders einer

Gesellschaft den ganzen Zyklus der Winterreise, ungeachtet höchst geschwächter Stimmittel, auf eine Weise vorzutragen, daß die gesamte Gesellschaft auf das tiefste davon ergriffen war. Es war sein letzter Gesang. Wenige leben noch, die Vogls Vortrag genossen, aber diese wenigen werden den Eindruck nie vergessen. Sie haben seither nichts Ähnliches gehört.«

Ein kurzes heiteres Auflachen, ein augenblickhaftes Abschütteln aller Last erlaubte sich Schubert im November dieses Jahres, als er das an sich unbedeutende kleine Singspiel Schobers »Der Hochzeitsbraten« als Terzett mit Klavierbegleitung komponierte, die Geschichte von dem Brautpaar, das sich für den Hochzeitstag einen Hasen im Kohlfeld schießt und dabei vom Jäger ertappt wird. Dieser läßt sich von der schönen Braut umschmusen, verzeiht und läßt sich zum Hochzeitsessen einladen. Recht hübsch hat Schubert den aufgeregten Pirschgang und das Auftauchen des Försters in Musik gebracht, und erquickend fröhlich mutet dann das menuettartige Terzett des Schlußgesangs an. Alles in allem ist es kein Meisterwerk, sollte auch keines sein, aber es zeigt uns, daß Schubert auch in der Schaffenszeit der Winterreise noch die innere Freiheit zu solch harmlos freundlichem Komponieren besaß. Wahrscheinlich erfreute das Stück den Freundeskreis im Hause Schober Ende Januar 1828, bei der letzten Schubertiade.

Schuberts Schaffenskräfte bleiben unerschöpflich, sein Schaffensmut erfährt keine Lähmung. Der Ausgang des Jahres brachte eine Anzahl bedeutender, unvergänglicher Kompositionen, das zweite Klaviertrio, die Moments musicaux, die zweite Reihe Impromptus und die bedeutsame Sonate für Klavier und Violine. Wir wenden uns jetzt diesen Werken zu. Im November schrieb und vollendete Schubert das Klaviertrio in Es-Dur. Ob seine Freunde spürten, daß ihm dies Werk sehr lieb war, daß er es mit seinem Herzblut geschrieben hatte? Jedenfalls bereiteten ihm die Musikerfreunde Bocklet, Schuppanzigh und Linke die Freude, das Trio in einem Konzert des Musikvereins noch am 26. Dezember dieses Jahres zu spielen.

Das Werk überrascht den Hörer durch seinen unglaublichen Reichtum an Musikalität. Aus dem unerschöpflichen Meer der Töne hebt Schubert immer neue Wunder an das Licht, donnernde Grundseen, kühn aufstürmende Wogen, weitschwingend sanft bewegte Wellen, glänzende Spiegelungen, irisierend perlende Tropfenketten. Aber diese Musik rauscht nicht wie ein Naturwunder an uns vorüber. Wir spüren, wie gedankliche Hintergründigkeit am Werk ist, wie sich Tapferkeit und Schmerz einer Menschenseele in ihr aussprechen; wir erkennen die Sprache der Klage und des Mutes.

Der erste Satz beginnt mit einem stolzen, ritterlich mutigen Thema, bringt bald das melodiöse zweite Thema und entfaltet den Reichtum immer neuer Abwandlungen und Verschlingungen. Packend sind die Stellen, da über den gewaltigen Grundakkorden des Klaviers, wie über dunklen Felsenschluchten, perlende, glänzende hohe Melodienläufe ihr leichtes, ungesichertes Spiel treiben. Der Satz schließt nicht, wie man erwarten möchte, mit einer kraftvollen Fortegebärde, sondern mit nachdenklichen, fast fragenden Takten.

Der Andantesatz beginnt mit dem vom Cello über gleichbleibend schwebenden Klavierschlägen bedrängend vorgetragenen, fast angstvollen, balladesken Thema. Der sich daraus entwickelnde schicksalhafte Marschrhythmus bestimmt den Charakter des ganzen Satzes. Und darin dies eigenartige Aufschluchzen, das kein Ende nehmen will, sich zu kühnen Erhebungen steigert und dann plötzlich in abgründige Pausen absinkt. Dazwischen geschieht ein eigenartiges Durch- und Gegeneinander aller Instrumente, Stimmen, Rhythmen, das sich in sanften Schluchzertönen löst, die in beruhigendes Dunkel hinabsteigen, umspielt von verzaubernd perlender hoher Musik. Noch einmal erhebt sich das tapfere, mutige Schreiten in vollklingenden Akkorden. Nach diesem ständigen Spannungswechsel schließt der Satz mit letzten Aufschluchzern.

Der Scherzosatz beglückt durch das melodiöse, aufgelockerte, spielerisch-tänzerische Musizieren, wirkt wohltuend und entspannend. Im Mittelteil überraschen uns kraftvolle folkloristisch-tänzerische Bewegungen. Pausen unterbrechen plötzlich. Ein zaghaftes, leises Neubeginnen, eine weitgeschwungene Cellomelodie führt aus der Stille wieder in den lebensvollen Tanzrhythmus zurück. Der Schlußteil nimmt die entspannende freundliche Musik des Anfangs wieder auf und klingt still und zufrieden aus.

Der ausgedehnte Schlußsatz beginnt mit einer reizvoll spritzigen, anregenden Melodie, wird bald herber, kräftiger, hintergründig erregt, das Spiel scheint umwittert von Dunkelheiten. Abgründige Pausen eröffnen eine Musik voller Fragen. Das balladeske Thema des zweiten Satzes tritt wieder auf, in der Höhe überspielt von geheimnisvollen Tönen. Die Motive des Eingangs kehren zurück, aber nun klingen sie fahl, irrlichternd, zaghaft fragend, verwirrend. In immer neuen Anläufen schwingt sich das Spiel kraftvoll auf. Noch einmal kehrt das Balladenthema wieder, über ihm gläsern magische hohe Klänge, wie schwebende bunte Kugeln. Ein mutig kraftvoller Schluß beendet das Werk.

Das Klaviertrio und die Winterreise sind zwar grundverschiedene Kompositionen, dennoch gehören sie zusammen. Sie sind wesensverwandt. Derselbe Mensch schuf sie fast zur gleichen Zeit in einer gleichen Lebenssituation, und in beiden Werken spricht sich seine gequälte, tapfere Seele aus.

Das Werk wurde am 26. März 1828 als Hauptprogrammstück des einzigen öffentlichen Schubert-Konzerts in Wien aufgeführt »bey gedrängt vollem Saale mit außerordentlichem Beyfall aufgenommen«, wie Schubert selbst dem Verleger Schott berichtete. Eine Zeitungskritik in Wien hatte allerdings vermerkt, daß der Kreis um Schubert alle Schubert-Freunde aufgeboten habe und sich der große Beifall daher erkläre. Es ist auch die Frage, ob gerade dies Werk »mit seiner in manchen Gefühlslagen klagenden Traurigkeit« (Brown) das musikfrohe Wiener Publikum günstig ansprechen konnte.

Schubert bemühte sich sehr um die Veröffentlichung des Klaviertrios, und der Leipziger Verleger Probst übernahm das Werk. Schubert schrieb ihm am 1. August 1828: »Das Opus des Trios ist 100, dediziert wird dieses Werk Niemandem außer jenen, die Gefallen daran finden.« Diese Worte erinnern an eine Äußerung Schuberts über seine Winterreise und deuten darauf hin, daß für ihn beide Kompositionen in einer inneren Beziehung zueinander standen, von gleicher Aussagebedeutung waren.

Ein besonderes Geschenk dieses Jahres sind die als Impromptus und Moments musicaux bezeichneten kurzen Klavierkompositionen. Klavierstücke von bescheidenem Umfang und mäßig technischen Anforderungen waren im musizierenden Bürgertum beliebt. Aber für bescheidene Ansprüche waren Schuberts Kompositionen nicht gedacht. Sie sind keine malerische Kleinkunst für den Salon oder für das Familien-Klavierzimmer, sondern beste Musik für Musikliebhaber, wurden daher auch bald nach ihrem Erscheinen sehr geschätzt. In zum Teil schlichter Form, zum Teil aber auch höchst kunstvoller Komposition und blendender Brillanz beschenken uns diese Stücke mit dem beglückenden, erregenden, bewegenden und tröstlichen Reichtum schubertscher Musik. Zuerst entstanden die vier Impromptus, die als opus 90 noch im Jahr 1827 durch den Verleger Haslinger veröffentlicht wurden. Wahrscheinlich schrieb Schubert sie alle vier im Sommer dieses Jahres, vielleicht zum Teil draußen vor den Toren Wiens, in Dornbach.

Das erste Impromptu entwickelt nach einem einzigen, Erwartung erweckenden Klavieranschlag und angehaltener Pause eine tröstliche, freundlich bewegte Melodie mit abwechslungsreicher Begleitung. Dann wird die Musik düster, erinnert an die Schauer des Erlkönigritts, wirkt bedrohend durch das lange Strecken hindurch gleichmäßige Anschlagen eines tiefen Begleittons. Zum Schluß hin aber kehrt die Eingangsstimmung wieder, und das Stück schließt weich besänftigend, umhüllend.

Das zweite Impromptu ist ein brillantes, schnelläufiges Perpetuum mobile mit einem kraftvollen, fast herrischen Mittelteil, dessen Thema nachher, bei den wieder über die Oktaven jagenden Läufen, noch einmal aufgenommen wird und zu einem abrupten, trotzigen Schluß führt.

Das dritte Impromptu läßt uns die verzaubernde, fast magische Eigenart mancher schubertscher Musik erleben: tiefes Empfinden, ernstes Nachsinnen, weite Melodiebögen, umspielt von weichen Klängen quellender Tonfülle, fragendes Verwundern, Hinabsteigen in dunkle Gründe, erregende, beherrschte Spannung, weit ausholendes Wandern durch die Welt der sprechenden Klänge, stilles Zur-Ruhe-Kommen.

Das vierte Impromptu ähnelt dem zweiten in Anlage und in Brillanz der Läufe, klingt aber melodischer, fülliger. Ein spannungsvoller, musikalisch sehr eindrucksstarker Mittelteil macht das Stück bedeutsam. Schubert leitet zur Brillanz der freudigen Anfangsläufe zurück, beglückt durch bewegte Fülle der Melodik, und setzt einen mutigen, kurzen Schluß.

Im November 1827 stellte Schubert die sechs Stücke der Moments musicaux zusammen. Zwei aus dieser Reihe waren schon früher komponiert, die andern wurden in diesem November geschrieben. Schubert hatte sich kurz vorher mit Bachs Wohltemperiertem Klavier beschäftigt und strenge Formführung studiert. Dies und seine eigene Musikalität geben den Stücken ihren Reiz.

Das erste Stück ist voll von melodischen und harmonischen Feinheiten, die den Hörer in erstaunendes Aufatmen versetzen und beglücken.

Das zweite Stück beginnt mit einem ernsten, gedankenvollen, überlegenden Thema, führt mit seinem zweiten Thema in die Weite sanfter Empfindungen, stürzt in erregende Leidenschaftlichkeit, die aber gezügelt und zur Ruhe geführt wird.

Nach dem sehr kurzen, belebten, fast heiter schönen Spiel des dritten Stücks führt das vierte in den weiten Raum lebhafter Bewegung. Durch eine Pause deutlich abgesetzt, wirkt der ruhige Mittelteil mit seiner ständigen, durch alle Lagen geführten Wiederholung ein und desselben kurzen musikalischen Bogens, hauchend, leise, kräftig, flüsternd, wie eine magische Beschwörung. Der dritte Teil nimmt die Bewegung des ersten wieder auf, schließt dann aber mit einem letzten Nachklang der geheimnisvollen Beschwörung. Das fünfte Stück eilt voller Energie in überraschenden Tonbewegungen dahin.

Das letzte Stück beginnt sehr schlicht mit einer zögernden, herzanrührenden Melodie. Klänge fragender Sehnsucht, leidvollen Suchens, eigenartiger Gebrochenheit, über Dunkelheit schwebender Wehmut, bangen Tastens nach einem Halt geben dieser Komposition ihr besonderes Gepräge.

Noch im Dezember schrieb Schubert eine zweite Impromptu-Folge. Sie wurde erst 1838 von Diabelli herausgebracht. Ein schwermütiges, majestätisches Hauptthema, umspielt von Modulationen, eröffnet das erste Impromptu. Aus wogenden Wellen erhebt sich langsam ein weiteres Thema, düster, drohend, klirrende Läufe schieben es kurz beiseite. Es erhebt sich wieder, wird überspielt von hohen, klaren Läufen. Das Thema des Eingangs kehrt zurück, umspielt von einer Fülle wogender Klänge. Nach einem kraftvollen Aufschwung endet das Stück mit einem weichen, friedevollen Ausklang.

Im zweiten Impromptu umrahmen zwei menuettartige, melodisch und rhythmisch einfache Teile ein bewegtes, sich herrlich durch Höhen und Tiefen schwingendes Trio.

Das dritte Impromptu, das am reichsten ausgestattete, entwickelt eine Reihe von Variationen aus früheren Schubertwerken entnommener Themen, beglückend melodisch, graziös spielerisch, kraftvoll weiträumig, ernst spannungsreich, dunkel gestimmt, in feierlichen großen Schritten, in perlend glitzernden Läufen, und findet dann einen ernsten, nachdenklichen, stillen Schluß.

Bei dem letzten Impromptu weiß man nicht: Soll man es als glänzendes, brillantes Feuerwerk dunkler, farbig leuchtender, glitzernd sprühender Überraschungen aufnehmen, die technische Vollkommenheit der einzelnen Teile und des gesamten Ablaufes bewundern, oder ist es recht, darin etwas von irrsinnigen Rundläufen einer ausweglos gefangenen Seele zu spüren, angstvolles, dunkles Sichregen niedergeschmetterten Daseins, Pausen erschrockener Ratlosigkeit, letzten verzweifelten Absturz in unbekannte Tiefen? Bei einem Stück schubertscher Musik könnte wohl beides möglich sein.

Ein halbes Jahr später, im Mai 1828, überkam es Schubert, sich noch einmal an ähnlichen Kompositionen zu versuchen (Impromptus D 936 Nr. 1–4 op. 142). So entstanden die drei bedeutsamen Klavierstücke, von den früheren dadurch unterschieden, daß sie jedes einzelne viel weitläufiger sind als die verhältnismäßig kurzen vorjährigen. Darin haben sie teil an der Eigenart der letzten großen schubertschen Instrumentalwerke.

Das Hauptthema des ersten Stückes eilt energiegeladen, aufregend stürmisch dahin. Ein Tonartwechsel führt zu der sehr melodischen, besinnlichen, gelösten ersten Episode. Nach der freundlich dahinfließenden, durch aufleuchtende Klangwirbel belebten zweiten Episode tritt das energische Eingangsthema wieder in den Vordergrund. Dann aber läßt Schubert das Stück in einen ganz ruhigen Schluß auslaufen.

Das zweite Stück beginnt mit einem lieblichen, friedvollen Thema. Völlig gegensätzlich dazu bedrängt die erste Episode durch unruhige, geheimnisvolle Klänge und Rhythmen, klirrende Wirbel, dunkles Brodeln, findet aber zu den Beglückungen des Eingangs zurück. Die zweite Episode bringt sehr schöne, eindrucksvolle musikalische Modulationen, aber es ist Schönheit der Schwermut und der tiefen seelischen Erregung. Wieder leitet Schubert aus dieser Stimmung hinüber in den stillen Frieden der Eingangsklänge.

Im dritten Stück überrumpelt uns gleich von den ersten Klavierschlägen an eine beinahe wirre Unruhe, die uns durch mancherlei Modulationen und Synkopisierungen jagt. Der ruhige, weiche Mittelteil wirkt durch die durchgehaltene klopfende Rhythmik und die eingestreuten farbigen Klänge fast beschwörend, bezaubernd. Plötzlich bricht die Unruhe des Anfangs wieder herein und endet in einem abrupten Tonabfall.

Am Neujahrstag 1828 las Bauernfeld den im Hause Schober versammelten Freunden ein längeres Gedicht vor, einen Zuspruch, im rasenden Ablauf der an das Rad des Schicksals und des Naturlaufs gebundenen Jahre die herrlichen Geistesgaben des erfüllten Augenblicks dankbar festzuhalten. In diesem Gedicht steht die Strophe:

Der Zauber der Rede, der Quell der Gesänge –
Auch er vertrocknet, so göttlich er ist;
Nicht rauschen die Lieder, wie sonst, im Gedränge,
Denn auch dem Sänger ward seine Frist:
Die Quelle eilet zum Meere wieder,
Der Liedersänger zur Quelle der Lieder.

Ungewollt wurde diese Strophe zu einer Prophetie, denn Schuberts Weg war vorgezeichnet, er eilte seinem frühen Tod entgegen, dem Hinübergang in den Ursprung und Quellgrund alles Reinen und Schönen, das er empfing und weitergab.

Doch bevor wir ihn auf diesem Wege weiter begleiten, müssen wir noch eines bedeutsamen Werkes gedenken, des letzten größeren aus dem zu Ende gehenden Jahr 1827, im Dezember geschrieben, der »Fantasie für Klavier und Violine in C-Dur«.

Sie wird verschieden beurteilt. Brown nennt sie »ein vollgültiges Werk, das für beide Instrumente viel Virtuoses enthält – aber der technische Aufwand steht nicht im Einklang mit der schöpferischen Inspiration«. Er spricht auch von überreicher Ausschmückung, wodurch die Musik aufgebläht werde. Ein anderer spricht von der Vergröberung des in diesem Stück variierten Liedmotivs, von der Redseligkeit dieser Musik, und hält es für möglich, daß Schubert bei einer späteren Sichtung seiner Werke Stücke von solch nur virtuos-brillanter Art selbst verworfen haben würde.

Das Werk wurde am 20. Januar 1828 in einem von dem Geiger Slawjk veranstalteten Konzert in Wien aufgeführt, von Bocklet begleitet. Es ist interessant, die damaligen Zeitungsrezensionen nebeneinander zu stellen. Die »Wiener Allgemeine Theaterzeitung« fand Mängel im Spiel des Geigers und hielt den Vortragsraum für zu groß, so daß das Stück nicht »nach Würden genossen werden konnte«. Die Zeitung »Der Sammler« schrieb am 7. Februar: »Die Fantasie dehnte sich zu lang über die Zeit aus, die der Wiener den geistigen Genüssen widmen will. Der Saal wurde allmählich leerer, und Referent gesteht, daß auch er von dem Ausgang dieses Musikstückes nichts zu sagen weiß.« Die »Leipziger Allgemeine Musikalische Zeitung« vom 2. April bemerkte: »Eine neue Fantasie für Pianoforte und Violine von Franz Schubert wollte keineswegs ansprechen. Man könnte füglich das Urteil fällen, der beliebte Tonsetzer habe sich hier geradezu verkomponiert.« Die Londoner Zeitschrift »The Harmonicon« schrieb im Juli anerkennend: »Eine Fantasie aus der Feder Franz Schuberts hat einen weit über den Durchschnitt hinausgehenden Wert.«

In dieser Fantasie erleben wir wie kaum zuvor, was für die letzten großen Schubert-Werke so charakteristisch wird, was Schumann in seiner begeisterten Beurteilung der großen Symphonie von 1828 die »himmlischen Längen« nannte. Schubert läßt in seiner Musik die Zeit naturhaft dahintreiben, strömen, ihrer Begrenzungen und Vergänglichkeit entkleidet, als verströme sie sich aus sich selbst heraus ins Unendliche. Das geschieht dadurch, daß er den Klang freigibt, ihn seiner Selbstentfaltung überläßt, Musik aus ihrem eigenen, ewigen Wesen werden und geschehen läßt. Kaum merklich gibt er Richtungsanstöße, greift er lenkend ein. So entsteht zeitlose, strömende, schwebende, als transzendente Energie vibrierende, unendliche, reine, von Frieden erfüllte, Frieden spendende, unbegreiflich schöne Musik.

Schon im Beginn der Fantasie hören wir sie. Aus gestaltlosem Flimmern und Vibrieren entstehen schemenhafte, nicht greifbare Konturen, wächst unmerklich eine selige Melodie, die zu singen beginnt, singt und singt, als wenn sie ins Unendliche schwebe. Das ist ein von allen Lasten der Endlichkeit befreiter Gesang, eine der Transzendenz, der Unendlichkeit zugehörige Musik. Im Lazarus-Oratorium standen wir auch vor diesem Überschreiten der irdischen Grenzen. Hier nun erleben wir es in der Folge der einzelnen Sätze immer wieder. Schubert bleibt der Erde verhaftet. Die harten, kämpferischen, dunklen, kühnen Episoden in der Fantasie beweisen es, vor allem auch der feste, tapfere, energische Schluß.

1828

Vor der Pforte der Ewigkeit

Das Jahr 1828 brachte sehr bald die letzte große Schubertiade. Der dreiundvierzigjährige Rechtsanwalt Spaun hatte sich verlobt und zur Verlobungsfeier einen großen Kreis von Freunden und Verwandten, an fünfzig Personen, eingeladen. Schubert, der diesem treuesten seiner Freunde das späte Glück mit dem »sehr lieben, gebildeten, hübschen Fräulein Roner«, wie Franz von Hartmann sie kennzeichnete, sehr gönnte, aber auch wußte, daß die Heirat für ihn einen Verlust bedeutete, sorgte dafür, daß dieser Abend zu einem außerordentlichen Geschenk für das Brautpaar und alle seine Gäste wurde. Er brachte Schuppanzigh, Bocklet und Linke, seine musikalischen Freunde, mit, die eines seiner Klaviertrios vortrugen. Schubert selbst spielte mit Gahy hinreißend die vierhändigen Variationen in As-Dur. Später wurde dann noch bis tief in die Nacht hinein getanzt, wozu Schubert und Gahy aufspielten. Spaun hat in seinen Erinnerungen bewegt davon geschrieben, wie sehr seine Braut und er selbst Schubert für diesen Freundesdienst dankbar gewesen seien, zumal sie aus Schuberts Äußerungen wohl empfunden hatten, wie es ihm selbst um das Herz war.

Im Frühjahr ließ sich Schubert zu einem – allerdings vergeblichen – Versuch drängen, die Aufmerksamkeit der Wiener Öffentlichkeit für sein musikalisches Werk zu gewinnen. Nach einem großartigen Beethoven-Konzert im Jahr 1824 war ihm zum erstenmal der Gedanke gekommen, er habe doch so viele bedeutende Werke geschaffen, daß auch er ein solches Unternehmen müsse wagen können. Aber dieser Einfall verlor sich bald wieder. Im Jahr 1825 wurden noch einmal Pläne dieser Art mit Kupelwieser geschmiedet, aber der bescheidene Schubert ließ daraus keinen Ernst werden. Ende 1827 unternahm Bauernfeld noch einmal einen Versuch, Schubert vor die Wiener Öffentlichkeit zu drängen. Er redete auf seinen Freund ein:

»Dein Name klingt in aller Munde, und jedes Deiner Lieder ist ein Ereignis; Du hast die prächtigsten Streichquartette und Trios verfaßt, der Symphonien nicht zu gedenken! Deine Freunde sind davon entzückt, aber kein Kunsthändler will sie vor der Hand kaufen, und die Öffentlichkeit hat noch keine Ahnung von der Schönheit und Anmut, die in diesen Werken schlummern. So nimm Dir einen Anlauf, bezwinge Deine Trägheit, gib ein Konzert, nur von Deinen Sachen natürlich. Vogl wird Dir mit Vergnügen beistehen, Bocklet, Böhme und Linke werden sich's zur Ehre schätzen, einem Meister wie Dir in ihrer Kunstfertigkeit zu dienen. Die Besucher werden sich um die Eintrittskarten reißen, und wenn Du nicht mit einem Schlage ein Krösus wirst, so genügt doch ein einziger Abend, um Dich fürs ganze Jahr zu decken. So ein Abend läßt sich alle Jahre wiederholen, und wenn die Neuigkeiten Aufsehen machen, wie ich gar nicht zweifle, so kannst Du Deine Diabellis, Artarias und Haslingers mit ihrer schäbigen Bezahlung bis ins Unermeßliche hinauftreiben! Ein Konzert also, folge meinem Rat, ein Konzert!«

Schubert folgte dem Rat und dem Drängen seiner Freunde. Bauernfeld hatte recht mit seiner Meinung, daß sich genügend aktive Musiker bereit finden würden, Schubert zu einem guten Gelingen des Konzerts zu verhelfen. Liebhaber der Schubertiaden gab es so viele in Wien, daß sie leicht den Saal des Musikvereins füllen konnten. So wurde am 5. März der Antrag an die Gesellschaft der Musikfreunde gestellt, Schubert als Musiker und als Mitglied des Repräsentations-Körpers der Gesellschaft den Saal zur Abhaltung eines privaten Konzerts zu überlassen. Am 6. März wurde der Antwortbescheid ausgestellt: »Dem Herrn Gesuchssteller wird das erbetene Vereinslokal beim roten Igel zur Abhaltung eines privat. Konzertes am Abend des 21ten März l. J. mit Vergnügen unentgeltlich überlassen.«

Das Veranstaltungsdatum mußte um einige Tage auf den 26. März verschoben werden. Am 25. März stand in der »Wiener Allgemeinen Theaterzeitung« eine große Konzertanzeige: »Unter den mannigfaltigen musikalischen Kunstausstellungen, die in dieser Saison geboten wurden und uns noch bevorstehen, dürfte *eine* die allgemeine Aufmerksamkeit um so mehr in Anspruch nehmen, als sie durch die Neuheit und Gediegenheit der Kompositionen, den anziehenden Wechsel der Tonstücke ebenso wie durch die teilnehmende Mitwirkung der gefeiertsten hiesigen Künstler einen ebenso neuen als überraschenden Genuß bietet – Franz Schubert, dessen geisteskräftige, bezaubernd liebliche, originelle Tondichtungen ihn zum Liebling des gesamten musikalischen Publikums machen und die durch echt künstlerischen Wert ihrem genialen Schöpfer einen mehr als ephemeren, ja unvergänglichen Ruhm bereiten dürften, führt uns am 26. März in einem Privatkonzerte (im Lokale des österreichischen Musikvereins) einen Zyklus seiner neuesten Geistesprodukte vor, laut folgendem Programm: [Hier werden die einzelnen Stücke und die Namen der Ausführenden aufgezählt.] – Möchte doch dem herrlichen deutschen Tondichter eine Teilnahme werden, wie sie, abgesehen von seiner Künstlerhöhe und dem zu erwartenden so seltenen musikalischen Hochgenusse, seine Bescheidenheit und Anspruchslosigkeit allein verdienen.«

Ja. Schuberts Bescheidenheit und Anspruchslosigkeit! Alle Eintrittskarten waren verkauft, das Konzert hatte einen vollen Saal, bei fast allen Gesängen und Liedern wurde Wiederholung verlangt, Schuberts Freunde applaudierten begeistert, und nach dem sie alle tief bewegenden Ereignis beglückwünschten sie ihn und sprachen von Wiederholung. »Wie herrlich das war, werde ich nicht vergessen«, schrieb Franz von Hartmann in sein Tagebuch. Bauernfeld notierte: »Ungeheurer Beifall. Der Saal war vollgepfropft, jedes Stück wurde mit Beifall überschüttet, der Kompositeur unzählige Male hervorgerufen. Das Konzert warf einen Reinertrag von beinahe 800 Gulden ab.«

Aber die Wiener Presse, wie sie schon in den Monaten vorher zu den Aufführungen schubertscher Musikstücke in Wiener Konzerten geschwiegen hatte, verlor kein einziges Wort über dies für Schubert so bedeutsame Ereignis, denn Paganini stand vor der Tür! Auf seinem Siegeszug durch Europa war er schon am 16. März nach Wien gekommen und gab dort am 29. März im Redoutensaal sein erstes, allerdings noch schwach besuchtes Konzert. Aber schon hatte die Paganini-Begeisterung die Wiener ergriffen. Er mußte seinen Aufenthalt von Monat zu Monat verlängern, gab im ganzen vierzehn Konzerte und strich einen Ertrag von 30 000 Gulden ein. Was war ein

Schubert gegen einen Paganini! Er hatte zwar seine Schulden bezahlen, sich einen kleinen Flügel anschaffen, für sich und seinen Freund Bauernfeld eine Karte für ein Paganini-Konzert kaufen und eine kurze Zeit etwas besser leben können, aber dann war der Gewinn seines ersten und einzigen Konzertes auch schon dahin. Die Wiener Presse hatte geschwiegen. Ist es da zu verwundern, daß die »Berliner Allgemeine musikalische Zeitung« schrieb: »Herrn Franz Schubert, welcher in einem Privatkonzerte lauter eigene Arbeiten, meistens Gesänge, zu Gehör brachte, ein Genre, worin er vorzugsweise Gelungenes liefert. Die zahlreich versammelten Freunde und Protektoren ließen es an rauschendem Beifall bei jeder Nummer nicht fehlen und mehrere derselben wiederholen.« Als wenn Schubert im Grunde nur auf dem Gebiet der Liedkomposition etwas zu bieten habe und vorzugsweise bei einem bestimmten Freundeskreis in Geltung stehe!

Der Berichterstatter der »Dresdner Abendzeitung« schreibt: »Es ist nur eine Stimme in unsern Mauern und diese schreit: Hört Paganini! Natürlich ist es nun wohl, daß neben ihm alle anderen ausübenden musikalischen Künstler im Schatten stehen. Aber viele begnügen sich auch damit, wenn sie im Schatten doch noch einige Gulden gewinnen können, und so kommt es, daß wir doch auch neben seinen Konzerten noch musikalische Akademien und Konzerte genug angekündigt sehen. Multum clamoris, parvum lanar! So kann ich Dir denn nun nennen – ein Privatkonzert des beliebten Tondichters Schubert... Alle diese Herren und alle von ihnen gegebenen Stücke wurden mehr oder minder beklatscht. Es war unstreitig viel Gutes darunter, allein die kleineren Sterne erbleichten vor dem Glanz dieses Kometen am musikalischen Himmel.«

Nur die »Leipziger Allgemeine musikalische Zeitung« sprach ein wirkliches Lob aus. Nach einem rühmenden Hinweis auf ein Konzert mit Beethoven-Werken schreibt sie: »So muß solches in einem beinahe nicht minderen Grade jener Soirée musicale nachgerühmt werden, die am 26ten in ebendemselben Lokale der wackere Schubert veranstaltete und aus der bedeutenden Zahl seiner meist gelungenen Arbeiten nachstehende zu Gehör brachte« [es folgt die vollständige Aufzählung].

Natürlich freute es Schubert, daß seine Freunde und auch

der Herausgeber der »Allgemeinen musikalischen Zeitung« Wiens ihn drängten, noch einmal ein Konzert zu geben. Schubert wagte es sogar, sich in Schreiben an deutsche Musikverleger auf das gelungene Konzert zu berufen. Eine besondere Freude muß in dieser Zeit für Schubert ein Brief gewesen sein, den ihm der Universitätsmusiklehrer und Direktor des königlichen Instituts für Kirchenmusik, Johann Theodor Mosewius, am 4. Juni aus Breslau schrieb.

»Sr. Wohlgeboren
Herrn Franz Schubert,
berühmten Kompositeur zu Wien.
Sehr werter Herr und Freund!

Ich nehme mir die Freiheit, Ihnen diese Zeilen durch meinen Landsmann, Hern Musiklehrer Kühn, überreichen zu lassen und denselben, der sich einige Zeit in Wien aufzuhalten und sein Kompositionstalent dort auszubilden gedenkt, aufs angelegenste zu empfehlen. Herzlich freut es mich, daß ich durch Haslinger von Ihrem Wohlbefinden unterrichtet bin, und daß es Ihnen überhaupt nach Verdienst, das heißt gut geht. Von Ihrem fortgesetzten Fleiß zeugen ihre vielen Kompositionen, deren Wert auch in unserem früher einseitigeren Norden immer mehr gebührende Anerkennung findet. Es wird Ihnen wenig daran liegen, daß auch ich zu Ihren großen Verehrern gehöre, und daß namentlich Ihre Müller-Lieder mir das Verständnis Ihrer Eigentümlichkeit eröffnet haben. Ich bin auf alle Erzeugnisse Ihrer Muse fortdauernd begierig und habe mich an Ihrer Winterreise wahrhaft erbaut. – Vielleicht wird es mir vergönnt, Sie baldigst wiederzusehen, und Ihnen mündlich die Versicherung wiederholen zu können, daß ich hochachtungsvoll und in wahrer Ergebenheit bin und bleibe
Ihr Sie schätzender Freund
Mosewius.«

Am selben Tage hatte Mosewius an Schober in Wien geschrieben, wie sehr er Schubert schätze und daß er »auf jede seiner Arbeiten im voraus begierig« sei und alles von seinen Schülern singen lasse, »denen ich, wie Sie wissen, nichts Schlechtes nach meiner besten Kenntnis in die Hände gebe«. Da Schubert bei Schober wohnte, werden beide Brief zusammen dort eingegangen und von den Freunden gemeinsam gelesen worden sein.

Eine weitere Freude bedeutete für Schubert das günstige Verlegerecho, das jetzt aus Deutschland zu ihm kam.

Am 9. Februar 1828 schrieb Probst aus Leipzig an Schubert: »Es hat mir ernstlich leid getan, daß Verschiedenheiten unserer Ansichten vor meiner Reise nach Wien Ihre schätzbare Annäherung zur Herausgabe Ihrer Kompositionen in meinem Verlage ohne Erfolg ließ. Als ich indes das Vergnügen Ihrer persönlichen Bekanntschaft voriges Jahr genoß, erwähnte ich zugleich, daß es mir sehr angenehm sein würde, neuere Geisteswerke von Ihnen zu erhalten, was Sie mir auch zu erfüllen versprachen. Seitdem habe ich Ihre neueren Lieder, »Zügenglöcklein«, »Auf dem Wasser« und mehrere andere kennengelernt, und daraus gesehen, wie vorteilhaft und immer klarer, seelenvoller Sie Ihre Phantasien wiedergeben. Ich habe mich ferner ergötzt an mehreren 4/m Werken, zum Beispiel die vier Polonaisen op. 75, die Var, über das Müllerlied op. 82, und bin dadurch immer mehr überzeugt, daß es gelingen werde, Ihren Namen tüchtig im übrigen Deutschland und dem Norden auszubreiten, wozu ich bei solchen Talenten gern die Hand biete.«

Probst bittet dann weiter um Zusendungen, schreibt Honorare und Verlagsabrechnungen, und schließlich zum Schluß: »Daß Sie es nicht bereuen sollen, wenn Sie mir Ihr freundschaftliches Vertrauen schenken, und durch sorgfältige Auswahl echt gelungener Kompositionen mir Gelegenheit geben, für Ihren Ruf tätig zu wirken, dafür gebe ich Ihnen mein heiliges Wort.«

Wie wenig damals in der von Musik und Musikern übersetzten Stadt Wien Schubert als bedeutender Musiker wirklich bekannt war, dafür bietet der postalische Weg dieses Briefes ein Beispiel. Probst hatte in der Annahme, Schubert müsse genügend bekannt sein, einfach an den »Tonkünstler und Kompositeur Franz Schubert in Wien« adressiert. Die Post dirigierte den Brief an einen Musiker Josef Schubert, der dem zuständigen Austräger wohl bekannt sein mußte.

Schubert antwortete am 21. Februar: »Ich fühle mich durch

Ihr Schreiben sehr geehrt, und trete mit Vergnügen mit einer so soliden Kunsthandlung, welche ganz geeignet ist, meine Werke im Ausland mehr zu verbreiten, in nähere Verbindung.« Er stellte eine ziemlich umfangreiche Liste zusammen und schrieb zum Schluß: »Dieß das Verzeichnis meiner fertigen Compositionen außer 3 Opern, einer Messe und eine Symfonie. Diese letztern Comp. zeige ich nur darum an, damit sie meinem Streben nach dem Höchsten in der Kunst bekannt sind. Wenn Sie nun von obigem Verzeichnis etwas für Ihren Verlag wünschen, so überlasse ich Ihnen solches gegen billiges Honorar mit Vergnügen.«

Zufällig am selben Tag wie Probst hatte auch der Verleger Schott aus Mainz an Schubert geschrieben: »Ew. Wohlgeboren sind uns bereits durch Ihre vortrefflich gearbeiteten Kompositionen seit mehreren Jahren bekannt, und wir hegten auch schon früher den Wunsch, von Ihren Arbeiten für unsern Verlag zu akquirieren, wenn wir nicht mit den Werken op. 121–131 des seligen Beethoven, worunter manche sehr starke opus, zu lange Beschäftigung für unsere Arbeiter gehabt hätten. Wir sind nun so frei, Sie um einige Werke für unseren Verlag zu ersuchen. Klavier-Werke oder Gesänge für eine oder mehrere Stimmen mit oder ohne Piano-Begleitung werden uns stets willkommen sein. Bemerken müssen wir Ihnen, daß wir auch ein Etablissement in Paris besitzen, wo wir auch jedesmal Ihre Kompositionen bekannt machen.«

Schubert traf umgehend mit dem Verleger in einen Briefwechsel, und der Verleger bat darauf um Zusendung bestimmter Werke.

Dies überraschende, positive Verlagsinteresse hat Schubert sicherlich mit Genugtuung erfüllt und vielleicht sogar freudige Hoffnungen in ihm erweckt. Seine ersten Antworten deuten das an. Außerdem war sein Selbstbewußtsein durch sein gelungenes Konzert gestärkt, und er brachte das den beiden Verlegern gegenüber auch deutlich zum Ausdruck. Aber die Freude währte nicht lang, denn schon bald feilschten die Verleger schon wieder um die Honorare oder bemängelten die Schwierigkeiten der schubertschen Kompositionen. Schubert erhielt zwar einen kleinen Verdienst aus einer Veröffentlichung, aber weiterhin brachte ihm die Angelegenheit bis kurz vor seinem

Tod nur Ärger, der sich in der immer kühler werdenden Grußformel unter seinen Briefen niederschlug.

Schubert mußte seinen Weg zu Ende gehen, mußte ertragen, in seiner wahren Größe nicht erkannt zu werden. Am 29. Mai wurde letztmalig vor seinem Tod in einem größeren Wiener Konzert, veranstaltet von dem Konservatorium für Musik, ein Schubert-Werk öffentlich aufgeführt. Die Schülerinnen sangen seine schon bekannte Komposition des 23. Psalmes, und dieser religiöse Gesang gefiel so gut, daß er wiederholt werden mußte. Von da ab bis zu seinem Tod wurde in Wien keine Schubert-Musik mehr öffentlich gehört.

Noch auf dem Sterbebett arbeitete er Korrekturbögen durch und beschäftigte sich mit seinem letzten Opernplan. Sein Freund Bauernfeld, der ihn kurz vor seinem Tod zum letztenmal besuchte, schreibt in seinen Erinnerungen an Schubert: »Noch die Woche vorher hatte er mit mir mit allem Eifer von der Oper gesprochen, und mit welcher Pracht er sie orchestrieren wolle! Auch völlig neue Harmonien und Rhythmen gingen ihm im Kopf herum, versicherte er – mit diesen ist er eingeschlummert.«

Unermeßliche Weiten noch nie gehörter Klänge und musikalischer Gestaltung ahnungsvoll erfassend, mußte der schaffensfreudige Geist das irdische Arbeitsfeld verlassen, dem ausgezehrten Körper die letzte Ruhe gönnen und die Feder der müden Hand entgleiten lassen. Was Schubert in dem ihm verbleibenden zehn Monaten dieses Jahres schuf, ist so reich und so vollendet, daß es zur Krönung eines großen Musikerlebens mehr als genug ist. Schubert selbst aber wußte, daß er noch so viele unbetretene Hallen der Wunderwelt der Musik vor sich hatte und daß all sein Schaffen ein Vorwärtsschreiten auf dem Wege zur letzten Klarheit und Vollendung war.

Schon im Januar begann Schubert mit der ersten bedeutenden Komposition dieses Jahres. Er schrieb die Skizzen zu der vierhändigen Fantasie in f-Moll. Er ließ sie dann eine Zeit liegen und vollendete im April die Ausarbeitung. Anfang Mai spielte er zusammen mit Lachner das durch musikalische Schönheit und kraftvollen Schwung ausgezeichnete Werk dem gemeinsamen Freund Bauernfeld vor. Man kann es als die Krönung des schubertschen vierhändigen Klavierschaffens werten. Gleich zu Beginn nimmt den Hörer das beinahe zauberhafte, magisch schöne Thema gefangen. Nach dem mächtigen Abschluß des ersten Teiles erhebt sich ein herrlicher, überaus schöner, süßer Gesang, dem das hinreißend stürmische Scherzo folgt. Zum Ende hin taucht dann, aus zagender Erwartung, wie eine Wunderblüte inmitten mächtiger Bewegung, dreimal das magisch schöne Thema vom Anfang wieder auf, nach dessen letztem Erscheinen das Werk zwar kraftvoll, aber merkwürdig offen schließt.

Schuberts Gedanken wanderten, während er diese Komposition niederschrieb, vier Jahre zurück nach Ungarn. Er hatte die aufmerksame, zarte, liebe Klavierschülerin Caroline Esterházy nicht vergessen können. Einmal, auf die Frage, warum er ihr nicht auch einmal eine Komposition widme, hatte er ihr geantwortet: »Ihnen ist ja ohnehin alles gewidmet.« Er trug die Erinnerung an sie in seinem Herzen, und jetzt, da die Zeit drängte, schenkte er ihr etwas Besonderes, seine bedeutendste Klavierkomposition für vier Hände, ihr, mit der er in Ungarn so beglückend vierhändig gespielt hatte. Einen Monat nach seinem Tode durfte die junge Komtesse das Werk mit der gedruckten Widmung in ihren Händen halten.

Schubert blieb das ganze Jahr hindurch dem Klavier verbunden. Im Mai schrieb er die zweite vierhändige Komposition, das Allegro in a-Moll. Der Verleger, der das Werk 1840 veröffentlichte, gab ihm den Titel »Lebensstürme«. Er entsprach damit einer romantischen Zeitneigung, Musikstücken einen besonderen Sinninhalt zu geben und sie demgemäß zu bezeichnen. Er versprach sich davon auch einen größeren Publikumserfolg. Aber er konnte nur auf einen solchen Titel kommen, weil diese Schubert-Musik tatsächlich wie ein stürmisch bewegtes, durch Höhen und Tiefen eilendes, kämpferisches und getröstetes Leben dahinrauscht. Das herrisch kampffreudige Eröffnungsthema erhebt sich immer wieder sieghaft auf dem Kampffeld des Lebens, überläßt aber der Entfaltung lyrischer Melodik, Heiterkeit und Freude angemessenen Raum. Besonders eindrucksvoll sind jene Partien, da der zweite Spieler bis in die dunkelsten Tiefen hinuntersteigt, sich in unheimlicher Finsternis bewegt, aber über ihm schweben tröstlich die lichten hohen Klänge und bewegen sich die leichten, unbeschwerten Läufe der klaren oberen Welt. So mag uns der Titel »Lebensstürme« ein Schlüssel zu intensiverem Hören sein.

Der Anstoß zu einer weiteren, seiner letzten vierhändigen Komposition, kam Schubert von außen. Der Verleger Artaria hatte ihn um ein solches Werk gebeten, und im Juni schrieb Schubert für ihn das wunderbare Grand Rondeau in A-Dur. Von den ersten Tönen an erweckt das Werk im Hörer Gefühle der Beglückung. Freundlich, wohltuend geleitet es den Zuhörer, der nicht anders kann, als sich dieser Musik gelöst hinzugeben. Entzückende, fröhlich stimmende perlende Töne umschmeicheln ihn. Auch wo die Tönung ernster wird, wirkt die Musik tröstlich, beruhigend, erquickend. Wo sie sich kraftvoll erhebt, erweckt sie Ermutigung. Aus fragenden Verwirrungen führt sie zurück in die Tröstung und in das Glück lichter Geborgenheit.

Im letzten Abschnitt treten völlig neuartige, für jene Zeit überraschende Tonverbindungen und harmonische Klänge auf, so daß Robert Schumann schreiben konnte, beim ersten Hören in einer Abendgesellschaft hätten sich Spieler und Hörer angesehen und nicht gewußt, was sie wollten und was Schubert wollte. Aber diese neuen Klänge müssen sie überzeugt haben, denn Schumann hielt das Werk für eine der besten Schubert-Kompositionen. Schumann hatte ein tiefes Gespür für das eigentlich Schubertsche, und seine Bemerkung, die er am 19. August 1828 nach dem Anhören einiger vierhändiger Polonaisen Schuberts niederschrieb, ist auch auf die drei Klavierwerke dieses Halbjahres beziehbar: »Lauter aufbrechende Gewitterstürme mit romantischen Regenbogen über feierlich schlummernden Welten.« Am 11. Dezember 1828 erschien das von Artari herausgegebene Rondeau in Wien.

In der Zeit zwischen den Klavierkompositionen entstanden einige Vokalwerke. Noch heute beeindruckt »Mirjams Siegesgesang« für vier Stimmen, Chor und Klavier durch die dramatische Kraft, mit der hier die Siegesfreude des befreiten Volkes Israel nach dem Durchzug durch das Rote Meer gestaltet wird. Grillparzer hatte den Text für Schubert geschrieben.

Einige Leitner-Lieder wurden schon im Zusammenhang mit den Liedkompositionen des Vorjahres erwähnt.

Im März begegnen wir zum erstenmal dem Dichter Rellstab,

der durch die Lieder in Schuberts Schwanengesang bekannt geblieben ist. Eine Komposition mit Klavier und Hornbegleitung wurde in dem einzigen Schubert-Konzert vorgetragen. Das Lied »Lebensmut«, mit dem Schubert eigentlich seinen geplanten Rellstab-Zyklus einleiten wollte, hat er selbst in fragmentarischem Zustand ausgeschieden. Weshalb? Stimmte er mit der Aussage der dritten Strophe nicht überein? Sie lautet:

Mutig umarmt den Tod! trifft euch sein Machtgebot.
Nehmt euer volles Glas, stoßt an sein Stundenglas;
Thanatos' Brüderschaft öffnet des Lebens Haft.
Neu glänzt ein Morgenrot; mutig umarmt den Tod!

Solche Worte konnte Schubert nicht als seine eigene Aussage in Musik bringen. Daß er mitten in der Komposition aufhörte, wirft ein bezeichnendes Licht auf sein anderes, sein tragisches Verhältnis zum Tod.
Anders steht es mit dem »Herbst«, das Schubert im April 1828 dem Geiger Panofka in dessen Album schrieb:

Es rauschen die Winde
So herbstlich und kalt;
Verödet die Fluren,
Entblättert der Wald.

Die ersten Töne des Vorspiels lassen geradezu das Wirbeln und Flirren der Herbstblätter im Wind vernehmen. In melancholisch schwermütiger, stürmischer Moll-Bewegung zieht das Lied vorüber. Der vor der erreichbaren Höhe abbrechende und zurücksinkende Melodienbogen, der das Lied als Vorspiel einleitet, zwischen den jeweils zu einer Einheit zusammengefaßten Doppelstrophen wiederkehrt und als tragisches Nachspiel in ein leises Versinken gleitet, ist der wahrhaft schubertsche Ausdruck unerfüllten Lebens. Bedrängend wirken die jedesmal wiederholten letzten Zeilen der Doppelstrophen, vom Sänger in lauter Klage und leiser Resignation gesungen:

So welken die Blüten
Des Lebens dahin.

Es ziehen die Wolken
So finster und grau;
Verschwunden die Sterne
Am himmlischen Blau!
Ach wie die Gestirne
Am Himmel entfliehn,
So sinket die Hoffnung des Lebens dahin!

Ihr Tage des Lenzes
Mit Rosen geschmückt,
Wo ich die Geliebte
Ans Herze gedrückt!
Kalt über die Hügel
Rauscht, Winde, dahin!

So sterben die Rosen
Der Liebe dahin!

Der Nachklang des Klaviers ist jedesmal, als wenn Blätter leise im Herbstwind verwehen, und nichts Erquickendes, Erfreuliches bleibt. Schubert hat eben seine große Symphonie beendet, ein Werk von ungeheurer innerer Spannweite. Neben ihr aber darf ein kleines Lied als echter und vollkommener Ausdruck schubertschen Lebensgefühls nicht überhört werden.

Im Februar hatte Schubert mit der Niederschrift der Symphonie in C-Dur begonnen. Nach Fertigstellung wandte er noch viel Fleiß an eine durchgehende Durcharbeitung mit vielen Verbesserungen und Veränderungen. Ende März konnte er das Werk als vollendet abschließen. Bald danach bot er das Werk der Wiener Gesellschaft der Musikfreunde zur Aufführung an. Das Orchester weigerte sich beim zweiten Satz, weiter einzuüben. Die Musiker erklärten, das Werk sei zu schwer, nicht spielbar und zu lang. Eine derartige Ablehnung von seiten der Orchestermusiker erfuhr die Symphonie weiterhin in Wien 1836 und 1839, in Paris 1842 und in London 1844. Robert Schumann und Mendelssohn gebührt der Ruhm, diesem Werk den Weg in die Welt geöffnet zu haben.

Schumann, der schon vorher auf Schubert aufmerksam geworden war, hatte sich im Winter 1838/39 nach Wien begeben, weil er dort eine gute Wirkungsmöglichkeit zu finden hoffte. Am Neujahrstag 1839 besuchte er Franzens Bruder Ferdinand, von dem er wußte, daß dieser die Hinterlassenschaft Schuberts verwaltete. Nach einem ausgiebigen Gespräch über den geliebten und verehrten Komponisten öffnete Ferdinand den großen, schwarz polierten Koffer, in dem Haufen von Manuskripten lagen, und ließ Schumann Stück um Stück herausheben und durchsehen. Schumann berichtete am 10. März 1840 darüber in seiner »Neuen Zeitschrift für Musik«: »Zuletzt ließ er mich von den Schätzen sehen, die sich noch von Franz Schuberts Kompositionen in seinen Händen befinden. Der Reichtum, der hier aufgehäuft lag, machte mich freudeschauernd; wo zuerst hingreifen, wo aufhören!« Bei dieser Gelegenheit entdeckte Schumann das Manuskript der großen Symphonie. Begeistert schickte er es an seinen Musikerfreund Mendelssohn, den Dirigenten des Leipziger Gewandhausorchesters. Dieser, wiederum selbst beim Lesen der Partitur in Begeisterung geraten, führte die Symphonie, allerdings gekürzt, schon am 21. März 1839 mit seinem Orchester auf und weckte begeisterte Aufnahme. Im Dezember 1839 und im Oktober 1840 konnte er die Aufführung wiederholen. Mendelssohn schrieb wenige Tage nach der Aufführung an Ignaz Moscheles in London: »Eine höchst bedeutende und interessante Sinfonie von Fr. Schubert gaben wir im letzten Konzert; es ist jedenfalls eins der besten neueren Stücke, die wir haben; durchaus lebendig, pikant und eigentümlich, und unter Schuberts Instrumentalstücken steht es ganz obenan.«

Schumann war im Frühjahr 1839 noch in Wien festgehalten worden. Die erste Aufführung der Symphonie hatte er daher nicht erleben können. Aber am 11. Dezember nahm er an der Probe zu der am nächsten Tag stattfindenden zweiten Aufführung teil, und noch am selben Tag schrieb er zwei begeisterte kurze Briefe. Der eine ging an seine Braut Clara Wieck: »Clara, heute war ich selig. In der Probe wurde eine Sinfonie von Franz Schubert gespielt. Wärst Du dabeigewesen! Die ist Dir nicht zu beschreiben; das sind Menschenstimmen, alle Instrumente, und geistreich über die Maßen, und diese Instrumentation trotz Beethoven – und diese Länge wie ein Roman in vier Bänden, länger als die neunte Sinfonie. Ich war ganz glücklich und wünschte nichts, als Du wärest meine Frau und ich könnte auch solche Sinfonien schreiben.« Der andere Brief, an Ernst Adolf Becker in Freiberg, lautet: »Heute hörte ich in der Probe einiges aus der Sinfonie von Schubert – darin gingen alle Ideale meines Lebens auf – es ist das Größeste, was in der Instrumentalmusik nach Beethoven geschrieben worden ist.«

Mendelssohn hatte es also fertiggebracht, seine Orchestermusiker mitzureißen und zu beweisen, daß die Symphonie ausführbar war, und das sogar mit Erfolg. Der Widerstand der Orchester ist allerdings begreiflich. Das Werk stellte durch seine weithin neuartige Instrumentation und eine eigenartige Hervorbringung neuer Klangwelten bisher unbekannte Anforderungen an die Konzentration und Aufmerksamkeit der Spieler. Sie wurden gezwungen, über weite Strecken hin unablässig die gleichen Begleitfiguren zu spielen, ohne selbst merken zu können, daß sie mit dem so erzeugten Tonuntergrund der pulsierende Lebensstrom unter der blühenden und großartig schwingenden Musik waren. Ein Engländer drückte diesen Tatbestand so aus: »So drehen sich die Räder, während wir die Reise genießen.«

Natürlich hat Schubert die ihm schon vorgegebene Kompositionstechnik und Kompositionskunst genutzt, und natürlich lassen sich Elemente der klassischen und romantischen Musik in seinen Werken aufweisen. Aber als Symphonie steht sein Werk völlig neu da, so eigenartig, eigenständig, so voller Überraschungen, so neugeboren, daß sie mit nichts Vorausgegangenem und mit keiner nachfolgenden Musik vergleichbar ist, es sei denn mit den Symphonien Bruckners.

Robert Schumann hatte das echte Gespür nicht nur für Schuberts kompositorische Meisterschaft in diesem Werk, sondern auch für diese Welt in Musik, Schuberts geistige Aussage durch das Medium Musik. Es seien einige Sätze Schumanns, die davon Zeugnis ablegen, zitiert: »Er hat Töne für die feinsten Empfindungen, Gedanken, ja Begebenheiten und Lebenszustände. So tausendgestaltig sich des Menschen Dichten und Trachten bricht, so vielfach die schubertsche Musik.« Zur Symphonie schreibt er: »Hier ist außer meisterlicher Technik der Komposition noch Leben in allen Fasern, Kolorit bis in die feinste Abstufung, Bedeutung überall, schärfster Ausdruck des einzelnen, und über das Ganze endlich eine Romantik ausgegossen, wie man sie schon anders woher an Franz Schubert kennt.« Der Begriff Romantik ist hier im Sinn einer tieferen, innerlichen, hinter- und untergründigen Wirklichkeitsschau verstanden. Daher kann Schumann sagen: »Überall Bedeutung«, das heißt, überall Hinweis auf eine andere, tiefere beziehungsweise höhere Wirklichkeit. Das meinte Schumann auch, wenn er in seiner Begeisterung nach dem ersten Hören an seine zukünftige Frau schrieb: »Das sind Menschenstimmen, alle Instrumente«, und »Geistreich über die Maßen«. Und wiederum das gleiche meint in diesem die Wendung: »Diese Länge, wie ein Roman in vier Bänden.« Denn ein Roman ist ja voller Geschehen, führt den Leser durch eine ganze Welt voll Geschehen. Daß es so gemeint war, beweist eine spätere Äußerung: »Und diese himmlische Länge der Symphonie, wie ein dicker Roman in vier Bänden etwa von Jean Paul; man müßte die ganze Symphonie abschreiben, um vom novellistischen Charakter, der sie durchweht, einen Begriff zu geben.«

Der Ausdruck »himmlische Länge« ist hier nicht im simplen Sinn von gefühlvoll zu verstehen, sondern meint: weit ausgespannt, durch unendliche Räume führend. Darauf deutet auch, was Schumann weiter sagt: »Nur vom zweiten Satz, der mit so gar rührender Stimme zu uns spricht, mag ich nicht ohne Wort scheiden. In ihm findet sich eine Stelle, da, wo ein Horn wie aus der Ferne ruft, das scheint mir aus anderer Sphäre herabgekommen zu sein. Hier lauscht alles, als ob ein himmlischer Gast im Orchester herumschliche.«

Robert Schumann war der erste, der Schuberts symphonische Musik wahrhaft erfaßte. Anton Bruckner war der erste große Musiker, der das, was Schubert hier erstmalig und einsam schuf, in aller Größe und Weite fortführte. Mit Recht kann man sagen, daß Schubert mit seiner Symphonie dem Werk Bruckners vorgreift, daß er ein symphonischer Vorfahre Bruckners gewesen ist. Es ist bekannt, daß Bruckner während seiner Linzer Jahre dort von einer alten Muskliebhaberin, die noch zusammen mit Schubert musiziert hatte, in dessen Werk eingeführt wurde und, daß er sich mit den Formproblemen und der Chromatik der schubertschen Musik vertraut gemacht hat.

Dann darf man aber auch, rückwärts schauend, Schuberts

letzte Symphonie von Bruckners Symphonik her begreifen, und kommt gerade dadurch wieder auf Schumanns Deutung zurück: Die C-Dur-Symphonie ist ein Ausdruck universalen kosmischen Geschehens im Medium der Musik, sie ist der instrumental-musikalische Hymnus Schuberts auf die Wunder der Schöpfung.

So sei der Versuch gemacht, die C-Dur-Symphonie in diesem Sinne zu deuten. Man höre, mit geschlossenen Augen, eine Interpretation, in der die dynamische Spannung, die Gewalt des vollen Orchesters und die Eigenart jedes einzelnen Instruments und jedes einzelnen Tons ungeschmälert aufnehmbar sind, etwa die von Karl Böhm, und mache sich bereit, die Symphonie als ein Werk im Geist Bruckners anzunehmen. Das Erlebnis ist überwältigend.

Ein einsamer, melodischer Hornruf, aufgenommen von dem sehr zart einsetzenden Orchester, erweckt unbekannte Erwartung, öffnet Tore zu unbekannten Welten. Große, feierliche Unisono-Rufe, zarte, liebliche Holzbläser, vibrierende Streicher geleiten in die Tiefe immer neuer, Schritt um Schritt sich auftuender Räume. Große Tuttiklänge, feierliche volle Töne, liebliche leise Stimmen, flimmernd vibrierende Streicher, herrliche kraftvolle Rhythmen des vollen Orchesters erregen die Gefühle und erwecken die Ahnung unerforschter Weite. Durch Partien stillen Staunens und durch pompöse Steigerungen führt die Symphonie von einer Pracht zur andern. Hornsignale und vibrierende Streicher eröffnen den Eintritt in den riesigen Kuppelsaal der Schöpfungsmitte, der widerhallt von den ehrfürchtigen, gewaltigen, hymnischen Klängen aller überhaupt möglichen Stimmen.

Der zweite Satz führt durch den Wundergarten der Schöpfung, anhebend mit zarten Rhythmen der Streicher und Holzbläser, schweifende Melodik, wiegende Klangwellen, farbig wechselnde Flächen, träumerische Horn- und Streicherschwünge, darüber hinpeitschende Jauchzer der Lebenskraft. Über einer sanften, stillen Landschaft schwebt ein einsamer Hornruf, wie aus einer höheren Welt. Das Bild ändert sich, wird bedrohlich, harte, fast schrille Klangeruptionen, plötzliche Stille, in der Tiefe zupfende Baßgeigen, Streicherwellen, neu sich entfaltendes Leben, wunderbares Aufblühen und Sichentfalten in alle Richtungen und alle Farben. Am Ende erquickt trostvolle Harmonie: Das kleine, stille Wunder, das Sanfte, Weiche, lebt geschwisterlich geeint zusammen mit dem kraftvoll Starken und Großen.

Der dritte Satz ist ein sausender Flug durch die unermeßlichen Weiten des schwingenden Kosmos. Das erregende Vibrieren, das glückliche Hüpfen, das wogende Schwingen und weitausholende Kreisen, das In-, Mit- und Durcheinander aller dieser Bewegungen, das Glitzern und Leuchten, das dunkle Schwirren und das tiefe Brausen – eine mitreißende Musik, entführend in die Weite des Kosmos', in die Welt der Sterne und der Galaxien, von einem Staunen zum andern. Und dann beginnt das ganze All zu schwingen, wogt, kreist, schillert, schwebt und trägt durch grenzenlose Weiten. Stürmische Vibrationen, brausend dröhnender Untergrund der Urgewalten, und wieder das glanzvolle herrliche Schwingen des wogenden Alls, darinnen Pünktchen kleiner, kurz auftauchender, sprühender Existenzen. Dann ein kraftvoll gesetzter Schluß.

Das Thema des letzten Satzes: Vor ihm fliehen die Welten, durch ihn entstehen neue Welten. Eine große Fluchtbewegung, rasende Eile, tiefe Stürze, dumpfes Dröhnen, rauschendes Kreisen von Rädern, der Mechanismus des Sterngebäudes, des Weltalls, sich steigernd, mächtig, alles übertönend, in großartigen Wirbeln dahinbrausend, verklingend. Ein leises Vibrieren vor neuem Geschehen, weiche, Erwartung weckende Töne, hingestreute Tupfer, ungeheure Stöße der Posaunen, mächtige Rhythmen, dahinein, in großen Intervallen, zagendes Sichregen weicher Stimmen, darüber wieder laute Schreie, gequälte Bewegungen, wirres Kreisen; aus dem Chaos erheben sich Rufe. Totenstille. Neuer Anfang, wieder das Mahlen der Räder, gleichbleibend stoßende Untertöne, gewaltige Steigerungen, in sich zusammenbrechend. Wieder das Kreisen, das Dahinjagen, das Niederfallen, das In-die-Tiefe-Stürzen, das Verrinnen. Neubeginn mit unheimlichem Vibrieren der Streicher, ein Sichherausquälen neuer Harmonien, aus der Chaostiefe, das schauerliche Kreißen zur Geburt einer neuen Welt, unheimliche, tiefe, drängende Baßstreicher. Daraus erhebt sich die großartige, in Schönheit prangende, überwältigend mächtige neue Welt. Strahlend steht sie da!

Wenige Wochen nach der Symphonie schrieb Schubert seine letzte, bedeutendste Messe. Alles, was er in der Symphonie an neuer Meisterschaft bewiesen hatte, kam diesem Werk zugute, ließ es zu einem ergreifenden Zeugnis seiner Musikalität werden, einer dem Geist und der Wahrheit allen Seins verpflichteten Musik, einer Musik zwischen Abgrund und Verklärung.

An dieser Stelle sei auf eine Lithographie von C. Bacchi hingewiesen: »Schubert beim Komponieren«. Um den über seinen von Notenblättern bedeckten Tisch gebeugten kurzsichtigen Schubert ist Dunkel, Finsternis. Völlig hingegeben, einsam, tief konzentriert, schreibt er. Das Licht einer abgedeckten Lampe erhellt das schweigsame, ernste Gesicht und die fleißig schreibende Hand, wirft einen schwachen Schein auf die Wand hinter der überschatteten Gestalt. Dort strahlt unter dem dunklen Bogen der Nacht ein lichtes, weißes, großes Kreuz, Zeichen einer anderen Welt, Verheißung einer kommenden Verklärung. Gibt es ein anderes Bild, das so bedrängend und wahr das Schöpfertum des Menschen und Musikers Schubert aussagt?

Schuberts Lebensraum wurde in diesem Jahr immer enger, sein Leben wurde leerer, die Welt versank für ihn. Nur seine innere Welt wurde weiter, tiefer, immer bedrängender und herrlicher. Der Freund Mayrhofer hatte sich auf sich selbst zurückgezogen. Vogl, Kupelwieser und Spaun hatten geheiratet und waren dadurch an einen andern Menschen gebunden. Im September verließ Bauernfeld Wien, im Oktober auch Schwind.

Wie gern war Schubert in den vergangenen Jahren gereist! Wie anregend hatte der Aufenthalt in anderer Landschaft unter aufgeschlossenen Menschen auf ihn gewirkt, auf Leib, Seele und Geist! Natürlich wurden auch in diesem Frühjahr und Sommer Reisegedanken in ihm wach. Auch von außen traten Aufforderungen genug an ihn heran, wieder eine Reise zu tun. Sowohl die Freunde in Gmunden als auch Pachlers in Graz luden ihn ein. Im Mai bot ihm Ferdinand Traweger in Gmunden, bei dem Wimmer durch den ihm bekannten Wiener Flötisten Zierer hatte anfragen lassen, ein Zimmer mit Frühstück, Mittag und Abendessen für 50 Kr-Schein je Tag an, nach guter deutscher Währung nicht mehr als eine Reichsmark. Er mochte Schuberts Ehrgefühl nicht belasten, der sich nicht als

Vor der Pforte der Ewigkeit

Franz Lachner, Schubert und Eduard von Bauernfeld
abends in Grizing beim Wein sitzend (im Hintergrund die
Grizinger Kirche, der Kahlen- und der Leopoldsberg)
Aus der »Lachnerrolle«, kolorierte Federzeichnung von
Moritz von Schwind (1862)

beschenkter Bettler vorkommen sollte und darum wenigstens etwas zu bezahlen haben sollte. »Was Sie trinken wollen, bezahlen Sie besonders«, fügte er hinzu. Auch noch andere Gmunder Freunde müssen Schubert eingeladen haben.

Anfang Juli schrieb Jenger, der schon den ersten Besuch in Graz vermittelt hatte, an Frau Pachler, daß Schubert schon mehrere Einladungen aus Gmunden erhalten habe, ihm aber zur Zeit die Mittel zum Reisen fehlten. »Er ist dermalen noch hier, arbeitet fleißig an einer neuen Messe und erwartet nur noch – wo es immer herkommen mag – das nötige Geld, um sodann nach Ober-Österreich auszufliegen. Bei diesen Umständen dürfte also unser Ausflug nach Grätz wieder wie im vorigen Jahr zu Anfang des Monats September in die Tour kommen. – Sollte ich aber dieses Jahr wirklich nicht abkommen können, so werde ich wenigstens den Freund Schubert Ihnen zusenden, der sich – wie er mir heute sagte – schon wieder freut, in Ihrer Nähe einige Wochen verleben zu können.«

Ende August schrieb Frau Pachler an eine Wiener Bekannte, daß sie im September Schubert und Jenger zu Besuch erwarte. Am 6. September schreibt Jenger noch einmal an Frau Pachler: »Freund Schubert und ich sind mit 1ten d. Mts. in neue Quartiere übersiedelt. – Gestern abends habe ich ihn endlich im Burgtheater gesprochen, und nun kann ich Ihnen, liebe gnädige Frau, sagen, daß Freund Schwammerl in kurzer Zeit eine Verbesserung seiner Finanzen erwartet und mit Zuversicht darauf rechnet, und sobald dies geschehen, er auch unverzüglich Ihrer gütigen Einladung folgen wird. Jedenfalls erhalten sie 8 Tage vor seinem Eintreffen in Grätz entweder von ihm oder mir bestimmte Nachricht. Er wünschte freilich, daß ich die Reise mit ihm machen könnte, doch kann ich während des heurigen Lagers [= Manöver], welches bis 24ten d. Mts. dauert, nicht abkommen. Bleibt Schubert bis Ende Oktober bei Ihnen, so wäre es dennoch möglich, daß ich wenigstens auf 8 Tage nach Grätz komme, um alle meine Lieben wieder zu sehen, und Freund Schwammerl abzuholen.«

Jenger, der beim Wiener Hofkriegsrat tätig war, hatte schon in einem früheren Brief angedeutet, daß ihn vielleicht die politische Lage daran hindern würde, an der Fahrt teilzunehmen. Der griechische Befreiungskrieg war noch im Gange, und die

Russen mischten sich in die Vorgänge auf dem Balkan ein. Dennoch muß wohl sehr ausgiebig und mit großem Vorfreude von den Reiseabsichten gesprochen worden sein.

Noch eine verlockende Einladung erging in diesem Jahr an Schubert. Anton Schindler, Beethovens Faktotum, der nach dessen Tod mit seiner Schwester nach Pest gegangen war, weil diese dorthin als Sängerin an die ungarische Oper berufen worden war, schrieb am 11. Oktober einen langen Brief an Schubert. Darin machte er ihm ein glänzendes Angebot. Eine Oper von Lachner sollte dort im Oktober aufgeführt werden, und Schubert soll Lachner schon im Sommer versprochen haben, wenn möglich, der Premiere beizuwohnen. Aus diesem Anlaß nun schrieb der Lachner befreundete Schindler:

»Unser Freund Lachner ist mit dem Arrangement der Oper gar zu sehr beschäftigt, daher ich es übernehme, Sie nicht nur in seinem Namen zu dem wichtigen Tage, an dem dieses große Werk zur Aufführung kommen wird, welches der 25. oder 27. d. M. bestimmt ist, einzuladen, so – ich und meine Schwester fügen noch unsere Einladung hinzu, und wünschen, sie hier in unserer Mitte nun als herzlich wohlmeinenden Freund empfangen und verehren zu können . . . Richten Sie sich's daher ein, daß sie längstens am 22. d. mit dem Eilwagen abreisen, und geben Sie uns nur zwei Tage früher schriftliche Nachricht, ob Sie sicher am 24. d. morgens hier zu erwarten sind. Dies wäre das Eine, das Andere folgt. Sintemal und alldieweil Ihr Name hier einen guten Klang hat, so haben wir folgende Spekulation mit Ihnen vor, nämlich: daß Sie sich entschließen mögen, hier ein Privat-Konzert zu geben, wo größtenteils nur Ihre Gesangstücke vorgetragen werden sollen; und man verspricht sich einen guten Erfolg, und da man schon weiß, daß Ihre Timidität und Komodität bei einem solchen Unternehmen nicht selbst viel Hand anlegt, so mache ich Ihnen kund und zu wissen, daß Sie hier Leute finden werden, die Ihnen auf das willfährigste unter die Achseln greifen werden, so schwer sie auch sind. Jedoch müssen sie auch etwas dazu beitragen, et quidem daß Sie sich in Wien 5–6 Briefe aus adeligen Häusern an wieder solche hier geben lassen.«

Schindler zählt nun, angefangen mit Esterházy, mehrere auf und nennt eine besonders kunstinteressierte Gräfin in Pest, der solch ein Briefgruß übermittelt werden müßte. Schindler fährt fort: »Lassen Sie sich das nicht schwer fallen, denn es ist dabei keine Mühe und kein Kurmachen verbunden, sondern Sie geben die Briefe hier ab, wenn wir es für notwendig finden werden, und damit basta! Einige 100 fl auf diese Art in die Tasche bekommen, ist nicht zu verwerfen, und nebst diesem können noch andere Vorteile dabei herausschauen. Also frisch! nicht lange judiziert und keine Mäuse gemacht! unterstützt werden Sie aufs Beste und nach Kräften.«

Es folgen die Namen einiger Leute, die gern bei diesem Konzert singend oder spielend mitwirken würden. Der Briefschluß lautet: »Und somit Gott befohlen! Wir erwarten alle, daß Sie hübsch g'scheit handeln und sich nicht widerspenstig zeigen werden. Also auf baldiges Wiedersehen in dem Lande der Schnurrbärte! Dies von Ihrem aufrichtigen Freund Anton Schindler.«

Franz Lachner fügt noch hinzu: »Lieber Butscher, ich erwarte dich längstens am 20. in Pest, damit wir doch auch noch ein paar Tropfen trinken mögen. Lebe wohl!«

Der Briefstil zeugt davon, daß Schindler bemüht war, dem armen Schubert spürbar zu helfen und wie er alle seine Briefschreibekunst daran wandte, ihn aus seiner Isolierung herauszuholen, ihn aufzumuntern und in Bewegung zu setzen. Der finanzielle Ertrag wäre sicher lohnend gewesen, hätte Schubert für eine Zeit das Leben erleichtern können, und die Andeutung anderer Erfolge durch das Bekanntwerden in der ungarischen Öffentlichkeit war gewiß nicht abwegig. Außerdem hätte Schubert viele neue Menschen kennengelernt.

Aber alle diese lieb und gut gemeinten Einladungen fanden keine Erfüllung. Den Brief Schindlers hat Schubert nicht beantwortet. Wahrscheinlich war er nicht mehr imstande, sich zu solch einem Unternehmen und allen damit verbundenen Beanspruchungen aufzuraffen. An Jenger hatte er schon am 25. September geschrieben: »Mit der Reise nach Grätz ist's für heuer nichts, da Geld und Witterung gänzlich ungünstig sind.« Die Kürze dieser Mitteilung läßt die inneren Bedrückungen Schuberts ahnen.

Vor der Pforte der Ewigkeit

Schubert, Lachner und Johann Michael Vogl singen ein Ständchen. Kolorierte Federzeichnung von Moritz von Schwind (aus der »Lachnerrolle«, 1862).

Gesundheitlich ging es ihm in steigendem Maße schlechter. Mit fortschreitendem Sommer nahmen die Kopfschmerzen zu, Blutwallungen und Schwindelgefühle quälten ihn. Der Arzt gab neue Medizin und empfahl Bewegung in der frischen Luft. Schließlich drängte er Schubert, aus der dunstigen Luft der engen Wiener Altstadt, aus der bequemen Wohnung im Hause Schober auszuziehen. Ferdinand bot ihm zum 1. September eine Bleibe in seiner neuen Wohnung in der Wiener Vorstadt an, in freier Luft, aber eng, feucht, dazu unhygienische Wasser- und Abflußverhältnisse. Dennoch schien der Umzug eine vorübergehende gute Wirkung zu haben, denn im September ging Schubert wieder mit Freunden ins Theater, und im Oktober wagte er sogar eine dreitägige Wanderung mit Ferdinand. Aber die Beschwerden verließen ihn nicht mehr.

So war die einzige Ausspannung dieses Sommers eine Landpartie im Wagen zu dem in Niederösterreich hübsch zwischen bewaldeten Hügeln gelegenen weiträumigen Stift Heiligenkreuz. Ein wohlhabender Wiener hatte Schubert und Lachner dazu eingeladen und die beiden gebeten, auf der berühmten Orgel der Stiftskirche zu spielen. Es ist von einer Fuge die Rede, die sie dort gespielt hätten. Aber Genaues läßt sich nicht mehr feststellen. Das war der einzige fröhliche, aus der dunstigen Stadt Wien in die schöne österreichische Kultur- und Naturlandschaft hinausführende Ausflug des ganzen Sommers.

Schubert konnte sich nicht von seiner Schaffensbesessenheit losreißen. Die beiden großen Werke dieses Sommers, die letzte Messe und das Streichquintett, sollen, zusammen mit den kirchlichen und religiösen kleineren Kompositionen des Jahres 1828, in einem besonderen Kapitel besprochen werden. In der Mitte des Sommers wandte sich Schubert ein letztes Mal mit überraschenden Ergebnissen der Liedkomposition zu.

Wir sind dem Schriftsteller und Theaterkritiker Rellstab, der 1825 von Berlin nach Wien gekommen war, schon begegnet. Schindler will dessen Gedichte unter Beethovens Nachlaß gefunden und sie Schubert zur Komposition angeboten haben. Im August nahm Schubert sie wieder zur Hand. Er wurde so gepackt, daß er in kurzer Zeit sieben herrliche Lieder komponierte, die er zu einem Zyklus zusammenstellte und bald herauszugeben gedachte.

Zur selben Zeit nahm er Blätter mit ersten Aufzeichnungen und Entwürfen völlig neuartiger Liedkompositionen wieder vor, die er Ende Januar und Februar niedergeschrieben hatte. Im Winter 1827/28 war der Freundeskreis in seinen Leseabenden zum erstenmal auf den Dichter Heinrich Heine gestoßen und hatte seine erst vor einiger Zeit erschienenen Reiseideen und die darin enthaltenen Gedichte gelesen. Anfang 1828 lagen letztere als »Buch der Lieder« in einem Sonderdruck vor. Schubert nahm das Bändchen mit nach Hause, weil ihn einige Gedichte des Büchleins nicht mehr in Ruhe ließen. Damals entstanden die ersten Entwürfe.

Gleich nach den Rellstab-Liedern nahm Schubert die beschriebenen Blätter wieder vor und stellte einen Heine-Zyklus von sechs Liedern zusammen. Er war sich der Bedeutung dieser Schöpfungen so sehr bewußt, daß er sich schon bald um die Drucklegung bemühte. Aber er starb darüber hinweg.

Ferdinand, seinem Bruder Franz über den Tod hinaus immer zu treuen Diensten, gab die Manuskripte an den Verleger Haslinger. Dieser stellte die beiden Zyklen zusammen, fügte noch die einzelne letzte Liedkomposition Schuberts vom Oktober, die »Taubenpost«, nach einem Gedicht Seidls, hinzu, und veröffentlichte alles im April 1829 unter dem Titel »Schwanengesang«, in Erinnerung an die Legende, daß der Schwan vor seinem Tode noch einmal seine Stimme zu einem letzten, herrlichen Gesang erhöbe.

Natürlich handelt es sich, im Unterschied von den beiden vorausgegangenen Zyklen, um Einzellieder, die jedes ihren eigenen Charakter und ihr eigenes Gewicht haben. Aber alle Rellstab-Lieder verbindet doch eine gleiche Wirklichkeitserfahrung miteinander: Die Grundstimmung des schubertschen Wandererthemas, die Bewegung zum anderen Menschen hin und von ihm fort, das nie endende Suchen und Abschiednehmen, Sehnsucht des menschlichen Herzens nach Liebe und Schmerz der Enttäuschung. Die Auswahl und Anordnung dieser Lieder ist nicht zufällig.

Sehr deutlich wird das auch bei dem zweiten Zyklus. In Heines »Buch der Lieder« stehen die ganzen Gedichte einfach numeriert hintereinander, ohne Titel, einige sinngemäß aneinandergefügt, die meisten ohne inneren Zusammenhang. Blättert man das Büchlein durch, dann erkennt man sehr bald, daß Schubert mit sicherem Gespür die sechs aussagestärksten Gedichte auswählte. Er gab jedem Lied einen Titel, um es in seiner Besonderheit zu charakterisieren, und, was noch viel wesentlicher ist, er gab den Gedichten eine andere Reihenfolge. Er nahm sie aus ihrer Umgebung heraus und verlieh ihnen dadurch weithin erst einen Ernst, den sie in dem Gedichtbändchen nicht haben. Er vertiefte ihren Sinn durch die neue Stelle, die er ihnen in seinem Zyklus gab. Dann hob er sie durch die schöpferische Kraft seiner musikalischen Gestaltung auf eine unendlich höhere Stufe. Erst als Schubert-Lieder erhielten diese Gedichte den Rang schicksalhafter, allgemeingültiger menschlicher Aussage.

Daß Schubert das Lied »Der Atlas« an den Anfang stellte, das Lied »Der Doppelgänger« an den Schluß und welche Reihenfolge er den Liedern dazwischen gab, beweist überzeugend, daß er mit diesem Liederzyklus eine geistige Aussage machen wollte. Nur wenn man das beachtet, findet man den Zugang zu dem anscheinend so leichtgeschürzten, nicht in den Zyklusrahmen passenden Lied »Das Fischermädchen«. Auch dies Lied wirkt dann erschütternd.

Die vom Verleger als Schlußlied beigefügte »Taubenpost« paßt genau an ihren Ort. In diesem kurz vor seinem Tod komponierten Lied hören wir zum letztenmal die wahre Schubert-Stimme, den zarten Gesang von der immerwährenden, immer lebendigen, auf dieser Erde nicht erfüllten Sehnsucht nach unverletzbarer Liebe.

Wenden wir uns nach diesen Vorbemerkungen nun den beiden Zyklen und darin den einzelnen Liedern zu.

Liebesbotschaft
Rauschendes Bächlein, so silbern und hell,
Eilst zur Geliebten so munter und schnell?
Ach, trautes Bächlein, mein Bote sei du;
Bringe die Grüße des Fernen ihr zu.

Zum letztenmal hören wir das von Schubert so geliebte Bächlein rauschen, plätschern, gleiten, eilen, perlen, klingen, die Gedanken und Wünsche des menschlichen Herzens begleitend. Die Melodie wandelt sich in der zweiten und dritten Strophe, wie sich die Gedanken und Empfindungen des Singenden wandeln. Er bittet das Bächlein, die Blumen im Garten der Liebsten zu erquicken. Er folgt in Gedanken dem Lauf des Bächleins und bittet es, die sinnend am Ufer Sitzende zu trösten und ihr das baldige Kommen des Geliebten anzukündigen. Die letzte Strophe wiederholt, mit weicherem Klang, die Melodie des Liedeinganges. Stilles, inniges Glücksgefühl verbindet, über die weite Entfernung hin, den Singenden mit der Geliebten. Das Bächlein plaudert beruhigend fort, bis sein Klang dem Ohr entschwindet:

Neigt sich die Sonne mit rötlichem Schein,
Wiege das Liebchen in Schlummer ein.
Rausche sie murmelnd in süße Ruh,
Flüstre ihr Träume der Liebe zu.

Aber die Welt ist hart und grausam, sie reißt die Menschen auseinander. Im Dunkel der Schicksalsbedrohung quält sich das Herz mit Schmerzen der Sehnsucht und der süßen Erinnerung. Dunkle, von zaudernden Pausen unterbrochene Akkorde künden für das nächste Lied Bedrückendes an.

Kriegers Ahnung
In tiefer Ruh liegt um mich her
Der Waffenbrüder Kreis;
Mir ist das Herz so bang, so schwer,
Von Sehnsucht mir so heiß.

Männlich ernst singt die Stimme, zunächst einfach aussagend, was ist, Nacht, Krieg, Bedrohung. Dann drängen sich die inneren Gefühle hervor, gequält schreit der Mann es aus sich heraus: die Bangnis des Kommenden, die Sehnsucht nach dem Zurückliegenden. Das Singen wird weich, träumerisch:

Wie hab ich oft so süß geträumt
An ihrem Busen warm!
Wie freundlich schien des Herdes Glut,
Lag sie in meinem Arm.

Dumpfe Trommelklänge führen in die bittere Gegenwart zurück. Qualvoll entringt sich der Brust die Klage:

> Hier, wo der Flamme düst'rer Schein
> Ach! nur auf Waffen spielt,
> Hier fühlt die Brust sich ganz allein,
> Der Wehmut Träne quillt.

Schubert kannte die Einsamkeit des Herzens, die Wehmut der Verlassenheit. Er wiederholt die Klagerufe des Mannes, der sich, obwohl im Kreis der Waffenbrüder ruhend, dennoch in seinem tiefsten Menschsein ganz allein fühlt. Aber Schubert resigniert nie. Immer wieder raffte er sich auf, der Pflicht des Schaffens gehorchend. Auch, wenn er sich darin aufrieb. Deshalb konnte er der letzten Strophe des Liedes diese außerordentliche Kraft innerer Erregung und ruhiger Festigkeit verleihen. Wie mannhaft der Anruf an sich selbst, tapfer wiederholt, wie ernst, entsagend, innig, aus Herzenstiefen aufsteigend, der todesahnende Abschied von dem einzigen Menschen, der den Bannkreis der Einsamkeit hätte durchbrechen können!

> Herz, daß der Trost dich nicht verläßt,
> Es ruft noch manche Schlacht.
> Bald ruh ich wohl und schlafe fest,
> Herzliebste – gute Nacht!

Von der tiefen Sehnsucht nach Befreiung aus der Einsamkeit des Herzens, nach einem Aufbrechen und Aufblühen des erstarrten Lebens in beglückender Gemeinschaft mit einem verstehenden, ergänzenden, alles Verlangen stillenden anderen Menschen singt das nächste Lied. Alles Dasein in der Natur stimmt das Herz auf diese Sehnsucht, weckt sie immer neu auf. Aber nichts in der Welt kann sie erfüllen. »Nur du!« Ein tief menschliches Lied, stürmisch, drängend, voller Gefühl, mit seiner bangen Frage am Schluß jeder Strophe.

> Frühlingssehnsucht
> Säuselnde Lüfte wehend so mild,
> Blumiger Düfte atmend erfüllt!

Wie haucht ihr mich wonnig begrüßend an!
Wie habt ihr dem pochenden Herzen getan?
Es möchte euch folgen auf luftiger Bahn,
Wohin? Wohin?

Das rauschende Bächlein, die im Himmelsblau wandernde Sonne, der schwellende Frühling, alles rührt das Herz so merkwürdig an. Die vierte Strophe, die von der herrlichen Daseinserfüllung in Keim, Knospe und prangendem Blütenglanz singt, schließt mit der bangen Frage:

Sie haben gefunden, was ihnen gebricht:
Und du? Und du?

Nun bricht die tiefe Qual des leidenden Herzens heraus, das schmerzvolle Wissen, daß es zur Befreiung nur eines einzigen Menschen bedürfe. Aber diese Befreiung war Schubert versagt. Ihm blieben Schmerz und Klageruf:

Rastloses Sehnen! Wünschendes Herz,
Immer nur Tränen, Klage und Schmerz!
Auch ich bin mir schwellender Triebe bewußt!
Wer stillet mir endlich die drängende Brust?
Nur du befreist den Lenz in der Brust,
Nur du! Nur du!

Innig, weich, zärtlich werbend fließt das nächste Lied dahin. Nach Art von Mandolinenklängen umspielt die Begleitung den melodisch bewegten Gesang.

Ständchen
Leise flehen meine Lieder
Durch die Nacht zu dir.
In den stillen Hain hernieder,
Liebchen, komm zu mir!

Der Werbende singt seiner Liebsten zu, sie brauche im Mondscheinwald keine Lauscher zu fürchten, sie solle dem Nachtigallengesang ihr Herz öffnen, denn sie

Rühren mit den Silbertönen
Jedes weiche Herz.

Mondlichtflimmern und Silbertöne, in Schuberts Musik ist das Wirklichkeit. Leidenschaftlich steigert sich der Gesang zur letzten Strophe. Leib und Seele sind hingerissen, die Gefühlsspannung ist aufs höchste gesteigert:

Laß auch dir die Brust bewegen,
Liebchen, höre mich,
Bebend harr' ich dir entgegen!
Komm, beglücke mich!

Aber die Erfüllung scheint in der Ferne zu entschwinden, der sehnsüchtige Ruf »beglücke mich« verhaucht in einer letzten Wiederholung. Das begleitende Spiel wird leiser und leiser und zerrinnt.

Der Mensch, dem die Erfüllung menschlicher Sehnsucht nach liebender Gemeinschaft versagt bleibt, wird in die Bedrängnisse seiner Einsamkeit zurückgeworfen. Er findet sein Zuhause im abseits der Natur, dort, wo sie dunkel rauscht, unheimlich braust, in Härte erstarrt, haltlos treibt, wo sich das leidende Herz zusammenpressen und den Tränen ihren Lauf lassen kann.

Aufenthalt
Rauschender Strom, brausender Wald,
Starrender Fels mein Aufenthalt.
Wie sich die Welle an Welle reiht,
Fließen die Tränen mir ewig erneut.

Gewaltvoll setzt Schubert entgegengesetzte Tonarten zueinander. Entsetzen wogt durch das Donnern der Töne. Kraftvoll, in männlicher Selbstentsagung, hart gegen sich selbst, klingt die menschliche Stimme durch das Getön und Gepolter und erhebt ihre Schmerzensklage zu den äußersten Felsen empor:

Hoch in den Kronen wogend sich's regt,
So unaufhörlich mein Herze schlägt,

und wie des Felsens uraltes Herz,
Ewig derselbe bleibet mein Schmerz.

Nach der sich vom unerträglichen Druck befreienden Klage wiederholt Schubert die beiden ersten Liedzeilen mehrere Male. Zuletzt stillt sich das Herz. Leise verhallt die einsam singende Menschenstimme »mein Aufenthalt«. Auch die Natur ist ruhig geworden.

Das nächste Lied ist das dunkelste, schaurigste, unheimlichste in dieser Reihe. Hier erfahren wir Schlimmeres als Einsamkeit. Hier ringt die Stimme eines Menschen, dem sich alles entfremdet hat, die Welt, die Mitmenschen, sein eigenes Selbst, der keinen Stern mehr über sich sieht, der ohne Segen geht, der vor allem flieht, über dem der Ruf ertönt: »Wehe!«

In der Ferne
Wehe, den Fliehenden, Welt hinaus ziehenden,
Fremde durchmessenden, Heimat vergessenden,
Mutterhaus hassenden, Freunde verlassenden
Folgse kein Segen, ach! auf ihren Wegen nach!

Der haltlos Fliehende rafft sich noch einmal auf, das Lied wird menschlich. Ein bezauberndes Wunder geschieht: Auge und Herz des Fliehenden öffnen sich noch einmal der Schönheit der Welt. Die Musik, perlend, funkelnd, strömend, unendlich lieblich, befreit das leidend verkrampfte Herz. Der arme Mensch ruft Erde und Himmel an, sie sollen den einen Menschen grüßen, der an allem Leid schuld ist, der das treue Herz durch Untreue unheilbar verwundete. So klingt die Klage menschlicher, und weil der arme Mensch sich grüßend und damit sogar verzeihend dem zuwendet, der ihm so weh getan hat, kann Schubert die ganze wunderbare Strophe noch einmal singen lassen. Nur, in der Wiederholung wird der letzte Abschiedsruf dunkler, wehmutsvoller. Es führt kein Weg zurück:

Lüfte, ihr säuselnden, Wellen, sanft kräuselnden,
Sonnenstrahl, eilender, nirgend verweilender:
Die mir mit Schmerzen, ach! dies treue Herze brach,
Grüßt von dem Fliehenden, Welt hinaus Ziehenden.

Zuletzt verhärtet sich die Stimme schmerzvoll wieder.

Es gibt auch leichtere Abschiede auf dieser Erde, aber das Leben ist und bleibt ein Abschiednehmen. Daher die stille Wehmut des letzten, so munter beginnenden, so melancholisch schließenden Rellstab-Lieds. So leicht auch das trab trab, trab trab des nimmermüden Rößleins klingen mag, es überdeckt das die Traurigkeit verleugnende, fröhlich tuende Singen des Reiters, als läge ein unabwendbares Müssen und Drängen über ihm. Er muß reiten, er muß die Stadt seines Glücks verlassen, die Einsamkeit ertragen, über die ihm auch die ihn begleitenden Sterne nicht hinwegtrösten können.

Abschied
Ade! Du muntre, du fröhliche Stadt, ade!
Schon scharrt mein Rößlein mit lustigem Fuß;
Jetzt nimm noch den letzten, den scheidenden Gruß.
Du hast mich wohl niemals noch traurig gesehn,
So kann es auch jetzt nicht beim Abschied geschehn,
Ade! Du muntre, du fröhliche Stadt, ade!

Meint man bei den ersten Klängen, ein lebenslustiges, fröhliches Reiterlied hören zu dürfen, so merkt man doch bald, daß das Traben des Rößleins mehr tapfer als lustig ist. Das jedesmalige »Ade« aus dem Mund des Reiters verrät, in seinen mannigfachen Stimmungslagen der verschiedenen Strophen, wie es ihm in Wahrheit um das Herz ist, so freundlich er auch von den Dingen und Menschen Abschied nimmt:

Ade, ihr Bäume, ihr Gärten so grün, ade!
– – –
Ade, ihr freundliches Mägdlein dort, ade!
– – –
Ade, liebe Sonne, so gehst du zur Ruh, ade!
– – –
Ade! Du schimmerndes Fensterlein hell, ade!

Alle Pracht, alle Schönheit seiner Musik gießt Schubert über alle Schönheit dieser Welt aus, aber er läßt dem Rößlein keine Ruh, es trabt unaufhaltsam fort. Nun wird der Reiter melancholisch, die Hufschläge werden zögernder, dumpfer. Der Sänger ringt bewegter, leidenschaftlicher. Sein letztes Ade verklingt unter dem abendlichen Himmel, verhallt, die Hufschläge des Rößleins werden ferner und ferner. Der Abschied ist Wirklichkeit geworden:

> Ade, ihr Sterne, verhüllet euch grau! Ade!
> Des Fensterleins trübes, verschimmerndes Licht
> Ersetzt ihr unzähligen Sterne mir nicht;
> Darf ich hier nicht weilen, muß hier vorbei,
> Was hilft es, folgt ihr mir noch so treu!
> Ade, ihr Sterne, verhüllet euch grau! Ade!

Mit dem nun folgenden Heine-Zyklus überrascht Schubert die Hörer mit einer ganz neuen, völlig eigenen musikalischen Sprache und überwältigenden Aussagekraft.

Das Vorspiel und bleibende Begleitthema des ersten Liedes könnte das tragisch große Thema einer Symphonie sein. Die Eruption ganzer Quadermassen, das lawinenartige Poltern der Tonabstürze, die sich daraus erhebenden lauten Klageschreie der Menschenstimme machen die Not eines kaum mehr tragbaren Daseins spürbar.

> Der Atlas
> Ich unglückseliger Atlas! Eine Welt,
> Die ganze Welt der Schmerzen muß ich tragen.
> Ich trage Unerträgliches, und brechen
> Will mir das Herz im Leibe.

Der Mensch Atlas beginnt jetzt ein erschütterndes Selbstgespräch, pochenden Herzens, stockenden Mundes. Die grauenhafte Welt um ihn tritt zurück. Die Unruhe ist ganz in sein Inneres verlegt. Er erkennt das Scheitern seines titanenhaften Willens, der allein das Äußerste wollte, unendliches Glück oder unendliches Elend. Bitter gesteht er sich ein, daß ihm das letztere zuteil wurde. Erneut bricht der ganze Jammer seines Daseins über ihn herein. Ihm bleibt nichts als die nicht aufhörende Klage über seinen maßlosen Schmerz:

Du stolzes Herz, du hast es ja gewollt!
Du wolltest glücklich sein, unendlich glücklich,
Oder unendlich elend, stolzes Herz,
Und jetzt bist du elend!
Ich unglückselger Atlas! Eine Welt,
Die ganze Welt der Schmerzen muß ich tragen.

Die musikalische Sprache und die Tatsache, daß Schubert dies Lied an den Anfang stellte, obwohl er es bei Heine irgendwo unter anderen Gedichten fand, zeigen an, daß dies Lied ihm selbst viel bedeutete, daß er es zu einer grundsätzlichen Aussage über sein menschliches Dasein erhoben hat. Von diesem ersten Lied fallen Schatten auf alle weiteren. Hier wird der menschliche Grundbefund angegeben. In den weiteren Liedern entfaltet sich das menschliche Schicksal.

Dies Lied müßte jeden modernen Menschen ansprechen, dem es nichts Fremdes mehr ist, daß der ungeheure Anspruch auf grenzenlose Glückserfahrung umschlagen muß in die Erfahrung unendlichen Elends.

Schubert läßt das Lied folgen, in dem er mit sparsamster Notation dem Schmerz einsamer Erinnerung stärksten und innigsten Ausdruck verlieh. Nur die Betrachtung ihres Bildes ist dem Liebenden von der Geliebten geblieben. Ein einzeln klingender Ton, und noch einmal ein einzelner, still stehender Ton, und nach kurzer Pause das zurückhaltende Einsetzen der menschlichen Stimme wecken unsere Aufmerksamkeit zu teilnehmendem Hörem.

Ihr Bild
Ich stand in dunkeln Träumen
Und starrte ihr Bildnis an,
Und das geliebte Antlitz
Heimlich zu leben begann.

Nach den zwei ersten Zeilen füllt Schubert die Denkpause des sich besinnenden mit dem Doppelschlag einer weichen Begleitung; dunkle Unterstimmen und hoch darüber einige wenige lichte Tonanschläge. Die Menschenstimme erklingt wieder, bewegt und leidenschaftlich, der Vereinsamte versinkt in Betrachtung des Bildes, in schmerzlicher Wehmut singt er vor sich hin:

Um ihre Lippen
Zog sich ein Lächeln wunderbar,
Und wie von Wehmutstränen
Erglänzte ihr Augenpaar.

Wieder, wie zu Beginn, öffnen einzelne matte Tonanschläge das Herz des Hörers für die nun leidenschaftlich werdende Klage. Unisono-Klänge sind das gespenstische Symbol bedrückender Einsamkeit. Schwere Klavierakkorde bestätigen die Endgültigkeit des letzten lauten Klagerufes »verloren«:

Auch meine Tränen
Flossen mir von den Wangen herab.
Und ach! ich kann es nicht glauben,
Daß ich dich verloren hab!

Der Jammer dieser Stimme greift ans Herz.
Den Text des nächsten Liedes finden wir in Heines Buch zuerst, mitten zwischen Gedichten über Schiffahrt, Liebe am Strand, gefährliche Seejungfrauen. Das dort nachfolgende Gedicht deutet an, daß das Fischermädchen dem vom Ufer her Rufenden gern willfahrte. Es ist daher fraglich, ob Heine in den Worten dieses Gedichts einen ironischen Ton anschlug und andeuten wollte, daß das Fischermädchen in dem Mann einen leichtfertigen Verführer erkannte und seiner Verlockung nicht folgte. Vor allem aber wäre ein Lied mit solchem ironischen Unterton, also unernst gemeint, ein Fremdkörper in dem Zyklus, wie Schubert ihn zusammenstellte. Es sei deshalb versucht, das Lied anders als Dietrich Fischer-Dieskau und Gerald Moore zu hören.

Das Fischermädchen
Du schönes Fischermädchen,
Treibe den Kahn ans Land;
Komm zu mir und setze dich nieder,
Wir kosen Hand in Hand.

Haben nicht Vorspiel und Begleitung einen melancholischen Klang? Könnte nicht dies Lied, gerade nach dem vorhergehenden und auch vor dem folgenden, den Sinn haben, schöne, aber traurige Erinnerungen wach werden zu lassen? Da war noch das Gefühl lebendig, da regte sich noch die Lebenslust! Da war auch noch Lebensmut im Spiel, der dem geliebten Menschen Wärme und Vertrauen spenden konnte. So warm, werbend, zärtlich klingt die nächste Strophe.

> Leg an mein Herz dein Köpfchen
> Und fürchte dich nicht zu sehr;
> Vertraust du dich doch sorglos
> Täglich dem wilden Meer!

Überleitend zur letzten Strophe wird die Begleitung wieder melancholischer. Natur und Menschenherz bieten keine Sicherheit, haben ihre Unberechenbarkeiten und Gezeiten, darin aber auch ihre Kraft. Der Gesang wird mutig, kraftvoll. Und dann, wie eine bescheidene, aber aufrichtige Hinzufügung, bekennt der um Vertrauen werbende Liebende, daß die bleibenden Werte in der Tiefe des Herzens verborgen liegen. Könnte diese letzte Strophe nicht eine echt schubertsche Selbstaussage sein? Stimmen nicht die melancholischen, so unerfüllt klingenden Nachtakte ganz dazu? Schubert hat den Reichtum seines Herzens nie wirklich verschenken können.

> Mein Herz gleicht ganz dem Meere,
> Hat Sturm und Ebb und Flut,
> Und manche schöne Perle
> In seiner Tiefe ruht.

Die Stimmung im Zyklus wird wieder düster. Schubert hat den Text seines nächsten Liedes aus einem eigenartigen, teils schwer deutbaren, teils eigenartig leichtfertigen Zusammenhang herausgelöst und ihm in seinem Lied ein ungeheures Gewicht gegeben, ihm abgründige menschliche Tiefe verliehen. Was erwartet man, wenn man dem Vorspiel erschrocken lauscht? Schubert muß manchmal einsam am abendlichen Donauwasser gestanden sein, in die ziehenden Nebelschwaden geschaut und dem dumpfen Anschlagen und leisen Aufplätschern der Wellen gelauscht haben. Er muß das unheimlich gleiche, ruhige Auf und Ab des Ruderschlags beobachtet und das Niedertropfen der Wasserperlen vom Ruder gehört haben. Er muß die unerfüllte Sehnsucht verspürt haben, welche die Augen eines Liebenden suchend über eine weite Wasserfläche zu einem erleuchteten Fenster am anderen Ufer gleiten läßt, denn all dies vermittelt uns das Wunder schubertscher Tongestaltung im nächsten Lied.

> Die Stadt
> Am fernen Horizonte erscheint wie ein Nebelbild
> Die Stadt mit ihren Türmen, in Abenddämmerung gehüllt.
> Ein feuchter Windzug kräuselt die graue Wasserbahn;
> Mit traurigem Takte rudert der Schiffer in meinem Kahn.

Sehr langsam, sehr ernst, in tiefem Sinnen werden diese Worte gesungen. Ohne Unterlaß strömt das Wasser dahin. Eine große Stille tritt ein. Die noch einmal aufleuchtende Sonne gibt den Blick zum anderen Ufer frei. In plötzlich wieder bewußtem, wieder aufbrechendem Schmerz erhebt der unglückliche Mensch laut seine Klage. Er schleudert das eine Wort, in dem alles liegt, was ihm auf dieser Erde einmal Wert war, in schauriger Klage zum Himmel empor. Dann schlagen die Wellen über seinem Schmerz zusammen, es ist, als wenn Wasserblasen über einem Ertrunkenen aufsteigen; dann ein allerletztes dumpfes Absinken in die Tiefe:

> Die Sonne hebt sich noch einmal
> Leuchtend vom Boden empor,
> Und zeigt mir jene Stelle, wo ich das Liebste verlor.

Schubert hat das Meer nie gesehen, aber er hat am Donauufer und am Ufer des von ihm so geliebten Gmunder Sees gestanden. Er kannte den abendlichen Glanz auf der Wasserfläche, die Stille um die kleinen Fischerhütten, das tiefe Rauschen des Wassers unter dem aufsteigenden Nebel.
Auch das nächste Lied ist ein Wunder solcher geheimnisvollen Musik des Wassers.

Am Meer
Das Meer erglänzte weit hinaus im letzten Abendscheine;
Wir saßen am einsamen Fischerhaus,
Wir saßen stumm und alleine.
Der Nebel stieg, das Wasser schwoll,
Die Möwe flog hin und wieder;
Aus deinen Augen liebevoll fielen die Tränen nieder.

Volksliedhaft schwebt die Melodie, schwelgende Harmonien erwecken das Gefühl der Weite, seliger Stille, wortlosen Glükkes, ferner Erinnerungen. Unruhige Akkorde, zuckendes Hin und Her des Möwenfluges künden Unheilvolles an. Die Tränen fließen.
Dunkel fällt schon herein, aber noch glänzt die selige Erinnerung. Die Melodie schwebt weiter leise dahin, Worte steigen verhalten aus den Tiefen des Herzens empor, stille, harmonische, weiche Akkorde tragen die einsam singende Stimme:

Ich sah sie fallen auf deine Hand und bin aufs Knie gesunken;
Ich hab von deiner weißen Hand die Tränen fortgetrunken.

Leise verhallen die Nachklänge. Aufwühlend unruhiges Spiel leitet die leidenschaftliche Klage der letzten Strophe ein. Ein völliger Stimmungsumschwung erschreckt den Hörer. Die süße Erinnerung ist versunken. Unauslöschlicher Schmerz übertönt alles. Leib und Seele schreien auf. Wirre, weiche Akkorde deuten auf innere Verwirrung. Dann schleudert der leidende Mensch seine Worte aus sich heraus, schmerzerfüllt singt er seine Wehklage. Die ganze Tiefe des Unheils bricht auf, eine unheilbare Vergiftung des Herzens, eine Leib und Seele verzehrende Verwundung:

Seit jener Stunde verzehrt sich mein Leib,
Die Seele stirbt vor Sehnen.
Mich hat das unglückselige Weib vergiftet mit ihren Tränen.

Was eigentlich geschehen ist, wird nicht deutlich. Der Dichter spricht es nicht aus; die Sprache der schubertschen Musik kann es auch nicht sagen. Aber das macht sie fühlbar, daß es Schicksale und Leiderfahrungen gibt, von denen zu genesen unmöglich ist. Die wenigen tief abfallenden Töne des Nachspiels erheben dies zu einer endgültigen Aussage.

Auch mit seinem letzten Lied hat Schubert den ihm vorliegenden Heine-Text unendlich vertieft. Bei Heine steht das Gedicht zwischen spöttischen Versen auf die Stadt, die unbedacht sein Liebchen ziehen ließ, und Gedichten von Friedhofsgerippen und nächtlicher Gespensterdrohung des sich an seinem untreuen Mädchen rächenden toten Geliebten. Nichts von alledem bei Schubert, nur ein einsamer, leidender Mensch, der an den Ort seines einstigen Glückes geführt wurde. Es ist Nacht. Der Mann steht vor dem ihm so vertrauten Haus, er führt ein Selbstgespräch, ruhig, traurig. Der Sprachbogen der bangen Melodie wiederholt sich, dumpfe Akkorde und ein leichter hoher Nachklang, wie ein kurzes Aufleuchten glücklicher Erinnerung, begleiten den Gesang.

Der Doppelgänger
Still ist die Nacht, es ruhen die Gassen,
In diesem Hause wohnte mein Schatz;
Sie hat schon längst die Stadt verlassen,
Doch steht noch das Haus auf demselben Platz.

Dann geschieht etwas Schreckliches. Man spürt, wie es den Einsamen kalt überschauert. Er sieht sein händeringendes, schmerzgeschundenes Ebenbild unter dem Fenster des Hauses stehen, grausend erkennt er im weißen Mondlicht sein eigenes Leidensantlitz. Das Erschrecken, das Entsetzen, das Grausen, das furchtbare Erkennen, alles wird in der Menschenstimme laut. Dumpfe begleitende Akkorde machen die Unheimlichkeit dieser Nachtstunde noch wirklicher:

Da steht auch ein Mensch und starrt in die Höhe,
Und ringt die Hände vor Schmerzensgewalt;
Mir graust es, wenn ich sein Antlitz sehe –
Der Mond zeigt mir meine ei'gne Gestalt.

Der Verzweifelte rafft sich zum Zwiegespräch auf. Er redet sein Gegenbild an, er greift es an, er schmäht es. Er schreit ihm seine verzweiflungsvolle Not ins Gesicht, damit es von ihm weiche. Aber der Doppelgänger weicht nicht. Mit den Nachklängen der Klavierbegleitung hängt er sich an den gequälten Menschen. Die laute Klage versinkt in stilles Nachgeben. Es gibt keine Befreiung von den früher erfahrenen Leiden. Schwer fallen dunkle Akkorde in unergründliche Tiefen:

Du Doppelgänger, du bleicher Geselle!
Was äffst du nach mein Liebesleid,
Das mich zerquält auf dieser Stelle
So manche Nacht, in alter Zeit?

Ein erschütterndes Lied. Schubert hat es ans Ende des Zyklus' gesetzt. Man hat es gehört. Nun wird es still um die Zuhörer, nun kommt die große Pause, nun setzt das Nachdenken ein. Was wollte Schubert mit diesem Lied sagen? Was geschieht in dieser Musik? Der leidende Mensch setzt sein Leiden aus sich heraus, stellt es sich gegenüber, gibt ihm eine eigene Existenz und erkennt sich dann selbst in ihm wieder. So erfährt er sein Leiden, seinen nicht mehr vergehenden Schmerz als etwas ihn Verfolgendes, als etwas, das nicht mehr aus der Welt zu schaffen ist, ihm immer wieder auflauert. Er sieht ein, daß er sich darein finden, sich darunter beugen, daß er sein Leiden schweigend tragen muß, bis die Erlösungsstunde schlägt, die verklärte neue Welt Wirklichkeit wird. Davon kündet Schubert an anderen Stellen seines Werkes.

Mit diesem musikalisch und menschlich einzigartigen Lied schloß Schubert seinen Heine-Zyklus und sein Liedschaffen überhaupt. Nur ein kleines Liedlein komponierte er noch kurz vor seinem Tod, »Die Taubenpost«.

Es ist darauf hingewiesen worden, daß Schubert im »Doppelgänger« das Thema seines zweiten Agnus Dei aus der erst vor kurzem geschriebenen Es-Dur-Messe verwendet. Sollte das wirklich zu verstehen sein als: »Bezeichnender Hinweis darauf, um welche hintergründigen Verbindungslinien zwischen Liebesentbehrung und Hadern mit Gott es hier geht?« Wenn schon Schubert bei der Komposition dieses grausigen Klageliedes das Agnus Dei seiner Messe im Ohr hatte, dann nicht mit Hadern gegen Gott, sondern so, daß er seine menschliche Leidensnot der Leidenstragkraft des Agnus Dei unterstellte, wie es auch heute noch in katholischer Frömmigkeit oft genug geschieht. Wenn er seine menschliche Leidensklage in die Melodie der Agnus-Dei-Anrufung hüllte, dann wird er dabei auch das innige Miserere und das selige Benedictusund das große Dona nobis Pacem in Ohr und Herz gehabt haben. Nur, in diesem Lied konnte er alldem keinen Ausdruck geben. Auch in der Musik hat alles seine Zeit, das Klagen und das Trösten, das Weinen und das ewigkeitsnahe Sichfreuen.

Der September 1828 war der letzte volle, über normales Menschenmaß ausgelastete Arbeitsmonat in Schuberts sich nun schnell dem Ende zuneigenden Leben. Der Ertrag: das Streichquintett und drei große Klaviersonaten, unvergängliche, unausschöpfbare Meisterwerke. Unausschöpfbar, das heißt, sie hören nie auf, den empfänglichen Geist und die fühlende Seele mit ihren Wundern zu überraschen, durch ihre Aussagekraft anzurühren und mit ihrem Reichtum zu beschenken. Sie bieten dem ausführenden Künstler immer neuen Anreiz, sich in sie zu vertiefen und ihnen in seiner eigenen, gelebten Gegenwart zu neuer Gestaltwerdung und zu neuem Sprechen zu verhelfen.

Diese Sonaten machen noch einmal deutlich, daß Schubert, ein unendlich ehrfürchtiger Beethoven-Verehrer, ein Musiker völlig eigener Art war, der absolut eigenständig auf gleicher Höhe neben dem verehrten Meister stand. Wir betreten in Schuberts Klaviersonaten den Boden einer anderen musikalischen, und das heißt seelisch-geistigen Welt. Während bei Beethoven in dem Aufbau und der Durchführung seiner Sonaten ein Kampf dramatischer Personen ausgetragen wird, der durch die Auseinandersetzung hindurch zu einer höheren Einheit führt, wir immer den meisterlichen Architekten und beherrschenden Geist spüren, gleicht Schuberts Musik dem Schreiten eines Schlafwandlers durch die Wirklichkeit und durch seine Traumwelt. Auch in dieser Doppelwelt ist Vernunft und Gestaltung, und der Schlafwandler kann höchst kunstvoll von vielen wunderbaren Dingen singen, von geheimnisvollen und unheimlichen, von schönen und schrecklichen. Der Musiker Schubert geht durch das Chaos hindurch, gleitet über das Chaos, existiert auf einer höheren Wirklichkeitsebene und macht eine Musik, in der alles, wirklich alles seinen richtigen Ton und Rhythmus findet. Er kämpft nicht gegen die Bedrohung durch das Chaos, er überwindet es nicht, indem er ihm eine neue musikalische Ordnung entgegenstellt. Er geht erleidend hindurch, weil er einer höheren Wirklichkeit zugehört. Der Pianist Brendel beschreibt das Wesen dieser schubertschen Musik: »Wir fühlen uns nicht als Herren der Situation, sondern eher als deren Opfer. Für viele von uns entspricht das den Erfahrungen in einer Welt, deren katastrophal anwachsende Probleme sich jeder Lösung zu verschließen scheinen.«

Damit ist gesagt, daß wir von diesen letzten Sonaten wohl höchste Meisterschaften, vollkommene Kunst zu erwarten haben, aber nicht das, was man gemeinhin unter dem Wort »Kunstgenuß« versteht, sondern Erschütterung, Eintauchen in eine Welt der Leiden, der Spannungen und der Hoffnungen.

Die zuerst entstandene c-Moll-Sonate erweckt durch ein herrisches, kraftvolles Eröffnungsthema große Erwartungen, die aber sofort enttäuscht werden, denn sehr schnell beginnt das Umherirren, Umherspringen, Umherrasen einzelner Töne und Akkorde, ein fragendes, unsicheres Suchen. Das Eröffnungsthema wird wiederholt, aber wieder versinkt es in dem Umherirren und Umhersuchen, in zögernden und verhaltenen Klängen. Es wird offenbar, daß das so majestätisch erscheinende Eröffnungsthema gar nicht heroisch, kraftvoll-mutig war, sondern in seiner Lautstärke täuschender Ausdruck innerer Panik und Angst. In Wahrheit ist dieser Satz Äußerung der Verzweiflung einer suchenden, umherirrenden Seele. Daher auch zum Schluß das weiche, tastende Auf und Ab, und das brodelnde Wühlen in der Tiefe.

Das Adagio ist der ans Herz greifende Gesang eines Sehnsüchtigen, Grübelnden, Bedrängten, Gehemmten, zögernd seine Schritte Setzenden, unsicher sich vorwärts Tastenden. Wie beklemmend sprechen die Pausen! Wie beängstigend ist es, wenn sich die Musik von Ton zu Ton der sehnsüchtigen Melodie vorwärts tastet und es darunter in der Tiefe unheimlich bebt. Wie angstvoll die letzte große Pause, bevor die Musik still verklingt!

Der kurze dritte Satz erhellt das Gemüt durch seine sanfte Melodie, durch blinkende Lichter und hübsche Tanzmotive.

Aber immer wieder wird das Spiel abrupt abgebrochen, durch harte, brutale Schläge aus der Tiefe zerstört. Es ist wie ein jeweils kurzes Auftauchen von Erinnerungen an gewesenes Schönes, wie ein kurzes, beglückendes Nachklingen, ein wehmütiges Zurückhorchen nach einem verlorenen Glück.

Das gewaltige Finale des letzten Satzes ist ein wildes Jagen, Toben, Stürzen, Brausen, auf und ab, hin und her. Dazwischen kurze Augenblicke innigen Besinnens, großartiges, brillantes Klangfeuerwerk, Farbe, Rhythmus, Vitalität, und die schrecklichen, jähen Pausen, in denen alles Leben stockt. Zum Ende hin wird der gesamte Klang dumpfer, bedrängender. Über dunklem Wühlen in der Tiefe tauchen wie Irrlichter einzelne Töne auf, Ermüdung tritt ein, ein letzter, harter Schlag, und der ganze, schier dämonische Spuk ist aus. Die Stichworte in Alfred Brendels Deutung der letzten schubertschen Klaviersonaten lauten: Verzweiflung, Panik, Chaos. Die Wiedergabe dieser Musik in der Interpretation Alfred Brendels oder des Russen Svjatoslav Richter bringen das überzeugend zum Ausdruck.

Die unmittelbar folgende Sonate in A-Dur scheint zunächst in eine völlig andere Welt zu führen. Die kraftvoll mächtige Eröffnung, balladesk weit ausholend, nimmt sofort gefangen. Frühlinghafte Atmosphäre, blühende melodische Einfälle, verträumte Stille, gedämpfte Schatten, neues Aufblühen, die herrlichen tiefen Lagen und die in der Höhe schwebende Melodie schaffen ein Gefühl befreiter Hochstimmung. Dieser Satz zieht weiter daher voll von polternder Vitalität, rhythmischer Kraft, pulsierendem Leben, melodischer Vielfalt, originellen Einfällen, schönen Überraschungen, farbiger Pracht und Feinheit. Zum Schluß hin kehrt nach einigem unruhigen und öfter bedrohlichen Hin und Her das Hauptthema wieder, stockend, zaudernd, dann wunderbar ruhig, zart, leiser und leiser, warm und umhüllend.

Dann aber erwecken die offenen, unerlösten Klänge, mit denen das Andantino beginnt, Staunen und Verwundern. Was soll dies? Dies Hinabfallen der Töne aus der Höhe in die dunkle Tiefe, das Zögern, das Verhalten, das Leise, der langsame, zuckende Pulsschlag? Dann dies suchend irre Laufen glänzender Tonketten, Verwirrung, Einbruch des Schrecklichen, des Entsetzens, des dumpfen Brausens aus dem Abgrund:

Chaos! Eine entsetzliche Pause. Aus ihr tauchen Anläufe zu neuem Leben auf, werden gewaltsam niedergeschmettert, mehrmals. Kurze, wirre, tötende Triller pfeifen durch die Luft. Schweigen. Aus der bangen Stille wächst zaghaft, dann sich entfaltend, eine weiche Melodie neuen Lebens. Die Anfangsmelodie taucht wieder auf, angekränkelt, tastend, sich ermutigend, gedämpft, umschattet. In einem dumpfen Brei endet die Musik, wie in einem tiefen Brunnen.

Als stürmische, leidenschaftliche, launische Rhythmik springt das Scherzo daher, entwickelt prächtig glänzende Läufe, poltert kräftig und läßt aus jähen Pausenabbrüchen immer neue Anläufe entstehen. Fast heiter, sprühend lebendig, manchmal zart staunend, manchmal etwas erschrocken, sprudelt die Musik nur so dahin, wagt kühne Aufsprünge und bricht schließlich, jäh hinunterkollernd, plötzlich ab.

Der letzte Satz, das Rondo-Allegretto, beginnt mit einer wunderbar einschmeichelnden Melodie, wiegend, beruhigend, bergend, umfangend, beglückend durch das farbenreiche, glitzernde, wohltuende Umspielen. Schöne Traumwelten tun sich auf, immer neue Wunder der Musik, weiches, volles, kräftiges, blühendes Leben, selig atmend, morgenfrisch sich weitend. Dunkle Bedrohungen aus der Tiefe erreichen nicht die Oberfläche. Die herrliche Grundmelodie behauptet sich und entfaltet sich wieder. Gewaltige Tiefenmassen geraten in Bewegung und drängen empor, bauen sich auf, drohen schrill und sinken wieder zurück. Die hohe Melodie des Lebens schwebt siegreich über den dunkeln Vorgängen, wird kraftvoll, entfaltet alle ihre Schönheit, bricht durch neue Bedrohungen wieder strahlend hindurch. Vor uns breitet sich das weite, bunte Feld des Daseins aus. Und dann geschieht dieser merkwürdige Schluß: Die überhaupt nicht erwartete jähe Pause; der Atem stockt, der Herzschlag setzt aus, das Leben ist tödlich bedroht. Noch lebt es, noch singt es zaghaft seine Melodie. Aber schon erhebt sich das wirre Brausen aus dem Dunklen, dämonische Bedrohung. Schreckliche Pause, zum letztenmal erheben sich die zaghaften Töne der Lebensmelodie. Aber sie werden von den harten Schlägen des Schicksalshammers zerschmettert.

Fast hatte man das schaurige Andantino vergessen, aber das andringende Klopfen aus der Tiefe im Finalsatz und der bedrückende Schluß haben es wieder in Erinnerung gerufen. Nun wird klar, daß es die beherrschende Mitte der ganzen Sonate ist, daß in ihm eine schubertsche Grundmusik ertönt. Und doch ist dies nicht seine letzte Aussage. Er verkündet nicht die Herrschaft des Abgrunds, aber gerade in dieser so reichen, an vielen Stellen so herrlichen Sonate wird überzeugend deutlich, daß alle Schönheit der schubertschen Musik immer Schönheit über dem dunklen Abgrund und unter dem lichten Himmel ist. Der Musiker Schubert ist der Mensch, der zwischen Himmel und Abgrund musizieren und singen kann, besser gesagt, singen muß.

Wenige Tage vor Beginn seiner zum Tode führenden Erkrankung beendet Schubert am 26. September 1828 die Reinschrift seiner Sonate in B-Dur, seines letzten großen Werkes überhaupt. Es besteht Einmütigkeit darüber, daß sie zu den großartigsten Schöpfungen Schuberts gehört und nach Beethovens Klavierschaffen als eines der herrlichsten Werke der Klaviermusik überhaupt zu gelten hat. Darüber hinaus aber sind die Beurteilungen recht unterschiedlich. Das soll durch einige Zitate deutlich werden. »Eins der schönsten Werke der Klavierliteratur überhaupt.« »Schuberts späte Musik liefert keine Idylle von Sentimentalität, vielmehr stellt sie die Selbstentfremdung zu Beginn des 19. Jahrhunderts in einer Weise dar, wie sie erst bei Mahler wieder anzutreffen ist.«

»Hier träumt der Träumer Gottes.« »Den wahren Schubert einmal unverfälscht zu hören, entführt niemanden in eine bessere Welt.« Die Sonate, »in der sich der Instrumentalkomponist Schubert ein letztes Mal gleichsam singend verströmte«. »In ihrem Zeitablauf zeichnet die Sonate das Bild von Ermüdung und Resignation.« »Der Finalsatz ist Schuberts letzter und endgültig nicht geglückter Versuch in Munterkeit.« »Nach den erhabenen, himmlischen ersten Sätzen und dem entspannenden dritten findet Schubert mit dem Finale zum Irdischen zurück.« Das Finale ist »ahnende Darstellung des bevorstehenden Todes«. »Das verborgene Diminuendo des ganzen Stückes registriert versiegende Kraft.« Svjatoslaw Richter in seiner Interpretation der Sonate »versteht es auf mirakulöse Weise, diesen unendlichen Legato-Bogen als ›Einspruch gegen den Fluß der Musik und damit der Zeit selbst‹ (Schnebel) zum

Ausdruck zu bringen, die Haltepunkte gegen das irre Treiben (zumal im Schluß-Presto) zu setzen«. »Das Allegro ist durch ma non troppo gedämpft. Diese Dämpfung vermag die Stimmung gesteigerter Fröhlichkeit nicht zu brechen. Der Satz ist nicht nur inhaltlich, sondern auch nach der Form aufs glücklichste gebaut, ans Herz greifend in unserm Wissen um die kurze Spanne Zeit, die dem Schöpfer beschieden sein sollte.«

Es mag versucht werden, auf einige Züge der vier in sich eigenständigen, und doch als Fülle der musikalisch ausgesagten Lebenswirklichkeit zusammengehörigen Sätze hinzuweisen.

Im Molto-moderato-Satz bedrängen von Anfang an die immer wiederkehrenden Stockungen, Hemmungen, Pausen, die resignierenden Schritte, die bangen Klänge und schreckhaften Eruptionen. Immer wieder erfüllen die Neuanfänge den Hörer mit Bewegung und Staunen, leise, zaghaft, die kurzen Aufschwünge, herrliche farbige Entfaltungen, machtvolle Erhebungen. Der Pulsschlag stockt, der Herzschlag droht stillzustehen, aber das Leben erwacht wieder, blüht auf und rauscht in all seiner bunten Fülle daher. Welch andringende Lebensintensität, welch herzstockendes Erschrecken, aber auch wieviel Staunen erregende Wunder des Daseins manifestieren sich in dieser Musik! Noch eine Eigenart dieses ersten Satzes: Die sich immer wiederholenden gleichen Begleittöne, in verschiedenen Höhenlagen, manchmal Akkorde, aber zumeist Einzeltöne, das ferne Totenglöcklein, der Totenwurm im lebendigen Holz. Der Satz schließt mit einem wunderbaren, herzstockenden und herzberuhigenden sanften, tragenden Ausklang.

Auch in dieser Sonate ist der zweite Satz, das Andante sostenuto, das Herzstück, aber auf völlig andere Weise. Das Eigenartige an dieser Musik ist der nie gestörte, wunderbare, friedvolle, beruhigende, beseligende Spannungsbogen zwischen den tiefen und den hohen Lagen, das sich ergänzende, korrespondierende Zusammenklingen des tragenden Grundes und der leuchtenden Höhe und Weite. Welch glanzvolles Spiel im Mittelteil, welch wunderbare bergende Tiefe, machtvoll, majestätisch, tragend, welch lichte, höhere Welt, welch freies Tönen und strömendes Leben im Licht! Man könnte dieser Musik ohne Unterlaß zuhören, weil sich hier Transzendenz öffnet, weil hier das Wunder erlösten Seins, der versöhnten Gegensätze, der Sphärenklänge spürbar wird. Die bedrohenden Dunkelheiten des ersten und des letzten Satzes sind ertragbar, weil dies Andante zwischen ihnen steht.

Als erstes erhält das kurze Scherzo, das Allegro vivace con delicatezza seinen schönen Glanz von ihm. Hin und wieder gibt es da einen melancholischen Klang, ein leises Stocken, aber im ganzen gleitet, hüpft, schwingt und tanzt hier das Musizieren in spielerischer Leichtigkeit, schillernder Farbigkeit und feinst ziselierter Zartheit beglückend dahin.

Im Beginn des letzten Satzes, des Allegro ma non troppo, erwecken die allein dastehenden harten Einzelschläge, aus denen dann plötzlich das eilend dahinjagende Musizieren hervorbricht, eine aufgeregte Erwartung. Sie kommt nicht zur Ruhe, denn nun fällt alles über uns her: atembeklemmende Pausen, gewaltsames Losschlagen, wildes Jagen, herrliche, hoch klingende Läufe, voll Glanz und innerer Bewegung, immer wieder intermittierende Einzelschläge, die für Augenblicke den Atem und die Zeit stillstehen lassen, haltlos stürmendes Gleiten und Kreisen und nervöses Irrlichtern, erschrockenes, ermattetes Abbrechen, zagender, glücklicher Neubeginn, ein letztes Jagen und Rasen. Auf einmal endet das alles mit zwei gewaltigen Schlägen, einem hohen und einem tiefen.

1828

Agnus Dei, letzte Messe Es-Dur und C-Dur-Quintett

Als sich Schubert im Juni 1828 daran machte, seine letzte Messe niederzuschreiben, hatte er seit seiner ersten Meßkomposition im Jahre 1814 einen nicht langen, aber weiten Weg musikalischer Entwicklung und menschlicher Lebenserfahrung hinter sich. Die Arbeit an der großen Symphonie hatte ihn vor etwa drei Monaten voll in Anspruch genommen. Einige kleinere Kompositionen lagen dazwischen. Ob nun die Messe für eine Aufführung in der Minoritenkirche bestimmt war, der Anstoß zu ihrer Komposition also von außen kam, ist nicht gewiß. Jedenfalls blieb sie nach ihrer Vollendung unberührt zwischen Schuberts Notenhaufen liegen. So ist es möglich, daß der Antrieb zu einer neuen Meßkomposition ganz aus Schuberts eigenem Innern kam. Aber gleich, wie es damit stehen mag: Sie war eine für ihn selbst notwendige Äußerung seines inneren Zustands. Keinesfalls ist sie ein Übungsversuch auf dem Gebiet der Kirchenmusik in der Absicht, sie vielleicht für eine Bewerbung um eine Kirchenmusiker-Stellung nutzen zu können. Gerade dafür wäre sie in der damaligen Wiener Musiksituation ganz ungeeignet gewesen.

Welch ein Weg von der lichten, harmonischen ersten Messe, die der seine Sopransängerin innig liebende, für die Musik begeisterte und von der Atmosphäre eines Meßgottesdienstes tief ergriffene kaum siebzehnjährige Jüngling in seiner Heimatkirche selbst dirigierte! In dieser Jugendmesse, so sehr sie auch der vorausgegangenen kirchenmusikalischen Tradition verpflichtet ist, hören wir echt schubertsche Musik. Man kann sie auch heute noch gern hören: Das melodiöse »gratias agimus«, das innig flehende »Agnus Dei«, die immer neu sich aufschwingende Lobpreisung »cum Sancto Spiritu«, das ehrfürchtige »Credo«, und nach der wehmutsvollen Klage und den inständig flehenden Anrufungen im letzten »Agnus Dei« das innige »dona nobis pacem«, in dem menschliche Not und ein Vorgefühl himmlischen Friedens miteinander verbunden sind. Feierliche Harmonie klingt durch die ganze Messe, und es ist zu verstehen, daß die ersten Hörer von ihrer Schönheit bewegt waren.

Die zweite Messe vom März 1815, die kürzeste von allen, den Text vor dem »Credo« wesentlich kürzend, ist ganz anders: durchweg strahlend hell, fanfarenmäßige festliche Klänge sind in ihr nicht selten. Das »Credo« stürmt als temperamentvolles Bekenntnis daher, das »Benedictus« entzückt als selige, dem Gefühl freie Entfaltung schenkende Lobpreisung, die im »Agnus Dei« Ton werdende schmerzliche Welterfahrung löst sich im hellen Ruf nach Frieden.

Die im Herbst desselben Jahres komponierte dritte Messe, eine Hochamtsmesse mit reicher Instrumentalbesetzung, überrascht durch Farbenreichtum und vielfältige Bewegung. Der Wechsel von zarten Einzelstimmen und starken Choreinsätzen, ehrfürchtig stillen Stellen und machtvollen Steigerungen, strahlender, leuchtender Schönheit und majestätischer Erhebung, feierlich ernsten Anrufungen und herrlich schwingenden Bögen geben der Messe bis zum Credo einen mitreißenden Schwung. Mächtig hebt das Credo an, führt durch die Tiefen und Dunkelheiten des Heilsgeschehens und strahlt in der Verkündigung der zukünftigen neuen Welt. In den weiteren Stücken der Messe führt Schuberts musikalische Gestaltung der Texte aus ehrfürchtig leisen, zarten, fast überirdischen Klängen zu hymnischer Fülle im »Sanctus«, zur irdischen Wirklichkeit des ins Fleisch Gekommenen im »Benedictus« und zu flehender Innigkeit im »Agnus Dei«. Die Messe schließt mit einem freudig bewegten, fast siegessicheren dona nobis pacem.

Von ähnlicher Art wie diese Messe ist das zehn Monate später in gleicher Instrumental- und Vokalbesetzung und in gleicherweise freudigem Geist komponierte schöne Magnificat.

Für alle Jugendmessen Schuberts sowie für seine Jugendsymphonien gilt, daß sie noch vergangenheitsbehaftet sind, daß wir aber in ihnen wesenhaft schubertsche Musikalität hören, daß wir sie kaum mit den beiden späteren Messen vergleichen können, sie aber auch nicht an ihnen messen dürfen: sie sind in ihrer Art schön und immer noch hörenswert. Neben vieler anderer Musik ihrer Zeit können sie durchaus bestehen.

Schuberts Meßkompositionen stimmen darin mit den Messen der ihm vorausgegangenen großen Komponisten überein, daß sie als liturgische Gebrauchsmessen konzipiert waren. Das bedeutet nicht, daß sie alle in den gottesdienstlichen Normalgebrauch übernommen werden konnten; dafür waren sie, wie etwa die Bachsche h-Moll-Messe oder Beethovens »Missa Solemnis«, zu umfangreich. Außerdem war letztere zu dem politischen Anlaß, für den sie gedacht war, nicht rechtzeitig fertig geworden. Grundsätzlich aber waren alle Messen nicht, wie es heute zumeist ihr Schicksal geworden ist, für die Konzerthalle und ein Konzertpublikum bestimmt. Sie gehörten in eine Gemeindekirche, eine Schloßkirche oder in einen Dom. Sie sollten gehört und erlebt werden von der anbetenden, bittenden, sich des göttlichen Heils vergewissernden und den dreieinigen Gott lobpreisenden Gemeinde. Dabei konnte der Anlaß für solche besonders festliche Gottesdienstfeier ein allgemein bewegender, ein politischer, ein besonderer kirchlicher oder auch ein sehr persönlicher sein, wie etwa für die späten Haydn-Messen, die jedes Jahr zum Namenstag seiner fürstlichen Gönnerin, der Fürstin Esterházy, komponiert wurden.

Demgemäß war es die Aufgabe der komponierten Messen, die wesentlichen Stücke der gottesdienstlichen Liturgie durch musikalische Gestaltung auf die Ebene außerordentlicher Feierlichkeit zu erheben und ihnen eine vielfältig gesteigerte Aussagekraft zu verleihen. Die Entwicklung des instrumentalen Musizierens und der Vokalmusik boten dafür etwa seit Bach Möglichkeiten unerhörten Ausmaßes. Das instrumentale Musizieren war fähig geworden, geistige Gehalte der liturgischen Stücke auf eine früher nicht gekannte Weise zum Ausdruck zu bringen und nahm daher immer größeren, zum Teil selbständigen Raum in den Messen ein. Die Vokalmusik hatte auch eine derart reiche Vielfältigkeit entwickelt, daß sie in der Meßkomposition im chorischen und solistischen Einsatz der Menschenstimmen eine Fülle von musikalischer Schönheit entfalten und jeder Regung menschlichen Empfindens Ausdruck verleihen konnte. Beides mochte dann sogar dazu führen, daß die Reinheit der Meßliturgie von der Fülle über sie ausgegossener Schönheit und musikalischer Spielerei überschwemmt und dem Gottesdienst damit sein Ernst genommen wurde. Darin haben damals kirchliche Grenzziehungen gegen ein Übermaß musikalischer Ausgestaltung ihren Grund gehabt.

Auf der andern Seite haben die Messen der großen Klassiker der Musik den Aussageumfang und Reichtum der liturgischen Worte so gesteigert, so intensiviert, wie es vorher beim liturgischen Sprechgesang nicht erlebbar und innerlich nachvollziehbar war. Der christliche Gottesdienst gewann dadurch an Weite und an Vertiefung, und wir können uns vielleicht kaum vorstellen, was die Gottesdienstteilnehmer damals erlebten, wenn sie die Messen der großen Meister oder auch ihrer kleineren Zeitgenossen andächtig hörten. Man braucht nur an einzelne Stücke dieser großartigen Messen zu denken, an Kyrie und *Gloria*, an die incarnatus-Stellen, an Sanctus, Benedictus und dona nobis pacem. Die musikalische Darstellung des zu feiernden, anbetungswürdigen göttlichen Handelns, die erhebende Verkündigung des von Gott angebotenen Heils und der gebührende Ausdruck der menschlichen Antwort auf das Angebot der göttlichen Gnade waren der geistliche Gehalt dieser Messen. Noch heute, in einer Kirche oder auch nur im Konzertsaal gehört, öffnen sie dem geistig aufgeschlossenen Hörer das tiefere Erfühlen und Erfassen der oft zur Gewohnheit gewordenen Stücke der gottesdienstlichen Liturgie.

Schubert schrieb seine Messen nicht nur mit höchster Hingabe seines künstlerischen Könnens, er schrieb sie mit der innersten Hingabe seines Gefühls, seines Mitempfindens. Man kann es ganz einfach ausdrücken: Schubert schrieb seine Messen mit seinem Herzblut. Das verleiht ihnen ihre Eigenart und ihre Einmaligkeit. Das macht sie aber nicht zu privaten Äußerungen. Gerade das erhebt sie auf die Stufe des menschlich Allgemeingültigen, genau wie seine drei großen Liederzyklen und so manches seiner Lieder.

Vielleicht kam es daher, daß er an seiner vorletzten Messe so lange arbeitete wie an keinem anderen Werk, über zwei Jahre. Andere Sachen legte er unfertig beiseite, wenn sie nicht bald zum Abschluß kommen wollten. Die Messe aber ließ ihn innerlich nicht los. Seine letzte Messe schuf er in der Drangsal seines letzten Lebensjahres, von innen her getrieben.

Wenden wir uns nun dieser Messe zu.

Im strahlenden Wiener Sommer, dem letzten Sommer seines Lebens, den Schubert kaum wahrgenommen zu haben scheint, schrieb er die Messe in Es-Dur. Ob sie wirklich für die Minoritenkirche im Alsergrund geschrieben wurde, die in diesem Jahr drei Feste feiern wollte, ob sie also ein Auftragswerk oder eine rein persönliche Schöpfung ist – diese Frage mag offen bleiben. Sie wurde tatsächlich erst im nächsten Jahr in einer anderen Kirche im Gottesdienst von Schuberts Bruder Ferdinand dirigiert, der dort kirchenmusikalisch tätig war.

Im November wurde die Messe unter einem anderen Dirigenten in der Pfarrkirche Maria Trost gesungen, und dann verschwand sie für einige Jahrzehnte.

Das Kyrie hört sich an wie das Kyrie der seufzenden, ihren Erlöser anrufenden Kreatur. Welch tiefe Herztöne, was für schmerzliche Klänge und dunkle Stimmen, welch qualvolle Erhebungen werden hier laut! Die Christusanrufungen stürmen bis zum Thron des Himmels empor. Schwirrende Streicherbegleitung, auf- und abschwellend, läßt die Nähe der nah und fern schwebenden himmlischen Wesen ahnen. Mitteninne und in dem ruhigen Ausklang umfängt den Hörer das Wunder ewiger Geborgenheit.

Nach den gewaltigen Aufschwüngen, aufsprühenden, aufblitzenden Klängen und ehrfürchtigen Schauern des großen Gloria eröffnen schauervolle Trompetenstöße die erschrokkene, bange Anrufung des *Agnus Dei*. Viermal wird diese Anrufung wiederholt, viermal gehen die grausig schaurigen, schmerzbewegten Klänge durch Mark und Bein, viermal ertönt das erbarmungswürdige *miserere*-Rufen zu dem geheimnisvollen Sündenträger. Kaum je vorher und nachher ist die Abgründigkeit des menschlichen Seins, das Mysterium der Verlorenheit und das Mysterium der Übernahme der Sündenlast durch das von Ewigkeit dazu bestimmte Gotteslamm so in Musik erklungen wie in dieser Schubert-Messe.

Befreit und zu herrlichem Jubel erlöst ertönt im *Gloria* die machtvolle Anrufung *quoniam tu solus sanctus*. In einer großartigen, weit ausschwingenden Fuge wird das Lob des Heiligen Geistes gesungen, des lebenschaffenden Vermittlers allen Heils, schließend mit einem freudig gewissen, sieghaften *Amen*.

In der bewegten Sprache ehrfürchtigen Zeugnisses zieht die Folge der *Credo*-Aussagen an uns vorüber, bis zu der sich mächtig steigernden, wiederholten Ausrufung der Teilhabe des Gottessohnes an der Weltschöpfung: *per quem omnia facta sunt.*

Nach einer kurzen Unterbrechung erhebt sich das große Staunen über das Hinabsteigen des Weltenschöpfers aus der Himmelswelt in die erlösungsbedürftige Menschenwelt, *propter nostram salutem.* Wieder eine Pause der Erwartung. Dann hören wir das neben der Mozart- und Beethoven-Messe schönste *incarnatus* aller Meßkompositionen, eine wunderbar stille, weiche, aus ergriffener Herzensehrfurcht aufsteigende Musik. Eine Einzelstimme beginnt, Stimme um Stimme wiederholt den über alles Begreifen gehenden Satz. Alle vier Stimmen nehmen ihn gemeinsam wieder auf, werden dunkler. Zaghaft hebt das *crucifixus* an, qualvoll und unheimlich das Grausige hinausschreiend, geht es weiter bis zum hoffnungsleeren Aufschluchzer des *sepultus*, begraben. Aber nun geschieht das Eigenartige, in der ganzen Meßliteratur Einzigartige: Schubert beginnt von Neuem mit dem himmlisch milden *incarnatus*, entfaltet wieder den ganzen tröstlichen Klang dieser wunderbaren Worte und läßt noch einmal die grausigen Schauer unheilvoller Trompetenstöße und furchtbar erschrockener, schreiender Menschenstimmen darüber herfallen, die in das hoffnungsleere, fassungslose *sepultus* verebben und verstummen.

Hat Schubert das Mysterium der Christusexistenz tiefer begriffen und erfahren als die anderen? Indem er Menschwerdung und Sterben am Kreuz so zu einer durch die Sprache seiner Musik erfahrbaren Einheit verschmolz, wurde er an dieser Stelle zum einzigartigen Verkünder des christlichen Heilsmysteriums. Wer könnte sagen, wie weit dies aus geistiger Überlegung, wie weit aus innerster Eingebung kam? Auf ein eigenartiges schubertsches Gestaltungsmittel in dieser Stelle sei noch aufmerksam gemacht: Man horche darauf, wie das Zupfen der Baßgeigen den pulsierenden Herzschlag des Lebens im Untergrund ständig gegenwärtig sein läßt.

Die strahlende, befreiende Musik der ganzen Messe reißt den Hörer mit, wenn die gewaltige Fuge auf die Worte *et vitam venturi saeculi* anhebt. Schubert kann sich nicht genug darin tun, die Hoffnung auf das Leben der zukünftigen Welt in immer neuen Wiederholungen begeistert, jubelnd, mit allen zur Verfügung stehenden Stimmen und Instrumenten zu verherrlichen und durch immer neue, herrliche Amen-Rufe zu bekräftigen. Hier hat Schubert seiner ihn durch sein ganzes Leben begleitenden Sehnsucht nach der Verklärung aller Dinge in einer neuen Gottesschöpfung großartigen Ausdruck verliehen.

Nach dem in mystisches Geheimnis getauchten, von verzücktem Jubel durchblitzten *Sanctus* ist das *Benedictus* die gefühlstiefe, aus dem Herzen strömende Antwort auf die Verkündigung der Inkarnation, die innige, sich zur gehobenen Anbetung steigernde Begrüßung des zu uns gekommenen Erlösers.

Noch einmal hören wir ein wahrhaft schubertsches *Agnus Dei*, eine viermalige Anrufung. Bedrohlich werden Klangmassen aufeinandergeschichtet, die belastenden Blöcke der Menschenschuld, gipfelnd in der Ermordung des menschgewordenen Gottessohnes. Schaurig tönen die Hornsignale, schrecklich die menschlichen Klageschreie, notvoll seufzend die Bittrufe um Erbarmen. Erst in der vierten Anrufung verwandeln sich Grauen und Not in schmerzerfüllte, aber gestillte Tröstung, in Vertrauen. Die Musik wird ganz still. Aus dieser Stille wächst das wunderschöne, innige *dona nobis pacem*, in immer neuen Melodiebögen von Einzelstimmen und vom vollen Chor zum Himmel emporgetragen. Doch noch einmal bricht die Not der menschlichen Existenz auf. Aus Qualen rufend, aus schrecklichen Anfechtungen schreiend, erheben die menschlichen Stimmen überlaut den schmerzvollen Bittruf, werden leiser, bedrängter, als dürfe der Mensch diese Bitte gar nicht wagen. Aber dann findet das gequälte Menschenherz zurück zu der ihm schon zuteil gewordenen Tröstung. Wunderbare, stille Harmonie breitet sich aus, der himmlische Frieden wird Gegenwart. Dies ergreifende *dona nobis pacem* kann wohl als Höhepunkt dieser Messe bezeichnet werden, als der Punkt, auf den hin sie komponiert ist, und vielleicht als eines der schönsten *dona nobis pacem* überhaupt.

Schubert schuf diese Musik drei Monate vor seinem Tod. Ein zeitgenössischer Zeitungsreporter, der die erste Aufführung im Jahr 1829 gehört hatte, schrieb, daß Schubert sich wohl schon zu sehr mit dem Todesgedanken beschäftigt hätte und daß die Messe daher voller Unschönheiten wäre. Das Menschsein ist voller Unschönheiten, und das wird man dieser Messe zubilligen müssen: daß sie dennoch auch voller Schönheiten ist, daß sie ein in vieler Hinsicht einzigartiges Werk ist, daß sie eine der ergreifendsten, menschlichsten Messen ist, die wir kennen, eine mit dem Herzblut eines am Menschsein leidenden, nach dem himmlischen Frieden verlangenden Menschen geschriebene Messe. Künstlerisch steht sie auf der Höhe der großen Mozart-, Beethoven- und Bruckner-Messen.

Mit Bewußtsein stellen wir neben diese Messe das Streichquintett in C-Dur. Es gehört zu den großartigsten Schubert-Kompositionen und Kammermusikwerken der Musik überhaupt. Schubert schrieb es zwischen den Liedern des Schwanengesangs und den drei letzten Klaviersonaten, also etwa ab Ende August 1828. Durch Hinzunahme eines zweiten Violincello über die gewohnte Streichquartettbesetzung hinaus war es dem Komponisten möglich, eine reichere Klanglichkeit zu erreichen und die ihn bedrängende Fülle musikalischer Eingebungen zu verwirklichen. Die Musik dieses Streichquintetts führt durch alle Weiten, durch alle Tiefen und Höhen menschlicher Existenz.

Gleich nach der Vollendung bot Schubert das eben fertiggestellte Werk, ein Zeichen seines eigenen Wissens um dessen Bedeutung, mit einigen Liedern und zwei Sonaten dem Verleger Probst an. Dieser wollte aber nur die Lieder drucken. Das Werk blieb unbekannt liegen. Erst 1850 wurde es erstmalig, noch dazu gekürzt, in Wien aufgeführt und 1853 vom Verleger Spina im Druck veröffentlicht. Der Brahms-Freund und große Geiger Joseph Joachim wußte mit der kühnen und spröden Musik zunächst nichts anzufangen und urteilte über sie: »Vieles ist ganz wunderschön, von überquellender Empfindung und so eigenartig im Klang; leider macht das Ganze wieder keinen befriedigenden Eindruck! Maßlos und ohne Gefühl für Schönheit in den Gegensätzen.« Aber nach eingehender Beschäftigung mit dem Werk änderte er sein Urteil, und fortan gehörte es zu seinen liebsten Darbietungen. Ähnlich erging es diesem Meisterwerk schubertscher Musik noch lange Zeit.

Der erste Satz, das *Allegro ma non troppo*, kann mit seinen langsamen Akkordschritten, mit der süßen, einschmeichelnden Wehmut seiner Melodik, mit der fordernden Härte der tiefen Streicher, mit der schmerzvoll klagenden Trauer und den hohen Lauten erschrockenen Lebens an das Lied »Der Tod und das Mädchen« erinnern. Die kraftvolle Auseinandersetzung zwischen dunklen Tiefen und zum Licht strebenden Höhen packt den mitempfindenden Hörer, und ihn bewegt die immer wieder aufsteigende selige Melodik der miteinander verschlungenen Themen.

Dem Allegro folgt das geheimnisvollste, schönste und erschütterndste Adagio, das Schubert je geschrieben hat, ja der Musikliteratur überhaupt. Ahnungsvolles Schweben seliger Töne, unendlich dahinströmender weicher Klang, behutsames, beruhigendes, den verweilenden Ton sanft begleitendes Zupfen der Saiten, Andeuten der zeitlos gewordenen Zeit, Traum von unendlicher Ferne und Nähe, tiefer Friede, Empfindung unirdischer Seligkeit, Entrückung in eine verklärte Welt – dies alles vermittelt uns der erste Teil des Adagios.

Dann, plötzlich, Einbruch des Dunkels, der Finsternis, des Dämonischen, brutal Zerstörerischen, unheimlich, erschreckend, grauenhaft. Über brodelnden Abgründen der Verlorenheit erheben sich Aufschreie der Verzweiflung, stürzen wieder in die Tiefe. Die schaurige Realität einer bodenlosen, von der Zerstörung bedrohten Existenz, die um Höheres weiß und Höheres sucht – darum die wunderbaren Melodiebögen in dieser diabolischen Musik –, wurde in diesen Klängen musikalisch Wirklichkeit.

Erschöpfung, Lähmung tritt ein. Schauervolle, beängstigend lange Pausen zwischen erbarmungswürdigen Seufzertönen scheinen das Verlöschen anzukündigen.

Ganz leise beginnt aus der Tiefe und aus tröstlicher Höhe ein neues Leben zu erwachen, zaghaft erst, und tief verwundert darüber, daß es dasein kann. Die glückhafte Seligkeit des ersten Teils kehrt zurück. Über ihr bleibt der Schatten der Bedrohung, des Zaghaften, Ängstlichen. Aber die Ahnung einer höheren Seligkeit, eines wahren, unsäglichen Friedens breitet sich wieder aus. Nur ergriffen, beunruhigt und bewegt kann man dies Adagio hören. Es läßt sich kaum eine schönere Sterbemusik denken, Botschaft von der Verklärung über einem vom Abgrund bedrohten Dasein.

Der dritte Satz ist in seinen beiden Außenteilen ein echtes Scherzo, temperamentvoll, energisch, das Dasein bejahend, derber Volksmusik nah, aber von schrillen Tönen durchzuckt, die daran erinnern, daß das Leben nicht aus Lust und Fröhlichkeit besteht, daß ihm das Unheil innewohnt.

Zwischen diese Außenteile eingeschlossen nun steht ein *Trio*, ein *andante sostenuto*, durch eine weiche, aber beklemmende, ängstigende Unisono-Melodie eröffnet, Wehmut, die das Herz verwundet, Schmerz der Verlassenheit, trauernde, lang hingezogene einsame Klage, die alles verloren hat, hohle Klänge der Daseinsleere.

Unvermittelt, als wenn ein Mensch in Bangnis und Angst plötzlich laut zu singen anhebt, setzt das Scherzo wieder ein, wilde Lebenslust, aber zitternd vor Erregung, durchschrillt von Angst und sich aufbäumender Selbstbehauptung.

Das Allegretto-Finale beginnt mit einem der freudigsten, heitersten folkloristischen Schubert-Themen, lebensfroh, temperamentvoll, vital. Ihm folgt eine weiche, melodische Tanzweise, rhythmisch schwebend, bewegt, schön variiert und geziert. Aber die Kraft der Musik läßt nach, versiegt, zerrinnt, löst sich schmerzlich auf. Das Spiel beginnt von neuem, ganz von vorn, energischer, reich an Melodik und Rhythmik, aber verunsichert, bis wieder der Auflösungsprozeß einsetzt, der Lebensatem versiegt.

Plötzlich gerät das Musizieren in Hetze, jagt vorwärts, als könne es so das Leben einholen, und plötzlich steigert sich das Tempo noch einmal zur äußersten Raserei. Vergeblich, die Kraft verlischt, die Musik des irdischen Daseins ist zu ihrem Ende gekommen.

Man muß diese Komposition in innerem Zusammenhang mit den übrigen Schöpfungen dieses Jahres sehen, dann erinnert sie, neben anderem, auch an die Messe mit ihrem schaurigen *crucifixus* inmitten des himmlischen *incarnatus* und an das grausige *Agnus Dei* zwischen dem seligen *Benedictus* und hoffnungsglücklichen *dona nobis pacem*.

Man darf neben den großen Kompositionen dieses Jahres nicht die auffallend vielen kleineren liturgischen und religiösen Werke Schuberts übersehen oder sie für unwesentlich halten, wie das öfter geschieht. Derartige Musikstücke finden wir allenthalben über den Lauf der Jahre zerstreut, und es wäre sicher wertvoll, ihnen einmal besonders nachzugehen. Nur ein Bruchteil von ihnen ist heute dem hörwilligen Schubert-Liebhaber schon zugänglich. Einschließlich der Messen sind insgesamt über dreißig liturgische Kompositionen vorhanden. Stellt man sie mit den vielen religiös gestimmten Liedern und Chorwerken zusammen, dann zeigt sich erst, welchen Reichtum an religiöser Musik Schubert uns geschenkt hat.

Auffallend ist die verhältnismäßig große Zahl solcher Kompositionen in Schuberts letztem Lebensjahr, acht verschiedenartige Werke in den Monaten März bis Oktober. Bei einigen kennen wir den Entstehungsanlaß. Der Anstoß zu ihnen kam von außen. Ist es Zufall, daß sich dies gerade im letzten Jahr so häufig ergab? Bei allen Kompositionen ist zu spüren, daß sie Schubert ernstlich beschäftigt haben.

Am Anfang steht »Mirjams Siegesgesang«, das Triumphlied der Mosesschwester nach dem Untergang des die Israeliten verfolgenden Ägypterheeres im Roten Meer. Den Text hatte Schubert von Grillparzer erhalten. Er dachte wohl an eine baldige öffentliche Aufführung in einem Konzert, denn das Sopransolo war für die musikalische Josefine Fröhlich geschrieben. Aber dazu kam es erst im nächsten Jahr, nach Schuberts Tod, in dem Konzert, das Anna Fröhlich zugunsten von Schuberts Grabstein arrangierte. Das Werk ist für Chor, Sopransolo und Klavierbegleitung geschrieben. Obwohl durch vielfältige Textwiederholungen zwanzig Minuten dauernd, läßt es doch nie in seiner Spannung nach. Ein ausgewogenes Zusammenspiel von Solo- und Chorgesang, weiträumig schwingende musikalische Bewegung, kraftvolle Dynamik, erregende Dramatik, reiche, wechselvolle Farbigkeit packen den Hörer vom ersten bis zum letzten Ton. Herrlich schallt der lobpreisende Jubel über Gottes Größe, erst zum Eingang, und dann noch gewaltiger ausholend, ins Endlose reichend, alles irdische Maß überbrausend, am Ende:

Rührt die Cymbel, schlagt die Saiten,
Laßt den Hall es tragen weit,
Groß der Herr zu allen Zeiten,
Heute, groß vor aller Zeit.

Die aufmerksame Güte und die überwältigende Machtfülle Gottes werden gegenwärtig, wenn Schubert die Solo- und die

Chorstimmen sich von stiller, ehrfürchtiger Dankbarkeit zu fast ungeheurer Stärke gegenseitig anfeuern und steigern läßt:

> Aus Ägypten vor dem Volke
> Wie der Hirt, den Stab zur Huth,
> Zogst du her dein Stab die Wolke,
> Und dein Aug' des Feuers Gluth!
> Und das Meer hört deine Stimme,
> Thut sich auf dem Zug, wird Land.

Erstaunlich und beeindruckend ist, wie Schubert weiterhin den Wechsel der Geschehnisse gestaltet. Nicht so sehr die einzelnen Vorgänge, das Betreten des trockenen Landes, das Heranbrausen des waffenklirrenden Ägypterheers, das Heraufziehen des Sturms und der Untergang der Pharaonenstreitmacht in den sie begrabenden Fluten musikalisch farbenreich und dramatisch bewegt ausmalend geschieht dies. Schubert macht vielmehr auf eigenartige Weise die seelischen Vorgänge im Innern der Betroffenen spürbar, das scheue Erstaunen über das Wunder, das aufatmende Vertrauen der Geretteten, die schrecklich über sie herfallende neue Angst, das Erschrockensein über das grausige Gerichtswerk Gottes an den überheblichen Menschen:

> Tauchst du auf, Pharao?
> Hinab, hinunter in den Abgrund,
> Schwarz wie deine Brust.
> – – –
> Schrecklich hat das Meer vollzogen,
> Lautlos rollen seine Wogen,
> Nimmer gibt es, was es barg,
> Frevlergrab zugleich und Sarg.

Das sind packende, ergreifende Stellen. Es ist Schuberts Meisterschaft, wie er die musikalische Darstellung der äußeren dramatischen Vorgänge und die musikalische Realisierung der damit einhergehenden innerseelischen Wandlungen völlig miteinander verschmelzen kann. Nicht minder bewundernswert ist sein Vermögen, das Lied nach den letzten schauervollen

Klängen, ohne inneren Bruch, sich in herrliche, freudenvolle Lobpreisungen verströmen zu lassen. Da bricht noch einmal das hervor, was in so manchem Hymnus der frühen Jahre als einer der Grundzüge schubertscher Religiosität erkennbar war: Ehrfurcht vor der Schöpferallmacht und Freude an allen Werken Gottes.

Zur Klavierbegleitung sei noch eine Bemerkung gemacht. Es ist gesagt worden, sie reiche nicht hin, und das Werk schreie geradezu nach einer Orchesterpartitur. Schuberts Freund Lachner hat das auch im Jahr 1829 versucht. Aber je genauer man hinhört, um so mehr empfindet man, wie gerade die gegenüber der Fülle der Stimmen natürlicherweise zurückhaltende Klavierbegleitung dem verkündenden Wort weiten Raum läßt, wie sie aber auch gleichzeitig in Zwischenspielen und Begleitung wesentlich dazu beiträgt, das Atmosphärische, die jeweilige Stimmung, das Seelische, zum vollen Ausdruck, zum Tragen zu bringen. Schubert wußte, was angemessen war.

Im März schrieb Schubert zum erstenmal den »Hymnus an den Heiligen Geist« als Vokalquartett für zwei Tenöre und zwei Bässe. Im Mai folgte eine zweite Fassung. Auch diese genügte ihm wieder nicht, denn im Oktober komponierte er auf den gleichen Text eine letzte Fassung für Soli, Chor und dreizehn Blasinstrumente. Wir werden später, der zeitlichen Abfolge seines Schaffens folgend, auf diese Komposition zurückkommen.

Im Juli wurde Schubert von dem Oberkantor der Wiener Synagoge, der sich um Reformen des jüdischen Tempelgesanges bemühte und dafür verschiedene Wiener Komponisten anging, gebeten, den 92. Psalm für den Synagogengesang herzurichten. Da der Gesang in hebräischer Sprache gesungen werden mußte, bedurfte Schubert der Übersetzerhilfe. Man merkt der Komposition für Baritonsolo und Chor Schuberts Ergriffenheit von den Worten des Psalmes an.

Schön ist es, Dir Herr, zu danken,
Und Deinem Namen, Höchster, zu singen, –
Zu künden am Morgen Deine Huld
Und Deine Treue in den Nächten.
– – –

> Denn Du erfreust mich, Herr, durch Dein Walten,
> Über die Taten Deiner Hände juble ich.
> – – –
> Ein tierischer Mensch erkennt es nicht,
> Und ein Tor begreift es nicht.
> Du aber bleibst ewig in der Höhe, o Herr!

Später wurde der Psalm mit dieser deutschen Übersetzung veröffentlicht. In der klangvollen, dunklen hebräischen Sprache wirken die dynamisch bewegten Chorpartien und der homophone, markig ernste liturgische Baritongesang, in ihrer Verbundenheit als Rede und Antwort, sehr ehrfurchtsvoll und gottesdienstlich. Schon im Sommer dieses Jahres wurde der Psalm in der Synagoge gesungen. Wir haben hier ein schönes, überzeugendes Stück schubertscher liturgischer Musik.

Im August komponierte Schubert zur Feier einer Glockenweihe für die Franziskanerkirche im Wiener Vorort Alsergrund den Chorgesang »Glaube, Hoffnung und Liebe« mit Bläserbegleitung. Die drei Strophen des Textes stammen von Friedrich Reil. Schubert gab dem Gesang, dem Anlaß entsprechend, den Charakter eines Prozessionsliedes, im Rhythmus und im An- und Abschwellen das Wiegen einer großen, schwingenden Glocke darstellend. Die Endzeilen der drei Strophen

> An dich, o Schöpfer, glauben wir,
> Die Glockentöne hallen Dir.
> – – –
> Auf Deine Gnade hoffen wir,
> Die Feier töne jubelnd Dir.
> – – –
> Zur Liebe, Liebe läute sie!
> Aus Liebe nur klingt Harmonie.

läßt Schubert jeweils wiederholen. Daß sein Herz, obwohl er hier nicht auf meisterliche Komposition Wert zu legen brauchte, beteiligt war, und wo es am tiefsten mitsprach, erfahren wir daraus, daß er die beiden letzten Zeilen des Liedes zu einem sechsstimmigen Singen steigerte.

Ob Schubert bei der Arbeit an dieser Komposition ein ihm

schon bekannter anderer Text auf das gleiche Thema wieder einfiel, oder ob er zufällig in dieser Zeit darauf gestoßen war? Jedenfalls schrieb er noch im selben Monat ein schönes Lied auf den Text des Gedichtes »Glaube, Liebe und Hoffnung« des Wiener höheren Beamten und Schriftstellers Christoph Kuffner. Nach wenigen leisen Akkorden beginnt das Lied ernst, gesammelt, mit einer klaren, vorsichtig aufsteigenden Melodie:

> Glaube, hoffe, liebe!
> Hältst du treu an diesen Dreien,
> Wirst du nie dich selbst entzweien,
> Wird dein Himmel nimmer trübe.

Das war es ja, was Schubert sehnsüchtig suchte: die Überwindung seiner ihn bedrängenden Selbstentzweiung, den gewissen, bewahrenden Halt in einer eindeutigen, klaren Ewigkeitswelt. Männlich tapfer, sich selbst solche Gewißheit zusprechend, schreitet der Gesang der zweiten Strophe daher:

> Glaube fest an Gott und Herz!
> Glaube schwebet himmelwärts.
> Mehr noch als im Sternrevier
> Lebt der Gott im Busen dir.
> Wenn auch Welt und Menschen lügen,
> Kann das Herz doch nimmer trügen.

Erregt und laut wiederholt Schubert die vorletzte Zeile, verhalten, besinnlich ernst die letzte. In diesen beiden Zeilen gibt er seiner eigenen Lebenserfahrung bewegt und glaubwürdig Ausdruck. Wie oft haben wir in seinen Liedern schon diese Sprache seines Herzens gehört! Leise und erwartungsvoll beginnt die nächste Strophe:

> Hoffe auf Unsterblichkeit,
> Und hienieden bess're Zeit!
> Hoffnung ist ein schönes Licht.

Charakteristisch für Schubert ist, wie stark betont er dann weiter die vorletzte Zeile singt, geradezu abwehrend, und wie still dann, sich bescheidend, sich dem schicksalhaften Werden offenhaltend die letzte Zeile der Strophe:

> Hoffe, aber ford're nicht!
> Tag wird mählich, was erst Schimmer.

Innere Leidenschaft, edle und starke Gefühlsbewegung tragen die letzte Strophe. Wir spüren, wie stark Schubert diese Worte als die Sprache seines eigenen Herzens erkannte, und wir werden daran erinnert, wie ernst Schubert es in seinem Leben mit diesen Worten genommen hat:

> Edel liebe, fest und rein!
> Ohne Liebe bist du Stein,
> Liebe läutre dein Gefühl,
> Liebe leite dich ans Ziel.
> Soll das Leben glücklich blühen,
> Muß der Liebe Sonne glühen.

Obwohl die Melodie und der kompositorische Aufbau in den drei Strophen gleich sind, hat doch jede, den Worten entsprechend, ihr völlig eigenes Gepräge, ihre eigene Dynamik.

Die vier Zeilen der letzten Strophe kehren zum Anfang des Liedes zurück. Welches Gewicht gibt Schubert jetzt diesen Worten! Sehr ernst, feierlich schreitet der Gesang daher, langsamen Schritts das Gewicht dieser Wahrheit durch das Leben tragend. Wieder, wie im Eingang, steigt die Melodie zu den Höhen des ewigen Lichts empor. Ganz stille, leise Akkorde schließen dann den Gesang:

> Willst du nie dich selbst entzweien,
> Halte treu an diesen Dreien!
> Daß nichts deinen Himmel trübe:
> Glaube, hoffe, liebe!

Ein schönes, ein wahres Schubert-Lied.

Im September dieses Jahres entstanden das Streichquintett und die drei letzten großen Klaviersonaten, eine ungeheure kompositorische Arbeitsleistung, dazu noch die nervlich anstrengende Arbeit der sorgfältigen, sauberen Niederschrift ins reine. Wir wissen ja, wie genau Schubert es damit nahm.

Der Oktober brachte noch eine Reihe kleiner Kompositionen, Entspannungsarbeit gewissermaßen, aber Werke, in denen Schubert seinem Gemüt Raum geben, sein Herz sprechen lassen konnte, die nicht die Höhe der Meisterwerke zu erreichen brauchten, aber doch echt schubertsche musikalische Schöpfungen sind.

Da stehen zunächst drei liturgische Kompositionen. Das erste kleine Werk ist ein *Benedictus*. Der Verleger Diabelli hatte Schubert gebeten, für die einzige bisher veröffentlichte Messe in C-Dur ein zweites Benedictus zu schreiben, damit es wahlweise zur Verfügung stünde, falls es an einer Solosopranistin fehlen sollte. Man darf annehmen, daß Schubert diesen Auftrag gern annahm und daß ihm die Erfüllung Freude bereitete.

Ein äußerer Anlaß für die Komposition der beiden nächsten Stücke, eines *Tantum ergo* und eines *Offertoriums*, ist nicht bekannt. Die Handschriften haben ein merkwürdiges Schicksal gehabt. In den achtziger Jahren fand man zunächst Blätter mit Entwürfen und stellte daraus vollständige Partituren zusammen. Erst nach 1890 wurden Kopien der von Schubert selbst geschriebenen Partituren gefunden. Daraus läßt sich der Schluß ziehen, daß Schubert diese Kompositionen nicht flüchtig hingeworfen, sondern gründliche Arbeit an sie gewandt hat, daß sie aber nicht als Auftragserfüllung für einen bestimmten Zweck geschrieben wurden. Die Texte selbst müssen Schubert der Anlaß zu seinen Kompositionen gewesen sein.

Schubert hat das *Tantum ergo*, den im katholischen Gottesdienst gern gesungenen Lobgesang der von Thomas von Aquin stammenden Fronleichnamshymne *Pange lingua*, im Lauf seines Lebens öfter komponiert, aus eigenem Antrieb, ergriffen von diesem Text. Daß er, nach mehreren Jahren, sich noch einmal mit solch einer Kompositionsaufgabe für Soloquartett, Chor und Orchester beschäftigte, ist ein deutliches Zeichen dafür, daß Schubert die innere Verbindung mit der Sakramentsfrömmigkeit seiner Kirche nie verloren hat.

Auch die nächste Komposition, das *Offertorium* für Tenorsolo, Chor und Orchester, deutet darauf hin. Der Inhalt der drei nur sehr kurzen Textzeilen und ihre fast endlosen Wiederholungen passen ganz und gar zu den übrigen Kompositionen dieses Jahres. Daß Schubert gerade diesen Offertoriumstext auswählte und in die Sprache seiner Musik brachte, ist ein Stück Selbstenthüllung, Notruf seiner bedrückten Seele:

> Achte auf die Stimme meines Gebets,
> Achte darauf, mein König und mein Gott,
> Denn zu Dir will ich beten, Herr.

Die letzte religiöse Komposition dieses Jahres, im Oktober ungefähr zu gleicher Zeit entstanden wie der Gesang »Der Hirt auf dem Felsen«, ist der »Hymnus an den Heiligen Geist«, der Text von A. Schmidl. Die Worte müssen Schubert sehr beschäftigt haben. Das erkennt man auch daraus, daß dies die dritte musikalische Fassung ist. Für Schuberts innere Verfassung beim Schreiben dieser Komposition ist sehr aufschlußreich, wie er den Text behandelt. Im Unterschied von der Schmidl'schen Fassung als zusammenhängendem Sechszeiler hat Schubert einen erweiterten Text auf drei Vierzeiler verteilt. Den beiden ersten Zeilen Schmidls

> Herr, unser Gott, erhöre unser Flehen,
> Die sehnend auf zu Dir, Allgütiger, sehen

ist in der schubertschen Partitur hinzugefügt

> Herab auf uns sieh', Tröster Du,
> In unser Herz leg' Himmelsruh'!

Die vier weiteren Zeilen Schmidls lauten:

> Erfülle uns mit Kraft und Glaubensmut,
> Verlaß auf unserm Pfad uns nicht!
> Es leite uns zu dem, was recht und gut,
> Dein Bote aus dem Himmelslicht.

In der schubertschen Partitur sind die beiden letzten Zeilen geändert. Er setzt den begonnenen Text nach der zweiten Zeile unter Streichung des Ausrufungszeichens unmittelbar fort, so daß es bei ihm heißt:

Und leite uns zu dem, was recht und gut.
O Herr, verlaß uns nicht.

Schubert schließt den Hymnus, indem er den nun ein wenig veränderten ersten Vierzeiler wiederholt:

Herr, unser Gott! erhöre unser Flehen,
Die sehnend auf zu Dir, Allgüt'ger, sehen!
O sieh' auf uns herab, o Tröster Du,
In unser Herz leg' Himmelsruh'!

Die anscheinend nur kleinen Änderungen sagen viel. Der kürzere Text Schmidls zielt entscheidend auf den Beistand des Heiligen Geistes für eine wahrhaft christliche Lebensführung. Aus Schuberts Text spricht die Sehnsucht nach Erlösung, Frieden, Befreiung aus der Zwiespältigkeit und Bedrängnis des gefährdeten menschlichen Daseins, die Not der menschlichen Schwäche, die seufzende Klage des Menschen, der fürchtet, von Gott verlassen zu werden, das Verlangen nach der inneren Ruhe, die nur als Gabe des Himmels das Herz stillen kann.

Mit diesen Textveränderungen stimmt die musikalische Gestaltung überein. Sie kommt uns zunächst vielleicht sentimental, fast primitiv harmonisierend vor, besonders, wenn die Wiedergabe zu gedehnt, zu weich, ohne innere Spannung ist. Zugegeben, daß es sich nicht um eine bedeutsame künstlerische Schöpfung handelt, doch muß man erkennen, daß dieser Chorsatz uns mit einer echten, zu Herzen gehenden Schubert-Schöpfung beschenkt.

Sehr still, innig, getragen, die hohen und tiefen Stimmen in friedvoller Harmonie miteinander verbunden, singt der Chor die Bitte an Gott, den Heiligen Geist, er möge das Herz mit der Ruhe beschenken, die aus dem Himmel ist. Die Strophe wird wiederholt, von Instrumenten begleitet, immer noch ernst, getragen, aber jetzt bewegter, reicher an Klangfarbe, schon durchleuchtet von Klängen, die aus einer anderen Welt zu kommen scheinen.

Die zweite Strophe, unisono vom Chor begonnen, dann vielstimmig entfaltet, instrumental unterstützt, ist eine eindringliche, in der Melodieführung energisch bewegte Anrufung, die Bitte um Begabung mit der Kraft, die zum Bestehen des menschlichen Daseins notwendig ist. Durch die Wiederholungen der zweiten Zeile zittert Angst, weil der von Gott verlassene Mensch verloren ist. Bedrängend wird diese Angst dort, wo tiefe Männerstimmen das unsichere Tappen auf dem Lebenspfad rhythmisch verwirklichen und die hohen Stimmen gleichzeitig ohne Unterlaß klagend rufen: »O Herr, verlaß uns nicht!«

Die dritte Strophe wiederholt in vollchörigen und solistischen Einsätzen die ernste, still bittende Anrufung des Liedanfangs. Eine lichte, für einen Augenblick darüber schwebende Bläserstimme deutet Antwort von oben an. Voll erklingt sie in dem Anheben der hohen Klarinettenstimme bei dem Ruf »O sieh auf uns herab« und weiter in dem getrösteten Miteinander der aus dem Dunkel singenden Menschenstimme und der hoch darüber schwebenden Klarinette bei der Anrufung »O Tröster Du«. Zuletzt wird dann die ersehnte Himmelsruhe erahnte Gegenwart in den eigenartigen, sehr schönen Klangharmonien der letzten Zeile.

Wir sind näher auf diese Komposition eingegangen, weil man bei der Beschäftigung mit ihr erfährt, wie man leicht mit einem kritischen Urteil über ein Schubert-Werk hinweggehen kann, das bei längerem, intensiven Hinhören doch einen großen Reichtum an Schönheit, seelischem Ausdruck und menschlicher Wahrheit in sich trägt. Darüber hinaus läßt uns dies Werk, das Werk eines leidenden, dem Leben enteilenden Menschen und Künstlers, ahnen und empfinden, wie es in seinem Inneren aussah.

Die geistigen, seelischen und sogar musikalischen Zusammenhänge dieser kleinen Komposition mit den großen Werken dieses Jahres und – noch einmal sei darauf hingewiesen – auch mit dem von Erlösungssehnsucht erfüllten »Hirt auf dem Felsen« sind deutlich.

1828

ENDE EINER KURZEN ERDENWANDERSCHAFT

Seit dem 1. September wohnte Schubert in der Wiener Vorstadt Neu-Wieden als Untermieter bei seinem Bruder. Ferdinand besaß in dem großen Haus im zweiten Stock ein Wohnzimmer mit zwei Fenstern zur Straße hin und ein dunkles Zimmer zur Innenhofseite hin. Das Kabinett mit einem Fenster zur Straße überließ er seinem Bruder. In diesen engen Wohnverhältnissen entstanden Schuberts letzte bedeutende Werke. Das Streichquintett wurde fertig, vielleicht sogar, wie er am 2. Oktober an den Verleger schrieb, »dieser Tage erst probiert«. Die drei großen Klaviersonaten brachte er hier zu Papier, und im Oktober entstanden noch einige kleinere Kompositionen. Er war also, obwohl er, wie sein Bruder berichtet, »kränkelte und medizinierte«, in seinem neuen Arbeitsraum sehr fleißig.

Die bessere Luft in der zum Land hin offenen Außenstadt tat ihm gut. Er fühlte sich besser, und Anfang Oktober machte er die letzte schöne Wanderung seines Lebens. Er, Ferdinand und zwei Freunde wanderten die vierundzwanzig Kilometer südlich von Wien nach Unter-Waltersdorf. Ferdinand bezeichnet den dreitägigen Ausflug in seinem Nekrolog auf Franz als »eine kleine Lustreise«. Ob man aber aus diesem Ausdruck schließen darf, daß sie mit dem Kutschwagen fuhren, ist zweifelhaft, denn Schubert war immer ein guter Wanderer gewesen. Von ihrem Zielort gingen sie am nächsten Tag die elf Kilometer nach Eisenstadt im jetzigen Burgenland. Dort war, nahe bei dem großartigen Schloß der Fürsten Esterházy, Josef Haydn in der Bergkirche beigesetzt. Ferdinand bezeichnet diesen Ort als das eigentliche Ziel seines Bruders: »Allwo er Josef Haydns Grabmal aufsuchte und sich dabei ziemlich lange verweilte.« Stumm verweilte! Welche Gedanken und Gefühle mögen ihn dabei bewegt haben? Er liebte und verehrte Haydn, er wußte von

Haydns echter, schlichter Frömmigkeit, und er stand nun hier schweigend an der irdischen Stelle, von der die Gedanken in das Reich der Verklärung und zum Ursprungsort aller wahren Musik hinübergleiten.

Ferdinand berichtet noch über diese Wandertage: »Er war während dieser drei Reisetage höchst mäßig in Speise und Trank, dabei aber sehr heiter und hatte manche munteren Einfälle.« Die sonnig erhellte, bunte Herbstlandschaft erweckte noch einmal sein für alle Eindrücke so offenes Gemüt.

»Als er aber wieder nach Wien kam«, fährt Ferdinand fort, »nahm seine Unpäßlichkeit wieder zu.« Daher konnte er auch auf Schindlers Einladung nach Pest nicht mehr eingehen. Er setzte seine letzten Kräfte an sein Schaffen, komponierte noch ein *Benedictus*, ein *Offertorium*, ein *Tantum ergo*, einen *Hymnus an den Heiligen Geist*, das *Lied der immerwährenden Sehnsucht*, die *Taubenpost*, noch einmal einen Text von Johann Gabriel Seidl, und seinen letzten, ergreifenden innigen Heimwehgesang, *Der Hirt auf dem Felsen*.

Sehnsucht, Ahnung fernen, auf Erden nie erreichbaren Glückes, schmerzvolle Seligkeit, unwandelbare Treue tiefster Herzensempfindung, Wandern und Schweifen der suchenden Seele, wehmutsvolles Sichbescheiden – das ist die Stimme des Sängers Franz Schubert, in seinem letzten schlichten Lied noch einmal kurz vor seinem Tod laut werdend:

Die Taubenpost,

Ich hab eine Brieftaub' in meinem Sold,
Die ist gar ergeben und treu,
Sie nimmt mir nie das Ziel zu kurz,
Und fliegt auch nie vorbei.

Ich sende sie viel tausendmal
Auf Kundschaft täglich hinaus,
Vorbei an manchem lieben Ort,
Bis zu der Liebsten Haus.

Die zarte, von ferne ein wenig traurige Melodie bleibt sich durch das Lied hindurch treu, mit wenig Abwandlungen je nach

Aussage der Strophen, wie die Klavierbegleitung und die Zwischenspiele. Lebhaft und kraftvoll wird das Lied in der Strophe, die das Grundthema Schuberts anschlägt:

> Bei Tag, bei Nacht, in Wachen, im Traum,
> Ihr gilt das alles gleich,
> Wenn sie nur wandern, wandern kann,
> Dann ist sie überreich.
>
> Sie wird nicht müd, sie wird nicht matt,
> Der Weg ist stets ihr neu;
> Sie braucht nicht Lockung, braucht nicht Lohn,
> Die Taub ist so mir treu.

Längst ist deutlich geworden, daß dies nicht ein träumerisches Liebeslied ist, sondern das letzte Schubert-Lied von dem hier nie zum Ziel kommenden Wandern und der nie aufhörenden Sehnsucht. Nun singt er die zu Herzen gehende letzte Strophe. Sie hat einen andern Klang, besonders innig. Als wage Schubert nicht, es auszusprechen, stockt das Singen vor dem entscheidenden Wort, und, als wolle er sich der inneren Zustimmung der Zuhörer versichern, hebt er die Stimme: »Kennt ihr sie?« So sehr ist Schuberts Herz bewegt, daß er die Strophe, mit dunklerer Stimme, und doch zuletzt tröstlich gewiß, noch einmal singt:

> Drum berg' ich sie auch so treu an der Brust,
> Versichert des schönsten Gewinns;
> Sie heißt – Die Sehnsucht!
> Kennt ihr sie? Die Botin treuen Sinns.

Mag das Lied auch nicht zu den künstlerisch großartigen gehören, es ist wahr und schön und zu Herzen gehend.

Die damals fast weltberühmte Berliner Opernsängerin Anna Milder-Hauptmann, die auf ihren Konzertreisen gern Schubert-Lieder sang, hatte Schubert schon vor einigen Jahren gebeten, eine virtuose Vokalkomposition für sie zu schreiben. Das letzte Werk dieser Art, das Schubert auf Erden schuf, war als Erfüllung ihrer Bitte das herrlich bewegte Musikstück »Der

Hirt auf dem Felsen«, eine überreiche Gabe für die bedeutende Koloratursängerin, mit Klavier- und Klarinettenbegleitung. Ferdinand ließ der Sängerin im September 1829 eine Kopie des Manuskripts als letztes Geschenk seines heimgegangenen Bruders durch Vogl zukommen. 1830 sang sie das Lied bei einem Konzert in Riga.

Das Stück beginnt mit erwartungsvollen Klavierklängen und der sehnsüchtigen Melodie einer Klarinette, die Schubert wegen ihres pastoralen Klangs statt der Flöte wählte. Der Hirte nimmt die Melodie auf:

Wenn auf dem höchsten Fels ich steh,
Ins tiefe Tal herniedersch,
Und singe, und singe,
Fern aus dem tiefen, dunkeln Tal
Schwingt sich empor der Widerhall,
Der Widerhall der Klüfte.

Die Klavierakkorde begleiten das Singen wie ein gleichbleibendes, die Stimme des Sängers tragendes untergründiges Rauschen und Wehen, hier und da dumpfer, sich steigernd, oder gar funkelnd. Die Klarinette folgt der singenden Stimme, fast wie ein schönes, sanftes, lebendiges Echo. Das Singen wird lebendiger, leidenschaftlicher:

Je weiter meine Stimme dringt,
Je heller sie mir widerklingt,
Von unten, von unten.
Mein Liebchen wohnt so weit von mir,
Drum sehn ich mich so heiß nach ihr,
Hinüber, hinüber!

Die Begleitung ändert die Tonartstimmung, die erste Strophe wird wiederholt, aber etwas Dunkles kündet sich an. Schubert unterbricht den Text von Wilhelm Müller und fügt eine Strophe ein. Da die Worte des Mittelteils nirgendwo unter den Gedichten der W. von Chézy gefunden werden konnten, kann man wahrscheinlich Schubert selbst für den Dichter ansehen. Es ist sehr aufschlußreich, wie Schubert aus den sentimentalen

Gedichten Müllers die ihm gemäßen und aussagestarken Strophen herausnimmt, sie mit seinem eigenen Mittelteil verbindet und so eine dichterisch-musikalisch völlig eigene und bedeutende Komposition schafft. Er muß das in bewußter Überlegung getan haben. Der Gesang erhält einen völlig anderen Charakter, und die letzte Strophe, wieder von Müller, wird auf eine andere Ebene gehoben. Der Gesang geht weiter:

> In tiefem Gram verzehr' ich mich,
> Mir ist die Freude hin,
> Auf Erden mir die Hoffnung wich,
> Ich hier so einsam bin.
> So sehnend klang im Wald das Lied,
> So sehnend klang es durch die Nacht,
> Die Herzen es zum Himmel zieht,
> Mit wunderbarer Macht.

Das Dasein hat sich gewandelt. Nichts ist geblieben von der unbeschwerten, freudigen, drängenden Lebenssehnsucht des jungen Hirten. Andere Worte beherrschen das Feld: Gram, Hoffnungslosigkeit, Einsamkeit, Sehnsucht in der Nacht, Himmel, die überirdische Macht, die das Herz ergreift. Dem entspricht die Sprache der Musik. Die Klarinette schweigt, nur beistimmend wagt sie sich hervor. Die begleitenden Klavierakkorde im Untergrund klingen bange, angstvoll, beklemmend, und in schmerzvoller, ergreifender Klage singt die menschliche Stimme ihr Lied, all ihren Atem in die langen Klagerufe hineingebend. Erst zum Schluß erhebt sich, himmlisch getröstet, das Singen zu den herrlichen Höhen ewiger Macht, wunderbar befreit. Die Begleitung wird wieder hell, strömt Frieden aus. Jetzt kommt die letzte, herrliche Strophe, nach zaghaften Überleitungsklängen der Klarinette:

> Der Frühling will kommen,
> Der Frühling meine Freud,
> Nun mach ich mich fertig,
> Zum Wandern bereit.
> Je weiter meine Stimme dringt,
> Je heller sie mir widerklingt.

Das hört nicht mehr auf zu jubeln, sich immer neu zu wiederholen. Die Klavierbegleitung ist voller Leben und schlägt freudige Wellen, die Klarinette singt mit und wirft ihre höchsten Töne zum Himmel empor. Die Menschenstimme strahlt und schmettert in glänzenden Koloraturen, erreicht mit ihren Aufschwüngen lichte Höhen, und in einem Rausch triumphierender Freude strömt das Lied aus.

Das ist nicht mehr der singende Hirte Wilhelm Müllers. Das ist der Mensch Franz Schubert, gequält, zutiefst bedrängt, vom Untergang gezeichnet, aber von überirdischer Hoffnung ergriffen, »zum Wandern bereit«, den »Frühling« der ewigen Verklärung ersehnend und erahnend. Noch einmal ist ihm der Frühling zum Symbol der verklärten kommenden Welt geworden. In weltlicher Symbolik singt er hier das gleiche, was er in den vielen religiösen Kompositionen dieses Jahres gesungen hat. Wir hören zum letztenmal die Stimme des Menschen Franz Schubert auf seinem Weg zum nahen Tod.

Der 31. Oktober ist der Tag, mit dem sich das Ende ankündigt. Franz hatte den Wunsch geäußert, mit Ferdinand in ein Gasthaus zum Fischessen zu gehen. Sie besuchten den Gasthof »Zum roten Kreuz« in Himmelpfortengrund, dem Wiener Bezirk, in dem Schubert das Licht der Welt erblickte und heranwuchs. Ferdinand berichtet darüber in seinem Nekrolog: »Da er nun am letzten Oktober abends einen Fisch speisen wollte, warf er, nachdem er das erste Stückchen gegessen, plötzlich Messer und Gabel auf den Teller und gab vor, es ekele ihn gewaltig vor diesem Fische und es sei ihm gerade, als hätte er Gift genommen.«

Dies war das erste Symptom seiner Typhusinfektion, die wahrscheinlich ihre Ursache in den noch unhygienischen Verhältnissen dieses neuen Bebauungsgebietes hatte. »Von diesem Augenblicke an hat Schubert fast nichts mehr gegessen noch getrunken und bloß Arzneien genommen. Auch suchte er durch Bewegung in freier Luft sich zu helfen und machte daher noch einige Spaziergänge. Am 3. November machte er frühmorgens einen Weg von der Neu-Wieden nach Hernals, um das von seinem Bruder Ferdinand komponierte lateinische Requiem zu hören. Dieses Requiem war die letzte Musik, die er anhörte. Nach dem Gottesdienst machte er sich wieder Bewegung, drei Stunden lang. Beim Nachhausegehen klagte er sehr über Mattigkeit. In wenigen Tagen ward er immer hinfälliger und schwächer, bis er endlich ganz aufs Krankenlager sank. Es war der 14. November, als er sich legte. Er machte sich zwar einige Stunden des Tages auf und korrigierte noch die zweite Abteilung seiner Winterreise. Den 19. desselben Monats nachmittags um 3 Uhr erfolgte sein Tod.«

Nach anderen Angaben war schon der 11. November der Tag, an dem Schubert sich endgültig zu Bett legen mußte. Am 16. November stellte ein Arztkollegium Bauchtyphus fest. Diese Diagnose deutet an, in welch armseligem Zustand sich Schubert die ganzen Tage über befunden haben muß. Daß er aber so spät erst nachgab und sich legte, ist wiederum ein Zeichen dafür, welche Energie und Tapferkeit diesen kleinen, äußerlich unscheinbaren Menschen aufrecht hielt. Schon immer haben wir von seinem unermüdlichen Fleiß sprechen müssen. Er drängte nach immer größerer Vollkommenheit und scheute keine Mühe, alle Voraussetzungen dafür zu schaffen. Im Frühjahr dieses Jahres hatte er die Fugen aus Bachs »Wohltemperiertem Klavier« studiert. Im September studierte er bei seinem Bruder Ferdinand die Gesamtausgabe der Händel-Werke. Nun geschah das letzte Erstaunliche. Der Kranke faßte den Entschluß, sich bei dem berühmten Musiktheoretiker Simon Sechter, dem späteren Lehrer Anton Bruckners, weiterzubilden. Er vereinbarte den Unterrichtsbeginn und nahm am 4. November die erste Unterrichtsstunde, die auch seine letzte blieb. Der durch die fehlende Nahrungsaufnahme geschwächte Körper versagte den Dienst.

So lag Schubert in dem naßkalten Sterbezimmer. Ferdinand bemühte sich treulich um den geliebten Kranken. Er holte berufsmäßige Krankenschwestern zu Hilfe, da seine Frau neben ihrer Familie diese Aufgabe nicht noch übernehmen konnte. Aber auch Ferdinands zwölfjährige Tochter Therese und die von Schubert recht geliebte dreizehnjährige Josefa, seine Stiefschwester, bemühten sich liebevoll um ihn. So fehlte ihm in den letzten Tagen seines Lebens wenigstens nicht das, was er immer für das Wertvollste im menschlichen Zusammenleben gehalten und selbst auch bewährt hatte, die herzenswarme Liebe. Auch seine Freunde blieben ihm treu. Spaun

besuchte ihn. Schubert klagte nicht. In seiner gewohnten Bescheidenheit und Selbstlosigkeit sagte er nur: »Mir fehlt eigentlich gar nichts, nur fühle ich mich so matt, daß ich meine, ich falle durch das Bett.« Bauernfeld hatte sich schon Gedanken um den Freund gemacht, da er ihn mehrere Tage nicht gesehen hatte. Er schreibt:
»Schubert wohnte damals in der Vorstadt Wieden, ich auf der Landstraße – so kam es, daß wir uns im November bei schlechtem Wetter ein paar Tage nicht gesehen hatten. Er war auch im Gasthaus nicht erschienen, weder des Mittags noch des Abends. Schon früher hatte er über Mangel an Appetit geklagt, sich unwohl gefühlt, doch kam das bisweilen vor und schien uns nicht von Bedeutung. Da erhielt Schober einen Brief des Freundes – vermutlich den letzten seines Lebens. Der Zettel war ohne Datum. Ohne Zweifel die letzten Zeilen des kranken Freundes! Aber wer glaubt in der Jugend an Krankheit und Tod? Als ich Schubert zum letztenmal besuchte – es war am 17. November –, lag er hart darnieder, klagte über Schwäche, Hitze im Kopf, doch war er noch des Nachmittags vollkommen bei sich, ohne Anzeichen des Deliriums, obwohl mich die gedrückte Stimmung des Freundes mit schlimmen Ahnungen erfüllte. – Noch die Woche vorher hatte er mir mit allem Eifer von der Oper gesprochen und mit welcher Pracht er sie orchestrieren wolle! Auch völlig neue Harmonien und Rhythmen gingen ihm im Kopf herum, versicherte er.«
Auch Lachner und Josef Hüttenbrenner hatten Schubert in seinen Krankheitstagen besucht. Lachner schreibt davon: »Schubert war, als ich ihn vor meiner Abreise zum letztenmal besuchte, bei vollem Bewußtsein, und ich unterhielt mich mit dem anspruchslosesten und bescheidensten Künstler, mit meinem wärmsten und teilnehmendsten Freund mehrere Stunden. Er teilte mir noch verschiedene Pläne für die Zukunft mit und freute sich vor allem auf seine Genesung, um seine Oper ›Der Graf von Gleichen‹, wozu ihm Bauernfeld den Text gemacht hatte, zu vollenden. Ein großer Teil der Oper war schon entworfen.«
Bis zum Eintreten des Deliriums hatte sich Schubert noch mit dem Korrekturlesen des zweiten Teils der Winterreise beschäftigt. Er lebte all die Tage seines Krankseins in der Mu-

sik. Noch am 14. November bereiteten ihm Freunde eine besondere Freude. Sie musizierten, wie er es sich erbeten hatte – wahrscheinlich in dem größeren Raum der Familie –, das 1826 komponierte c-Moll-Streichquartett Beethovens. Der Musikamateur Karl Holz, der mehrfach bei Schubert-Musiken als Violinspieler mitgewirkt hatte, berichtet darüber: »Schubert kam in solche Entzückung, Begeisterung und ward so angegriffen, daß alle für ihn fürchteten. – Das c-Moll-Quartett war die letzte Musik, die er gehört! Dem Liederkönig hatte der König der Harmonie freundlich zur Überfahrt geholfen.«

Nur ein Freund ließ ihn zuletzt im Stich, Schober. Wahrscheinlich aus Angst vor Ansteckung hielt er sich fern. Am 12. November hatte Schober einen undatierten Brief von Schubert erhalten, einen jammervollen Bittbrief:

Lieber Schober!
Ich bin krank. Ich habe schon 14 Tage nichts gegessen und nichts getrunken und wandle matt und schwankend von Sessel zu Bett und zurück. Rinne (der Arzt) behandelt mich. Wenn ich auch was genieße, so muß ich es gleich wieder von mir geben.
Sey also so gut, mir in dieser verzweiflungsvollen Lage durch Lektüre zu Hülfe zu kommen. Von Cooper habe ich gelesen: den letzten Mohikaner, den Spion, den Lotsen und die Ansiedler. Solltest Du vielleicht noch etwas von ihm haben, so beschwöre ich Dich, mir solches bey der Frau Bogner im Kaffeehaus zu depositieren. Mein Bruder, die Gewissenhaftigkeit selbst, wird solches am gewissenhaftesten mir überbringen. Oder auch etwas Anderes.
          Dein Freund
          Schubert.

Dieser letzte Brief aus Schuberts Hand ist in mehrfacher Hinsicht bewegend. Er klingt, in seinen kurzen, lapidaren Einleitungssätzen, wie ein Schrei aus großer Not. Schubert bittet den ihm durch Jahre verbundenen Freund nicht um sein Kommen, nicht darum, ihm die gewünschten Bücher zu bringen, nur um eine notwendige Hilfe, und schlägt ihm dafür die einfachste Art der Durchführung vor. Bescheidenheit oder Wissen darum, daß Schober vor schwerkranken Menschen Scheu empfand? Auf jeden Fall Rücksichtnahme auch bei freundschaftlicher Verbundenheit. Schubert bittet um etwas, das ihm in seiner verzweifelten körperlichen Situation helfen soll, um Lektüre, um geistige Anregung und Beschäftigung.

Überraschend erscheint nun der Inhalt der Lektürebitte. Coopers Romane waren während der letzten Jahre fortlaufend in deutschen Übersetzungen erschienen. Es kann nicht lange vorher gewesen sein, daß Schubert sich schon von Schober die entscheidenden Lederstrumpfbücher ausgeliehen hatte, vielleicht, als nach einer kurzen leichten Besserung die alten Beschwerden wieder drückender wurden und Schubert neben seiner schöpferischen Arbeit auch geistige Entspannung brauchte. Daß er dafür die damals schon viel und mit Interesse gelesenen Cooper-Romane wählte, was man bei einem Menschen, der seinem Wesen nach nur Musiker ist, kaum vermuten würde, ist gerade für Schubert kennzeichnend. Er war eben auch durch und durch menschlich, allem Geschehen in der Natur und im Menschenbereich in tiefer Anteilnahme und Mitempfindung verbunden. Daher packten ihn diese an Naturschilderungen und menschlichen Schicksalsdarstellungen so reichen Lederstrumpfgeschichten, wie sie auch heute noch jeden packen, der sich eine naive Offenheit für das wahre Leben bewahrt hat. Aus solcher Lektüre erhoffte sich Schubert in seinem verzweiflungsvollen Zustand neuen Lebensantrieb. Deshalb: »So beschwöre ich Dich.« Stärker ließen sich seine Not und sein Verlangen nach Kontakt mit starker, schicksalsvoller menschlicher Lebenswirklichkeit nicht aussagen. Er muß die ersten Lederstrumpfromane geradezu verschlungen haben, und nun hungerte ihn nach mehr.

Ob Schober seinen Wunsch noch erfüllt hat, wissen wir nicht. Nach Erhalt des Briefes hätte eine Übermittlung der Bücher auch schon kaum mehr den Sinn der Bitte erfüllen können, denn bereits am 17. November verfiel Schubert in das Delirium. Ob die Aufzeichnung einer viel späteren Freundin Schobers zuverlässig ist, daß Schober doch noch zuallerletzt an Schuberts Sterbelager gestanden habe, der aber in Phantasien lag und ihn nicht erkannte, ist zweifelhaft.

Am 18. November war Schubert sehr unruhig. Dunkle, niedrige Novemberwolken zogen über die Stadt und verfinsterten das Krankenzimmer. Schubert phantasierte und war schwer im Bett zu halten. Er rief seinen Bruder Ferdinand: »Halte dein Ohr zu meinem Munde! Du, was geschieht denn mit mir?« Er glaubte, an einem anderen Ort zu sein. »Ich beschwöre dich, mich in mein Zimmer zu schaffen, nicht da in diesem Winkel unter der Erde zu lassen.«

Ferdinand sprach ihm gut zu und ermahnte ihn, nur ja im Bett liegenzubleiben. Schubert sprach noch weitere undeutliche Worte. Ferdinand glaubte zu verstehen: »Hier liegt Beethoven nicht.« Daraus schloß er, daß Franz den Wunsch habe, nach seinem Tod neben Beethoven zu ruhen.

Noch am Morgen des 19. November schrieb Vater Schubert einen Brief an seinen Sohn Ferdinand:

»Lieber Sohn Ferdinand!
Die Tage der Betrübnis und des Schmerzes lasten schwer auf uns. Die gefahrvolle Krankheit unseres geliebten Franz wirkt peinlich auf unsere Gemüter. Nichts bleibt uns in diesen traurigen Tagen übrig, als bei dem lieben Gott Trost zu suchen, und jedes Leiden, das uns nach Gottes weiser Fügung trifft, mit standhafter Ergebung in seinen heiligen Willen zu ertragen, und der Ausgang wird uns von der Weisheit und Güte Gottes überzeugen und beruhigen.
Darum fasse Mut und inniges Vertrauen auf Gott; er wird Dich stärken, damit Du nicht unterliegest, und Dir durch seinen Segen eine frohe Zukunft gewähren. Sorge so viel als möglich, daß unser guter Franz unverzüglich mit den heiligen Sakramenten der Sterbenden versehen werde, und ich lebe der tröstlichen Hoffnung, Gott wird ihn stärken und erhalten.
Dein betrübter, aber von dem Vertrauen auf Gott gestärkter
Franz.«

Auch diesen Tag verhielt sich der im Fieber Liegende sehr unruhig. Am Nachmittag trat der Arzt ans Bett und redete dem Kranken gut zu. Ferdinand schreibt im Nekrolog: »Schubert aber sah dem Arzt starr ins Auge, griff mit matter Hand an die Wand und sagte langsam und mit Ernst: ›Hier, hier ist mein Ende.‹«

Ende einer kurzen Erdenwanderschaft

Der schon anwesende Priester gab ihm die letzte Ölung. Das heilige Abendmahl hatte Schubert schon nicht mehr empfangen können, da er in Bewußtlosigkeit lag und phantasierte. Er soll während der letzten Tage in diesem Zustand öfter gesungen haben. Um drei Uhr schlief Schubert ein. Sein gutes, freundliches Angesicht war nicht entstellt, wie der treue Spaun, der den Verstorbenen von seiner Knabenzeit an kannte und begleitet hatte, mit Dank feststellte. Am 20. November erschien die von Vater Schubert aufgesetzte Todesanzeige:
»Gestern, Mittwoch, nachmittag um drei Uhr, entschlummerte zu einem besseren Leben mein innigst geliebter Sohn Franz Schubert, Tonkünstler und Kompositeur, nach einer kurzen Krankheit und dem Empfang der heiligen Sterbe-Sakramente, im 32. Jahr seines Alters.«
Weiter war darin angegeben, daß am Freitag, den 21. dieses Monats, nachmittags um drei Uhr, der Leichnam vom Trauerhaus in die Pfarrkirche zum heiligen Josef in Margareten getragen und daselbst eingesegnet werden solle, wozu alle verehrlichen Freunde und Bekannten eingeladen wurden.
Am Freitag legten sie den mit einem Einsiedlergewand Bekleideten, wie es für verstorbene Junggesellen üblich war, in den reich bekränzten Sarg. Seine Schläfen krönten sie ehrfurchtsvoll mit einem Lorbeergewinde.
Ferdinand, der alles, was er konnte, für den kranken Bruder getan hatte, übernahm alle Verpflichtungen, die nach dem Tod auf ihn zukamen. Da seine Wohnung mehrere Kilometer vom Haus seines Vaters entfernt lag, verständigte er sich, wenn es dringlich war, brieflich mit ihm. Am 21. November schrieb er vormittags um sechs Uhr in der Frühe und ließ den Brief durch einen Boten überbringen:

»Liebwertester Herr Vater!
Sehr viele äußern den Wunsch, daß der Leichnam unseres guten Franz im Währinger Gottesacker begraben werde. Unter diesen vielen bin besonders auch ich, weil ich durch Franzen selbst dazu veranlaßt zu sein glaube. Denn am Abend vor seinem Tode noch sagte er bei halber Besinnung zu mir: ›Ich beschwöre dich, mich in mein Zimmer zu schaffen, nicht da in diesem Winkel unter der Erde zu lassen;

verdiene ich denn keinen Platz über der Erde?‹ Ich antwortete ihm: ›Lieber Franz, sei ruhig, glaube doch Deinem Bruder Ferdinand, dem Du immer geglaubt hast und der Dich so sehr liebt. Du bist in dem Zimmer, in dem Du bisher immer warst, und liegst in Deinem Bette.‹ Und Franz sagte: ›Nein, ist nicht wahr, hier liegt Beethoven nicht.‹ – Sollte dies nicht ein Fingerzeig seines ... Wunsches sein, an der Seite Beethovens, den er so sehr verehrte, zu ruhen?! Ich habe deshalb mit dem Rieder (der zuständige Gemeindebeamte) gesprochen, und mich erkundigt, welche Kosten diese Leichenübertragung verursache, und da kommen ungefähr 70 fl. K. M. heraus. Viel! sehr viel! Aber für Franzen gewiß doch sehr wenig! – Ich meinerseits könnte für diesen Fall einstweilen 40 fl entbehren, denn ich habe gestern 50 eingenommen. – Übrigens glaube ich sicher erwarten zu dürfen, daß alle die Auslagen für seine Krankheit und für seine Beerdigung etc. durch sein Hinterlaß selbst bald getilgt werden würden. Sind Sie daher, lieber Herr Vater, meiner Gesinnung, so wäre mir wieder ein großer Stein vom Herzen gewälzt. Jedoch müßten Sie sich sogleich entschließen und es mir durch den Überbringer dieses mitteilen lassen.
Ihr trauernder Sohn Ferdinand.«

Nachdem Ferdinand die Zustimmung seines Vaters erhalten hatte, leitete er sofort alles in die Wege und bestellte das Leichenbegängnis zweiter Klasse.

Beamte und Studenten trugen den Sarg vom Sterbehaus zur zunächst gelegenen Margaretener Vorortskirche »Zum heiligen Josef«. Das Wetter war schlecht, aber eine verhältnismäßig große Zahl Trauernder ging hinter dem Sarg. Auch die Schulkinder und die Insassen des Armeninstituts gingen mit im Trauerzug. Um drei Uhr fand die erste Einsegnung in dieser Kirche statt. Der Chor sang, mit Bläserbegleitung, nach der *Pax vobiscum*-Komposition des 17jährigen Schubert einen Text, den Schober auf Bitten der Angehörigen gedichtet hatte, dazu noch eine Trauermotette von Johann Baptist Gänsbacher.

Wenn auch der Text der schoberschen Trauerdichtung einige Sentimentalitäten enthält, so spricht er doch Wahrheiten aus, welche von den Angehörigen und Freunden gewiß so empfunden wurden und die unser von Schubert gewonnenes Bild bestätigen. Der Gesang beginnt mit der Strophe:

> Der Friede sei mit dir, du engelreine Seele!
> Im frischen Blüh'n der vollen Jugendkraft
> Hat dich der Strahl des Todes hingerafft,
> Daß er dem reinen Licht dich vermähle,
> Dem Licht, von dem hienieden schon durchdrungen,
> Dein Geist in heil'gen Tönen uns gesungen,
> Das dich geweckt, geleitet und entflammt,
> Dem Lichte, das von Gott nur stammt.

In der dritten Strophe heißt es dann, und damit werden wesentliche Züge im Lebensbild Schuberts getroffen:

> Und was als Erbteil du uns hast zurückgelassen:
> Das Wirken heißer Liebe, reiner Kraft,
> Die heil'ge Wahrheit, groß und unerschlafft,
> Wir wollen's tief in unsre Seelen fassen.
> Was du der Kunst, den Deinen du geworden,
> Ist offenbar in himmlischen Akkorden.
> Und wenn wir nach den süßen Klängen gehen,
> Dann werden wir dich wiedersehen.

Nach der Einsegnung der Leiche folgte der Trauerzug dem Sarg den vier Kilometer langen Weg zur Währinger Kirche, wo unter Gesang des *Miserere* und *Libera* eine zweite Einsegnung erfolgte, und von dort zur Beisetzung auf dem Währinger Ortsfriedhof. Bei dem unfreundlichen, trüben Novemberwetter brach bald die Dunkelheit herein. Schubert ruhte in der Nähe Beethovens, zwei Gräber trennten ihn von ihm. Jeder wußte damals, was der Name Beethoven bedeutete. Aber von der wahren Bedeutung Schuberts hatte noch keiner derer, die ihm zum Grab gefolgt waren, eine zutreffende Vorstellung. Was sie mit dem Verstorbenen verband, war aufrichtige Liebe und inniger Dank für alles Schöne, zu Herzen Gehende, das sie aus seiner Musik empfangen hatten. Die großen Werke seines Schaffens waren ihnen fast noch unbekannt, und was sie kannten, konnten sie nur von ferne in seiner Bedeutung erkennen.

Die Liebe zu diesem aufrichtigen, bescheidenen, liebenswerten, guten Menschen trieb sie, alles zu tun, was ihrem Dank und ihrer herzlichen menschlichen Verbundenheit Ausdruck verleihen konnte. Ihrer aller Schmerz war echt. Sie wußten, daß sie einen begnadeten Menschen verloren hatten.

Auf Veranlassung Ferdinands wurde im Einvernehmen mit Freunden Schuberts in der Sankt-Ulrichs-Kirche am 27. November ein Seelenamt gehalten. Der Chor der Kirche sang das mozartsche *Requiem*. Wie hatte Schubert die mozartsche Musik und ihre spürbare Transzendenz geliebt!

Der Schmerz aller dem Verstorbenen Nahestehenden tut sich in ihren spontanen Äußerungen bewegend kund.

Die erste bekannte Äußerung ist die des musikinteressierten Beamten des Landjägermeisteramtes Perth, der einmal den jungen Schubert nach einer etwas unruhigen Jungeleute-Versammlung kurz hatte mit festnehmen lassen, und in dessen Tagebuch sich manche Notizen über gehörte Schubert-Musik finden. Gleich nach Bekanntwerden von Schuberts Tod notierte er: »Am 19. d. M. starb hier, zu früh für die Kunst, der geniale Tonkünstler und Kompositeur Franz Schubert am Nervenfieber, 32 Jahre alt. Als lyrischer Tondichter behauptet er gegenwärtig gewiß den ersten Rang in Deutschland. Als gebildeter Mann, angenehmer Gesellschafter und liebenswürdiger Mensch werden sein Andenken seine Freunde und Verehrer heilig bewahren.«

Am 20. November vermerkte Bauernfeld in seinem Tagebuch: »Gestern nachmittag ist Schubert gestorben. Montags sprach ich ihn noch. Dienstags phantasierte er, Mittwoch war er tot. Er sprach mir noch von der Oper. Es ist mir wie ein Traum. Die ehrlichste Seele, der treueste Freund! Ich wollt', ich läge statt seiner. Er geht doch mit Ruhm von der Erde!« In seinen späteren Erinnerungen schreibt er: »Schwind und ich konnten lange nicht begreifen, daß dieser dritte im Bunde nicht mehr mit uns wandeln sollte. Jeder von uns beiden wäre gern statt des Freundes gestorben – ein verzeihlicher Egoismus.«

Ähnlich schrieb Josef Kenner, vom Konvikt her mit Schubert bekannt, am 27. November 1829 an Spaun: »... hätte ich nicht unverdiente Freude an Weib und Kind, so möchte ich gerne und würde unbedenklich für Schubert gestorben sein. Der hätte etwas Einziges in seiner Art geleistet, während mein Tagewerk im Amt jedes Maschinenwesen fördern könnte.«

Die innigste Äußerung kommt von Schwind. Am 25. November schrieb er aus München an Schober: »Lieber, guter Schober. Ich habe gestern den Brief bekommen, wo mir die Netti schreibt, daß Schubert gestorben ist. Du weißt, wie ich ihn liebte, Du kannst Dir auch denken, wie ich dem Gedanken kaum gewachsen war, ihn verloren zu haben. Wir haben noch Freunde, teure und wohlwollende, aber keinen mehr, der die schöne, unvergeßliche Zeit mit uns gelebt und nicht vergessen hat. Ich habe um ihn geweint, wie um einen meiner Brüder, jetzt aber gönn' ich ihm's, daß er in seiner Größe gestorben ist und seines Kummers los ist. Je mehr ich es jetzt einsehe, was er war, je mehr sehe ich ein, was er gelitten hat. Die Erinnerung an ihn wird mit uns sein, und alle Beschwerden der Welt werden uns nicht hindern, in Augenblicken ganz zu fühlen, was nun ganz verschwunden ist.« Ergreifend ist in diesem Brief die Erkenntnis, wieviel Schubert, der geniale Geist, unter der Wirklichkeit seines Daseins gelitten haben muß, ohne daß jemand der ihm Nahestehenden es bemerkte.

Noch zwei weitere Zeugnisse der tiefen Betroffenheit der Schubert-Freunde über seinen Tod seien angeführt. Als erstes der Brief, den Jenger, mit dem Schubert Graz besucht hatte, an Frau Pachler schrieb, in deren Haus sich Schubert so wohl gefühlt hatte. Die beiden ersten Briefe mit genauem Bericht über Krankheit und Tod Schuberts sind leider vernichtet. Am 30. November schrieb Jenger: »Daß ich den Schmerz über das Ableben meines guten Freundes Schubert noch immer nicht besiegen kann, und mich seit dem Tode desselben unwohl fühle, wird Ihnen B. Gr. ebenfalls sagen.«

Eduard Traweger, in dessen Elternhaus in Gmunden Schubert gewohnt hatte und der sich noch sehr deutlich an Schuberts Hilfeleistung beim Blutegelansetzen und vieles andere erinnerte, schreibt 1858 in seinen schönen Erinnerungen: »Ich war im September auf einer Inspizierungsreise einige Tage in Gmunden, und mit welcher Freude sprachen die älteren Herren von Schubert und von jener Zeit, wo das Haus meines Vaters der Sammelplatz so vieles Schönen und Großen war. Mir hat es unendlich wohlgetan, nach so vielen Jahren noch so viel Anerkennung zu finden. Wenn schon die Rückreise Schuberts nach Wien den schmerzlichen Eindruck auf alle, die ihn kannten, und ganz besonders in unserm Hause machen mußte, so war die Zeit, in welcher der Brief ankam, der Schuberts Tod meldete, eine wahre Tränenzeit. Vater und Mutter weinten viel, und wir Kinder weinten mit. Eine Menge Besuche kamen zu meinen Eltern; der Jammer war unter den Gebildeten allgemein. Dieser Trauerfall war lange Stadtgespräch. Schubert starb am Namenstag meiner Mutter. Als ich älter wurde und bereits studierte, hörte ich, da ich meine Ferien in Gmunden zubrachte, von allen Seiten, daß Schubert, abgesehen von seiner musikalischen Größe, wegen seiner Anspruchslosigkeit und Herzlichkeit von allen, die das Glück hatten, mit ihm irgendwie in Berührung zu kommen, verehrt und geliebt werden mußte.«

Was für ein Mensch muß dieser Franz Schubert gewesen sein, daß sich dem Dahingeschiedenen so viel Liebe, so innige Trauer und so ehrlicher Schmerz, ja sogar letzte Opferbereitschaft zuwandten. Schubert war eben nicht nur ein Genie der Musik, sondern ebenso ein Genie des Herzens, der wahrhaft menschlichste unter den großen Musikern seines Zeitalters.

Mayrhofer, der frühere geistige Freund Schuberts, der große Einsame, der sich seit längerer Zeit aus dem Schubert-Kreis zurückgezogen hatte, schrieb, als er von Schuberts Tod hörte, ein lyrisches Gedicht: »Nachgefühl«. Die Verse, die er anscheinend nur für sich selbst verfaßte und erst 1833 für Frau Franziska von Spaun abschrieb, lassen spüren, daß er ein tiefes Verständnis für Schuberts Existenz hatte und dessen im Grunde dunkle Daseinserfahrung genau erfühlte:

Von eines Birnbaums Zweige
Da sang ein Vögelein:
Der Herbst, er geht zur Neige,
Es muß geschieden sein.
Ich flatt're von hinnen
Zur Wärme, zum Grünen,
Weit über das Meer;
Die Winde vom Norden
Sie wüten und morden
Doch alles umher.

Das in einer, wie Schubert es ausdrückte, miserablen, von der Dunkelheit aus den Abgründen bedrohten Welt singende Vöglein – so deutet Mayrhofer die Existenz dieses großen, schöpferischen Geistes, dem der Todesgedanke niemals befremdend war. Mayrhofer wußte auch, nicht nur aus den Kompositionen seiner eigenen Gedichte, von Schuberts tiefer Sehnsucht nach einer besseren Welt, nach einer transzendenten Verklärung. So sieht er den frühen Tod seines Freundes als ein Hineilen des nach unendlicher Erfüllung Verlangenden zu jenem Reich, in dem die Sehnsucht der Seele tiefer verstanden wird als es auf Erden möglich ist, in dem sich die Seele in unbeschwerter Freiheit aussingen kann:

> Drum hurtig zu Auen,
> Wo unter dem lauen
> Gekose der Lüfte
> Mich segnende Düfte
> Der Blüten erfreu'n;
> Wo ewige Lenze
> Nie welkende Kränze
> Verschwenderisch streu'n.
> Wie will ich dort singen,
> Wie soll es nicht klingen,
> Mein friedliches Lied:
> »Wenn jubelnd die Seele
> Aus schwellender Kehle
> Verstandener zieht.
> Glückliche Zone,
> Leuchtende Sonne,
> Ich fliege zu euch!«

Neben dieser aus innerster Geistesverwandtschaft kommenden und wahrhaft dichterischen Deutung des dahingegangenen Menschen und Musikers Schubert werden die langen Abschiedsgedichte von Seidl und Bauernfeld bedeutungslos und können übergangen werden, so sehr sie auch für die Angehörigen und Freunde tröstlich gewesen sein mögen. Aber sie alle zeigen, daß die Gedanken der Freunde um den Verstorbenen kreisen. So wird auch ihr baldiges Bemühen begreiflich, dem geliebten frühverstorbenen Musiker bald eine würdige Gedenkstätte zu errichten. Es genügte ihnen nicht, daß sein Grab nahe dem Beethovens lag, er sollte auch wie dieser ein Grabdenkmal haben.

Mehrere Freunde taten sich zu gemeinsamer Überlegung zusammen. Schober entwarf mit Hilfe eines Architekten ein Modell, der Bildhauer Josef Alois Dialer schenkte eine, wahrscheinlich nach einer Totenmaske gefertigte, später bronzierte gußeiserne Reliefbüste, und Grillparzer setzte mehrere Kurzzeiler zur Auswahl auf, für ein passendes Gedenkwort auf der Reliefplatte. Der Freundeskreis wählte den Zweizeiler:

Die Tonkunst begrub hier einen reichen Besitz,
Aber noch viel schönere Hoffnungen.

Die Auswahl ist ein Zeichen dafür, daß die Beteiligten die wahre Weite und Größe des schon geschaffenen Schubert-Werkes nicht erkannten und nicht ahnten. Sie dachten vor allem an seine Liedkompositionen und sahen die Hoffnung auf das kommende große Werk als begraben an. Die erste Zeile könnte man, sie mißverstehend, sogar darauf deuten, daß auch der schon bekannte schöne musikalische Reichtum schubertschen Schaffens begraben wurde, denn bald nach seinem Tod senkte sich mehr als eine Generation lang ein Nebel des Vergessens über Schubert und sein Werk.

Eine echte Deutung des schubertschen Schaffens wäre Grillparzers letzter Vorschlag gewesen: »Er hieß die Dichtkunst tönen und reden die Musik.« Das gedichtete Wort wurde durch ihn zu etwas Neuem, zum Sprechen in der Sprache der Musik, und die Musik ist für ihn mehr als nur Töne, sie ist Aussage des Geistes und der Seele in Tönen.

Zur Aufbringung der Kosten wurde am 20. Dezember ein Aufruf in der »Wiener Allgemeinen Theaterzeitung« veröffentlicht: »Um den Wünschen vieler Freunde, Verehrer und Bewunderer des zu früh verblichenen Tondichters Franz Schubert nachzukommen, welche dem Unersetzlichen auch im Tode einen ehrenden Beweis ihrer Liebe und Verehrung darbringen wollen, werden zu einem Monumente für den Hingeschiedenen Beiträge in der Gesellschaftskanzlei der Musikfreunde des österr. Kaiserstaates sowie in sämtlichen Kunst- und Musikalienhandlungen der Residenzstadt Wien und den Provinzial-Hauptstädten angenommen.« Die Spender wurden gebeten, sich bis spätestens Ende Januar 1829 in die ausliegenden Listen einzutragen. Außerdem lud Anna Fröhlich für den 30. Januar 1829 zu einem Privatkonzert im Saal des Musikvereins ein, »wovon die Hälfte der Einnahmen zur Errichtung eines Monuments für den verstorbenen Kompositeur Franz Schubert, die andere zu einem wohltätigen Zweck bestimmt« sein sollte.

Gegen Ende 1830 wurde das Denkmal nach Fertigstellung des Reliefs auf dem Währinger Friedhof aufgestellt. Diese Art Ehrung war zu damaliger Zeit eine Ausnahme. Beethovens Grabstein trug kein Bildnis des Künstlers. Es gab überhaupt kaum Porträts Verstorbener auf dem Friedhof.

Es gehört oft zum Schicksal großer Toter, daß man ihren Leichen keine Ruhe läßt. 1863 wurden im Zuge einer Erneuerung der Gräber Beethovens und Schuberts deren Schädel photographiert und ihre Gebeine vermessen. Im Jahr 1888 wurden die Gebeine wieder ausgegraben und in dem Musiker-Ehrenhain des neuen Wiener Zentralfriedhofs wieder beigesetzt. Der Währinger Friedhof wurde im Laufe der Zeit in einen Park umgewandelt, in dem man die beiden alten Grabsteine der Musiker stehen ließ.

Schubert war als Armer aus dieser Welt gegangen. An Bargeld fanden sich an die 118 Gulden. Der Wert seiner hinterlassenen Kleidungsstücke und einiger Notenhefte wurde von der Behörde auf 63 Gulden angesetzt. Die Kosten der Trauerfeier in der Kirche zu Margareten beliefen sich auf 84 Gulden. Dazu kamen Auslagen Ferdinands für Arzneien, Ärzte, Pflege und Beisetzung in Höhe von 325 Gulden und Auslagen des Vaters für Begleichung verschiedener Schulden im Zusammenhang mit der Grabanlage in Höhe von 602 Gulden. Die verschiedenen Aufstellungen zeigen, mit welcher Sorgfalt Vater und Bruder allen Verpflichtungen nachgegangen sind, und mit welcher Aufmerksamkeit sich Ferdinand während der Krankheitstage um Franz bemüht hat. Die verbliebene große Fehlsumme konnte Ferdinand bald durch Verkauf von Schubert-Manuskripten an den Verleger Haslinger begleichen.

Der hinterlassene Reichtum Schuberts bestand in seinen unermeßlich vielen Manuskripten. Allerdings ein Reichtum, der sich finanziell nur sehr langsam auslöste, und das vor allem zugunsten der Verleger, und der nur sehr zögernd vor der Welt bekannt wurde.

Der Musikverleger Haslinger brachte zu Ostern 1829 den Schwangengesang heraus, der Verleger Czerny gab im Mai die Veröffentlichung des Quintetts bekannt und brachte auch weiterhin einige Schubert-Werke heraus. Der Verleger Diabelli ließ am 6. Februar 1830 der Wiener Öffentlichkeit durch die Zeitung mitteilen: »Die hiesige Kunsthandlung Diabelli et Comp. hat den gesamten Nachlaß der Franz Schubertschen Kompositionen an sich gebracht. In diesem Nachlaß sollen dem Vernehmen nach noch 300 Lieder von verschiedenem Umfange sich befinden. Wie wünschenswert müßte es nicht den zahlreichen Verehrern dieses genialen Tonsetzers sein, eine gleichartig ausgestattete Gesamtausgabe seiner so sehr zerstreut erschienenen Werke zu besitzen!«

In Wirklichkeit war es so, daß bei Schuberts Tode sich viele seiner Manuskripte wie vom Wind verstreute Blätter in den verschiedensten Händen befanden. Es dauerte eine ganze Zeit, bis sie zusammengebracht waren. Die »Unvollendete« wäre beinahe verlorengegangen, manches ist wahrscheinlich verloren. Ein großer Packen Handschriften lag noch bei Schober, bei dem Schubert vor seinem letzten Umzug gewohnt hatte. Schober brachte sie bald zu Ferdinand, der die ganze Nachlaßverwaltung in Händen hatte. Vater Schubert brachte auch die bei ihm noch liegenden Manuskripte des jungen Schubert zu seinem Sohn. Dieser verwahrte alles miteinander in einer großen Kiste, über deren Inhalt Schumann zehn Jahre später beim ersten Durchsehen in solche Begeisterung geriet, denn Ferdinand hatte nur Bruchteile an die Verleger gegeben, um die gehabten Auslagen zu decken und das Andenken seines Bruders wach zu halten.

Über vierhundert Lieder, über achtzig mehrstimmige Gesänge, alle Symphonien, alle Messen außer einer, wesentliche Stücke der Klavier- und Kammermusik, alle Opernmusik und viele Stücke der kirchlich-religiösen Kompositionen waren bei Schuberts Tod noch völlig unbekannt. Nur zögernd kamen im

Lauf der Jahre Veröffentlichungen zustande. Erst um 1865 plante Diabellis Nachfolger eine Gesamtausgabe. Um 1870 veröffentlichte ein Wolfenbüttler Verleger zehn Bände als »Sämtliche Kompositionen«. Erst 1884 bis 1897 kam durch die Verleger Breitkopf & Härtel die Gesamtausgabe fast aller damals bekannten Werke zustande. 1862 hatte Hanslick, der berühmte Wiener Musikkritiker, noch in der Wiener »Presse« geschrieben: »Wenn Schuberts Zeitgenossen seine Schöpferkraft mit Recht angestaunt, was müssen erst wir Nachkommen sagen, die noch unaufhörlich Neues von ihm erleben! Seit dreißig Jahren ist der Meister tot, und dennoch ist es, als arbeite er unsichtbar weiter – man kann ihm kaum nachkommen.«

Vorläufig hatte Ferdinand den Hauptteil des Nachlasses bei sich in Verwahr. Das langsame Erscheinen der Schubert-Werke änderte nichts an der Tatsache, daß Schubert sehr schnell in Vergessenheit geriet. Die anderen Wiener Musiker dachten schon sehr bald nicht mehr an den stillen, bescheidenen Kollegen. Als Chopin 1828 und 1829 in Wien weilte, bemerkte er dort nichts von Schuberts Ruhm oder Nachwirken. Schubert war ihm ein Unbekannter.

Wie über keinen anderen Großen erhielten sich über Schubert die bekannten Vorurteile. Eine Berliner Musikzeitung schrieb am 30. Januar 1850: »Auch in Schuberts schönsten sinfonischen, sonatischen und Trio-Sätzen sind öde Strecken voll Geklapper und Geschrei.« Ein Leipziger Musikpädagoge nannte Schubert noch 1852 einen Trinker und flüchtigen Arbeiter. In der »Ostdeutschen Post« in Wien stand unter dem 5. Februar 1852 über den Verleger Diabelli, daß er den ganzen Nachlaß Schuberts an sich gebracht habe und nun um jeden Preis ein Geschäft damit machen wolle, deshalb aus dem Liederkomponisten Schubert etwas zu machen suche, was er nie gewesen sei. Dort heißt es dann: »Aber die Verehrung vor seinen wirklich genialen Leistungen im Liederfache genügt der Gewinnsucht nicht, alles wird angewendet, einen Schwindel hervorzurufen, ihn möglichst hinaufzuschrauben, obgleich die Geschichte darüber einig ist, daß Schubert außer seinen klassischen Liedern weder im Felde der dramatischen, oratorischen noch Kammermusik Hervorragendes leistete, nicht leisten konnte, denn er war Naturkomponist. Er selbst fühlte dieses nur zu sehr und war bemüht, sich noch in seinen letzten Lebensjahren die mangelnden Kenntnisse in der Kompositionslehre anzueignen. Wir sind der Ansicht, daß musikalische Nachlässe – mit einigen Ausnahmen – bloß als Reliquien verehrter Meister aufbewahrt, nicht aber der Öffentlichkeit übergeben werden sollten, da solche meistens Arbeiten enthalten, die teils aus der frühesten Jugend herrühren, teils solche sind, die ... unter Einfluß ungünstiger Gestirne skizziert, vom Verfasser selbst für den Druck und die Erhöhung seines Ruhmes ungeeignet, zu den Toten geworfen worden. – Also den Ruhm vermehrt ihr nicht, die Musikliteratur bereichert ihr nicht, dem Publikum bietet ihr Unreifes im glänzenden Gewande, somit keine Ehrlichkeit – was denn also? Leidige Spekulation mit – Leichen.« So also konnte man noch 1852 in Wien über Schubert öffentlich schreiben und lesen!

Spaun weist mit Recht in seinen persönlichen Aufzeichnungen darauf hin, daß »erst Mendelssohn und Schumann, die beide für Schubert begeistert waren, die Wiener auf die Größe seiner Instrumentalkompositionen aufmerksam gemacht, die nun freilich mit größtem Beifall gegeben. Bald vierzig Jahre nach dem Tode Schuberts weiß man erst eigentlich in Wien, was man an ihm gehabt und verloren«. Von dem Augenblick an, da Schumann im Jahr 1838 die erste staunende und ihn erschütternde Begegnung mit dem Nachlaß Schuberts hatte und seitdem durch Veröffentlichung von Schubert-Dokumenten in seiner »Neuen Zeitschrift für Musik« und durch Bemühung um öffentliche Aufführung Schubertscher Werke alles tat, ihn der Welt bekannt zu machen, bis zur besseren Einsicht der Wiener waren noch viele Jahre vergangen.

Erst mit dem Erscheinen der umfassenden, auf weitreichenden Erkundungen und Vorarbeiten beruhenden ersten großen Schubert-Biographie von Heinrich Kreissle und ihren bis dahin erreichbaren genauen Werkangaben war der entscheidende Schritt zum Bekanntwerden Schuberts getan. Bald danach wurde die Unvollendete entdeckt und aufgeführt, die Messe in Es-Dur wurde veröffentlicht. Nun wandte sich das Interesse vieler dem vergessenen Musiker zu. Immer noch fanden sich bisher unbekannte Manuskripte und Dokumente zu Schuberts Leben. Das setzte sich fort fast bis in unsere Gegenwart.

Schuberts Werk liegt jetzt soweit vor, daß man von Vollständigkeit sprechen kann. Die Dokumente über Schuberts Leben sind so zahlreich und ausreichend, daß sie als Grundlage zur Erkenntnis seines Lebens und Wesens dienen können. Dennoch, es hat nach Drucklegung der ersten Gesamtausgabe wiederum Jahrzehnte gedauert, bis die Interpretation der Schubert-Musik dem Wesen seiner Musik wahrhaft nahe kam, und fast bis in unsere Zeit müssen falsche Vorstellungen über den Menschen und Musiker Schubert überwunden werden. Immer noch besteht die Aufgabe, den Zugang zu seiner Musik und die Deutung ihrer Aussage zu suchen, immer noch gewinnen wir neue Erkenntnisse und werden still vor dem Geheimnis des Schöpferischen. Immer noch gibt es im Grunde nur einen Weg, der uns wirklich zu dem Menschen und Musiker Schubert führt: Liebe, verbunden mit Hochachtung und Dank. Auf diesem Wege begleiten wir ihn durch seine Dunkelheiten, und er wieder geleitet uns durch unsere Dunkelheiten.

LITERATUR UND QUELLEN

Für eine gründliche Beschäftigung mit Schuberts Person und Werk waren folgende Bücher wichtig:

Otto Erich Deutsch: *Franz Schubert. Thematisches Verzeichnis seiner Werke in chronologischer Folge.*
Otto Erich Deutsch: *Schubert. Die Dokumente seines Lebens.* Kassel 1964
Otto Erich Deutsch: *Schubert. Die Erinnerungen seiner Freunde.* Wiesbaden 1983
  Beide Bücher sind dokumentarisch unentbehrlich und interessant.
Rudolf Klein: *Schubertstätten.* Mit genauen Beschreibungen aller Orte und Gebäude und Zeitangaben, viele zeitgenössische Bilder. Verlag E. Lafite, Wien
Elisabeth Pablé: *Das kleine Schubertbuch.* Mit reichhaltiger, guter Bilddokumentation
Maurice Brown: *Schubert. Eine kritische Biographie*
Bernhard Paumgartner: *Franz Schubert*
Hans Gal: *Franz Schubert oder Die Melodie*
Thrasybulus Georgiades: *Schubert – Musik und Lyrik*
Thrasybulus Georgiades: *Musik und Sprache. Das Werden der abendländischen Musik*
Dietrich Fischer-Dieskau: *Auf den Spuren der Schubertlieder*
Gerald Moore: *Schuberts Liederzyklen*
Arnold Feil: *Die schöne Müllerin. Winterreise*
Dietrich von Hildebrand: *Mozart – Beethoven – Schubert*
Hans von Dettelbach: *Breviarium musicae*
Alfred Brendel: *Nachdenken über Musik*
Dieter Schnebel: »Schubert. Auf der Suche nach der befreiten Zeit« in: *Denkbare Musik*
Ulrich Schreiber: »Schicksal und Versöhnung. Zum Spätstil Franz Schuberts« in: *Musica.* 1976, Heft 4

Fritz Hug: *Franz Schubert. Tragik eines Begnadeten*
Marcel Schneider: *Franz Schubert*

Ausführliche Werkverzeichnisse findet man bei Brown und in den Taschenbuchmonographien von Hug und Schneider.

BILDNACHWEIS:

Der Verlag dankt dem Bildarchiv Preußischer Kulturbesitz in Berlin für die Vorlagen zu den Bildern. Ein ganz besonderer Dank auch der Akademischen Verlagsanstalt Graz für die freundliche Erlaubnis, das Titelbild abzubilden.

Anzeige

Hildegard von Bingen gilt als die bedeutendste deutsche Frau des Mittelalters. Sie war Gründerin des berühmten Klosters Rupertsberg. Sie diktierte in lateinischer Sprache drei bedeutende theologische Werke und eines zur Heilkunde. Eduard Gronau, ein evangelischer Pfarrer, durch Zufall mit den Werken Hildegards bekannt geworden, aber unwiderstehlich von ihnen gepackt, legt uns ein großartiges, theologisch einwandfreies, das Leben und Werk der heiligen Hildegard sehr anschaulich schilderndes Buch vor. Es gelingt Gronau, das Weltbild und die Lehre Hildegards so allgemeinverständlich darzustellen, daß hier ein christlicher Kosmos in universaler Fülle erstrahlt, der auf dem Hintergrund des heutigen Nihilismus den Leser wie eine Offenbarung überfällt. Manche Parallelen zur gegenwärtigen Situation der Kirche und Welt drängen sich geradezu auf und man versteht die neuen Bestrebungen, Hildegard zur Kirchenlehrerin zu erklären. Ein faszinierendes Buch als ideales Geschenk für Weihnachten oder zum Namenstag.

Das Buch heißt: *Hildegard von Bingen. Prophetische Lehrerin der Kirche.* Vorwort von Prof. Holböck. 2. Auflage, 444 Seiten mit 17 Farbabbildungen, Ganzleinen.

Christiana Verlag, Stein am Rhein

Nachwort:

Ist es Zufall, daß der zwölf- oder dreizehnjährige Schubert zweimal angefangen hat, ein Gedicht von Gabriele von Baumberg zu komponieren? Das Gedicht heißt »Lebenstraum« und enthält folgende »prophetische« Äußerung: »Nimm hin dies goldne Saitenspiel: Es hat die Kraft in schwermutsvollen Stunden durch seinen Zauberton zu heilen all' die Wunden, die Mißgeschick und fremder Wahn dir schlug.« Das ist der gleiche Gedanke, den Dr. Gronau in seinem Epilog ausdrückt: »Trösterin für unsre Bedrängnisse«, oder, wie es bei Schober heißt: »Du holde Kunst, ... hast mich in eine bess're Welt entrückt!«

Folgende Schubert-Kompositionen, geordnet nach D-(Deutsch)Nummer, wurden von Dr. Gronau angegeben. Die Zahl nach der D-Nummer weist auf die Seite in diesem Buch, auf der das Werk erwähnt wird.

Sinfonien und Orchesterwerke

1. Erste Sinfonie in D (D 82) 34, 107
2. Zweite Sinfonie in B (D 125) 108
3. Dritte Sinfonie in D (D 200) 108
4. Vierte Sinfonie in c »Tragische« (D 417) 108 f
5. Fünfte Sinfonie in B (D 485) 108
6. Sechste Sinfonie in C (D 589) 119
7. Siebte Sinfonie in E. Fragment. (D 759) 119
8. Achte Sinfonie in h »Unvollendete« (D 759) 107, 214, 494
   – [Gmunden-Gastein-Sinfonie (D 849)]
9. Neunte Sinfonie in C (D 944) 418, 422
   – Ouvertüre in B (D 470)
   – Ouvertüre »Im italienischen Stil« in D (D 590) 120
   – Ouvertüre »Im italienischen Stil« in C (D 591) 121

Bemerkungen

1. Die siebte Sinfonie wird in dem neuen Schubert-Katalog nicht numeriert wie die anderen Sinfonien, sondern als »Fragment« betrachtet. Deshalb erscheint die »Unvollendete« dort als die siebte und die große C-Dur-Sinfonie als die achte.
2. Obwohl die »Unvollendete« gewiß als zweiteilige Sinfonie vollkommen ist, gibt es auch Schubertianer, die versucht haben, sie zu »ergänzen«. Gründe dafür sind: 1. Es ist ausgeschlossen, daß Schubert vorhatte, eine Sinfonie in zwei Sätzen zu komponieren; 2. Vom dritten Satz (Scherzo) fehlen in der Skizze nur wenige Takte; 3. Es ist wahrscheinlich, daß der vierte Satz identisch ist mit dem Entr'acte Nr. 1 aus »Rosamunde«. Schubert hätte diesen Satz aus Zeitnot für Rosamunde benützt. Tatsächlich gibt es (seit vielen Jahren) verschiedene Fassungen der »ergänzten Unvollendeten«.
3. Nach dem neuen Schubert-Katalog (1978) ist es höchstwahrscheinlich, daß die »Gastein-Sinfonie« identisch ist mit der großen C-Dur-Sinfonie, die zwar 1828 datiert ist, aber bestimmt früher entstanden ist. Daß eine (verschollene) Gastein-Sinfonie trotzdem komponiert worden ist, wird in dem neuen Katalog nicht ausgeschlossen.
4. Daß die Sinfonie in C (D 944) »März 1828« datiert ist, läßt sich erklären: Schubert hat die Sinfonie als »neue Sinfonie« erwähnt in Briefen an die Verleger Probst und Schott im Februar 1828. Deswegen könnte er das ursprüngliche Datum »1826« nachträglich geändert haben.
   In einem ausführlichen Aufsatz hat Professor Harry Goldschmidt darauf hingewiesen, daß es verschiedene thematische Zusammenhänge gibt zwischen der Sinfonie und den beiden Vertonungen von Schuberts »Die Allmacht«, das heißt das Lied (D 852) und das Chorlied (D 875A), die ebenfalls 1825–1826 datiert sind. Das Chorlied wurde erst 1983 (von Goldschmidt) herausgegeben.
   Neben den genannten Sinfonien gibt es noch drei sehr interessante Skizzen von Sinfonien, die erst seit 1978 identifiziert sind: eine erste Skizze mit zwei Sätzen in D (D 615) von Mai 1818; eine weitere Skizze mit vier Sätzen (D 708A)

Nachwort 503

und eine dritte mit drei Sätzen in D (D 936A), die wahrscheinlich noch (wenigstens teilweise) im November 1828 entstanden ist und auf Mahler vorausdeutet. Alle diese Skizzen wurden von Peter Gülke (Dresden) und Brian Newbould (Hull, England) bearbeitet und orchestriert. Newbould bezeichnet sogar seine Bearbeitung als Schuberts »zehnte Sinfonie«.

KAMMERMUSIKWERKE

Streichquartette
Quartett in g/B (D 18)
Quartett in B (D 112) 111
Quartett in g (D 173)
Quartett in E (D 353) 112
Quartettsatz in c (D 703) 190
Quartett in a, Opus 29 (D 804) 253
Quartett in d »Der Tod und das Mädchen«
  (D 810) 77, 97, 255, 461
Quartett in G (D 887) 324
Streichtrio in B (D 471) Fragment
Streichtrio in B (D 581)
Oktett in F (D 803) 254
Streichquintett in C (D 956) 447, 461
Werke für Klavier und mehrere Instrumente:
Forellenquintett in A (D 667)
Klavierquartett in F (D 487)
Klaviertrio in B (D 28)
Klaviertrio in B (D 898) 328
»Notturno« in Es (D 897) 328
Klaviertrio in Es (D 929) 329, 398
Werke für Klavier und ein Instrument:
Sonate für Violine und Klavier in A (D 574) 118
Variationen für Flöte und Klavier in e (D 802) 252
Sonate für Klavier und Arpeggione in a (D 821) 274
Rondo für Klavier und Violine in h, Opus 70 (D 895)
Fantasie in C für Violine und Klavier (D 934) 404
  Klavier und Horn 417

Bemerkungen

5. Außer dem ersten Satz gibt es noch ein Fragment eines Andante in As. Alfred Einstein schreibt darüber: »Einen zweiten Satz hat Schubert begonnen; er steht leider nur im Revisionsbericht der (alten) Gesamtausgabe, wo ihn kaum jemand aufschlägt. Es ist ein Andante in As-Dur im Dreiviertaltakt, das bald nach Ces-Dur moduliert, mit einem Alternativo in fis-moll, von einer unerhörten Fülle und Tragik. Mandyczewski hat dazu bemerkt, es sei ein reiner Zufall, daß dies Quartett ein ›Unvollendetes‹ geblieben sei wie jene h-moll-Sinfonie zwei Jahre später. Wir lassen das dahingestellt sein. Auf jeden Fall ist es ein Unglück für unser Patrimonium an Musik, daß nicht zumindest dieser Satz vollendet wurde.« (A. Einstein: *Schubert. Ein musikalisches Porträt.*)
6. Laut Maurice J. E. Brown und Gerald Abraham gibt es Indizien, daß das Quartett in a schon im November oder anfangs Dezember 1823 geschrieben sei, so daß die Musik aus Rosamunde auf das Quartett zurückgreift, und nicht umgekehrt, wie meistens angenommen wird. Schubert war in Zeitnot, und er hat übrigens einen anderen Teil dieses Entr'acte Nr. 3 aus einer früheren Komposition »Der Leidende« (D 432) übernommen.
7. Nach der neuen Schubert-Ausgabe ist es wahrscheinlich, daß das Trio in B (D 898) erst im Februar 1828 entstanden ist; das »Notturno« war wohl eine erste (alternative) Fassung des zweiten Satzes dieses Trio. Der Titel: »Notturno« ist nicht von Schubert, sondern vom Herausgeber Diabelli.

KLAVIERWERKE

Werke für Klavier zu vier Händen
Ouvertüre in D (D 592) Bearbeitung von D 590. 120
Trois Marches militaires, Opus 51 (D 733)
Sonate in C (D 812) 264
Variationen in As, Opus 35 (D 813) 264
Vier Ländler (D 814) 264
Sechs »Grandes Marches« Opus 40 (D 819) 265

Acht Variationen über ein französisches Lied (D 624)
Sechs Polonaisen. Opus 61 (D 824)
Grande marche funèbre in c. Opus 55 (D 859)
Grande marche hèroique in a. Opus 66 (D 885)
Kindermarsch in G (D 928)
Fantasie in f. Opus 103 (D 940) 140, 414
»Lebensstürme« in a (D 947) 419
Rondo in A. Opus 107 (D 951) 417
Werke für Klavier zu zwei Händen
Sonate in E (D 154) Fragment
Sonate in C (D 279) Fragment
Sonate in E (D 459) 117
Sonate in a (D 537) 117
Sonate in Des (D 567) Unvollständig. 118
Sonate in H (D 575) 118
Sonate in a (D 784) 225, 242
Sonate in C »Reliquie« (D 840) 286, 294
Sonate in a. Opus 42 (D 845) 286
Sonate in D. Opus 53 (D 850)
Sonate in G. Opus 78 (D 894)
Sonate in c (D 958) 448
Sonate in A (D 959) 449
Sonate in B (D 960) 451
Sonate in G »Fantasia« 327
Klavierstücke
Adagio in G. Zwei Fassungen (D 178)
Wanderer-Fantasie. Opus 15 (D 760) 77, 216
Vier Impromptus. Opus 90 (D 899) 401
Vier Impromptus. Opus 142 (D 935) 402
Drei Klavierstücke (D 946) 400
Moments musicaux Opus 94 (D 780) 251, 400, 402
Tänze
Zwölf Deutsche Tänze (D 790) 274
Drei Ecossaisen (D 816) 265
Sechs Deutsche Tänze (D 820) 265
Zwölf Gräzer Walzer. Opus 91 (D 924)
Valses Nobles. Opus 77 (D 969)

Bemerkungen

8. Man weiß nicht, wann diese Märsche komponiert worden sind, jedoch weist der in Es-Moll (Nr. 5) auf 1824 hin. Es ist ein erschütternder Trauermarsch, der später von Liszt orchestriert wurde. Auch hier fehlt aber nicht die Hoffnung in dem fröhlichen Trio in Es.
9. Diese Sonate wurde von Schubert in Es transponiert und neu bearbeitet, wahrscheinlich 1826 (D 568).
10. Ist es lauter Zufall, daß der erste Satz dieser Sonate mit einer beinahe buchstäblichen Reminiszenz des bekannten Weihnachtsliedes »Adeste fideles«, nämlich dessen Refrain »Kommt, lasset uns anbeten!«, endet?
11. Im Hauptteil des Klavierstücks Nr. 2 greift Schubert auf ein Thema aus »Fierabras« (D 796 nr. 18) zurück: auf den Text »die quälenden Plagen, die Sorgen entflieh'n«. Es ist kaum möglich, daß dies ein Zufall ist.
12. Die »Valses nobles«, Opus 77, wurden anfangs 1827 herausgegeben, man weiß aber nicht, wann sie entstanden sind. Jedenfalls ist der Titel nicht von Schubert.

KIRCHENMUSIK

Messen
Messe in F (D 105) 454
Messe in G (D 167) 455
Messe in B (D 324) 48, 273
Messe in C (D 452) 22, 48, 470
   dazu ein neues »Benedictus« (vorher: D 961)
Messe in As (D 678) 193, 219
Messe in Es (D 950) 37, 222, 446, 458
Deutsche Messe 325
Kleinere Kirchenmusikwerke
Salve Regina in F (223)
Magnificat (486) 455
Salve Regina in As (D 676)
Salve Regina in C (D 811) 262
Tantum ergo in Es (D 962) 475
Offertorium »Intende« in B (D 963) 475

Bemerkungen

13. Das Datum der Aufführung der F-Dur-Messe wird meistens mit 16. Oktober 1814 angegeben. Das muß aber ein Irrtum sein: Laut Pfarrer Josef Lingen war das hundertjährige Jubiläum der Kirche am 25. September 1814. Die Messe wurde in der Augustinerkirche »nach zehn Tagen« wiederholt. Das war am 4. Oktober, am Namensfest des Kaisers (und Franz Schuberts!); der 26. Oktober war ein gewöhnlicher Wochentag.
14. Es ist seit 1978 bekannt, daß Schubert (wahrscheinlich nach der ersten Aufführung oder einer Probe im Jahre 1823) die Messe revidierte und erst anfangs 1826 damit fertig war. Das widerspricht der Äußerung, daß Schubert zwischen 1822 und 1828 keine religiöse Musik mehr geschrieben hätte!

Dramatische Musik

Der Spiegelritter (D 11)
Des Teufels Lustschloß (D 84) 35
Adrast (D 139) 178
Claudine von Villa Bella (D 239)
Die Freunde von Salamanca (D 326)
Die Zauberharfe (D 644) 73, 188
Die Zwillingsbrüder (D 647) 144
Lazarus (D 689) 187, 193
Alfonso und Estrella (D 732) 190
Die Verschworenen oder Der häusliche Krieg (D 787) 249
Rüdiger. Fragment (D 791)
Fierabras (D 796) 250
Rosamunde (D 797) 250
Der Graf von Gleichen (D 918)

Bemerkungen

15. Wenn Dr. Gronau behauptet, daß Schubert zwischen 1820 und Sommer 1822 keine größeren Werke geschrieben hätte (außer »Lazarus«), vergißt er doch »Alfonso und Estrella« (welches er doch kurz nachher erwähnt) und das riesige Chorwerk »Gesang der Geister über den Wassern« (D 714). »Alfonso und Estrella« wurde in Österreich erst 1991 (in Graz) auf der Bühne aufgeführt.
Schubert hat in seinem Leben nie den Erfolg erlebt, den er durch seine Musik für die Bühne suchte. Ironie des Schicksals: Schubert verdankt seine Bekanntheit beim »großen Publikum« einer ihm später zugeschriebenen Operette »Das Dreimäderlhaus«. Diese Operette hatte Heinrich Berté 1916 (?) mit leichten Melodien Schuberts zusammengestellt.

GESÄNGE FÜR MEHRERE STIMMEN

Begräbnislied (D 168) 102
Hymne an den Unendlichen (D 282) 106
Das Grab (D 569)
An die Sonne (D 439) 82
Cantate für Vogl (D 666)
Psalm 23 (D 706)
Gesang der Geister über den Wassern (D 714)
Die Nachtigall (D 724) 198, 274
Nachthelle (D 892) 326
Nachtgesang im Walde (D 913) 347
Ständchen (D 920)
Der Hochzeitsbraten (D 930) 398
Miriams Siegesgesang (D 942) 416, 464
Hymnus an den Heiligen Geist (D 948) 466, 471
Psalm 92 (D 953) 466
Glaube, Hoffnung und Liebe (D 954) 467
Gott im Ungewitter (D 985) 82
Gott der Weltschöpfer (D 986) 82, 347

Nachwort

Bemerkungen

16. Schubert hat das Gedicht von Salis »Das Grab« fünfmal komponiert: D 329A, D 330, D 377, D 569 und D 643A. Obwohl alle diese Gesänge in der Handschrift als »Chor« bezeichnet sind, wurden die Nummern D 330, D 377 und D 569 in der alten Gesamtausgabe unter den Liedern gedruckt. Dietrich Fischer-Dieskau singt D 569.
17. Die beiden Chöre D 985 und D 986 wurden 1829 als Opus 112 herausgegeben; seitdem ist die Handschrift verschwunden. Dr. Gronau behauptet, daß sie 1827 komponiert wurden, gibt dafür aber keine Beweise an. Es ist wahrscheinlicher, daß diese beiden Chöre, wie die übrigen Gedichte von Peter Uz, 1816 entstanden sind.

LIEDER

Außer den drei großen Lieder-Zyklen »Die schöne Müllerin« (D 795) 225, »Winterreise« (D 911) 362 und »Schwanengesang« (D 957) 430 hat Dr. Gronau aus den ungefähr 950 Liedern folgende Vertonungen erwähnt (in alphabetischer Folge):

Abendbilder (D 650) 179
Abendlied (D 499)
Der Abendstern (D 806) 256
Die Allmacht (D 852) 299
Eine altschottische Ballade (D 923) 353
Am Fenster (D 878) 317
Am Grabe Anselmos (D 504) 91
Am Tage aller Seelen oder »Litanei« (D 343) 92
An den Mond (D 259) Erste Vertonung 61
An den Mond (D 296) Zweite Vertonung
An den Mond in einer Herbstnacht (D 614) 127

An den Tod (D 518) 99
An die Musik (D 547) 75
An die untergehende Sonne (D 457) 83
An Laura (D 115) 45
An mein Herz (D 860)
An Mignon (D 161)
An Schwager Kronos (D 369) 63
Auf dem Strome (D 943)
Auf dem Wasser zu singen (D 774) 244
Auf der Bruck (D 853) 285
Auf der Donau (D 553)
Auflösung (D 807) 256
Augenlied (D 297)

Ave Maria (siehe: Ellens
  Gesang III) 279
Bei dem Grabe meines
  Vaters (D 496) 91
Der blinde Knabe
  (D 833) 282
Die Bürgschaft (D 246) 42
Daß sie hier gewesen
  (D 775) 245
Du bist die Ruh' (D 776) 245
Der Einsame (D 800) 284
Ellens Gesang I (D 837)
Ellens Gesang II (D 838)
Ellens Gesang III (D 839)
  oder »Ave Maria«
Elysium (D 584) 126
Erinnerung (D 98) oder
  »Totenopfer«
Erinnerungen (D 98) 44
Erlafsee (D 586)
Erlkönig (D 328) 57
Erster Verlust (D 226) 59
Fahrt zum Hades
  (D 526) 121
Des Fischers Liebesglück
  (D 933) 357
Die Forelle (D 550) 99
Freiwilliges Versinken
  (D 700) 146
Die frühen Gräber (D 290)
Frühlingsglaube (D 686) 187,
  191
Frühlingslied (D 398) 81
Ganymed (D 544) 67
Geisternähe (D 100) 43
Die Gestirne (D 444) 103
Glaube, Hoffnung und Liebe
  (D 955)
Der Gondelfahrer
  (D 808) 257

Gott im Frühling (D 448)
Das Grab ist tief und stille
  (D 329) 93
Greisengesang (D 778) 246
Grenzen der Menschheit
  (D 716) 204, 206
Gretchen am Spinnrad
  (D 118) 52, 57
Das große Halleluja
  (D 442) 104
Gruppe aus dem Tartarus
  (D 583) 100
Der gute Hirt (D 449) 82
Hagars Klage (D 5) 35
Harfenspieler (D 478/3:
  vorher D 480) 64
Heidenröslein (D 257)
Heimliches Lieben
  (D 922) 353
Das Heimweh (D 851) 298
Herbst (D 945) 417
Der Hirt auf den Felsen
  (D 965) 291, 471, 477
Die Hoffnung (D 637)
Hymne I (D 659)
Hymne II (D 660)
Hymne III (D 661)
Hymne IV (D 662)
Im Abendrot (D 799) 283
Im Frühling (D 882) 312
Im Walde (D 708)
Im Walde (D 834) 285
In einem Tal, bei armen
  Hirten (D 117) 49
Ins Grüne (D 917) 342
Die junge Nonne
  (D 828) 280
Der Jüngling und der Tod
  (D 545) 95
Der Kampf (D 594)

Klage (D 371) 90, 153
Der Kreuzzug (D 932) 356
Lachen und Weinen
    (D 777) 246
Laura am Klavier
    (D 388) 87
Lebensmut (D 937) 417
Lebenstraum I (D 1A)
Lebenstraum II (D 39)
Der Leidende (D 432)
Die Liebe hat gelogen
    (D 751) 212
Der liebliche Stern
    (D 861) 312
Lied der Liebe (D 109) 43
Lied des gefangenen Jägers
    (D 843) 278
Lied eines Schiffers an die
    Dioskuren (D 360) 79
Das Lied im Grünen (D 919)
Das Mädchen aus der
    Fremde (D 117)
Meeres Stille (D 216) 66
Memnon (D 541) 122
Der Mond ist aufgegangen
    (D 499) 83
Der Morgenkuß nach einem
    Ball (D 264) 87
Morgenlied (D 266)
Die Mutter Erde
    (D 788) 244
Nacht und Träume
    (D 827) 283
Nachtgesang (D 314) 83
Nachtviolen (D 752) 212
Nähe des Geliebten
    (D 162) 58
Normanns Gesang
    (D 846) 278
Prometheus (D 674) 184

Rastlose Liebe (D 138) 60
Des Sängers Habe
    (D 832) 329
Die Schatten (D 50) 36
Der Schmetterling (D 633)
Sehnsucht (D 879) 53, 318
Der Sieg (D 805) 255
Die Sommernacht
    (D 389) 88
Die Sterne (D 939)
Der Strom (D 565) 89
Suleika I (D 720)
Suleika II (D 717)
Szene aus Faust (D 126) 53
Täglich zu singen (D 533) 88
Die Taubenpost (D 965A)
    432, 475
Der Taucher (D 77)
    Erste Fassung 42
Der Taucher (D 111)
    Zweite Fassung
Tiefes Leid (D 876)
Der Tod und das Mädchen
    (D 531) 96
Totengräbers Heimwehe
    (D 842) 281
Totenkranz für ein Kind
    (D 275) 91
Totenopfer (D 101) oder
    Erinnerung 43
Trost an Elisa (D 97)
Trost im Lied (D 546) 75
Trost in Tränen (D 120) 53
Über allen Gipfeln ist Ruh'
    (D 768) 247
Über Wildemann
    (D 884) 314
Um Mitternacht (D 862)
Dem Unendlichen
    (D 291) 103

Der Unglückliche
(D 713) 205
Verklärung (D 59) 37
Vor meiner Wiege
(D 927) 355
Der Wallensteiner
Lanzknecht beim Trunk
(D 931)
Der Wanderer an den Mond
(D 870) 316
Der Wanderer (D 489) 78
(Schmidt von Lübeck)
Der Wanderer (D 649) 78
(Schlegel)

Wandrers Nachtlied II
(D 768) 55
Wehmut (D 772) 243
Das Weinen (D 926) 354
Wiegenlied (D 498)
Willkommen, o silberner
Mond (D 290) 83
Willkommen, rotes Morgenlicht (D 266) 84
Der Winterabend
(D 938) 358
Das Zügenglöcklein
(D 871) 315
Der Zwerg (D 771) 243

Bemerkungen

18. Unmittelbar nach den düsteren Mayrhofer-Liedern »Auflösung« und »Der Gondelfahrer« schreibt Schubert ein »Salve Regina« in C für Männerstimmen (D 811), eine Hymne an die »Mutter der Barmherzigkeit«, die er siebenmal vertont hat. Es drückt im Text und in Schuberts Musik seine Seelennot aus: »Zu dir seufzen wir weinend und klagend in diesem Tal der Tränen.«
19. Das Lied »Auf dem Strom« wurde das erste Mal am 26. März 1828 aufgeführt, ein Jahr nach Beethovens Tod. Weil es eine Reminiszens an den Trauermarsch in Beethovens »Eroica« enthält, nimmt man an, daß Schubert diesen Tag selbst für sein Privatkonzert gewählt hat.
20. Der Unglückliche (D 713). Vor wenigen Jahren (1987?) wurde eine unbekannte frühere Vertonung dieses Gedichtes mit dem Titel »Die Nacht« entdeckt. Diese wurde wahrscheinlich im September 1816 zusammen mit »Der Sänger am Felsen« (D 482) und dem Lied »Ferne von der großen Stadt« komponiert, ebenfalls aus Gedichten von Frau Pichler. »Die Nacht« wurde 1989 bei der Universal Edition herausgegeben.

Grossa (Corsica), den 31. Januar 1993
P. Reinhard Van Hoorickx, ofm